U0907201

中国
特殊钢工业年鉴
2022

钱 刚 主编

北 京
冶 金 工 业 出 版 社
2022

图书在版编目(CIP)数据

中国特殊钢工业年鉴. 2022／钱刚主编 .—北京：冶金工业出版社，2022. 12

ISBN 978-7-5024-9342-4

Ⅰ. ①中…　Ⅱ. ①钱…　Ⅲ. ①钢铁工业—特殊钢—中国—2022—年鉴　Ⅳ. ①F426. 31-54

中国版本图书馆 CIP 数据核字(2022)第 251387 号

中国特殊钢工业年鉴（2022）

出版发行	冶金工业出版社	**电　　话**	(010)64027926
地　　址	北京市东城区嵩祝院北巷 39 号	**邮　　编**	100009
网　　址	www. mip1953. com	**电子信箱**	service@ mip1953. com

责任编辑　李培禄　于昕蕾　美术编辑　彭子赫　版式设计　郑小利

责任校对　郑　娟　葛新霞　责任印制　禹　蕊

北京捷迅佳彩印刷有限公司印刷

2022 年 12 月第 1 版，2022 年 12 月第 1 次印刷

787mm×1092mm　1/16；32. 75 印张；775 千字；513 页

定价 198. 00 元

投稿电话　(010)64027932　投稿信箱　tougao@cnmip. com. cn

营销中心电话　(010)64044283

冶金工业出版社天猫旗舰店　yjgycbs. tmall. com

（本书如有印装质量问题，本社营销中心负责退换）

《中国特殊钢工业年鉴（2022）》

编　委　会

傅小彬　耿　佩　顾荣祖　郭娅娅　韩玉梅
郝广鹏　黄佩玲　贾名琳　姜燕燕　金成超
康　永　李得财　李海洋　李　航　李　鸿
李晓东　李　颖　李志强　刘加军　刘　倩
刘永和　刘运松　刘振民　陆　颖　陆治越
路霞霞　罗志玲　罗忠河　吕　兵　吕正华
马华云　牛　犇　潘红日　庞辉勇　彭学艺
卿海涛　任姜俐　任晓锋　萨仁高娃　尚慧群
石　敏　宋文祥　宋文州　孙晓明　孙兴德
谭裕民　王　琛　王　健　王　婧　王明娣
王攀峰　王永利　王玉莲　王　月　吴海峰
吴海荣　吴　俊　吴黎军　吴雅芝　吴轶超
武立敏　肖广林　谢振亚　徐　君　徐　俊
徐潇声　徐亚鹏　薛　松　严锦涛　杨国佳
杨建伟　杨学斌　杨志贵　张　弛　张丹丹
张　凯　张　莉　张　颖　赵春梅　赵鹏鹏
赵元鹏　郑　宇　周海霞　周兰霞　周彦辉
朱　宁

执　笔　人　苏亚红　朱晓波　褚召忍　申延军

前　　言

2021 年 12 月，在中国钢铁工业协会指导和支持下，经过冶金工业出版社、中国特钢企业协会、中国金属学会特殊钢分会、中信泰富特钢集团及主要特殊钢企业、研究院所、高等院校、信息资讯机构等的共同努力，《中国特殊钢》一书正式出版，总结历史、传承精神、开创未来，向中国共产党成立 100 周年献礼，受到了行业内外的热烈欢迎和高度评价。

为了更好地、系统地记录、总结特殊钢工业的运行状况和改革发展成绩，为中国特殊钢行业留史存志，2022 年 5 月 27 日中国特钢企业协会联席会长会议决定由中国特钢企业协会组织主要特钢企业每年编写《中国特殊钢工业年鉴》，由协会轮值会长担任主编、冶金工业出版社正式出版。即将出版的《中国特殊钢工业年鉴（2022）》有正式书号，全面、客观、准确记述我国特钢行业 2021 年发展情况，是我国特殊钢行业第一本正式出版的年鉴，具有可读性、可查性、资料性的年度史志类专业工具书，并为今后《中国特殊钢》一书的再版，积累翔实的发展资料，每年打好坚实的基础。

党的二十大进一步明确了到 2035 年我国发展的目标任务，提出要实现高水平科技自立自强，进入创新型国家前列，要建成科技强国、人才强国、文化强国、教育强国、体育强国、健康中国，国家文化软实力显著增强。这本书也是中国特钢行业落实二十大精神，总结、提炼、传播冶金科技成果，完成行业知识传承传播的历史任务，支撑中国钢铁工业高质量发展的具体举措。

2021 年是极不平凡的一年，新冠肺炎疫情给我国的经济和人民生活都带来了严重冲击。以习近平同志为核心的党中央决策果断，将人民生命健康放在首位，有效地控制了“疫情”的蔓延，保证了经济发展和社会安定。2021 年，特钢行业作为钢铁行业的中坚力量，认真贯彻执行党中央、国务院统筹做好“疫情”防控和经济发展的重大战略决策，不畏艰难，做好使命担当，积极推动高质量发展，深入推进供给侧结构性改革，聚焦全面提升产业基础和产业链水平这一根本任务，坚持绿色低碳发展和智能制造两大发展主题，着重解决行业三大痛点，控产能扩张、促产业集中、保资源安全，持续推进中国特钢产业国际化进程。在全国特钢行业同仁的共同努力下，2021年，全国主要优特钢企业优特钢粗钢产量0.88亿吨，同比增长3.6%；优特钢钢材产量0.78亿吨，同比下降0.28%，其中：棒材产量同比下降1.31%，线材产量同比增长9.4%，板材产量同比增长28.95%，管材产量同比增长7.39%，特钢行业保持正增长态势，总体呈现了生产经营稳定、经济效益大幅改善的良好运行态势，在“十四五”开局之年，为我国经济稳定发展作出了积极贡献。

《中国特殊钢工业年鉴（2022）》（以下简称《年鉴》）的主要内容包括中国特殊钢行业运行情况综述、行业综合指标、产品创新和应用拓展、工艺技术装备进步、行业转型发展、企业管理创新（党建）典型案例、2021年中国特殊钢行业大事记、特殊钢企业成果和奖励（包括模范人物）、中国特殊钢企业介绍、主要特殊钢企业统计、中国特钢企业协会等11章，以及2021年世界粗钢产量和全国主要钢铁产品产量、特殊钢下游用户行业运行情况和需求、中信泰富特钢集团高质量发展专题报道3个附录。

本书在编辑和出版过程中得到了中国特钢企业协会及各会长、副会长单位大力支持，各成员单位也给予积极配合。在此，谨向关心与支持本《年鉴》工作的各级领导和同志们，向各供稿单位、组稿（撰稿）人表示衷心的感谢！

由于《年鉴》内容涉及相关部门多，加之各种情况不断变化，本书在资料搜集整理上、在编辑过程中难免有疏漏之处，欢迎特钢行业的各级领导、各位同仁给予批评指正，我们将在今后的《年鉴》编写、出版中不断改进、完善、提高。

中国特钢企业协会轮值会长

中信泰富特钢集团董事长

2022年10月

目　　录

第 1 章

中国特殊钢行业运行情况综述

2021 年，是极不平凡的一年，新冠肺炎疫情给我国的经济和人民生活都带来了严重冲击。以习近平同志为核心的党中央决策果断，将人民生命健康放在首位，有效地控制了疫情的蔓延，保证了经济发展和社会安定。

2021 年，面对疫情反复的不利影响，在党中央、国务院的坚强领导下，特钢行业作为钢铁行业的中坚力量，不畏艰难，积极推动高质量发展，深入推进供给侧结构性改革，聚焦全面提升产业基础和产业链水平这一根本任务，坚持绿色低碳发展和智能制造两大发展主题，着重解决行业三大痛点，即控产能扩张、促产业集中、保资源安全；持续推动中国钢铁产业国际化进程。随着我国疫情防控取得成效，企业复工复产，在国家政策的支持下，在我们特钢行业全体同仁的努力下，特钢行业总体呈现出了生产经营稳定、经济效益大幅改善的良好运行态势，为我国经济稳定发展作出了贡献，迎来了“十四五”良好开局。

1.1 市场需求保持正增长态势

2021 年，全国累计生产粗钢 10.33 亿吨，同比下降 3.0%；生产钢材 13.37 亿吨，同比增长 0.6%。同期，特钢协会成员单位（以下简称“协会成员单位”）粗钢产量 1.53 亿吨，同比增长 1.8%；钢材产量 1.38 亿吨，同比增长 1.8%。特钢行业市场需求保持增长态势。

（1）优特钢总量保持稳中略升，优质质量钢显著增加。

协会成员单位优特钢粗钢产量 8788 万吨，同比增长 3.6%；其中：优质质量钢粗钢产量 4979 万吨，同比增长 8.01%；特殊质量钢粗钢产量 3809 万吨，同比下降 1.65%。

（2）结构持续优化，重点品种产量变化明显。

协会成员单位齿轮钢产量 398.9 万吨，同比增长 7.8%；弹簧钢产量 210.2 万吨，下降 17.7%；轴承钢产量 470.4 万吨，增长 19.0%。

（3）特殊钢中最具代表性产品棒、线材产量有增有减。

协会成员单位优特钢棒材产量 2690 万吨，同比下降 1.31%；其中：优质质量钢棒材产量 970 万吨，同比增长 1.5%；特殊质量钢棒材产量 1719 万吨，同比增长-2.8%（特殊质量合金钢棒材产量 1646 万吨，同比增长-2.1%）。

协会成员单位优特钢线材产量 1131 万吨，同比增长 9.4%；其中：优质质量钢线材产量 693.5 万吨，同比增长 33.9%；特殊质量钢线材产量 437.8 万吨，同比下降 15.2%（特殊质量合金钢线材产量 299.4 万吨，同比增长-12.0%）。

1.2 特钢出口量有所上涨，好于预期

2021 年 1~12 月，我国出口钢材 6689.5 万吨，同比增长 24.6%，绝对出口量基本恢复至疫情前水平。特钢协会同口径统计，特钢出口上涨 22.6%，其中主要重点特钢企业棒材出口 144.1 万吨，同比增长 26.7%；线材出口 15.1 万吨，同比增长 5.1%。

1.3 特钢市场总体价格上涨

2021 年以来，国内特钢价格总体呈现先升后降，保持上涨态势。中国特钢价格指数（SSPI）自 1 月的 137.9 点逐步上升到 10 月的 156.9 点后逐步下降到 12 月的 149.3 点，12 月较去年同期上涨 17.6 点，涨幅为 13.4%。其中，优钢上涨 8.2 点。

中国特钢价格指数运行情况见表 1-1。中国特钢价格指数分月走势情况如图 1-1 所示。

表1-1 中国特钢价格指数运行情况

项目	品种/行业	12月价格指数（点）	环比上月	较去年同期	年累计价格指数（点）	累计同比
中国特殊钢价格指数	中国特殊钢价格指数	149.3	-2.3%	13.4%	149.7	21.8%
	特殊质量钢	148.2	-2.4%	13.9%	147.3	19.8%
	其中：轴承钢	152.9	-4.1%	18.0%	155.0	29.6%
	交通用钢	143.7	-1.8%	11.3%	141.9	16.5%
	能源用钢	159.0	-1.2%	14.2%	156.1	14.4%
	工模钢	124.1	1.6%	13.6%	118.3	3.2%
	优钢	154.5	-1.9%	10.9%	161.0	31.6%

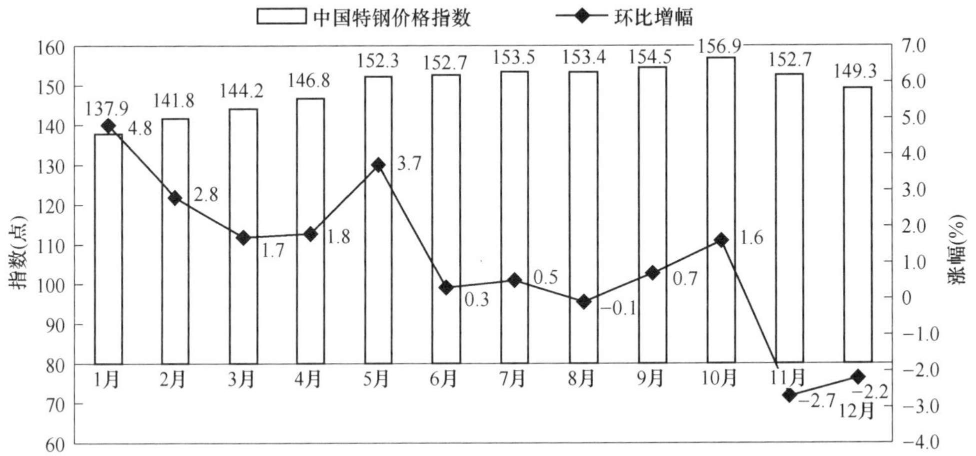

图1-1 中国特钢价格指数分月走势情况
（以2016年四季度价格作为基准100点）

从特钢行业价格指数来看，12月与去年同期相比，轴承钢、交通用钢、能源用钢、工模钢和优钢价格均显著上涨，涨幅分别为18.0%、11.3%、14.2%、13.6%和10.9%。

1.4 利润总额同比大幅上升

2021年利润总额780.5亿元，较去年同比增长100%。12月末，销售利润率6.9%，全年维持在高位水平。利润总额和销售利润率情况如图1-2和图1-3所示，特钢协成员单位主要财务指标见表1-2。

表1-2 特钢协成员单位主要财务指标

项目	金额	同比
库存金额	416.9亿元	+20.9%
应收账款	173.9亿元	+1.7%
应付账款	901.1亿元	+19.6%
营业、管理、财务费用	428.4亿元	+21.6%
三项费用（吨钢）	293.7元/吨（折合）	+19.7元/吨
人均利润	37.8万元/人	+109.1%
吨钢利润	535元/吨	+96.9%

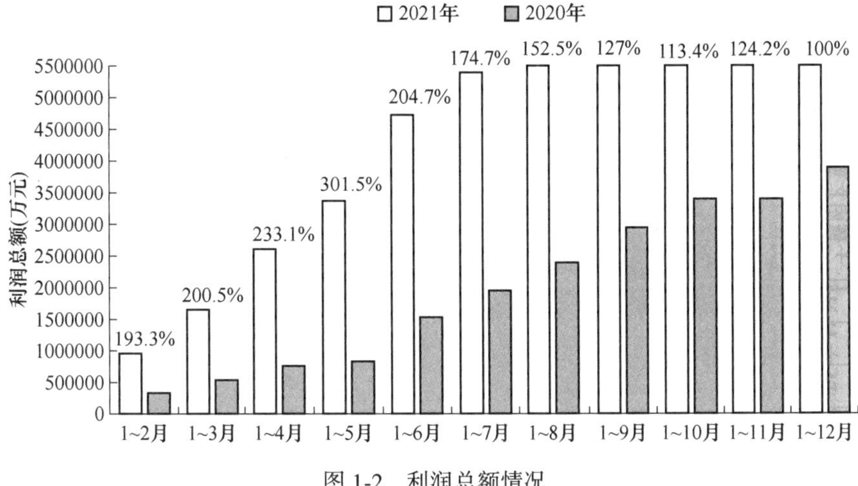

图 1-2 利润总额情况

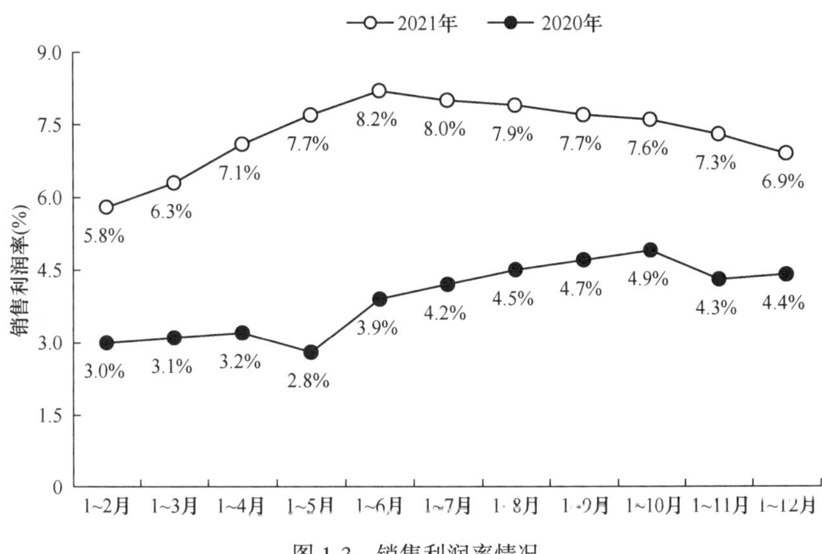

图 1-3 销售利润率情况

1.5 下游行业需求存在不均衡态势

2021 年 1~12 月主要用钢行业产量同比增速情况见表 1-3。

表 1-3 2021 年 1~12 月主要用钢行业产量同比增速情况 (%)

项目	同比增速		增速比较
	2021 年 1~12 月	2020 年 1~12 月	
房地产开发投资	4.4	7	-2.6
行业	4.8	-1.4	6.2
其中：载货汽车	-11.3	20	-31.3
动车组	-50.3	-2.9	-47.4
挖掘机	5.4	36.7	-31.3
铁路机车	8.8	-21.5	30.3
民用钢质船舶	8.0	-8.2	16.2

续表 1-3

项目	同比增速		增速比较
	2021年1~12月	2020年1~12月	
大型拖拉机	18.9	56	-37.1
中型拖拉机	4.1	17.7	-13.6
小型拖拉机	2.2	-47.2	49.4
工业锅炉	10.2	-1.2	11.4
发动机	-5.1	10.4	-15.5
发电量	8.1	2.7	5.4
其中：火电	8.4	1.2	7.2
水电	-2.5	5.3	-7.8
风电	29.8	10.5	19.3
核能	11.3	5.1	6.2

1.6 特钢行业运行面临的主要问题

（1）双碳政策力度不断加大，对钢铁企业生产经营产生较大影响。

（2）进口铁矿石供给端集中，对外依存度居高不下。

（3）生产经营成本持续上升，对企业效益带来较大压力。

（4）产业集中度仍较低，行业在供需两端话语权薄弱。

1.7 特钢行业下一步努力方向

根据特钢行业“十四五”规划要求，到2025年，我国特钢行业应努力形成技术先进、质量稳定、品牌突出、绿色低碳、经济效益好、综合竞争力强的发展格局，建设一批具有国际竞争力的特钢强企，建设特钢强国。要实现这个目标，特钢行业应做好以下几个方面的工作：

（1）提高站位，坚决贯彻执行各项产业政策。

2021年，国家出台的产能、产量“双控”和减少出口等各项产业政策，是站在国家高度，在统揽全局、科学研判的基础上制定的。各企业一定要提高站位，认真贯彻落实，加强行业自律。

从2021年特钢行业运行情况来看，经过国家的直接调控，“双控”政策整体效果不错，特钢行业供需维持相对平衡，效益明显增长。对此，特钢行业应当有正确的认识，要在坚持总量控制的时候，走优钢产品品质化、高端产品国际化道路，加快特钢产品结构升级，进一步提高中高端产品供给能力。

（2）破解“卡脖子”特钢产品。

应主动作为，围绕产业链、创新链和生态链布局。加强材料基础研究及关键工艺技术研发，提升服务水平，加强与上下游合作，打破壁垒，实现与上下游行业融合发展。一方面要为现有产业链的价值提升贡献特钢力量，另一方面为产业链整体水平进一步提升做好技术储备和产品储备。

（3）大力推进自主创新。

应加强创新能力建设，准确把握特钢行业创新方向，集中资源在进口产品替代、“卡脖子”关键材料与技术等方面实现突破。

（4）加快超低排放改造、实施低碳发展。

在绿色低碳发展方面，随着国家对环保要求日趋严格，绿色发展已经融入钢铁企业发展战略中，目前的超低排放改造在多地已经和限产、电价等多种直接影响企业生产经营的因素挂钩。企业应坚定贯彻低碳政策，全面了解碳经营碳管理的有关财税及产业政策，提前布局，摸清家底，提早谋划“碳达峰、碳中和”的减碳路径。通过技术和管理多种手段，优化用能及流程结构，打造循环经济产业链，推动全产业链低碳发展；还应调整产品结构，引导绿色低碳高端钢材消费。

(5) 加快兼并重组步伐。

应扶优扶强，建设具有国际先进水平的行业领军企业；少数具有较强实力的产品专业化突出、品种质量优势明显的中小特殊钢企业。通过强强联合和优势互补，鼓励小型企业转型升级，成为专精特新“小巨人”企业和行业隐形冠军等。

(6) 推动智能发展。

应深入推进企业智能化改造，搭建面向行业的协同制造平台，提升智能制造公共服务能力。

(7) 实施国际化战略。

应充分利用国内、国外两个市场，积极实施国际化战略，不断提升产品质量和海外服务能力、畅通海外营销渠道、建立海外研发中心、布局海外生产企业、合资合作开发海外矿产资源等路径，加快参与国际市场竞争。

(8) 推动标准引领发展。

应重点提高先进产品标准供给，加强装备技术和智能制造标准的制修订工作及相关标准体系完善。我国要实现钢铁强国、特钢强国，需要国际化标准的有力支撑，最终实现引领国际化钢铁发展。

展望 2022 年，受国际形势、疫情反复、美联储宽松货币政策退出以及高通胀等因素影响，预计 2022 年全球经济增长趋缓，钢铁消费增幅收窄；国内经济正面临“需求收缩、供给冲击、预期转弱”三重压力，决策层将我国经济运行定调为“稳字当头、稳中求进”，预计政策面会有相应的激励措施出台；为抑制通货膨胀，货币政策将更加灵活精准；在碳达峰目标下，钢铁等高耗能产品出口数量会受到进一步的抑制。因此，2022 年中国钢材市场价格行情仍会宽幅震荡，品种走势也会有分化。

第 2 章

中国特殊钢行业综合指标

2.1 主要指标完成情况

主要指标完成情况见表2-1。

表2-1 主要指标完成情况

企业	现价工业总产值（万元）	现价销售产值（万元）	工业增加值（万元）	主要产品产量（万吨）		销售及库存			
				粗钢	钢材	钢材销售量（吨）	钢材库存量（吨）	钢坯库存量（吨）	产品销售率（实物）(%)
本钢				25	62	626950	11711	13079	100.71
宝武特冶	322526	324838	20437	10	7	83140	4450	17626	
中信特钢	9251488	9309961	2023321	1397	1212	12174131	390163	224821	100.45
石钢	680097	671271	65000	136	121	1177555	89302		
西宁特钢	1148335	120126	120126	187	182	1822981	11772	61659	100.00
长城特钢	397782	394388	58409	28	41	412274	18978		99.88
凌源钢铁	2512221	2515999	482959	541	537	5397172	73917		100.15
贵阳特钢	254725	271699	99945	39	45	470652	12952	11007	106.66
新旭特钢	255118	261582	32124	48				481880	100.28
中天钢铁	9880127	9945209	902074	1276	1284	12951839	151398	84765	100.86
莱芜特钢	874664			354	156	1726653	28236	25521	
太原钢铁	13224873	13252684	3102442	1273	1207	12082955	271273	68172	100.12
舞阳钢铁	1688293	1604131	342796	320	261	2632133	37228	29030	108.32
天津钢管	1798449	1787496	80218	205	256	2543741	134572	69500	99.17
建龙北满	903053	909944	96207	194	151	1827337	24035	2248	100.30
中原特钢	192302	169550	43713	20	8	156829	3164	3068	93.06
河冶科技	120709	114286	26588	3	3	24016	2431		96.06
天工工具	403354	376966		24	19	188998	5000	5900	85.00
承德建龙	1336149	1363923	202173	247	72	721041	13829	5174	100.28
沙钢	26740154	26596258	4756446	4423	4244	42385795	1464242	1152799	99.87
其中：淮钢	1665593	1665609	394100	358	277	2748943	177329	72888	99.21
东特	1788442	1774388		223	198	1988243	145109	7209	100.18
永钢	6500716	6533914	966441	932	973	10028406	461756	124891	103.02
南京钢铁	8050617	8058070	1252987	1158	1077	10753312	196053	176517	99.87
新兴铸管	1873793	1870719	313537	274	310	3114822	4202	1385	100.36
巨能特钢	781853	794742	105322	158	153	1527702	84458	36342	99.80

续表 2-1

企 业	现价工业总产值（万元）	现价销售产值（万元）	工业增加值（万元）	主要产品产量（万吨）		销售及库存			
				粗钢	钢材	钢材销售量（吨）	钢材库存量（吨）	钢坯库存量（吨）	产品销售率（实物）(%)
方大特钢	2146734	2147823	617063	422	425	4247222	18235	35712	99.98
济源钢铁	2225811	2209569	489678	391	387	3863823	43176		101.30
南阳汉冶	1333456	1364801	159763	272	275	2707512	31287		
邢台钢铁				153	147				
永兴不锈	576156	576156	100497	32	32	313640	16912		
西王金属	1355125	1290102	104802	280	279	2792266	50424	15460	100.00
天钢联合	2908074	2907715		634	196	1955425	1257	8092	
衡阳钢管	1165753	1196247	258002	177	169	1736465	82616	36814	102.50
天津钢铁	2480449	2477056	366953	554	482	4816704	28664	227703	99.86
合 计	96882240	94883311	16223583	15256	13800	137235085	3305937	2794276	2495

企 业	能 耗			财 务				
	能源消耗总量（吨标煤）	吨钢综合能耗（千克标煤/吨）	吨钢可比能耗（千克标煤/吨）	产品销售收入（万元）	实现利税总额（万元）	其中：利润总额（万元）	管理费用（万元）	财务费用（万元）
本 钢	78815	315.0	172.3					
宝武特冶	90538	645.0		322341	7057	5085	17919	360
中信特钢	8624700	617.2	536.6	9177958	1257029	992768	155956	25993
石 钢	285696	211.0	171.0	776151	13637	881	40376	5740
西宁特钢	1112850	596.1	626.0	1246784	-252167	-284985	22882	81996
长城特钢	173384	615.0	392.0	379334	3490	1584	12582	5862
凌源钢铁	3136445	580.1	512.3	2563828	254510	181010	41089	-2391
贵阳特钢	100874	221.2	213.7	258526	74650	54064	22520	16516
新旭特钢				220652	16665	13054	748	-110
中天钢铁	6974644	546.6	437.0	17658367	553249	423300	95114	88014
莱芜特钢	153402	30.1		874664		-71560	43206	13728
太原钢铁	6697785	526.1	458.0	11621023	1998437	1490172	203039	165417
舞阳钢铁	405464	136.2		2015416	77178	41279	16175	39844
天津钢管	1020714	453.3	429.9					
建龙北满	989791	506.0	478.0	1202731	34318	20193	10912	20330
中原特钢	62218	130.0	131.0	158615	5221	1631	8605	-3038

续表 2-1

企业	能耗			财务				
	能源消耗总量（吨标煤）	吨钢综合能耗(千克标煤/吨)	吨钢可比能耗(千克标煤/吨)	产品销售收入(万元)	实现利税总额(万元)	其中：利润总额(万元)	管理费用（万元）	财务费用（万元）
河冶科技	27163	792.6		116256	6865	5288	3138	196
天工国际				376966	47869	43502	8958	11016
承德建龙	1479100	-28.3		1196505	106220	91017	26974	48610
沙钢	23471727	537.8	480.2	28187459	3488546	2944085	370018	285289
其中：淮钢	1971499	550.4	499.0	1736833	294407	258077	25913	1925
东特	1346972	602.9		1756952	143149	97506	119847	16252
永钢	5011949	538.0	454.2	12056078	714912	604609	84190	15816
南京钢铁	6312741	545.0	493.4	18749509	807871	653747	140539	50332
新兴铸管	1080559	513.1	502.0	1988209	209889	137359	19819	12946
巨能特钢	1171730	551.7	544.9	801066	31870	22446	14836	2471
方大特钢	2210678	524.3	420.4	2160317		363802	66815	-17223
济源钢铁	2210773	565.5	568.0	2838426	234369	180183	39329	-16863
南阳汉冶	1438695	535.7	539.2	1737592	82354	16786	36044	17091
邢台钢铁								
永兴不锈	48203	108.2	191.6	587118	56117	44117	7116	-3103
西王金属				1856778		7874	7951	24838
天钢联合	2493094	393.3	382.7	2985692	375075	295435	56371	23772
衡阳钢管	964065	544.8	505.3	1260557	67321	36245	14392	15069
天津钢铁	2335039	481.2	423.2	2477056	177037	138509	55243	11516
合计	75150887			115795893	9734676	7848871	1558665	924217

企业	财务							
	销售费用（万元）	研发费用（万元）	净利润（万元）	资产合计（万元）	负债合计（万元）	总资产贡献率（%）	成本费用利润率（%）	流动资金周转次数（次）
本钢								
宝武特冶	1150	360	4731	418766	266050	1.80	1.70	1.45
中信特钢	55808	348729	829936	9623506	5073249	14.50	11.48	2.29
石钢	19571	34571	11	2416516	1474109	0.80	0.11	0.81
西宁特钢	8048	45259	289376	2055365	2055365	-8.11	-21.70	1.45
长城特钢	2384	15817	1584	442455	335067	2.25	0.40	2.26
凌源钢铁	15226	1201	147784	2752674	1766712	9.15	7.74	2.60
贵阳特钢	8823	723	35718	1752869	1159133	1.99	10.79	0.44

续表 2-1

企业	财务							
	销售费用（万元）	研发费用（万元）	净利润（万元）	资产合计（万元）	负债合计（万元）	总资产贡献率（%）	成本费用利润率（%）	流动资金周转次数（次）
新旭特钢	162		9563	38791	77463	0. 34	0. 06	8. 73
中天钢铁	9264	146265	322430	5323179	3551356	13. 02	2. 28	7. 37
莱芜特钢	1620		-71560					
太原钢铁	36279	403165	1321428	12267111	6559536	17. 39	14. 88	3. 77
舞阳钢铁	3560	49899	41278	2074563	1449495	5. 50	0. 88	1. 65
天津钢管								
建龙北满	42353	37574	20056	1018788	676321	4. 90	1. 76	5. 95
中原特钢	2666	5916	1631	424880	75930	1. 08	1. 03	0. 76
河冶科技	1042	3405	4730	138881	50393	3. 93	4. 23	1. 43
天工工具	2478	23220	39133	955411	352224		15. 39	
承德建龙	18219		77364	1669153	1074558	8. 92	5. 02	2. 66
沙　钢	253447	942062	2539833	31513453	17968559	11. 06	10. 80	2. 18
其中：淮钢	2212	54594	206271	1315792	563055	24. 65	17. 96	2. 45
东特	13103	73828	96215	2774097	1470272	5. 99	5. 82	1. 57
永钢	102053	374462	520433	5235104	2510801	16. 66	5. 26	5. 00
南京钢铁	52367	223100	552942	6897867	3561796	13. 24	3. 64	6. 46
新兴铸管	2811	11071	104109	1604657	718012			
巨能特钢	11194	27191	17052	438095	230012	7. 87	2. 88	3. 90
方大特钢	4998	9247	275950	2010753	1030210	32. 78	20. 33	1. 70
济源钢铁	25877	72096	154031	2211079	1252326	10. 56	6. 99	2. 42
南阳汉冶	59415	66316	15803	1363311	878459			
邢台钢铁								
永兴不锈	1384	18100	39445	544573	81662			
西王金属	1200	37206	7318	1605605	995546	1. 32	0. 43	5. 45
天钢联合	7062	95122	252152	1501822	1334917	30. 22	11. 00	7. 45
衡阳钢管	13421	49460	36192	1357126	937165	6. 96	2. 93	2. 36
天津钢铁	3678	88081	138509	2474427	1132176	0. 08	0. 03	0. 45
合　计	665509	2755156	7208529	96895675	56117798			

企业	外经外贸		劳动工资				固定资产投资（万元）		
	钢铁产品出口额（万美元）	钢铁产品出口量（吨）	全员劳动生产率（以现价计算）(元/人·年)	全员劳动生产率（以工业增加值计算）（元/人·年）	全部从业人员平均人数（人）	全部从业人员工资总额（万元）	本年完成额	其中：基本建设	更新改造
本　钢		24692			1582	13253	9937		9937
宝武特冶	170	1198			989	25732	12700		12280

续表 2-1

企业	外经外贸		劳动工资				固定资产投资（万元）		
	钢铁产品出口额（万美元）	钢铁产品出口量（吨）	全员劳动生产率（以现价计算）(元/人·年)	全员劳动生产率（以工业增加值计算）(元/人·年)	全部从业人员平均人数（人）	全部从业人员工资总额（万元）	本年完成额	其中：基本建设	更新改造
中信特钢	126277	1296065	3824351	836394	24191	351477	375675	128757	246918
石　钢	18512	169403	1586788		4286	32753			
西宁特钢			1565983	163816	7333	56991	685		685
长城特钢	646	3122	1203576	176728	3305	26371	45035		45035
凌源钢铁	1741	24140	2547375	489717	9862	98650	47490		47490
贵阳特钢			1217033		2093	160248	5287	2539	
新旭特钢					424	5200	504		504
中天钢铁	23183	307874	7424759	677894	13307	145772	25190	13770	11420
莱芜特钢			4579393		1910	24697	10666	3103	7563
太原钢铁	110588	618322	4390874		30119	456250	414957	283248	131709
舞阳钢铁	7308	79673	2021665	2021665	8351	56359			
天津钢管	44381	374686	2471755	110250	7276	71357	27184	5155	22029
建龙北满	17942	189166	2294342		3936	27831	23004		23004
中原特钢	2462	5806	907085		2120	19529	10518		10518
河冶科技	3100	4122	1329394	1329394	908	8937	3016	78	2939
天工工具	24153	84439			3108	33992			
承德建龙	991	13126	4923171	744925	2714	56372	235334	128223	107111
沙　钢	192232	2465577	5807017	1032932	46048	711867			
其中：淮钢	5739	76749	3939435		4228		38605	7888	30717
东特	18472	167270	1318618		13563	107969	103005	4655	98350
永钢	49206	656817	7715068	1146975	8426	100272	202719	157543	31614
南京钢铁	39139	524899	8569044	1333674	9395	132564	167839		167839
新兴铸管			4119132	689244	4549	44547			
巨能特钢	3107	39642	1913024		4087	35785	28290		28290
方大特钢	4181	48604	3492896	1004007	6146	103477			
济源钢铁	968	10747	3025022		7358	46233	175204		175204
南阳汉冶			3361371	402730	3967	30345	52300		
邢台钢铁									

续表 2-1

企　业	外经外贸		劳动工资				固定资产投资（万元）		
	钢铁产品出口额（万美元）	钢铁产品出口量（吨）	全员劳动生产率（以现价计算）(元/人·年)	全员劳动生产率（以工业增加值计算）（元/人·年）	全部从业人员平均人数（人）	全部从业人员工资总额（万元）	本年完成额	其中：基本建设	更新改造
永兴不锈	3594	15694	6802314	1186505	847	13657	13431		
西王金属			3917679		3459	27910			
天钢联合				113578	5670	64399			
衡阳钢管	45992	397333	2964030		3933	436273	37842	15137	22705
天津钢铁				3811970	6507	70150			
合　　计	670667	6698330	86259074	16125424		3388977	1722088	580009	1073180

2.2　主要产品产量

主要产品产量见表 2-2。

表 2-2　主要产品产量　　（吨）

企　业	粗钢	（1）按化学成分分						
		非合金钢	普通质量非合金	优质非合金	特殊质量非合金	其中：特殊碳素钢	碳素弹簧钢	碳素工具钢
本　　钢	250382	15874	3159	11484	1231	1162		
宝武特冶	104792	1508		1027	481			
中信特钢	13974903	2991427	14564	2976105	758	657		101
其中：兴澄特钢	6866110	671683		671683				
大冶特钢	3858808	686516		686415	101			101
青岛钢铁	3249985	1633228	14564	1618007	657	657		
石　　钢	1355474	258235	2521	255714				
西宁特钢	1866894	179557			179557	171406		8151
长城特钢	281953	3386	645	2437	304			39
凌源钢铁	5406788	1573510	921903	651607				
贵阳特钢	394822	247799	247619		180			180
新旭特钢	480522	91852	8070	64430	19352		18414	939
中天钢铁	12761083	3972455	180632	3772865	18958			
莱芜特钢	3538312	1582852	1289166	293686				
太原钢铁	12731376	4913596	4468917	236252	208427			
舞阳钢铁	3195648	595711	439723	60390	95598	95598		
天津钢管	2049764	543942			543942	543942		

续表 2-2

企 业	粗钢	(1) 按化学成分分						
		非合金钢	普通质量非合金	优质非合金	特殊质量非合金	其中：特殊碳素钢	碳素弹簧钢	碳素工具钢
建龙北满	1942213	688969		15021	673948	673948		
中原特钢	201579	6806		6806				
河冶科技	34269							
天工工具	236386							
承德建龙	2473153	982664		903656	79008	57938		
沙 钢	44229663	22958000	2541868	15978714	4437419	830046	1304328	3791
其中：淮钢	3581916	1705584		1677809	27775		27775	
东特	2234008	491014		456061	34953	31161	1	3791
永钢	9315325	1222368		369917	852451			
南京钢铁	11583012	2767944	736421	1481148	550375	96138	38387	54596
新兴铸管	2743223	316841		316841				
巨能特钢	1582939	374628		374628				
方大特钢	4216777	20512	15031	5481				
济源钢铁	3909762	867019		867019				
南阳汉冶	2717244							
邢台钢铁	1530831	969281	11473	289978	667830			
永兴不锈	323602							
西王金属	2799998	568176	568176					
天钢联合	6337978	6334222	6334222					
衡阳钢管	1769542	744553		744553				
天津钢铁	5536936	4792555	3265466	1527089				
合 计	152561820	59363875	21049576	30836930	7477368	2470835	1361129	67797

企 业	(1) 按化学成分分								
	电磁纯铁	其他	低合金钢	普通质量低合金	优质低合金	特殊质量低合金	合金钢	优质合金钢	其中：电工用硅钢
本 钢			1830		38	1792	232678	38	
宝武特冶	481		240		240		86013		
中信特钢			1223447	1170355	53092		9732050		
其中：兴澄特钢			504523	504523			5689904		
大冶特钢			49451		49451		3094862		
青岛钢铁			669473	665832	3641		947284		
石 钢			64745	64745			1032494		
西宁特钢			785164	785164			901836		
长城特钢			461	463	-2		120412		

续表 2-2

企业	(1) 按化学成分分								
	电磁纯铁	其他	低合金钢	普通质量低合金	优质低合金	特殊质量低合金	合金钢	优质合金钢	其中：电工用硅钢
凌源钢铁			2857335	2839600	17735		975943	975943	
贵阳特钢							147023		
新旭特钢			11818		1188		376851		
中天钢铁			7301324	7107285	194039		1487305	819667	
莱芜特钢			249368	152356	97012		1706092		
太原钢铁	14390		1873585	100082	1737770	35733	1471799	1146882	1146882
舞阳钢铁			2462703	546605	1772632	143466	137234	39788	
天津钢管			798235			798235	707587		
建龙北满			51149		51149		1200385		
中原特钢							178934		
河冶科技							34269		
天工国际							236386		
承德建龙			86479		86479		1404010		
沙　钢			13209821	12976990	232115	716	6840619	1377333	1377333
其中：淮钢			184378	1120	183258		1691954		
东特			716			716	1510141		
永钢			7193091		6353812	839279	899866		
南京钢铁			6716336	4183087	1712103	821146	2098732	787097	
新兴铸管			1971800	1971800			454582	454582	
巨能特钢			21712		21712		1186599		
方大特钢			3572460	3572460			623805		
济源钢铁			1050211	1050211			1992532		
南阳汉冶			2717244		2717244				
邢台钢铁	16961						561550		
永兴不锈							8946		
西王金属			1969089	1969089			262733	245841	
天钢联合			3756	3756					
衡阳钢管							1024989	1024989	
天津钢铁			743807		743501	306	574	574	
合　计	31832		49744119	38494048	9438047	1801394	37224962	6872734	2524215

企业	(1) 按化学成分分								
	特殊质量合金钢	其中：合金结构钢	合金弹簧钢	合金工具钢	高合金工具钢	其中：模具钢	高速工具钢	高温合金钢	精密合金钢
本　钢	232640	101474	283						
宝武特冶	86013	19234	81	12218	31710	31710	523	3687	1346

续表 2-2

企 业	(1) 按化学成分分								
	特殊质量合金钢	其中：合金结构钢	合金弹簧钢	合金工具钢	高合金工具钢	其中：模具钢	高速工具钢	高温合金钢	精密合金钢
中信特钢	9732050	6659000	816300	28121	17474			1819	
其中：兴澄特钢	5689904	4269207	150269						
大冶特钢	3094862	2195330	223731	28121	17474			1819	
青岛钢铁	947284	194463	442300						
石 钢	1032494	790266	72869						
西宁特钢	901836	860665		1010					
长城特钢	120412	38476	714	10838	62857	65857	78	3237	336
凌源钢铁									
贵阳特钢	147023	127553	6152	5231					
新旭特钢	376851	365408	9157						
中天钢铁	667638	47213	98090	70395					
莱芜特钢	1706092	1669788			3646				
太原钢铁	324917	51659		15374					
舞阳钢铁	97446	97446							
天津钢管	707587	707587							
建龙北满	1200385	744322	21772	12439	198				
中原特钢	178934	154658		8340	15692	6641			
河冶科技	34269						34269		
天工国际	236386				190365	190365	46021		
承德建龙	1404010	1380298							
沙 钢	5463286	4749098	169109	121427	132762		2952	13555	521
其中：淮钢	1691954	1587285	78528	18507					
东特	1510141	965788	25415	102920	132762	132762	2952	13555	521
永钢	899866	714332	11560	33218				3267	
南京钢铁	1311635	851257	106532	36448					
新兴铸管									
巨能特钢	1186599	912318	526						
方大特钢	623805	7650	616155						
济源钢铁	1992532	971692	150066						
南阳汉冶									
邢台钢铁	561550	466472	34393	2055					
永兴不锈	8946								
西王金属	16892								

续表 2-2

企　业	(1) 按化学成分分								
	特殊质量合金钢	其中：合金结构钢	合金弹簧钢	合金工具钢	高合金工具钢	其中：模具钢	高速工具钢	高温合金钢	精密合金钢
天钢联合									
衡阳钢管									
天津钢铁									
合　　计	30352228	21773534	2102199	323896	454704	294573	83843	22298	2203

企　业	(1) 按化学成分分						
	耐蚀合金钢	轴承钢	其他钢	不锈钢	其中：铬系不锈钢	铬镍系不锈钢	耐热不锈
本　　钢		130883					
宝武特冶	14776	2403	35	17031	4197	9741	3093
中信特钢		2209336		27979			27979
其中：兴澄特钢		1270428					
大冶特钢		628387		27979			27979
青岛钢铁		310521					
石　　钢		169359					
西宁特钢		40161		337	337		
长城特钢	1961	1915		157694	140197	10696	6801
凌源钢铁							
贵阳特钢		8087					
新旭特钢		2287					
中天钢铁		349043	102897				
莱芜特钢		32658					
太原钢铁			257884	4472396	2042836	2429560	
舞阳钢铁							
天津钢管							
建龙北满		421654		1710			1710
中原特钢		244		15839	3347	5129	7363
河冶科技							
天工国际							
承德建龙		23712					
沙　　钢		273862		1221223	199275	1008032	13916
其中：淮钢		7634					
东特		266228		232137	199275	18946	13916
永钢		137489					

续表 2-2

企业	(1) 按化学成分分						
	耐蚀合金钢	轴承钢	其他钢	不锈钢	其中：铬系不锈钢	铬镍系不锈钢	耐热不锈
南京钢铁	2588	258769	56041				
新兴铸管							
巨能特钢		273755					
方大特钢							
济源钢铁		450496	420278				
南阳汉冶							
邢台钢铁		38849	19781				
永兴不锈	8946			314656		239467	75189
西王金属		16892					
天钢联合							
衡阳钢管							
天津钢铁							
合　计	28271	4704365	856916	6228865	2390189	3702625	136051

企业	(2) 按状态分			(3) 按冶炼方法分			
	连铸坯	模铸钢锭	铸造用液态钢	转炉钢	电弧炉钢	感应电炉钢	其他冶炼钢
本　钢	245228	1125	4029		250382		
宝武特冶		104792			99153	5639	
中信特钢	13681978	292925		11627906	2346997		
其中：兴澄特钢	6863731	2379		5857302	1008808		
大冶特钢	3568262	290546		2520619	1338189		
青岛钢铁	3249985			3249985			
石　钢	1355474				1355474		
西宁特钢	1834028	32866		921615	945279		
长城特钢	56452	225501			273475	8478	
凌源钢铁	5406788			5406788			
贵阳特钢					394822		
新旭特钢	454779	25743			480522		
中天钢铁	12761083			12160796	600287		
莱芜特钢	3538312			2342577	1195735		
太原钢铁	12549643	181733		9639760	3091616		
舞阳钢铁	3032386	163262		1434746	1760902		
天津钢管	2049764				2049764		
建龙北满	1914981	27232		1217916	724297		

续表 2-2

企业	(2)按状态分			(3)按冶炼方法分			
	连铸坯	模铸钢锭	铸造用液态钢	转炉钢	电弧炉钢	感应电炉钢	其他冶炼钢
中原特钢	127824	73755			201579		
河冶科技		34269				34269	
天工国际		236386			123350	113036	
承德建龙	2473153			2473153			
沙　钢	44229663			34980764	9119239	129660	
其中：淮钢	3581916			2828688	753228		
东特	1699630	534378		1160732	943616	129660	
永钢	9293749	21576		8596080	719245		
南京钢铁	11583012			10564296	1018716		
新兴铸管	2743223			2743223			
巨能特钢	1582939			1313064	269875		
方大特钢	4216777			4216777			
济源钢铁	3909762			3909762			
南阳汉冶	2717244			2717244			
邢台钢铁	1530831			1530831			
永兴不锈	276883	46719			323602		
西王金属	2763908	36090		2139380	660618		
天钢联合	6337978			6337978			
衡阳钢管	1769542				1769542		
天津钢铁	5536936			5536936			
合　计	150680571	1482398	4029	123215512	29055226	291082	

企业	(4)轧制、锻造钢坯：按加工工艺分		(5)钢材：按化学成分分				
	轧制坯	锻造坯	钢材	非合金钢	普通质量非合金	优质非合金	特殊质量非合金
本　钢	622502		622502	173872	1440	170748	1684
宝武特冶		25759	68061	733		733	
中信特钢			12119997	2792305	255138	2535870	1297
其中：兴澄特钢	764803		5193409	434669	2228	432441	
大冶特钢			3267687	549504		548840	664
青岛钢铁			3056456	1562369	7147	1554589	633
石　钢			1210961	228204	2930	225274	
西宁特钢	1798709	21171	1819880	174421			174421
长城特钢			412755	106468	229	106064	175

续表 2-2

企 业	(4) 轧制、锻造钢坯：按加工工艺分		(5) 钢材：按化学成分分				
	轧制坯	锻造坯	钢材	非合金钢	普通质量非合金	优质非合金	特殊质量非合金
凌源钢铁	3190		5374033	1456800	853632	603168	
贵阳特钢			452982	290052	289778		274
新旭特钢							
中天钢铁			12841626	3876228	417471	3445421	13336
莱芜特钢			1555887	261496	866	260630	
太原钢铁	2967958		12068655	4871550	4416751	256824	197975
舞阳钢铁			2613758	539428	383589	47625	108214
天津钢管			2564952	1015870			1015870
建龙北满	247282		1509315	579609			579609
中原特钢		82130	82130	7569		7569	
河冶科技			25001				
天工国际			192361				
承德建龙	743341		721041	168327		166350	1977
沙 钢			42442198	22604976	2671694	15294265	4639017
其中：淮钢			2770843	1347839		1320828	27011
东特			1984587	486836		454086	32750
永钢	9734268		9734268	1615838		254531	1361308
南京钢铁			10766992	2359194	1036384	920363	402447
新兴铸管	3103801		3103801	366921		366921	
巨能特钢	1582939		1530825	361569		361569	
方大特钢			4247882	12339	6877	5462	
济源钢铁			3868049	839204		839204	
南阳汉冶	2748488		2748488				
邢台钢铁			1466075	961864	17916	295382	648566
永兴不锈	315967		315967				
西王金属	2734637	50018	2784655	522073	522073		
天钢联合	1955495		1955495	1955495	1955495		
衡阳钢管			1694064	726901		726901	
天津钢铁			4823980	4125694	2651398	1474296	
合 计	18824310	179078	138004369	51379163	15483662	28110639	7784862

企 业	(5) 钢材：按化学成分分								
	其中：特殊碳素钢	碳素弹簧钢	碳素工具钢	电磁纯铁	低合金钢	普通质量低合金	优质低合金	特殊质量低合金	合金钢
本 钢		421	1236		13490	12687		803	435140
宝武特冶									56953

续表 2-2

企　业	（5）钢材：按化学成分分								
	其中：特殊碳素钢	碳素弹簧钢	碳素工具钢	电磁纯铁	低合金钢	普通质量低合金	优质低合金	特殊质量低合金	合金钢
中信特钢	633		664		1202438	1146525	55913		8109551
其中：兴澄特钢					393784	393784			4364956
大冶特钢			664		52638		52638		2649842
青岛钢铁	633				622986	619711	3275		871101
石　　钢					57228	57228			925529
西宁特钢	166250		8171		797812	797812			847628
长城特钢	2	3	26		982	801	181		186860
凌源钢铁					2996494	2970991	25503		920739
贵阳特钢			274						162930
新旭特钢									
中天钢铁					7472730	7299486	173244		1492668
莱芜特钢					22897		22897		1271494
太原钢铁				13409	1776403	104754	1625007	46642	1283384
舞阳钢铁	108214				1967559	479845	1170487	317227	106771
天津钢管	1015870				820031			820031	727275
建龙北满	579609				2545		2545		926165
中原特钢									67977
河冶科技									25001
天工国际									192361
承德建龙	1977				606		606		552108
沙　　钢	1235501	1234611	2806		13349320	13183498	165822		5105367
其中：淮钢		27011			92266		92266		1330738
东特	29426	518	2806						1291871
永钢					7333260		6811322	521937	785170
南京钢铁	75783	28721	10333		6539574	4472631	684481	1382462	1868224
新兴铸管					2220829	2220829			516051
巨能特钢					20698		20698		1148558
方大特钢					3622974	3622974			612569
济源钢铁					1031981	1031981			1996864
南阳汉冶					2748488		2748488		
邢台钢铁				14963					504142
永兴不锈									8389
西王金属					2105736	2105736			156846

续表 2-2

企　业	(5) 钢材：按化学成分分								
	其中：特殊碳素钢	碳素弹簧钢	碳素工具钢	电磁纯铁	低合金钢	普通质量低合金	优质低合金	特殊质量低合金	合金钢
天钢联合									
衡阳钢管									967163
天津钢铁					697744		697482	262	542
合　　计	3183839	1263756	23510	28372	49468559	39507778	7393354	2567427	31175249

企　业	(5) 钢材：按化学成分分							
	优质合金钢	其中：电工用硅钢	特殊质量合金钢	其中：合金结构钢	合金弹簧钢	合金工具钢	高合金工具钢	高速工具钢
本　　钢			435140	238770	521	2577		
宝武特冶			56953	8467	78	14475	23279	303
中信特钢			8109551	5537220	789887	24406	14497	
其中：兴澄特钢			4364956	3302915	151694			
大冶特钢			2649842	1819549	201338	24406	14497	
青岛钢铁			871101	191104	436855			
石　　钢			925529	717299	62117			
西宁特钢			847628	805394	4	1325	191	
长城特钢			186860	131893	375	8237	42982	48
凌源钢铁	920739							
贵阳特钢			162930	145366	6055	4241	22	
新旭特钢								
中天钢铁	735584		757084	68114	81376	72550		
莱芜特钢			1271494	1241196				
太原钢铁	1010587	1010587	272797	41899		14896	3390	
舞阳钢铁	31088		75683	75683				
天津钢管			727275	727275				
建龙北满			926165	544921	24091	6670	33	
中原特钢			67977	52071		4483	11318	
河冶科技			25001					25001
天工国际			192361				161875	30486
承德建龙			552108	525929				
沙　　钢	1233769	1233769	3871598	3271263	141816	96917	107571	1099
其中：淮钢			1330738	1244822	71355	14561		
东特			1291871	822131	25782	82356	107571	1099
永钢			785170	608020	9949	31869		

续表 2-2

企业	(5) 钢材：按化学成分分							
	优质合金钢	其中：电工用硅钢	特殊质量合金钢	其中：合金结构钢	合金弹簧钢	合金工具钢	高合金工具钢	高速工具钢
南京钢铁	1060135		808089	415115	115154	34742		
新兴铸管	516051							
巨能特钢			1148558	873306				
方大特钢			612569	7043	605526			
济源钢铁			1996864	982089	145924			
南阳汉冶								
邢台钢铁			504142	428503	29740			
永兴不锈			8389					
西王金属	90151		66695					
天钢联合								
衡阳钢管	967163							
天津钢铁	542							
合　计	6565809	2244356	24609440	16838816	2002664	285519	365158	56937

企业	(5) 钢材：按化学成分分								
	高温合金钢	精密合金钢	耐蚀合金钢	轴承钢	其他钢材	不锈钢	其中：铬系不锈钢	铬镍系不锈钢	耐热不锈
本　钢				193272					
宝武特冶	1935	132	7523	170	591	10375	2529	5855	1991
中信特钢	782			1742759		15703			15703
其中：兴澄特钢				910347					
大冶特钢	782			589270		15703			15703
青岛钢铁				243142					
石　钢				146113					
西宁特钢				40714		19		19	
长城特钢	1326	2	956	1041		118445	107728	5010	5707
凌源钢铁									
贵阳特钢				7246					
新旭特钢									
中天钢铁				327117	207927				
莱芜特钢				30298					
太原钢铁					212612	4137318	1841189	2296129	
舞阳钢铁									

续表 2-2

企业	(5) 钢材：按化学成分分								
	高温合金钢	精密合金钢	耐蚀合金钢	轴承钢	其他钢材	不锈钢	其中：铬系不锈钢	铬镍系不锈钢	耐热不锈
天津钢管						1776	1776		
建龙北满				350450		996		323	673
中原特钢				105		6584	2377	683	3524
河冶科技									
天工国际									
承德建龙				26179					
沙钢	5597	376		246959		1382535	189880	1186133	6522
其中：淮钢									
东特	5597	376		246959		205880	189880	9478	6522
永钢	1162			134170					
南京钢铁				243078					
新兴铸管									
巨能特钢				275252					
方大特钢									
济源钢铁				450955	417896				
南阳汉冶									
邢台钢铁				36140	9759	69	69		
永兴不锈			8389			307578		236449	71129
西王金属				16677	50018				
天钢联合									
衡阳钢管									
天津钢铁									
合计	9640	510	16868	4134525	898803	5981398	2145548	3730601	105249

企业	(5) 钢材：按加工工艺分				(5) 钢材：按品种分				
	热轧钢材	冷轧（拔）钢材	锻压、挤压、旋压钢材	其他加工工艺	铁道用钢材	大型钢材	中小型钢材	棒材	钢筋
本钢	622502							622502	
宝武特冶	9197	8540	50324					57256	
中信特钢	11990174		129823					5908414	
其中：兴澄特钢	5193409							2350945	
大冶特钢	3137864		129823					2404312	
青岛钢铁	3056456							1033354	

续表 2-2

企业	(5)钢材：按加工工艺分				(5)钢材：按品种分				
	热轧钢材	冷轧（拔）钢材	锻压、挤压、旋压钢材	其他加工工艺	铁道用钢材	大型钢材	中小型钢材	棒材	钢筋
石　钢	1210961							1117535	
西宁特钢	1796978	1731	21171		40714			981354	797812
长城特钢	358102	4371	50282					317839	
凌源钢铁	5316103	57930						1528374	2096876
贵阳特钢	440872	4773	7337					175249	
新旭特钢									
中天钢铁	12841626							1237741	6403907
莱芜特钢	1555887							1555887	
太原钢铁	5853398	3170453	55683	2989121				278389	
舞阳钢铁	2613758								
天津钢管	2564952								
建龙北满	1479571	1539	28205					830801	
中原特钢			82130					82130	
河冶科技	15782	3751	5468					19406	
天工工具	101498	13000	77863					134210	
承德建龙	721041							721041	
沙　钢	39485657	2530598	147756	278187				4767034	11252008
其中：淮钢	2770843							2770843	
东特	1788391	48440	147756					1207912	
永钢	9734268							851887	7406597
南京钢铁	10766992						363753	1826172	2054953
新兴铸管	3103801							476464	1242252
巨能特钢	1530825							1290984	
方大特钢	4247882							618031	2738835
济源钢铁	3868049							1774719	733741
南阳汉冶	2748488								
邢台钢铁	1466075								
永兴不锈	293208		22759					195436	
西王金属	2734637		50018					541562	1498204
天钢联合	1955495								
衡阳钢管	1694064								
天津钢铁	4823980							1836831	
合　计	128211555	5796686	728819	3267308	40714		363753	28895362	28818589

续表 2-2

企 业	（5）钢材：按品种分								
	线材（盘条）	特厚板	厚板	中板	热轧薄板	冷轧薄板	中厚宽钢带	热轧薄宽钢带	冷轧薄宽钢带
本 钢									
宝武特冶	215					2870			45
中信特钢	2562676	715834	1025119	561937					
其中：兴澄特钢	539574	715834	1025119	561937					
大冶特钢									
青岛钢铁	2023102								
石 钢	93426								
西宁特钢									
长城特钢	32751	13355	25216	15763		482			
凌源钢铁	478477						1209155	3221	
贵阳特钢	277733								
新旭特钢									
中天钢铁	4097511								
莱芜特钢									
太原钢铁	152067	28853	376858	838637	10541	19708	2779534	1695649	1835199
舞阳钢铁		1112027	1245668	256063					
天津钢管									
建龙北满	670756								
中原特钢									
河冶科技	1833								
天工工具	57396				562	193			
承德建龙									
沙 钢	11276705	1427774	1183459	1184440		1953	6059540	2496589	1248389
其中：淮钢									
东特	741655			717		1953		39	357
永钢	1475785								
南京钢铁	567758	284200	2522226	2531191					
新兴铸管	1385085								
巨能特钢									
方大特钢	891016								
济源钢铁	1359589								
南阳汉冶		274850	1511668	961970					
邢台钢铁	1466075								
永兴不锈	120531								

续表 2-2

企 业	(5) 钢材：按品种分								
	线材（盘条）	特厚板	厚板	中板	热轧薄板	冷轧薄板	中厚宽钢带	热轧薄宽钢带	冷轧薄宽钢带
西王金属	694871								
天钢联合									
衡阳钢管									
天津钢铁	479867	124660	1576006	806616					
合 计	26666338	3981553	9466220	7156617	11103	25206	10048229	4195459	3083633

企 业	(5) 钢材：按品种分							
	热轧窄钢带	冷轧窄钢带	镀层板（带）	涂层板（带）	电工钢板（带）	无缝钢管	焊接钢管	其他钢材
本 钢								
宝武特冶		16				5303		2356
中信特钢						1346017		
其中：兴澄特钢								
大冶特钢						863375		
青岛钢铁								
石 钢								
西宁特钢								
长城特钢						3035		4314
凌源钢铁							57930	
贵阳特钢								
新旭特钢								
中天钢铁	1102467							
莱芜特钢								
太原钢铁		27010			1010587	19640	6862	2989121
舞阳钢铁								
天津钢管						2564952		
建龙北满								7758
中原特钢								
河冶科技	125	99						3538
天工工具								
承德建龙								
沙 钢	39	357	278187		1233769			31954
其中：淮钢								
东特								31954
永钢								

续表 2-2

企　业	(5) 钢材：按品种分							
	热轧窄钢带	冷轧窄钢带	镀层板（带）	涂层板（带）	电工钢板（带）	无缝钢管	焊接钢管	其他钢材
南京钢铁	616739							
新兴铸管								
巨能特钢						239841		
方大特钢								
济源钢铁								
南阳汉冶								
邢台钢铁								
永兴不锈								
西王金属								50018
天钢联合	1955495							
衡阳钢管						1694064		
天津钢铁								
合　计	3674865	27482	278187		2244356	5872852	64792	3089059

2.3　主要技术经济指标

（1）转炉钢主要技术经济指标见表 2-3。

表 2-3　转炉钢主要技术经济指标

企　业	金属料消耗（千克/吨）	钢铁料消耗（千克/吨）	合金料消耗（千克/吨）	工序能耗（千克标煤/吨）	产钢量（吨/炉）	炼钢时间（分钟/炉）	工人实物劳产率（吨/人·年）
中信特钢	1102.34	1076.11	26.23	-5.56	115.260	33.560	4775.320
其中：兴澄特钢	1099.38	1071.91	27.47	0.33	127.750	32.650	5793.570
大冶特钢	1113.52	1082.16	31.36	6.25	106.445	35.198	6193.167
青岛钢铁	1099.01	1078.98	20.02	-25.32	103.660	33.660	3195.660
西宁特钢	1101.42	1075.73	25.69	-6.20	67.568		436.371
凌源钢铁	1079.64	1059.87	15.41	-15.92	63.190	29.809	3276.841
新兴铸管	1073.03	1043.03	25.35	-21.10	117.070	37.550	4721.550
中天钢铁	1109.04	1088.60	20.44	-17.55	135.000	23.000	5854.982
莱芜特钢	1079.62	1055.07	22.72	-11.62	88.620	0.559	3730.218
太原钢铁	1127.09	1078.59	48.42	-7.45	126.150	40.690	4251.820
舞阳钢铁	1099.00	1078.00	21.26	-22.33	128.180	29.400	1622.000
承德建龙	1102.02	1048.11	24.82	-28.33	81.860	37.010	3329.076
巨能特钢	1100.54	1080.94	19.60	-22.86	79.010	64.970	2128.510

续表 2-3

企 业	金属料消耗（千克/吨）	钢铁料消耗（千克/吨）	合金料消耗（千克/吨）	工序能耗（千克标煤/吨）	产钢量（吨/炉）	炼钢时间（分钟/炉）	工人实物劳产率（吨/人·年）
沙 钢	1082.04	1059.19	17.66	-28.61			8280.075
其中：淮钢	1091.58	1066.13	25.45	-24.48			3649.920
东特	1095.56	1057.88	37.68	-22.17	104.600	35.990	6342.800
永钢	1081.95	1041.03	20.66	-24.70	73.070	24.833	7163.438
南京钢铁	1086.36	1059.90	26.46	-18.10	135.370	34.980	7589.290
西王金属	1097.00	1065.00	22.00	-17.85	95.300	31.000	4518.000
方大特钢	1071.20	1048.39	22.81	-16.11	79.084	26.772	
济源钢铁	1094.22	1070.77	23.45	-21.10	80.700	33.661	3541.004
南阳汉冶	1112.20	1095.00	17.20		94.000	32.000	
邢台钢铁	1093.97	1076.84	17.13	-19.20	49.950	32.677	1693.398
建龙北满	1109.90	1087.40	22.51	-19.65	97.224	36.527	22690.862
天钢联合	1078.04	1072.47	4.65	-34.60	633.798	25.910	381.190
天津钢铁	1087.92	1068.06	11.84	-14.58	117.240	27.390	4494.266

（2）电炉钢主要技术经济指标见表 2-4。

表 2-4 电炉钢主要技术经济指标

企 业	电炉锭坯合格率（%）	金属料消耗（千克/吨）	钢铁料消耗（千克/吨）	其中：生铁消耗（千克/吨）	废钢消耗（千克/吨）	合金料消耗（千克/吨）	电极消耗（千克/吨）	综合电力消耗（千瓦·小时/吨）	电炉日历作业率（%）	电炉炼钢时间（小时/炉）	电炉产钢量（吨/炉）	电炉工序能耗（千克标煤/吨）	工人实物劳产率（吨/人）
本 特	99.93	1153.9	1118.8	660.6	458.2	35.1	4.2	375.5	41.36	1.35	46.060	65.150	1127.850
宝武特冶	99.92	1146.5	1061.6	37.5	1024.2	172.3	4.8	1047.5	22.13	3.97	52.200	143.970	454.610
中信特钢	99.91	1121.9	1082.9	630.2	452.7	39.0	1.7	344.8	85.11	0.93	71.710	66.070	2669.520
其中：兴澄特钢	99.90	1106.6	1072.0	507.8	564.2	34.6	1.8	326.9	83.68	0.76	104.390	65.250	3641.910
大冶特钢	99.92	1133.4	1091.2	723.1	368.1	42.2	1.5	358.4	85.59	1.01	57.949	66.692	2219.853
石 钢	99.67	1136.5	1104.3	43.5	1060.8	32.3	1.2	417.1	78.72	1.16	135.400	115.800	2053.750
西宁特钢		1107.3	1071.7	10.4	328.4	35.8	2.0	298.0	30.97	0.94	64.932	63.290	133.741
长城特钢	99.38	1054.0	860.0	142.0	718.0	195.0	4.2	640.0	49.24	1.76	38.000	116.000	684.000
贵阳特钢		1118.9	1094.8	33.9	1060.9	24.1	2.2	593.8	0.66	0.83	65.556	126.011	
新旭特钢	99.95	1125.9	1101.5	887.8	213.7	24.3	0.8	126.1	81.08	0.72	50.000	78.536	
中天钢铁	99.94	1106.3	1081.4	857.3	224.1	24.9	0.5	133.7	98.49	0.40	102.000	29.323	1893.906
莱芜特钢	99.99	1101.4	1068.6	737.1	331.5	32.8	1.3	235.6	72.29	0.82	77.249	48.526	1953.815
太原钢铁	99.79	1169.0	581.3	366.5	214.8	582.6	2.3	337.8	50.08	1.04	93.800	50.960	1670.890

续表 2-4

企 业	电炉锭坯合格率(%)	金属料消耗(千克/吨)	钢铁料消耗(千克/吨)	其中：生铁消耗(千克/吨)	废钢消耗(千克/吨)	合金料消耗(千克/吨)	电极消耗(千克/吨)	综合电力消耗(千瓦·小时/吨)	电炉日历作业率(%)	电炉炼钢时间(小时/炉)	电炉产钢量(吨/炉)	电炉工序能耗(千克标煤/吨)	工人实物劳产率(吨/人)
舞阳钢铁	99.95	1057.0	1033.0	457.0	576.0	23.0	0.9	195.4	84.32	0.93	107.620	40.320	1572.000
衡阳钢管	98.30	1139.7	1110.3	712.1	398.2	29.4	0.8	212.0	88.89	0.83	62.640	51.630	3511.000
中原特钢	99.88	1198.5	1133.8	7.3	1126.5	64.7	3.3	876.5	92.05	1.18	59.900	148.200	684.410
沙 钢	99.99	1111.8	1084.3	446.0	638.3	27.6		271.3	72.90			39.495	3061.575
其中：淮钢	100.00	1113.7	1092.3	442.4	649.9	21.1	1.2	295.5	78.34	0.75	82.350	22.891	4328.900
东特	99.88	1156.9	1071.4	236.5	835.0	85.4	2.82	581.76	55.55	1.54	50.76	91.910	607.670
永钢	99.84	1114.4	1079.8	953.7	126.1	34.6	0.7	168.3	70.73	0.82	95.180	29.920	2091.694
南京钢铁	99.42	1084.5	1046.8	630.6	416.2	37.7	1.5	329.0	89.42	0.76	92.280	55.060	2509.150
巨能特钢	99.61	1100.1	1073.8	746.3	327.5	26.3	1.3	231.2	51.51	1.10	67.590	69.430	937.070
西王金属	98.40	1112.1	1089.6	2.0	580.2	22.5	1.6	410.3	0.70	0.85	91.386	71.860	1537.000
建龙北满	99.68	1137.8	1113.7	738.4	375.4	24.0	1.7	144.3	37.53	1.16	85.488	54.560	3211.410
永兴不锈	98.80	1082.1					3.3	359.9		1.50	41.000	61.150	
天津钢管		1066.6	1036.8	429.3	607.4	29.9	1.9	317.7	87.14	0.82	113.700	64.958	2675.928
天工工具	82.77		725.0		725.0	55.0		2780.0		2.40	35.000		150.000

（3）连铸主要技术经济指标见表 2-5。

表 2-5　连铸主要技术经济指标

企 业	综合连铸坯合格率（%）	综合连铸坯收得率（%）	电炉连铸比（%）	综合连铸机日历作业率（%）	综合连铸机台时产量（吨/小时）
本 特	99.93	97.77	97.94	43.29	64.650
中信特钢	99.94	93.29	87.84	74.04	122.420
其中：兴澄特钢	99.97	93.28	99.76	81.06	138.090
大冶特钢	99.97	93.30	78.79	72.44	94.239
青岛钢铁	99.86	93.29		64.78	29.320
石 钢	99.67	94.87	100.00	52.41	115.880
天津联合	100.00	97.75		65.65	228.040
西宁特钢	99.43	99.43	96.62	79.34	67.093
长城特钢	99.75	96.35	20.32	20.35	31.890
新兴铸管	99.98	99.95		45.20	173.220
贵阳特钢		0.99		0.75	78.772
新旭特钢	99.95	97.19	94.64	76.54	67.825

续表 2-5

企　业	综合连铸坯合格率（%）	综合连铸坯收得率（%）	电炉连铸比（%）	综合连铸机日历作业率（%）	综合连铸机台时产量（吨/小时）
中天钢铁	99.91	99.40	100.00	98.20	280.000
中原特钢	99.88	95.60	63.41	88.21	53.720
莱芜特钢	99.98	96.44	100.00	77.26	130.700
太原钢铁	99.87	97.55	98.58	75.46	140.340
舞阳钢铁	99.75	92.29	80.27	74.88	221.750
衡阳钢管	98.30	94.66	100.00	78.27	87.260
沙　钢	99.98		94.44		
其中：淮钢	100.00		100.00	82.59	92.362
东特	99.62	97.30	58.24	56.08	69.550
永钢	99.99	98.36	97.00	69.03	177.697
凌源钢铁	99.93	99.66	100.00	58.16	151.599
南京钢铁	98.54		100.00	91.40	182.520
天津钢铁	99.97	97.81		81.09	198.130
巨能特钢	99.87	98.27	100.00	54.88	48.370
西王金属	99.75	99.00	94.52	90.00	450.000
济源钢铁	99.94	98.78		74.88	128.790
承德建龙	96.97	97.06		87.24	123.700
邢台钢铁	99.94	97.27		36.49	93.042
建龙北满	99.79	94.65	96.24	64.41	114.198
南阳汉冶	99.80	99.00		0.85	480.000
永兴不锈	99.99	99.00			
天津钢管	99.95	98.42	100.00	60.64	196.164

（4）轧钢主要技术经济指标见表 2-6。

表 2-6　轧钢主要技术经济指标

企　业	钢材合格率（%）	综合成材率（%）	轧钢工人实物劳动生产率（吨/人）	热轧轧机小时产量（吨/小时）	热轧钢工序单位能耗（千克标煤/吨）
本　特	99.75	94.45	2322.770	93.270	92.44
宝武特冶	96.65	81.93	289.110		
中信特钢	99.81	94.11	2002.590	83.220	66.69
其中：兴澄特钢	99.82	93.66	2324.710	115.960	65.64
大冶特钢	99.93	92.29	1409.695	57.067	74.47
青岛钢铁	99.92	96.57	3012.410	86.410	60.51

续表 2-6

企 业	钢材合格率（%）	综合成材率（%）	轧钢工人实物劳动生产率（吨/人）	热轧轧机小时产量（吨/小时）	热轧钢工序单位能耗（千克标煤/吨）
石 钢	100.00	94.38		79.740	57.33
西宁特钢	99.49	95.51			
长城特钢	99.81	87.33	421.000	19.160	109.12
凌源钢铁	99.91	99.17	3272.370	133.929	40.36
贵阳特钢		94.78			
中天钢铁	99.92	97.35	5297.700	165.985	47.01
莱芜特钢	99.97	95.59	5638.868	98.972	78.54
太原钢铁	99.88	93.17	2303.560	331.430	49.91
舞阳钢铁	99.67	88.72	1958.300	218.940	122.34
天津钢管		90.67			
中原特钢	99.86	81.00			
天工工具	98.00	85.00	130.000	20.800	
河冶科技	100.00	75.67	27.550		
承德建龙	99.85	98.56	2494.950	96.865	45.67
沙 钢	99.63	97.08	5042.555	152.030	45.70
其中：淮钢	100.00	96.98	5015.860	110.453	49.29
东特	99.67	93.05	509.520	44.240	97.25
永钢	99.64	99.71	8777.057	159.912	40.29
南京钢铁	99.78	94.07	4392.000	150.450	48.04
新兴铸管	100.00	97.89	4990.030	134.810	36.45
巨能特钢	99.98	95.69	1174.850	68.140	60.74
西王金属	99.50	100.12	4681.000	351.000	50.61
方大特钢	99.98	100.93	4861.670	158.869	36.63
济源钢铁	99.94	96.47	2611.782	96.180	53.19
南阳汉冶	99.00	93.00			
永兴不锈	99.25	95.33	518.000		94.36
邢台钢铁	99.96	97.34	2415.280	87.648	49.82
建龙北满	99.90	95.10	1038.044	45.542	49.91
天钢联合	99.98	98.93	683.350	256.900	39.11
衡阳钢管	98.96	87.04	1759.150	49.910	123.47
天津钢铁	99.98	96.58	3057.020	202.388	35.63

2.4　产品销售利润构成

（1）钢材销售利润构成见表 2-7。

表 2-7　销售利润构成

企　业	销售量（吨）	销售收入（万元）	销售成本（万元）	销售费用（万元）	销售税金及附加（万元）	销售利润（万元）
中信特钢	12174131	7224571	6181151	49322	38133	955965
其中：兴澄特钢	5216473	3201380	2752101	19097	19241	410941
大冶特钢	3274328	2110909	1806374	13928	5371	285236
青岛钢铁	3066188	1565906	1303497	13650	11453	192796
宝武特冶	92120	317019	282221	1150	230	33418
西宁特钢	1822897	925490	856956	5583	6945	56005
长城特钢	412774	378433	355602	2378	980	19473
河冶科技	24016	116702	101661	6470	739	7832
首钢贵阳特钢	470652	258526	258025	5785	1312	-6596
新旭特钢	481880	220652	206340	162	504	12961
中天钢铁	12951838	6042100	5254306	7494	14749	765551
太原钢铁	9122442	8491720	6714600	42160	17586	1717374
舞阳钢铁	2632133	1737248	1549318	3560	13826	41279
天津钢管	2543741					
衡阳钢管	1736465	1260557	1127931	13421	8132	111073
建龙北满	1827337	933777	845636	42353	4596	41192
天工工具	188998	373219	284955	2478	1727	84059
承德建龙	725885	355192	285230	6902	1313	69962
石　钢	1177555	639002	544054	18818	7263	68867
沙　钢	41647777	21177721	17911727	166181	76852	3022961
其中：淮钢	2749051	1641694	1321511	1850	6030	312303
东特	1988243	1623874	1445337	11891	11488	155158
永钢	10028406	4750566	4057783	43996	22839	625948
南京钢铁						
天津钢铁	545307	235029	202606	354	506	31564
巨能特钢	1527702	764296	713590	10680	3056	36970
中原特钢	156829	158615	142959	2666	1897	15656
方大特钢	4063678	1867093	1533834	4305	14821	314133
济源钢铁	3868049	2097268	1922505	12439	7223	155101
南阳汉冶	2707512	1737592	1546439	59415	5122	126616
邢台钢铁						
永兴不锈						

续表 2-7

企　业	销售量（吨）	销售收入（万元）	销售成本（万元）	销售费用（万元）	销售税金及附加（万元）	销售利润（万元）
西王金属	2792266	1233875	1161809	1200	3575	67291
莱芜特钢	1726653	874664	883239	1620	4591	-71560
凌源钢铁	5386080	2475483	2193630			281853
新兴铸管	3097007	1449484	1282093	535	7864	166856
合　计	115903724	63345328	54342417	467431	243542	8125856

（2）铁道用钢材销售利润构成见表 2-8。

表 2-8　铁道用钢材销售利润构成

企　业	销售量（吨）	销售收入（万元）	销售成本（万元）	销售费用（万元）	销售税金及附加（万元）	销售利润（万元）
西宁特钢	41457	42629	39286	127	158	3057
合　计	41457	42629	39286	127	158	3057

（3）中小型钢材销售利润构成见表 2-9。

表 2-9　中小型钢材销售利润构成

企　业	销售量（吨）	销售收入（万元）	销售成本（万元）	销售费用（万元）	销售税金及附加（万元）	销售利润（万元）
新旭特钢	481880	220652	206340	162	504	12961
合　计	481880	220652	206340	162	504	12961

（4）棒材销售利润构成见表 2-10。

表 2-10　棒材销售利润构成

企　业	销售量（吨）	销售收入（万元）	销售成本（万元）	销售费用（万元）	销售税金及附加（万元）	销售利润（万元）
中信特钢	5920829	3760764	3161152	24037	16951	558624
其中：兴澄特钢	2377067	1644156	1362568	8702	8768	264118
大冶特钢	2401003	1521173	1331536	10267	3959	175411
青岛钢铁	1026140	538415	415603	4568	3833	64522
宝武特冶	54589	133748	121326	485	97	11839
石　钢	1090678	591858	503915	17430	6727	63786
西宁特钢	983804	533538	477811	3013	3748	48966
长城特钢	316238	245106	231403	1540	635	11528
河冶科技	18630	86226	74732	4822	550	6122
贵阳特钢	147194	76360	76097	1709	387	-1948
中天钢铁	1203637	606373	532177	696	1371	72129

续表 2-10

企　业	销售量（吨）	销售收入（万元）	销售成本（万元）	销售费用（万元）	销售税金及附加（万元）	销售利润（万元）
太原钢铁	274787	177711	161064	882	531	15234
巨能特钢	1277537	643824	601445	8997	2574	30809
沙　钢	5648297	3642307	3091091	16161	18225	516830
其中：淮钢	2749051	1641694	1321511	1850	6030	312303
东特	1206891	1125043	980432	8611	8611	127389
永钢	1219789	654583	588833	5351	2778	57621
天津钢铁	1842684	827134	730465	1244	1508	93917
天工工具	63690	119767	100565	885	665	17652
莱芜特钢	1726653	874664	883239	1620	4591	-71560
中原特钢	156829	158615	142959	2666	1897	15656
济源钢铁	1774719	962258	882075	5707	3314	71162
方大特钢	435942	235425	176133	543	1869	56881
西王金属	639102	286196	274456	275	818	10647
承德建龙	725885	355192	285230	6902	1313	69962
凌源钢铁	1532411	724166	652146	0	0	72020
新兴铸管	426328	238739	221653	88	1295	16998
建龙北满	1150442	604799	555238	26664	2894	20003
合　计	27410906	15884770	13936372	126365	71961	1707254

（5）钢筋销售利润构成见表 2-11。

表 2-11　钢筋销售利润构成

企　业	销售量（吨）	销售收入（万元）	销售成本（万元）	销售费用（万元）	销售税金及附加（万元）	销售利润（万元）
沙　钢	12952769	5928375	5067779	50959	24177	785460
其中：淮钢						
永钢	7218057	3305551	2808454	31667	16439	448991
西王金属	1415394	608079	566812	608	1812	38847
方大特钢	2739644	1214738	1020724	2801	9643	181570
济源钢铁	733741	397836	364686	2359	1370	29421
凌源钢铁	2106236	933280	829898			103382
中天钢铁	6566005	2924965	2563276	3799	7477	350413
新兴铸管	1381402	561227	492225	207	3045	68795
西宁特钢	797636	349323	339859	2443	3039	3982
合　计	28692827	12568500	10905400	60733	47524	1557888

（6）线材（盘条）销售利润构成见表 2-12。

表 2-12 线材（盘条）销售利润构成

企 业	销售量（吨）	销售收入（万元）	销售成本（万元）	销售费用（万元）	销售税金及附加（万元）	销售利润（万元）
长城特钢	33048	34876	32725	219	90	1842
中信特钢	2579243	1345356	1185074	11056	9609	139617
其中：兴澄特钢	539195	317865	297180	1974	1989	16722
青岛钢铁	2040048	1027491	887894	9082	7620	128274
宝武特冶	1311	8942	9539	32	6	-636
石 钢	86877	47144	40139	1388	536	5081
太原钢铁	151842	151141	139696	750	293	10402
沙 钢	9046672	4474435	3894331	37706	14985	527414
其中：东特	746325	418251	400977	2620	2184	12469
永钢	1590561	790432	660496	6978	3622	119336
天津钢铁	476230	221128	198320	333	356	22119
天工工具	55223	120221	86815	758	610	32038
河冶科技	1739	9170	8019	494	58	599
济源钢铁	1359589	737174	675744	4373	2539	54518
方大特钢	888092	416930	336977	961	3310	75682
凌源钢铁	477062	223735	199611	0	0	24124
中天钢铁	4076602	1990357	1719289	2359	4642	264067
新兴铸管	1239277	649518	568215	240	3524	81063
贵阳特钢	286886	137695	139782	3134	699	-3513
西王金属	689395	315620	291041	296	883	23400
建龙北满	669197	317093	278863	15510	1683	21037
合 计	22118286	11200535	9804180	79609	43822	1278855

（7）特厚板销售利润构成见表 2-13。

表 2-13 特厚板销售利润构成

企 业	销售量（吨）	销售收入（万元）	销售成本（万元）	销售费用（万元）	销售税金及附加（万元）	销售利润（万元）
中信特钢	720055	387967	341949	2636	2656	40726
其中：兴澄	720055	387967	341949	2636	2656	40726
长城特钢	13534	13791	13715	87	36	-47
舞阳钢铁	1156311	850359	758368	1742	6767	20206
太原钢铁	29318	37362	30444	185	57	6676
南阳汉冶	304901	208511	185573	7130	615	15193
天津钢铁	235476	108679	90081	163	290	18144

续表 2-13

企　业	销售量（吨）	销售收入（万元）	销售成本（万元）	销售费用（万元）	销售税金及附加（万元）	销售利润（万元）
天工工具	5200	13265	10057	110	95	3003
沙　钢	1542796	746421	638942	6424	2070	98985
合　计	4007591	2366355	2069129	18478	12586	202886

（8）厚板销售利润构成见表 2-14。

表 2-14　厚板销售利润构成

企　业	销售量（吨）	销售收入（万元）	销售成本（万元）	销售费用（万元）	销售税金及附加（万元）	销售利润（万元）
长城特钢	24723	27629	27476	174	72	-93
中信特钢	1018817	548941	483828	3730	3758	57625
其中：兴澄特钢	1018817	548941	483828	3730	3758	57625
宝武特冶	2893	17566	18373	64	13	-883
太原钢铁	382525	359527	202303	1785	739	154700
天工工具	24630	40745	30840	282	109	9514
沙　钢	1116305	540080	462312	4648	1498	71622
舞阳钢铁	1212361	683942	610062	1402	5443	16219
南阳汉冶	1509131	955676	850541	32678	2817	69640
天津钢铁	2241738	1043289	908143	1569	2108	131468
合　计	7533122	4217395	3593879	46332	16556	509811

（9）中板销售利润构成见表 2-15。

表 2-15　中板销售利润构成

企　业	销售量（吨）	销售收入（万元）	销售成本（万元）	销售费用（万元）	销售税金及附加（万元）	销售利润（万元）
中信特钢	561339	302451	266576	2055	2070	31750
其中：兴澄特钢	561339	302451	266576	2055	2070	31750
长城特钢	15800	17596	17107	110	46	333
太原钢铁	866429	698100	567827	3582	1683	125008
舞阳钢铁	263461	202948	180888	416	1616	4854
沙　钢	1167857	569771	487234	4904	1614	76019
其中：东特	709	5092	3865	44	48	1136
天津钢铁	20576	9959	8579	15	22	1343
天工工具	39500	77430	55388	300	176	21566
南阳汉冶	893480	573405	510325	19607	1690	41783
合　计	3828442	2451659	2093924	30989	8916	302656

（10）热轧薄板销售利润构成见表 2-16。

表 2-16 热轧薄板销售利润构成

企　业	销售量（吨）	销售收入（万元）	销售成本（万元）	销售费用（万元）	销售税金及附加（万元）	销售利润（万元）
太原钢铁	10057	4900	4263	24	19	594
天工工具	562	1332	940	85	45	262
合　　计	10619	6232	5203	109	64	856

（11）热轧窄钢带销售利润构成见表 2-17。

表 2-17 热轧窄钢带销售利润构成

企　业	销售量（吨）	销售收入（万元）	销售成本（万元）	销售费用（万元）	销售税金及附加（万元）	销售利润（万元）
沙　　钢	40	380	341	2	2	34
其中：东特	40	380	341	2	2	34
中天钢铁	1105594	520405	439564	640	1259	78942
河冶科技	117	564	519	31	4	10
合　　计	1105751	521349	440424	673	1265	78986

（12）冷轧窄钢带销售利润构成见表 2-18。

表 2-18 冷轧窄钢带销售利润构成

企　业	销售量（吨）	销售收入（万元）	销售成本（万元）	销售费用（万元）	销售税金及附加（万元）	销售利润（万元）
宝武特冶	69.232	1658	1538	6	1	113
长城特钢	27186	68141	55245	338	53	12505
沙　　钢	350	3327	2988	21	17	301
其中：东特	350	3327	2988	21	17	301
河冶科技	113	720	645	40	5	30
合　　计	27718	73846	60416	405	77	12948

（13）镀层板销售利润构成见表 2-19。

表 2-19 镀层板销售利润构成

企　业	销售量（吨）	销售收入（万元）	销售成本（万元）	销售费用（万元）	销售税金及附加（万元）	销售利润（万元）
沙　　钢	251581	168383	156383	1449	507	10045
合　　计	262621	126347	114687	1298	544	9818

（14）电工用钢板销售利润构成见表 2-20。

表 2-20 电工用钢板销售利润构成

企　业	销售量（吨）	销售收入（万元）	销售成本（万元）	销售费用（万元）	销售税金及附加（万元）	销售利润（万元）
太原钢铁	1010485	787724	545222	3910	1952	236640
沙　钢	1167783	826901	577254	7117	1870	240660
合　计	2178268	1614625	1122476	11027	3822	477300

（15）无缝钢管销售利润构成见表 2-21。

表 2-21 无缝钢管销售利润构成

企　业	销售量（吨）	销售收入（万元）	销售成本（万元）	销售费用（万元）	销售税金及附加（万元）	销售利润（万元）
中信特钢	1373848	879092	742572	5808	3089	127623
其中：大冶特钢	873325	589736	474838	3661	1412	109825
长城特钢	3008	19108	15477	120	49	3462
宝武特冶	6885	101991	90245	370	74	11303
天津钢管	2543741					
衡阳钢管	1736465	1260557	1127931	13421	8132	111073
太原钢铁	20242	67328	71770	334	39	-4815
巨能特钢	250164	120471	112145	1683	482	6161
合　计	5934353	2448548	2160140	21737	11865	254807

（16）焊接钢管销售利润构成见表 2-22。

表 2-22 焊接钢管销售利润构成

企　业	销售量（吨）	销售收入（万元）	销售成本（万元）	销售费用（万元）	销售税金及附加（万元）	销售利润（万元）
太原钢铁	6451	13817	12828	69	12	908
凌源钢铁	59776	28776	27735			1041
合　计	66227	42593	40563	69	12	1949

（17）其他钢材销售利润构成见表 2-23。

表 2-23 其他钢材销售利润构成

企　业	销售量（吨）	销售收入（万元）	销售成本（万元）	销售费用（万元）	销售税金及附加（万元）	销售利润（万元）
宝武特冶	26373	53114	41199	193	39	11684
长城特钢	5431	10523	9507	66	27	923
太原钢铁	21545	21815	20956	1		858

续表 2-23

企 业	销售量（吨）	销售收入（万元）	销售成本（万元）	销售费用（万元）	销售税金及附加（万元）	销售利润（万元）
西王金属	48374	23980	29500	21	62	-5603
沙 钢	32013	49192	43418	398	414	4962
其中：东特	32013	49192	43418	398	414	4962
贵阳特钢	36572	44471	42145	942	226	-1135
建龙北满	7698	11884	11535	178	19	152
河冶科技	3417	20022	17746	1083	122	1071
合 计	181424	235002	216006	2882	908	12912

2.5 固定资产投资

固定资产投资见表 2-24。

表 2-24 固定资产投资 （万元）

企 业	投资完成额	烧结	炼铁	炼钢	其中：电炉	转炉	连铸	轧材	金属制品	其他
本 特	9937							9937		
宝武特冶	12700									12700
中信特钢	375675	22762	62093	47879	26061	21818	24340	66707		151894
其中：兴澄	123555	1090	21328	19418	4816	14602	24340	23882		33497
新冶钢	215116	21672	40765	28461	21245	7216		22173		102045
青岛钢铁	1800							1800		
石 钢										
西宁特钢	685			327	284					358
长城特钢	45035			24308	19757		99	15859		4769
凌源钢铁	47490	20444						598		26448
贵阳特钢	7826			937	937		430			6459
新旭特钢	504									504
中天钢铁	25190		55	12865						12270
莱芜特钢	10666			3632	3355	277	3471	3135		428
太原钢铁	414957		855					206329		207773
舞阳钢铁										
天津钢管	27184	5	8491	7613	7613			7319		3756
衡阳钢管	37842		4125	8662	8662			5164		19891
建龙北满	23004									23004
中原特钢	10518									10518
河冶科技	3016									3016

续表 2-24

企　业	投资完成额	烧结	炼铁	炼钢	其中：电炉	转炉	连铸	轧材	金属制品	其他
天工工具										
承德建龙	235334	44241	25969	31350		23425	4843	8538		120393
沙　钢										
其中：淮钢	38605	6300		3347		3347	2975	16259		9724
东特	103005	15	44847	56740	55435		6	927		470
永钢	202719	6980	87019	8333	622	7711	33530	7698		59159
南京钢铁	167839	48072	18069	13568	10256	3312	4419	42689		41022
新兴铸管										
天津钢铁										
巨能特钢	28290	7484	5471	5145	2055	3090		3791		6399
南阳汉冶	52300									52300
方大特钢										
济源钢铁	175204	25358	54025				25002	31728		39091
邢台钢铁										
西王金属										
合　计	1711196	168366	179153	156287	78979	51922	62604	401794		742992

2.6 特钢企业主要指标排序

特钢企业主要指标排序见表 2-25。

表 2-25　特钢企业主要指标排序

名次	粗钢产量		其中：电炉钢		钢　材		主营业务收入		利润总额	
	企业名称	指标(吨)	企业名称	指标(吨)	企业名称	指标(吨)	企业名称	指标(万元)	企业名称	指标(万元)
合计		**152561820**		**29346308**		**138004369**		**115795893**		**7848871**
1	沙　钢	44229663	沙　钢	9248899	沙　钢	42442198	沙　钢	28187459	沙　钢	2944085
2	中信特钢	13974903	太原钢铁	3091616	中天钢铁	12841626	南京钢铁	18749509	太原钢铁	1490172
3	中天钢铁	12761083	中信特钢	2346997	中信特钢	12119997	中天钢铁	17658367	中信特钢	992768
4	太原钢铁	12731376	天津钢管	2049764	太原钢铁	12068655	太原钢铁	11621023	南京钢铁	653747
5	南京钢铁	11583012	衡阳钢管	1769542	南京钢铁	10766992	中信特钢	9177958	中天钢铁	423300
6	天钢联合	6337978	舞阳钢铁	1760902	凌源钢铁	5374033	天钢联合	2985692	方大特钢	363802
7	天津钢铁	5536936	石　钢	1355474	天津钢铁	4823980	济源钢铁	2838426	天钢联合	295435
8	凌源钢铁	5406788	莱芜特钢	1195735	方大特钢	4247882	凌源钢铁	2563828	凌源钢铁	181010
9	方大特钢	4216777	南京钢铁	1018716	济源钢铁	3868049	天津钢铁	2477056	济源钢铁	180183
10	济源钢铁	3909762	西宁特钢	945279	新兴铸管	3103801	方大特钢	2160317	天津钢铁	138509
11	莱芜特钢	3538312	建龙北满	724297	西王金属	2784655	舞阳钢铁	2015416	新兴铸管	137359

续表 2-25

名次	粗钢产量		其中：电炉钢		钢 材		主营业务收入		利润总额	
	企业名称	指标(吨)	企业名称	指标(吨)	企业名称	指标(吨)	企业名称	指标(万元)	企业名称	指标(万元)
12	舞阳钢铁	3195648	西王金属	660618	南阳汉冶	2748488	新兴铸管	1988209	承德建龙	91017
13	西王金属	2799998	中天钢铁	600287	舞阳钢铁	2613758	西王金属	1856778	贵阳特钢	54064
14	新兴铸管	2743223	新旭特钢	480522	天津钢管	2564952	南阳汉冶	1737592	永兴不锈	44117
15	南阳汉冶	2717244	贵阳特钢	394822	天钢联合	1955495	衡阳钢管	1260557	天工国际	43502
16	承德建龙	2473153	永兴不锈	323602	西宁特钢	1819880	西宁特钢	1246784	舞阳钢铁	41279
17	天津钢管	2049764	长城特钢	281953	衡阳钢管	1694064	建龙北满	1202731	衡阳钢管	36245
18	建龙北满	1942213	巨能特钢	269875	莱芜特钢	1555887	承德建龙	1196505	巨能特钢	22446
19	西宁特钢	1866894	本 钢	250382	巨能特钢	1530825	莱芜特钢	874664	建龙北满	20193
20	衡阳钢管	1769542	天工国际	236386	建龙北满	1509315	巨能特钢	801066	南阳汉冶	16786
21	巨能特钢	1582939	中原特钢	201579	邢台钢铁	1466075	石 钢	776151	新旭特钢	13054
22	邢台钢铁	1530831	宝武特冶	104792	石 钢	1210961	永兴不锈	587118	西王金属	7874
23	石 钢	1355474	河冶科技	34269	承德建龙	721041	长城特钢	379334	河冶科技	5288
24	新旭特钢	480522			本 钢	622502	天工国际	376966	宝武特冶	5085
25	贵阳特钢	394822			贵阳特钢	452982	宝武特冶	322341	中原特钢	1631
26	永兴不锈	323602			长城特钢	412755	贵阳特钢	258526	长城特钢	1584
27	长城特钢	281953			永兴不锈	315967	新旭特钢	220652	石 钢	881
28	本 钢	250382			天工国际	192361	中原特钢	158615	莱芜特钢	−71560
29	天工工具	236386			中原特钢	82130	河冶科技	116256	西宁特钢	−284985
30	中原特钢	201579			宝武特冶	68061				
31	宝武特冶	104792			河冶科技	25001				
32	河冶科技	34269								

第 3 章

中国特殊钢产品创新和应用拓展

2021 年，中国特殊钢行业积极贯彻新发展理念，全力以赴突破“卡脖子”材料，实现了很大进步。

在产品创新上，一大批新产品研发成功，不少产品实现全球首发，质量达到甚至超过世界同类其他产品，还有一批产品实现从零到一，有望实现批量化生产，实现国产化替代，为我国特殊钢领域高质量发展贡献力量。

在应用拓展上，我国特殊钢企业克服重重困难，积极开拓产品应用领域，生产的一大批特殊钢产品应用于国之重器、国家重点大型项目，成为这些项目的钢筋铁骨。与此同时，我国特殊钢企业走出了国门，积极将产品应用领域拓展到海外项目，赢得了一大批海外高质量的订单，有力证明了我国特殊钢产品的实力。

3.1 特殊钢产品创新

3.1.1 合金结构钢

河钢石钢成功冶炼高硫高氮非调质钢。河钢集团石钢公司炼钢厂成功冶炼出供某国际高端主机厂零部件用高硫高氮保铝非调质钢。该钢种成分要求高硫高氮，保证有一定的铝含量，同时要求多元素窄成分控制，并对残余元素要求严格。因该钢种在生产中易出现流动性差、表面裂纹倾向性大、偏析严重等情况，生产工艺控制难度很大。为确保该订单产品冶炼成功，炼钢厂和技术中心开发部对原辅料的准备、增硫工艺、增氮工艺、过程取样等关键点进行了充分讨论，并对不同工艺的利弊进行辨识，最终结合当前的设备状态确定了最优工艺路线。在冶炼生产期间，炼钢厂安排人员现场盯守，公司开发部技术人员全程跟踪，随时支援生产现场解决各类问题。经过充分准备、科学有序组织，该钢种冶炼顺利。经检测，钢种成分满足要求，钢材低倍组织及表面质量良好。该钢种的成功冶炼，标志着河钢石钢新区炼钢控制水平迈上了一个新的台阶。

凌钢优特钢事业部工程机械用钢 35MnB-DN 研发成功。凌源钢铁股份有限公司优特钢事业部（以下简称“凌钢优特钢事业部”）开发的工程机械链轨节齿块用钢 35MnB-DN 圆钢顺利交付客户。使用该钢种生产的工程机械链轨节齿块全部检验合格。这标志着凌钢成功开发 35MnB-DN 钢。35MnB-DN 钢种主要用于制作工程机械链轨节齿块，属于履带用钢，而履带属于易磨损件，要求材料必须有良好的耐磨性，以及足够的强度和韧性。凌钢优特钢事业部分析生产技术难点，借鉴前期加钛固氮保硼技术，最终确立了详细的试验方案。在生产过程中，技术人员严把技术关，全程跟班指导，确保真空处理效果，并监测轧制温度，各工艺环节控制均达到设计要求，表面质量、成分控制、非金属夹杂物、力学性能、末端淬透性等性能经客户检验全部合格，获得了该客户的充分肯定。

东北特钢研发的 JMFeCo16 合金棒材实现量产。沙钢集团东北特钢目前已成功试制并批量化生产可替代进口的软磁合金 JMFeCo16 合金棒材。经检验，该产品实物质量达到国际水平。此前，国内市场使用的 JMFeCo16 合金棒材主要依赖进口，无相关生产技术资料可借鉴。2020 年末，某客户与东北特钢通过多次前期技术交流，达成共同开发试制该产品的共识。为了科学设计合金成分及生产工艺，东北特钢技术人员结合以往生产软磁合金的技术经验，并收集国外进口实物，系统地分析了进口材料的实物质量水平。在产品试制过程中，东北特钢技术人员全程跟踪指导，试制工作顺利完成，首试样品一次性通过客户原料验收和使用验证，各项指标满足客户使用要求。2021 年，该客户陆续从东北特钢大批量订购 JM-FeCo16 合金棒材，要求棒材长度在 5000~

6000 毫米。由于订货量大，且产品长度有规定要求，原有生产工艺不适宜新的生产要求。对此，东北特钢技术人员结合首试生产的经验，依托批量化生产的装备和流程，重新制定了生产工艺。该合金由于脆性大、温度区间窄、生产工艺流程长，极易在表面处理过程中出现脆断等问题。东北特钢技术人员多次召开专题研讨会进行技术攻关，对生产过程中各个环节进行监督，最终顺利完成了 JMFeCo16 合金棒材的批量化生产和交付。

东北特钢集团开发其他结构钢。（1）18CrNiMo7-6+HH 高速轴通过采埃孚认证。（2）18CrNiMo7-6 高铁齿轮用商品坯通过中车认可，进入中车集团铁路齿轮钢稳定供货商序列。（3）研制的超长磨光合金弹簧钢丝，用于某型号飞机重要部件的关键材料，对中国航空事业做出重要贡献。

天津钢管成功生产了目前最大外径 720 毫米的旋挖钻杆用管。加强旋挖钻杆用管产品的开发与市场推广，针对三一重工、徐工集团等国内重点客户的需求，天津钢管制造有限公司已研发出 TP450RD、TP500RD、TP550RD（ZD550）、ZD700、TP850RD（ZD850、XG850）共计 5 个钢级系列、规格涵盖外径 168~720 毫米、壁厚 8~30 毫米的全系列旋挖钻杆用无缝钢管，其中 TP450RD 和 ZD700 是针对用户新需求开发的完全新品，并且成功生产了目前最大外径 720 毫米的旋挖钻杆用管，该产品系列已形成规模化生产。

济源钢铁齿轮钢实现低氧含量等性能控制要求。济源钢铁（集团）有限公司齿轮钢产品以国内外先进企业技术指标为努力方向，以实现成品齿轮小变形、低噪声、高疲劳寿命为奋斗目标，通过与行业技术专家及高校合作，并通过技术研发人员的技术创新和质量攻关，不断对产品质量进行优化提升，最终实现了齿轮钢低氧含量、高洁净度、窄淬透带及切削性能优良的控制要求。目前，济源钢铁齿轮钢生产的主要品种有 20CrMnTiH 系列（H1－H6）、CrMo 系列、CrNiMo 系列、CrMnMo 系列、MnCr 系列等，广泛应用于商用车、乘用车变速箱齿轮及齿轮轴、差速器齿轮、驱动桥齿轮及齿圈、工程机械用齿轮、风电齿圈及输出轴、摩托车齿轮（轴）等。其中 20CrMnTi 系列产品已具备 4HRC 带宽批量生产的能力，其他系列产品具备 3HRC 带宽批量生产能力。

中天钢铁开发出汽车用齿轮钢 21NiCrMo5H。汽车用齿轮钢-精品棒材 21NiCrMo5H 作为 Ni-Cr-Mo 系高质量渗碳齿轮钢，主要用于制造汽车用齿轮，在汽车运行过程中起着传递动力的作用，需具备良好的耐磨性和切削性、高纯净度、高接触疲劳强度、高弯曲疲劳强度、较低的氧含量、良好的韧性、窄的末端淬透性带宽、细小均匀的晶粒度等特性，以保证汽车的安全、环保、长寿及舒适性。由于该钢种合金含量较高（含硫含铝），一炉钢需加入超 5 吨合金，同时需要喂入氮线，对料仓准备、温度控制、合金加入、喂线种类及时机等要求较为苛刻，冶炼、生产组织难度非常大。为此，中天钢铁电炉炼钢厂借助前期齿轮钢、合金钢等生产经验，结合现场实际，提前剖析控制难点，总结形成了 21NiCrMo5H 生产控制操作要点。最终，顺利生产出汽车用齿轮钢-精品棒材 21NiCrMo5H 共 4 炉，且化学成分、气体含量控制稳定，一次性冶炼成功。

3.1.2　高温合金

东北特钢成功研发航空发动机用带材新品。沙钢集团东北特钢公司（以下简称“东北特钢”）成功研发、生产供航空发动机使用的 GH4098 高温合金带材新产品，产品尺寸包括 0.5 毫米×200 毫米、0.6 毫米×400 毫米、0.7 毫米×200 毫米多个规格，经检验，产品各项性能指标均满足标准要求。GH4098 属于 Ni-Cr 基沉淀硬化型变形高温合金，由于合金中加入了钨等多种元素，综合强化效果明显，并具有优异的高温强度稳定性、热加工性能和焊接性能等，长期工作温度可达 1000℃ 以上。GH4098 高温合金产品主要用于制作航空发动机涡轮叶片等高温零部件，其相近牌号在国外已用于发动机挡板等的零部件制造。高温合金 GH4098 化学成分复杂，微量合金化程度高，对产品物理性能要求极高，尺寸控制十分严格，热处理工艺复杂，生产加工难度非常大。通过不懈努力，东北特钢成功完成了大规格、高精度 GH4098 高温合金带材生产任务，并将产品顺利交付客户，得到客户的认可和信赖。

东北特钢成功生产高端高温合金冷拉丝材。沙钢集团东北特钢成功生产直径 1.6 毫米高端高温合金 GH4169 冷拉丝材。经检验，该产品力学性能指标均符合标准要求。GH4169 属于 Ni-Cr-Fe 基沉淀硬化型变形高温合金，可长时间在 -253～650℃ 温度范围内使用，综合性能良好，短时使用温度上限可达 800℃，在 650℃ 以下强度较高，具有良好的抗疲劳、抗辐射、抗氧化、耐腐蚀性能。该合金可用于制造各种复杂的高端零部件，广泛应用于宇航、核能、石油工业及挤压模具等先进装备制造领域。其中，焊接用高温合金 GH4169 冷拉丝材具有适焊性、易加工性和高强度等特点，具有较好的市场优势。高温合金 GH4169 冷拉丝材生产工艺复杂，控制难度较大。

东北特钢集团开发了多项高温合金产品获得用户好评。（1）与钢铁研究总院联合开发了多项新型难变形合金，应用于下一代航空发动机。（2）船用气阀钢 NiCr20TiAl 合金 ϕ105 毫米棒材通过南京国际船舶设备配件有限公司认证，是继 2020 年该品种 ϕ56～78 毫米棒材通过认证后的又一规格通过认证。（3）航天系 GH98 合金大锭型板材通过航天三院认证，该材料用于海对空系列发动机，解决了国内 GH98 合金小锭型不能满足发动机批产质量稳定问题。

攀钢高性能电热合金产品试制成功。鞍钢集团攀钢研究院特钢技术研究所成功打通大功率电炉用高性能 Cr20Ni80 电热合金线材产品生产的全流程工艺，首次完成吨级成品试制，产品质量达标，综合性能达到国内领先水平。Cr20Ni80 电热合金具有熔点高、电阻率高、电阻温度系数小、高中低温抗氧化等性能，能冷加工至很细的各种圆、扁状线材，常用来生产电热元件、高中温电阻元件、应力测量元件等。与进口产品相比，此前国产电热合金产品的质量、性能及使用寿命均存在较大差距。基于 Cr20Ni80 电热合金国内产业升级与进口替代的强烈需求，近年来，攀钢科研人员系统研究了合金成分、冶炼工艺、加工工艺及热处理工艺等因素对 Cr20Ni80 电热合金性能的影响规律，深度优化合金成分及全流程生产工艺。经过多轮次实验室小锭型试验验证和数值模拟验证后，攀钢科研人员积极开展了吨级工业试制工作。攀钢科研人员全程密切跟踪生产，确保了首批次大盘重大规格 Cr20Ni80 电热合金线材产品一次性试制成功。

3.1.3 不锈钢

太钢全球首发 0.07 毫米超平不锈钢精密带材和无纹理表面不锈精密带钢。2021 年 5 月 12 日，中国宝武太钢不锈钢股份有限公司 0.07 毫米超平不锈钢精密带材和无纹理表面不锈精密带钢在太钢不锈钢精密带钢公司全球首发。

太钢研发的 ϕ570 毫米超大直径 2205 锻制管坯填补行业空白。2021 年 3 月，国内某钢管公司咨询太钢营销中心，提出 ϕ570 毫米超大直径双相不锈钢管坯采购需求。双相不锈钢制造技术难度大，应用领域广，在太钢一直被定为公司战略产品重点发展。对于此次海洋平台工程需要的厚壁管，以往均采用厚钢板焊接而成，而无缝钢管相对于焊接钢管，在安全性方面大幅提升，但所使用的超大直径双相不锈钢管坯，因受设备能力、工艺条件的制约，此前属行业空白。太钢技术中心牵头，联合营销中心、制造部、生产厂成立攻关团队，快速与用户对接，详细了解产品最终用途和使用要求，并根据钢种特性、成品要求、技术难点，在高洁净度冶炼、关键元素的精确控制、大钢锭组合锻造、大直径管坯热处理组织调控等关键环节进行针对性设计，全过程跟踪，历时 3 个月，成功开发了 600 吨包括最大直径为 ϕ570 毫米在内的双相不锈钢系列管坯，并取得了 DNV 船级社和 Nosork-M650 等具有国际影响力的第三方认证，填补了行业空白。

太钢开发多品种不锈钢满足下游用户需求。太钢为应对 200 系产品对电梯面板用钢冲击，国内首次开发高性能、微合金化电梯面板专用钢种 TES18 产品，并实现批量供货。成功开发宽度 1500 毫米的 S32750 宽幅卷板，首次用于磷酸矿机械设备的制造；ϕ570 毫米超大直径 2205 锻制管坯填补行业空白。开发空调压缩机阀片用 TMS422 热轧卷板，其碳化物及夹杂物满足苛刻使用要求。电渣工艺 6Cr13 冷轧板通过吉列测试，各项指标满足要求。成功开发 N08810 合金特大单重特厚板材料，并应用于我国首个国产化光伏多晶硅项目，实现批量供货，解决了我国碳达峰碳中和领域关键装备材料依赖进口问题，创造了显著的社会效益和经济效益。成功开发航空模具用 4J36 中厚板及配套焊丝，各项性能与进口材料相当，已实现批量接单。打通电渣、锻造等关键工艺路线，全球首发硬 X 射线自由电子激光装置用不锈钢材料，并完成热轧板材和棒材的保供任务，实现了关键材料的国产化。

太钢宁波基地突破轧机的设计厚度极限，成功轧制 0.025 毫米超薄不锈钢精密带钢；成功开发宁波地铁 5 号线和郑州 6 号线地铁座椅用压花不锈钢产品并批量应用。宝钢德盛新一代 Cr-Mn-Ni-N 系不锈钢形成六大产品族群（经济型、高耐蚀、高强、特殊面板、无磁和易加工等系列），满足了用户个性化、高端化、低成本化等各种需求。天津基地开发啤酒罐、流体管、喷砂面板等产品，其中高端用户使用无磁啤酒罐材料已批量拉伸，开裂率 0.1%，达到目前行业最好水平，裂纹缺陷控制技术实现突破。

鞍钢成功研发碳钢不锈钢热连轧复合卷板。鞍钢集团钢铁研究院在鞍钢股份热轧带钢厂、制造管理部、科技与规划部门的大力支持与配合下，成功研发碳钢不锈钢热连轧复合卷板。碳钢不锈钢复合板是为了大幅降低不锈钢材料成本而生产的一种功能性材料，具有复层不锈钢耐腐蚀、耐磨性能，基层碳钢高强度、导热、导磁性能等。由于具有良好的价格优势及优良的综合性能，该材料广泛应用于管道、化工、模板、模具、医疗卫生、航天、电力、装饰装修等领域。鞍钢集团钢铁研究院研发团队连续攻克热连轧条件下真空复合坯制坯、复合坯高效加热、复合坯热连轧稳定轧制、热连轧复合卷分卷精整等多项生产工艺技术瓶颈，生产出的产品复合性能优良，各项性能指标达到国际先进水平。

世界上目前最宽“手撕钢”在宁波宝新诞生。2021 年 3 月 9 日，中国宝武太钢宁波宝新生产出厚度为 0.049 毫米宽幅超薄精密不锈带钢，又于 4 月份成功轧制出厚度为 0.03 毫米、宽度为 1000 毫米的更薄规格宽幅精带产品，系全球同等厚度中宽幅最大的“手撕钢”。

酒钢成功研制出高端剃须刀用超高碳马氏体不锈钢 6Cr13，打破国外垄断。酒钢集团公司成功研制出高端剃须刀用超高碳马氏体不锈钢 6Cr13，成为国内采用常规连铸工艺批量生产这种材料的企业，一举打破国外垄断，攻克了国内高端手动剃须刀生产完全依赖进口材料的“卡脖子”难题，也为相关材料的研发积累了经验，更为下游企业提供了价格更低的产品。

攀钢高硼不锈钢中试级别研制取得进展。鞍钢集团攀钢研究院有限公司研究人员在实验室成功制备热中子吸收屏蔽核电功能材料的中试样件4件，验证了熔炼、热加工工艺的可靠性，为下一步工业试制奠定了良好基础。安全高效发展核电是能源变革的选择之一，高硼不锈钢具有优异的热中子吸收/屏蔽性能，其在核反应控制棒、反应堆屏蔽体、乏燃料贮存格架、乏燃料运输容器、乏燃料后处理等领域具有非常重要的应用，是我国核电领域急需的一种关键功能材料。硼含量越高，材料的热中子吸收性能越好。高硼不锈钢的凝固组织中存在大量粗大的硬脆共晶硼化物，导致热塑性非常差，而且在热加工过程中易产生严重的表面龟裂、边部开裂甚至碎裂，工艺窗口特别狭窄，制造难度非常大，导致该关键材料长期严重依赖进口，存在被“卡脖子”风险。为解决核电乏燃料贮存用热中子吸收屏蔽关键材料——高硼不锈钢管材的进口替代问题，攀钢研究院与东北大学联合开展了新合金体系高硼不锈钢中试级别研制，解决了高硼不锈钢热加工开裂的关键技术问题，打通熔炼和热成型工艺，成功制备出高硼不锈钢锻件。

东北特钢集团不锈钢产品创新和应用拓展。（1）成功实现国际大公司X17××调质银亮材产品的稳定供货，替代国外进口。（2）B50A790C叶片钢通过GE公司认证。B50A790C叶片钢是GE公司联合无锡透平认证的汽轮机材料，前期均为进口印度、波兰的材料，生产周期长，急需要国产化替代。此产品通过认证可逐步替代进口。（3）航天标准件用PH13-8Mo（ϕ7~20毫米）棒材通过天津航天精工认证。以前一直依赖进口，2019年底开始国产化替代工作，市场前景良好。（4）标准件用0Cr15Ni5Cu4Nb调质棒材通过大连长之琳认证。以往该材料主要依赖进口，为避免受国际形势影响，开展国产化替代，市场前景良好。（5）40Cr10Si2Mo冷镦紧固件用钢丝产品通过上海泛亚认证。（6）X12Cr13（SUS410）不锈钢钻尾螺丝通过宁波腾业认证。

3.1.4 耐蚀合金

华菱湘钢研发出高品质“双抗”X70MS管线钢。华菱湘钢自主研发的高品质“双抗”X70MS厚壁抗酸管线钢板在某钢管厂制管完毕，其各项力学性能优异。另外，据行业内权威机构检测报告显示，该产品构件——钢板、钢管及焊缝抗HIC（氢致开裂）、抗SSCC（硫化物应力腐蚀开裂）性能指标完全满足设计要求。腐蚀是影响管道输送系统可靠性及使用寿命的关键因素，其不仅会造成管道穿孔，引起油、气等输送物质的泄漏，还会带来因维修产生的浪费，甚至引起火灾。特别是天然气管道会因腐蚀而引起爆炸，威胁人身安全，造成环境污染，后果非常严重，因此项目设计对材料的耐腐蚀性能提出了更高要求。华菱湘钢向国外批量供应的抗HIC管线钢主要是X65钢级，抗HIC的X70级钢管已研制成功，并在部分知名管线项目上开始规模化使用，但国内对X70级管线钢的抗HIC开发研究较少。华菱湘钢依托管线钢供货国内外重大能源输送项目的丰富经验，攻克了抗HIC、抗SSCC腐蚀高端管线钢的技术难点，研发出具有优异力学性能和抗酸腐蚀性能的高品质“双抗”X70MS管线钢，抗HIC试验中裂纹敏感率、裂纹长度率和裂纹厚度率全部为0，钢板的抗HIC和SSCC性能合格率为100%。

河钢舞钢成功研制出高性能易焊接Q460NHE耐候钢板。2021年10月12日，河钢集团舞钢公司为河南某实业有限公司生产的首批高性能易焊接Q460NHE耐候钢板全部实现入库并开始发运。Q460NHE 耐候钢板需要在-40℃时冲击功达到要求，不仅有较高的屈服强度，还具有优异的耐腐蚀功能。

太钢超高强度磁轭钢替代进口，国内首发光伏多晶硅行业关键材料。2021 年，太钢不锈钢股份有限公司高等级磁轭钢产品成功替代进口，用于制造全球装机容量最大的白鹤滩水电站电机转子，实物质量达到世界领先水平，解决了巨型水电站用材“卡脖子”难题。

太钢 N08810 镍基合金大单重特厚钢板成功应用于首台（套）国产化亚洲硅业项目冷氢化反应器核心材料。我国首台国产化亚洲硅业项目 N08810 材质冷氢化反应器于 9 月份发运，该装置核心材料——N08810 镍基合金特厚钢板是由太钢不锈钢股份有限公司供货的。该钢板单张板重逾 10 吨、厚度近 100 毫米，标志着太钢不锈钢股份有限公司国内首发光伏多晶硅行业关键材料，并成功替代进口。太钢共计 1500 余吨产品应用于我国首个完全国产化青海亚洲硅业电子级多晶硅特大项目及后续若干同类工程。多晶硅是光伏行业电池板主要原料，其生产核心设备——冷氢化反应器多采用 N08810 镍基合金特厚板制造。对耐高温高压、耐高磨损及耐强腐蚀等性能要求苛刻，材料一直依赖进口，成为多晶硅生产“卡脖子”的关键一环。2018 年，太钢营销人员在市场走访中发现该需求后，积极协同生产、技术部门与多晶硅行业的主要业主、设计院及设备厂进行了反复沟通交流，共同试验攻关。依托太钢强大的技术研发能力，最终成功签订国产首台冷氢化反应器的 N08810 镍基合金特厚板订单，如期高质量完成了该订单的交付。

天津钢管开发出 125 千磅/英寸^2（1 千磅/英寸^2=6.895 兆帕）抗硫化氢应力腐蚀石油套管产品。天津钢管制造有限公司（以下简称“天津钢管”）在原有 TP110SS 的成分基础上，通过成分优化设计，科学合理控制合金配比及含量，实现了组织细化和碳化物的精细控制，保证强韧性的同时获得了优异的抗 SSC 性能。天津钢管运用超细晶、高精度及低残余应力的热处理工艺，开发出了能够适用于所有 1 区、2 区和部分 3 区 H_2S 腐蚀条件的 125 千磅/英寸^2 抗 SSC 开裂油套管产品。

天津钢管首次成功开发并生产 TP110-TDJ825 高抗腐蚀镍基合金套管。天津钢管制造有限公司供中石化 TP110-TDJ825 高抗腐蚀镍基合金套管，首次成功供货交付用户。这是继 2535、028 和 G3 之后，开发的第 4 种镍基合金产品。

昆钢云钛承担的一个国家重点研发项目通过验收。由昆钢云南钛业股份有限公司（以下简称“昆钢云钛”）承担的国家重点研发计划项目“低成本高耐蚀钛及钛合金管材与高品质钛带制造技术开发及应用”在北京顺利通过验收。科技部高技术中心专家组按科技部项目综合绩效评价规范，认真审阅了该项目的技术、财务、第三方检测报告等全套资料，采用网络视频连线方式查验了昆钢云钛现场实物和 EB 炉（电子束冷床炉）熔炼、钛带卷热轧和冷轧、激光和双 TIG（手工钨极氩弧）卷焊钛管、钛合金锭斜轧穿管及热连轧等生产线，听取了该项目综合绩效评价报告，对相关问题进行了质询和讨论，同意项目通过验收。专家组认定，该项目全面完成了任务书规定的研发任务，达到了考核指标，对昆钢云钛牵头的项目组团队 4 年多的努力和取得的多项创新成果给予了充分肯定。该项目是针对海洋工程用高性能卷焊钛管和大卷重钛带、海洋石油钻探用高耐蚀钛合金大口径无缝管两大系列产品开展研究攻关，开发低成本制备成套技术并形成产业化生产能力。项目破解了高耐蚀钛合金大规格无缝管、海洋工程与海水淡化装备用高性能卷焊钛管和配套大卷重钛带工业化低成本制造成套关键技术难题，为国家战略性新兴产业发展提供了重要支撑。

天津钢管在高强高韧射孔枪管的研发推广方面取得了重大突破。天津钢管制造有限公司采用新钢种开发的 TP170P（TP－Q1150）射孔枪管先后进行了多个规格的产品试制，试制品强韧性匹配良好。该产品取得了油田正式合同订单，实现了 1172 兆帕高强度射孔枪管和 850 兆帕抗腐蚀射孔枪管两个新产品的首次油田应用推广。目前，170 千磅/英寸^2 钢级射孔枪管是天津钢管研发的最高钢级射孔枪管，也是国内开发成功的最高钢级射孔枪管。

3.1.5 轴承钢

韶钢松山首次成功轧制 SAE52100SF 高碳铬轴承钢。近日，广东韶钢松山股份有限公司（以下简称“韶钢松山”）特轧厂高三线首次成功试生产 SAE52100SF 高碳铬轴承钢。SAE52100SF 高碳铬轴承钢主要用于制造内燃机、电机车、机床、轧钢设备、钻探机等传动轴上的钢球、滚子和轴套等，对尺寸允许偏差及不圆度、表面质量、夹杂物、脱碳层、碳化物、晶粒度等各项性能指标要求都较高。

韶钢高端轴承钢科研项目通过验收。由中国宝武广东韶关钢铁有限公司（以下简称“韶钢”）牵头，华南理工大学、江苏大学和韶关东南轴承有限公司共同参与的广东省应用型科技研发项目“高品质轴承钢的关键技术研究及产业化”在广东省科技厅通过验收。该项目团队立足韶钢先进的特殊钢棒材生产线，通过理论分析、建立模型数值模拟、实验室研究与现场试验相结合的方式，重点开发轴承钢 GCr15 氧含量和夹杂物的集成控制技术、连铸坯中心偏析和疏松的综合控制技术，以及棒材组织和网状碳化物的 TMCP（控制轧制和控制冷却技术）控制技术，最终开发出高品质轴承钢生产的成套关键工艺技术。目前，高品质轴承钢已实现批量生产，轴承的疲劳寿命得以延长，满足了广东省汽车、机械等行业对高性能、长寿命轴承的需求。

东北特钢实现盾构机用高品质电渣钢批量供货。沙钢集团东北特钢成功研发的 42CrMo4 电渣钢的技术指标达到国际先进水平，且初步实现了进口产品国产化替代。该产品是为客户研发的具有高要求的盾构机轴承套圈用钢。目前，东北特钢已实现该产品的批量供货，并通过了该客户的稳定供应商资格审查，同时也完成了该产品的项目认证工作。42CrMo4 电渣钢属于高附加值产品，主要适用于具有高要求的盾构机用轴承领域。由于该产品对成分、纯净度及成品性能均有着非常严格的要求，再加上该客户还要求该产品要具备非常优异的韧性和良好的强度，因此生产加工难度较大。目前，42CrMo4 电渣钢的需求不断增加，具有良好的市场前景。

山东巨能特钢轴承钢产品获得高端用户认可。山东寿光巨能特钢有限公司（以下简称“山东巨能特钢”）轴承钢年产量连续多年超 30 万吨，产销量稳居省内榜首，并连续多年在国内排名前三，同时被中国钢铁工业协会认定为金杯优质产品。山东巨能特钢轴承钢生产始终坚持特殊钢关键技术开发为支撑，注重钢材纯净度与均匀性的控制。山东巨能特钢轴承钢具备低氧含量、超长接触疲劳寿命生产技术，产品经加工轴承后广泛应用于汽车轴承、风电轴承、摩托车轴承、家用电器轴承、精密轴承、电动工具轴承、牙钻轴承以及工程机械轴承等。随着轴承钢产品质量的稳步提升，山东巨能特钢轴承钢逐渐获得高端用户的认可。目前，山东巨能特钢已陆续开展 SKF、NSK 等国际高端轴承钢单位的认证工作，产品实物质量获得了人本集团等高端用户认可。

东北特钢集团开发了多个轴承钢品种。（1）GCr15SiMn 等风电轴承钢质量获得洛轴认可，实现批量供货。（2）抚顺特钢取得铁路客车轴承钢产品认证证书；通过了铁姆肯锻材系列、N20 等级系列的认证。（3）42CrMo-DG盾构机电渣锭通过瓦轴认证。该材料为供中铁项目配套生产盾构机使用电渣锭试验料，试验成功可获得中铁产品认可，后续逐步应用于铁路市场。

中天钢铁非铝脱氧轴承钢生产技术达国际先进水平。2021 年 12 月中国金属学会组织召开了中天钢铁集团和北京科技大学共同完成的“基于非铝脱氧工艺高品质轴承钢关键冶金技术研发及产业化”科技成果评审会，由中国工程院院士干勇领衔的评审组认为该项成果总体达到国际先进水平。该项目采用非铝脱氧、低碱度渣冶炼的工艺，改变了钢中的主要氧化物夹杂物类型，可稳定控制 Ds 夹杂物≤0.5 级，在控制钢中全氧含量处于较低水平（$5\times10^{-4}\%\sim9\times10^{-4}\%$）的同时，可以保证具有比相同氧含量铝脱氧轴承钢更长的疲劳寿命，并能够实现 17 炉连浇，解决了铝脱氧轴承钢小方坯连铸的连浇难题。在保证钢材质量的前提下，该项目可显著降低生产成本，取得显著的经济效益和社会效益。

3.1.6 超高强度钢

中信泰富特钢多项新产品开发成功，创造世界纪录。中信泰富特钢集团有限公司（以下简称“中信泰富特钢”）全球首创 2200 兆帕级超高强度桥梁缆索用热轧盘条产品，填补了世界空白；2300 兆帕级高强钢绞线在高铁箱梁破坏性试验中创世界加载记录；世界最大厚度 190 毫米耐磨钢板由中信泰富特钢开发成功，并实现批量供货；成功为利勃海尔开发超长臂架管，打破国外企业垄断，在国内率先实现产品出口，海洋用管实现新的突破。

中信泰富特钢 XDWP 绿色工艺生产超高强度耐久型桥梁缆索钢。基于“创新、绿色”发展理念，中信泰富特钢集团自主研发创新设计 XDWP 绿色制造工艺，成功研制出 2100 兆帕超高强度耐久型桥梁缆索钢，解决了桥梁缆索超高强化、稳定性及耐久性等难题，实现了超高强度缆索的绿色、高效化生产和广泛应用。超高强度耐久型桥梁缆索是斜拉索—悬索桥梁的主要承重构件，是制约超大跨径桥梁发展的关键难题。中信泰富特钢集团采用本项目技术研制的缆索产品已成功应用于世界首座跨千米的高速铁路（公铁两用）斜拉桥——沪苏通长江大桥、世界首座跨千米的高速铁路（公铁两用）悬索桥——五峰山长江大桥等重大工程，有效减轻桥梁自重，降低桥梁投资成本的同时，增加了桥梁稳定性、安全性，推动了世界桥梁建设的进步与绿色低碳发展。

3.1.7 高速钢

芜湖新兴铸管含碲特殊钢冶金工艺技术的研究与开发获得重要进展。芜湖新兴铸管公司（以下简称“芜湖新兴铸管”）研究高速、低速切削下与铅系易切削钢的切削性能（切削力、切削温度、断屑性、表面粗糙度）的对比，实现产品质量稳定并固化生产工艺；产品切削性能达到国外进口材料质量水平。芜湖新兴铸管开展理论及试验研究，进行成分设计及工艺控制设计，研究易切削元素的添加量、添加时机、添加顺序等对钢的成分，夹杂物的组成、形态、分布等的影响规律，获取目标夹杂物形态的调控措施，稳定元素收得率；开展易切削钢的力学性能测试，以及切削实验评价，提出生产工艺并进行工业试生产，根据产品的性能，对生产工艺及关键工艺参数进行改进，达到生产技术指标，拓宽易切削钢市场占有率。

鞍钢集团一环保型易切削钢盘条达到国内先进水平。鞍钢集团成功研制出低碳高锰硫 A1215MS 环保型易切削钢盘条，并首次实现批量化生产、供货，填补了鞍钢集团低碳高锰硫易切削钢产品空白，为鞍钢集团金属制品用钢品种结构调整与提质提供了有力支撑。低碳高锰硫环保型易切削钢产品主要用于制造对切削性能和表面质量要求很高的仪器仪表和汽车零部件，市场需求量较大。鞍钢集团通过抓住冶炼核心环节，优化合金添加顺序，调整连铸、轧制工艺参数等手段，鞍钢成功开发出低碳高锰硫 A1215MS 易切削钢盘条。该产品完全满足“拉拔零缺陷、表面质量零缺陷、切削性能优于低碳高硫钢”的要求，各项性能指标均达到国内先进水平。

3.1.8 耐热钢

鞍钢 9Ni 钢助力我国船舶绿色低碳转型。2021 年 8 月采用鞍钢 9Ni 钢建造的全球首制双燃料超大型原油船 C 型 LNG（液化天然气）低温储舱成功交付，标志着鞍钢 9Ni 钢在国内高端钢铁材料应用领域又迈出了坚实的一步，有力地推动了我国大型船舶加速向绿色低碳转型。鞍钢此次供应的 9Ni 钢钢板共计 600 余吨，产品能够保证储舱在 −163℃的超低温环境、甲板上浪及船舶运动载荷等联合作用下安全运行。据了解，C 型 LNG 低温储舱采取特殊设计，要求所用钢板的焊接性能和储舱在服役过程中的安全性、稳定性必须得到保障。针对这一情况，鞍钢股份中厚板事业部和鞍钢集团钢铁研究院紧密配合、协同作战，第一时间制订实验计划、明确时间节点和责任人，在最短时间内完成了现场实验工作，为钢板批量生产提供了理论和数据支持；同时安排专人紧盯冶炼、轧制、热处理、预制加工等工序，精益操作、精细检查，有效地保证了生产节奏和产品质量，为 C 型 LNG 低温储舱顺利建造提供了有力的支撑。

山钢莱芜分公司北极用钢板研发实现新突破。经过精准设计研发，山钢股份莱芜分公司（以下简称“山钢莱芜分公司”）供俄罗斯北极 LNG（液化天然气）2 项目 460 兆帕级 85 毫米厚度系泊模块用钢板一次开发成功。这是俄罗斯北极 LNG2 项目用钢首次采用屈服强度 460 兆帕、抗拉强度 540 兆帕、−40℃芯部横向冲击功 60 焦耳以上的新钢种，达到了北极用钢板性能的世界新高度，实现了技术突破。俄罗斯北极 LNG2 项目采用的重力式结构（GBS）自浮平台设计，对模块的自重有严格的要求，对钢材的质量性能要求更加严苛。因此，随着工程项目建设不断推进，俄罗斯北极 LNG2 项目模块用钢板经历了由最初 355 兆帕升级到 420 兆帕级别甚至更高级别的调整，给项目带来巨大挑战。此次研发的 460 兆帕级 85 毫米厚度钢板主要应用于 LNG 船系停靠模块的建造。该模块是俄罗斯北极 LNG2 生产系统的“保险杠”，由于船舶停靠时会与模块产生撞击，在极寒环境下系泊模块对钢板的强度、韧性要求几乎达到了性能极限。单纯提高强度会导致韧性降低，当韧性到了转变的临界点，受到船舶撞击时，该模块会形成粉碎性断裂；而钢板在厚度增加的情况下，会导致芯部组织机理发生变化，冲击韧性和焊接性能降低，造成灾难性后果。而在极寒环境下，强度每提升一个级别，都会给研发和生产带来极大挑战。为做好此次产品研发工作，山钢莱芜分公司技术研发人员在炼钢环节优化设计钢水成分，对合金加入时机、有害元素进行严格控制；对连铸坯型、铸坯拉速、冷却速度和轧制环节板坯的升温速度、轧制速度、环冷温度等进行了精心设计。为解决特厚规格钢板芯部强韧性能难以控制的行业性技术难题，山钢莱芜分公司俄罗斯北极 LNG2 用钢板项目研发团队设计了专用的轧制方案，对轧制过程进行全程跟踪，随时指导现场调整工艺参数，保证芯部得到充分的变形，提高了厚规格钢板芯部的各项性能。生产过程中，针对水冷钢板板形不合适的问题，该项目第一时间组织现场技术、生产人员就地进行现场问题工艺优化协调。经过多次研究探讨，为保证钢板的性能，山钢莱芜分公司项目人员坚持采用低温终冷的水冷模式，采集了大量一手数据，成功解决了钢板性能与板形难以兼顾的难题，从而确保了俄罗斯北极 LNG2 项目 460 兆帕级钢板的成功开发。

3.1.9 模具钢

东北特钢集团 2021 年开发多个模具钢品种。（1）高级耐蚀塑料模具钢产销量稳步增长，而且产品质量优良，很好地满足了用户的使用需求，提高了产品的市场竞争力。（2）1.2344 电渣锻造模块横向冲击功质量攻关效果显著，冲击功平均值达到行业领先水平。（3）1.2343EFS 调质圆钢通过四川巨丰认证，FS433、FS438、FS448 等压铸模具钢通过爱信认证，产品可替代进口。（4）420H、1.2344、1.2083（H）等扁钢产品通过龙记公司认证。龙记集团主要以塑料模具钢和热作模具钢为主，年销售 40 万套模架，排名世界第三、亚洲第一，产品质量要求严于一般用户。

3.1.10 焊丝用钢

东北特钢集团开发了多个焊丝用钢品种。（1）成功开发了 HZS6××军品船用焊丝等多个产品，助力国防建设。（2）成功试制 AB46-SJ、SJA83 等多个特殊焊丝产品，满足高压管道和液态气体储存罐体的焊接使用，填补了国内空白。（3）HSRD 系列超超临界锅炉用丝材通过四川西冶新材料国产化认证。

3.2 特殊钢产品应用拓展

3.2.1 建筑用钢

青山 QN 系不锈钢应用全球第一座不锈钢芯板大楼。青山公司全球首发的 300 多吨高强度 QN 系不锈钢成功用于全球第一座不锈钢芯板大楼的主体承重梁柱等结构，实现了历史性突破。该建筑位于湖南长沙经开区的远大城内，100%采用不锈钢材料，是全球第一座不锈钢芯板办公楼。青山 QN 系不锈钢兼具高强度、高韧性、高耐蚀、高防火及抗震性等性能，且成本低。得益于高强度 QN 系不锈钢新材料的使用和独创的芯板结构设计，该建筑比同等强度的钢筋混凝土轻 10 倍，可实现 12 米超大悬挑，从占地 150 平方米扩展到空中单层 1150 平方米，且可抵抗地陷和 9 级地震；100%的工厂化预制，可实现一天建成三层，让建筑施工“零垃圾”成为可能，大大节约了施工周期和人工成本，且建筑使用寿命可达 50 年以上。

南钢耐候钢打造冬奥赛道。在北京 2022 年冬奥会众多冬奥场馆中，位于北京延庆的国家雪车雪橇中心宛如盘旋于山间的“雪游龙”，而这条“巨龙赛道”就是用南钢耐候钢打造的。国家雪车雪橇中心采用了中华文化图腾“龙”的创意，长达 1.9 公里的赛道如巨龙般从小海陀山上蜿蜒而下，赛道落差达近 47 层楼高，设置了 16 个弯道，其中第 11 个弯道是回旋弯。该赛道是亚洲唯一一个具备回旋弯的赛道，也是北京冬奥会设施建设中项目设计和施工难度最大、最为复杂的。南钢耐候钢因符合绿色、可持续发展的理念，高度契合北京冬奥会秉持绿色、共享、开放、廉洁的办奥理念，被选为国家雪车雪橇中心项目用钢材。南钢为北京冬奥会提供的高质量耐候钢的耐候性是普通钢的 8 倍。

南钢在研究院设立腐蚀技术研究所，致力于研发各类耐腐蚀的新型高端钢材，着力于创新改造抗腐蚀设备、先进抗腐蚀手段研究等。免涂装耐候钢不需要油漆涂层，也能抵御高原地区的腐蚀，既降低了大桥后期维护成本，又有利于环境保护。南钢研发的免涂装耐候钢已经成功应用于川藏铁路藏木特大桥等多个重大工程。拉林铁路的最长的藏木雅鲁藏布江双线特大桥的免涂装耐候钢板和耐候焊丝焊条用钢也全部由南钢供应。

3.2.2 汽车用钢

河钢邯钢特钢批量供应知名减震器活塞杆制造企业。河钢集团邯钢公司（以下简称“河钢邯钢”）定制生产的1000余吨优碳圆钢S45C交付国内知名企业。客户反馈产品性能优良，质量完全满足需求。2020年，河钢邯钢累计为该企业供应高端特钢产品8000余吨，产品用于制造汽车减振器活塞杆。在深度对接该客户的过程中，河钢邯钢技术中心特钢研发中心针对客户所需产品抗拉强度、抗疲劳性能和表面质量远高于国家标准要求的情况，组织技术人员成立研发团队，优化工艺设计，定制开发优碳圆钢S45C。在生产中，炼钢工序生产人员加强窄成分控制，实行低过热度浇铸，保证力学性能和表面质量合格；轧钢工序生产人员严格落实空步装钢制度，提高脱碳层质量，轧后全程控制圆钢表面磁性，并逐根进行摊检，保证了产品高质量下线，为后续连续签订产品订单奠定了坚实的基础。该客户是国内专业减振器活塞杆生产企业，主要产品有汽车减振器杆、气弹簧杆、发电机轴、起动机轴，远销欧洲、亚洲、南美等多个国家和地区，生产能力达到年产4000万支，质量达到国际先进水平，已实现为多家国际知名减振器制造公司批量供货。

河钢邯钢高端齿轮钢瞄准特钢市场高端需求。河钢集团邯钢公司（以下简称“河钢邯钢”）定制生产的近300吨高品质重载齿轮钢20CrMnMoH交付重庆齿轮箱有限责任公司。为高质量完成该订单产品的生产工作，河钢邯钢齿轮钢研发团队加强技术对接，针对该客户对产品硬度、带状组织、淬透性等性能的严苛要求，加强齿轮钢纯净度、组织均匀性等的攻关工作。其中，为满足该产品热轧态硬度要求，研发团队在轧钢工艺及冷床缓冷上开展了一系列实验，不断优化生产工艺，并在实验室开展热模拟实验，找出相变点，在冷床上取样检测，按相变点进行圆钢缓冷，最终确保了下线产品热轧态冷却硬度（HBS）小于230，带状组织、淬透性等性能均满足客户要求。2021年以来，河钢邯钢瞄准特钢市场高端需求，以市场和客户需求为研发方向，通过创新研发，牢牢掌握了高端齿轮钢关键工艺技术，持续拓宽了高级别齿轮钢、汽车紧固件用钢等特钢系列产品结构。

东北特钢集团产品创新和应用拓展。2021年完成新产品入库43.4万吨，完成全年计划的110%。完成新能源汽车空调压缩机电机轴用钢、高强螺栓用钢AISI8620、超低碳合结焊丝钢种ER120S-G/H06MnSiC等百余项新产品试制。其中汽车用钢有：（1）S-20CrMoH产品通过了上海变速器认证，产品年需求量5000吨以上，市场前景较好。（2）20MnCr5HL通过江苏太平洋精密锻造产品认证，该产品是出口意大利宝马和路虎高端轿车齿轮用钢，年需求量在2000吨左右。（3）变速箱齿轮用钢20CrMo5通过比利时邦奇产品认证。（4）汽车用软磁不锈钢产品完成IPE、Autocam等零件加工厂商审核认证，1.4418通过台架试验，获得欧洲认证；430FR、1.4509实现产品量产。（5）汽车发动机增压器紧固件用A286合金冷拉覆膜盘圆第一批试验料便完成标准件试制及台架试车试验，试车结果与国外产品水平相当。

东北特钢抚顺公司FS438压铸模具钢通过日本爱信认证。日前，沙钢集团东北特钢抚顺公司FS438压铸模具钢通过日本爱信公司认证。该认证是国际车企通用认证，对压铸模具钢进入国际车企供应商名录具有重要意义。FS438压铸模具钢有非常优异的韧性和很好的热强度，采用 FS438 加工的高级热作模具产品具有优异的抗热裂纹及抗整体开裂能力，适用于具有高要求的压铸模、挤压和锻造产品等，也适用于有特殊要求（如解决崩角、开裂问题）的塑料模具。此外，FS438 压铸模具钢在延长压铸模具寿命方面具有较大的优势，提高了模具的经济性。FS438 压铸模具钢属于高效益、高附加值产品，是东北特钢抚顺公司与中国钢研科技集团有限公司、大连思泰博公司三方共同研发的新型热作模具钢，产品技术指标达到国际先进水平，是国内用户替代进口的首选。

本钢集团成功研发冷轧增强成型性双相钢 DH590 和 DH780。本钢集团成功研发冷轧增强成型性双相钢 DH590 和 DH780，并在部分汽车厂推广使用，效果良好。DH 钢是当前汽车企业应用最多的先进高强钢 DP 钢的升级版，也是本钢加快产品升级迭代的重要钢种之一，具有广阔的市场前景。与 DP 钢相比，DH 钢的断裂伸长率提高了 8% 左右，硬化指数提高 10%，可提高冲压成品率，降低材料与工艺成本。同时在焊接、涂装、高速拉伸、疲劳性能等方面有着良好的表现，深受用户青睐。在研发过程中，本钢板材研发院汽车板产品研发所对产品质量、性能、成本等进行持续优化攻关，从成分设计入手，严格控制合金含量，对各种成分的配比、冶金热力学的特性，以及冶炼过程中的缺陷进行预估；通过分析连退工艺对奥氏体含量和带钢性能的影响，确定最优化的工艺参数；有针对性地对钢种轧制工艺进行优化，使产品的尺寸精度和技术指标达到高标准，满足了用户需求。DH 钢高延伸的优点，将为汽车企业车身设计提供新的视角，在帮助用户提高冲压成型合格率、材料和工艺模具优化、提升材料利用率、降低生产成本等方面提供更多可行性方案。

淮钢特钢开发了新能源汽车用齿轮钢 20MnCrS5H（FQ）。2021 年淮钢特钢与中国长安汽车集团股份有限公司重庆青山变速器分公司深入开展齿轮钢产品的合作，在多年稳定供应燃油车变速箱齿轮钢的基础上，为该用户开发了新能源汽车用齿轮钢 20MnCrS5H（FQ），为公司齿轮钢产品拓展新的应用。

淮钢成功将淮钢齿轮钢供应到美国市场。2021 年，根据美国车桥 AAM 公司的需要，江苏沙钢集团淮钢特钢股份有限公司与下游用户一起开发了供克莱斯勒、吉普大切诺基变速箱齿轮轴用 20CrHL 热轧圆钢，该产品在现有 20Cr 的基础上，结合用户要求，对钢的成分进行突破性设计，稳定末端淬透性，控制齿轮轴淬火变形量，成功将淮钢齿轮钢供应到美国市场，应用于克莱斯勒、吉普大切诺基等品牌汽车，目前该产品已实现稳定批量供应。

淮钢汽车蜗杆用钢已经成为博世汽车零部件指定用钢。博世是精密机械及电气工程的“世界市场领导者”，是全球第一大汽车技术供应商。博世的业务范围涵盖了汽油系统、柴油系统、汽车底盘控制系统、汽车电子驱动、起动机与发电机、电动工具、家用电器、传动与控制技术、热力技术和安防系统等。根据博世供应商管理的要求，2021 年，博世（中国）投资有限公司亚太区集团采购工艺工程师、材料专家对沙钢集团淮钢特钢股份有限公司（简称“淮钢”）汽车蜗杆用钢产品生产工艺流程、生产过程控制和检验、试验流程进行第二方审核。通过此次供应商审核，淮钢与博世公司建立直接联系，同年通过了博世的供应商审核，成为博世认可的汽车蜗杆用钢供应商，目前淮钢汽车蜗杆用钢已经成为博世汽车零部件指定用钢。

淮钢系列热轧圆钢获得德国宝马的认可。青岛天赢智能是一家主营汽车零部件、建筑配件的公司。2020 年开始，该公司在推进德国宝马汽车转向体统用钢国产化。沙钢集团淮钢特钢股份有限公司作为该用户的优质合作伙伴，青岛天赢智能推荐淮钢系列热轧圆钢作为德国宝马项目的首选材料。淮钢自主开发了高洁净度汽车转向系统用系列热轧圆钢。在现行国家标准的基础上，淮钢结合欧标和美标，按照国外产品标准进行设计，按照高洁净钢的工艺进行生产。2021年开始送样，历时近一年，顺利通过了德国宝马的认可，目前淮钢已经开始小批量供应该材料。

济源钢铁汽车零部件用钢得到制造厂家的认可和好评。河南济源钢铁（集团）有限公司的汽车零部件用钢，广泛应用于汽车的动力系统、传动系统、转向系统的核心零部件，产品具有通条性好、窄淬透性、洁净度高、表面质量好、组织均匀、力学性能稳定的特点，得到国内主流汽车零部件制造厂家的认可和好评。随着工艺技术的不断优化和进步，济源钢铁的汽车零部件用钢产品实物质量不断提高，通过采用化学成分精准控制技术、窄淬透性控制技术、控轧控冷轧制技术，钢材的组织均匀性和通条性优良；通过采用低过热度浇铸技术、中包感应加热和轻压下，明显改善了钢坯的低倍和偏析控制水平；通过钢坯火焰清理、钢坯扒皮，钢坯表面缺陷能够被及时清除；通过采用钢坯在线喷涂技术和二级脉冲燃烧加热技术，可保证成品全脱碳为零，总脱碳≤0.8%D（D为成品直径）；KOCKS三辊减定径机组，尺寸精度高且可自由尺寸轧制，钢材精整方面，可实现棒材的软化退火、正火、校直、联合探伤和表面剥皮，满足客户的不同需求。

河钢宣钢优质冷镦钢出口东南亚。河钢集团宣钢公司（以下简称“河钢宣钢”）800余吨优质冷镦钢XG06A成功下线。经检验，该产品各项性能指标均满足客户要求。XG06A热轧盘条主要用于制作打火机齿轮。由于该产品后续加工需拉拔、冷镦、淬火等，对盘条的表面质量、成分均匀性、尺寸精度等有较高要求，生产难度较大。河钢宣钢针对技术要求，制定工艺控制方案，科学调整参数，对炼钢和轧钢工序各关键点的工艺执行情况进行跟踪，对工艺设备设施运行情况进行监督，重点在钢区冶炼过程进行控铝控氧操作，在轧区加强检验，坚决杜绝划伤、折叠等表面缺陷，确保成品性能满足订单要求。

方大特钢汽车悬架系统用弹簧扁钢助力重卡由“国五”向“国六”排放标准的切换。随着汽车轻量化的发展，下游客户板簧配套企业对弹簧扁钢提出了越来越高的要求：要求更好的表面质量，更高的钢水洁净度，更高的公差精度，更低的脱碳层深度和更低的脱碳倾向，从而达到淬透性更好、截面更厚和性能更高的要求。根据汽车板簧向轻量化和空气悬架导向臂发展的趋势，方大特钢科技股份有限公司致力于研发高应力、少片簧用高性能弹簧扁钢，取代多片簧用普通性能弹簧扁钢，提升弹簧扁钢高效品种比例。抗拉强度1800兆帕级高强度弹簧扁钢已推广应用于商用车少片簧、空气悬架导向臂；抗拉强度2000兆帕级高强度弹簧扁钢于2021年研发成功，2022年批量生产供货。方大特钢从供给侧入手，提高弹簧扁钢实物质量，满足用户个性化质量指标要求以及板簧高疲劳寿命要求，为知名商用车开发生产高质量要求、个性化牌号、综合性能优良的弹簧扁钢，满足国内汽车板簧轻量化发展趋势下对高应力、变截面板簧的需求，同时助力重卡由“国五”向“国六”排放标准的切换。

中天钢铁连续八年通过国际汽车质量管理体系认证。10月，中天钢铁集团顺利通过法国必维认证有限公司开展的IATF16949监督审核工作，这意味着中天钢铁连续八年获得汽车供应链全球采购的通行证。本次监督审核范围涉及齿轮钢、轴承钢、弹簧钢、碳素结构钢、高碳钢盘条、合金结构钢六大类产品的制造，主要采用抽样方法选取了体系运行的样本。近年来，中天钢铁在汽车用钢上持续发力，“中天牌”帘线钢供给全国20%的汽车轮胎，“中天牌”发电机爪极用钢等配套宝马、奔驰等国际知名品牌车企，发电机爪极用钢市场占有率位居国内第一 。2021 年前三季度，中天钢铁汽车用钢销量达到 43. 82 万吨。

太钢聚焦新能源领域开发硅钢和纯铁品种。开发大型水电、风电用高牌号硅钢，并拓展纯铁高端新材料的应用领域。开发全流程工艺控制技术，解决极低铁损苛刻要求的瓶颈环节，实现顶级牌号 50W230 产品国内首发，并独家向国家电网蟠龙抽蓄工程两台机组供货。新能源汽车用硅钢产品增至 7 个系列，实现全系列覆盖，产品陆续通过多家高端车企的认证，新能源汽车驱动电机用高牌号硅钢开发量增长 3. 4 倍。通过优化成分体系和全工序工艺匹配，在试验基地成功开发 0. 23 毫米薄规格高磁感取向硅钢，刻痕前最高牌号达 23QG090。完成中科院先进光源基础科学研究项目用电磁纯铁中板开发并独家供货。成功开发华为 5G 基站用电磁纯铁冷卷（冷态）供货。

3. 2. 3　电力用钢

太钢为华龙一号核电机组堆内构件供应不锈钢板材。1 月 30 日，“华龙一号”全球首堆福建福清核电站 5 号机组投入商业运行，太钢不锈钢股份有限公司以其专业而成熟的不锈钢研发和生产能力，为“华龙一号”核电站的建设提供了强有力的材料支撑。“华龙一号”全球首堆核电机组投入运行，其核电机组堆内构件用核一级不锈钢板材 100%由太钢不锈钢提供。

太钢围绕市场需求，聚焦高端领域，满足国家重大急需，在市场开发方面取得新成效。太钢核级不锈钢板材应用于全球首个陆上商用模块化小型核反应堆“玲龙一号”；太钢 N08810 镍基合金特厚钢板用于首台（套）国产化亚洲硅业项目冷氢化反应器，标志着太钢国内首发光伏多晶硅行业关键材料，成功替代进口；为中国航天科技集团提供的不锈钢板、高强度合金结构钢板等 4 类 7 种产品材料用于长征五号 B 遥二运载火箭发动机制造的关键部位，助力“长征”系列火箭研制；建筑用经济型不锈钢在公共建筑及工业厂房批量应用，助力绿色建筑发展；太钢成功开发 Ni36 航空模具用钢，并批量应用于国产大飞机制造；太钢全球首发手机关键结构件——背光板用 0. 07 毫米超平不锈钢精密带材，以及高端电子产品部件组装智能制造用无纹理表面不锈精密带钢；成功开发精密合金型材新品种，供应国内某著名品牌手机制造产线，产品成功应用于通信行业；成功开发最大直径为 ϕ570 毫米的双相不锈钢系列管坯，并取得了 DNV 船级社和 Nosork-M650 等具有国际影响力的第三方认证，填补了行业空白，为最终生产出满足海洋工程用双相不锈钢无缝管奠定了坚实基础；首卷不锈钢+碳钢非对称组坯复合热轧卷成功下线，填补生产空白。

河钢舞钢 SA517GrF 填补国内空白。中核集团田湾核电 6 号机组首次并网成功，各项技术指标均符合设计要求，田湾核电 6 号机组正式进入并网调试阶段。在该项目 6 号机组的建设中，河钢集团舞钢公司（以下简称“河钢舞钢”）为其提供了 SA516Gr70、15MnNi、SA-36M、20MnHR 等近 10 个牌号的钢材近千吨。其中，河钢舞钢研制的最大厚度达 100 毫米的核电用调质高强钢 SA517GrF 成功填补国内空白，独家用于田湾核电站 6 号机组干式贮存项目首台乏燃料贮存容器制作。我国采取核燃料闭路循环方式，核电站的乏燃料组件从反应堆卸出后，一般在乏燃料水池贮存一定时间后再外运至离堆贮存设施贮存，或直接运往后处理厂处理、处置。其中，乏燃料贮存容器是不可或缺的关键设备。近年来，我国商用核电快速发展，对每年所需要的乏燃料贮存容器提出了更高要求，因此，尽快填补我国大型商用核电站乏燃料贮存容器研制的空白，并实现批量化生产，已成为迫切而现实的需要。针对该项目核电用材的超高要求，河钢舞钢与客户深度对接，在研发中进一步强化成分设计，在冶炼环节科学调整合金元素含量，在热处理环节优化工艺制度的同时，确保热处理工艺执行的准确性，成功研发出最大厚度达100毫米（比标准规定的钢板厚度超出40毫米）的核电用调质高强钢板SA517GrF，性能优异，如SA517GrF的屈服强度及-40℃下抗冲击能力比正常标准均高出1倍多。

酒钢不锈钢、碳钢产品双双进入核电领域。酒钢集团碳钢产品中标我国“十四五”首个开工核电项目——海南昌江核电3号、4号机组工程。至此，酒钢不锈钢、碳钢产品双双进入核电领域。海南昌江核电3号、4号机组采用的是我国具有完全自主知识产权的第三代压水堆核电“华龙一号”技术。酒钢积极开展工作，取得中核集团合格供应商资质，生产的核电用碳钢以优异的力学性能和良好的夹杂物控制水平，4次中标“华龙一号”核电机组建设项目，为“华龙一号”核电站的过滤器管道、安全壳穹顶、中温容器等部位建设提供关键材料支撑。酒钢最早涉足核电领域的产品是核级不锈钢板。为了紧跟我国核电快速发展步伐，酒钢技术人员以“零缺陷”为标准，制订严于国家标准的炼轧厂核电项目用钢质量保证体系大纲，以此作为质量管理工作的基本依据，进一步细化生产标准，同时在开发过程中实现了大量关键技术的突破与创新。酒钢现正组织生产海南昌江核电3号、4号机组工程订单产品，将尽快交付相关项目使用。

山东巨能特钢风电紧固件用CrMo钢实现大批量供货。山东寿光巨能特钢有限公司（简称“巨能特钢”）风电紧固件用钢主要用于制造各种高强度螺栓，它在风力发电机上的应用十分广泛，用于叶片、塔筒、齿轮箱、控制系统等关键部件的连接和锁紧。螺栓在工作中会受到附加的轴向拉伸载荷、横向剪切载荷或由此复合而成的弯曲载荷的作用，有时还会受到冲击载荷的作用。巨能特钢通过采取渣系试验，控制钢中的硼含量，稳定钢材低温冲击性能，使用整体水口替代分体水口，减少连铸过程吸气，保证钢液纯净度，根据成品成分及规格制定相应的热处理制度，使钢材拥有良好的综合力学性能等措施，风电螺栓用钢钢材纯净度高，低温冲击性能稳定，综合力学性能优良，实现风电节能型钢材批量化生产。以宁波成龙为代表的风电紧固件用钢供货质量持续稳定，得到市场及用户广泛认可。同时，巨能特钢的风电螺栓用钢产品被山东省工业和信息化厅纳入“2019年度山东省新材料领军企业培育库”名单。

山东巨能特钢将高档齿轮用钢产品推广应用于美国GE通用能源风电用钢领域。山东寿光巨能特钢有限公司汽车用钢系列产品通过IATF16949质量管理体系认证，产品广泛应用于汽车曲轴、半轴、凸轮轴、变速箱齿轮、差速器齿轮、转向节、连杆、汽车前桥、转向臂及轮毂等。巨能特钢汽车用钢产品化学成分稳定性好、淬透带窄，偏析小、纯净度高，产品深受用户跟市场认可，是山东省内最大的汽车用钢生产基地。汽车用齿轮受工作环境要求，齿轮钢不但要有良好的强韧性、耐磨性，承受冲击、弯曲和接触应力，且还要变形小、精度高、噪声低。通常，高质量水平的齿轮钢主要表现在三个方面，即末端淬透性带窄且离散度小，洁净度高，晶粒细小均匀。此外，良好的加工性能（包括冷、热加工性和易切削性）也是齿轮行业所关心的重要指标。巨能特钢齿轮钢主要代表牌号有20CrMnTiH系列、22CrMoH

系列以及 40CrH、42CrMoH 等。以供青州建富齿轮、山东汽车齿轮为代表的 20CrMnTiH 系列可以满足中、高端用户批量质量需求，形成稳定供货 5000 余吨；以南高齿集团为代表的高端工程机械用 CrMo 齿轮钢用户，决定将巨能特钢产品推广应用于美国 GE 通用能源风电用钢领域，助力打造巨能特钢高端品牌形象，提高公司产品核心竞争力。

包钢风电钢累计产量超 670 万吨。2021 年 1~4 月份，包钢风电钢产量达到 16.6 万吨。据统计，包钢自生产风电钢以来，累计产量超 670 万吨，助力中国风电产业加速建设，打出包钢绿色发展新名片。2009 年以来，包钢宽厚板生产线过半产能用于生产风电钢，为国电投、华能、国电、京能、水电四局、甘肃科耀、哈尔滨红光、天津华电等风电企业输送优质板材，已成为北方地区风电行业的主要供应商。包钢作为北方最大风电钢生产基地，其生产的风电钢板厚度可达到 100 毫米以上。

东北特钢集团完成了供上海核设备 XH35BT 合金轧材和锻材，太平岭核电项目 S21800 钢的锻材、轧材等多项核电用新材料的研制，并实现批量供货。

3.2.4 机械用钢

河钢石钢生产出国内最大直径弹簧钢。河钢集团石钢公司（以下简称“河钢石钢”）大棒线成功生产国内最大直径（100 毫米）弹簧钢。该产品目前已通过国内某知名高端装备制造企业检验，产品抗疲劳性能、耐蚀性能等各项关键性能指标均优于进口材料，可替代进口。超大型弹簧钢主要应用于大型工程机械、矿山机械等设备，工作环境恶劣，要求高应力、高频率、长寿命。目前，国内生产的大型碾磨特装设备所需要的零部件 90%实现了国产化替代，但这次定制的弹簧钢之前仍需进口。河钢石钢瞄准高端制造和行业先进材料，加强技术攻关，加速新产品研发。客户定制的弹簧钢要求直径最大为 100 毫米、振动频率达到 10 赫兹，且要在 24 小时工作负荷下使用寿命达到 10 年及以上，这样的性能指标属于弹簧行业最高要求，对所用材料的生产工艺要求极高。为此，河钢石钢与河钢集团钢研总院协同合作，围绕弹簧结构设计、材料选择、受力要求等重点方向对弹簧材料展开攻关。借助河钢石钢新区一流高端装备优势，研发人员攻克了超大型弹簧钢高淬透性、截面组织硬度均匀性等技术瓶颈，并采用具有经济性的成分设计及工艺路线，完成了该高端弹簧材料的生产和交付。

济源钢铁的冷镦钢实现定制化设计生产。济源钢铁（集团）有限公司的冷镦钢规格品种齐全，规格涵盖 ϕ2.85~42 毫米线材和 ϕ12~75 毫米棒材，品种涵盖国标、美标、日标、德标等标准中的低碳、中碳和低合金钢牌号，还可以根据客户的个性化特殊需求进行定制化设计生产，可以供热轧材、精制线材和热处理材，满足客户“多品种、小批量、一站式”订货需求。冷镦钢产品具有成分稳定、有害元素低、表面质量好、洁净度高、通条均匀性好、冷成型性能优良的特点，产品广泛应用于汽车、高铁、工程机械、航天、风电、石油等高端领域。为快速提升产品质量和档次，与产业链共同成长，济源钢铁已进入并研究下游深加工领域，延伸产业链，为客户提供优质深加工产品。

济源钢铁非调质钢已应用于发动机连杆，产品质量得到用户认可。目前，济源钢铁（集团）有限公司已掌握了锻造用、直接车削用和冷镦非调质钢生产关键技术，通过优化成分、优化合金加入方式、夹杂物改性、结合窄成分控制、控轧控冷等关键技术，开发的非调质钢具有强韧匹配性较好、钢材组织和性能均匀性好、含硫钢中硫化物形态纺锤化比例高等优点。锻造用非调质钢已成功开发胀断连杆用非调质钢 C70S6BY、曲轴用非调质钢49MnVS3、38MnVS6等，已应用于发动机连杆和曲轴，产品质量已得到用户认可；直接车削用非调质钢已成功开发F45MnVS、HL610、HL740、HY4520、20MnV6等钢种，已应用于机床丝杆和工程机械液压杆及销轴等产品，“高性能大规格直接切削用非调质钢开发及推广应用”项目获冶金科学技术奖二等奖；冷镦用非调质钢已成功开发SCN430等钢种，应用于生产8.8级、12.9级螺栓产品，产品质量已得到用户认可。

淮钢多种产品通过了南高齿认证。2021年，沙钢集团淮钢特钢股份有限公司（以下简称“淮钢”）通过了南高齿的产品认证，与南高齿旗下的南京南传智能技术有限公司正式开展业务合作。淮钢先后试供了机器人转架用S55C热轧圆钢，机器人齿轮箱齿轮用SCM415H、SCM420H热轧圆钢等产品，将特殊钢产品应用于智能机器人领域。

淮钢特钢开发的履带链轨节用钢1E0669通过卡特彼勒准入认证。沙钢集团淮钢特钢股份有限公司近年与国内外主要工程机械公司均有直接或间接的合作。2018年，淮钢为了拓展工程机械用钢的应用领域，组织开展了卡特彼勒履带链轨节用钢1E0669的产品认证，通过3年的稳定供应，于2021年正式通过卡特彼勒准入认证。2021年，淮钢开始逐步拓展供卡特彼勒工程机械用钢的应用领域，开发了履带链轨节用钢1E1287和履带板用钢1E1998，目前均开始批量供应。

2021年，沙钢集团淮钢特钢股份有限公司与徐工集团徐州徐工液压件有限公司开展直接业务合作，成为徐州徐工液压件有限公司的主要原材料供应商，开始直供45、40Cr、42CrMo、XYQ490等产品。淮钢借着与徐工的合作，通过下游用户向徐州徐工履带底盘有限公司间接供应工程机械轮体用钢15B36Cr系列产品、工程机械支撑斗杆用钢20MnMo。

淮钢特钢还开发了工程机械簧用60Si2Cr、60Si2CrV热轧圆钢、工程机械斗齿用30CrMnSiMo-HS热轧圆钢、履带链轨节用钢35MnB-SY热轧圆钢、工程机械轮体用40Mn2系列热轧圆钢等产品。将淮钢的工程机械用钢推广应用到三一重工、山推、日本小松、日立建机、沃尔沃、韩国现代、韩国斗山、山东临工、福建龙工、广西柳工等终端用户。

凌源钢铁45号带钢全国市场占有率在85%以上。凌钢45号带钢生产的摩托车链轮还出口东南亚、拉丁美洲、中东、欧洲、非洲等地区。凌钢45号带钢已成为国内一流品牌，尤其是在摩托车链轮行业成为“冠军产品”。凌钢生产的45号带钢表面质量高，内部质量可控、规格精度较高。主要用于链条、齿轮、垫圈等结构件的加工使用。凌钢45号带钢磷、硫等有害元素含量均达到0.025%以下，其中硫元素含量在0.005%以下，全化学成分综合命中率已经达到92%以上。在轧钢工艺控制方面，凌钢在加热时采用自动燃烧控制技术，收窄了加热温度波动区间，同时优化层冷配方，并对成品材进行缓冷处理，产品在较低温环境下实现免退火开平。此外，为保证产品表面质量，凌钢还自主研发了轧机辊道间去毛刺设备。凌钢生产的45号带钢已成为国内一流品牌，全国市场占有率在85%以上，不仅稳稳占据任丘市场，用其生产的摩托车链轮在出口目标市场——东南亚、拉丁美洲、中东、欧洲、非洲等地区的占有率均超过90%，还为雅马哈、本田等国际知名摩托车生产企业提供配件服务，受到下游用户的好评。

太钢聚焦高强韧、高耐磨等特殊品种和国家重点工程项目，持续开发具有竞争力的特色化、替代进口的高端产品。全球首发1800毫米宽幅1000兆帕级超高强热轧卷板，向多家工程机械用户供货。首次成功开发在线淬火工艺并生产 TWR400 低成本双相耐磨钢，用户采用折弯、辊压成型制作自卸车车厢，使用效果良好。充分发挥装备优势，首次开发轧机极限薄规格即厚度 3.4 毫米的顶级双金属锯条背材用钢 TR80 热轧卷板，用户冷轧后的产品质量与进口奥钢联水平一致。医疗行业用预硬态 1.2316H 耐蚀模具钢中厚板首发成功，产品各项性能指标、使用效果达到国际先进水平，打破了进口模芯材料垄断。

3.2.5　轨道用钢

太钢客车用不锈钢面板成功用于大连和西安地铁建设。太钢不锈钢股份有限公司客车用不锈钢面板成功供应大连地铁 1 号、2 号线和西安地铁 2 号线，产品质量得到客户肯定。随着不锈钢材料工艺的革新，无涂装成本、大大缩短工时等优点使不锈钢车体成为地铁发展的主流。面板材料决定着地铁车辆的外观质量，因此地铁用面板对原材料板形、表面纹理、色泽度和产品的稳定性等要求极高。在生产阶段，太钢从表面修磨到矫直板形，再到切边、覆膜和开平，太钢技术人员全程跟踪，确保高标准、高质量完成生产任务。针对影响材料焊接工艺的板形问题，冷轧工序加强了对磨砂前全工序的控制。在磨砂完成后，太钢技术人员再次对板形矫直进行确认，使出厂产品不平度全部控制在 3 毫米以内，保证车辆制造过程车体面板的平整性，并根据客户提供的样板，经过多次研究试验，终于攻克了质量难关，成品性能指标达到客户使用标准。

淮钢特钢首次将钢材产品扩展应用于国外高铁车轮、车轴领域。2021 年，沙钢集团淮钢特钢股份有限公司（以下简称“淮钢”）与太原重工轨道交通设备有限公司合作推进供德铁高铁车轮、车轴用钢的产品认证，目前国内钢厂获得该认证的屈指可数。淮钢根据欧标和德铁技术要求，先后开发了 ER7、ER9 车轮钢坯和 EA1N、EA4T 车轴钢坯。这是淮钢第一次将钢材产品扩展应用于国外高铁车轮、车轴领域。2021 年，淮钢与 Pandrol UK Limited 合作将淮钢弹簧钢销往澳大利亚、英国等市场，用于国外高速铁路建设。

3.2.6　船舶用钢

太钢重庆公司 2205 双相不锈钢供重庆某船厂。由太钢营销中心重庆公司（以下简称“太钢重庆公司”）生产的 2205 双相不锈钢船板顺利发往重庆某船厂。重庆某船厂是我国不锈钢化学品船领域的代表性厂家，也是太钢的重点用户。但因生产结构调整，该船厂近年来已经暂停生产不锈钢化学品船。太钢重庆公司获悉，该船厂正计划重启不锈钢化学品船的生产。随后，该船厂与太钢重庆公司正式签订了 2205 双相不锈钢船板的采购合同。在船板生产期间，该船厂对订购的船板提出了分两地交货的要求，且对交货时间、批次和技术条件均提出了额外要求。太钢重庆公司接函后，立即对生产批次及进度进行了调整。其间，太钢重庆公司克服了这批不锈钢板总量大、规格多、技术要求复杂、同规格批量小，且贴近生产极限能力等困难，按时完成了生产任务。

河钢舞钢研发海工用钢 KE500。河钢集团舞钢公司（以下简称“河钢舞钢”）研发的“世界级难度”的钢铁产品——海工用钢 KE500 成功应用工程。新加坡某客户要制作一座新型海工平台，关键部位需要一批高端特钢，询单上要求的钢种河钢舞钢很少生产，而且每条技术附加要求都是“世界级难度”。生产难度如此之大的钢板，研发成功的概率很小。经过近一个月的反复沟通，最终，河钢舞钢为客户定制设计的 230 毫米厚度（属目前国内最厚海上风电用钢板）海工用钢 KE500 技术生产方案接近成熟。为确保该钢种一次性研发成功，河钢舞钢研发团队不断优化各个环节的生产工艺，特别是在炼钢环节采用特殊工艺生产，确保钢板的冲击功符合特殊要求；采用特殊的轧制和热处理工艺，确保该钢种各项性能全部合格。最终，经过1个月的生产，河钢舞钢研发的“世界级难度”的高端海工钢板KE500下线。经过日本船级社验船师的现场取样、制样、检验等全程认证验收，钢板的性能、表面及探伤合格率全部达到100%，并一次性通过日本船级社认证。当这批“世界级难度”的高端海工钢板按期保质量顺利交付客户后，河钢舞钢又接连赢得多个高端海工用钢订单，应用于巴基斯坦、老挝等多个“一带一路”沿线国家的重点工程，进一步拓展了河钢舞钢的海外厚板市场。

天津钢管与中海油合作完成（超）深海油气勘探和运输的管线管产品生产及应用研究。天津钢管制造有限公司与中海油合作进行钢悬链立管国产化“卡脖子”产品项目研发，按中海油规范完成两个规格钢悬链立管产品生产，各项指标满足要求，后续开展应用研究工作。

淮钢特钢锚链钢通过4家船级社的认证。江苏沙钢集团淮钢特钢股份有限公司（以下简称“淮钢”）是国内锚链钢的主要供应商，年产锚链钢近11万吨。2021年，淮钢根据市场需求，开展了系铂链用钢R3的船级社认证。R3主要用在石油钻井平台、近海风力发电等海洋结构件上起固定作用的链条，由于其工作环境恶劣，对链条的要求要高于普通锚链，特别是强度和冲击韧性。该钢种在产品开发冶炼、轧制及系泊链条加工过程都必须得到相应船级社严格检验认证，任何一个检验指标不能满足船规要求，就没有生产该产品的资质。淮钢先后进行产品试制、热处理优化、现场审核、系铂链试制等环节，目前已通过4家船级社的认证，具备批量供货条件。根据市场需求，淮钢与下游用户一起开发高强度气瓶管用30CrMoLX连铸圆管坯，该产品是在30CrMo、34CrMo4、4130、4130X等常规气瓶管用钢的基础上进行的突破、创新。通过添加Ni、Cu、V、Nb等微合金元素，在不影响塑韧性的前提下，提高了气瓶管的耐腐蚀能力和承载能力。目前，该材质高强度气瓶管已应用于鲁西新能源装备集团有限公司天然气能源装备的制造。

南钢船用高止裂韧度特厚钢板成果通过评审。该成果由南钢和东北大学共同完成。100毫米厚钢板止裂韧度达到国际领先水平，填补了国内空白，可以有效解决船用核心材料“卡脖子”的关键难题，满足高技术船舶对高止裂韧度钢板的迫切需求，实现大型集装箱船等特种船舶核心关键材料的自主保障。南钢船用高止裂韧度特厚钢板项目组已获得授权发明专利5项。项目成果已用于国内首艘、全球最大的24000TEU（标准集装箱）集装箱船，填补了国内空白；100毫米厚EH47止裂钢已实现全球首次批量应用。

3.2.7 医疗用钢

东北特钢成功研制高端医用不锈钢丝，为实现全面国产化奠定基础。沙钢集团东北特钢成功研制高端医用不锈钢丝1RK91，该产品各项技术指标均符合标准要求。该产品的成功生产，为下游客户提供了医用缝合针国产化材料，并为实现该材料全面国产化奠定了坚实的技术基础。长期以来，国内高端医用不锈钢丝1RK91一直依赖进口，为实现国产替代，东北特钢与国内某知名高校开展校企合作，双方达成共识，设立高端医用不锈钢丝国产化项目，即开展直径为1.35毫米、0.95毫米、0.75毫米、0.65毫米、0.45毫米、0.35毫米的超级马氏体不锈钢丝1RK91研制生产攻关。该材料具有超高强度、高韧性的特性，且不具有任何潜在的细胞毒性，可安全地与人体组织、体液或血液接触，符合所有相关过敏和皮肤刺激试验标准要求，属于高附加值产品。目前，该材料主要用于制造医用缝合针、手术刀片、钻孔器、剪刀、导向器等外科医疗器具等。

太钢打破了进口模芯材料垄断。医疗行业用预硬态 1.2316H 耐蚀模具钢中厚板在太钢不锈钢股份有限公司首发成功，产品各项性能指标、使用效果达到国际先进水平，打破了进口模芯材料垄断。

3.2.8　石油和化工用钢

天津钢管 TP140V 超深井套管应用再创纪录。由天津钢管制造有限公司供货的中国石化西北油田的重点探井塔深 5 井顺利完钻，垂直深度 9017 米，套管下井深度 8950 米，刷新了亚陆第一深井和亚陆套管下井深度两项亚洲纪录。该井使用套管中天津钢管自主知识产权的 TP140V TP-CQ 特殊扣套管成为亚洲下井深度最深套管。

天津钢管开发出 TP110-9Cr 经济型套管。针对大港油田福山项目需求，天津钢管制造有限公司（以下简称“天津钢管”）开发了经济型 TP110-9Cr 套管。天津钢管在该项目中对钢种进行了优化，实现吨管合金成本降低超千元，同时通过工艺优化提高产品综合性能，在相同强度水平下冲击韧性提高了 50%。

天津钢管设计开发出 TP140HC 高抗挤毁特殊扣套管。根据油田井况条件，天津钢管制造有限公司为塔里木油田设计开发了 TP140HC 高抗挤毁套管，不仅提高了屈服强度和抗挤毁值，还满足了塔里木油田超深井的压力要求。该产品的开发解决了塔里木油田套管强度校核安全系数不足、套管高温挤毁评价、断裂韧性评价等问题，为深层、超深层油气资源的开发，提供了技术保障。该产品累计供货超 9000 余吨，超 50 口油井使用。

天津钢管开发出储气库用经济型 E13Cr 套管及加厚 TP155V 高钢级套管。针对储气库工程对抗 CO_2腐蚀油套管的需求，天津钢管制造有限公司采用低碳低镍低钼的低合金设计，开发了高钢级经济型 TP110-E13Cr 套管。此高钢级套管的成功开发生产，为经济型 13Cr 产品开发奠定了坚实基础，满足了中石油、中石化储气库工程建设的需求，加快了经济型高钢级 13Cr 产品占领市场的步伐。针对国家管网集团中原储气库的建设要求，天津钢管为该区块井况设计开发了储气库用内加厚 TP155V 高钢级气密封套管，可以有效封堵盐膏层地层，满足储气库 30 年注采气要求，保障储气库安全运行。

天津钢管新开发出执行 API 5CRA 标准的 TP110-SUP13Cr 套管。天津钢管制造有限公司新开发的 TP110-SUP13Cr 耐高温、高抗 CO_2和微量 H_2S 腐蚀套管，首次完全执行 API 5CRA 标准设计、生产，进一步拓宽了 13Cr 产品市场。天津钢管采用新钢种、新工艺设计生产，圆坯生产成本大大降低，冲击韧性提高超 10%，满足了超深、超高压特殊腐蚀井况的苛刻需求。

南钢新开发耐超低温钢板。南京钢铁股份有限公司为了减少焊缝，使用 5 米轧机生产 4.7 米宽度极限规格的耐受超低温的钢板。温度越低，钢铁越容易变脆断裂。南钢研发迭代工艺差温轧制，将钢材能耐受的低温从-50℃降低到-70℃。这项工艺专门针对轧制中，板材上下两个表面温度高，中间芯部温度低，变形受力不均、低温冲击韧性不达标的问题。通过控制水压，调整组数、控制流量，使轧制的钢板芯部有足够的变形量。显微镜下，耐受超低温钢板的内部结构清晰显现，晶粒尺寸的大小只有 10 微米。只有轧制越均匀，晶粒尺寸越小，钢材抗低温抗断裂的能力才越强。大量的焊接点比钢材更易脆裂。埋弧焊、气体保护焊、焊条电弧焊，不同的焊接工艺反复测试，最终找到最适合的工艺数值，让最薄弱的焊缝也能达到超超低温的极限。车间测试成功，将大幅提高大型钢结构现场拼装的效率。

第 4 章

中国特殊钢工艺技术装备进步

中国特殊钢历经多年发展，从无到有，不断发展壮大，离不开工艺技术的不断革新以及装备技术的不断进步。近年来，我国特殊钢工艺技术进步主要集中在更高效率以及更绿色化方面。在下游客户需求不断丰富的背景下，不少特殊钢企业开始进行专门品种的工艺技术升级和优化，以更好地满足下游用户要求。在装备技术方面，多数特殊钢企业都在进行装备升级改造，以工业互联和智能化赋能特殊钢生产，实现更匹配客户需求的精益制造。

4.1 冶炼工艺进步

4.1.1 冶炼工艺技术

兴澄特钢突破高强高韧低密度钢冶炼技术。世界范围内首次使用100吨电炉冶炼工艺生产的高强高韧低密度钢板，在兴澄特种钢铁有限公司问世，并且实现了大规模工业化生产。这一重大工艺技术突破，使我国在高强高韧低密度钢的工业化生产技术领域处于国际领先水平，更标志着我国成为世界上唯一掌握大规模生产高强高韧低密度钢技术的国家。高强高韧低密度钢比常规高强钢的密度降低10%以上，具备良好的强韧性，将为车辆、船舶、航空、航天、建筑等领域，提供极为重要的新型轻量化材料，有着广泛的应用前景和重大的战略意义。

中信泰富特钢研制的直径1200毫米超大规格圆坯一次热试成功。由中信泰富特钢集团旗下兴澄特钢二炼钢分厂研制的世界最大规格ϕ1200毫米连铸圆坯面世。这是继世界首创ϕ800毫米、ϕ900毫米、ϕ1000毫米后，由中信泰富特钢再次刷新的连铸圆坯最大规格世界纪录。中信泰富特钢ϕ1200毫米圆坯连铸项目于2020年开始投建。为确保连铸机生产出合格的大圆坯，企业工艺、设备、土建等专家总结此前相关经验，形成了完整的ϕ1200毫米连铸机工艺方案，尤其是在大圆坯凝固与矫直能力的保障方面，采用了康卡斯特结晶器和拉矫机，为最终热试的一次性成功奠定基础。

太钢的特钢产品关键技术应用效果显现。太钢不锈钢股份有限公司针对镍基合金、铁铬铝等特殊品种，重点围绕纯净度和保护渣系改进开展攻关，为高端精品钢材开发及批量生产提供支撑。太钢通过优化工艺技术，改进装备条件，炼钢一厂钢水洁净度得到较大改善；在镍基合金和超纯不锈钢上进行了镁脱氧批量工艺试验，氮化物尺寸明显降低；成功自主开发了铁铬铝保护渣，基本消除了渣条；实现了笔尖钢模铸渣自主生产；优化锭模设计，成材率提高约3个百分点。

抚顺特钢电炉冶炼技术突破。东北特钢集团抚顺特钢第一炼钢厂的2号电炉是1999年从德国Fuchs引进的60吨竖井式电弧炉，该炉型目前仍是国际上较先进的电弧炉炉型之一。但进口近20年来，设备老化严重，冶炼工艺陈旧等问题突出，且始终存在电耗高、电极消耗高，冶炼周期长等行业共性问题，其低碳高洁净熔炼等关键技术问题国内外一直未取得突破，其碳排放指标也与近年来新开发的量子电弧炉、EcoArc电弧炉等存在较大差距。

抚顺特钢针对制约传统Fuchs竖井式电弧炉低碳高洁净熔炼的关键技术问题，在2018~2021年，研发和突破了多项电弧炉低碳高洁净熔炼关键技术，包括废钢预处理的电弧炉冶炼配料关键技术、低碳节能的供氧关键工艺技术、全固态料全程泡沫渣关键工艺技术，高效高洁净电弧炉冶炼关键技术等，形成一套完备的竖井式Fuchs电弧炉全固态料低碳洁净熔炼技术。该项技术突破了多年来制约国内外竖井式Fuchs电弧炉全固态料低碳洁净熔炼的技术瓶颈，电炉电耗达到310千瓦·时，同时冶炼周期、石灰消耗、电极消耗等重点技术经济指标也得到大幅改进，钢水夹杂物和氧含量等指标亦得到大幅提升。

南钢纯净度控制技术。南京钢铁集团有限公司特殊钢纯净度在保证初炼钢水纯净度的基础上，实现纯净度控制工艺的分级机制。

（1）铝脱氧钢通过精准出钢、精细化造渣、保护浇铸及最优化中包流场等控制工艺，实现铝脱氧钢水纯净度大幅度提升，宏观夹杂物稳定≤2 毫米；

（2）硅锰脱氧钢通过控制过程精准控制，实现夹杂物塑性化和低熔点化。纯净度水平稳定满足 2000 兆帕以上高端弹簧钢质量要求；

（3）高硫高铝钢采用合适的工艺，减少钢中高熔点 CaS 夹杂，连浇炉数提升一倍。

天津钢管炼钢工艺技术实现多方面提升。一是全面提高钢包自开率。天津钢管制造有限公司炼钢厂自开率一般在 93%～97%，2021 年开展自开率攻关，主要从钢包水口清理、钢包氩气流量、电炉灌砂操作、电炉出钢温度、精炼弱搅拌操作、钢包水口座砖改型等方面采取措施，确保稳步提升钢包自开率，目前自开率达到 98.21%以上。二是采取有效措施提高冶炼效率。天津钢管通过优化调整电炉出钢渣料及合金比例，将绝大部分冶炼过程需要加入的合金及渣料提前至电炉工位，减轻精炼成分调整压力并提前造渣，提高冶炼效率，为夹杂物充分上浮创造条件，301 样成分达标率由之前的不足 60%提升至 80%以上，回归精炼微调功能。三是提高开浇炉吹氩保护效果。为进一步优化开浇炉中包吹氩操作，满足开浇炉在线吹氩保护的需要，提高中包盖使用寿命，天津钢管联合中包盖厂家重新设计制作中包盖，将吹氩管线预设在中包盖耐材中，提高了开浇炉吹氩保护效果。四是提高中包过热度合格率。精炼工序过程温度控制水平，从生产节奏、钢包周转、软吹状态等对过热度稳定的影响，逐步降低并稳定中包过热度，中包过热度合格率由不足 50%提升至 80%以上，为连铸实现恒拉速创造了有利条件。五是优化了精炼渣系构成，降低了渣料成本。天津钢管通过对精渣造渣物料进行优化，在不增加或少增加精炼渣用量的前提下取消脱硫剂，同时满足脱硫、吸附夹杂物等工艺要求，将总渣量降至 1.5～2.0 吨，极大地改善了炉渣黏度，降低了渣料成本。

酒钢采用感应炉工艺生产高端不锈钢焊材。酒钢集团不锈钢首次采用“感应炉+AOD+LF+连铸”新工艺路线，成功生产出高端领域用 308L 和 309L 不锈钢焊带。目前，该产品已供应客户，将用于核电、石油天然气、化工和压力容器等特殊加工领域。化学成分中微量有害元素控制良好，力学性能稳定，焊接后焊缝质量优。不锈钢焊带与不锈钢焊条、不锈钢药芯焊丝是市场广泛应用的 3 种不锈钢焊接材料。近年来，随着国内外带极堆焊技术不断发展，不锈钢焊带用量逐年提高。在行业内，不锈钢焊带主要有 308L、309L、347L 等系列，主要用于核电、航空航天、化工和石油天然气等加工领域。

酒钢不锈钢在药芯焊丝用不锈钢开发的基础上，着手研发焊带用不锈钢，特别是高端领域用 308L 和 309L 不锈钢焊带。308L 和 309L 不锈钢焊带要求镍、铬含量高，碳、磷含量低，对钴、钒、硼等微量元素更是要求苛刻，冶炼难度大，附加值高。其难点在于，若采用全铁水冶炼，最大的问题是冷料加入量大，AOD 炉冶炼过程温度不足；如果采用电炉冶炼，镍铬收得率低，微量元素达不到产品要求，且成本居高不下。不锈钢感应炉投产为焊带用不锈钢的冶炼开辟出一条新途径。根据酒钢不锈钢生产装备情况，产品开发项目组对冶炼各环节进行讨论，制订出不同于以往的冶炼方案进行熔炼质量控制，不仅提高了镍、铬等贵金属收得率，还降低了生产成本。酒钢创新性地将感应炉应用到不锈钢焊带冶炼工艺中，对提升企业高附加值产品生产能力、降低企业生产成本、增强产品市场竞争力、提高不锈钢冶炼技术水平具有积极意义。

邢钢高品质轴承钢线材技术研究开发。邢台钢铁有限责任公司开发了显示高碳钢连铸坯凝固组织及内部缺陷的腐蚀检验技术，可实现对连铸坯内部组织及缺陷的定量评价。邢钢系统研究了酸洗低倍孔洞在全流程中的变化及形成机理，确定了内部组织均质化的工艺控制方法。邢钢通过控制钢中成分，优化连铸工艺，优化开坯高温扩散工艺及控冷控轧工艺，获得高均质化的轴承钢盘条材料，满足对高低倍组织、碳化物不均匀性的要求。精炼工序渣系及脱氧制度优化，连铸工序保护浇铸优化，实现了超低氧控制，同时达到了控制钢中大颗粒钙铝酸盐类夹杂物的目的。

邢钢高强度汽车用零部件高洁净化控制技术。为解决铝镇静钢浇注絮流问题，提高生产效率，国内外许多厂家多采用钙处理工艺对 Al_2O_3 类夹杂物进行变性处理，以得到低熔点的 $12CaO \cdot 7Al_2O_3$。但这类夹杂物尺寸较大，与钢液的接触角小，不易被渣相吸收，一旦留在钢中，对钢的塑性及疲劳性能影响较大。同时，钙处理受钢水的温度、成分、喂线的量和时机等因素影响较大，变形效果如果不理想，反而会形成高熔点钙铝酸盐，适得其反。

针对此问题，邢台钢铁有限责任公司通过精炼渣优化和中间包双挡渣墙钢水净化技术，取消了钢水的钙处理工艺。非金属夹杂物的类型和尺寸均得到有效改善。

新良特钢改用真空玻璃管取样。为了提高安全系数和钢水化验准确率，新余新良特钢有限公司（以下简称“新良特钢”）对炼钢取样进行了改进，由原来的片样、杯样改为现在的真空玻璃管取样，不仅降低了取样难度，而且大大提高了钢水化验准确率。以前，新良特钢初炼炉取样一直沿用的是片样，精炼炉取样是杯样，取样时需要更靠近炉门口，比较危险，且样本容易被氧化，并夹有钢渣，代表性不高，钢水化验结果出现偏差的情况时有发生。为此，新良特钢改用了真空玻璃管取样的方法。据新良特钢相关负责人介绍，这种新型的钢水取样器的端部设有真空玻璃管，真空玻璃管与样块模型的型腔连通，与型腔构成密封的真空腔。新良特钢在对钢水进行取样时，钢液快速熔化在真空玻璃管前端，并能快速由真空玻璃管进入型腔，提高了钢水进入量和进入速度、取样器中玻璃管处的钢体密度，方便及时取样，确保检测结果的准确性，简化钢液样块取样流程。这种新型操作方式不仅不受样勺取样的人为因素干扰，而且试样代表性强，既能节省时间，又能保证钢的质量，工艺简单，便于操作者掌握。

淮钢特钢一车间新增 RH 真空处理炉。淮钢特钢炼钢厂一车间转炉条线承担公司“特殊钢”生产的大部分任务，近年来，市场竞争愈发激烈，高端产品需求增加。根据公司“十四五”规划需要，为适应公司产品结构调整的需要，提高产品市场竞争力，公司于 2019 年计划在炼钢厂一车间转炉条线，新增一套双工位 RH 真空处理炉。该项目于 2021 年 3 月建成投用，公司经真空处理的钢产量提高到 60%以上，彻底解决公司炼钢厂一车间转炉条线钢水真空处理能力不足问题，保证高端产品的超高洁净度，助力高品质钢的研发与生产，为公司战略结构调整，提高产品质量奠定基础。

淮钢特钢炼钢厂 2 号连铸轻压下改造。目前，凝固末端轻压下技术被认为是改善连铸坯内部质量的一种最有效方法，可以消除或减少铸坯收缩形成的内部空隙，防止晶间富集常溶质元素的钢液向铸坯中心横向流动；另外，轻压下所产生的挤压作用还可以促进液芯中溶质元素富集的钢液沿拉坯方向反向流动使溶质元素在钢液中重新分配，从而使铸坯的凝固组织更加均匀致密，起到改善中心偏析和减少中心疏松的作用。淮钢特钢为提高小方坯连铸质量，改善铸坯中心疏松、中心缩孔及碳偏析级别降低，对 2 号连铸进行技术改造，增设 210 方铸坯轻压下功能，该项目已于 2021 年完工。

4.1.2　铸造工艺技术

攀钢破解钛合金化钢转炉—连铸生产难题。鞍钢集团攀钢研究院有限公司成功破解钛含量为 0.25%~0.5%的钛合金化钢转炉—连铸生产流程关键技术难题，在国内首次实现含钛 0.25%~0.5%的钛合金化钢≥2 炉的多炉连浇，且生产出的铸坯质量良好。据了解，当钢中钛含量≥0.2%时，可提高钢材的强度、韧性、耐磨性、耐蚀性等性能，并减小钢材各向异性、提高加工性、提高抗氢致裂纹等。但当钢中钛含量较高时，大量高熔点物质在连铸过程极易引起漏钢和坯材严重缺陷，导致连铸无法实现规模化生产。为此，攀钢联合国内知名高校和科研院所，采用实验室基础理论研究、工业试验制备、产业规模化应用相结合的研发模式，逐步破解了困扰高钛合金化钢连铸生产存在的成分精确控制、钢水可浇性、钢水夹杂物控制及铸坯质量控制等关键技术难题，成功完成了 120 吨转炉和 200 吨转炉生产钛含量为 0.25%~0.5%的耐磨钢多断面、连浇≥2 炉的多炉浇铸，完善了钛合金化钢生产理论技术体系。相关专家认为，该项目将促进攀西钒钛产业链高价值深度延伸，提高我国合金化钢生产整体水平及高端产品自给率。

芜湖新兴铸管中间包等离子加热技术。芜湖新兴铸管有限责任公司中间包等离子加热技术聚焦国家“低能耗、高品质特殊钢”产业发展，能够精确控制中间包内钢液温度，实现恒温浇铸，提高产品质量。其主要原理是通过等离子枪通电产生的电弧将工作气体充分电离，利用生成的高温热等离子体对中间包内钢液进行加热，弥补浇铸过程中间包内钢液的热损失。

在 2021 年芜湖新兴集中精力进行产品研发和优特钢的转型升级，实现绿色发展，全力稳定和提升产品质量，以“优特钢聚焦创品牌”的发展方向，精心打造优特钢产品基地。四连铸现有生产断面为 ϕ600 毫米和 370 毫米×480 毫米，生产钢种涵盖车轴钢、工磨具钢、风电法兰钢、高压锅炉钢、轴承钢等，是目前芜湖新兴生产断面最大，生产技术含量最高，产品附加值最有发展潜力的铸机。为了打造一流的产品，推动钢铁产品的高质量发展，实现大断面铸机的恒温恒拉速，引进中间包等离子加热技术。

南钢铸坯均匀性控制技术。南京钢铁集团有限公司结合凝固模型，进行连铸最优工艺组合，实现中高碳钢铸坯中心碳偏析指数≤1.08、铸坯中心疏松≤1.5 级、中心缩孔≤1.0 级。

芜湖新兴铸管开发脉冲磁致振荡 PMO 技术。宏观偏析、心部缩孔及裂纹是圆坯连铸生产常见质量问题，目前国内外尚无理想解决方案，导致较大断面圆坯尤其是优特钢铸坯连铸生产不得不降低拉速以保证铸坯内部质量，降低生产效率同时增加了能耗，不利于节能降碳。以优质合金钢、齿轮钢及高碳合金钢等特殊钢 ϕ300 毫米及以上圆坯连铸为例，目前大多数企业采用 0.8 米/分钟以下的拉速进行生产，以避免铸坯质量缺陷。电磁搅拌技术虽然能一定程度上减少芯部缺陷，但无法有效提高铸坯拉速；而末端压下技术在圆坯中应用具有很大局限性，易导致心部裂纹等问题。因此，亟须开发适用于高品质特殊钢圆坯的高效连铸技术，从而提高铸坯质量和生产效率，降低能耗和碳排放。

脉冲磁致振荡（pulse magneto-oscillation,

简称 PMO）是将脉冲电流导入环绕在铸坯表面的线圈中，通过电磁感应在铸坯固液界面附近形成特定的物理效应，促进固液界面前沿形核，从而达到细化凝固组织的目的。基于以上的背景，芜湖新兴铸管有限责任公司联合高校共同开发了大断面圆坯 PMO 技术并制造出核心的装备，真正意义上实现了 PMO 技术运用于工业生产。伴随着 PMO 技术的运用，成功地实现了 ϕ300 毫米断面连铸拉速从 0.7～0.75 米/分钟提高并稳定至 0.9～1.0 米/分钟，生产效率提高 28.6%～33.3%；二次枝晶臂间距平均减小 20%以上；中心缩孔等级 0.5 级以下铸坯占比达到 98%；碳宏观偏析方面，WTB-1 磨球钢（高碳钢）径向碳极差（质量分数）从 0.09%～0.12% 降到 0.05%～0.06%，40Cr 合金钢（中碳合金钢）径向碳极差由 0.08%～0.1% 降到 0.04%～0.05%，20CrMnTi 齿轮钢（低碳合金钢）径向碳极差由 0.04%～0.05% 降到 0.03%～0.04%，元素宏观分布均匀性显著提高。

芜湖新兴铸管连铸在线压下技术。高品质钢材生产技术是衡量一个特钢企业发展水平的重要标志，基于市场驱动和企业发展战略需求，芜湖新兴铸管有限责任公司历经近 3 年的产学研专业合作、自主开发，提出了特殊断面生产高品质钢连铸提质增效的工艺技术。该技术成功解决了小方坯到大方坯 180 毫米×180 毫米过渡过程中，特殊断面尺寸方坯铸机生产高品质钢面临的中心偏析、组织致密度、铸坯裂纹等共性问题，成为国内少数几个掌握此项关键技术的特钢厂家。该技术已经成功运用到高强度硬线钢 SWRH82B、高端汽车用钢 SCM435、环保型易切削钢 Y1215Te 及出口含硼钢等高品质钢的制造中。经检测产品无裂纹，组织致密度及中心碳偏析控制指标达到行业领先水平，连铸机浇铸速度平均提高 30%。本项目的创新性研发了多项技术：

（1）研发了特殊断面（180 毫米×180 毫米）连铸机动态大压下量技术与装备，为彻底解决高品质高碳钢和合金钢的铸坯中心偏析和致密度问题奠定了基础。

（2）研发了特殊断面（180 毫米×180 毫米）连铸机动态二冷工艺技术，为彻底解决高品质钢连铸坯铸坯裂纹问题和细化铸坯凝固组织奠定了基础。

（3）研发确立了特殊断面（180 毫米×180 毫米）生产高性能高品质钢的工艺路线。

（4）针对方坯连铸机生产品种钢时为了保证质量，采用低拉速浇铸，从而大大限制了方坯铸机总体产能的现状，本项目创新地提出了特殊断面方坯连铸机生产高品质钢高拉速的工艺路线，真正实现了方坯铸机减流提速和高效低成本生产，推动方坯铸机整体技术的台阶式发展。

石钢开发铸坯轻压下、重压下技术。目前，河钢集团石钢公司铸坯轻压下、重压下技术是国内唯一产业化技术，具有布置紧凑、单辊压下能力大、压下区间大的特点，可有效提高铸坯均质化，改善连铸坯中心偏析、疏松问题，C 偏析指数高碳钢≤1.04、低碳钢≤1.02。

邢钢铸坯在线表面淬火技术。通常解决铝镇静钢角部横裂纹的传统方法多采用控制 Al 含量、降低 N 含量，提高铸坯进拉矫机温度等方法，采用铸坯堆冷或加 Ti 合金解决铸坯表面热送裂纹，这些方法不仅影响生产效率，而且增加生产成本，且改善效果有限。针对此类难题，邢台钢铁有限责任公司自主研发了铸坯在线表面淬火装置及控制技术，一方面减少了 AlN 第二相在晶界的析出，同时通过心部回温使表面形成一层 15～30 毫米厚的致密组织，有效提高了铸坯抵抗热应力和组织应力的能力。另一方面，使用表面淬火工艺后，铸坯表层为大量铁素体+回火屈氏体，这种组织塑性和韧性较好，且表层晶粒得到明显细化，粗大网状铁素体消失，减少铸坯沿晶开裂倾向，大大增加了铸坯表面抵抗热应力和组织应力的能力，基本消除了热送热装铸坯在开坯过程中的开裂。经过生产试验表明，基本解决了铝镇静钢铸坯角部横裂和热送坯开裂问题。

4.2　轧制工艺进步

4.2.1　轧制工艺技术

东北特钢大力推进以轧代锻工作。2021 年，东北特殊钢集团抚顺特钢公司从品种范围的拓展、生产组距的开发、生产工艺路线的优化等三个方面发散思维、细致研究，最终全年有 6400 吨钢材实现了以轧代锻。其中产品范围突破了 GH2132 等高温合金，921A、1Cr15Ni4Mo3N、1Cr18Ni10Ti、1Cr17NiA 等 29 个轧制分厂没有生产过的品种；生产组距开发上主要从 850 轧机的生产坯料尺寸上入手，先后实现了 100 毫米方及 90 毫米厚扁坯的以轧代锻，在产品质量合格的条件下，成本大幅降低。此外，东北特钢还开发了阶梯锻造法、锁头锻造法、阻偏温锻造法、三维锻造法，通过以上锻造方法的推广使用，使锻造成材率提高了 1%，生产效率提高了 2.5%。

东北特钢优化多钢种连铸和轧制工艺。东北特殊钢集团通过优化轧制工艺，使弹簧钢和高碳钢的组织索氏体化率和力学性能合格率明显提高，并且脱碳得到明显改善，达到了国内同行业先进水平。

东北特殊钢集团通过优化化学成分、连铸工艺参数和加热轧制冷却工艺，齿轮钢淬透性合格率明显提高，由原来的 75% 提高到 95%。

东北特殊钢集团积极研究探索，国内首次实现连铸连轧工艺生产 Cr12MoV 扁材，替代传统模铸开坯后轧制扁材工艺，实现产量提升、能耗降低的双目标。

东北特钢设计多种工装辅具。新型工装辅具设计开发方面，2021 年东北特殊钢集团抚顺特钢公司设计了凸型镦粗盘、挂钩式导位、凹心镦粗板，通过以上工装辅具的投入使用使锻造产品及轧制产品的切损率降低了 1.35%。

南钢尺寸精度控制技术。南京钢铁集团有限公司 ϕ16～160 毫米棒材采用三向变形技术、双侧径轧制精度控制技术，公差控制达到五分之一 DIN 标准和热轧态平直度≤2.5‰。南钢实现组织精准控制满足精锻工艺、冷锻工艺、高精度机加工工艺的标准要求，同时三辊变形轧制技术能够实现直径公差自由尺寸轧制，实现用户加工工艺定制化要求。

南钢控轧控冷技术。南京钢铁集团有限公司棒材开发独特的复合控轧控冷工艺，实现 ϕ16～80 毫米中小规格棒材在线正火轧制工艺，替代离线正火；实现 ϕ50～160 毫米大规格棒材在线 TMCP 控制，替代离线调质。

淮钢特钢轧钢厂四轧车间新增控轧控冷装置。淮钢特钢轧钢厂四轧车间于 2007 年 12 月份建成投产，产品规格主要为 ϕ70～300 毫米，随着公司在特钢行业的深耕，特殊钢产品也越来越多，为降低非调质钢终轧温度、抑制非调质钢棒材高温奥氏体再结晶晶粒的长大，实现大规格棒材（ϕ70～240 毫米）晶粒度的控制，公司与北京科技大学共同开展四轧钢棒材生产线控轧控冷研究与开发，并于 2021 年 11 月 10 日调试成功，为公司提高相关产品质量，开发更多控轧控冷产品奠定基础。

淮钢特钢轧钢厂四轧车间增加 KOCKS 轧机。淮钢特钢轧钢厂四轧车间于 2007 年 12 月建成投产，产品规格主要为 ϕ70～300 毫米，有少量方钢和扁钢，现有轧机生产的圆钢尺寸精度只能满足国标Ⅱ级标准要求，部分高精度产品目前通过扒皮来实现，生产成本高，没有竞争力。目前用户下料设备自动化程度较高，预留加工余量越来越少，对材料尺寸、不圆度等提出更高的要求，尺寸控制精度差，会出现进料困难、损伤设备、加工切削量大等问题。2020 年，为满足市场要求，公司计划对四轧高性能特殊钢棒材生产线进行技术改造，在连轧机组后增加具备先进国际技术水平的三辊式减径定径机组，进一步提升高性能棒材超精密度及内在质量。

该项目预计 2022 年 8 月投产（目前正处于调试阶段），项目投产后，可生产超精密特殊质量的高性能特钢棒材，以满足汽车工业等高端制造行业的需要。因生产的产品精度高，可取消机械加工的剥皮工序，降低机加工的原材料消耗。同时，不仅可以生产标准尺寸的棒材，而且可以根据用户的实际需要生产该轧机产品范围内各种尺寸的棒材。绝大部分产品均由后 4 个机架的减径定径机组轧出，前面的机架可采用单一孔型系统，这样可大大减少孔型调整和轧辊更换的时间，提高轧机的作业率。并且可大大减少轧辊和导卫备件的数量。在总产能不变的前提下，提高产品的表面精度及性能，生产超精密特殊质量的棒材，重点提升低合金高强度结构钢、高性能轴承钢、高性能合金弹簧钢、高性能齿轮钢、非调质钢质量，提升产品的国际竞争力，促进企业升级转型，满足市场需求。

淮钢特钢新增连续式热处理生产线。 2021 年，淮钢特钢新投产了一条连续式热处理生产线，开始承接钢材产品调质、正火延伸加工。根据市场的需求，先后推出紧固件用高强度螺栓用调质圆钢，耐磨棒用调质圆钢，丝杠、拉杆、顶杆用调质圆钢，工程机械活塞杆用调质圆钢等一系列产品，满足了用户的需求，提高了公司产品的附加值和特殊钢产品的市场竞争力。

太钢取向硅钢技术装备升级改造进展顺利。 高端冷轧取向硅钢项目是推动山西省钢铁行业转型升级和高质量发展的项目之一。二十辊轧机为太钢和日本企业普瑞特/日立的合作项目。二十辊可逆式轧机结构复杂、设备制造精度高、自动化控制先进、安装精度要求严格，产品主要以薄规格取向钢为主，二十辊轧机两台轧机在 2021 年前半年已经顺利投产，目前轧机已经达产达效，质量稳定。取向硅钢脱碳渗氮连续退火机组（DCL 机组）和取向硅钢热拉伸平整退火机组（FCL 机组）是由法国 DMS 技术总承包，电气分包商为 TMEIC，炉子分包商为法国斯坦因，这两条处理线炉温控制精确，张力控制稳定，能快速实现生产工艺，是目前国内建成后最快速生产出产品的机组。环形炉由中冶京城总承包，全炉可放置 120 个钢卷，炉子直径是取向硅钢高温退火炉中较大的，实现了内罩内工艺气氛的单调，目前已经生产多个批次，性能质量较好。

4.2.2 产品工艺技术

酒钢打通宽幅超级奥氏体不锈钢工艺路线。 酒钢集团不锈首卷 1500 毫米规格的 904L 冷轧板带产品下线。该产品的成功生产，标志着酒钢不锈钢全面打通了宽幅超级奥氏体不锈钢工艺路线，丰富了酒钢高端不锈钢产品种类。904L 不锈钢是一种耐蚀性与拉伸性兼具的不锈钢品种，有良好的抗晶间腐蚀、点腐蚀、缝隙腐蚀和一般性腐蚀性能，尤其在稀硫酸中有优良的抗腐蚀性，广泛应用于化工造纸、污水处理等行业，产品市场前景广阔。此前，酒钢不锈开发的 904L 不锈钢一直保持良好的销量。

2021 年，酒钢不锈接到的这笔百吨订单，用户除了需要 40 吨宽幅中厚板外，还需要 60 吨 904L 宽幅冷轧板带，规格为 1500 毫米。1500 毫米宽幅接近酒钢不锈钢冷轧轧机极限，再加上超级奥氏体不锈钢合金含量高、碳含量低，对钢水纯净度要求高，生产过程中裂纹敏感性强、高温变形抗力大，铸坯容易产生偏析，易于析出 SIGMA、CHI 相等脆性相，轧制难度很大，过去从来没有生产过。为保证首次开发百分之百成功，技术人员精心制定了研发试制、生产组织、工艺控制等方案，先后开展了铸坯原始组织和均匀化工艺研究、热变形行为及轧制规程回归计算、退火酸洗试验，破解了多个打通工艺路线的障碍和难题，最终成功生产出符合用户要求的宽幅超级奥氏体不锈钢，也打通了该钢种最难的生产路径，实现了各种宽幅产品工艺路线的打通。

天津钢管成功开发双金属复合管轧制工艺。双金属复合管采用复合材质管坯，外部为碳钢材质，芯部为 316L 不锈钢材质。天津钢管制造有限公司通过加热制度的改进、轧制工具优化等工艺攻关，成功试制了两批次多规格复合管。经检测，整体实物质量较好，为后续批量生产进行了技术储备。13Cr 油管产品的轧制工艺攻关取得新进展。天津钢管通过优化布料方式、精确调整加热制度、改进现场轧制工艺和控制参数，使用 151 孔型成功试轧生产了 ϕ88. 9 毫米×6. 45 毫米和 ϕ73. 02 毫米×5. 51 毫米两个规格 13Cr 油管，轧制成材率均达到 85% 以上，力学性能达到设计要求，整体质量较好。为后续批量生产积累了丰富的经验。

首钢京唐中厚板摸索出高强钢生产工艺。2021 年 1～8 月份首钢集团京唐公司中厚板事业部（以下简称“首钢京唐”）供应中煤集团北京煤机厂（以下简称“北煤机”）高强钢 3. 5 万吨，产品质量和物理性能全部满足客户要求。首钢京唐中厚板事业部批量供应高强钢，为首钢京唐抢占高强钢市场提供了坚实保障。中厚板高强钢是首钢京唐 2021 年重点拓展的品种之一，受合金及工序成本太高影响，前期市场竞争力较弱，因此新成分体系设计、新工艺路线的开发迫在眉睫。

首钢京唐全流程跟踪生产过程，摸索出了一套全新的高强钢生产方法，生产成本大幅降低，可应用厚度范围为 15～60 毫米。中厚板事业部与北煤机签订的合同涉及钢种为 Q690D 和 Q550D，北煤机对钢板的表面质量、不平度均要求较高。接到订单后，首钢京唐联合技术攻关团队开展了有针对性的技术攻关，技术人员在充分辨识北煤机对产品质量的需求和产线生产难度的基础上，优化成分设计、炼钢工艺、轧制工艺，进行试轧、小批量生产、正式生产等。中厚板事业部协同技术中心及公司相关部门，重点围绕钢板水冷均匀性控制和钢板板形平直度控制进行技术攻关，这是保障高强钢生产的重中之重；依据调研及仿真计算等结果，从钢板轧制到钢板热处理的每个环节都制订详细的工艺技术方案，在生产实践中不断优化各工序的每一个环节。首钢京唐水冷专业工程师与热处理专业工程师深入研究淬火工艺机理，通过学习相关文献及同行业技术人员交流，深入掌握目前各钢厂在线淬火的技术难点和问题点；持续推进新工艺实验，突破多个关键技术瓶颈，形成了首钢京唐中厚板产线独有的“专利技术”。

河钢舞钢攻克高硅耐磨钢生产工艺。河钢集团舞钢公司（以下简称“河钢舞钢”）研发的一批高硅耐磨钢 BTW4 成功发往某高端客户。该产品在模拟 500℃ 工况后自然冷却，表面保持在布氏硬度 450 以上，高温耐磨性能指标达到国内先进水平，进一步丰富和完善了河钢舞钢在耐磨钢领域的产品布局。高硅耐磨钢可用于制造在焦化、电厂等较高温度下服役的特殊设备。河钢舞钢与客户深度对接，为客户量身定制研发个性化钢板。在研发中，河钢舞钢组建了由研发人员、销售人员、生产人员组成的技术攻关团队，开展技术攻关。河钢舞钢通过前期不断的试验和改进，创新冶炼、轧制、热处理、切割等工艺，攻克了在高硅条件下钢板内部性能易波动等行业难题，生产出的高硅耐磨钢解决了在300~500℃较高温度范围内的磨损问题，其淬硬层深度、芯部耐磨性能远超普通调质马氏体耐磨钢板，与国外同类产品相比质量较好。

鞍钢联众开发低成本409不锈钢工艺技术。鞍钢联众（广州）不锈钢有限公司于3月份成功开发出低成本409工艺技术，突破了409不锈钢产能瓶颈，月产量增加3倍。鞍钢联众以市场为导向，决定提升409不锈钢产能。作为含钛铁素体的代表钢种，409不锈钢生产难度大，极易出现次表皮夹杂等缺陷。同时，该钢种的产能提升还受到钢坯修磨能力、冷连轧机无成熟工艺等的限制。在不影响其他高效钢材产量的前提下，如何低成本、快速扩大409不锈钢产能，成为鞍钢联众实施“调品增效”战略路径亟须解决的问题。鞍钢联众从优化碳和氮含量的成分设计着手，将409钢种碳加氮含量降低到0.016%（百万分之一），达到国内领先水平，并通过创新开发硅铝复合脱氧技术，显著减少钢水夹杂物，提升产品品质，产品应用已拓展至精密轧延领域。同时，鞍钢联众进一步稳定关键工艺控制点，成功开发出409钢种不研磨工艺，突破了钢坯修磨能力瓶颈。鞍钢联众还打破了单轧机生产的传统工艺路线，充分利用现有设备挖掘潜能，开发出连续冷轧新工艺路线，解决了冷轧连轧机无成熟工艺的瓶颈问题，转移产能3.5万吨，一级品率超过95%。此外，在连续冷轧工艺日益成熟的基础上，该团队通过创新钢卷焊接技术、优化连轧机焊道通过控制技术等，打破了连续冷轧产出率低的掣肘，提高成材率约1.5%；技术部门与生产部门联合开发黑皮钢卷不退火酸洗后直接冷轧新工艺，减少了黑皮钢卷退火环节，大幅度降低了生产成本。一系列有效措施保证了低成本409工艺技术的成功研发。

太钢共性技术成果有效支撑提质增效。太钢不锈钢股份有限公司围绕连铸坯质量、不锈钢卷板表面质量，以及影响不锈钢生产效率和成本的关键要素，开展共性技术研究。太钢400系不锈钢铸坯宽度控制模型稳定上线运行，宽度合格率提高至93%。建立了炼钢二厂连铸电磁搅拌使用原则与规范，400系不锈钢等轴晶比例稳定控制在55%以上。太钢在系统研究氧化层结构和表面缺陷产生机理的基础上，优化热连轧加热、除鳞、精轧和热线酸洗工艺，汽车用超纯铁素体不锈钢粗糙缺陷大幅度降低，供甬金430热卷剥片缺陷率降低至5%以下。太钢开发了2250轧线板形/卷形控制模型，在粗轧工序实现稳定运行。

4.2.3 辅助工艺技术

天津钢管热处理工艺技术。天津钢管制造有限公司一方面改善L80-3Cr内外表面氧化铁皮取得较大进展。L80-3Cr管材产品具有良好的耐二氧化碳腐蚀性能和良好的耐海水腐蚀性能，且为经济型钢种材料，越来越受到市场重视。但在生产过程中，氧化铁皮的控制较难。通过调整炉内燃烧气氛、加热温度和生产节拍等热处理工艺改进，使氧化铁皮的残留达到了理想状态。另一方面小规格臂架管热处理工艺取得良好效果。专业臂架用管性能要求高，表面质量要求苛刻。天津钢管通过生产工艺摸索，固化了高强度臂架管的热处理和水淬参数，提高了小规格臂架管产品的尺寸精度控制水平，提升了产品外观质量，为小规格臂架管产品生产打下了坚实的基础。

天津钢管优化API圆螺纹加工工艺。API圆螺纹作为最经济的石油套管扣型，被广泛应用，但因圆螺纹自身特点，在拧接使用时，极易发生粘扣。天津钢管制造有限公司通过优化控制公母端倒角角度、倒角长度、管端面倒角后剩余宽度、控制螺纹公差、毛刺修磨质量等加工工艺，有效提高螺纹加工质量；通过磷化工艺的优化，提高了磷化质量，磷化膜的晶粒组织更好，更耐摩擦。天津钢管通过以上两个方面工艺技术的改进，极大地改善了 API 圆螺纹套管抗粘扣使用性能。

南钢“零脱碳”控制技术。南京钢铁集团有限公司采用分段残氧量控制技术和分区间加热速率控制技术，通过铸坯表面加工控制技术、控制加热炉炉内的残氧和还原性气氛、低温加热低温轧制及轧后快冷工艺，实现产品“零脱碳”，弹簧钢、汽车冷镦钢等产品全脱碳控制达到国内先进水平。

天津钢管成功实现核电用管在线内涂油技术。天津钢管制造有限公司为满足核电用管表面涂油要求，进行了相关技术攻关及工艺优化。改进后涂油效果好，油膜厚度均匀，无流挂现象，达到了用户要求。还实现喷涂色带自动化。为保证光管产品色带外观质量，天津钢管进行工艺技术提升和智能化改造，由人工涂色带改为喷枪自动，不仅提高了生产效率，而且获得的色带效果均匀。自动喷涂色带适用范围大且宽度可控，喷涂压力大，不易褪色，改善了产品外观质量，提升了公司涂装工艺技术水平。

4.3　特殊钢装备进步

4.3.1　冶炼装备

石钢成功研发新型双竖井废钢预热型电弧炉。河钢集团石钢公司研发的新型双竖井废钢预热型电弧炉是世界上第一台新型 SHARC 电炉，全废钢冶炼，通过废钢预热、闭炉门操作、泡沫渣技术、复合喷吹供氧、底搅拌、二次燃烧等技术，提高钢水质量、降低冶炼成本；配备自动出钢、自动出渣、自动测温取样、自动加砂、出钢口自动清理、电极自动调节等完整的一、二级自动化设备，实现炼钢智能化。主要技经及环保指标：冶炼周期≤45 分钟、电耗≤280 千瓦·时/吨、电极消耗≤0.78 千克/吨，烟气中粉尘排放（标态）≤10 毫克/立方米，二噁英排放（标态）≤0.1 纳克（TEQ）/立方米。

石钢新建 RH 精炼设备。河钢集团石钢公司采用“三车五位”布置形式，设计双钢包升降装置、双真空罐、双钢包车、三套真空罐车、五个停车位，配置高效节能的机械真空泵系统、高精度的合金加料系统、多功能顶枪及先进的冶金模型，可以实现真空罐在线烘烤、自动加料、自动测温取样、覆盖剂自动添加、氩气自动接通高精度底吹、全自动精炼功能，处理终点，钢水［H］≤$1.5\times10^{-4}\%$。

石钢新上中间包电磁感应加热装置。河钢集团石钢公司采用 T 型中间包、变频电源控制和双通道多出口结构形式；结构紧凑，布置简单，操作方便。投入感应加热后，系统会根据温度反馈自动闭环无级调节输出功率，将中间包钢水温度控制在目标值±3℃的最佳温度区间，升温速率≥2.0℃/分钟。实现低温、恒温浇铸。

抚顺特钢投产国内最大的加压电渣炉。2021 年，国内最大的加压电渣炉在东北特殊钢集团抚顺特钢投产，该电渣炉最大生产锭重可达 15 吨，生产锭型范围 ϕ460～1100 毫米，主要生产高氮工模具钢、高氮不锈钢、航空轴承钢等高端新型大规格材料。

长城特钢升级改造特种冶炼生产线。攀钢集团江油长城特殊钢有限公司采用国内外先进的特种冶炼技术及特种冶炼装备，投资约 5 亿元，对特种冶炼生产线进行升级改造，先后实施了新建 1 台 6 吨真空自耗炉、新建 1.5 吨真空感应炉及 12 吨真空自耗炉、高端特种材料真空冶炼升级改造、新建 2 台 3 吨电渣炉一期、新建 2 台 3 吨电渣炉二期、新建 2 台 3 吨电渣炉三期、高端特种材料电渣能力提升一期工程等项目，新增 1.5 吨、6 吨真空感应炉各 1 台，新增真空感应能力 2570 吨；新增 6 吨真空自耗炉 2 台、12 吨真空自耗炉 3 台，新增真空自耗能力 8900 吨，新增 3 吨电渣炉 10 台、7 吨电渣炉 4 台、5 吨、12 吨、18 吨电渣炉各 1 台，新增电渣能力 39800 吨。

长城特钢升级改造炼钢生产线。攀钢集团江油长城特殊钢有限公司采用国内外先进的特钢冶炼技术，投资约 5000 万元，对炼钢生产线进行升级改造，先后实施了特殊钢材料合金工艺优化提升改造、炼钢二作业区 1 号电炉升级改造、新增自动浇钢车等项目。

长城特钢升级改造钛冶炼加工装备。攀钢集团江油长城特殊钢有限公司采用国内外先进的钛特结合技术及钛冶炼加工装备，投资约 2.5 亿元，对钛冶炼生产及钛加工生产线进行升级改造，先后实施了高品质钛合金产线升级改造、钛棒线材配套改造、钛挤压材配套改造、冷轧钛管配套改造等项目。

河钢舞钢二炼钢物料跟踪系统上线。2021 年 12 月 1 日，河钢集团舞钢公司二炼钢 1 号 VD 炉（钢包精炼炉）和 2 号 VD 炉物料跟踪系统实施完成，该公司在两条产线的炼钢作业区域所有主要生产设备上实施了物料跟踪信息化管理，可以实时查询钢种冶炼炉号、炉温、工艺等重要参数，进而分析、还原冶炼全过程，指导、改进生产冶炼工艺。

4.3.2 连铸装备

兴澄特钢超直径 1200 毫米大型连铸投产。2021 年 10 月，江阴兴澄特种钢铁有限公司世界首创、全球最大断面的圆坯连铸机热试成功，2021 年 12 月 13 日成功生产出第一批断面直径 1200 毫米的特大连铸圆坯。

新投产的超大型连铸机由兴澄特钢与康卡司特公司共同设计、制作完成，生产工艺采用兴澄绿色制造特殊工艺控制与方法，研发生产出高品质、高纯净、高成材率的特殊圆坯，应用于清洁能源之大型风电轴承、齿轮、主轴、法兰等，引领风力发电产业大型化、海洋化发展需要，为低碳绿色清洁能源产业创新发展作出贡献。

济源钢铁新上一台五机五流矩形坯连铸机。济源钢铁（集团）有限公司采用国内领先的中间包感应加热、铸坯轻压下、重压下等先进技术建设了一台五机五流矩形坯连铸机，铸坯断面（热坯尺寸）：320 毫米×360 毫米、320 毫米×320 毫米、250 毫米×300 毫米。铸坯定尺长度：4.6～10.4 米。其是济源钢铁百年发展计划“提升产品竞争力，打造特钢排头兵”的控制性骨干工程，与国内标杆特钢企业比较，其设备配置及技术水平处于国内领先水平。其先进技术主要有中间罐感应加热技术，可以精确控制中间罐内钢水温度的波动范围，实现恒温/低过热度浇铸，能有效降低大包钢水上线温度 10～15℃，节能降耗效果显著且降低耐火材料消耗，同时有效去除钢水中夹杂物；采用双单元全板簧液压振动技术，解决了设备磨损的难题，设备精度全寿命不受影响，可以稳定改善铸坯表面质量。济源钢铁采用模块化扇形段，各模块可在线下完成对弧作业，保证线上设备的对弧精度。根据工艺需求可在凝固末端分别对铸坯实施轻、重压下，能大幅度降低铸坯的中心偏析和中心疏松，显著改善铸坯的内部质量而获得优异的冶金效果。济源钢铁采用三冷淬火技术，通过强冷使铸坯温度迅速降低，避开了碳氮化合物或氮化铝的析出温度范围，能有效降低低碳铝镇静钢的表面裂纹。另外大包、切割机、中间罐倾翻机构等均设有除尘系统，确保连铸区域各个环节实现无烟尘、无污染，实现“洁化、绿化、美化”清洁生产。

石钢新建连续模铸装备。河钢集团石钢公司的连续模铸浇注断面 460 毫米×610 毫米，是世界范围内坯型最大、建造深度最深的特钢工艺装备。连续模铸采用了全自动开浇、动态轻压下、铸坯淬火等 20 多项先进工艺技术以提高铸坯的纯净度、组织的均匀性。满足生产高纯净度、高均质性轴承钢、高品质帘线钢、弹簧钢、高合金模具钢、工具钢等。

南钢新增 9 号连铸机。南京钢铁集团有限公司 9 号连铸机建于 2020 年初，铸机为 4 机 4 流弧形连铸机，坯料断面 250 毫米×300 毫米和 320 毫米×420 毫米。南钢配备一键自动开浇、结晶器/末端电磁搅拌、中包连续测温、涡流式液位检测系统、液面自动控制、动态轻/重压下等先进技术。南钢实现结晶器液面波动范围稳定控制在 2 毫米以内；中高碳系列品种钢的中心缩孔、疏松小于 0. 5 级，中心碳偏析指数小于 1. 05。南钢主要产品为轴承钢、弹簧钢、帘线钢、齿轮钢、工程机械钢、非调质钢等品种钢。

南钢改造圆坯连铸机。南京钢铁集团有限公司 4 号连铸机和 7 号连铸机于 2021 年完成圆坯技术改造，具备生产 ϕ500 毫米以下断面的大圆坯能力，设计产能 90 万吨。南钢主要钢种包括高压锅炉管、油井管、抗酸管线、油缸管、钻具、气瓶管、结构管等穿管用途和油井法兰、风电法兰等锻造用途的品种钢，铸坯的内部质量、表面质量、椭圆度均满足下游高端企业的要求。

石钢新上连铸坯自动淬火装置。河钢集团石钢公司新上连铸坯自动淬火装置。该装置集成铸坯单流升降、称重、横移、淬火功能，采用箱体水浴淬火，根据工艺要求实现连铸坯在线自动淬火。铸坯淬火后表面形成 3~5 毫米的致密组织，有效防止氮化铝的析出，改善铸坯的表面质量，为铸坯无缺陷热送提供保障。

4. 3. 3　合金棒材装备

南钢大棒线新增产线改造项目。南京钢铁集团有限公司大棒线于 2020 年完成技术改造，规格范围 ϕ50~250 毫米，其中 ϕ50~160 毫米具备高精度、控轧控冷轧制工艺，设计产能为 100 万吨/年。该项目实施后产线具备自由尺寸轧制、强力复合控轧控冷工艺、超低温轧制、均匀变形控制、柔性化轧制等先进技术。南钢主要产品为轴承钢、非调质钢、齿轮钢、弹簧钢、钻具钢、锅炉管用钢等。

济源钢铁高标准建设年产 50 万吨特钢精品棒材工程。济源钢铁（集团）有限公司采用国际先进、国内领先的特殊钢高精度三辊式减径定径自由尺寸轧制、优异的表面质量控制、节能环保等先进技术建设年产 50 万吨特殊钢精品棒材生产线及辅助设施。济源钢铁引进德国减定径轧机及技术，产品尺寸高精度，孔型共用性好，可实现自由尺寸轧制和单一孔型系统，减少轧辊和导卫的备件数量，提高设备作业率。

此项目为济源钢铁研究特殊钢轧制过程的组织控制关键技术创造了条件，为济源钢铁研究特殊钢热轧钢材氧化及表面质量控制关键技术提供了条件，也为济源钢铁研究特殊钢高精度自由尺寸轧制技术提供了条件。可生产钢种有碳素结构钢、优质碳素结构钢、合金结构钢、高端齿轮钢、高强度冷镦钢、高性能弹簧钢、长寿命轴承钢等。该项目的投产，可以实现济源钢铁从线材—小棒—中棒—大棒所有长材规格产品的全覆盖以及低成本生产。

石钢新上高线高速区轧机。河钢集团石钢公司新上高线高速区轧机是世界首套高速区摩根第七代机型，普瑞特进口设备配加普瑞特电控技术，配套 360°全表面热眼检测技术。尺寸公差最高精度±0. 1 毫米。

淮钢轧钢厂四轧车间增加 KOCKS 轧机。为满足市场要求，江苏沙钢集团淮钢特钢股份有限公司（以下简称“淮钢”）计划对四轧高性能特殊钢棒材生产线进行技术改造，在连轧机组后增加具备先进国际技术水平的三辊式减径定径机组，进一步提升高性能棒材超精密度及内在质量。该项目投产后，可生产超精密特殊质量的高性能特钢棒材，以满足汽车工业等高端制造行业的需要。因生产的产品精度高，可取消机械加工的剥皮工序，降低机加工的原材料消耗。同时，淮钢不仅可以生产标准尺寸的棒材，而且可以根据用户的实际需要生产该轧机产品范围内的各种尺寸的棒材。淮钢绝大部分产品均由后4个机架的减径定径机组轧出，前面的机架可采用单一孔型系统，可以大大减少孔型调整和轧辊更换的时间，提高轧机的作业率，还可大大减少轧辊和导卫备件的数量。在总产能不变的前提下，提高产品的表面精度及性能，生产超精密特殊质量的棒材，重点提升低合金高强度结构钢、高性能轴承钢、高性能合金弹簧钢、高性能齿轮钢、非调质钢质量，提升产品的国际竞争力，促进企业升级转型，满足市场需求。

石钢KOCKS轧机。河钢集团石钢公司的KOCKS轧机是世界上轧制能力最大的500++第五代KOCKS三辊减定径轧机，通过远程自动调整和+SCS尺寸闭环控制系统，实现ϕ40～120毫米全规格自由尺寸高精度轧制，可实现通条尺寸偏差≤1/6DIN，头尾≤1/4DIN。

石钢大棒线锻坯机。河钢集团石钢公司大棒线锻坯机采用1350机型，为目前国内同类轧线最大。单道次最大压下量可>100毫米，通过大压下、多道次接触弧长与料型高度比值L/H>0.5，变形能够充分渗透到坯料心部，更好地改善铸态组织，实现以轧代锻。

长城特钢提升探伤检测能力。攀钢集团江油长城特殊钢有限公司适应特钢产品质量越来越高的要求，投资约3000万元，对分析检测系统进行填平补齐式改造，先后实施了1台ϕ95～500毫米棒材水浸探伤机项目及各种分析检测设备。

长城特钢新建31.5兆牛快锻机组。攀钢集团江油长城特殊钢有限公司采用国内外先进的特钢锻造技术及锻造装备，投资约1.5亿元，新建31.5兆牛快锻机组，新增快锻能力2.2万吨。

凤宝特钢技改创新破解630轧机及炉口辊道瓶颈。凤宝特钢集团林州凤宝高能材料科技有限公司通过对设备进行技改创新，解决了630轧机及炉口辊道瓶颈问题。630轧机的平稳运行，使炉口辊道轴承温度得到有效控制，实现了技改创新解决瓶颈的既定目标。针对原630轧机存在的技术难题给产品精度、质量带来的影响，年初，高能公司将其立项并列入了技改创新年度目标，作为首要技改任务。通过外出考察、选型、设计、验证等一系列工作，8月8日设备到厂后，高能公司于8月25～31日组织相关人员进行技术改造。经过技术改造后，原630轧机压下调整为齿轮转动式，压上调整为齿轮箱式，可吊出维修，方便高效。该轧机炉口辊道原设计是三辊×宽800毫米式单组小辊道，炉口火向外直喷射烧在轴承座上，轴承温度高容易严重缺油，运转时间短即抱死。为解决该问题，高能公司利用原有地沟地基加宽辊道，由原来的800毫米加宽到1800毫米，并重新设计了辊道支架，使轴承座避开火口。改造后的轧机生产效率不仅得到提高，生产成本还得到节约，年可节约130多套轴承费用。

淮钢特钢公司轧钢厂新增控轧控冷装置。江苏沙钢集团淮钢特钢股份有限公司（以下简称“淮钢”）轧钢厂四轧车间于2007年12月份建成投产，产品规格主要为ϕ70～300毫米，随着淮钢在特钢行业的深耕，特殊钢产品也越来越多，为降低非调质钢终轧温度、抑制非调质钢棒材高温奥氏体再结晶晶粒的长大，实现大规格棒材（ϕ70～

240 毫米）晶粒度的控制，淮钢与北京科技大学共同开展四轧钢棒材生产线控轧控冷研究与开发，并于 2021 年 11 月 10 日调试成功，为淮钢提高相关产品质量，开发更多控轧控冷产品奠定基础。

石钢控轧控冷装置。河钢集团石钢公司能够实现全规格控温轧制，实现普通轴承钢网状碳化物≤2.0 级达到 100%；滚子轴承钢碳化物网状≤1.5 级达到 100%；轧态晶粒度≥10 级，易切非调质钢晶粒度≥8 级。

4.3.4　轧制装备

太钢完成国内首条极薄规格高牌号无取向硅钢生产线。伴随着新能源、家电、电机等行业节能高效化发展，极薄规格高牌号无取向硅钢将是无取向硅钢市场的主要发展方向。为了适应市场发展需求、提升市场竞争力、挖掘效益增长点，太钢不锈钢股份有限公司经过反复的调研和论证，决定对冷轧硅钢厂 CA4 机组进行极薄规格高牌号无取向硅钢绿色化、智能化升级改造，优化调整产品结构，全面推进高质量发展。改造后的新产线是国内首条极薄规格高牌号无取向硅钢生产线。太钢从 2021 年 5 月 10 日~2021 年 7 月 22 日，历时 73 天改造完成。这次改造内容主体是连续退火炉及钢结构、管道的拆除和安装，涉及高频电磁感应加热炉的新建、入口段极薄带钢自动上卷与穿带的技术升级、碱洗系统过滤、消泡技术的应用、余热利用效率提升及钢带表面检测技术应用等 21 个项目。国产创新技术应用为技改工程保驾护航该厂首次采用国内自主研发的高频电磁感应加热技术，突破技术壁垒，实现集约型热处理并提升硅钢磁性参数，实现零排放、零污染；首次采用国内自主研发的绿色物理消泡技术，改变传统化学药剂消泡方式，不但提高了脱脂剂清洗效率，并且使脱脂段生产环境焕然一新，同时减少脱脂剂的流失及固废产出，最终降低了生产成本和污水处理成本，减少了环境污染；首次采用国内自主研发的基于图像识别的钢卷对中系统，钢卷自动对中、自动上卷功能精度得到显著提升；自主研发了退火炉内高温微张力控制技术、高氢退火工艺技术、炉内可视化带钢观测技术等，诸多国产化新技术将智能化、绿色化在这条产线上的应用发挥到淋漓尽致。

太钢取向硅钢技术装备升级改造进展顺利。廿辊轧机为太钢不锈钢股份有限公司和日本企业普瑞特/日立的合作项目。廿辊可逆式轧机结构复杂、设备制造精度高、自动化控制先进、安装精度要求严格，产品主要以薄规格取向硅钢为主，廿辊轧机两台轧机在 2021 年前半年已经顺利投产，目前轧机已经达产达效，质量稳定。取向硅钢脱碳渗氮连续退火机组（DCL 机组）和取向硅钢热拉伸平整退火机组（FCL 机组），是由法国 DMS 技术总承包，电气分包商为 TMEIC，炉子分包商为法国斯坦因，这两条处理线炉温控制精确，张力控制稳定，能快速实现生产工艺，是目前国内建成后最快速生产出产品的机组。太钢环形炉由中冶京城总承包，全炉可放置 120 个钢卷，炉子直径是取向硅钢高温退火炉中较大的，实现了内罩内工艺气氛的单调，目前已经生产多个批次，性能质量较好。

太钢 2021 年共投入机器人 67 台，“宝罗”机器人数量达到 184 台。太钢不锈钢股份有限公司把机器人替代 3D 工作作为提升员工工作生活品质、提高劳动效率和运行质量的重要方向，通过落实智慧制造行动方案，适应不锈钢产业“一总部多基地”管控需求，太钢加速补齐智慧制造 1.0 短板，加快发展智慧制造 2.0，深入梳理建立机器人应用场景库，协同开展机器人应用技术研究攻关，快速实现机器人新技术、新场景突破和推广。太钢在现有产线和新建与技改工程中大力推进机器人建设和作业无人化，

2021年底共投入机器人67台，“宝罗”机器人数量达到184台。

长城特钢升级改造薄板生产线。攀钢集团江油长城特殊钢有限公司采用国内外先进的薄板轧制技术及薄板轧制装备，投资约3.5亿元，对薄板生产线进行升级改造。现有ϕ350毫米、ϕ450毫米冷轧机各1套，1套ϕ800毫米/500毫米/800毫米三辊热轧机，1套ϕ760毫米两辊热轧机，设计产能6000吨。

第 5 章

中国特殊钢行业转型发展

持续推进制造业转型升级是中国巩固壮大实体经济根基的重要举措，钢铁工业智能制造、绿色化发展将成为未来钢铁行业新发展焦点，也是钢铁行业转型发展的必由之路。

5.1 智能制造相关政策

作为制造业大国，我国十分重视国内制造业的转型升级。随着5G等新一代通信与信息技术的不断发展，制造业的智能化发展成了我国制造业的重点发展方向。

加快发展智能制造，是培育我国经济增长新动能的必由之路，是抢占未来经济和科技发展制高点的战略选择，对于推动我国制造业供给侧结构性改革，打造我国制造业竞争新优势，实现制造强国具有重要战略意义。2021年，国家相关单位颁布了一系列有利于智能制造装备行业的产业政策，为我国制造业提供了良好的产业政策环境，将推动我国智能制造产业实现更快、更高质量的发展。

5.1.1 国家智能制造政策

国家相关单位发布的智能制造政策见表5-1。

表5-1 国家相关单位发布的智能制造政策

发布部门	文件名称	主　要　内　容
国务院	《中华人民共和国国民经济和社会发展第十四个五年规划和2035年远景目标纲要》	聚焦新一代信息技术、高端装备、新能源汽车等战略性新兴产业。加快关键核心技术创新应用，增强要素保障能力，培育壮大产业发展新动能。推动制造业优化升级。深入实施智能制造和绿色制造工程，发展服务型制造新模式。推动制造业高端化、智能化、绿色化。推动生产性服务业融合化发展。支持智能制造系统解决方案、流程再造等新型专业化服务机构发展
工信部、科技部、财政部、商务部、国资委、中国证券监督管理委员会	《关于加快培育发展制造业优质企业的指导意见》	引导优质企业高端化、智能化、绿色化发展。实施智能制造工程、制造业数字化转型行动和5G应用创新行动
工信部、国家标准化管理委员会	《国家智能制造标准体系建设指南(2021版)》	加快制定人机协作系统、工艺装备、检验检测装备等智能装备标准，智能工厂设计、集成优化等智能工厂标准，供应链协同、供应链评估等智慧供应链标准，网络协同制造等智能服务标准，数字孪生、人工智能应用等智能赋能技术标准，工业网络融合等工业网络标准，支撑智能制造发展迈上新台阶。 针对钢铁生产流程连续、工艺体系复杂、产品中间态多样化的流程制造业特点，围绕生产场景的智能化技术应用，制定5G应用、无人行车、特种机器人应用等规范标准；围绕智能工厂建设，制定工厂设计与数字化交付、数字孪生模型等规范标准；围绕生产智能管理，制定质量、物流、能源、环保、设备、供应链全局优化等规范标准
国家发展改革委、教育部、科技部、财政部、人社部、国家市场监督管理总局、国资委	《"十四五"智能制造发展规划》	建设智能制造示范工厂。加快新一代信息技术与制造全过程、全要素深度融合，推进制造技术突破和工艺创新，推行精益管理和业务流程再造，实现泛在感知、数据贯通、集成互联、人机协作和分析优化，建设智能场景、智能车间和智能工厂。引导龙头企业建设协同平台，带动上下游企业同步实施智能制造，打造智慧供应链。鼓励各地方、行业开展多场景、多层级应用示范，培育推广智能化设计、网络协同制造、大规模定制、共享制造、智能运维服务等新模式

续表 5-1

发布部门	文件名称	主 要 内 容
国家发展改革委、教育部、科技部、财政部、人社部、国家市场监督管理总局、国资委	《"十四五"智能制造发展规划》	大力发展智能制造装备。针对感知、控制、决策、执行等环节的短板弱项，加强用产学研联合创新，突破一批"卡脖子"基础零部件和装置。推动先进工艺、信息技术与制造装备深度融合，通过智能车间/工厂建设，带动通用、专用智能制造装备加速研制和迭代升级。推动数字孪生、人工智能等新技术创新应用，研制一批国际先进的新型智能制造装备
工信部、国家发展改革委、生态环境部	《关于促进钢铁工业高质量发展的指导意见》	开展钢铁行业智能制造行动计划，推进5G、工业互联网、人工智能、商用密码、数字孪生等技术在钢铁行业的应用，在铁矿开采、钢铁生产领域突破一批智能制造关键共性技术，遴选一批推广应用场景，培育一批高水平专业化系统解决方案供应商。开展智能制造示范推广，打造一批智能制造示范工厂。建设钢铁行业大数据中心，提升数据资源管理和服务能力。依托龙头企业推进多基地协同制造，在工业互联网框架下实现全产业链优化。鼓励企业大力推进智慧物流，探索新一代信息技术在生产和营销各环节的应用，不断提高效率、降低成本。构建钢铁行业智能制造标准体系，积极开展基础共性、关键技术和行业应用标准研究

5.1.2 省（区）市智能制造相关政策

"十四五"期间，为了推动当地制造业的智能化转型升级，国内各省（区）市政府均结合自身状况，纷纷出台了相关制造业智能化转型升级政策。由于各地方产业结构的差异，政策的侧重点和着力点也有所不同。

从当下智能制造的竞争格局来看，我国现在智能制造主要分布在工业基础较为完善、有较完整的上下游产业链的区域，大致可分为东部地区、中部地区、西部地区，其中东部地区又分为环渤海地区、长三角地区、珠三角地区。

京津冀/环渤海地区：主要以北京、山东等为核心，依托地区资源与人力资源优势，形成"核心区域"与"两翼"错位发展的产业格局。其中，北京在工业互联网及智能制造服务等软件领域优势突出；山东"十四五"规划中特别强调了智能制造，山东在工业互联网方向上的持续发力，也逐步迈向智能制造第一梯队。

长三角地区：主要以上海、江苏、浙江、安徽为核心，长三角地区凭借地域优势、经济优势、人才优势，从一开始便是智能制造的主要阵地之一，也培育出了一批优势突出、特色鲜明的智能制造装备产业集群。总结来说，长三角地区智能制造发展水平相对平衡，在全国也属领先水平。

珠三角地区：主要以广东为核心。智能制造发展水平属于前列，甚至很大程度上在引领全国智能制造的进程。在广东有完整的上下游产业链，这为智能制造提供了完美的试验田，对于新技术或新装备，其可以快速投向市场，并获得持续的迭代升级，同时这边有持续涌入的年轻人才力量，这也是广东智能制造领先全国的原因之一。

其中，广州围绕机器人及智能装备产业核心区建设，深圳重点打造机器人、可穿戴设备产业制造基地、国际合作基地及创新服务基地，东莞、惠州、佛山等提供了大量下游的应用场景及相应的研发生产，这些都共同促使广东地区制造业逐步从"广东制造"转变为"广东智造"。

中西部地区：主要以四川、河南、湖北为核心，落后于长三角和珠三角，尚处于自动化阶段，离智能制造还有一段路要走。

未来，我国智能制造呈现出自动化、集成化、信息化、绿色化的发展趋势。这也是智能制造发展必经的几个阶段或者说真正智能制造必须达到的要求，而这些在各地方制定的“十四五”规划中都能或多或少地得到一些体现。

东部、中部、西部地区智能制造相关政策分别见表5-2~表5-4。

表5-2 东部地区智能制造相关政策

省（区）市	文件名称	主 要 内 容
北京	《北京市“十四五”时期高精尖产业发展规划》	加快互联网科技企业与传统制造业企业赋能融合，鼓励行业设计院所、软件供应商和成套装备制造商提升系统集成能力，培育一批专业性强、行业特色鲜明、世界一流的系统解决方案供应商；打造覆盖产品全生命周期的智能制造集成服务体系，发展预测性维护、远程维护、协同设计制造、制造资源租用等新模式，提高本市智能制造系统解决方案的输出能力
天津	《天津市制造业高质量发展“十四五”规划》	推动企业智能化改造，以智能制造产业链、创新链的重大需求和关键环节为导向，支持企业购置先进设备，提高工艺装备水平。支持钢铁企业引入先进钢铁洁净化、绿色化制备及高效精确成型成套装备，利用物联网加强工艺生产一体化，构建企业内部与外部产业链协同平台，实现全过程信息化、数字化、智能化集成
河北	《河北省制造业高质量发展“十四五”规划》	坚持智能制造为主攻方向，深入推进新一代信息技术与制造业深度融合，加快发展工业互联网，提升企业数字化、网络化、智能化水平，推动制造业数字化转型。深入推进先进制造业与现代服务业融合，培育壮大先进生产性服务业。 实施制造业数字化转型行动计划，加快钢铁、石化、汽车等传统产业和新兴产业数字化转型。提升研发设计、生产装备、企业管理和决策分析智能水平。发展智能成套装备，研发新型智能产品。建设一批智能制造示范工厂、数字化车间，加快智能制造单元、智能生产线建设，推动智能装备、智能模块在企业智能改造中的应用，加快智能化、数字化技术融合应用，提高企业创新能力和生产管控能力。推进网络化协同制造，支持建设协同研发设计平台，推动建立完善的面向全产业链的大数据资源整合和分析平台
黑龙江	《黑龙江省“十四五”数字经济发展规划》	到2025年，智能工厂、数字化车间规模要达到500个。深入推进制造业数字化、网络化、智能化，引培一批跨行业跨领域工业互联网平台，树立一批智能制造示范企业，形成一批制造业数字化转型推广模式。推进机器人控制器、减速器、伺服电机关节驱动、柔性装置等关键部件开发，构建完善的机器人产业链。开发智能化数控系统和伺服驱动装置，打造全国领先的数控重型机床产业集群
吉林	《吉林省制造业数字化发展“十四五”规划》	面向石化、钢铁、有色、建材及能源等流程型制造领域，推进生产过程数字化监控及管理，加速业务系统互联互通和工业数据集成共享，实现生产管控一体化。支持构建行业生产全流程运行数据模型、基于数据分析实现工艺改进、运行优化和质量管控。推进生产设备预测性维护，保障生产装置长周期运行。形成一批系统解决方案，打造一批智慧化园区，促进生产管理方式的自动化、智能化变革。依托冶金行业龙头企业，推广基于工业互联网的智能设备管理生态平台，实现装备智能化、生产自动化、管理信息化和决策数字化
辽宁	《辽宁省“十四五”原材料工业发展规划》	整合全省资源，以场景应用为基础吸引全球创新资源，推动产业数字化和数字产业化。结合钢铁、石化、建材等流程工业场景，运用5G+工业互联网，建设涵盖矿山、铁前、焦化、炼铁、炼钢、轧钢等全流程钢铁数字化工厂、大型炼化一体化数字工厂。在数字化、智能化赋能原材料产业的同时，充分利用好数字资源，推进数字产业化。在钢铁行业推广智慧料场、智能高炉、一键炼钢、无人值守、机器人替代等智能化技术，降低成本、提升效率；推广应用基于工业互联网的钢

续表 5-2

省（区）市	文件名称	主　要　内　容
辽宁	《辽宁省“十四五”原材料工业发展规划》	铁信息物理系统，建设数字钢铁、智造强企示范工程，提高钢铁产品质量的稳定性。推动水泥行业重点形成数字规划设计、智能工厂建设、自动采选配矿、窑炉优化控制、磨机一键启停、设备诊断运维、生产远程监控、智能质量控制、能耗水耗管理、清洁包装发运、安全环保管理、固废协同处置等集成系统解决方案
山东	《山东省“十四五”制造强省建设规划》	加快培育推广一批高水平智能制造装备，打造一批智能制造标杆企业，建设一批引领作用强、综合效益显著的智能工厂、数字化车间，探索形成一批成效明显、可复制、易推广的智能制造新模式，提升智能制造水平和应用能级。深入实施智能化技术改造行动计划，支持企业紧扣关键工序自动化、关键岗位机器人替代、生产过程智能优化控制、供应链管理智能化等重点环节，集成运用自主可控的智能制造装备、软件和控制系统，统筹推进自动化、数字化、网络化、智能化改造升级
江苏	《江苏省“十四五”制造业高质量发展规划》	坚持系统推进产业数字化和数字产业化，以智能制造为主攻方向，深入实施智能制造工程，大力发展数字经济，制定智能制造引领制造业高质量发展实施方案，加快制造模式和企业形态变革，打造制造业全面数字化转型江苏样板。 推动数字技术全链条、全要素赋能制造业发展，坚持制造企业数字化普及、网络化推广、智能化示范并行推进。支持骨干企业推动工艺创新、装备升级和业务流程再造，建设数字化全连接的智能示范车间、制造全过程智能化升级的智能制造示范工厂。落实工业和信息化部中小企业数字化赋能专项行动，研发推广面向中小企业的低成本、模块化的先进数字化解决方案，推动中小企业数字化普及。引导企业积极开展两化融合管理体系贯标，完善数字化转型战略架构，加快建立数字化转型闭环管理制度
上海	《上海市先进制造业发展“十四五”规划》	推进数字技术全方位、全角度、全链条赋能制造业发展，提升企业智能化生产、个性化定制、网络化协同、服务化延伸、数字化管理能力，增强“上海制造”数字化竞争力。促进企业数字化增效，加快企业数字化转型从单项突破向集成融合转变，推进企业组织、设备及关键工序数字化链接，打造数字孪生企业，建设智能工厂。 实施智能制造行动计划，以智能制造为主攻方向，引导有基础、有条件的企业综合应用数字化、网络化、智能化等新技术，与产品研发设计、生产制造、仓储物流、运维服务等环节深度融合，开展以设备换芯、生产换线、机器换人为核心的智能化改造，建设生产机械化、过程自动化和管理信息化特征的无人或少人化智能工厂
浙江	《浙江省全球先进制造业基地建设“十四五”规划》	建设“未来工厂”。完善智能制造标准体系，建立智能制造自主创新体系，实施智能制造示范专项，健全智能制造服务保障体系。制定“未来工厂”建设导则，指导企业对标提升。梯次建立智能制造企业培育库，加快建设“未来工厂”、智能工厂（数字化车间）。开展智能制造试点，打造一批智能制造标杆区域和集群。搭建省市县一体化应用的智能制造公共服务平台。开展智能制造能力成熟度评估和区域智能制造发展评价。完善智能制造分类推进机制和政策激励措施
福建	《福建省“十四五”制造业高质量发展专项规划》	优化提升钢铁产品结构，突破高性能装备零部件合金钢、冷轧硅钢板等产品生产技术，补齐高端钢材缺失关键环节，构建“冶炼—压延—钢材制品—钢铁产品服务”发展链条。围绕低能耗冶炼技术，节能高效轧制技术，全流程质量检测、预报和诊断，钢铁生产流程智能控制等升级需求，引导企业实施工艺技术和装备升级改造。鼓励企业应用工业机器人、机器视觉技术、5G 无线通信技术等，加快推进新一代信息技术与钢铁行业深度融合

续表 5-2

省（区）市	文件名称	主 要 内 容
福建	《福建省“十四五”制造业高质量发展专项规划》	以智能制造为主攻方向，推动人工智能、5G、物联网、区块链、云计算、大数据等新一代信息技术与制造业融合发展，发展服务型制造新业态新模式，实现数字经济为制造业赋能升级，促进产业数字化智能化网络化发展。 推动企业提升数字化管理水平，支持企业实施信息化系统建设与整合，运用工业大数据实现生产过程及设备状态的智能监控管理，优化生产工艺流程。加快智能工厂和数字化车间建设，促进生产方式向柔性、智能、精细转变，实现传统企业智能化改造。推动传统产业供应链数字化重构，开展重点领域、中小企业、产业集群智能转型示范，发展 C2M 数字工厂等新业态新模式
广东	《广东省制造业高质量发展“十四五”规划》	大力推进智能制造、工业互联网试点示范和工业机器人应用普及，培育“工业互联网+安全生产”协同创新模式，支持工业企业“上云上平台”，推动工业企业运用工业互联网实施数字化网络化智能化改造。大力发展智能制造装备与智能工业软件，提升国产智能技术、产品与装备市场占有率，培育智能制造系统解决方案供应商，积极参与国家智能制造、工业互联网等标准体系建设
海南	《海南省高新技术产业“十四五”发展规划》	积极开展企业智能化诊断工作，以提高装备智能化率、劳动生产率、产品优等率、设备使用率和生产安全率为主线，推动企业实施“机器换人工”“自动换机械”“成套换单台”“智能换数字”的智能化改造升级，打造一批智能车间和智能工厂。针对企业研发设计、生产制造、运营维护和经营管理等关键业务场景，开展工业互联网数据中心研究，努力为企业用户提供快速响应的计算服务及数据安全性、网络低延迟的数据存储及传输服务。 推进基于 5G 等新一代信息技术的行业级和区域级工业互联网平台实施应用，引导企业加快数字化、网络化、智能化升级，推动智能化示范工厂建设，全面提高企业的制造能力与核心竞争力

表 5-3 中部地区智能制造相关政策

省（区）市	文件名称	主 要 内 容
山西	《山西省“十四五”新装备规划》	支持制造企业、自动化和信息技术企业，针对制造业智能化技术改造、智能工厂（车间）建设需求，发展智能制造系统集成业务，培育发展一批具有全国视野和高端规划能力的智能制造系统解决方案供应商。推广应用企业资源计划系统（ERP）、分布式控制系统（DCS）、供应链管理系统（SCM）、客户关系管理系统（CRM）、产品数据系统（PDM）等信息化管理软件，为实施智能制造提供软件支撑。 利用 5G 与工业互联网技术，加速推进生产过程智能化，鼓励企业在相关环节增加机器人、智能监测系统、嵌入式专用控制器、在线智能检测系统等装备，利用专项资金每年支持省级智能制造重点技改项目及智能工厂和数字化车间示范企业、标杆项目。开展新一代信息技术与制造业融合创新和工程应用，建成一批数字化生产线，推动制造业加速向数字化、网络化、智能化发展，促进工业互联网在装备制造中实现全面贯通
河南	《河南省“十四五”制造业高质量发展规划》	分行业、分区域推进智能化改造，围绕细分行业和产业集群，评选智能化改造标杆企业，形成可复制可推广经验，探索链式改造模式，带动产业链上下游和产业集群实现智能化升级，打造智能化改造的产业链标杆和产业集群标杆。持续提升智能制造公共服务平台建设水平，开展智能制造成熟度贯标，研究制定智能制造分级评价指标体系，面向规模以上工业企业探索开展分级评价评估，深入开展

续表 5-3

省（区）市	文件名称	主　要　内　容
河南	《河南省“十四五”制造业高质量发展规划》	智能化改造诊断服务，指导企业制定智能化改造提升方案，推动企业向自动化、数字化、网络化、智能化方向梯次推进、提档进阶。 打通企业生产制造上下游信息链，推广个性化定制生产、设备联网监控、远程诊断监控和维保管理协同、节能降耗数字化应用等场景，推动企业内部互联互通和企业间资源协同。提升企业产业链供应链协同管理水平，扩大机器视觉质量检测、柔性化工厂运营、智能化供应链管理、云制造产业集群等场景应用，帮助企业实现智能化生产
安徽	《安徽省“十四五”智能制造发展规划》	以数字化、网络化、智能化为重要手段，深入推进新一轮大规模技术改造，分层级推进企业智能化改造提质扩面。“点”上引导规下企业“机器换人”，加强智能装备（含工业机器人）在各行业的规模化应用，“线”上推动规上企业成套生产线的智能化改造，聚焦单个或多个制造环节，打造智能制造典型应用场景，“面”上支持行业骨干企业依托工厂或车间，围绕设计、生产、管理、服务全流程，建设智能工厂和数字化车间，“体”上支持产业集聚、转型迫切、基础较好的区域，围绕园区信息基础设施建设、数字化管理服务和企业智能化改造，构建完善区域智能制造发展生态，建设智能制造示范区。 在数字化车间的基础上，加快产品数据管理、制造执行过程管理、企业资源计划、客户关系管理、供应链管理等工厂内外部的信息系统的集成，打通信息孤岛，各类设备、各类系统、各类环节间实现信息共享与协同管理，推动企业经营、管理和决策的智能优化。培育实施网络协同制造、大规模个性化定制、远程运维服务等智能制造新模式，建设具有突出示范带动作用的标杆智能工厂
湖北	《湖北省制造业高质量发展“十四五”规划》	以智能升级、突破瓶颈为重点，坚持工业机器人和服务机器人并举，面向工业生产装配、涂装、焊接、搬运、加工、清洁生产等环节，重点发展高精度、高可靠性弧焊、装配、搬运等工业机器人；重点开发高功率光纤激光器及其电源，红外传感器，智能化柔性激光焊接系统、智能化激光高速精微加工系统等。重点引导具备一定先发优势的制造业骨干企业，率先建设标准化智能车间和智能工厂，形成具有示范引领效应的智能制造“样板工厂”。 持续推进“万企上云”，加快设备联网上云、数据集成上云，筛选树立 150 家上云标杆企业，支持钢铁、石化、航空航天等重点行业龙头企业搭建企业级工业互联网（云）平台，提升工业互联网标识解析国家顶级节点（武汉）服务效能，打造“5G+工业互联网”融合应用先导区
湖南	《湖南省智能制造“十四五”发展规划》	依托智能工位、智能车间、智能工厂等载体建设，提升工业企业数字化、网络化、智能化水平，促进智能制造新业态、新模式推广。依托高水平平台建设，构建区域协同发展、大中小企业融通发展的智能制造新格局。引导重点骨干企业探索系统化的智能化改造，鼓励有条件的中小企业加快数字化改造，遴选确定一批省级智能制造标杆企业（车间），打造一批国家级智能制造示范工厂和优秀场景。 推动重点产业智能化转型升级。聚焦“3+3+2”重点产业集群（产业链）建设，推进数字化、网络化改造，加快培育推广智能制造新模式。开展智能制造工业软件的研发，建设软件测试验证平台，推进工业软件在智能制造中的应用，开展安全可控工业软件应用示范

续表 5-3

省（区）市	文件名称	主 要 内 容
江西	《江西省“十四五”智能制造发展规划》	加快大数据、物联网、云计算等新一代信息技术在装备制造业中广泛应用，大力推广使用智能生产线、智能运输装置、智能监测设备等智能装备，通过“制造+互联网”，推进装备产品全生命周期管理、客户关系管理、供应链管理，创造装备产业经营销售新模式、装备制造新业态。鼓励企业在装备产品设计中融合用户服务理念，增加产品服务化功能，包括远程诊断、远程监控、数据处理、远程维护等，提升技术装备服务价值，推动装备制造与装备服务的融合

表 5-4 西部地区智能制造相关政策

省（区）市	文件名称	主 要 内 容
四川	《四川省“十四五”企业发展规划》	推动企业数字化转型。围绕汽车制造、新材料、钢铁等行业重点企业，加快数字技术全流程应用，培育平台化设计、智能化制造、网络化协同、个性化定制、服务化延伸、数字化管理等新模式。鼓励企业建设智能制造单元、智能生产线、共享车间、智慧工厂，持续推动智慧企业建设，实现精益生产、敏捷制造、精细管理和智能决策。开展中小企业数字化赋能专项行动，支持中小企业加快传统制造装备联网、关键工序数控化等数字化改造
贵州	《贵州省先进装备制造业“十四五”发展规划》	以传统工业智能化改造为方向，加强集成创新、协同创新，大力开发流程制造、离散型制造装备、工业自动化生产线、自动化物流成套装备、智能电子制造成套设备。发展壮大高档数控轧辊磨床、数控无心磨床、数控加工中心，积极培育和引进发展伺服电机、精密刀具等关键零部件。培育引进嵌入式智能仪器仪表、高精度传感器等智能测控装置，推动精密传动装置、新型传感器、智能测量仪表等主要功能部件研发。紧扣关键工序智能化、生产过程智能优化控制和供应链优化，积极培育智能制造系统解决方案提供商，开展生产过程控制、生产环境监测、制造供应链跟踪、远程诊断管理、产品全生命周期监测、产品安全等环节实时在线服务。 加快新一代信息技术与制造全过程、全要素深度融合，支持企业加大技术改造投入，开展数字化设计、升级智能装备、优化工艺技术、再造业务流程，加速生产过程数字化、智能化，打造一批数字化车间、智能工厂、未来工厂。引导“链主”企业建设供应链协同平台，带动产业链上下游数字化转型，加快从研发设计到生产供应再到销售服务的全链条智能化改造。积极培育智能制造系统解决方案供应商，聚焦不同行业和场景，遴选推广一批典型智能制造解决方案
重庆	《重庆市制造业高质量发展“十四五”规划（2021—2025年）》	加快智能生产设备、智能检测设备、智能设备普及应用，加强厂区内网部署和信息系统集成应用，加速实现基于不同通信协议的设备之间、设备与信息系统之间以及系统与系统之间的互联互通，提升生产指令自动下达、生产信息自动采集、误差自动补偿、快速换模、工序协作、混线生产等能力和水平，壮大数字化车间和智能工厂规模。以全面设备互联、现场可视化和透明化、精益生产、柔性自动化和环境友好为目标，打造智能制造“灯塔工厂”。积极引育智能制造系统解决方案供应商、智能制造设备生产商，加快工业机器人、数控机床、增材制造装备、MEMS 传感器、智能网关、协议转换、工业机理模型库等技术产品开发，积极推进工业技术软件化，增加智能制造相关技术、标准、产品和整体解决方案本地供给

续表 5-4

省（区）市	文件名称	主 要 内 容
云南	《云南省“十四五”制造业高质量发展规划》	制定重点行业智能制造推进路线图，分行业、分层次、分环节、分步骤开展智能制造应用普及。面向装备、单元、车间、工厂等制造载体，开展智能车间/工厂建设，拓展数字孪生、5G、人工智能、区块链、增强现实/虚拟现实（VR/AR）等新技术的应用场景。持续开展智能制造试点示范，大力推动设备换芯、生产换线、产品换代、机器换人为主要内容的智能化改造，建立智慧园区、智能工厂、数字化车间培育目录，推广智能制造单元、自动化生产线。推动装备制造、有色金属等重点产业实施智能化改造，鼓励“智慧工厂”“无人工厂”和数字化车间建设。推进制造过程、装备、产品智能升级。开展智慧供应链建设，引导“链主”企业建设供应链协同平台，打造数据互联互通、信息可信交互、生产深度协同、资源柔性配置的供应链，带动上下游企业同步实施智能化升级，加快“云南制造”向“云南智造”转型进程
陕西	《陕西省“十四五”制造业高质量发展规划》	聚焦智能制造核心关键环节瓶颈，做大做强数控机床产业链，推进工业机器人和高端数控机床等智能制造装备集成应用，加速自主化突破和产业化发展。机器人与增材设备领域，重点发展精密减速器、伺服电机及驱动器、控制系统等核心功能部件，积极研发和生产工业机器人、特种机器人、服务机器人、增减材一体机等新产品，完善原材料、关键零部件、本体系统集成的工业机器人和增材制造产业链。 深入实施企业数字化能力提升工程和智能制造工程，引导全省规模以上制造业企业融合应用新一代信息技术，实施设备换芯、生产换线、机器换人等智能化升级，构建智能化生产、网络化协同、个性化定制等新型生产方式，推动智能工厂和数字化车间建设。鼓励各市（区）推进数字化转型诊断，开展制造业数字化转型信息采集、指标体系建设，加快培育和引进一批智能制造、数字化转型解决方案供应商
青海	《青海省“十四五”工业和信息化发展规划》	加快推进企业数字化转型，开展两化融合管理体系贯标活动，支持新建工业企业采用过程控制（PCS）、制造企业生产过程执行（MES）、企业资源计划（ERP）等系统软件，提高企业生产经营自动化水平。支持绿色清洁能源、有色金属精深加工和高端装备制造等重点行业大型企业开展制造生产线智能化、绿色化改造，推动低成本、模块数字化设备和系统的部署应用，推进数字化车间、智能生产线、智能工厂建设。 加快建设工业云平台、工业大数据平台，推行生产装备、生产过程、物流管理的数字化、网络化、智能化，推动大数据在企业的研发设计、生产制造、经营管理、市场营销等环节的应用。 提高企业生产装备数字化水平，发展智能制造基础软硬件产品，支持企业加快工业互联网平台建设和生态打造，实施生产全流程网络化协同试点示范
甘肃	《甘肃省“十四五”制造业发展规划》	加快建设和推广工业互联网网络基础设施建设，开展生产过程执行系统（MES）与资源管理系统（ERP）建设集成。加大企业智能制造技术改造力度，开展数字化、智能化制造，促进研发设计、生产制造、检测检验、运营管理等各个环节向数字化和智能化发展。在重点领域选择优势企业试点建设智能工厂，加快人机智能交互、工业机器人、智能物流管理、增材制造（3D打印）等技术和装备在生产过程中的应用，全面推动关键生产过程的智能化和柔性化、关键岗位机器人替代、生产过程智能优化控制，将智能设备与信息通信技术有机融合，并广泛应用于工厂（车间）制造全流程，提升工厂（车间）产品研发设计、生产制造、经营管理等全业务流程的智能化水平

续表 5-4

省（区）市	文件名称	主 要 内 容
宁夏	《宁夏回族自治区制造业高质量发展“十四五”规划》	围绕化工、装备、冶金、食品等重点行业领域，有针对性地开发一批专用智能制造装备和软件，突破行业装备智能化瓶颈，构建具有行业特色的智能化装备改造体系。加快推进数字化、网络化、智能化技术在企业研发设计、生产制造、安全环保、经营管理等关键环节深度应用，打通中小企业生产过程各环节的全数据链，鼓励企业深入挖掘数据价值，促进产业链上下游各环节高效协同，支持企业建设智能制造单元、智能生产线、数字化车间、智能工厂。 推进5G、物联网、云计算、大数据等新一代信息技术应用，加强设备智能改造，推动关键岗位、生产线、车间、工厂实施“设备换芯”“生产换线”“机器换人”，提升成套智能装备水平。选择基础条件较好的龙头骨干企业，围绕离散型智能制造、流程型智能制造、网络协同制造等方向，创建行业级智能制造标杆企业
内蒙古	《内蒙古自治区“十四五”工业和信息化发展规划》	支持企业应用智能设备、数控机床、自动化技术、自动识别技术等技术，促进车间计划排产、加工装配、检验检测、能耗管理等各生产环节的智能协作与联动，建设数字化车间。鼓励骨干企业在数字化车间的基础上，运用生产过程数据采集和分析、制造执行、企业资源计划、产品全生命周期管理、智能生产管控等新一代信息技术手段，推动企业智能管理和决策，建设智能工厂。深入推进“两化融合”，建立数字化转型诊断对标工作机制，定期开展诊断对标，保持“两化融合”对标规模以上工业企业全覆盖，推动规模以上工业企业“两化融合”贯标，到2025年，实现100家工业企业贯标
广西	《广西工业和信息化高质量发展“十四五”规划》	围绕冶金、有色金属等产业智能化转型升级需求，支持装备制造企业研制具有自感知、自决策、自执行功能的工业机器人、高端数控机床、智能传感与控制、智能检测与装配、智能仓储与物流、增材制造装备等智能成套装备。 培育智能制造示范企业，推动软件定义网络（SDN）、网络功能虚拟化（NFV）等新型网络技术在企业试验和试点应用，加快企业全链条智能化改造，提升中小企业生产自动化、管理信息化和数字化水平。 推进制造业数字化、网络化、智能化升级，实施生产换线、机器换人、设备换芯，创建一批智能工厂、数字化车间，建设一批行业工业互联网平台

5.2 国家和省级示范企业及示范项目

5.2.1 国家示范企业及示范项目

为落实“十四五”智能制造发展规划要求，深化智能制造推广应用，2021年，工业和信息化部、国家发展和改革委员会、财政部、国家市场监督管理总局在智能制造水平方面处于国内领先地位，具有较强的示范引领作用的企业，开展智能制造试点示范工厂揭榜单位和优秀场景、工业互联网试点示范项目、新一代信息技术与制造业融合发展试点示范项目、工业互联网APP优秀解决方案、工业互联网平台创新领航应用案例、物联网示范项目等评选工作，经企业自主申报、地方推荐、合规性审查和专家评审等环节，认定企业所申报的项目。

钢铁行业2021年度智能制造试点示范工厂揭榜单位和优秀场景。2022年2月14日，工业和信息化部、国家发展和改革委员会、财政部、国家市场监督管理总局四部门联合公布了《2021年度智能制造试点示范工厂揭榜单位和优秀场景名单》，共包含了110家揭榜单位和241个优秀场景。

其中，有4家特殊钢铁企业入选“2021年度智能制造示范工厂”：承德建龙特殊钢有限公司、石家庄钢铁有限责任公司、南京钢铁股份有限公司、青岛特殊钢铁有限公司。有 2 家特殊钢铁企业入选 2021 年度智能制造优秀场景名单：天津荣程联合钢铁集团有限公司、湖南华菱湘潭钢铁有限公司。

智能制造试点示范行动是工业和信息化部、国家发展和改革委员会、财政部、国家市场监督管理总局共同组织发起的，旨在落实国家"十四五"智能制造发展要求，深化智能制造推广应用，以典型场景为基本要素，探索智能制造最佳实践的标准化、模块化、精准化推广路径，实现智能制造由点及线、由线到面系统发展，推动制造业产业模式和企业形态根本性改变，全面推进制造业数字化转型、网络化普及、智能化变革。

智能制造示范工厂主要聚焦原材料、装备制造、消费品、电子信息等领域的细分行业，围绕设计、生产、管理、服务等制造全流程，带动实现制造技术突破、工艺创新、场景集成和业务流程再造，发挥示范带动作用。

2021 年度智能制造示范工厂揭榜单位名单（特殊钢企业）见表 5-5。

表 5-5　2021 年度智能制造示范工厂揭榜单位名单（特殊钢企业）

地区	企业名称	揭榜任务名称	典型场景名称
河北省	承德建龙特殊钢有限公司	无缝钢管智能制造示范工厂	（1）人机协同作业；（2）智能在线检测；（3）智能维护管理；（4）能效优化；（5）污染源管理与环境监测；（6）安全风险实时监测与识别；（7）智能仓储；（8）质量精准追溯
河北省	石家庄钢铁有限责任公司	绿色短流程特钢智能制造示范工厂	（1）人机协同作业；（2）工艺流程/参数动态调优；（3）智能仓储；（4）智能在线检测；（5）资产全生命周期管理；（6）安全风险实时监测与识别；（7）能源平衡与调度；（8）碳资产管理；（9）市场快速分析预测；（10）物流实时监测与优化
江苏省	南京钢铁股份有限公司	面向个性化定制的钢铁智能制造示范工厂	（1）产线柔性配置；（2）资源动态组织；（3）产品质量优化；（4）能源平衡与调度；（5）安全风险实时监测与识别；（6）智能仓储；（7）智能维护管理；（8）污染源管理与环境监测
青岛市	青岛特殊钢铁有限公司	高速优特钢线材智能制造示范工厂	（1）人机协同作业；（2）在线运行监测与故障诊断；（3）安全风险实时监测与识别；（4）能源平衡与调度；（5）排放预警与管控；（6）质量精准追溯；（7）车间智能排产

2021 年新一代信息技术与制造业融合发展试点示范项目。2021 年 9 月 27 日，工信部对外公示《2021 年新一代信息技术与制造业融合发展试点示范名单》。经企业自主申报、地方推荐、专家评审等环节，共评出特色专业型工业互联网平台方向 69 个试点示范、两化融合管理体系贯标方向 82 个试点示范、工业信息安全能力提升方向 31 个试点示范、中德智能制造合作方向 12 个试点示范，四个方向 194 个试点示范名单。

其中，特色专业型工业互联网平台方向 69 个试点示范中，包含三个方面：一是面向重点行业的特色型工业互联网平台 45 个；二是面向重点区域的特色型工业互联网平台 8 个；三是面向特定技术领域的专业型工业互联网平台 16 个。

与此同时，两化融合管理体系贯标方向 82 个试点示范、工业信息安全能力提升方向 31 个试点示范、中德智能制造合作方向 12 个试点示范。

有 4 家特殊钢企业入选：西宁特殊钢股

份有限公司“产销一体化协同管控能力”入选工信部 2021 年新一代信息技术与制造业融合发展试点示范（两化融合管理体系贯标方向——面向现代化生产制造与运营管理的新型能力建设）名单。中天钢铁集团有限公司“基于多基地协同管控的工控系统安全防护项目”、大冶特殊钢有限公司“钢铁制造行业工控安全防护能力成熟度模型应用项目”、南京钢铁股份有限公司“南钢工控安全防护体系建设项目”入选工信部 2021 年新一代信息技术与制造业融合发展试点示范（工业信息安全能力提升——工控安全防护能力提升方向）名单。

2021 年工业互联网 APP 优秀解决方案。2022 年 1 月 14 日，工信部公示《2021 年工业互联网 APP 优秀解决方案名单》，名单共计 132 家企业。有 2 家特殊钢企业入选：江阴兴澄特种钢铁有限公司“轧钢设备故障预警与健康管理 APP”、大冶特殊钢有限公司“特种钢冶炼锻造质量大数据管理 APP 解决方案”。

2021 年工业互联网试点示范项目。2022 年 1 月 14 日，工信部发布《2021 年工业互联网试点示范项目公示名单》，涉及 4 大类 17 个具体方向，共计 123 个项目。特殊钢企业的南京钢铁股份有限公司、中大钢铁集团有限公司榜上有名。其中，南京钢铁股份有限公司“基于 5G 全连接的 JIT+C2M 智能工厂”项目入选 5G 全连接工厂试点示范项目，中天钢铁集团有限公司“基于服务型制造的工业互联网供应链解决方案”项目入选工业互联网平台+供应链协同解决方案试点示范项目。

2021 年物联网示范项目。2022 年 4 月 13 日，工信部公示《2021 年物联网示范项目名单》。名单分为两大类：关键技术攻关类及融合应用创新类。其中，关键技术攻关类共上榜 42 个项目，融合应用创新类共上榜 137 个项目。

关键技术攻关类：在物联网领域相关智能感知、新型短距离通信、高精度定位、边缘计算、操作系统、可信安全、数字孪生等方向取得关键核心技术突破，或在物联网与 5G、大数据、人工智能、区块链等方面进行技术融合创新。

融合应用创新类：助力智慧城市、数字乡村、智能交通、智慧能源、公共卫生、智慧农业、智能制造、智能建造、智慧环保、智慧文旅、智能家居、智慧健康等重点领域应用发展。

其中，中国钢研科技集团有限公司“基于大数据的能源精细化管理与模型优化”入选融合应用创新类项目。

2021 年工业互联网平台创新领航应用案例。2021 年 11 月 24 日，工信部公布了《2021 年工业互联网平台创新领航应用案例名单》。该名单聚焦工业企业数字化转型面临的关键问题，围绕平台化设计、数字化管理、智能化制造、个性化定制、网络化协同、服务化延伸六大应用模式，入选的 140 个工业互联网平台应用案例具有技术先进、成效显著、能复制推广等特性。其中，有 6 家特殊钢企业入围，如中国钢研科技集团有限公司入围平台化设计方向，马鞍山钢铁股份有限公司、西王金属科技有限公司、大冶特殊钢有限公司、山东鲁丽钢铁有限公司入围智能制造方向，南京钢铁股份有限公司入围个性化定制方向。

2021 年工业互联网平台创新领航应用案例入围名单见表 5-6。

表 5-6 2021 年工业互联网平台创新领航应用案例入围名单

案例名称	应用企业	服务商
平台化设计方向：		
企业级材料数字化研发平台创新应用	中国钢研科技集团有限公司	中国钢研科技集团有限公司

续表 5-6

案例名称	应用企业	服务商
智能制造方向:		
基于工业互联网平台 xIn3Plat 的冷轧“ALL IN ONE”智控创新应用	马鞍山钢铁股份有限公司	上海宝信软件股份有限公司
智能制造管控工业互联网平台创新应用	西王金属科技有限公司	上海宝信软件股份有限公司
基于工业互联网的炼铁智能工厂创新应用	大冶特殊钢有限公司	北京智冶互联科技有限公司
基于工业互联网的智慧工厂数据平台创新应用	山东鲁丽钢铁有限公司	山东有人物联网股份有限公司
个性化定制方向:		
钢铁基于 JIT+C2M 新模式的创新应用	南京钢铁股份有限公司	江苏金恒信息科技股份有限公司

5.2.2 省级钢铁示范企业及示范项目

为持续加大智能化改造投入，进一步提升智能化发展能级，更好地发挥行业示范引领作用。各省市制造业企业以智能制造示范车间为标杆，围绕设计、生产、管理、服务等环节加快智能化改造升级，切实提升企业智能制造水平和本质安全水平。经企业申报、各市推荐、材料评审、现场核查、信用查询、名单公示等程序，各省市公布了在智能制造方面比较有代表性的企业名单。

2022 年 3 月 30 日，安徽省经济和信息化厅公布“2022 年安徽省制造业单项冠军培育企业名单”，确定马鞍山钢铁股份有限公司等 122 家企业为 2022 年制造业单项冠军培育企业，纳入制造业单项冠军企业培育库。

2021 年 5 月 12 日，江西省南昌市工业和信息化局公布 2021 年度“5G+智慧工厂”培育库名单，决定将方大特钢科技股份有限公司“方大特钢5G+云化智慧工厂项目”等 26 个项目列入 2021 年度“5G+智慧工厂”项目培育库，给予重点培育。

2021 年 7 月 6 日，江苏省苏州市召开智能化改造和数字化转型半年度工作推进会，对江苏沙钢集团有限公司等企业创新开展“智改数转”工作予以表彰，授予“苏州市智能化改造和数字化转型标杆企业”称号。

2022 年 7 月 14 日，山东省工业和信息化厅公示“山东省 2022 年度第二批 DCMM 贯标试点企业名单”，193 家企业入选，其中青岛特殊钢铁有限公司、潍坊特钢集团有限公司认定为山东省 2022 年度第二批 DCMM 贯标试点企业。

2021 年 8 月 4 日，江苏省工业和信息化厅公示“2021 年江苏省两化融合管理体系（升级版）贯标试点企业拟认定名单”，分为 A 级、AA 级、AAA 级，共 562 家企业入选。其中南京钢铁股份有限公司、江阴兴澄特种钢铁有限公司、中天钢铁集团有限公司、江苏沙钢集团有限公司、江苏永钢集团有限公司、江苏沙钢集团淮钢特钢股份有限公司入选江苏省两化融合管理体系 AAA 级贯标试点企业。

2021 年 9 月 1 日，江苏省苏州市工业和信息化局公布“2021 年苏州市级示范智能车间公示名单”，共 273 家企业入选，其中常熟市龙腾特种钢有限公司“高端耐磨材料智能车间”项目，认定为 2021 年度苏州市级示范智能车间。

2021 年 9 月 14 日，江苏省常州市工业和信息化局公布“2021 年度州市服务型制造示范企业（平台）名单的通知”遴选出 2021 年度常州市服务型制造示范企业 37 家和示范平台 8 个，其中中天钢铁集团有限公司，认定为 2021 年度常州市服务型制造示范企业。

2021 年 9 月 26 日，安徽省经济和信息化厅公布“2021 年安徽省智能工厂和数字化车间公示名单”，共入选41个智能工厂和223个数字化车间，其中马鞍山钢铁股份有限公司“基于工业互联网平台 xIn3Plat 的冷轧‘ALL IN ONE’智慧工厂”项目，认定为安徽省智能工厂。

2021年10月11日，江苏省工业和信息化厅、通信管理局公布第四届“绽放杯”5G应用征集大赛江苏区项目征集活动评选结果，分为一等奖5名、二等奖10名、三等奖20名、专项奖10名。其中，中天钢铁集团有限公司“5G+工业互联网”融合应用项目，获得第四届“绽放杯”5G应用征集大赛江苏区域赛二等奖；江苏永钢集团有限公司“基于5G全连接的江苏永钢绿色制造标杆工厂项目”，获得第四届“绽放杯”5G应用征集大赛江苏区域赛三等奖。

2021年10月14日，山东省工业和信息化厅公示“2021年度山东省工业大数据平台示范项目名单”分为50个数据共享平台和10个公共服务平台，其中山东泰山钢铁集团有限公司的“基于大数据分析的泰钢智慧化管理系统”项目（数据共享平台）、西王金属科技有限公司的“现代冶金智能制造数据共享平台”项目（数据共享平台），认定为2021年度山东省工业大数据平台。

2021年11月1日，安徽省马鞍山市人民政府公布“2021年度马鞍山市智能制造标杆示范企业名单”经企业申报、专家评审、网上公示，认定马鞍山钢铁股份有限公司为特殊贡献企业，认定马钢轨交材料科技有限公司为智能制造标杆示范企业。

2021年11月24日，山东省工业和信息化厅公布“2021年山东省智能工厂和数字化车间名单”共入选61个工厂和82个车间，其中青岛特殊钢铁有限公司5号、6号高线“流程型智能工厂”项目，认定为2021年山东省智能工厂。

2021年12月22日，山东省工业和信息化厅公示2021年度省级大数据“三优两重”项目名单，共入选83项优秀大数据产品、96项优秀解决方案、82项优秀大数据应用案例、96家企业大数据企业。其中，山东泰山钢铁集团有限公司“基于大数据分析的设备管理系统”项目，认定为“优秀大数据应用案例”。

2021年12月22日，江苏省工业和信息化厅、财政厅公布“2021年江苏省智能制造示范车间名单”，共332家企业入选，其中江苏沙钢集团淮钢特钢股份有限公司“中型棒材智能制造车间”项目，认定为2021年江苏省智能制造示范车间。

2021年12月31日，湖北省经济和信息化厅公示了“2021年湖北省工业互联网平台拟认定名单”，共入选20家企业，其中大冶特殊钢有限公司“基于工业互联网的铁前协同智能管控”项目，认定为2021年湖北省工业互联网平台。

5.3 企业智能制造类型

近年来，随着国内特殊钢行业竞争的加剧，对于快速提升企业市场竞争力提出紧迫要求，这就为众多特殊钢企业加快推进智能化建设以实现降本增效提供了动力。

2021年，特殊钢企业开始在智能化方面谋篇布局，通过开展造智能工厂、智能检测平台、智能管控中心等工作，提高劳动生产效率，减少人工成本，降低产品不良品率，减少因质量问题造成的经济损失。

在抗击新冠疫情的非常时期，智能制造为特殊钢行企业打造防控疫情、稳定生产经营的铜墙铁壁做出了应有的贡献。

5.3.1 智能制造工厂

南钢建立江苏钢铁行业首个“5G+工业互联网”工厂。南京钢铁集团有限公司（以下简称“南钢”）专业加工高等级耐磨钢及高强钢配件的“5G+工业互联网”智能工厂，实现了像生产消费品一样生产钢铁产品。南钢“5G+工业互联网”智能工厂是世界首个专业深加工高强耐磨钢的智能工厂、江苏钢铁行业首个“5G+工业互联网”工厂，通过整合创新耐磨钢的延伸加工，以规模化、精益化、柔性化制造为用户提供个性化定制服务。

淮钢组织智能车间申报工作。2021 年 8 月份，根据淮安市工信局下发的省级智能制造示范车间申报要求，结合轧钢厂三轧车间信息化、智能化建设情况，江苏沙钢集团淮钢特钢股份有限公司智信中心、轧钢厂在公司领导的指导下，积极组织智能车间申报工作，并于 8 月底顺利通过申报材料的审核。

“5G+数字工厂”在中天钢铁上线投用。2021 年 8 月 25 日，历时一年、投入近 1000 万元完成改造升级的中天钢铁集团有限公司第三炼钢厂“5G+数字工厂”上线投用。该数字工厂实现了对“生产、设备、物流、能环、安全”等核心要素的实时监控、管理，达到了整合优化信息资源、提高生产效率和本质安全水平、促进产品提档升级的目的。

江苏省工信厅智能车间专家组来淮钢检查。2021 年 11 月 3 日，江苏省工信厅智能制造专家组一行 6 人，到江苏沙钢集团淮钢特钢股份有限公司三轧车间（以下简称“淮钢”）对智能车间建设内容进行现场核查。通过现场检查与交流，江苏省工信厅智能车间专家组对淮钢特钢股份有限公司轧钢厂三轧车间信息化、智能化建设情况给予充分肯定，对淮钢与北京科技大学合作并获得“冶金科学一等奖”的“钢—轧过程产品质量智能管控系统”给予高度认可。

5.3.2　智能检测平台

青岛特钢设备在线智能监测平台已创实效。中信泰富特钢集团董事长钱刚在 2021 年新年讲话中要求加强数字化引领，加速推进智能化转型，打造数字化智慧特钢，谋好篇，布好局，凝心聚力，开创中信泰富特钢高质量发展新局面。青岛特殊钢铁有限公司搭建的设备在线智能监测平台，以设备运行的电气和机械状态参数（振动、温度、转速、电流、电压等）在线监测为基础，通过各种传感器、DCS、智能仪表等设备将机组数据实时传送至大数据平台，采用故障机理建模、大数据分析和机器学习等人工智能技术，结合设备负载状态，自动生成对应设备的特定性能衰减状态和健康指数曲线。

兴澄特钢高炉产线一体化智能制造成绩斐然。兴澄特种钢铁有限公司（以下简称“兴澄特钢”）针对一号、二号高炉产线，综合运用“物、大、智、云、移”技术，从配矿开始，打造了涵盖原料、烧结、高炉炼铁一体化的智能管理系统和炼铁大数据智能互联平台。该项目建设包括炼铁大数据智能互联平台、智能配矿系统、烧结机尾热成像系统、烧结智能优化系统、高炉一级服务器迁移、高炉炉顶热成像系统、高炉智能管理系统、掌上炼铁移动 APP 等。兴澄特钢通过炼铁大数据智能互联平台，打破炼铁产线工序之间数据孤岛局面，创造性地将配矿—烧结—高炉工序之间的数据进行衔接匹配，考虑采购、混匀、烧结、高炉各个工序的质量要求和成本控制，并利用数据平台原料性价比测算，实现铁前工序的一体化配矿与资源优化配置。兴澄特钢从传热、优化燃烧、适应热风炉各种工况变化入手，研究热风炉蓄热特性，建立专家系统，实现无人值守的自动优化烧炉过程，达到节能降耗环保长寿。兴澄特钢建立数字化、可视化高炉模型，提取有效数据，研发机器学习系统，挖掘参数之间的关联关系，实现炉况控制和智能诊断。兴澄特钢高炉“云—边—端”协同一体化智能制造系统，利用数字改变工作，提升炼铁操作竞争力，让炼铁变得简单快乐。

沙钢打造“人”“财”“物”数字化管控平台。2021 年，沙钢集团有限公司投入

4000 万元，打造集团“人”“财”“物”数字化管控平台，着力提升集团业务数字化的广度和深度，实现业财税一体化，采购、营销业务线上化，上下游企业供应链业务协同化，打造企业共同发展生态圈。同时，沙钢通过建立集团数字化的管控体系，进一步提升业务的透明度，提升风险管控能力，最终实现业务可视、可管、可控。

山西建龙两个实验室投运。2021 年 3 月份，山西建龙电气传动及自动化实验室、设备故障诊断实验室历时 7 个月建设完工，并正式投运。这两个实验室秉承建龙集团总体战略思想，由山西建龙设备处牵头，变频器专业工作室、自动化专业工作室、泵与风机专业工作室联合筹建。山西建龙专业小组人员通过自主设计试验设备，利用闲置备件制作试验台，较采购成品节约费用 18 万元。这两个实验室是山西建龙实现向创新型企业转型的重要举措之一。未来，山西建龙将依托建龙集团在工业 4.0 和智能制造领域已有的研发成果转化优势，通过检测监测与优化配置相结合，从诊断到处理，为企业提供专业成熟的技术解决方案，不仅服务于铁、钢、轧等主工序，还将增设自动控制编程、专业技能培训、科技成果转化、创新实习基地等功能，为打造创新型企业奠定基础。

南钢实现“CT 式”钢板表面质量检测。2021 年 12 月中旬，南京钢铁集团有限公司热轧钢板表面质量检测与识别系统通过验收。该系统由金恒科技与南钢中厚板卷厂联合攻关 20 个月而完成研发，其中包含了 4 个多月的算法优化和数据实测，该系统的平均检出率≥98%、准确率≥90%。热轧钢板表面质量检测与识别系统上线运行后，可以实现 24 小时实时检测，并且图片信息与钢板信息一一对应，检测图片可存储以便追溯，为生产、决策提供可靠的质量数据。

济源钢铁（集团）有限公司铁完成 5G+废钢判定系统。废钢智能判级产品是一款包含软硬件一体的先进解决方案，应用训练好的模型对摄像机拍摄的每张废钢图片进行智能判定，从而获得整车废钢的各料型质量占比（综合级别）、扣渣量及报警信息。智能判级结束后，对于智能判级结果与人工判级结果差异较大的车辆以及供应商发起追溯的车辆，允许废钢科班组长在判级信息补录节点对相关车辆的判级结果进行人工补录。该系统建立废钢智能判级系统平台，实现智能判级，支持远程判级、数据追溯、废钢结算及系统交互，从废钢车辆中提取废钢特征信息进行检测识别得出综合级别、扣渣量、切割费、密封容器等结果，整合现有的无人计量、ERP 结算系统，实现数据融通。

5.3.3 工业互联网平台

中天钢铁承建的工业互联网平台正式启动。2021 年 4 月下旬，中天钢铁集团有限公司承建的工业互联网平台——工网宝正式启动，具体涉及智慧经管（智慧 ERP、智慧采购、财务成本等）、智能制造（MES、进出厂、安全环保等）、“互联网+”升级（电子商务平台、物流配送平台等）3 个系列的产品，旨在为工业企业提供基于标识解析的一体化应用解决方案，进一步助力企业信息化建设走在行业发展前列。

建龙北满特钢生产制造执行系统一期工程上线试运行。2021 年 12 月，建龙北满特殊钢有限责任公司（以下简称“建龙北满”）生产制造执行系统（MES）一期工程建设上线试运行，实现数据自动采集，生产过程自动跟踪，横向和纵向打通了各工序间的信息接口。建龙北满重点从 5G+基础系统建设、数据平台建设、智能设备应用、集控项目建设四个方向有序推进智能制造项目建设，取得了较好的效果，数字化转型初显成效。

中信泰富特钢集团设立智能制造专项资金，聚焦示范项目建设和打造示范产线。2021 年，中信泰富特钢集团先后启动和推进数字化供应链、财务共享中心、管控和数据治理等项目，显著提升了特钢数字化能力，赋能经营管控。中信泰富特钢集团推进实施兴澄特钢数字能源、大冶特钢 5G 智能车间、青岛特钢高线智能工厂等重点项目，大力提升产线智能化水平，支撑现场生产管控、流程优化、质量提升，钢铁流程中工序级智能制造示范产线正在逐步形成。兴澄特钢在行业内开创“钢资产”全过程数字化防伪溯源先河，基于区块链技术为钢铁产品创建数字化身份，全量描述“钢资产”的数字化信息，全过程记录“钢资产”的产权转移和加工过程，并已获得发明专利。兴澄特钢积极响应国家“2030 年前碳达峰，2060 年前碳中和”的号召，建成特钢行业首个数字化智慧能源管控中心，即是集能源操控、能源调度、应急指挥三中心合一体的多功能管控中心。铜陵特材以大数据为抓手，利用工业大数据分析和机器学习技术对能源管网中燃机、汽机、锅炉等关键设备建模训练，通过 AI 算法实现能源管网中各设备最优运行和能源最优调度，全面实现了煤气与蒸汽两网的平衡，使吨焦能源综合价值收益得到稳定提升。

5.3.4 智能管控中心

马钢新型建材智控中心启动运行。2021 年 1 月 5 日，马钢新型建材公司举行智控中心启动仪式。宝武环科党委副书记、总经理朱建春宣布该中心启动运行，并与各方代表共同按下启动球。新型建材公司于 2019 年 10 月与武汉华神、山东金钟集团、马钢飞马智科、祥云公司成立项目团队，开始实施嘉华新型建材智控中心项目的建设。该项目覆盖了智控中心的建设，生产线智能制造、地磅、成品库发货无人值守一卡通项目，生产线操作、GPS 监控集成到智控中心，建成一体化的管控中心。该项目集生产制造、设备在线监控、安能环消、原材料运输、产品计量输送等多专业管控为一体，通过工业互联网、大数据、智能化等先进技术的应用，上线一体化管控系统和各工序智能应用，推动公司生产、物流向数字智能化驱动的转变。

建龙抚顺新钢智造中心投运。2021 年 1 月 12 日，建龙集团抚顺新钢铁智造中心正式投运。该项目是目前集团首家、全国领先的全流程集成一体化管控中心。该项目自 2020 年 7 月 28 日破土动工，到 2020 年 12 月 24 日全系统调试完成，仅历时 150 天，创造了新时代的建龙速度。该中心将生产指挥、工序控制、技术管理等任务进行集成和融合，涵盖了一级集中生产、能源、物流调度、所有主工序生产作业单元、煤气系统等六大领域的集控；打破了传统部门边界，将专业序列重新论证优化为 8 大类别，全面实现“一个中心管到底”；开发了全流程生产大数据系统，涵盖 16 个领域。目前，该中心已经汇集了 3 万多项数据，打造了 400 多个分析型和 36 个预测型功能画面，距离实现全流程集控和数字化的目标越来越近。

黑龙江建龙设备智能管理平台正式投运。2021 年 3 月，由黑龙江建龙钢铁有限公司联合大庆师范学院共同开发的设备智能管理平台正式上线运行。该平台以点检定修制为流程主线，通过建立数据分析平台，利用蓝牙与手机关联完成现场点检签到、激光二维码跟踪备件使用寿命等操作，解决设备管理难点问题。该平台通过对设备点检、检修、状态、备件、库存、成本、周期、资料等管理工作进行有效整合，利用信息化手段，使计划编制有依据、执行有落实、结果有总结，提高了计划制订的合理性及执行力，实现了设备的现代化管理。

中天钢铁启动智慧废钢管理项目建设。2021 年 3 月 4 日，中天钢铁集团有限公司组织召开智慧废钢管理项目启动会议。该项目总投资约 1000 万元，能快速、稳定、精确对废钢实时自动评级，大幅降低员工劳动强度，促进废钢检验工作的安全、精准、高效，预计能为集团减员创效超150亿元。

中天钢铁智能管控中心揭牌成立。2021年3月18日，中天钢铁集团有限公司总投资600万元的智能管控中心正式揭牌。该项目在能源管控中心的基础上进行了智能化升级改造，并优化整合了生产、物流、能源、安全、环保5个部门的职责权限、业务流程等，实现“五部合一”的扁平化管理。该智能管控中心设有一块长22.2米、宽1.86米的高清显示大屏，涵盖50余个信息化系统、自动化设备设施、智能化控制系统等，并实时显示集团环保数据监测、销售采购分布、生产工艺情况、物流运输管控等板块内容，管理人员可以直接通过“一张图”实时了解各类生产相关数据，实现高效调度、动态管理。

抚顺新钢迈入工业5G时代。2021年5月份，建龙集团抚顺新钢铁（以下简称“抚顺新钢”）5G宏站及首批CPE设备（客户终端设备）的正式上线，标志着5G+工业互联网应用迈入了一个崭新的阶段。抚顺新钢成为建龙集团首家实施5G CPE传输应用的企业，宣告其正式步入了工业5G时代。抚顺新钢自2018年以来就依托精细化管理平台的发展壮大，推动基于“5G+冶金全流程”的数字化智慧化转型升级。作为工业园区的5G基础网络和5G云基站室分覆盖技术应用案例，抚顺新钢智造中心项目在2021年1月面世。

山钢股份莱芜分公司“5G+智慧无人行车”项目开工建设。2021年6月25日，山钢股份莱芜分公司“5G+智慧无人行车”项目开工建设。该项目以全面实现智能无人化、建成一流智能制造梦工厂为目标，利用5G网络信息传输、精准定位、自动控制、视频AI识别等技术对行车及库区进行改造，实现了库区行车无人化运行及集中智能管控。

南钢铁区一体化智慧中心、智慧运营中心投入试运行。2021年8月12日，南京钢铁集团有限公司（以下简称“南钢”）召开推进智慧运营中心建设专题会。南钢智慧中心项目集“铁区一体化智慧中心、智慧运营中心、钢轧一体化智慧中心”三大中心于一体，建成后将实现大规模集控、无边界协同、大数据决策、智能化运营，组织模式和生产模式同步变革，实现全流程数字化管理。目前，南钢铁区一体化智慧中心、智慧运营中心正在试运行，计划于近期正式上线。

淮钢智能化建设再上台阶。2021年9月份，江苏沙钢集团淮钢特钢股份有限公司决策系统一期项目顺利建成，数字化应用水平明显提升，构建了财务、生产、运营、质量、销售、供应等多个主题的驾驶舱和报表体系，实现了主要数据从各应用系统的自动采集和高效深度应用，为淮钢数字化转型奠定了基础。

建龙阿钢智控中心投用。2021年11月20日，建龙阿城钢铁有限公司（以下简称“建龙阿钢”）智控中心正式启用，标志着该公司向数字化转型迈出重要一步。这也是继抚顺新钢铁智造中心之后，建龙集团又一“智造中心”投用。该智控中心的远程集控系统自动化程度高，经过前期对信息化网络系统进行整体规划设计，保证了远程集控的稳定性、安全性。随着炼铁厂高炉智能诊断系统、一键炼钢项目、连铸一键开浇项目等现场自动化、智能化项目的陆续“入驻”，建龙阿钢智控中心将逐步实现各工序的集中控制，为推动业务流程优化和管理变革提供技术支持。

马钢长材智质控中心正式启用。2021年12月20日，中国宝武集团公司马钢股份公司党委书记、董事长丁毅宣布：冷轧智控中心17条产线入驻投用，马钢长材智控中心正式启用。由此标志，马钢智能制造二期项目完美收官。联合重组以来，马钢积极贯彻中国宝武“四个一律”要求，将智慧升级作为破解高质量发展瓶颈和痛点的有力抓手，坚持全流程、全工序、全要素、全集成的智慧升级总要求，基于宝武工业互联网平台，全面构建“1+*N*”智慧钢厂，相继建成投用了运营管控中心、炼铁智控中心、四钢轧炼钢智控中心、热轧智控中心、冷轧智控中心等智能制造一期项目。马钢长材智控中心建设以“少人化”“无人化”“集控化”“智慧化”为手段，积极贯彻“四个一律”，倒逼流程优化、体制变革，融合绿色制造，降低生产成本，减少产品缺陷，提高产品质量，优化生产模式。

南钢举行智慧运营中心正式进驻仪式。 2021 年 12 月 28 日，南京钢铁集团有限公司举行智慧运营中心正式进驻仪式，此前该中心已试运行一个月。智慧运营中心是钢铁行业首个集智造、经营、生态决策于一体，围绕“1 个中心、4 条主线、6 大集群、8 个模块、*N* 个管理维度”等业务领域深度挖掘建模的智慧运营中心，能够重点解决物料平衡、能介平衡等痛点、难点问题，实现生产全流程的数字化、可视化、透明化，提高生产效率，降低生产成本。

马钢长江钢铁智控中心启用。 2021 年 12 月 31 日上午，在长江钢铁智控中心，马钢股份集团公司、股份公司党委书记、董事长丁毅宣布长江钢铁智控中心启用暨信息化一期正式上线，并与集团公司党委副书记、总经理、股份公司党委副书记刘国旺等共同启动“长江钢铁智控中心启用”水晶球。长江钢铁智慧制造及整体信息化项目是公司今年重点项目之一。长江钢铁智控中心通过构建一个功能覆盖产线、高度整合的智能制造管控和集控平台，满足经营、制造和生产管控需求；通过信息化建设，覆盖核心业务环节，达到产销一体、管控一体、业财一体，实现长江钢铁生产经营活动全过程动态实时可观可控，支撑长江钢铁绿色智慧转型升级。该项目采用 EPC 总承包方式，由宝信软件总包，于 2021 年 5 月 12 日正式启动，并于 2022 年 6 月 30 日 24 时实现整体信息化上线。该项目分两个阶段推进，当日投运的是一期工程。其中，一期信息化主要实现 18 个系统中的 7 个系统率先上线，涉及设备管理系统、门禁系统、铁区管理系统等，基础网络升级改造配套完工。

淮钢按下智能制造“快进键”。 2021 年，江苏沙钢集团淮钢特钢股份有限公司（以下简称“淮钢”）产销一体化系统经过试运行后正式上线。淮钢已建成智能制造项目 22 个，总投入 2 亿多元；在建项目 6 个，总投入 4000 多万元。淮钢按下了“快进键”，深度融入智能化、信息化。近年来，淮钢抢抓数字化、网络化、智能化发展机遇，围绕环保、安全、设备、计划、质量、物流、能源、成本“八条主线”，聚焦实现产供销一体化、铁钢轧一体化、管控一体化的“三个一体化”目标和决策智能化和装备智能化的“两个智能化”目标，持续加大财力、人力、物力投入，全面实施智能制造提升工程，高效、优质、低耗、精准的全流程管控效果已初步实现。淮钢顺利通过“两化融合管理体系认证”，并先后获评“江苏省工业互联网标杆工厂”“江苏省五星级上云企业”等荣誉称号。

2021 年，济源钢铁完成二炼轧的 MES 系统智能化改造项目。 济源钢铁（集团）有限公司智能制造—钢轧一体化 MES 系统完全实现了炼钢至轧线制造过程中的销产转换、计划平衡、技术质量标准及钢坯中间库等重要的生产经营管理活动的统一管理，实现了管理与控制一体化、业务流程规范化。为济源钢铁有效地提高生产效率、稳定产品质量、降低制造成本有非常重要的意义。

2021 年 10 月，本钢特钢事业部启动

MES 系统智能化改造项目。MES 定位为特钢系统各产线的生产执行，纵向连接本钢板材股份有限公司特钢事业部（以下简称“本钢特钢事业部”）ERP 层以及各机组过程控制系统，实现管控衔接；横向连接炼钢和棒材轧制，实现一体化的生产计划和全程物料跟踪。本钢特钢事业部 MES 通过与周边系统的功能合理分担与无缝集成，打造“产销一体、管控衔接、三流同步”，实现自动化的生产组织和数据采集、精细的生产控制和物料跟踪以及有序、规范的生产管理，支撑企业的销售、生产、质量、发货等业务运作，使企业管理更加透明化、精细化和规范化，从而进一步提高企业管理效率与管理精度。该计划已于 2022 年 7 月正式上线。

太钢开展新一轮数智化转型规划。2021 年，太钢不锈钢股份有限公司全面启动信息化整体升级改造（一期）项目与智慧化集控（1+6）项目，构建“一总部多基地”矩阵式智慧管控模式，整合各基地资源，形成统一采购、统一销售、统一研发、统一制造管控、统一财务、统一数据标准的具有不锈钢专业特色的“多制造基地管控模式”，实现智慧制造“四个一律”“三跨融合”同步推进。

方大特钢启动自主研发上线大数据分析平台和 BI 决策分析系统。围绕系统建设目标，方大特钢科技股份有限公司（以下简称“方大特钢”）于 2020 年 12 月份成立大数据中心，规范数据的取源、清洗加工和存储方式，随后分别于 2021 年 4 月和 9 月自主研发上线大数据分析平台和 BI 决策分析系统，系统以方大特钢价值链生成为主线，通过关键技术经济指标，关联与融合了下层所有供、产、销、财业务管理系统数据，建设了统一数据口径的数据仓库，形成了方大特钢生产经营数据中台，同时自主实现算法的方大特钢 AI 人工智能平台完成 23 个生产现场应用场景成功落地。

5.3.5 智能化生产

大冶特钢堆取料首创无人化操作。大冶特殊钢有限公司炼铁厂（以下简称“大冶特钢”）针对混匀料场堆料机、取料机，综合运用变频技术、PRP 冗余无线技术、时钟同步技术、三维定位技术，打造了从堆取料机整个工序流程无人化操作系统，堆取料无人化项目建设包括搭建无人化管理平台，数字化孪生系统、3D 人员定位系统、高清监控系统、堆场 3D 激光扫描系统、皮带料流激光检测系统、各机构精确定位系统等。大冶特钢通过无人化作业软件平台为核心，实时采集现场设备运行和状态数据，结合 3D 激光扫描系统和皮带料流激光检测系统，构建堆场电子地图和作业现场数字孪生 3D 场景模型与生产设备进行数据交互和联动，实现生产过程数字化和可视化。大冶特钢操作人员通过软件前端 3D 可视化操作界面，能全方位了解设备作业工况，优化作业运行参数，能模拟在机上作业的操作方式，实现数字化基础上的生产模式创新。大冶特钢通过平台软件的大数据系统能记录设备作业数据，进行状态评估、状态回溯、作业统计和故障报警，为保证设备运行可靠性和实现预防性维修的设备管理模式提供数据支持。大冶特钢炼铁堆取料无人化项目的成功实施，一举改变堆取料工序旧有效率低下的人工操作模式，有效规避因人员误操作引发的设备故障和非计划停机等问题，设备整体运行效率提高 25%，工序生产效率提高 20%，为进一步优质增效奠定良好基础。同时，大冶特钢无人化操作大幅减少员工在粉尘恶劣工况环境暴露时间，员工职业健康得到有力保障。

山钢股份莱芜分公司棒材厂智能焊标机器人提高工作效率。2021 年 1 月 15 日，在山钢股份莱芜分公司棒材厂，一台基于动态视觉的智能焊标机器人正在工作，通过 3D 视觉扫描和图像处理分析，采用实时激光测量，准确找到焊接的空间位置，成功率达到 99%以上。智能机器人可以施展“十八般武艺”，实现了视觉引导机器人动态抓取物料、机器人搬运、码垛、带卷拆捆、钢卷贴标、加渣等功能。原来是现场人工作业，劳动强度高、人员操作频繁，存在安全隐患，现在通过智能化、无人化操作，有效解决了这些问题，实现了提质又提速。

无人行车为淮钢“智造”再添力。2021 年 7 月，江苏沙钢集团淮钢特钢股份有限公司炼铁厂（以下简称“淮钢”）烟煤库区行车已实现了远程自动模式为主、手动模式为辅的精准操作。烟煤库区日常作业均采用远程自动模式，在此模式下，行车主要通过激光三维扫描和精准定位，形成物料的 3D 图形，操作人员在后台便能够直观地看到库存状态。3D 扫描能确认物料位置，自动抓取堆砌在最高点的物料，抓取得更加科学、精准，防止抓斗倾斜导致损坏。淮钢使用的无人行车应用了先进的传感、无线通讯、精确定位等技术，自动化程度高，技术水平先进，实现了远程操控驾驶和智能驾驶模式的自由切换，易操作、易使用，操作人员通过一台电脑便可以随时随地看到车间内部的实时状态，不仅降低了人工成本，也提高了工作效率，更推动企业“智能制造”再上新台阶。

沙钢新材料生产有了“智慧翅膀”。2021 年 9 月底，随着江苏沙钢集团有限公司投资 2500 万元的重大项目工程——新材料管控中心正式投运，沙钢新材料生产全面进入了智慧制造新阶段。管控中心正式投运后，能够同时管控分厂现有 7 个生产区域和 2 个在建项目区域的生产操作与工艺；同时，集中控制中心内监控画面将实时覆盖全厂 300 多个高清摄像头，真正实现对生产操作重要点位的“无死角”管控。

马钢无人化库区助力高效生产。2021 年 9 月 26 日，中国宝武马钢特钢公司今年智慧制造重点改造项目——高速线材无人天车智能平面成品库正式投运，填补了国内高速线材无人天车智能平面成品库的空白。该项目主要以库区管理系统及天车调度系统为核心，利用天车无人化控制技术、信息化管理、无线通讯、传感器技术、设备状态管理，结合承建单位的无固定垛位多层堆垛模型等，形成软硬件一体化、定制化线材智能库区的解决方案，可以实现无人天车自动入库、货车出库自动作业、火车出库自动作业等多种自动作业任务。该成品库的投运，有效打通了产线与物流间的信息瓶颈，不仅从根本上改变原有库区人员劳动强度大、效率相对较低等状况，而且避免了人工作业带来天车频繁启动、停止、稳钩等动作，可降低设备能耗 30%以上，有力保障了天车运行的安全稳定高效。

济源钢铁（集团）有限公司首次尝试机器人焊接。该系统由操作系统、焊接机器人、视觉系统、标牌打印系统、焊钉分拣系统及远程监控系统等组成，并实现以下功能目标：（1）实现标牌自动打印及剪切；（2）实现焊钉的自动分拣定位；（3）实现钢捆棒材端面的三维坐标检测；（4）实现两张标牌的自动焊接及是否焊接成功判别；（5）与现场信息系统通信，实现打印数据传输；（6）与现场生产的安全互锁，保障现场稳定可靠生产；（7）实现钢捆支数智能复检功能。该系统的投入实现了打印信息实时传输、标牌打印剪切、自动取钉取牌、视觉定位及识别等功能，完成标牌的自动焊接。实现提高自动化程度；改善工人的劳动条件，降低劳动强度。

河钢舞钢对电炉设备实施物料跟踪系统建设。2021 年 10 月，河钢集团舞钢公司（以下简称“河钢舞钢”）对一炼和二炼的电炉、精炼炉等设备实施物料跟踪系统建设。开发人员利用工业防火墙技术，在保证一级与三级系统通信安全的情况下，在监控系统中采用脚本语言开发了从三级服务器读取生产计划的功能；在主监控画面中增加了数据采集按钮，利用该按钮可以弹出数据采集窗口，并在该窗口中设置了当前生产计划列表，随时显示、刷新当前生产计划数据信息。

河钢舞钢开发投用合金废钢理论回收模块系统。为切实加强内部自产合金废钢的科学规范化管理，及时、充分地回收利用合金废钢中的合金元素，2021 年 10 月 27 日，河钢集团舞钢公司成功开发投用合金废钢理论回收模块系统，为挖潜增效提供了快捷的信息技术支持。

建龙西钢高炉热风炉智能燃烧系统投用。经过 3 年来的不懈努力，2021 年 10 月 27 日，建龙西林钢铁有限公司（以下简称“建龙西钢”）高炉热风炉智能燃烧系统已投用，年可降低成本 4000 多万元，减少废气排放 2.64 亿立方米。2019 年，建龙西钢制定了智能制造发展规划，将全公司 30 余座炉窑从人工控制燃烧转变为智能燃烧系统控制燃烧，打响了智能制造之战的第一枪。2019 年 6 月，建龙西钢组建了智能燃烧项目攻关组，重点对 30 座炉窑智能燃烧工作进行攻关。

三钢集团炼钢厂智能项目完成热试。2021 年 11 月 15 日，经过三钢集团炼钢厂智能项目小组技术人员的数次调试与模拟，一炼钢 1 号精炼炉机器人自动激温取样终于成功完成了热试，标志着该厂精炼炉智能化迈出了第一步。为减轻职工劳动强度、提高安全系数和钢水质量，跟进炼钢智能化的步伐，炼铜厂抽调相关技术人员与公司智能化开发人员联合成立了“H 精炼炉机器人自动测温取样”项目组，负责该项目的方案设计、系统安装与调试。

全国钢铁行业首创的中天 AI+“流程机器人”上线投用。12 月 2 日，中天钢铁集团有限公司铁经过前期 11 个月业务数据与 AI（人工智能）的深度磨合训练，企业海关关务平台 RPA（Robotic Process Automation，机器人流程自动化）报关流程自动化 AI 智能机器人应用正式上线投用。该技术不仅实现了快速智能差异分析与报关退税自动反馈，还实现了进、出口报关单线上闭环管理，降低报关业务人工复核出错率。该技术在国内钢铁行业完全应用尚属首例。

沙钢启用首台新型智能轨道电动机车。2021 年 12 月 3 日，江苏沙钢集团有限公司（以下简称“沙钢”）启用首台新型智能轨道电动机车开展铁水调度运输，这是全国首个钢铁行业铁水调度机车“油改电”项目实现产业化推广的应用案例。近年来，沙钢持续加大在企业级能源服务产品领域的研发和推广，聚焦移动储能系列产品批量产业化应用，新型智能轨道电动机车在南钢集团、张家港沙钢、南京西坝港、中天钢铁、华西钢铁等陆续签约落地 37 台，高质量推进节能减排、能效服务工作。

承德建龙智能制造示范项目实现从投产到发货。2021 年 12 月 29 日，在北京建龙重工集团承德特殊钢有限公司（以下简称“承德建龙”）的无缝钢管厂成品区，一辆满载无缝钢管产品的货车徐徐驶出。这是承德建龙售出的首单高端钒钛无缝钢管产品，产自承德建龙 ϕ258 毫米无缝钢管连轧生产线。从该生产线投产到接单，再到发货，仅用了 14 天。承德建龙 ϕ258 毫米无缝钢管连轧生产线是河北省钢铁行业优化产品结构、实施转型升级的智能制造示范项目。该项目总投资 15 亿元，年产能 60 万吨，采用国际领先工艺技术，使用 10 余台（套）智能机器人，在业界首次全面实现钢管逐支追踪、钢管质量自动判定和预测。设备管理智能化和智能安防等，可实现全流程物料和质量的跟踪与管控。该条产线定员 259 人左右，比同类型产线减少40%。

太钢4300毫米中厚板生产线智能化升级改造项目开工。2021年1月30日，太钢不锈钢股份有限公司（以下简称“太钢”）4300毫米中厚板生产线智能化升级改造项目举行开工仪式。4300毫米中厚板智能化升级改造项目是山西省太原市聚焦“六新”突破，全力推动“三个一批”活动，加快高质量发展的重点项目，也是中国宝武服务山西经济发展、努力将太钢打造成全球不锈钢行业引领者的重大举措，对于调整太钢产品结构，充分满足国家重大装备、重大专项对不锈钢板规格宽厚化、品种高端化、质量精品化发展趋势，支撑我国先进制造业发展具有重要意义。2021年5月31日，太钢不锈钢股份有限公司不锈热轧厂中厚板生产线智能化升级改造项目施工总承包（第一标段、第二标段）合同签字仪式在花园会议中心举行。

太钢机器人引领智慧制造。太钢把机器人替代3D工作作为提升员工工作生活品质、提高劳动效率和运行质量的重要方向，通过落实智慧制造行动方案，适应不锈钢产业“一总部多基地”管控需求，太钢加速补齐智慧制造1.0短板，加快发展智慧制造2.0，深入梳理建立机器人应用场景库，协同开展机器人应用技术研究攻关，快速实现机器人新技术、新场景突破和推广。在现有产线和新建与技改工程中大力推进机器人建设和作业无人化，2021年底共投入机器人67台，“宝罗”机器人数量达到184台。

5.3.6 智能制造合作

建龙哈轴与西门子携手打造智能制造工程典范。2021年4月14日，建龙集团旗下哈尔滨轴承集团有限公司与西门子（中国）有限公司在京签署战略合作协议。根据协议，双方将充分发挥各自的技术优势和资源优势，启动建龙哈轴数字化、信息化改造工程，实施数字化工厂建设，向智能制造全面迈进，打造黑龙江乃至整个东北地区的智能制造工程典范。此次战略合作协议的签订，为建龙哈轴与西门子开展全面合作搭建了多元化平台，也标志着建龙哈轴打造智慧工厂迈入了新阶段。这将为建龙哈轴进一步迈向高端化和国际化、持续提升技术实力和产品品质奠定坚实的基础。

同创信通与高华科技战略合作。2021年4月29日，北京同创信通科技有限公司（建龙集团子公司）与南京高华科技股份有限公司在江苏南京签署战略合作协议。同创信通总经理王保红、高华科技总经理李维平分别代表双方签约。根据协议，双方将通过企业数字化改造，升级各类信息系统，形成完整贯通的数据链；在设备状态监测、质量优化、故障预警、能耗排放等方面，加强对工业知识、技术、经验的模型化沉淀，推动数据驱动的智能化生产。未来，双方要在各自的主营业务与资源的基础上深入践行新发展理念，在以钢铁行业为代表的企业数字化、智能化领域进一步深化合作，在设计、研发、制造、应用等环节形成良好互动，促进双方的业务发展。

5.3.7 钢铁行业智能制造专题会议

南钢召开2021年智能制造大会。2021年4月14日，南京钢铁集团有限公司召开2021年智能制造大会，成立专家咨询委员会智能制造分会专家智库，南钢-北京科技大学钢铁智能制造技术联合创新中心、南钢-东北大学钢铁智能制造技术联合创新中心、南钢-江苏移动5G+工业互联网联合创新中心等揭牌。

马钢“工业大脑”亮相“数字中国”建设峰会。2021年4月25日，第四届“数字中国”建设峰会在福州海峡国际会展中心盛大开幕，马鞍山钢铁股份有限公司（以下简称“马钢”）“工业大脑”精彩亮相本次峰会。马钢以无人化、集控化、一键化、可视化为目标，以区域集中管控、现场智能装备应用、无人化作业场景等为重点，通过云计算、物联网、大数据、5G、AI 等新技术应用，将传统冶炼单元转型为装上“智慧芯”的钢铁自动化制造单元。结合生产实际，马钢以管控中心、智控中心建设为核心，建立高效协同管控机制，整合原有操控界面和操控系统，提升现场自动化水平与智能装备应用，打破时空物理边界，构建智慧时代下与未来钢铁高度契合的“1 个智慧中枢（运营管控中心）+4 个智控中心（炼铁、炼钢、热轧、冷轧）”的新型管控模式，打造马钢“工业大脑”和钢铁行业示范引领的智慧工厂，加速从“有形工厂改造”向“无形知识挖掘”转变，实现从“制造”到“智造”。

本钢召开“数字本钢 智造强企”现场会。2021 年 4 月 27 日，本钢集团在板材炼钢厂召开了“数字本钢 智造强企”现场经验交流会，与上海宝信软件公司、东北大学分别签订了项目合作意向框架协议和技术合作协议。杨维指出，本钢要以更加主动的姿态，推动产业模式和企业形态根本性转变，做好促进数字经济和实体经济融合发展这篇大文章。

中天钢铁当选常州市工业互联网产业协会理事长单位。2021 年 5 月 28 日，江苏省常州市工业互联网产业协会第一次会员大会暨成立大会在中天钢铁集团有限公司召开，包括中天钢铁集团在内的 80 余家常州地区工业互联网产业龙头企业参会。大会通过无记名投票方式等额选举中天钢铁集团有限公司、常州产业投资集团有限公司等 23 家会员单位为常州市工业互联网产业协会第一届理事单位，并正式揭牌成立常州市工业互联网产业协会，推选中天钢铁集团总裁助理魏巍为协会首任理事长。作为常州最大的工业企业，中天钢铁近年来实现一键式自动炼钢；5 个生产车间入选江苏省示范智能车间；利用工业互联网大数据平台技术建立智能管控中心，实现“五部合一”扁平化高效管控；建立了中天云商互联网服务平台，打通产业链，实现协同发展。

常州产投集团-中天钢铁数字化转型研讨会在集团召开。2021 年 7 月 9 日，常州产投集团-中天钢铁数字化转型研讨会在集团办公大楼五楼大会议室举行，常州产投集团党委书记、董事长、总经理周云东率队交流经验。常州产投集团领导赵金涛、魏巍，以及两大集团相关职能部门、下属单位负责人、专业技术骨干等近 100 人参加。

山钢股份莱芜分公司举行 5G 智能料场投运暨数智钢铁启动会。2021 年 9 月 29 日，山钢股份莱芜分公司 5G 智能料场投运暨数智钢铁启动会在银山型钢区域举行，标志着国内最大覆盖膜结构 5G 智能原料场建成并正式进入应用阶段。山钢股份莱芜分公司新建成投运的 5G 智能原料场，是目前国内面积最大的覆盖膜结构建筑群，也是目前国内单一场景接入终端规模最大的 5G 商用项目，在国内尚属首例。其绿色和智能两大主题要素的完美融合，让该原料场成为 5G 技术与钢铁工业深度融合的示范工程，为山东省乃至全国钢铁行业大型智能封闭料场的建设发挥了示范引领作用。该智能料场占地面积为 30 万平方米，共有 5 个钢结构大棚、13 个料条，全部采用屋面膜封闭，由中冶赛迪历时 13 个月建成投用，实现了智能自动翻车、全部远程操作、智能自动一键配料、数字盘库等核心功能。为进一步解决智能料场传统 WiFi 和 4G 接入技术的网络易受干扰、上行容量不足、时延抖动大等问题，中国移动、华为公司和莱钢电子等参建各方，充分利用最前沿的 5G 网络和数字技术，实现基于业务需求的 5G 超大上行容量覆盖，有利于进一步优化作业环境、提高运行效率、降低吨矿能耗。

中信泰富特钢集团召开智能制造现场推进会。2021 年 12 月 29 日，中信泰富特钢集团在青岛特钢召开“数领特钢 智启未来”智能制造现场推进会。中信泰富特钢集团党委书记、董事长钱刚，总裁李国忠，总裁助理顾国明，各企业总经理及智能制造分管领导出席会议，中国工程院院士、中国金属学会冶金人工智能分会主任刘玠院士作为特邀嘉宾参加。在青岛特钢线材事业部高线智控中心，与会领导一行跟随机器人“小信”进行了现场参观。青岛特钢相关负责人详细介绍了智能制造“1155”总体规划以及低碳环保、绿色工厂等方面的探索应用，重点对 5 号、6 号高线“1121”智能化体系做了详细介绍。

南钢召开数据治理 Owner 任命大会。12 月 31 日，南京钢铁集团有限公司召开数据治理 Owner 任命大会，党委书记、董事长黄一新为总裁祝瑞荣、联席总裁姚永宽颁发公司级 Owner 任命书，强调智慧运营中心是南钢数智化转型的新底盘，数据治理是数智化转型的血脉、灵魂。

5.3.8 特殊钢企业智能化转型典型案例

5.3.8.1 中信泰富特钢：数字化转型引领全方位管理提升

2021 年，中信泰富特钢集团坚持以创新驱动集团高质量发展，在数字化转型实践、风险管理控制、内部市场化经营、业财融合管理、成本管理控制、生产物流管控、数智化设备管理等方面取得了重大创新进展。

（1）基于特钢经营决策体系的数字化转型实践。中信泰富特钢集团在践行“中国制造 2025”战略过程中，积极推动互联网+、智能制造及数字化转型。从组织、管理、运营模式变革以及技术赋能等多方面构建数字化转型体系，不断深化应用决策大屏看板、PBI 业务主题分析等大数据和云计算新技术，建立数据仓库和数据接口平台，同时优化管理组织及管理流程，提升了数字化经营能力，加强了决策层对运营情况的整体把控，强化了企业产业链协同，实现集团向板块的管控延伸，创新跨组织人才共享模式，形成了数字化、智慧型的特钢经营决策体系，提升了经营管控效率，年化经济效益约为 1.03 亿元。

（2）建立四位一体的风险控制体系。中信泰富特钢集团以法治建设为根本，以风险管理为导向、以合规管理为底线，以内部控制为基础，以法务管理为抓手，建立了多体系融合、全过程监控的“四位一体的风险控制体系”。

新冠疫情以来，宏观经济增速下滑，国际形势严峻复杂，钢铁行业供给保持高位运行，铁矿石等原材料成本持续大幅上涨的挑战下，通过四位一体风险控制体系协同联动，使集团风险防控效能最大化，实现了经营业绩稳步提升，圆满完成年度经营任务，成为集团抗风险、稳增长、健康发展的坚固磐石。

（3）建立大型特钢企业以精细利润链为核心的内部市场化经营机制。兴澄特种钢铁有限公司（以下简称“兴澄特钢”）以“精细利润链”为核心，经营会计系统为中枢神经，经营哲学系统为驱动系统，数据分析系统、经营业绩评价系统、经营改善系统为支柱，建立内部市场化经营机制。兴澄特钢通过内部市场化传导市场压力，使各分单元核算及时了解市场变化，调节经营管理策略，培养员工的经营竞争意识，实现了由原来的关注指标到关注利润的转变，由原来只关注生产任务到关注备件库存的转变，由数据含糊到一切指标数字化的转变。

（4）建立大型钢铁企业基于产销研财一体化的业财融合管理模式。为解决兴澄特钢效益增长乏力问题，提升产品市场竞争能力，企业基于作业成本管理，客观反映产品成本信息，结合应用标准成本法、目标成本法、量本利分析法，以信息化为载体，建立“产、销、研、财一体化”的业财融合管理模式。兴澄特钢以产品成本数据、盈利数据为纽带，推动了生产、销售、研发的密切协同，各项技经指标都得到了极大提升。

（5）构建基于大数据的特钢企业工艺定额成本管理平台。为强化大冶特殊钢有限公司（以下简称“大冶特钢”）成本管理，及时了解企业销售盈利状况，提升产品边际贡献及毛利，优化合同接单，大冶特钢自主开发了工艺定额成本管理信息系统。以先进的制造管理系统、成本管理系统为基础，构建特钢产品的工艺定额成本管理平台，建立产品合金配料、工艺路径分析优化等模型，实现产品从合金配料到工序成本计算的全过程工序成本提前预测，利用大数据技术实现对产品生产工艺优化，成本预测，实现承接销售订单前测算产品毛利（或边际贡献），加快销售接单速度，提高工艺调整效率，优化排产及生产安排，最终达到提升公司生产经营管控效率目的。

（6）构建生产物流智能管控平台。大冶特钢将数据采集系统、制造执行系统、门禁车辆识别系统、无人计量系统、车船定位系统、物联网与精益生产管理充分融合，构建了生产物流智能管控平台，实现了仓库周转率、装卸效率的有效提升，缩短了制造周期。大冶特钢将在制品和成品资源整合管理，按拉单式发运计划管理流程，综合发运能力提升20%；将自备火车80辆、内部短驳汽车30辆按移动库房、移动货架进行属性管理，节约码头理货仓库4000平方米；通过信息整合共享，在制品下线周期较项目实施前缩短1天，同比压降在制品库存8000吨/日。

（7）打造数智化设备预知维修管理模式。青岛特殊钢铁有限公司（以下简称“青岛特钢”）以设备运行的电气和机械状态参数在线监测为基础，将设备运行数据通过工业互联网、大数据、AI人工智能技术进行传输分析，搭建了完善的设备状态监测诊断体系，实现了设备全天候差异化、精准化状态评估、诊断和故障预警，避免了设备突发事故，实现了设备的预知维修管理模式。

（8）以全流程大数据分析为基础，构建特钢低成本冶炼新模型。青岛特钢炼钢厂投产初期受设备条件限制、合同计划量不足影响，未能按期实现达产达效。青岛特钢通过运用精益六西格玛管理工具，对全流程220个输入因子建立数据分析库，精准诊断价值链的关键“痛点”，构建全因子实验模型，找到适合特钢冶炼的最佳工艺组合，最终形成了符合青岛特钢特色的特钢低成本冶炼新模型。青岛特钢通过建立全流程大数据分析模型，各工序的过程控制能力显著加强，转炉终点碳、温度双命中率达到80%以上，连铸中包温度合格率较前期提高5%，单个中包寿命平均提高2炉、切头尾量缩短70%，连铸坯收得率提高0.41%，月合格铸坯产量增加1500余吨。

5.3.8.2 攀钢集团江油长城特殊钢有限公司：以两化融合“十四五”规划为抓手，推进智能化转型建设

2021年，攀钢集团江油长城特殊钢有限公司以两化融合“十四五”规划为抓手，大力推进公司两化融合管理体系的规范运行，监测和记录公司新型能力指标。全年完成冶炼MES系统、一贯制质量管理系统、智能仓储系统等信息化系统上线运行，生产制造执行系统覆盖率提升到85%，提升33%，管理信息系统覆盖率提升到100%，提升25%。完成能源集控、电渣冶炼集控、真空自耗炉冶炼集控等集控室建设，工作效率进一步提升。全年优化人力资源54人。

A 智能化转型建设情况

（1）同步上线冶炼 MES 系统和一贯制质量管理系统。冶炼 MES 系统的上线后，降低坯料流动资金周转天数 1.58 天，减少不良品及废品损失 6.71%，产品质量提高、交付及时率提高 5.2 元/吨，减员 11 人，全部达到初设目标。一贯制质量管理系统上线后实现质量自动判定和质量闭环管理，以质量数据为主线打通了各业务系统端到端的数据链，实现了质量数据集成。同时优化人力资源 4 人，管理信息系统全覆盖，全面实现项目目标。

（2）扁钢作业区 0 号、1 号操作室合并，初轧作业区初轧 3 号、4 号、5 号操作室整合及新增视频监视系统 2 个项目的建设并投运。对初轧 3 号、4 号、5 号控制室电气控制系统进行改造，进一步优化 3 号操作室工业监视系统。新增大剪剪口及前后辊道和推钢机监视系统，初步实现老旧产线操作室合并，进一步提升工作效率。

（3）攀长特能源集中控制系统（中坝生产区）建设并上线运行。完成对中坝生产区 22 个能源站所进行自动化升级改造及配套视频监控、网络建设，完善了中坝作业区各能源站所的自动化系统，减少（取消）现场机旁操作，提升能源集中控制能力。同时实现人力资源优化 33 人（A 类 22 人，B 类 4 人、连轧和新电渣 7 人），截至 12 月份，全面完成该项目初步设计目标。

（4）锻轧厂连轧产线 1～7 号轧机减速机状态在线监测与故障预测系统建设并上线试运行。利用应力波分析技术对关键设备关键部位的运行状况进行全生命周期的监测和诊断，对设备的健康状态进行持续的监测，做出最早及可靠的侦判，对潜在的故障发出预警，提醒设备维护人员及时采取恰当措施，避免非计划停机和安全事故，减少维修费用和备件成本，保障设备的可靠运行。该项目的实施为攀长特公司设备运行参数及状态在线监视打开了良好开端，将进一步推广实施。

（5）电渣集控中心和真空自耗集控中心建设。根据攀长特公司“十四五”规划，两化融合建设与技改项目同步实施，借助于电渣能力提升和真空冶炼能力提升两个技改项目，大力实施集控建设和设备自动化水平升级，进一步优化人力资源，提升工作效率，该项目为我公司在特种冶炼区域首次实现集中操作，同时也是同行业中（抚顺特钢、宝武特冶）的首次实施。

B 取得的实践成效

（1）极大提高生产流程的协同性，缩短待料时间，提高管理效率，降低生产成本。MES 系统将生产产品的原物料连同作业指令一起送达相应的加工单元，以指令开始一个工序或工步的操作，极大地提高了生产流程的协同性。利用成熟的信息技术，减少物料查找、倒垛时间，缩短待料时间，降低人工干预，减少现场纸质单据，实现全流程的顺畅管理，提高生产管理效率，加快作业节奏，降低生产成本。

（2）以现有设备为基础，大力推进两化融合项目建设，提高设备自动化水平，截至当前已完成冶炼 MES 系统项目、质量一贯制系统项目及能源集控系统项目、检化验系统项目的建设。扎实开展生产管理系统及配套系统升级建设、钛材江油分公司 MES 系统及熔炼集控项目提高公司设备自动化水平。

（3）配合集团推进数智化营销项目的建设，组织协调攀长特基地各业务部门在成都金贸进行集中测试，顺利完成测试及基础数据准备工作，为系统顺利上线提供保障。

（4）持续推进公司两化融合管理体系的规范运行，监测和记录公司新型能力指标，组织公司内审员进行两化融合管理体系标准知识的培训，组织公司开展两化融合体系的评估和诊断，并通过中国船级社体系监督审核，继续保持两化融合体系证书。

5.3.8.3 南京钢铁：基于数字化管理的智慧风控体系建设

南京钢铁集团有限公司（以下简称“南钢”）积极响应国家倡导的大数据审计要求，并结合自身数字化转型需求，充分利用大数据、AI等信息化手段，建设了智慧风控平台，打造了数字化风控体系，使风控工作更加敏捷、高效、精准，进一步提高管理效率。

南钢通过顶层设计、系统推进，并基于互联网、大数据与人工智能等关键技术，南钢构建了以合同为中心，以需求为驱动的，动态、协同、智能、可视、可预测、可持续发展的智慧风控管理体系。南钢提出的“数字风控”模式代表了当前企业风控管理和内部审计的前沿应用，能够更好地为企业高质量发展保驾护航。南钢通过构建数字风控，实现风险管理由事后转向事前与事中。南钢在内控流程梳理完善的基础上，建立重要试点业务活动的风险矩阵，通过及时采集各业务信息系统内的相关数据，运用大数据分析、云计算、数据挖掘等新技术、新方法，快速建立柔性风控模型，从而形成风险数据的敏捷监测分析、提供预警反馈、督促整改的数字化风控体系，打造一体化智慧风控模式。通过该模式实现对南钢经济运营活动的实时监测、动态预警、综合防卫的“三大功能”，促进南钢健康安全运行。

5.3.8.4 淮钢特钢：抢抓数字化、网络化、智能化发展

2021年，淮钢特钢紧扣高质量发展要求，顺应第四次工业革命发展趋势，抢抓数字化、网络化、智能化发展机遇，围绕环保、安全、设备、计划、质量、物流、能源、成本“八条主线”，聚焦实现产供销一体化、铁钢轧一体化、管控一体化的“三个一体化”目标和决策智能化、装备智能化的“两个智能化”目标，持续加大财力、人力、物力投入，积极推进产销管控一体化系统建设、铁前MES系统建设、焦化厂管控中心建设、烧结厂管控中心建设、超低排放管控平台建设、堆取料机智能化改造等项目的实施，总计投资2842.97万元，实现管理变革、质量变革、效率变革，提升企业核心竞争力。

数字化方面：在ERP、MES系统基础上推进产销管控一体化系统建设，将ERP、MES等系统数据进行无缝连接和信息共享，提高销售、生产业务的工作效率。产线管控一体化系统覆盖网络销售、销售综合管控和生产综合管控，将公司有限产能与销售订单、生产排产联动，从销售接单开始将销售、生产排产与执行聚焦于在保证订单兑现率的基础上将有限产能最大化，从而提高生产效率及订单准时交付率，同时对客户进行科学管理，挖掘客户需求，从而更好地为客户服务，提高淮钢的客户满意度。同时在钢轧MES系统基础上推进铁前MES系统及铁前数据采集系统的建设，实现铁钢轧生产全工序MES系统的覆盖及各工序物流、信息流的统一与畅通，为整个铁前生产线的生产管理、质量控制、物流精确掌控、资源优化配置提供坚实的信息平台，满足公司现代化生产组织、协调、管理的要求。

网络化方面：加强网络安全防护，推进网络升级及新技术应用。一是以炼钢厂为试点，推进工控网络安全防护工作，完成120台工控主机白名单网络安全防护工作，安全防护软件运行稳定，起到较好的安全防护作用，为生产稳定运行提供了安全保障。二是推进主干网升级改造，公司主干网络经过多年的建设、运行，已经逐渐成为支撑公司信息化发展的基础。随着信息系统的增加和系统规模的扩大以及高清视频应用的增多，网络主要节点的设备性能及链路带宽已无法满足业务系统高可靠性、高体验的需求，也无法有效支撑公司后续智能化应用和数字化转

型对网络高性能、高容量以及可扩展性要求，网络升级改造迫在眉睫。为尽快解决企业网络存在的问题，规避潜在风险，淮钢特钢邀请多家专业网络厂家来公司现场进行详细调研，明确公司网络现状及改造升级目标，共同商讨制定了详细的实施方案，推进网络改造项目实施，实现主干网络 40G 互联，重要节点实现万兆互联，从而使公司网络走上更宽的快车道。三是对 5G 网络试点应用进行推进，联系中国移动、联通、电信三大运行商进行交流，对淮钢特钢 5G 专网的搭建进行讨论，制定解决方案，以堆取料机远程操控为试点推进 5G 技术应用。

智能化方面：加快推进设备智能化改造、管控中心建设及新技术应用。通过烧结原料厂混匀矿料池 4 台堆取料机的远程操控改造，实现了混匀堆料机、混匀取料机的远程操控和自动堆料、取料等功能，改善了现场职工的工作环境，优化了人员配置，提升了堆取料作业配料的精准化、规范化水平，开启了烧结原料厂智能化的新征程。通过焦化厂、烧结厂管控中心建设，打破了原有焦化、烧结各类操作室多点分散控制的模式，优化了人员配置，实现了集约、高效管理的新模式。通过超低排放管控平台的建设及智能检测新技术的应用，实现全厂所有排放源附近监测、监控和治理设施运行情况数据以及空气质量监测微站监测数据的自动采集与记录，实现公司超低排放集中管控，为淮钢特钢绿色发展提供坚强保障。

今后几年，淮钢特钢将进一步抢抓“中国制造 2025”机遇，加快推进数字化料场、设备智能在线监测、智慧仓储物流系统升级改造、无人化及机器人推广应用等智改数转项目实施，努力探索走出钢铁企业高质量发展的新路子。

5.3.8.5 太钢积极构建“一总部多基地”矩阵式智慧管控模式

2021 年，太钢开展新一轮数智化转型规划，全面启动信息化整体升级改造（一期）项目与智慧化集控（1+6）项目，构建“一总部多基地”矩阵式智慧管控模式，整合各基地资源，形成统一采购、统一销售、统一研发、统一制造管控、统一财务、统一数据标准的具有不锈钢专业特色的“多制造基地管控模式”，实现智慧制造“四个一律”“三跨融合”同步推进。

有序开展智慧制造示范性项目。组织研究并形成了向上承接中国宝武新要求、新理念，向下适配太钢自身需求和特点的“一总部多基地”智慧制造管控模式。按照智慧制造行动方案，以“四个一律”“三跨融合”为重点，围绕矿石采掘、钢铁制造全流程组织开展了一批智慧制造示范性项目，包括太钢不锈“1+6”智慧化集控、岚县矿业公司“智慧矿山”等重点项目。加速构建集智能装备、智慧化集控、设备远程运维、智能工厂、智慧矿山、智能运营于一体的智慧制造体系。

落实系统覆盖工作。为夯实信息化基础管理，太钢制定了集团运营共享系统推进计划，积极推进集团运营共享系统覆盖重点工作任务，分阶段完成覆盖，主要完成了智慧工作平台、统一认证、外事服务、安全监督、内部审计、纪委监察、人力资源系统、标准财务、三重一大、不动产管理、能源环保、信息化项目等专项应用覆盖。

稳步推进信息化建设。在信息化规划指引下，组织制定了太钢信息化升级改造（一期）建设方案，以适应太钢钢铁主业+矿山+多元产业发展模式，主要包括：一体化销售、一体化集控制造管理、采购共享平台、成本核算系统、智慧质量、设备管理共享平台、矿业产销管控系统等 12 套经营管理系统。促进信息技术与企业经营管理深度融合，实现总部与基地之间在财务、销售、集控制造、成本核算、采购、设备、工程项目、能源管理、科技管理、质量管理等各方面专业协同、效益提升。

持续健全完善网络安全管理体系。修订下发《网络与信息安全管理办法》与《网络安全事件应急预案》，规范网络与信息安全管理，保障信息系统运行安全和业务顺行。按照《建党100周年网络安全保障工作方案》，完成重要时期隐患排查，开展网络安全“弱口令”问题专项整治工作，其中发现并完成整改管理员账号口令问题共计37项。通过网络攻防演习排查修复操作系统中危以上漏洞共计989个，软件系统中危以上漏洞共计29个。发现并完成整改问题81项，其中服务器问题4项，专线问题3项，内网终端问题74项。按照公司网络与信息安全管理办法管理要求，按月组织对互联网出口、出口流量、网站、内网及终端的安全态势进行监测与分析；共完成49家单位网络安全巡检工作，发现并完成整改185项网络安全隐患，其中处置感染病毒终端159台。按月组织各单位对业务系统运行过程中存在的问题研讨处理，完成系统优化改进共计216项。持续解决业务及系统运行过程中存在的问题；提升系统运维服务效率与质量，通过跟踪点检系统运行情况及时处置系统运行故障，提高系统运行效益。

5.4 绿色化发展进步

绿色发展是钢铁行业实现高质量发展的“底色”，节能降碳和环保治理协同推进是钢铁行业绿色发展的两大重要课题，特殊钢产业更不例外。当前，绿色低碳发展理念已经深入各个钢铁企业，甚至已经内化为中国钢铁企业和中国钢铁人的基本理念。

近年来，特殊钢企业积极贯彻绿色发展理念，通过技术创新、管理创新等多个手段，竭力促进企业环保治理以及低碳发展，取得了较大进步。

5.4.1 绿色化发展相关政策

(1) 国务院印发《关于加快建立健全绿色低碳循环发展经济体系的指导意见》。国务院于2月22日发布《关于加快建立健全绿色低碳循环发展经济体系的指导意见》(以下简称《意见》)，旨在全方位全过程推行绿色规划、绿色设计、绿色投资、绿色建设、绿色生产、绿色流通、绿色生活、绿色消费，确保实现碳达峰、碳中和目标，推动我国绿色发展迈上新台阶。

《意见》的主要目标是，到2025年，产业结构、能源结构、运输结构明显优化，绿色产业比重显著提升，基础设施绿色化水平不断提高，清洁生产水平持续提高，生产生活方式绿色转型成效显著，能源资源配置更加合理、利用效率大幅提高，主要污染物排放总量持续减少，碳排放强度明显降低，生态环境持续改善，市场导向的绿色技术创新体系更加完善，法律法规政策体系更加有效，绿色低碳循环发展的生产体系、流通体系、消费体系初步形成。到2035年，绿色发展内生动力显著增强，绿色产业规模迈上新台阶，重点行业、重点产品能源资源利用效率达到国际先进水平，广泛形成绿色生产生活方式，碳排放达峰后稳中有降，生态环境根本好转，美丽中国建设目标基本实现。

《意见》强调，为加快建立健全绿色低碳循环发展经济体系，要从以下几方面发力。

一是健全绿色低碳循环发展的生产体系。其一，推进工业绿色升级。加快实施钢铁、石化、化工、有色、建材、纺织、造纸、皮革等行业绿色化改造；依法在“双超双有高耗能”行业实施强制性清洁生产审核；加快实施排污许可制度。其二，加快农业绿色发展。鼓励发展生态种植、生态养殖，加强绿色食品、有机农产品认证和管理；发展林业循环经济。其三，提高服务业绿色发展水平。做好信息服务业数据中心、网络机房绿色建设和改造；倡导酒店、餐饮等行业不主动提供一次性用品。其四，壮大绿色环保产业。建设一批国家绿色产业示范基地；推行合同能源管理、合同节水管理、环境污染第三方治理等模式。其五，提升产业园区和产业集群循环化水平。推进既有产业园区和产业集群循环化改造；鼓励建设电、热、冷、气等多种能源协同互济的综合能源项目。其六，构建绿色供应链。鼓励企业开展绿色设计、选择绿色材料、实施绿色采购、打造绿色制造工艺、推行绿色包装、开展绿色运输、做好废弃产品回收处理，实现产品全周期的绿色环保。

二是健全绿色低碳循环发展的流通体系。其一，打造绿色物流。推进铁水、公铁、公水等多式联运，加快铁路专用线建设；加大推广绿色船舶示范应用力度，推进内河船型标准化。其二，加强再生资源回收利用。推进垃圾分类回收与再生资源回收“两网融合”，鼓励地方建立再生资源区域交易中心；加快构建废旧物资循环利用体系，提升资源产出率和回收利用率。其三，建立绿色贸易体系。从严控制高污染、高耗能产品出口；加强绿色标准国际合作。

三是健全绿色低碳循环发展的消费体系。其一，促进绿色产品消费。加大政府绿色采购力度，扩大绿色产品采购范围；推广绿色电力证书交易，引领全社会提升绿色电力消费。其二，倡导绿色低碳生活方式。因地制宜推进生活垃圾分类和减量化、资源化，开展宣传、培训和成效评估。

四是加快基础设施绿色升级。其一，推动能源体系绿色低碳转型。因地制宜发展水能、地热能、海洋能、氢能、生物质能、光热发电；严控新增煤电装机容量；开展二氧化碳捕集、利用和封存试验示范。其二，推进城镇环境基础设施建设升级。因地制宜布局污水资源化利用设施，基本消除城市黑臭水体；提升医疗废物应急处理能力；做好餐厨垃圾资源化利用和无害化处理；在沿海缺水城市推动大型海水淡化设施建设。其三，提升交通基础设施绿色发展水平。加强新能源汽车充换电、加氢等配套基础设施建设。其四，改善城乡人居环境。

五是构建市场导向的绿色技术创新体系。其一，鼓励绿色低碳技术研发。围绕节能环保、清洁生产、清洁能源等领域布局一批前瞻性、战略性、颠覆性科技攻关项目；培育建设一批绿色技术国家技术创新中心、国家科技资源共享服务平台等创新基地平台。其二，加速科技成果转化。充分发挥国家科技成果转化引导基金作用，强化创业投资等各类基金引导，支持绿色技术创新成果转化应用。

六是完善法律法规政策体系。包括强化法律支撑、健全绿色收费价格机制、加大财税扶持力度、大力发展绿色金融、完善绿色标准、绿色认证体系和统计监测制度、培育绿色交易市场机制。

(2) 工信部发布《“十四五”工业绿色发展规划》。2021 年 12 月 3 日，工信部对外发布了《“十四五”工业绿色发展规划》(以下简称《规划》)，明确了“十四五”期间我国工业绿色发展的总体思路，提出“十四五”期间工业绿色发展的主要目标、9 个方面的重点任务、8 个重大工程等。

《规划》指出，当前我国仍处于工业化、城镇化深入发展的历史阶段，传统行业所占比重依然较高，战略性新兴产业、高技术产业尚未成为经济增长的主导力量，能源结构偏煤、能源效率偏低的状况没有得到根本性改变，重点区域、重点行业污染问题没有得到根本解决，资源环境约束加剧，碳达峰、碳中和时间窗口偏紧，技术储备不足，推动工业绿色低碳转型任务艰巨。同时，绿色低碳发展是当今时代科技革命和产业变革的方向，绿色经济已成为全球产业竞争重点。

面对新形势，《规划》指出，要以习近平新时代中国特色社会主义思想为指导，全面贯彻党的十九大和十九届二中、三中、四中、五中、六中全会精神，深入贯彻习近平生态文明思想，立足新发展阶段，完整、准确、全面贯彻新发展理念，构建新发展格局，落实制造强国、网络强国战略，以推动高质量发展为主题，以供给侧结构性改革为主线，以碳达峰碳中和目标为引领，以减污降碳协同增效为总抓手，统筹发展与绿色低碳转型，深入实施绿色制造，加快产业结构优化升级，大力推进工业节能降碳，全面提高资源利用效率，积极推行清洁生产改造，提升绿色低碳技术、绿色产品、服务供给能力，构建工业绿色低碳转型与工业赋能绿色发展相互促进、深度融合的现代化产业格局，支撑碳达峰碳中和目标任务如期实现。

《规划》提出的主要目标是：到 2025 年，工业产业结构、生产方式绿色低碳转型取得显著成效，绿色低碳技术装备广泛应用，能源资源利用效率大幅提高，绿色制造水平全面提升，为 2030 年工业领域碳达峰奠定坚实基础。

碳排放强度持续下降。单位工业增加值二氧化碳排放降低 18%，钢铁、有色金属、建材等重点行业碳排放总量控制取得阶段性成果。

污染物排放强度显著下降。有害物质源头管控能力持续加强，清洁生产水平显著提高，重点行业主要污染物排放强度降低 10%。

能源效率稳步提升。规模以上工业单位增加值能耗降低 13.5%，粗钢、水泥、乙烯等重点工业产品单耗达到世界先进水平。

资源利用水平明显提高。重点行业资源产出率持续提升，大宗工业固废综合利用率达到 57%，主要再生资源回收利用量达到 4.8 亿吨。单位工业增加值用水量降低 16%。

绿色制造体系日趋完善。重点行业和重点区域绿色制造体系基本建成，完善工业绿色低碳标准体系，推广万种绿色产品，绿色环保产业产值达到 11 万亿元。布局建设一批标准、技术公共服务平台。

（3）工信部公示《2021 年度绿色制造名单》。12 月 10 日，工业和信息化部将拟入选的《2021 年度绿色制造名单》进行公示，其中包括“绿色工厂公示名单”“绿色设计产品公示名单”“绿色工业园区公示名单”“绿色供应链管理企业公示名单”四个部分。

在“绿色工厂公示名单”中，天津市新天钢冷轧板业有限公司、河北津西钢铁集团股份有限公司、唐山瑞丰钢铁（集团）有限公司、首钢长治钢铁有限公司、山东钢铁集团日照有限公司、广东韶钢松山股份有限公司、广西盛隆冶金有限公司、陕西汉中钢铁集团有限公司等 24 家钢铁相关企业入选。

“绿色设计产品公示名单”中，江苏沙钢集团、山钢集团日照公司的管线钢（2 种），山西太钢不锈的厨房厨具用不锈钢（1 种），北京首钢冷轧薄板的汽车用高冷轧高强度钢板及钢带（1 种），江阴兴澄特钢的压力容器用钢板（1 种），浙江金洲管道、济南迈科管道的低中压流体输送和结构用电焊钢管（2 种），敬业钢铁、江苏永钢、云南曲靖呈钢等公司的钢筋混凝土用热轧带肋钢筋（13 种），石横特钢的锚杆用热轧带肋钢筋（1 种），江苏永钢的非调质冷镦钢热轧盘条（1 种）；江苏永钢的预应力钢丝及钢绞线用热轧盘条（1 种）多项钢铁产品入选。

（4）2021 年 10 月 24 日中共中央国务院出台了《关于完整准确全面贯彻新发展理念做好碳达峰碳中和工作的意见》。它是我国碳达峰碳中和“1 + N”政策体系中的“1”，是党中央对碳达峰碳中和工作的系统擘画、总体部署。

（5）2021 年 10 月 26 日国务院印发

《2030 年前碳达峰行动方案》。它是我国碳达峰碳中和“1+N”政策体系中首个“N”。提出了 2025 年、2030 年的定量约束目标，非化石能源消费比重分别提升至 20%、25%左右；2025 年单位国内生产总值二氧化碳排放比 2020 年下降 18%，2030 年单位生产总值二氧化碳排放较 2005 年下降 65%以上。

5.4.2　节能降碳

山东省首个加氢母站在泰山钢铁建成并正式投产。5 月 23 日，山东泰山钢铁集团有限公司加氢母站正式在山东省济南市莱芜区建成投产，这也是山东省内首个加氢母站。该座加氢母站将泰山钢铁工业副产——焦炉煤气经过两级 PSA（变压吸附）纯化、加压后，直接向氢能车辆加注，或给长管拖车充装。自此，在山东省大规模推广应用氢能源大幕正式拉开。PZSS 环境友好型产品 ZP304EF 通过 RCS 认证。7 月份，浦项（张家港）不锈钢股份有限公司（PZSS）开发的环境友好型产品 ZP304EF 的认证工作取得较大进展，在已通过 Greenleaf 认证审核后，又正式通过 TE 组织颁发的 RCS（回收声明标准）认证，使 PZSS 成为国内首家通过 RCS 认证的不锈钢钢厂，标志着 PZSS 环境友好型产品获得国际认可。

沙钢东北特钢将烟气余热改造再利用。沙钢集团东北特钢公司第一轧钢厂开展的干燥箱改造项目取得较好实效。该项目利用盐浴炉燃烧产生的烟气余热作为干燥箱热源，取代了干燥箱原来的天然气加热，既实现了盐浴炉燃烧废气再利用，又有效降低了能源费用。经初步计算，该项改造每月可节省天然气费用 12.6 万元，可实现年降本 100 多万元。东北特钢第一轧钢厂积极立足自身实际，眼睛向内，开展创新攻关活动。该厂钢丝车间是东北特钢的高效益产线，生产的钢丝在酸洗、涂层后，按照生产工艺要求，须通过干燥箱充分干燥后方可进行拉拔。第一轧钢厂钢丝车间原有的 3 个干燥箱均通过燃烧天然气的方式进行加热干燥，占车间总能源月均费用的比例超过 16%。而与干燥箱一跨之距的盐浴炉，也是通过天然气加热的方式，燃烧产生的烟温能够达到 500℃。第一轧钢厂经过对管道距离、热量损耗等的反复测算、计算，他们最终确定：引入盐浴炉产生的高温烟气，能够满足干燥箱高温干燥 200～300℃、低温干燥 50～200℃的工艺要求。第一轧钢厂经过半个月的紧张施工，改造项目圆满完成。根据实际检测结果，利用盐浴炉高温烟气加热，干燥箱温度完全符合工艺要求。

围绕碳减排、碳捕捉、低氮排放，韶钢与松山湖材料实验室签约。广东韶钢松山股份有限公司（以下简称“韶钢”）与松山湖材料实验室举行战略合作签约仪式。中国科学院院士、松山湖材料实验室理事长王恩哥，中国工程院院士、国家重金属污染防治工程技术研究中心主任柴立元，广东韶关市委书记王瑞军，韶钢松山党委书记、董事长解旗出席签约仪式。为助力广东韶关尽快达成“碳达峰、碳中和先行示范区”整体目标，加快节能低碳新材料、新工艺、新技术和新产品的推广应用，实现钢铁产业节能减排升级和可持续发展，建设绿色生态型钢铁企业，双方计划开展长期的产学研用合作，利用松山湖材料实验室先进技术解决钢企实际生产问题，在碳减排、碳捕捉、低氮排放领域开展多种形式的合作，加快先进科研成果的转化与应用，提高企业创新水平，促进韶钢尽快实现碳达峰碳中和及环境保护目标。

济源钢铁投资 4.2 亿元用于节能降耗及环保改造。2021 年 3 月份，济源钢铁（集团）有限公司投资 2500 万元，在现有原料厂 10 万平方米原料大棚屋顶开工建设 11 兆瓦的光伏电站建设项目，设定的总装机容量为 11 兆瓦，年可发电 1000 万千瓦·时，每年减少二氧化碳排放量6000吨，6月底建成投运，成为济源钢铁使用绿色电能的典范。4月份，济源钢铁投资350万元，由上海瑞浜公司负责对球团主抽风机和2号炉除尘风机进行节能化改造，更换更加高效的风机和配套设施，节电率达到了35%，提高了能源利用效率。9月份，济源钢铁投资467万元，对第二炼钢厂的钢包烘烤器进行了智能化改造。济源钢铁采用煤气和空气双预热、自动化燃烧技术，更换了12套智能化钢包烘烤器，煤气节约15%，可实现年节能3300吨标准煤。济源钢铁经过一系列的节能减排改造后，吨钢综合能耗达到了565千克标准煤，吨钢二氧化碳排放1.94吨，在同行业处于比较先进的水平；2021年主要污染物排放量1708吨，同比下降11.18%，目前吨钢污染物排放量已达到国际先进水平。

天津钢管投资3000余万元进行余热利用改造。2021年，天津钢管制造有限公司积极推动一炼钢电炉烟气余热利用项目，对一炼钢150吨电弧炉实施余热回用系统进行节能改造。该项目采用汽化冷却技术回收高温烟气余热，替代部分燃气锅炉供热，新增建设汽化冷却烟道、燃烧沉降室、余热回用装置、蓄热器、汽水系统附属设施、配套电气仪控设施、烟气系统流程等余热回收系统。该项目投资三千余万元，设计年产蒸汽23.3万吨，于2021年2月份投产。2021年，天津钢管制造有限公司累计产汽19.36万吨，实现节能量1.9万吨标准煤，减少二氧化碳排放5.7万吨。

淮钢实施一系列节能降碳改造行动。2021年，江苏沙钢集团淮钢特钢股份有限公司电炉内排风机改造，使风机耗功由技改前的490千瓦下降至251.8千瓦，节电率高达51.39%；转炉饱和蒸汽拖动节能改造，年可节电1000万千瓦·时；烧结余热发电提效改造，年可多发电约2500万千瓦·时；二轧轧机液压站节能改造，节电率达40%以上；轧钢实施智能燃烧控制改造，将原有的手动控制改为智能自动控制，节约煤气约8%。

太钢首次参加全国碳排放交易。在全国碳市场首个履约年的碳排放配额履约清缴工作中，太钢不锈钢股份有限公司自备电厂完成自清缴后仍有配额盈余，以市场化交易方式助力武钢有限自备电厂完成履约清缴。

太钢绿色低碳技术研发取得良好开局。布局并启动二氧化碳与钢渣耦合减碳、新型低碳金属化炉料制备、高炉低碳原料结构优化、高炉降碳操作等低碳冶金技术研发；开展不锈钢全生命周期和不锈钢低成本生产工艺流程研究，推进二氧化碳回收利用、绿色酸洗和钢渣固废资源利用等新工艺新技术的应用，实现不锈钢绿色低碳制造。二氧化碳替代氩气用于炼钢实现工业化应用，并在国内首次实现转炉快速热更换炉底。盐酸酸洗工业化应用良好。实施固废综合利用，尾渣使用量达万吨。根据宝武“固废不出厂，出厂必产品”的原则，发布10项固废企业标准，制订1项行业标准。

方大特钢充分利用厂区余热余能资源进行节能减碳。方大特钢科技股份有限公司（以下简称“方大特钢”）充分利用厂区余热余能资源进行节能减碳，配置有高炉煤气余压发电机组、烧结余热发电机组、干熄焦余热发电机组、煤气发电机组，总装机容量达116兆瓦，充分发掘利用好钢铁生产制造过程中产生的余热余气进行发电。2021年5月7日，方大特钢完成1号汽轮发电机组改造，顺利并网发电，全年自发电总量达到8.62亿千瓦·时。方大特钢自发电比例达到57%以上，降低企业碳排放。方大特钢针对厂区低压饱和蒸汽进行综合利用，提升低压饱和蒸汽利用率，减少年外购电约1200万千瓦·时。同时，方大特钢进行了轧钢加热炉蓄热式燃烧改造、高炉炉顶均压煤气回收改造、节能电机水泵改造等一系列节能降碳改造项目，既降低企业生产成本，又降低了企业能耗量。

中信泰富特钢编制完成低碳路线图。2021 年，中信泰富特钢集团将“双碳”工作作为重点工作，纳入“十四五”发展规划，并联合冶金工业规划研究院编制完成了《中信泰富特钢低碳路线图》，同时集团成立了双碳领导小组和工作小组，按照统筹策划、协同联动、分步实施、分层负责原则，细化了各专业职能组责任分工，建立了沟通协调，报告及评价机制。为更好管控污染物排放，降低生产及运营的环境影响，中信泰富特钢集团积极推进超低排放改造。截至 2021 年底，中信泰富特钢集团旗下兴澄特钢、青岛特钢已基本完成全流程超低排放改造，大冶特钢也在加快推进超低排放改造。

宝钢股份发布降碳行动方案，力争 2023 年碳达峰、2035 年减碳 30%、2050 年碳中和。12 月 7 日，宝钢股份开展“双碳”（碳达峰、碳中和）目标及行动主题研修，梅山、东山、青山、宝山各基地发布降碳行动方案：2023 年，四基地总体实现碳达峰，2025 年形成减碳 30%工艺技术能力，2035 年力争减碳 30%，2050 年力争实现碳中和。还明确了降碳基本路径，即铁钢工艺流程变革；能源结构优化调整；加快低碳冶金新工艺研发，实施技术创新降碳；极致能效降碳。

八钢富氢碳循环高炉三期建设项目开工。12 月 18 日，全球钢铁冶金绿色低碳试验及应用项目即中国宝武八钢富氢碳循环高炉三期建设项目正式开工。八钢富氢碳循环高炉是中国宝武为推进“双碳”（碳达峰、碳中和）绿色低碳冶金战略行动方案落地落实而建立的，是面向全球、开放性的大型工业级创新试验平台，不仅对中国宝武实现碳中和有重要意义，同时也代表着全行业的技术发展方向，具有引领全球钢铁的导向作用。目前已圆满完成前两个阶段的工业试验，先后完成鼓风含氧量 50%超高富氧冶炼、全球首次高炉成功喷吹脱碳煤气、富氢冶炼技术创新工业化试验，实现减碳比例达到 15%等一系列技术攻关，在全球低碳冶金创新中率先取得重大技术突破。传统高炉工艺至少有 35%的碳是以煤气的形式排放的，这部分煤气对钢铁冶炼来说是没有利用上的碳资源，八钢富氢碳循环高炉要做的就是将以煤气形式排放的 35%的碳重新利用，最终实现传统高炉工序碳消耗达到理论上极值。

建龙集团首个分布式光伏发电项目并网成功。11 月 5 日，宁夏建龙 5.99 兆瓦分布式光伏发电项目并网成功并成功发出第一度“绿电”，这是建龙集团投产的首个分布式光伏发电项目。该公司 5.99 兆瓦分布式光伏发电项目充分利用公司厂区内闲置的空地建设的绿色能源项目，预计年均发电量为 800 万千瓦 · 时。该项目于 2021 年 10 月 24 日正式开工。后期，该公司将利用冷轧、钢管新建厂房屋顶继续建设 3×5.99 兆瓦光伏发电项目，全部建成后年发电量将达 3500 万千瓦 · 时以上，减排二氧化碳约 24400 吨。该项目是该公司紧紧围绕国家能耗双控以及碳达峰、碳减排的任务目标，积极落实建龙集团建设资源节约型、环境友好型企业的具体工作，也是该公司立足新发展阶段、贯彻新发展理念、融入新发展格局、发展可再生能源、推动绿色低碳转型的关键举措，对调整和优化能源结构、促进节能减排、改善生态环境具有重要意义。

中国宝武成立全球低碳冶金创新联盟。2021 年 11 月 18 日，由中国宝武倡议并联合全球钢铁业及生态圈伙伴单位共同发起的全球低碳冶金创新联盟成立。全球低碳冶金创新联盟由来自世界 15 个国家 62 家企业、高等院校、科研机构共同组建，国际联盟成员包括了安赛乐米塔尔、蒂森克虏伯、塔塔、必和必拓、力拓、淡水河谷、FMG 等国际著名企业以及德国亚琛大学、乌克兰冶金研究院、达涅利、普瑞特等科研院所和工程技术公司；国内联盟成员单位有鞍钢集团、河钢集团、首钢集团、沙钢集团等 20 家钢铁企业，中国钢研科技集团、江苏产业研究院等科研机构，上海交通大学、北京科技大学、东北大学、重庆大学、中南大学等 11 所大学以及来自钢铁上下游产业的合作伙伴。联盟定位于打造低碳冶金创新领域的技术交流平台，目的是为了聚集全球钢铁业及上下游企业、大学及研究机构的研发资源，合作开展基础性、前瞻性低碳冶金技术开发；促进技术合作、技术交流、技术转化以及低碳技术的工程化和产业化，形成钢铁低碳价值创新链，推动钢铁工业的低碳转型。联盟成员将遵循开放原则、愿景认同原则、知识产权保护原则，积极应对气候变化，共同为钢铁工业的未来，乃至造福人类做出贡献。

酒钢成立“双碳”工作机构。2021 年 5 月 18 日，酒钢集团为实现“双碳”目标成立了碳达峰、碳中和工作机构，全面负责碳管理工作。酒钢集团碳达峰、碳中和机构分为工作领导小组和工作小组，领导小组由酒钢集团公司党委书记、董事长和总经理担任组长。领导小组下设办公室，办公室成立工作专班，定员 2 人。工作小组由酒钢集团多个部门组成，共分为规划工作小组、能耗双控工作小组、机构制度建设小组、工程建设小组、碳资产管理小组、碳交易管理小组、技术攻关小组等 10 个专业小组。另外，酒钢集团还为碳达峰、碳中和工作机构规定了工作责任和工作机构。

鞍钢股份鲅鱼圈分公司吨钢耗新水指标“破二进一”。鞍钢股份鲅鱼圈分公司紧跟创 A 级企业目标，稳步推进超低排放各项措施，2021 年 1～9 月份吨钢耗新水达 1.99 吨，同比下降 0.01 吨，比年计划下降 0.11 吨，创该分公司建厂以来同期历史新低。2021 年开始，该分公司能源动力部按照国家超低排放要求，优化废水系统平衡管理，努力增加回用水使用量，稳步推进吨钢耗新水指标的不断优化。炼钢浊环系统使用回用水 60 吨/小时，每天节水 1500 吨；CCPP 循环泵站补充回用水，每天节水 950 吨；净环泵站多余水补干熄焦循环泵站，每天节水 500 吨；新干熄焦除盐水站浓盐水补充干熄焦循环泵站，每天节水 500 吨；EP 水补入焖渣，每天节约环保用水 1000 吨；原料场部分风机冷却用水和喷洒用水采用回用水，每天节水 600～1000 吨。

《鞍钢集团碳达峰碳中和宣言》正式发布。2021 年 5 月 27 日，鞍钢集团发布了《鞍钢集团碳达峰碳中和宣言》。宣言提出，2021 年底发布低碳冶金路线图；2025 年前实现碳排放总量达峰；2030 年实现前沿低碳冶金技术产业化突破，深度降碳工艺大规模推广应用，力争 2035 年碳排放总量较峰值降低 30%；持续发展低碳冶金技术，成为我国钢铁行业首批实现碳中和的大型钢铁企业。鞍钢集团碳达峰、碳中和的实现路径：一是推进兼并重组，淘汰落后产能，优化产业布局及工艺流程，节能减排、减污降碳。二是致力产品全生命周期理念，推动绿色生产、低碳生活，制造更优材料，降低社会资源消耗。三是坚持科技创新引领，加快研发应用低碳冶金技术和碳捕获、利用与封存前沿技术。四是布局新能源产业，调整能源结构，提高氢能、太阳能、风能等绿色能源应用比例，降低化石能源消耗。五是发挥鞍钢先进采选工艺技术优势，提高铁矿、钒钛铬等资源综合利用效率，实施绿色开采；充分利用矿山土地资源，发展绿色能源；加大复垦力度，修复生态环境，增加森林碳汇。

南钢成为负能炼钢的行业“领跑者”。2021 年以来，南钢积极响应国家号召，降低铁水比生产，提倡低碳高质量发展，转炉工序能耗为-30.99 千克标准煤/吨，其中 3

月份工序能耗为-32.8 千克标准煤/吨，4 月份工序能耗为-32.28 千克标准煤/吨，继续保持领跑优势。

衡量钢铁企业负能炼钢水平的要素：一是氧、氮、氩、水、电等用能消耗低；二是转炉煤气回收、蒸汽回收产能指标高。为此，该公司从多方面开展工作：

管理方面，该公司制订各工序的经济运行作业指导书，让岗位员工按能源工作标准操作，增强每位员工的节能意识，鼓励员工提出节能降耗合理化建议，对有价值的建议给予奖励，并组织整改。与此同时，该公司根据工序特点、生产工艺要求，对重点能耗指标成立节能降耗攻关小组，集思广益、联合联动开展攻关工作。

技术方面，该公司完善转炉吹炼工艺制度，细化设备维护制度，加强上下岗位之间的信息沟通，做好吹炼过程控制；通过推行氧同步操作法，优化控制模式，确保煤气回收三通阀等设备安全可靠，杜绝氧超标；确保转炉煤气回收（标准状态）一直保持在 110 立方米/吨以上，持续在高位运行。

蒸汽方面，汽化系统的稳定运行是影响蒸汽回收量至关重要的因素。前几年，由于水质问题，汽化系统管道结垢，极易发生爆管故障，这不仅影响蒸汽回收，而且涉及安全问题。为此，该公司 2020 年投资 330 万元在 1 号、2 号转炉汽化系统增加反渗透膜水质处理工艺；同年 7 月份，1 号、2 号转炉反渗透膜系统投入运行后，将水质由软水提高到除盐水标准，且可大大降低排污量，使产汽量提高 8 千克/吨。

转炉炼钢方面，氧气消耗是主要能源消耗，平均消耗 44 立方米/吨左右。为此，该公司 2021 年通过改造转炉氧枪枪头，采用大流量供氧，供氧强度提高至 3.6 立方米/(分钟·吨)（标准状态），供氧时间缩短至 14 分钟，供氧量（标准状态）可减少 200~300 立方米/炉；采用低铁水比冶炼，铁水单耗由 910 千克/吨降低至 820 千克/吨，通过减少铁水入炉量来降低氧气消耗量，平均每炉可减少 200 立方米/炉（标准状态）；适当缩减低碳或超低磷钢比例，从而提高产能和降低氧气消耗量；稳定转炉终点一倒命中率 90%以上的控制水平，减少补吹炉次导致的氧气消耗增加。

炼钢工艺方面，减少热量损耗是钢铁企业节能降耗的重要工作。钢包全程加盖系统是钢包在转炉—LF—RH—连铸的全程运输、浇铸钢水过程，通过加盖系统实现全加盖，减少钢水热损失的新工艺设备。该公司使用全程钢包自动加盖系统后，降低出钢温度 6~15℃，2021 年各工序成本和能耗均得到下降。

南钢对绿色化发展投资巨大。2021 年，该公司将加大环保整治、改造力度，投资 8600 万元对 1 号、2 号 150 吨转炉由湿法除尘改为干法除尘，确保粉尘外排浓度（标准状态）由 30 毫克/立方米降到 15 毫克/立方米以下，该项目要求 2021 年底完成；投资 1.55 亿元新建一套钢渣有压热焖项目，其整个过程基本都是在密闭体系下进行，较现有钢渣处理技术相比，其洁净化程度更高、更加环保；投资 2500 万元在 150 吨转炉除尘系统增加三次除尘器，降低无组织排放；投资 4300 万元新建连铸大包台、火焰切割、浇余位除尘项目，收集、处理连铸生产过程中的烟尘。2021 年，该公司环保投资总额达 3.09 亿元。

新天钢上半年碳排放强度同比下降 6.91%。新天钢上半年累计投入 40 亿元，实施 200 余个环保项目，实现碳排放强度同比下降 6.91%。德龙、新天钢集团共同提出了“低碳发展，高效节能，打造行业内低碳冶炼标杆”的发展理念，并制订了“2021 年发布低碳冶金路线图，2022 年起吨钢碳排放量逐年降低，早于行业内企业一年完成碳达峰，2050 年力争实现碳中和”的发展目标。

为此，2021 年德龙、新天钢提出了一系列可行措施：一是持续改善企业内部节能环境，强化冶金全过程节能管理；二是基于钢铁行业核算指南要求，分阶段、分层次厘清集团重点排放源及排放部门；三是加速布局氢还原技术、CCUS（碳捕集及封存利用）技术，推进能源利用结构逐步走向清洁低碳化；四是瞄准新一代清洁高效可循环生产工艺、节能减碳及二氧化碳循环利用技术、化石能源清洁转化与利用技术等，加大科技研发力度；五是树立全体员工主动“降碳增效”意识。在 2020 年减排 1700 吨二氧化碳的基础上，新天钢每年将减少 10%以上的二氧化碳排放量，力争打造成为全国钢铁行业绿色低碳标杆企业。今年初以来，新天钢将氢冶金确定为技改方向后，围绕氢冶金技术与全国各大科研院所、高校加速对接、开展攻关。新天钢还成立了工业互联网运行中心，用大数据打通生产各流程，实现流程再造、提效减碳。新天钢低碳发展的理念还得到了众多国际知名企业的认同，如世界知名绿色建材制造商可耐福今年将新天钢纳入全球采购商名单。

5.4.3 环保治理

方大特钢工业旅游景区获批 3A 级旅游景区。1 月 5 日，南昌市文化广电新闻出版旅游局批准方大特钢科技股份有限公司（以下简称“方大特钢”）工业旅游景区为国家 3A 级旅游景区。2021 年 10 月份，方大特钢工业旅游景区荣获全国冶金绿化先进单位。

新天钢联合特钢工业旅游区获批 3A 级旅游景区。2021 年 12 月份，天津市新天钢联合特钢有限公司（以下简称“新天钢联合特钢”）工业旅游区获批国家 3A 级旅游景区，成为 2021～2025 年第一批全国科普教育基地。新天钢联合特钢景区围绕钢铁是怎样炼成的这一核心主题，按照生产工艺流程重点打造了烧结、炼铁、炼钢、轧钢活态工业生产参观区；穿插烧结工业印象主题园、工业热土幸福园等代表性休闲体验区。为更好地传承钢铁文化及天津文化，打造了企业文化展厅、钢铁手工艺品展示区、艺术家版画参观通廊、天津非遗作品展、沿途特色钢铁艺术雕塑等，丰富拓展游客的钢铁文化知识。

河南济源钢铁（集团）有限公司 2021 年投入 3.35 亿元进行环保治理。投资约 1.3 亿元对风炉、轧钢加热炉烟气、石灰回转窑实施末端深度治理项目，建设了 9 套钙基固定床脱硫项目、2 套高炉冲渣水模块化高效脱硫项目、2 套 SDS 脱硫项目，该项目的实施共减排二氧化硫约 400 吨/年。投资 1.2 亿元建设第四代有压热焖处理生产线，投用后减少了钢渣处理生产线的无组织排放，固废综合利用率达到 100%，属于行业领先水平。投资 8500 万元建设地表水处理项目，减少地下新水消耗 750 万吨/年。

天津钢管通过天津市钢协超低排放改造评估公示。天津钢管制造有限公司持续加大投入，陆续实施了超低排放有组织排放改造、无组织排放深度治理、清洁运输改造等超低排放改造项目，高质量持续稳步提高公司超低排放改造水平。2021 年 11 月份，天津钢管超低排放改造治理工程全部完成。12 月 28 日，天津钢管通过天津市钢协超低排放评估公示。

江苏沙钢集团淮钢特钢股份有限公司投资超千万元的超低排放数字化管控平台顺利投运。该平台可记录全厂所有排放源附近监测、监控和治理设施运行情况以及空气质量监测微站监测数据，通过三维航拍地图、大屏、PC 端、APP 移动端进行展示，对过程数据进行实时管控，满足环保排放要求，实现超低排放集中管控。为进一步实现低碳环保目标，淮钢还将目光转向光伏发电技术，目前已在部分厂房屋顶实施了光伏项目，下一步将实现所有具备条件的屋顶光伏项目全覆盖。特别值得一提的是，在各类项目、技术支撑下，2021 年，淮钢自发电比例达到 62%以上。

东北特钢东特股份公司多措并举促进环保治理。一是新建了水渣微粉生产线、钢渣棒磨生产线、除尘灰压球生产线，同时在管理方面通过制定固体废物消化指标和加大奖惩力度促进固体废物在公司内的综合利用和外部销售。实现厂内大块钢渣堆场的清空和场地平整，酸洗泥库房的全部清空，混合除尘灰堆场的清空和场地平整，大幅度减少固废贮存占用土地资源、扬尘污染和土壤污染等问题。经过持续推进，固体废物的综合利用程序已经成型，产销已经趋于平衡。二是实施“煤改气”关停高污染设施。使用清洁能源代替煤炭，关停了 3 台燃煤锅炉和 10 台煤气发生炉，同时新建了 2 台燃气锅炉。通过“煤改气”污染物减排效果显著，关停燃煤锅炉和煤气发生炉后每年减排二氧化硫 1360 吨/年、氮氧化物 220 吨/年。

抚顺特钢实现了全厂能源的清洁低碳。2021 年，东北特钢集团抚顺特钢投资近 2750 万元对炼钢车间冶炼设备蒸汽抽真空冶炼方式改造为机械式抽真空，并在 2021 年底对现有的两台燃煤锅炉进行了彻底停用，实现了全厂能源的清洁低碳。针对目前现有的 34 套大气环保设施，抚顺特钢全部划入 A 类重点设备进行管控和维护保养，确保污染物排放达标。

首钢长钢炼钢厂推进环保超低排放改造工程。2021 年 8 月，首钢长钢公司炼钢厂大力实施“绿色行动”计划，该厂结合现有工艺设备，秉持环保优先的理念，配备 28 套环保除尘设施，转炉一次新 OG 湿法除尘 3 套，热焖渣湿法除尘 1 套，转炉南北二次除尘、转炉三次除尘、混铁炉除尘、散装料除尘、高位料仓除尘、连铸南北火焰切割除尘等布袋除尘器 15 套，高效雾炮 10 台，实现了炼钢工序全生产流程高效治理。该厂紧紧围绕超低排放治理理念，高度重视环保治理工作，持续加大环保投入。2017 年至今，该厂先后实施了转炉南二次除尘项目、转炉北二次除尘和混铁炉除尘提标改造、含油废水处理项目、转炉三次除尘项目、钢渣跨厂房封闭项目等 13 项环保改造项目，烟气排放由原先的 50 毫克/立方米降低为 10 毫克/立方米，钢渣产品实现零外排，拉运车辆实现清洁运输，除尘灰装运二次扬尘得到根本治理，热修包烟尘实现源头治理，超低排放治理取得显著成效。

河钢舞钢实业公司固体废物综合利用取得新突破。2021 年 6 月，河钢舞钢实业公司累计处理钢渣 3 万余吨，回收供应含铁物资超万吨，含铁物资回收量较钢渣棒磨项目投产前翻了一番，成功实现“河钢舞钢公司含铁物资充分回收利用”的目标；处理除尘灰 14000 余吨，供应全铁品位在 55%以上的高铁料 11560 吨，达到历史较高水平；外销尾渣 2. 9 万吨，金属铁含量稳定在 1. 6%以下，远低于 2%的行业标准，处于国内领先水平。该公司固体废物处理呈现出“含铁物资供应量、外销固废含铁量一升一降”“固废处理快进快出”的新格局，为河钢舞钢增收创效、节能降耗和减轻环保压力作出了积极贡献。该公司利用现有的回转窑和新建的钢渣棒磨生产线，对除尘灰、钢渣等固体废物中的含铁物资进行回收利用。该公司以每月处理钢渣 4 万吨为参照并刨除分选废钢供应量，仅棒磨生产线的含铁物资产出率就可保持在 15%～18%，处于行业先进水平。通过对钢渣中含铁物资的高质量回收利用，河钢舞钢一方面降低了生产成本，另一方面也相应降低了能源消耗，达到了节能环保的目的。在回转窑的生产组织上，该公司紧贴生产实际，不断优化能源配比，确保高铁料品质稳定，成为供应炼铁生产的重要杂料。

凤宝特钢集团一绿色循环经济项目投产。2021 年 6 月 9 日，林州兰科型砂再生科技有限公司 1 号焙烧炉点火烘炉，标志着凤宝特钢集团又一绿色循环经济项目建成投产。该项目年可处理 20 万吨铸造废砂，年产 12 万吨铸造再生砂和 6 万吨铸造覆膜砂，投产后可实现利税约 2200 万元/年。该项目是凤宝重科和广西兰科资源再生公司合资建设，充分利用热湿法再生循环技术，对林州市铸造废砂以及周边地区铸造企业废砂进行固废再生循环利用，每年可减少 20 万吨铸造废砂的排放，节约 30 万吨资源开采量，同时可以解决 100 多人的就业问题。

5.4.4 特殊钢企业绿色化发展典型案例

5.4.4.1 南钢制定了“碳十条”

2021 年 9 月南钢全面梳理了钢铁行业应对气候变化技术清单，并结合钢铁行业发展阶段及发展特点，提出“十四五”将系统推进氢能冶金和碳捕集利用等低碳技术的研究和应用，通过管理减碳、结构减碳、市场减碳、技术减碳等实施“碳十条”。

一是提升系统能效，减少能源消耗。持续跟踪、推广应用高效能源节约技术、资源综合利用技术、新能源开发利用技术，以科技进步促进能效水平及减碳能力全面提高。强化精细管理，提高能源利用效率、环保精细化管理水平，重点工序将实施一系列的节能降碳举措。

二是绿色能源建设与使用。积极推动可再生能源利用，通过外购绿电，建设光伏发电机组，建设储能系统、风力发电项目，促进绿色能源应用迈上新台阶。推进二次能源的开发及应用，开展氢能重卡、氢能切割等研究与应用项目。

三是提升物流绿色化水平。协同推进厂外物流和厂内物流的绿色化、低碳化。进行清洁物流的低碳改造，引入电动汽车、新能源卡车和天然气汽车取代厂内燃油汽车，用电动机车全面替代内燃机车，实现清洁运输。

四是布局废钢等资源，实现结构减碳。推进“1+*N*”即厂内废钢加工基地+周边多个废钢资源点基地的建设，为提高废钢应用比例夯实原料基础，也为长流程改短流程工艺转型进行原料储备。加强废钢生产工艺研究，通过提升废钢应用比例，降低铁钢比。建设带式球团项目、外购溶剂石灰石以及用生石灰替代石灰石等，助力结构减碳。

五是加大高性能化绿色钢材的研发和推广力度。首先，加强高强钢和低密度钢等高端钢材的研发及应用。南钢将在现有基础上将高性能钢材的占比进一步提高到 70%以上。其次，推动绿色钢铁产品的市场布局。加快使用和推广超高强度钢板、免涂装耐候桥梁钢、清洁能源用钢等产品；采用短流程 TMCP（控轧控冷技术）工艺替代或简化热处理工艺生产，降低钢材生产过程中的能源消耗；用不锈钢覆层+钢板基材的复合板代替纯复合板，有效降低材料的用量，实现减量化。提高钢材的一次成材率等助力实现钢铁全生命周期内的减碳。

六是拓展市场减碳途径。投资建设光伏发电或风电项目，以减少净购入使用的电力的排放量；通过试点示范开发林业碳汇，适时与政府协同沟通，探讨长江沿线绿化、钢铁企业内部的应用等问题，继续在钢厂周边进行绿树种植，为实现碳中和做好铺垫。

七是开展突破性低碳技术研究。一方面，南钢将强化行业内较成熟低碳技术的应用；另一方面，将开展直接还原炼铁、氢能炼铁、CCUS（碳捕获、利用与封存）等创新低碳技术的研究，持续推动高炉炼铁新工艺的进化和商业化，为低排放循环经济带来附加值。

八是把握绿色投资机会。金融业加速绿

色化升级，具有信贷倾斜和碳金融等多个落脚点，绿色金融未来会为中国绿色科技企业提供多元化的融资渠道。南钢将利用自身绿色工厂的属性及众多节能减排的措施，积极利用绿色金融产品，如申请绿色贷款、发行绿色债券等；加强碳资产管理，积极参与碳交易；加大低碳绿色投资力度，壮大绿色产业发展规模。

九是成立低碳产业研究院，整合对接全球资源。统筹各业务单元专业研究力量，以此为内核向外对接行业高校、智库、商会、协会、专家团队等智库资源，成立低碳产业研究院。建立健全低碳发展体制机制，重点开展低碳清洁技术的研究与开发，实现企业碳资产的全方位管理。

十是倡导全员低碳生产和生活。南钢非常重视且一直在努力增强全员的低碳和减排意识，倡导绿色出行和绿色生活，通过全员参与的减碳行动助力企业减排和社会减排；在内部同时倡导绿色办公和绿色生产，比如建设智慧楼宇，推行无纸化、数字化办公，大量扩建绿地等。南钢还将与供应链上的负排放企业开展协同降碳，提供多元化的碳汇资源。

5.4.4.2 南京钢铁：基于绿色低碳发展的智慧能源体系建设

南京钢铁集团有限公司（以下简称“南钢”）根据国家及行业新形势、新任务要求，坚持绿色低碳发展的总目标，利用“物联网”“大数据”“云计算”等新一代信息化技术，进行基于绿色制造的智慧能源管理体系的构建。

在构建基于绿色制造的智慧能源管理体系中，南钢一是明确目标思路，做好总体设计，其中包括提出战略目标，实现管理变革，确立工作思路，稳步快速推进，明确总体设计内容，塑造核心竞争力；二是建立组织架构和制度流程，保障规范运行，其中包括成立领导小组，优化组织结构，规范制度流程，开展全方位监管；三是结合钢铁企业自身特点，构建功能完备能源管理系统，其中包括规划先进的能源系统（SCADA），实现采集数据全覆盖，建立能源输配及平衡控制应用系统，实现调度自动化，与 ERP 系统无缝集成，实现能源成本日清日结；四是建立能源管理大数据中心，实现能源管理的精准化运行，其中包括建立能源介质数据采集平台，实现数据采集准确、及时，建立综合监控管理平台，实现生产、设备参数在线监控，建立重点能源设备管理平台，实现主要耗能设备实时管理，建立能源介质优化平衡调度系统，实现能源调度智能化，建立能源计划管理平台，实现能源消耗按计划使用，建立能源计量管理平台，实现计量表计自动诊断，建立能源实际消耗管理平台，实现能源消耗数据在线管控；五是能源管理数据整合应用，实现能源数据共享，其中包括建立绿色云计算中心，实现系统资源优化，建立数据仓库及数据分析系统，实现大数据共享，建立能源管理移动应用平台，实现重点能源数据移动推送，建立能源管控一体化协同支撑，实现能源消耗、生产、成本一体化管控，建立 MRV 管理中心，实现碳排放数据自动监控；六是建立完善的运行维护体系，提升能源管理系统效能。最终，南钢践行绿色、循环、低碳发展理念，将绿色低碳发展作为推动企业高质量发展的重要引擎。南钢通过该项目的实施，不仅提升了企业的管理水平，同时节能减排和绿色环保效益明显。

5.4.4.3 攀钢集团江油长城特殊钢有限公司节能降耗显著

攀钢集团江油长城特殊钢有限公司大力引进先进节能设备，以改变现有状况，2021 年努力推动能源技术革新、全面提升能源科技和装备水平，引进新技术、新材料对落后工业炉等高耗能设备进行改造，大幅降低能耗，降低产品成本，增加产品竞争力。通过采取新型的市场化节能机制——合同能源管理模式（EMC），将公司老旧设备进行改造升级，提高公司的能源利用效率，降低公司的运行成本。同时通过了解挖掘公司需要改造的设备，开展公司重点节能改造项目，对公司重点耗能设备进行节能改造，实现公司能耗降低，减少能源成本。具体做法及成效如下：

（1）合同能源管理项目方面。2021 年公司按照 EMC 模式实施的节能项目，一是连轧步进式加热炉黑体技术节能改造项目。2021 年 4 月对其节能率进行了第二次测试，并认可节能率为 5.74%。2021 年节约天然气 60.3934 万立方米（标准状态），节约能源费用 42.05 万元，节能改造可形成的年节能量（当量值）为 733.18 吨标准煤，减少碳排放量为 1305.82 吨 CO_2。二是公司水泵电机节能改造项目。项目于 2021 年 9 月 28 日通过了工程验收，并对该项目水泵进行了第一次节能测试。经过测试，各专业厂的 13 台改造水泵参数、节电率均满足技术协议要求，改造前平均单耗为 0.2417 千瓦·时/立方米，改造后平均单耗为 0.1637 千瓦·时/立方米。单台水泵节电率≥19.6%，13 台水泵综合节电率达 31.2%。2021 年四季度节约电量 77.4145 万千瓦·时，节约能源费用 10.5 万元。此项目年节电量可达 309.6582 万千瓦·时，我公司可实现年节约能源费用 41.99 万元，节能改造可形成的年节能量（当量值）为 380.57 吨标准煤，减少碳排放量为 1627.87 吨 CO_2。

（2）重点节能项目方面。为尽快改变公司用能设备落后现状，经考察和评估，精心选择出建设周期短、资金回收期短、见效快、节能及减排效果明显的改造项目以及装备技术明显落后（或属国家明文淘汰）的用能设备急需升级改造的项目共 15 项。2021 年完成的节能项目有 7 项，其中锻轧厂中坝作业区 2 号台车式加热炉蓄热式大修改造项目，改造后吨钢天然气能耗（标准状态）为 49.42 立方米，节能率达 55.74%，且吨钢天然气能耗（标准状态）下降了 62.24 立方米。锻轧厂中坝作业区 3 号台车式加热炉蓄热式大修改造项目，改造后吨钢天然气能耗（标准状态）为 54.12 立方米，节能率达 51.53%，且吨钢天然气能耗（标准状态）下降了 57.54 立方米，节能改造可形成的年节能量（当量值）为 663.609 吨标准煤，减少碳排放量为 1181.92 吨 CO_2。

（3）能源管理方面。2021 年公司抓住重点耗能点位，以锻轧厂和轧钢厂为重点单位，督促加强工业炉窑管理，监督各生产单位加强生产组织管理，杜绝不合理用能，合理关停用能设备，坚持要求错峰顺序烧钢和出钢，努力提高热装率和满装率，及时调整不合理加热工艺，杜绝跑冒滴漏现象，坚持每周不定期对各用能点进行督察，将能源督察情况进行通报，及时进行整改，经过长期坚持不懈的工作，以达到预期节能效果。对能源计量管理系统进行完善，建立能耗异常情况预警机制；加强对能源数据的统计分析，每月形成能源报表，加强能源成本管理。加强日常监督检查，加大考核力度，发现问题及时指出并督促按期整改；加强用能设备运行监督与管理，强化考核机制，若发现因人为因素造成设备损坏或违规操作，严格按公司绩效考核办法进行考核。

5.4.4.4 杭钢股份宁波钢铁有限公司国家 AAA 级旅游景区项目开工

12 月 2 日，杭钢股份宁波钢铁举行国家 AAA 级旅游景区项目开工仪式。宁钢党委副书记、总经理瞿涛，浙江省工业设计院党委书记、董事长丁文湘等领导，以及宁钢相关厂部负责人、项目相关单位代表参加开工仪式。宁钢党委副书记、工会主席陈建国主持开工仪式。

瞿涛在致辞中表示，近年来，宁钢先后策划实施了两轮“环境提升三年行动计划”，共实施环保项目 66 个，总投资金额达 20 亿元。通过不懈努力，现在厂区环境得到明显改善，主要污染物排放强度明显下降，生产废水等实现净零排放。在取得成绩的同时，也要清醒地认识到，厂区环境、部分设备设施与企业高质量发展、创建绿色工厂以及广大员工对改善工作生活环境的诉求还存在差距。为此，宁钢策划推出旅游景区建设项目，通过打造 AAA 级旅游景区，全面提升厂区环境治理水平。

丁文湘在代表总承包单位发言时表示，宁钢国家 AAA 级旅游景区项目将成为浙江省宁波市北仑区乃至该市一道亮丽的风景线。作为该项目承包单位，他们精心施工，确保项目安全、高效、高质量完成。据悉，该项目计划投入 1.37 亿元，建成后将全面提升宁钢整体形象，游客可近距离观看现代钢铁生产工艺流程，感受新时代“钢铁智造”的魅力。

5.4.4.5 河钢集团低碳绿色发展实践

河钢集团有限公司（以下简称“河钢”）秉持“人、钢铁、环境和谐共生”理念，以“为人类文明制造绿色钢铁”为己任，率先实施“六位一体”绿色发展行动计划，累计投入 203 亿元，在绿色发展方面取得了丰硕成果。同时，河钢高度关注未来低碳经济发展趋势，积极探索低碳技术及发展路径，为钢铁行业低碳绿色发展贡献“河钢力量”。

A 绿色技术创新

（1）烟气污染物超低排放。“十三五”期间，河钢联合中科院过程所等科研院校，依托国家重点研发项目，研发了钢铁行业多工序多污染物超低排放控制技术，形成覆盖钢铁行业全流程、全过程的超低排放控制技术体系，主要能源环保指标均居行业领先水平。该技术获 2019 年环境保护科学技术奖一等奖及 2020 年国家科技进步奖二等奖。

（2）能源梯级循环利用。河钢实施和推广一系列全流程节能新技术，加强能源梯级循环利用效率，最大程度减少工艺过程中的能源浪费，取得良好效果。2020 年仅余热余能余压自发电总量就达 100 亿千瓦·时，核心企业自发电比例超过 65%。新建的唐钢新区构建了全流程能源转换体系，自发电比例将达到 90%。

（3）水资源实现高效利用。目前河钢水重复利用率超过 98.5%，吨钢耗新水 2.29 立方米，居行业先进水平。河钢唐钢将城市中水作为唯一补充水源，工艺废水实现零排放，每年可节约深井水和地表水约 2450 万立方米。

（4）钢铁副产物资源综合利用。河钢各子公司实现除尘灰、轧钢铁皮、钢渣水渣等的全回收和再利用；矿山实施井下填充采矿法，减少尾矿露天堆存；河钢被国家发改委确认为资源综合利用“双百工程”首批企业。

B 低碳技术及产业化探索

（1）布局氢能产业。“十四五”期间，河钢将大力发展氢能产业，率先实施氢能技术研发和产业化应用，引领行业能源革命。首座加氢示范站已于 2020 年 8 月建成投运，为推动河北省氢能汽车运输体系发展及公共交通运输行业碳减排作出贡献。

（2）氢能技术研发和产业化应用。河钢与意大利特诺恩公司合作，利用张家口地区丰富的分布式能源优势，在张家口宣化地区率先启动全球首例富氢气体直接还原示范工程建设。项目从分布式绿色能源利用、低成本制氢、氢气直接还原、CO_2 脱除等全流程和全过程进行创新研发，探索世界钢铁工业发展低碳甚至零碳经济的最佳途径。

（3）转型升级和布局区位调整。河钢积极落实河北省委省政府对钢铁工业结构调整和转型升级的要求，建设唐钢新区、张宣高科、石钢新区，为钢铁行业在流程变革、区位调整、转型升级方面提供新路径。唐钢新区推动装备大型化、智能化和绿色化，达到全流程工艺的碳减排。石钢新区打造新一代绿色低碳短流程电炉钢厂，实现工艺源头降碳。通过转型升级改造，建设张宣高科基地，打造高端装备核心零部件制造和氢冶金示范基地。

（4）研究前沿低碳技术。发起成立世界钢铁发展研究院。2020 年 10 月 19 日，根据世界钢协主席、河钢集团董事长于勇的倡议，由北京科技大学、河钢联合国内外十家单位在北京发起成立世界钢铁发展研究院。世界钢铁发展研究院将在世界钢协的支持下，以绿色化、智能化为主题，研究探讨未来钢铁工业可持续发展之路，致力于构建钢铁与人类社会、自然环境和谐共生的产业生态圈。

开展 CO_2 高值化利用技术。河钢-昆士兰大学可持续钢铁创新中心 2016 年开始研究 CO_2 捕集、利用和储存技术（CCUS），将钢铁工业排放烟气中的 CO_2 视为可利用资源，研发 CCUS，将烟气中 CO_2 转化为高附加值化学品或燃料。

与必和必拓携手“碳减排”。2021 年 3 月 5 日，河钢与必和必拓围绕减碳与气候变化以及进一步加强合作签署谅解备忘录。双方将聚焦钢铁行业的温室气体减排，围绕氢气直接还原铁技术、钢渣处理及循环利用技术以及铁矿石块矿的使用率提升等三大重点领域通力协作。

C 低碳绿色发展规划

河钢以习近平新时代中国特色社会主义思想为指引，认真落实“碳达峰、碳中和”目标要求，围绕钢铁行业能源技术创新、工艺技术创新、材料技术创新“三大创新”发展方向，制定低碳绿色发展行动计划（以下简称《行动计划》），并于 2021 年 3 月 12 日召开发布会，发布河钢“碳达峰、碳中和”总体目标及主要路径。

《行动计划》围绕“2022 年碳达峰、2050 年碳中和”的总体目标，按照碳达峰、稳步下降、较大幅度下降、深度脱碳四个阶段开展工作。具体安排如下：

2021 年发布面向“碳达峰、碳中和”的低碳冶金路线图；

2022 年实现“碳达峰”；

2025 年实现碳排放量较峰值降 10%以上；

2030 年实现碳排放量较峰值降 30%以上；

2050 年实现“碳中和”。

为实现最终目标，河钢制定了详细的低碳绿色发展实施路径及技术方案，从“六大路径、十五项技术方案”阐述为实现“碳达峰、碳中和”所做出的结构调整、工艺创新和技术进步。

（1）优化产业布局和流程结构变革，推进全流程碳减排。河钢将依托区位调整、转型升级等重点项目建设及科技创新技术研发，对钢铁主业产业结构进行适时调整，推动装备大型化、智能化和绿色化，实现工艺及装备智能化升级，达到全流程工艺的碳减排。

（2）优化用能并构建多元能源结构体系，加快低碳转型。以开源、降耗、节能、增效为原则，做好新能源利用技术创新及商业模式的运营，以智慧能源管理助推能效极致利用。通过应用降低高炉燃料比、提高球团比、大比例“废钢直还铁”炼钢、烧结烟气选择性循环技术、高炉喷吹氢气等技术，深入推进能源利用高效化；进一步加大可再生能源的开发利用，发展热泵、太阳能、风电、生物质能等新能源，持续加大绿色电力的消耗占比。

（3）开展全生命周期评价，助力钢铁材料性能和寿命提升。河钢将健全产品全生命周期技术研发、评价和服务体系，建设以产品为核心的上下游生态圈。通过开发具有高性能、轻量化、长寿命、近终型、可循环等绿色低碳产品，为下游用户提供绿色低碳钢铁产品和碳足迹核算钢铁材料数据，实现全产业链共赢。

（4）打造低碳循环经济产业链，实现协同降碳。加强对超低排放、固废危废等方面的管控，加快固废减量和循环利用，建设全流程绿色物流体系，大力发展电力重卡及氢燃料重卡运营体系。

（5）科技创新助推低碳技术的研发示范与应用。全力打造全球氢能还原与利用技术研发中心，引领世界低碳冶金革命。全球首例 120 万吨直接还原工厂项目，较传统的“高炉—转炉”流程减少 CO_2 排放 40%～60%。计划在 2030 年前在 CO_2 的低成本捕集、高值化利用、大规模封存等方面取得关键性突破，并建成 CCUS 的示范应用。

（6）倡导全员低碳化生产生活。制定减排宣言，在全体员工中强化减碳意识，倡导低碳化生活，严格践行并倡导绿色出行和生活，以自身行动支持碳减排目标。

D　建立技术联盟，实施创新突破

以世界钢铁发展研究院为平台，推进与科研机构建立低碳绿色技术发展联盟，整合力量开展以新能源冶炼技术、创新工艺技术、CCUS 技术为重点的联合开发，为行业绿色低碳发展贡献力量，为世界贡献“中国智慧”。

河钢将深入贯彻习近平生态文明建设思想，主动担当社会责任，带头落实国家战略，构建适应生态文明要求和制造强国战略的钢铁企业绿色发展路径，持续引领钢铁创新发展、绿色发展、低碳发展和高质量发展，为国家“碳达峰、碳中和”目标的实现贡献“河钢方案”，为世界钢铁工业发展留下“中国印记”。

5.4.4.6　山钢股份有限公司加大“保 A 创 A 建 A”工作力度

2021 年，山东钢铁股份有限公司继续以高度的政治责任感和强烈的发展意识，带头履行社会责任，主动融入碳达峰、碳中和战略布局，以更大的力度和更快的节奏，按下绿色发展快进键，向着绿色低碳高质量发展道路重新出发。按照全面突破、标杆引领的环保提升路径，今年，山钢股份莱芜分公司加大“保 A 创 A 建 A”工作力度，制定了《环境绩效 A 级行动方案》《2021 年环境保护提升方案》，全面超低排放改造提升项目，打造全国钢铁行业全流程超低排放示范工程。“焦化区保 A、型钢区创 A 共策划实施了 64 个环保治理项目，计划投资 8.6 亿元，其中型钢区有组织排放治理项目 9 个、无组织排放治理项目 38 个。”莱芜分公司能源环保部相关人员介绍。目前，莱芜分公司正积极优化项目网络计划和节点，大力推进项目建设。秉承“低碳清洁，绿色山钢”理念，山钢股份日照公司正备战环保 A 级企业复审，进一步采用严格的环保标准，加强过程管控，加大环保督查和考核力度，全面巩固超低排放改造成果。“今年初，我们与 23 个生产厂/中心和相关部室签订了环保责任书，将环保管理目标进行分解，进一步明确了各单位环保工作责任和管理职责；同时固化环保日检查、周通报制度，确保环保问题得到快速有效解决。”日照公司环境保护部部长聂延忠介绍。

山钢股份进一步加大资金投入力度，加强环保深度治理。2021 年，莱芜分公司购买的 52 辆电动重型卡车已投运，大幅提升了清洁运输比例。为瞄准国家级绿色工厂创建，2021 年上半年，日照公司在以往绿化的基础上，再进行绿化升级，采用乔灌木相结合、造型植物、点缀景石等绿化手法，打造处处皆是景的高标准绿化景观。

在低碳发展的大背景下，山钢股份不回避、勤作为，系统做好节能降耗各项工作。目前，莱芜分公司围绕《追赶行业标杆节能降碳攻坚行动方案》，正加速推进 120 万吨球团低氮燃烧节能改造、型钢 3200 立方米高炉冲渣水余热供暖等项目，为节能降碳夯实基础。在系统对标基础上，日照公司制订了《2020—2022年度能效提升实施方案》，实施了7大类、45项、152个措施，助力公司进一步提升能效，加快实现绿色低碳发展。

在节能降耗方面，山钢股份抓“大”不放“小”，精打细算，变废为宝，持续开展高炉、焦炉、轧线工艺节能攻关，优化高炉上部装料制度，提高煤气利用率；制订实施固废循环利用指标计划，不断提高固废资源化利用水平；加强热轧厂板坯质量检查，减少板坯在炉时间，提高煤气利用率……目前，在各单位节能降耗工作成果每天都在涌现，节能理念得到体现。“到2025年，力争企业吨钢综合能耗与现状相比下降2%左右，二次能源进一步实现高效合理回收利用，余热余能自发电水平同比提升3%。”日照公司环境保护部副部长陈力军说。

主动淘汰落后产能设备，向“绿”转型是山钢股份明确的路径选择。自2021年3月份起，莱芜分公司已先后关停4座1080立方米高炉，1座50吨转炉，其他3座老区转炉也即将关停，为推进碳达峰、碳中和工作作出积极贡献。

9月3日，山钢股份安全环保部下发了《关于开展“三治四化”环境治理工作的通知》，要求在全公司范围内推进“废气超低排、废水零排放、固废不出厂”和“洁化、绿化、美化、文化”的“三治四化”环境治理工作，以更高的标准、更大的决心，朝着建设绿色钢厂的目标加速前进。

5.4.4.7 方大九钢打出节能减排组合拳

2021年4月方大九钢创新推出科级人员挂靠各个环保管控点的“点长”制，进一步加大环保管控力度，确保各项环保设施正常运行，助推清洁排放。

2021年第一季度，该公司主要能源消耗指标吨钢综合能耗、综合吨钢电耗、综合吨钢水耗等处于行业中上游水平，自发电比例51.98%。减排方面，截至2020年底，该公司的脱硫设施减排率达到了97.27%。

围绕重点工序环节，该公司制订了节能减排方案，主要包括控制煤气，进一步降低煤气单耗，做到能源充分利用；持续开展能源系统专项检查，杜绝违规用能、能源浪费现象等，另外还包括实施技改等系列部署。

将富余煤气转化为电能。4月13日，该公司高炉鼓风机汽改电及发电能力升级项目施工现场热火朝天，7台大型吊装设施紧张作业，300余名施工人员紧张忙碌，现场机器的轰鸣声、电焊切割机的吱吱声、施工作业的敲打声此起彼伏，一座现代化厂房和锅炉厂房正拔地而起。这是该公司今年的重大技改项目之一，也是该公司积极应对碳达峰采取的强有力措施。此项目建成后，厂区自发电量将提高到75%左右。汽改电项目主要是通过淘汰落后发电机组设备，新建一台规模为125兆瓦的超高温亚临界汽轮发电机组，将富余的煤气高效转化为电能，提高企业自发电能力，减少园区火电供应负荷，有效降低大气污染物排放总量。

与此同时，该公司充分发挥员工智慧，以“智”节能，在技术改造、小改小革方面找突破口。以轧钢工序为例，2021年一季度以来，该厂开展各类节能小改小革70余项，其中优特钢线稀油站油温自动控制改造每月可节省油料消耗5%左右；高线、棒材车间通过优化穿水冷工艺、循环利用冷却水等举措，新水消耗均比改造前节约6%~10%不等，同时减少了废水排放。目前，该厂正在进行中板粗轧除尘改造工程，完成后将实现中板粗轧烟尘零排放。

5.4.4.8 淮钢特钢投入巨资助“绿”

绿色发展是特殊钢企业未来发展的必由之路。近年来，淮钢特钢以新发展理念为指引，全面投身绿色转型浪潮，投入数十亿元建设环保技改项目的大手笔，书写了一个传统钢铁企业绿色发展的崭新篇章。

淮钢特钢是一家有着 50 多年历史的传统钢铁企业。近几年来，公司不仅投资新上了干熄焦项目、烧结原料场大棚项目、焦化煤筒仓项目等重点节能环保项目，还进一步做细做实环保管理，相继实施了烧结脱硫脱硝、发电脱硫脱硝、焦化脱硫脱硝、高炉均压放散、转炉三次除尘、废钢大棚、石子大棚等近百个超低排放改造工程，企业节能减排能力、污染治理能力、环保管理能力实现跨越式提升。仅最近三年，淮钢特钢环保投入就达 20 亿元，超过公司三年利润总和的 50%。

企业的环保投入还不止于此，除了前期的巨额投资，后续的环保设施运行费用一样数目惊人，每年环保设施运行费用高达 9.5 亿元，折合吨钢成本 282 元。也正是因为不遗余力、不计成本的环保投入，淮钢特钢的环保工作才能走在同类型企业前列。2021 年，公司废气、废水全部实现达标排放、超低排放。

绿色发展，科技赋能。在淮钢特钢的“绿色发展篇章”中，科技创新是关键一招。

过去，新上一个项目就能让环保、节能工作迈上一个大台阶，如今要想在环保上见成效、减排上见效益，更需要科技的力量，需要从点滴做起。

2021 年，公司电炉内排风机改造，使风机耗功由技改前的 490 千瓦下降至 251.8 千瓦，节电率高达 51.39%；转炉饱和蒸汽拖动节能改造，年可节电 1000 万千瓦·时；烧结余热发电提效改造，年可多发电约 2500 万千瓦·时；二轧轧机液压站节能改造，节电率达 40%以上；轧钢实施智能燃烧控制改造，将原有的手动控制改为智能自动控制，节约煤气约 8%。凭借一项项技术改造、技术创新，淮钢特钢一点点赢得绿色转型的优势。

2021 年，淮钢特钢投资超千万元的超低排放数字化管控平台顺利投运，更是为企业绿色发展插上智慧的翅膀。该平台可记录全厂所有排放源附近监测、监控和治理设施运行情况以及空气质量监测微站监测数据，通过三维航拍地图、大屏、PC 端、APP 移动端进行展示，对过程数据进行实时管控，满足环保排放要求，实现超低排放集中管控。

为进一步实现低碳环保目标，淮钢特钢还将目光转向光伏发电技术，目前已在部分厂房屋顶实施了光伏项目，下一步将实现所有具备条件的屋顶光伏项目全覆盖。特别值得一提的是，在各类项目、技术支撑下，2021 年，自发电比例达到 62%以上。

2022 年，控能、控碳、控煤、控电等压力只增不减，我们将再接再厉、迎难而上。积极“走出去、引进来”，对标学习、取长补短，从多方面、多角度深挖节能潜力；结合淮钢特钢实际情况，落实“双碳”路线；系统制定对策，有效应对国家各种政策要求；开展能源、统计专业培训，提升各部门能源管理水平；优化焦炉、烧结机、热风炉等设备的自动燃烧控制系统，减排降耗；升级能源管控系统，实现高效统筹；积极采用高效电机、风机水泵和变压器，降低电耗；优化除尘风机、皮带机、水泵等设备运行，降低能耗。

发展无止境，绿色转型在路上。当前，能源、环保管理要求持续提高，对公司内部各条线、各部门都将产生不同程度的影响。我们将继续做细、做实每件事，以适应新形势、新要求。不难预见，在绿色转型道路上，淮钢特钢的路将越走越宽。

5.4.4.9　*石钢全程绿色制造，争做低碳先锋*

石钢新区占地 2348 亩，投资 102 亿元，其中环保投资 13 亿余元，占总投资的 12.75%。新区共建设合计 39 套除尘设施，总装机风量（标态）近 950 万立方米/小时，电机装机总功率1.62万千瓦。

A 采用绿色工艺和先进技术，实现全流程绿色制造

（1）污染物实现大幅下降。短流程无烧结、焦化、高炉等污染物高排放环节，大宗料运输大幅降低，主要能源为电和天然气，实现零煤、零焦清洁炼钢；主要原料只使用废钢，是可无限循环使用的绿色载能资源，较等量级长流程减排优势明显，采用“双竖井（第四孔）+出钢出渣+屋顶罩”的烟气收集模式以及“燃烧沉降+烟气急冷+活性碳吸附+袋式除尘”的烟气治理技术，实现颗粒物、二噁英排放水平远优于超低排放标准；实现新区主要污染物综合降幅达到75%以上。

（2）污水实现“0”排放。以矿区中水为水源，工业污水100%循环利用；借鉴煤化工经验，在冶金行业第一个采用分质盐蒸发结晶处理浓盐水，提取氯化钠、芒硝等结晶盐外售，变废为宝，实现环境效益、经济效益双提升。

（3）物流量实现大幅降低。进厂物流省去了大量矿粉、煤焦等原燃料的运输，整体物流量减少74%以上；新区厂内物流坯材运输使用电动平车、辊道运输率80%以上，较老区厂内物流减少了84%，物流成本下降150元/吨钢以上。

B 布局“碳达峰、碳中和”，争做低碳发展先锋

新区短流程工艺，动力能源除用电外，全部使用天然气，并采用了数百项国内、国际先进节能减碳技术措施，实现新区CO_2年排放量较老区削减52%以上。

（1）工艺和能源结构减排。主要能源为电和天然气，实现零煤、零焦的清洁能源结构；采用被动式建筑、光伏发电、高变压器、电机、风机、LED照明、余热利用等百余项先进节能低碳技术。实现年碳排放总量削减35%以上。

（2）节能技术减排。装备国内首台双竖井废钢预热直流电炉，废钢预热率98%，预热温度大于600℃；合理的厂房布局和工序衔接，实现热装热送工艺；加热炉采用宽扁火焰烧嘴、复合保温蓄热、全自动燃烧控制等技术，并将入炉空气预热至450℃以上，采用支撑梁汽化冷却进行余热回收，用于发电、职工生活及城区居民取暖；实现年碳排放量总削减17%以上。

（3）积极履行社会责任，实现“产城共融”。目前石钢承担矿区全区350万平方米供热，热源全部来自石钢新区电炉和制氧工序设备循环冷却水，助力矿区绿色发展和实现“双碳”目标，发挥出更好的社会效益和环境效益。

5.4.4.10 太钢的能效水平、环保绩效和低碳发展能力得到提升

2021年，太钢集团紧紧围绕“能效水平提升、环保绩效提升和低碳发展能力提升”，通过推行极致能效、开展“AA”企业创建、完善“双碳”体系建设等，一体化推进节能、减污、降碳工作，使能源、环保及碳排放管理等各项工作取得显著进步。

A 能源方面

（1）推行极致能效。2021年太钢集团以“能耗双控”为载体，强化日标分解和责任落实，建立公司级、厂级、作业区级和装备级四级能源指标管控体系，以能效对标为抓手，推行《太钢集团能效对标提效工作方案》，细化目标、任务和举措，对重点提升指标实施项目化管理，明确责任和时间节点，促进能效快速提升。

（2）开展节能攻关。针对能源系统多年来存在的系统性难题，组建专家团队，开展节能攻关，主要攻关项目有：蒸汽系统管网配置质量优化攻关、水系统利用质量指标提升攻关、热连轧煤气系统供用质量优化控制、转炉煤气回收及供出质量优化攻关项目等。实施后，改进公司系统性问题24项，

蒸汽、燃气、水系统质量攻关取得重要进展，系统得到明显优化，节能和节水工作取得长足进步。

（3）实施节能项目。为快速提升能效和应对能源价格上涨带来的不利局面，太钢在优化生产组织、强化工艺节能的同时，快速推进实施了燃气高效锅炉改造、煤气湿电除尘改造、VD余热抽真空改造、冷轧气源置换、热连轧燃气脱硫改造等一系列节能降碳新技术和新项目，进一步提高余热余能利用效率，减少外购能源使用。

（4）开展劳动竞赛。组织开展“节能降本”劳动竞赛活动，设立了工序能耗和工序电耗72项竞赛指标，通过竞赛，33项指标降幅超过3%，月均奖励达40万元以上，促进太钢整体能效水平提升1%以上。

（5）保障集中供热。太钢作为环境友好型企业和城市和谐型钢厂，承担着太原市2150平方米的城市居民集中供热责任。供热期间，加大巡检力度，及时消除缺陷，“两节”及“重要会议”期间，增加巡检频次，确保供热系统稳定运行。同时为了实现供热系统经济运行，太钢制定并实施了供热系统的经济运行方案，在保证供热质量情况下，根据外部气温变化动态调整供热参数，既满足了居民供热需求，又减少了能源浪费。

2021年，太钢集团在消化产能发挥和超低排放改造带来能耗增加的同时，使吨钢综合能耗完成较2020年降低5.4%，吨钢新水消耗比2020年降低18.7%，吨钢综合能耗和吨钢新水消耗居于行业领先水平。

B 环保方面

（1）完善环保管控体系。创造性建立环保管理“人人有责”体系，对重点单位环保设施、区域试行个人承包责任制；对环保事件实施“事故化”管理机制，增强“超标就是事故、冒烟就是事故”的思想认识，按照“事故原因未查清不放过、责任人员未处理不放过、整改措施未落实不放过、有关人员未受到教育不放过”原则进行处理，不断深化卓越环保管理，持续巩固全流程超低排放A级企业绩效。

（2）开展“AA”企业创建。在持续巩固A级企业绩效基础上，按照源头治理、系统治理原则，坚持技术创新与管理创新相结合，进一步延伸拓展环保管控覆盖面，一体推进“废气超低排、废水零排放、固废不出厂、噪声趋静音、厂区洁美新”等重点工作，积极开展“AA”企业创建，全方位、全要素推进环保绩效再提升。

（3）积极开展废水零排放。坚持串级用水、少取新水以及多用非常规水源等措施，推进废水资源化利用。重点实施完成了取向硅钢区域废水资源化项目、工业废水一膜深度处理系统提效改造项目、南厂区雨污分流项目等10项工作任务，实现了水系统内外部双循环资源化利用，再生水常态化回供汾河湿地公园，日供水量达3万吨。

（4）全面推进固废不出厂。按照源头“减量化”、过程“规范化”、管理“信息化”、重点工作“项目化”的思路，全面系统地梳理固、危废清单，充分发挥焦炉、高炉、转炉、电炉等高温炉窑优势，强化固废内部消纳与协同处置。2021年固体废物综合利用率达95.04%，危险废物100%合规处置。

2021年颗粒物、SO_2、NO_x排放总量全部满足控制指标要求，厂区降尘量较上年下降19.23%；COD排放比目标值降低50.66%，指标明显提升。各基地均全面完成了环保目标考核指标。

C 碳排放管理方面

（1）夯实碳排放基础管理。太钢集团成立碳中和办公室，牵头策划太钢集团低碳发展战略规划、研究制定“碳达峰、碳中和”实施路线、开展相应的降碳行动计划，体系化推进太钢碳减排各项工作。

（2）开展碳足迹评价。开展了具有太钢特色的奥氏体不锈钢 304、铁素体不锈钢 430 等五大类产品碳足迹核算，在此基础上，开发全系列钢铁产品的线上碳足迹核算系统，为建设面向全球的钢铁产品碳标签体系做好准备工作。

（3）建设碳素流信息化系统。根据中国宝武全覆盖、全产业、全业务的碳管理信息化系统建设总体框架要求，以太钢不锈自备电厂为试点研究建立碳素流信息化管理系统，包括监测管理、运行诊断和报警等功能。

（4）实施温室气体在线监测试点。选取了具有不锈钢制造特色的 10 个点位开展温室气体排放在线监测试点工作，为国家生态环境部碳排放实测数据收集和分析工作提供支撑。

（5）首次参加全国碳排放交易。在全国碳市场首个履约年的碳排放配额履约清缴工作中，太钢自备电厂完成自清缴后仍有配额盈余，以市场化交易方式助力武钢有限自备电厂完成履约清缴。

（6）启动矿山低碳技术路线制定项目。太钢集团委托上海易碳数据科技有限公司承接矿山系统绿色低碳技术路线制定的技术服务，计划通过项目实施，推动太钢集团矿业板块建成世界首个矿石产品全生命周期评价（LCA）在线平台，并力争成为国内采矿行业第一家具备工序级碳核算、管理和分析能力的碳数据管理平台企业。

第 6 章

中国特殊钢企业管理创新（党建）典型案例

越来越多的钢铁企业在追求高质量发展的道路上，将管理创新贯穿于企业发展的每个环节中。通过一项项具体的管理创新成果，我们不难发现，特钢企业在企业战略发展、经营管理、生产过程管理、绿色低碳管理、项目研发管理、营销管理、财务管理及人力资源管理、党建引领等领域不断形成新的突破，取得新的成绩。

从2021年申报并获得推荐的冶金企业管理现代化创新成果看，有多家大型钢铁集团包括山西太钢不锈钢股份有限公司、南京钢铁公司等都开展了绿色低碳发展管理创新的探索及实践。通过这些钢铁企业的绿色低碳创新成果，可以看出中国钢铁企业已经在积极探索和践行绿色低碳发展理念，并初见成效。

6.1 精益化管理

精益生产的生产管理方式称精益管理。其目的是简单、快速、持续提高效率、品质，缩短交货期，减少浪费。钢铁生产是流程生产，因此精益管理对钢铁企业十分重要，需要针对不同工序环节制定不同的标准，而且要持之以恒，将精益思想深埋于企业文化中，进行全员教育和培训。

多年来，特殊钢企业一直在不断探索精细化管理，并将精细化管理作为生产、运营管理的常态来抓。面对竞争日趋激烈的市场环境，成本竞争力、服务客户的能力、及时交货均是影响到企业市场竞争力的重要因素，而要保证市场竞争力就离不开精细化管理。从近几年管理创新成果评选看，特殊钢企业仍在不断提高精细化管理水平和能力，为提升市场竞争力打下坚实基础。

6.1.1 沙钢：实施基于精益管理系统+MES系统平台的质量管控

为进一步提升江苏沙钢集团有限公司（以下简称“沙钢”）的综合竞争力，实现公司“以顾客的要求为标准，持续满足顾客需求，提升顾客满意”的质量战略以及“质量第一、顾客至上，不断改进、精益求精，以更新、更优的产品和服务，满足顾客的期望”的质量方针，沙钢在2013年全面推广精益管理系统，大力开展系统间集成建设，已经形成75套主要信息化系统，纵向覆盖数据采集、计量、MES、购销、管理、决策支持四个层次，横向基本实现从供应商—沙钢—客户的端到端的业务运作和协同。

沙钢对产品实施“基于精益系统+MES系统”平台的管控，构建了质量大数据平台，通过大数据分析，实现了产品质量在线监控、预警、判定与全流程质量追溯、诊断、工艺优化分析，利用统计建模分析和数据挖掘技术，对过程质量进行优化，进一步提升产品质量的稳定性，增强企业在国内外的竞争力，通过基于“基于精益系统+MES系统”平台的管控，使产品质量管控从“事后检验”方式转换为“过程管控”方式，从人工监控到智能报警，过程质量风险得到有效控制。沙钢创新成果主要创新点是：打造智能化控制平台，使各生产工序过程数据链实现互联互通；推广“过程+检验”质量管理和产品质量分级判定方法；实施预防为主的全过程质量监控；建立了一贯制联动管控，大数据分析及质量在线判定平台。沙钢产品质量指标得到提升，产品市场认可度提升，年可降本1亿~2亿元。

6.1.2 太钢：炼钢原料的精益化管理创新与实践

对钢铁企业来说，成本竞争力是体现企业市场竞争力的重要因素，而钢材成本中占据主要部分的就是原料成本，因此，管理好原料成本、保证原料供应对企业而言极为重要。太钢不锈钢股份有限公司（以下简称“太钢”）炼钢原料业务流程再造是在公司“三高两化”“高科技”“高效率”“高市占”“生态化”和“国际化”理念指引下，对现有炼钢原料业务流程整体进行专项调研，发现业务流程中存在的问题，探讨和重新设计新的流程并将新的业务流程运用到实际中。目的是提高企业废钢业务运营效率、节约能耗，降低废钢业务运营成本、清洁生产，减少碳排放，保护环境。为此，太钢重新设计了废钢业务流程，重新进行了加工节点设计、供应节点设计和回收节点设计；对进口镍铁业务流程再造，结合实际情况设计两种直供流程：一是根本性直供，即货物从港口接货后不再落地，直接到钢厂料仓；二是阶段性直供，减少由仓库至钢厂料仓的二次倒搬流程。制定相关制度对整个业务流程进行规范。

最终，太钢通过炼钢原料流程再造，不仅减少了不必要的流程和环节，提高炼钢原料流转效率，提高了加收率，还减少了损耗，降低了成本，提高了经济效益。新的原料业务流程共提高经济效益 4726 万元，其中废钢加工结点成本降低 4301 万元，镍铁包装费用节约 126 万元，供应环节降低成本 140 万元，减少资金占用 159 万元。

6.2 风险管理

6.2.1 南京钢铁：利用期货实现企业风险精细化管理

南京钢铁集团有限公司（以下简称“南钢”）从善于运用期货逐渐发展至运用期权等衍生工具，不仅实现了企业自身风险的精细化管理，成为行业中的佼佼者，也通过分享自身经验，带动更多钢铁企业参与期货市场。

南钢在运用衍生工具方面一直是钢铁企业的典范，不断在探索如何更好地进行期现结合。在螺纹钢期货上市时，南钢在同行业中就率先成立了期货投资决策小组、组建操作团队，培养信息收集、分析、操作、跟踪管理等基础能力，尝试套保、套利操作；2013～2015 年，重心转向针对锁价长单和库存管理的套期保值业务，重视基差波动，灵活运用套保模式，规范期货套保；2015～2017 年，根据期现结合程度，分基础套保、战略套保、虚拟钢厂三个层次进行期货套保操作，放大套保规模；2018 年，将套保衍生服务深入公司部门、子公司以及客户，尝试场外期权、探索铁矿石基差点价。如今，南钢对锁价长单进行了相当大体量的套期保值，已逐步形成层次化、流程化且可持续的风险管理体系，为稳定经营利润、规避市场风险等做出了贡献。2020 年，南钢通过套期保值降本增效约 1.2 亿元。

而对于南钢来说，除了平滑利润、规避风险外，金融衍生工具还为企业生产经营带来了其他益处。在降低财务成本方面，衍生工具的杠杆属性减少了对资金的占用，虚拟库存较实物库存节省物流、仓储等运营成本；在革新购销模式方面，为原燃料采购和钢材销售提供更多的解决方案，销售上，针对锁价钢材长期订单进行销售，能够让销售部门敢于接一口价定价且交货时间长达 1～2 年，能有效提升客户黏性。采购上，南钢建立虚拟库存、买入交割，丰富了采购模式。

此外，期货工具还能够帮助企业构建战略优势，增强钢企在产业链中的主动性，打破传统现货经营模式的限制。

2019 年一季度，突发巴西矿难和澳洲飓风，在海外矿山增产进入尾期、中国粗钢产量连续上升的背景下，铁矿石普氏价格从 72 美元/吨一路升至 126 美元/吨，价格波动区间巨大，钢厂采购节奏难以把握，极大侵蚀了钢厂盈利。

在此背景下，南钢在 2019 年 2 月接某船厂 18000 吨固定价船板订单，需要在 2019 年 6 月到 10 月分批交付。经过前期套保，截至 7 月底，该订单的套保铁矿石和焦炭期货实现平仓加浮动盈利约 440 万元，按原定方案，套保头寸应持有至现货排产才对应平仓。套保执行部门认为期现价格短期不利变化会影响套期保值效果，便申请参与“大商所企业风险管理计划”的场外期权试点，若后期商品价格继续上涨，买入看涨期权来对冲现货采购成本上升风险，若价格短期大幅下跌，现货端采购成本降低，买入看涨期权只需要付出一定的权利金成本，且该成本已被前期对冲盈利所覆盖。南钢以 33.32 元/吨的权利金买入 3 万吨 I2001 合约平值看涨期权替代原有的期货套保头寸，持有期为 1 个月。南钢论证和尝试了传统套保模式中在条件满足情况下提前平仓或用期权替代期货进行套保的可行性，从期现对冲结果来看，现货生产成本上升约 219 万元，期货加期权成本获益约 260 万元，订单毛利在原有基础上增加 22.8 元/吨，成功规避了成本大幅上升的风险。

6.2.2 太钢：打造期现联动、预警成熟的套期保值风险管理模式

太原钢铁集团国际经济贸易有限公司（以下简称“太钢国际经贸”）是太钢集团国际化窗口和实施国际化战略主要载体，围绕钢铁主业、镍铬、铁矿石、原燃料产品进出口以及冶金成套设备的进出口开展对内保供和对外贸易业务。

2018 年以来，太钢国际经贸建立套期保值风险管理体系，与期货的结缘并不是一帆风顺，参与过程中，以有色板块为基础，基本围绕专业化对标，深化过程管控，形成现在内部控制的基本体系。太钢国际经贸自接手铁矿石销售业务以后，就冲着套期保值基差交易的方向努力，套期保值要形成非常完整的一整套体系，首先最重要的就是以不相容岗位分离制衡为核心，设置独立风险管理、期货交易、财务核算等岗位，严格执行前中后台不相容岗位分离原则，在风险管理方面设置非常严苛的标准。其次，太钢国际经贸设定套期保值业务边界，明确运行范围的边界就是风险管控，制度中设定的所有定性和定量红线绝对不能碰。太钢国际经贸还一直跟踪风控动态指标，对资金使用率和期货、现货对冲之后止损预警线进行逐日精确控制。

所有套期保值和基差交易以最新的套期会计为准绳，设置了非常细致的逐单匹配信息系统，使用公允价值核定方法，通过严格期现匹配核算，将套期工具产生的盈亏和现货直接全部计入整体的盈亏里，这样就避免期货大赢大亏对太钢国际经财务账目产生巨大影响，满足期货所有监管部门的合规要求，真正实现套期保值盈亏的合并计算。

对于国有企业参与套期保值而言，后续的审计、监管风险可能更高一些，用最终经得起时间考验的会计方法来记账之后，所有期货操作和现货操作都能经得起考验。这套方法以信息化为支撑，通过信息化手段管住人、看住事，把所有在套期保值中的经验固化到系统流程中，真正实现所有数据透明，期现匹配关系清晰，全程可追溯，包括期货保证金在线监控，风险动态预警，实现套期保值业务全闭环管理。现货企业参与套期保值是非常慎重的事情，太钢国际经贸经过多年套期保值系统建设，基本形成聚焦敞口，现货驱动，期现匹配，精准核算，监控预警成熟的套期保值风险管理模式，基本实现所有套期保值信息相应共享，包括现货、期货、财务、风控，也实现基层的操作信息和管理层信息及时互通，随时都能出具报表，实现风险全面管控。

6.3 财务管理创新

6.3.1 兴澄特钢：基于产销研财一体化的分析模型构建与实施

为了解决公司效益增长乏力问题，提升产品市场竞争能力，兴澄特种钢铁有限公司

（以下简称“兴澄特钢”）在 2019 年初开始实施基于作业成本管理，首先解决产品信息失真问题，将不同品种、不同产线、不同规格、不同技术质量要求的产品成本信息客观地反映出来，通过结合应用标准成本法、目标成本法、量本利分析法，以信息化为载体，构建“产、销、研、财一体化”钻石模型。

该项目主要创新点包括：实施作业成本法，由财务人员、技术人员、生产人员、计算机人员组成计算小组，从数据采集、动因确定、计算方法、生产工序、生产流程进行分析，制订计算方法、结果分析，并与以前的算法结果比较，分析差异，优化并巩固方法，由手工向系统运算转变；将成本数据、盈利数据作为销售分析定价、品种开发、市场竞争决定的工具。创造性地将标准成本与实际成本作为生产过程改良、质量改善、设备管理等降本增效的工具；创造性地将量本利工具应用到批量排产、销售定价、成本预测上，成功地解决了特钢批量小、规格多、技术协议定制等生产组织难点，通过市场预测、客户锁定、采购和销售价格联动等方法，实现了生产跨月组合、跨季组合，将月度小批量、定制化的产品转变为跨月跨季的组合式生产，既满足客户要求，又锁定客户，还锁住了利润，降低了生产成本；创造性地解决了不同系统数据交互的难题，通过财务机器人，将生产、销售、财务、生产分厂的控制系统里的数据自动整合计算至作业成本系统，不需新做不同系统间的接口，极大地降低了信息系统开发成本；创造性通过管理会计工具将“产、销、研”之间的硬连接转变为“产、销、研、财”软连接，融合度高，协同度深；通过产销研财一体化，形成了每个月的“产品盈利分析报告”，成为公司“精品+规模+效益”的经营战略的开路先锋。

兴澄特钢通过“产、销、研、财一体化”钻石模型，以真实产品成本信息为前提，以产品盈利数据为核心，推动生产、销售、研发的密切协同，改变了以前的销售、研发、生产人员相互抱怨的现象，改变了相互之间信息隔离的难题。通过一年多的实施，兴澄特钢毛利亏损产品由 45%下降到目前 10%，亏损客户由 31%下降到目前的 6.4%，2020 年税后净利润超过了 25 亿元。

6.3.2　三钢：供应链视角下钢铁企业存货管理实践

应用物联网、人工智能、大数据等信息技术，福建三钢集团（以下简称“三钢”）建立了线上供应链网络平台“闽光云商”，对福建省的钢材销售渠道进行整合优化，通过设立覆盖福建省的钢材仓储物流中心，建立钢铁信息、采购、销售、支付、融资、物流、加工、配送一体化的服务型电商平台。

（1）建立上下游动态联盟合作伙伴。借助平台对三钢购销两端的集中，实现层面的一体化运作，在上下游构建起动态战略性的合作伙伴关系，实现存货管理上的共同信息，统一仓储管理模式，也可以及时准确掌握市场讯息，从分销商到厂家再到供货商之间，在仓储管理等方面的信息耦合，也可以使三方都可以做到准时供应，减少库存，加快库存周转。同时闽光云商挖掘新的盈利增长点，为上下游客户提供供应链金融服务，在做好风控的前提下取代银行，提供丰富多样的金融产品，解决经销商融资问题，盘活经销商手中库存资源，增加商品流动性，降低三钢库存水平。

（2）建立智慧物流服务平台。在三钢自身千万吨物流需求基础上，通过利用云商“网络货运”资质，将三钢企业进厂、出厂原物料运输和社会运力相匹配，吸纳包括运输公司、个体司机在内的运输能力，以适应用户和行业的个性化要求，提升物流管控能力，提高物流质量、物流服务质量，提升物流效率，减少物流成本。

（3）建立智能仓储服务平台。统筹整个福建的钢材物流配送仓储体系，在三明本部、罗源闽光、泉州闽光和漳州闽光等四大生产基地建设数字物流园，通过与生产基地信息系统以及与第三方仓储系统相互对接，整合生产库、物流库以及社会库数据，实现仓储数据统一管理，为下游顾客提供仓储、物流运输装卸服务、供应链金融服务等点对点的方案，将物流、商流和资金流融为一体，以此提高生产、流通和消费过程的综合效率，畅通整个产业链。

（4）应用数据云计算系统。数据云计算系统集中采集智能仓储、物流配送、客户信用评价等信息，为优化原料采购、组织生产计划以及金融平台风控提供数据支撑。

（5）实施效果评价。闽光云商平台自上线以来，不仅树立了良好的企业形象，还增强了企业的竞争力，供应链金融平台自2021年9月上线以来，为下游客户提供融资资金约2.2亿元，避免了缺货损失、过度仓储的情况，降低了库存成本，减少了存货资金占用，提高了存货周转率，存货周转率（年化）自平台上线以来平均由11次提高到14次。

6.4 人力资源管理

6.4.1 太钢：钢铁企业技能人才评价模式的探索与实践

太钢不锈钢股份有限公司（以下简称“太钢”）在21世纪初就提出了“建设全球最具竞争力的不锈钢企业”的战略目标，而要实现这一目标就离不开培养和吸纳优秀人才。同时，太钢的发展也需要大量优秀员工的支撑，而优秀员工必须同时具备高的敬业度和高的职业技能水平，即：高绩效=高敬业度×高技能。因此，创新技能人才评价模式，促进技能员工综合素质提高，提升企业核心竞争力，从而实现企业战略目标成为太钢发展的迫切需要。

太钢“钢铁企业技能人才评价模式的探索与实践”创新成果把“基于岗位能力要求为核心的操作员工技能测评”和“基于职业能力为核心的员工技能等级评价”贯通为一体的钢铁企业技能人才评价模式。

创新成果主要创新点有：（1）首创操作类员工的岗位职业技能测评。提炼出太钢独有的操作员工核心能力与通用能力标准，建立起基于“三项能力”的操作类员工的测评模型。（2）首创职业技能等级认定基本条件。（3）首创点面结合的技能人才评价模式。创新技师、高级技师评价方式方法，实现了人力资源管理从定性到定量的转变。

太钢通过实施这种技能人才评价模式，员工素质普遍提高，产品质量明显提高，与2013年相比，产品质量异议下降了30%。

6.4.2 沙钢：基于项目负责人制的科研管理及绩效评价机制

围绕公司“提升质量、效率、效益”这一中心，沙钢钢铁研究院有限公司（以下简称“沙钢钢研院”）在深刻总结前期工作的经验教训后，基于国内外学者提出的项目负责人制、目标管理理念以及绩效评价的SMART原则，建设并逐步完善了一套符合民营企业发展特色的科研管理及绩效评价机制。

科研管理方面，沙钢钢研院对项目负责人的资质条件提出了更高的要求，赋予其5项主要权限、5项主要职责，建立了基于项目负责人制的矩阵式科研管理模型。在绩效评价方面，沙钢钢研院基于项目负责人制，建立了一套以激励为主、分层次实施的科研绩效评价机制。

本创新项目的创新点包括：创建了基于

项目负责人制的矩阵式科研管理模型，创建了 3 个 1/3 的横向分配机制，创建了严宽并济的纵向转化机制，创建了集体任务承包制、项目团队激励制、职业通道晋升制。

实践证明，沙钢钢研院创新的科研管理及绩效评价机制，不仅激励了研发人员多做项目、多出成果，有效提高了他们科技创新的主动性、积极性，营造了一个良性竞争的创新氛围，而且也给企业带来了丰富的科技创新成果以及可观的效益，实现了企业和职工的双赢。

6.5 党建引领

6.5.1 中信泰富特钢：打造高质量发展“红色引擎”

6 月 28 日，全国“两优一先”表彰大会在北京人民大会堂举行，中信泰富特钢集团党委荣获“全国先进基层党组织”称号。中信泰富特钢集团党委书记、董事长钱刚在人民大会堂参加了全国“两优一先”表彰大会。

基层组织有活力，企业才有生命力。发挥基层党组织的战斗堡垒作用和党员的先锋模范作用，是中信泰富特钢党建工作的根本落脚点。为进一步深化党建与生产经营深度融合，将党建优势转化为企业竞争力、战斗力，中信泰富特钢党委结合自身实际，创新基层党建工作方法，扎实推进“一个组织一个品牌”建设，把企业发展的重点、热点和难点作为基层战斗堡垒工作的重点、突破点和探索点，充分发挥党组织和党员在疫情防控、清洁生产、质量提升、降本增效、全员创新、班组建设等重点工作中的战斗堡垒作用和先锋模范作用，真正让基层党建强了起来、活了起来。

党建是看得见的“生产力”，它在我们每一间实验室里、每一个生产现场，每一名党员的胸前，每一张科技进步奖的证书上。在科研攻关这个特殊战场上，只有发挥党组织的凝聚力，才能激发出科技攻关的无限活力。

坚持“人才强企”战略让党管干部人才成为新动力。

习近平总书记强调，发展是第一要务，人才是第一资源，创新是第一动力。为了让科技创新在中信泰富特钢“遍地开花”，中信泰富特钢党委坚持党管干部、党管人才原则，坚持“人才强企”战略，践行“像办学校一样办工厂”的理念，创新体制机制，不断完善管理人才的经验做法，着力把人才创新效应转化为推动企业高质量发展的内生动力。

中信泰富特钢党委与名企名校进行战略合作，大力选拔青年干部培养对象，开展专业储备人才选拔培养工作，培养知识型、技术型、专家型人才，建立素质优良、结构合理的人才梯队；加快创新团队建设和研发领军人才建设，建立从助理研发员到首席专家的 5 级研发人才通道，引进技术专家，评聘技术精英，明确首席专家的工资可以高于企业总经理。中信泰富特钢党员领导干部在“卡脖子”等重点科研项目攻关上担任负责人，以项目制形式给年轻研发员压担子。同时，中信泰富特钢党委还鼓励科研人员大胆创新，建立创新容错机制和激励机制。

坚持“像办学校一样办工厂”，打造高素质技术技能人才高地。中信泰富特钢党委高度重视员工培训和人才培养工作，专门成立了中信特钢学院，按工资总额 2%的比例计算和提取教育培训费，打造覆盖全员、全过程的集团教育培训体系网络，强化行业技术领军型、国际战略型、经营复合型、工匠操作型 4 类人才培养，为人才队伍建设和全员素质提升奠定了扎实的基础。

开辟“管理、技术、操作”的成长通道，为专业人才搭建施展才华的平台。中信泰富特钢构建职工职业生涯发展规划和晋升通道，覆盖管理、销售、研发、技术、生产等各环节，为专业人才搭建施展才华的平台；注重岗位锻炼，实行内部轮岗制度，每年选拔年轻干部挂职交流，把“一专多能”复合型干部用起来；创新后备干部选拔方式，兴澄特钢党委针对后备干部开展涵盖4个维度8项能力指标的素质测评，进一步增强岗位匹配度，建强人才梯队，为企业高质量发展输入不竭动力。

2020年，中信泰富特钢党委成立了集团党校，由中信特钢学院负责教育管理，将思想政治素质放在首位，坚持育人为本、德育先行，将党的思想建设与人才队伍建设相结合，不断锤炼一支政治上靠得住、工作上有本事、作风上过硬的干部队伍。

6.5.2 济源钢铁：党建引领新作为

河南济源钢铁（集团）有限公司（以下简称“济源钢铁”）。2021年4月27日，中华全国总工会授予济源钢铁“全国五一劳动奖”荣誉称号。

企业的发展离不开党和国家的正确领导，济源钢铁党委以习近平新时代中国特色社会主义思想为指导，全面贯彻落实党的十九大和十九届历次全会精神，通过党建工作强化思想引领，围绕发展抓党建，抓好党建促发展，使党建与企业发展共融。济源钢铁紧紧围绕转型升级、降本增效等工作，不断强化员工思想政治工作，全面履行非公企业党组织的工作职责。

“抓党建，首先是班子成员过硬。班子成员素质高，才能领导好党的建设，才能更好地服务于企业发展。”济源钢铁董事长李玉田认为。

济源钢铁党委注重提升班子成员思想政治素质，坚持落实周中心组理论学习制度，不断深入学习党的理论、先进理念，提高理论修养，以新的发展理念指导工作实践。

强化制度保障是济源钢铁的一个特点。随着济源钢铁生产规模的不断扩大，济源钢铁党委按照“有利于生产经营、组织管理、党员教育和党内活动”的原则，坚持“经济组织发展到哪里，党组织就组建到哪里”，及时充实或调整基层支部设置，做到党建工作不留盲区。济源钢铁党委全面实行“党政一肩挑”，现任党总支、党支部书记中具有大专以上学历的专业技术人员总数达80%以上。

民主评议党员制度是党员组织生活中的一项非常重要的制度。多年来，济源钢铁一直坚持每年进行一次“党员民主评议工作”，通过党员民主评议，净化了党的队伍，强化了党员党性的修养。2020年，在基层党总支评比推荐、相关职能部门审查把关的基础上，经济源钢铁党委扩大会议研究，有339名党员评议为优秀，679名党员评议为合格，79名优秀党员受到表彰。济源钢铁优秀党员的评比表彰使广大党员深受鼓舞，增强了广大党员创先争优的积极性。

新冠肺炎疫情期间，济源钢铁以党委名义成立疫情防控领导小组，发挥各党支部的作用，党员率先垂范，组成志愿者队伍，深入各个角落，做好员工的思想工作，严防死控，使生产平稳进行，展示出济源钢铁党员队伍的战斗力。

济源钢铁党委坚持党风廉政建设责任制，与公司基层组织、单位主要领导签订廉政建设责任书，并通过监督检查，切实把党员领导干部“一岗双责”廉洁自律制度履行到位；对新提拔的中层干部和新进入责任岗位的员工进行专题廉政谈话教育；对中层干部、责任岗位党员干部进行廉洁自律教育讲座。

6.5.3 天津钢管：以“管理提升年”为主题深入推进管理创新

2021年，天津钢管制造有限公司（以

下简称“天津钢管”）深入贯彻落实中央和上级党委精神，党建工作融入中心，服务大局，扎实推进企业改革，使管理水平实现新提升。天津钢管以“管理提升年”为主题开展活动，聚焦重点，对标先进，逐月推进，取得实效。

（1）“融”文化赋能“心”力量的文化创新。聚焦新形势新挑战，深植企业文化，全力做好“结合”“转化”文章，使其成为承载企业思想理念、固化个人良好品行、凝聚全员价值认同的精神武器，成为助推企业高质量发展的强劲动力。聚人心，以先进企业文化引领思想；铸匠心，以先进企业文化精益管理；塑核心，以先进企业文化驱动创新；守初心，以先进企业文化打造品牌。天津钢管通过不断丰富和完善企业文化体系建设，凝聚企业文化共识、引导企业文化落地、创造良好人文环境，使多年积淀的富有天津钢管特色的企业文化得到了传承和提升，企业美誉度和核心竞争力不断增强，为应对新形势新挑战、积极破解发展难题、创建全球最具竞争力专业化无缝钢管企业提供有力的支撑。

（2）基于“专、精、特、新”四维融合理念的质量管理创新。坚持运用“专、精、特、新”四维融合理念管理模式，在全国无缝钢管行业持续领先，以坚持高端化、高质化、高新化、高效化，系统规划，有序进行，做到“人无我有、人有我优、人优我精”的理念对新产品策划、设计开发、生产和服务提供、测量分析与改进等活动进行全面管理和顶层设计。在管理和产品实现过程中，应用 SWOT、鱼刺图、要因分析等多种管理方法和技术工具，确保了高端产品的质量稳定性和可靠性。

天津钢管通过“专、精、特、新”四维融合理念的质量管理创新模式在实际工作中的应用和实施，自主系列高附加值产品在 2021 年期间取得良好成效，产品较 2020 年增加了 10 余万吨，综合合格率达到了 99%，同比提高 0.5 个百分点。随着天津钢管质量管理工作的不断深入与优化，质量管控水平和实际成效不断提升，有效保障了自主系列产品高附加值的增加，以及在国内外客户的知名度保持在较高水平。

（3）打造精益生产、班组建设、清洁生产“三位一体”的经营管理创新。瞄准日常经营管理中的突出问题和薄弱环节，在科学、系统、全面分析的基础上，坚持以问题为导向、以目标为导向、以结果为导向，确定了以精益生产为主体、班组建设和清洁生产为两翼，打造“三位一体”精益转型运营体系，促进管理提升，实现转型升级。

一是以人才培养作为切入点，践行“像办学校一样办工厂”的理念，天津钢管将精益这一主题作为人才培养体系的中心支柱，培养班组成员熟练掌握并运用 5S、目视化、JIT、VSM（价值流程图）、OEE、SMED、TPM 等精益生产理论工具和步骤方法。增强全员精益素养，建立精益人才体系来保障企业的稳定经营。

二是指导全体员工在掌握运用精益工具和方法的基础上，天津钢管按照 PDCA 循环程序，持续改进，不断完善，形成久久为功的工作格局，持续促进样板工厂业绩提升，进而提升公司综合竞争力水平。

三是通过对工厂各区域实施“网格化”管理，做到“人人有地、地地有人”，天津钢管严格按照 5S 管理实施步骤和方法，进行全面提升，辅以目视化管理举措，最终实现厂内厂外、室内室外干净、整齐、规范的目标，形成“人造环境、环境育人”的良性互促氛围。

天津钢管通过“三位一体”精益化管理活动的成功实施，促进关键指标和基础管理水平得到有效提升。2021 年，天津钢管评选出达标精益骨干 279 名，进一步提升了人才队伍综合素质水平，奠定了精益人才基础。天津钢管围绕“五型”班组建设，打造班组基础管理的5G时代（建基地、抓基层、打基础、固基本、化基因），全年班组提报精益改善提案活动327项，OPL（单点课程）223次。

（4）抓思想、讲政治、树新风，强化品牌建设的党建工作创新。

一是抓好党员思想提升。天津钢管建立“清单式”学习计划，通过中心组、主题党日等载体，落实“第一议题”制度，特别是把习近平重要讲话中安全、经济等方面内容作为学习重点，帮助干部与中央精神对标对表。同时结合天津钢管经营实际情况，安排各级党组织讲形势任务专题党课，引导党员把政治理论学习成果转化为立足岗位、担当负责的具体行动。

二是营造风清气正经营氛围。天津钢管组织相关人员签订《阳光合作协议书》《廉洁从业承诺书》《防止利益冲突登记表》等2000余份，引导从业人员知责明责，强化自我约束。每周编发警示教育材料，通过案例引导天津钢管党员干部及职工知纪明法、廉洁自律。

三是抓好全员思想转变。天津钢管紧密结合严峻形势和艰巨任务，开展“五个统一、一个目标”大讨论，着眼于增强全体干部职工思想共识、责任担当和行动动力，分别设计“统一行动，我是党员做先锋”“统一思想，明形势转观念勇担当”“统一理念，凝心聚力促发展”等主题党日活动，深化党建与生产经营的有机融合，引导党员群众凝聚智慧力量，更好为企业的发展贡献力量。

四是创建党建品牌发挥典型示范效应。天津钢管选定2021年被评为先进党组织的10个基层党支部开展品牌创建，以品牌建设促进各基层党支部作用的发挥。集中力量重点总结、提炼品牌建设过程中，党建载体融入生产经营，推动作业区、班组重点指标提升的典型经验，形成了《党建品牌案例集》。天津钢管通过组织案例集学习，加强经验复制，激发创新思路，帮助各基层党支部提升党建促经营的有效招法、措施，把党员职工的积极性、创造力凝聚到各项任务上来。

6.5.4 太钢：持续推进管理创新和党建创新工作

2021年，太钢不锈钢股份有限公司（以下简称“太钢”）持续推进管理创新和党建创新工作，推动公司管理体系和管理能力持续完善和提升。

（1）管理方法创新。

一是对标世界一流，助力管理能力提升。围绕太钢战略目标，按照“战略目标指引、商业计划结合、系统高效实施”的总体思路，以“三高两化”为实施路径，开展对标提升工作，进一步加强管理体系和管理能力建设，进而形成管理理念、管理文化更加先进，管理制度、管理流程更加完善，管理方法、管理手段更加有效。

二是按照“五步法”即“找准差距、分析原因、明确目标、制定措施、狠抓落实”五个步骤推进降本增效和经营管理改善。坚持问题导向、目标导向、结果导向，通过顶层设计，系统推进专业管理优化提升。针对短板进行管理变革与机制创新，组织持续推进管理变革项目，重点针对管理短板，配套进行流程优化和制度建设。年度设立管理优化提升项目，纳入预算管理，实施专项激励。

三是集成运用先进管理方法。系统开展与中国宝武的管理对接工作，借助央企先进管理理念和管理工具提升太钢现代化管理能力和治理水平。本着应接尽接、快速对接、最大限度发挥协同效应的原则，优化配置各类资源，提升管理效能、运营效率、资产效率，实现与集团发展战略紧密衔接，战略管控体系、语言与工具的高效对接与有机融合。持续推进六西格玛管理，通过实施六西格玛项目改进，解决生产经营过程中的痛点、难点问题，推进管理水平升级。

四是推行“一总部多基地”管理模式。设计并形成太钢“一总部多基地”管控方案，建立涉及 19 个专业管理部门 141 个管理模块 404 项管控事项的职能管控矩阵，从采购、营销、技术研发、生产制造等方面挖掘协同项目和协同效益。

五是推行“制度树”管理工具。优化制度建设计划，编制太钢制度树（2021 版）框架文件，构建“1+N”公司级制度与各专业管理制度体系模式，合理分层分类，进一步明确管理规范要求，推进各级各类制度的“立、改、废、转”，实现制度精简、流程优化、管理高效。

（2）党建工作创新。太钢以“三化”党支部创建为载体，以“两个转化”创新实践为支撑的党建工作落实体系，夯实基础根基，重心下沉、力量下倾，不断筑牢高质量发展的“桥头堡”。

不断完善和落实党建工作责任体系。一是建立了以《党建工作责任制实施办法》为统领，以各党群部门考核评价细则为支撑，以日常考评与年度考评相结合、绩效评价与党建考评相印证的综合考评机制为载体的党建责任体系，明确职责，强化担当，狠抓落实。二是通过年初安排部署、年中检点推进、年底述职评议的“PDCA”循环落实模式，横向责任分解、协调联动，纵向逐级负责、层层推进。特别是加入宝武以来，进一步细化党建责任清单管理，实施月度自评、季度预评、半年综合验证模式，一年两轮，滚动推进，确保责任落实到位。三是强化考核结果应用，将党建考核结果与绩效挂钩，形成党建责任考核与生产经营目标考核的双向印证、双向促进机制，与评优评先、岗位调整、绩效薪酬挂钩，并通过约谈、通报、限期整改和追责问责等方式督促管党治党政治责任落实落地。

不断推进“三化”标准化党组织创建。太钢党委制定下发“三化”党支部建设标准，各直属党组织对照标准对所属党支部进行月度检查、季度评价，年底由太钢党委进行评定，评定结果与党支部和党支部书记的评优评先直接挂钩。通过连续几年来大力度推动“三化”支部创建，太钢 496 个党总支和党支部全部按照“六有标准”（有标牌、有桌椅、有电教设施、有工作图板、有书籍资料、有规章制度）建成党建活动室，保证党员学习有教室、活动有场所、交流有平台；全部按照“Y32+N”（全年 32 次“三会一课”规定动作和 N 项自选动作）的组织生活设计规范开展组织生活，围绕生产经营开展特色活动；全部建立党员示范岗，通过支部共建、党员突击队等形式，形成跨工序作战单元，变“单兵作战”为“协同作战”；全部建立了面向党员群众的关爱帮扶机制，传递组织温暖，增强组织凝聚力。

不断深化“两个转化”党建创新实践活动。太钢聚焦党建与生产经营深度融合，以项目化管理的方式，组织各基层党组织围绕生产经营工作的难点、重点、堵点、痛点问题，拓展党建工作载体、创新党建工作方式，积极开展“两个转化”党建创新实践活动，形成“超越目标”“攻坚克难”“安全卫士”“知识氧吧”等形式多样、富有实效的“两个转化”创新载体 600 多个，充分激发和调动起了基层一线的智慧和力量，推动太钢高质量发展。

6.5.5 方大特钢：党建为魂

（1）薪酬绩效改革。薪酬是推动企业战略目标实现的一个强有力的工具，对于员工的态度和行为有着重要的影响。方大特钢科技股份有限公司（以下简称“方大特钢”）新的薪酬绩效改革方案，以结果、贡献为导向，以干成事论英雄，收入、激励向指标突出、业绩优秀的奋斗者倾斜。方大特钢在新的薪酬方案实施过程中，既有短期激励，又有长期激励。其中，短期激励注重激励的及时性，主要有专项考核、盈利绩效奖励和利润提成奖励，按制度进行月度、季度或年度兑现。长期激励导向长期奋斗，主要有计划期权奖励和股权激励。通过一年的薪酬改革，方大特钢实现了以岗定级、以级定薪、人岗匹配、易岗易薪。方大特钢对不同岗位和分工设定差异化考核指标，同时坚持组织绩效和个人绩效相结合，以组织绩效为主、个人绩效为辅。方大特钢机关部门、营销单位人员执行强绩效考核，考核结果实行月度强制分配；生产及辅助单位根据岗位、指标、业绩拉开分配差距，真正体现与指标挂钩，向一线苦脏累、关键岗位、技术研发人员倾斜，向奋斗者倾斜。

（2）建立了力争指标科学评价体系。方大特钢全面预算计划是规范年度生产经营工作的大纲，是生产经营管理工作一个好的系统计划，每年都制定生产经营各方面详细的预算指标。方大特钢以年度全面预算计划为基础，为促进生产经营效果，科学评价公司生产经营成效，使全体员工争当奋斗者，建立对生产经营工作具有决定性作用的力争指标体系：1）筛选公司全面预算计划中，主要的生产经营指标，根据利润优先原则，考虑市场波动因素，促进技术经济指标的提高，科学评价生产经营各环节工作效能，初步建立力争指标体系。2）开展力争指标攻关活动，制定力争指标攻关活动方案，设定合理的奋斗目标；形成科学合理的力争指标评价体系，规范力争指标管理。3）由主要职能部门共同推进、各部门单位共同奋斗，努力攻打力争指标，提高公司核心竞争力，首先达成吨材利润中钢协排名前2名，最终实现公司年度利润目标的完成。4）职能部门每月对力争指标完成情况进行正确评价，形成力争指标完成总结，并根据生产经营的变化，及时调整力争指标，促进效益提高。

（3）坚持党建文化引领，用党的理论指导生产经营。方大特钢始终弘扬“党建为魂”的企业文化，始终与党中央保持高度一致，坚持党建文化引领企业发展，用党的理论指导企业发展和生产经营实践，为方大特钢带来了积极的、健康的、不竭的发展动力。开展了中国共产党成立100周年党史教育系列活动，围绕庆祝中国共产党成立100周年和党史学习教育，以员工文化艺术节为载体，从“线上”到“线下”，从“室内”到“室外”多形式，全方位策划和组织开展了共学共唱《我宣誓》主题歌曲、“唱支歌儿给党听”大合唱比赛、庆祝中国共产党成立100周年庆典晚会暨颁奖典礼等一系列政治站位高、有教育意义的活动，总计超2万人次参与。

（4）产业工人队伍建设改革工作取得成效。方大特钢被定为省产业工人队伍建设改革试点单位，成立以方大特钢董事长为组长的产改工作领导小组，出台《方大特钢新时期产业工人队伍建设改革实施方案（试行）》，提出了24条改革举措。通过《方大特钢》报等媒体、南昌市新时代产业工人队伍建设改革现场推进会上作经验介绍，以及在《工人日报》头版头条刊登文章，积极宣传、展示方大特钢产改中的亮点、成效和员工队伍的精神风貌。

（5）强化员工思想引领。一是切中当前生产经营工作重点，方大特钢全年开展12项主题教育活动。二是坚持中层以上干部和党群人员深入基层，开展员工思想动态宣传调研工作，与员工交流2900余人次，协调解决问题191个。三是高度重视员工论坛工作，及时正面回复与宣传党群、工会类论坛帖子287条。四是多次召开各级党组织书记等党群工作会议，布置员工思想教育引领工作，针对热点问题，编辑一期班组学习材料。

（6）树典型争示范强引领。方大特钢抓好年度评先表彰、班组每月一星、“方大奋斗者”“两优两先”“最美小家”等各类评选活动，营造出浓厚的创先争优氛围。特别是配合学华为推进薪酬绩效改革，增加“争当方大奋斗者”争先创优评选，全年共评选出“方大奋斗者”89 人。方大特钢优化劳模选树工作，方大劳模享受全国劳模待遇，形成选得准、树得牢的长效机制。

6.5.6 淮钢特钢：以建党百年为契机弘扬爱国主义精神

2021 年，恰逢中国共产党建党 100 周年，为隆重纪念中国共产党成立 100 周年，淮钢特钢开展了一系列活动，庆祝建党百年，进一步激发了全体职工爱党爱国热情，增强党性意识，弘扬爱国主义精神，讴歌实现中华民族伟大复兴中国梦的奋斗历程，追寻革命先辈的光辉足迹。

5 月 25 日下午，沙钢集团“庆祝中国共产党建党 100 周年优秀共产党员暨劳模、功勋代表先进事迹宣讲活动”在淮钢特钢隆重举行。公司总经理蒋建平作重要讲话，他指出，11 位劳模，11 面旗帜！11 位党员，11 座灯塔！虽然岗位不同，事迹各异，但他们有个共同的特点，那就是立足本职、勤勉敬业，胸怀大局、积极奉献，在平凡的工作岗位上创造了不平凡的业绩。毫无疑问，他们是劳动者中的佼佼者，是共产党员中的先进典型，是我们身边的榜样，前行的力量！

6 月 11 日，为纪念中国共产党建党 100 周年，引领全体党员、职工坚定不移地听党话、跟党走，自觉做中国特色社会主义的坚定信仰者、忠实实践者，公司党委举办“学党史、悟思想、干实事、开新局”党史知识竞赛活动。公司第一副总经理李培松在赛后的总结讲话中指出，今年是中国共产党建党 100 周年，当前全国上下都在开展系列庆祝活动，党史学习更是其中的一堂“必修课”。通过党史知识的学习，我们对党 100 年来的发展历程有了更深层次的了解，也更加坚定了我们“听党话、跟党走”的决心与信念。任何时候，我们共产党员都要勇立潮头，率先垂范。希望通过党史知识竞赛，每位党员都能提高认识，在岗位上更好地发挥先锋模范作用，为企业发展积极奉献。

6 月 30 日下午，在“红歌交响扬帆百年”——沙钢集团庆祝中国共产党成立 100 周年大合唱比赛中，淮钢合唱队凭借《我们是光荣的钢铁工人》《兵哥哥》两首歌曲的精彩演绎摘得桂冠。此次活动是沙钢集团庆祝建党百年系列活动之一，旨在通过红歌、厂歌唱响每一个沙钢人的爱党爱国热情，激发广大职工干部不忘初心、接续奋斗的激情，向全社会展现沙钢人朝气蓬勃、奋发进取的精神风貌。

7 月 1 日下午，淮钢特钢党委隆重举行庆祝建党 100 周年暨“七一”表彰文艺汇演活动。公司领导，各党总支、支部委员，党员代表，2021 年新发展党员，入党积极分子代表等 160 余人统一着装、胸佩党徽，用钢铁人自己的方式庆祝党的这一伟大时刻。

公司各党总支、支部，组织党员利用周六、周日休息日，赴周边红色教育基地，接受红色教育，缅怀先烈，重温党史。开展“我为党旗增辉”主题征文活动，回顾入党以来在岗位上如何发挥党员先锋模范作用，今后如何在岗位上更好地发挥党员先锋模范作用。

第 7 章

2021 年中国特殊钢行业大事记

7.1 中国特钢企业协会大事记

1月4日，在北京市青海大厦会见西部矿业董事长张永利。同日与工信部原材料司吕桂新副司长、中国钢铁工业协会副会长骆铁军、冶金工业规划研究院党委书记李新创，座谈有关西宁特钢搬迁事宜。

1月13日，参加冶金工业规划研究院组织的“西钢集团搬迁规划”评审会。

1月26日，到中国国际工程咨询公司参加“中央企业高端金属材料创新联合体总体方案”评审会。

2月4日，参加冶金工业出版社组织召开的《中国特殊钢》一书编写视频会议。

2月7日，建龙集团副总经理阮小江一行莅临特钢协会调研并交流工作。

2月23日，青岛钢铁办公室主任于波、副主任薛冰一行来特钢协会访问交流。

2月24日，到冶金工业规划研究院落实“‘十四五’特钢发展规划”等有关事宜。冶金工业规划研究院肖邦国副院长、管志杰处长参加。

3月4日，到冶金工业规划研究院落实交流“我国特钢发展方向”的课题策划。

3月5日，国家制造业转型升级基金股份公司经理张荣瀚和金万投资公司总经理陈建平一行莅临特钢协会调研并指导工作。

3月17日，走访宝武特种冶金有限公司。与总经理章青云、陈春部长，以及宝武新材料中心副主任李永东座谈。

3月19日，在上海参加由宝武特种冶金有限公司承办的“中国特钢企业协会工模具钢市场研讨会”。

3月20日，在北京参加由冶金工业规划研究院主办的“中国钢铁高峰论坛”。

3月22日，参加冶金工业规划研究院组织的《对赤峰市钢铁产业“十四五”高质量发展规划》评审会。

4月2日，到冶金工业出版社参加《中国特殊钢》编写工作会议。

4月9日，到上海市参加由钢之家承办的中国特殊钢市场预警会和高峰论坛。

4月15日，特钢协会秘书长王怀世参加在黄石市市场监督管理局举办的《模具钢产业高质量发展指南》评审会。

4月15日，特钢协会副秘书长刘建军赴大连市参加由东北特钢集团承办的“中国特钢企业协会不锈钢棒线材市场预警会”。

4月25日，宝武新材料创新中心李永东一行莅临特钢协会调研并交流工作。

4月27日，特钢协会在无锡市承办“特钢出口座谈会”，会议邀请海关总署、中国钢铁工业协会有关领导出席。

5月8日，参加在冶金工业规划研究院召开的工信部“我国特钢产业发展现状及下一步发展方向的研究”课题评审会。

5月10日，到黄石市落实中国（黄石）特钢产业大会的筹备工作情况。

5月11日，到黄石市参加由大冶特殊钢股份有限公司承办的模具钢市场预警会议。

5月14日，到江阴市参加由中信特钢集团承办的《中国特殊钢》审稿会。

5月19日，到上海市参加中国钢铁工业协会进出口委员会大会。

5月20日，到湖州市参加由永兴特种材料科技股份有限公司承办的中国特钢企业协会不锈钢棒线材市场预警会。

5月31日，在冶金工业规划研究院参加中关村标准评审会议。

6月11日，到成都市参加由攀钢国贸公司承办的“中国特钢企业协会工模具钢市场研讨会”。

6月11日，工信部发函钢铁协会，拟了解特钢行业产品研发等相关情况，特钢协会收集会长等主要单位实际情况，于6月18日向工信部汇报。

6月23日，到黄石市出席由大冶特殊

钢股份有限公司承办的“中国特钢企业协会九届十次会长联席会”。

6 月 24 日，“中国特钢企业协会十届一次会员大会”在黄石市召开，会议选举产生了新一届协会会长、副会长、秘书长。新一届执行会长为中信泰富特钢集团董事长钱刚，秘书长为刘建军，特聘中信泰富特钢集团原董事长俞亚鹏为名誉会长。

6 月 24 日，十届换届大会暨十届一次会员大会在湖北黄石召开，选举产生了第十届理事会负责人。同期，中国特钢企业协会与黄石市人民政府共同举办“中国（黄石）特钢产业发展大会”。

第十届理事会负责人当选名单：

会长：钱刚、章青云、尹良求、高祥明、孙启

中信泰富特钢党委书记、董事长钱刚当选为特钢协会第十届轮值会长，任期至 2022 年 12 月。

副会长：李建朝、丁华、黄永建、阮小江、付正刚

秘书长：刘建军

继续特聘俞亚鹏为名誉会长。

6 月 25 日，在黄石市召开中国（黄石）特钢产业大会。

7 月 7~10 日，秘书长刘建军赴黑龙江哈尔滨参加部际联席会决定的“去产能回头看”现场检查工作。自然资源部鞠建华副司长带队。

7 月 7 日，民政部、国家发改委、市场监管总局联合召开行业协会商会乱收费专项清理整治工作动员部署电视电话会议。中国特钢企业协会，包括不锈钢分会、装备分会、财金分会参加了会议。

7 月 8~9 日，参加石钢京诚承办的“工模具钢产品市场交流会”。

7 月 13~14 日，完成中国特钢企业协会分支机构管理暂行规定的起草工作及印章交接管理工作。

7 月 15 日，特钢协会党支部书记王怀世参加“我的钢铁”上海会议。

7 月 16 日，工信部发函，对“重点新材料首批次应用保险指导目录”进行征求意见。特钢协会根据重点相关企业的建议，提出了相关建议。

7 月 23 日，为应对当前出口市场情况，参加中国钢铁工业协会在北京召开的出口工作座谈会。

7 月 25 日，特钢协会向中国钢铁工业协会、工信部、发改委提出特钢产品免征关税的报告。

7 月 26 日，工信部召开推进电炉钢发展研讨会，中信特钢受邀参加。

7 月 28 日，赴宝武（上海）参加中国钢铁工业协会理事会议。期间，与宝武特冶董事长、特钢协会会长章青云进行交流，就特钢市场、协会工作等进行交流。

8 月 6 日，特钢协会组织专家在规划院对申报符合工模具钢行业自律规范条件的企业评审。评审出首批次入选企业 13 家。

8 月 10 日，海关总署税收征管局（广州）与中国特钢企业协会正式签订合作备忘录。

8 月 10 日，特钢协会秘书长刘建军参加在冶金工业出版社举行的《中国特殊钢》评审会议。

8 月 13 日，参加由中国钢铁工业协会组织的出口交流视频会议，特钢协会做专题汇报。

8 月 17 日，根据中国钢铁工业协会“关于征求 2022 年钢铁产品进出口关税调整建议的通知（财［2021］16 号）”要求，李林、贾胜完成钢铁产品进出口关税调整的建议书，由特钢协会、不锈钢分会合并向中国钢铁工业协会上报，首次正式提出从 72283090 中增列出特殊钢产品（原来是提出增列螺纹钢）。

8 月 19 日，特钢协会秘书长刘建军一

行4人走访轴承协会，邀请轴承协会会长周宇参加于10月25日在上海举行的中国国际特殊钢工业展览会及中国国际高品质特殊钢论坛。

8月28日，秘书长刘建军前往江阴向执行会长钱刚汇报工作，并就特钢市场、未来发展、协会工作等方面交换意见。

9月1日，冶金装备分会一行赴江阴向执行会长钱刚汇报工作。经交流达成共识，加快推进联储联供平台工作，以及收集优质供应商工作。

9月2日，特钢协会秘书长刘建军一行走访冶金工业规划研究院，与李新创书记亲切交流，共同探讨特钢行业的现状与未来发展。希望双方能加强合作共赢，促进高质量发展。

9月3日，钢联副总经理刘静莅临特钢协会交流工作。

9月5日，受邀对工信部提出的“军机机体轴承制造全产业链建设专项工程”进行论证。

9月6日，受邀对中国钢铁工业协会“工业线材期货的可行性研究”进行论证。

9月9日，受邀参加江苏省工信厅组织在南京召开的“江苏省特钢产业链技术评价报告”验收评审会。

9月14日，受邀参加在唐山举办的中国废钢铁应用协会七届一次会员大会，并选举产生第七届理事会。

9月23日，河南安钢总经理刘润生莅临特钢协会，听取安钢转型升级的意见及建议。

9月24日，特钢协会召开符合“工模具钢行业自律规范条件”企业名单（第一批）发布会。公布了第一批符合自律规范条件的企业13家，刘建军秘书长、肖邦国副秘书长现场接受了中央人民广播电台、中新社、中国冶金报社等六家媒体记者的采访及提问。

9月25日，受邀参加冶金工业规划研究院在北京主办的“2021第三届中国钢铁高质量发展标准化论坛”。

9月28日，参加不锈钢分会在常州武进举办的第二届不锈钢管大会并致欢迎辞。大会的主题是“集聚高端智慧，赋能行业高质量发展”。

9月29日，特钢协会乔迁新址。新的办公地址：北京市朝阳区胜古中路2号院5号楼金基业大厦512~515室。届时特钢协会将加强冶金设备分会与展览办公室的功能。

10月13日，特钢协会在河北省石家庄市召开全国特钢企业优特钢预警研讨会。会议由河钢石钢承办。

10月14日，刘建军秘书长赴北海参加由中关村不锈及特种合金新材料产业技术创新联盟举办的“不锈钢及特种合金新材料产业高峰论坛”并致辞。

10月15日，王怀世支部书记赴广东阳江参加中国特钢企业协会团体标准化工作委员会年会并致辞。

10月16日，刘建军秘书长一行4人赴新余特钢考察参观。

10月18日，刘建军秘书长参加在张家港召开的由浦项不锈钢承办的不锈钢分会年会并致辞。

10月25~27日，特钢协会在上海召开会长联席会、举办国际特钢工业展览巡展、举办国际特钢高品质论坛等。

7.2 中国特殊钢企业大事记

1月

1月1日，太钢集团正式托管宝武旗下宝钢德盛和宁波宝新两大不锈钢沿海制造基地，世界级不锈钢产业旗舰雏形显现。

1月4日，南钢股份发起，南京市产业发展基金、扬子江创新创业投资基金、复星集团等参与的南钢转型升级产业基金正式签约，基金投资的四方将共同设立南钢转型升级产业投资合伙企业，首期认缴出资总额为 10 亿元。

1 月 4 日，河北省工信厅授予河钢石钢新区“河北省节水型企业”称号。

1 月 5 日，中国宝武与太钢集团管理对接正式启动。

1 月 5 日，积极应对石家庄市新冠肺炎疫情发展态势，石钢关键岗位干部和技术人员响应石钢号召，连夜返回新区岗位，为疫情防控和加快达产达效提供强力保障。

1 月 5 日，方大特钢工业旅游景区获批国家 3A 级旅游景区。

1 月 5 日，潍坊市城市管理局党组书记、局长马冰等一行 11 人来到潍坊特钢供热站现场调研。

1 月 6 日，河钢舞钢首批 300 余吨 105 毫米厚 3.5Ni 钢板顺利交付客户，表示超出国家标准最大厚度的 3.5Ni 钢板合同圆满完成。

1 月 6 日，中航起落架公司副总经理孟清河一行 8 人与中航通飞华南公司结构部部长刘木君一行 2 人，就 AG600 型飞机起落架用 A-100 钢的生产工艺与生产能力到大冶特钢调研。

1 月 7 日，长城特钢顺利通过东汽核电三澳项目开工检查。

1 月 7 日，凌钢高速线材机组轧制 ϕ13 毫米大规格盘圆成功，其产品表面质量和尺寸精度以及产品性能均达到国标和用户要求，为凌钢高速线材研发盘圆新规格奠定了坚实的技术基础。

1 月 8 日，黄石市委书记董卫民一行深入大冶特钢项目建设现场，就贯彻落实中央和省委经济工作会议精神、推动市委经济工作会议部署落实进行调研。

1 月 8 日，宝武特冶成立子公司宝武特冶钛金科技有限公司，迈出“先行先试，努力打造混合所有制改革的标杆企业”的第一步。

1 月 8 日，镇江市科学技术局组织有关专家对由江苏天工科技股份有限公司承担的镇江市重点研发计划——产业前瞻与共性关键技术项目“高品质大卷重 TC4 钛合金线材制备关键技术研究”（项目编号：GZ2017011）进行了验收。镇江科技局高新处处长陈丽明、南京工程学院材料专业教授毛向阳、江苏大学材料专业副教授吴继礼等领导专家组参加验收。

1 月 11 日，自然资源部发布全国绿色矿山名录公告，在企业自评、第三方评估、省级核查推荐基础上，经审核和社会公示后，太钢尖山铁矿入选自然资源部 2020 年度全国绿色矿山名录。

1 月 11 日，中原特钢在兵器装备集团首批六家试点单位中率先建成综合安全监管信息平台，实现安全、消防、保卫、环保、能源管控全覆盖。

1 月 13 日，河南省副省长王新伟、省政府副秘书长魏晓伟、省工信厅副厅长杨新生等领导一行到济源钢铁调研。

1 月 15 日，中国宝武山西总部在山西省太原市揭牌。

1 月 15 日，汉冶钢铁完成东芝水电钢产品认证。

1 月 18 日，东北特钢股份第一轧钢厂银亮车间新增直径 13~65 毫米离线涡流超声联合探伤机组正式开始试生产。

1 月 18 日，南钢中标国家管网集团中俄东线天然气管道工程南段的泰安—泰兴段、南通—甪直段及江苏滨海 LNG 通榆—盱眙段管线工程用管线钢约 15.6 万吨，材质 X70、X80 及 X80 抗大变形。

1 月 19 日，中原特钢 ZYSCO 数字化工程项目正式启动。

1 月 19 日，中信泰富特钢集团成功竞得上海电气集团钢管有限公司 40%股权，间接持有天津钢管制造有限公司 20.4%的股权并全面负责公司生产经营管理。

1 月 19 日，南钢召开两化融合管理体系贯标 2.0 启动会，中信联两化融合管理体系评定工作委员会秘书长郑永亮、江苏省工信厅两化融合推进处张润、江苏省两化融合贯标咨询服务联盟秘书长徐泰伟等专家莅临指导。

1 月 19 日，济源一中育田数理探索馆投入使用。董事长李玉田与副市长卫祥玉共同为探索馆揭牌。

1 月 20 日，天钢高线厂在历经 16 个月的停产后顺利复产出钢。

1 月 25 日，井陉矿区区委书记李瑞峰率矿区四大班子 23 名成员，在石钢启动“稳岗留工”送温暖活动仪式。

1 月 26 日，河钢舞钢 300 吨特厚钢板（最大厚度达 250 毫米）首次出口卡特彼勒印度尼西亚工厂，将用于印尼某重点项目，助力“一带一路”建设。

1 月 26 日，贵钢中空钢线 160 方试轧成功，钻孔 180 方试钻成功。

1 月 26 日，示范区党工委书记、市委书记史秉锐履新后首次来济源钢铁调研。

1 月 26 日，衡钢 30 兆瓦煤气发电机组成功并网，机组年发电量约为 2 亿千瓦·时。

1 月 29 日，淮钢特钢通过北京国金衡信公司质量、环境、职业健康安全、能源管理体系外部审核。

1 月 30 日，太钢不锈 4300 毫米中厚板生产线智能化升级改造项目开工建设。

1 月 30 日，天津钢管轧管厂 720 机组圆满完成生产任务，涉及 3 个孔型、14 个规格，月产量创近 5 年新高。其中两个大批量重点出口合同成材率同比提高 3%，达到了 720 机组管线管品种成材率的最好水平。

1 月，中信泰富特钢集团与上海电气集团战略合作，中信泰富特钢团队入主负责公司经营生产管理。

1 月，天津钢管与国外某石油公司签订的 2.6 万吨项目订单，首批 ϕ168.3 毫米×9.53 毫米 PSL2 X65QS 管线管产品在元通公司顺利下线。目前，已完成 7000 余吨生产合同，产品质量得到用户充分肯定。

1 月，长城特钢研发的热作盾构钢获得四川省新材料首批次认证（省内冶金行业首次获得），产品质量及市场占有率达到国内领先水平，实现了以产顶进。

1 月，长城特钢高性能盾构机刀盘用钢顺利通过专家评审，入选“2020 年度四川省重大技术装备首台套新材料首批次软件首版次产品”。长城特钢从 2014 年底开始研发生产盾构机刀盘用钢。2021 年，全年交付盾构机刀盘用钢 941 吨，同比增幅 278%，国内市场占有率达 10%以上，填补了国内空白。

1 月，中原特钢首次完成 DN1800 毫米规格超大管模分体焊接，填补加工空白。

2 月

2 月 1 日，淮钢公司“碳钢产品德国莱茵公司（TUV）认证”项目获 2020 年省级商务发展专项资金（产品认证类），鼓励企业开拓国际市场。

2 月 1 日，济源钢铁董事长李玉田荣获河南省民营经济“出彩河南人”标兵称号。

2 月 1 日，方大特钢 5000 余名员工发放红包，每人发放 1 万元。

2 月 2 日，河北省副省长葛海蛟就企业复工复产到石钢新区调研。

2 月 2 日，宝武特冶收到长征五号运载火箭型号办公室感谢信。宝武特冶为长征五号遥五火箭发射嫦娥五号探测器任务配套研制的高温合金锻件、管材、棒材等产品，满足各项使用要求，获得高度肯定。

2 月 2 日，河钢舞钢 180 毫米厚的高级别大厚度 FH785 海工钢板研发获得成功，实现了又一高级别、高强度、高创效、高难度海工钢新产品的“国内首发”。

2 月 2 日，江苏省工业经济联合会第四届会员代表大会在南钢召开，线上线下 220 余家单位参会，南钢党委书记、董事长黄一新当选第四届省工经联会长。

2 月 2 日，邢台市发布 2020 年度纳税百强企业名单，邢钢位列榜单第 14 名。40 多项工艺成果达到国际先进或国内领先水平，跻身世界钢铁企业技术竞争力排名 50 强（第 34 位）和世界钢铁企业专利技术能力排名 50 强（第 27 位）。

2 月 4 日，南钢参建的“一带一路”先导工程——“中缅油气管道”项目获得央视新闻联播点赞。同日，板材热处理集控项目上线。

2 月 4 日，济源钢铁投资近 5000 万元的济钢体育馆正式投用。

2 月 5 日，中原特钢召开八届六次职工代表暨 2020 年度总结表彰大会。

2 月 6 日，大冶特钢扁棒生产线热负荷试车成功。

2 月 9 日，太钢不锈高端冷轧取向硅钢三号轧机热负荷试车成功。同日，太钢不锈冷轧厂五号平整机项目热负荷试车。

2 月 9 日，邢台市信都区政府（代表市政府）、河北国控、北京建龙重工集团和邢钢四方正式签约托管邢钢。

2 月 17 日，济源产城融合示范区管委会主任、市长石迎军到中原特钢检查指导工作，了解节日期间企业生产情况。

2 月 17 日，浙江省经济和信息化厅党组成员、副厅长厉敏一行莅临东方特钢开展“助企开门红”服务企业复工复产专项活动调研，嘉兴市经信局党组书记、局长徐明良、南湖区副区长赵亚锋等陪同调研，集团副总裁、东方特钢董事长刘晓亚热情接待。

2 月 18 日，太钢现代铁素体不锈钢冷轧薄板品质提升项目太钢不锈冷轧厂 5 号平整机项目建成并试车成功，标志着太钢铁素体不锈钢生产水平向着产业链高端方向迈进了一大步。

2 月 19 日，东方特钢开发的“高品质不锈钢绿色制造关键技术开发及应用”科技成果顺利通过了专家组的鉴定，并取得了科技成果鉴定证书。

2 月 1～22 日，天钢焦化厂单日焦炭产量连续 22 天超 2583 吨，自 1 月份原天焦公司正式归属天钢公司以后，焦炭产量再创新纪录。

2 月 22 日，习近平总书记等党和国家领导人在人民大会堂亲切接见了“嫦娥五号”探月工程任务参研参试单位和人员代表。长征五号大推力运载火箭发动机配套某高温合金管材研发负责人、80 后青年人才欧新哲代表宝武特冶作为核心协作配套单位主要代表参加了接见活动，进一步激发宝武特冶使命担当、科技报国的责任感和荣誉感。

2 月 22 日，长城特钢首次生产 $\phi12$ 毫米纯钛 TA2 获得圆满成功，纯钛 TA2 的成功生产，为 280 轧机产品结构调整、新品开发积累了宝贵的经验，提升了现有产线的生存能力。

2 月 22 日，从中国海洋石油集团有限公司获悉，我国海上最大高温高压气田东方 13-2 气田已成功投产。天津钢管两个规格、近千吨自主研发的 X65QO 钢级深海管线管产品，参与了气田区中心平台到气田生产辅助平台的海底管道铺设项目。

2 月 28 日，中国文物学会会长、故宫博物院第六任院长单霁翔召集演员黄觉、相声演员阎鹤祥、歌手马伯骞组成“布鞋男团”，一起来大冶特钢厂区内的汉冶萍煤铁厂矿旧址，录制中国首档世遗揭秘互动纪实节目——《万里走单骑——遗产里的中国》。

2 月，中信泰富扬州特材港务吞吐量首

次突破168万吨，创造历史新高。

2月，东北特钢相继收到来自中国运载火箭技术研究院、内蒙古北方重工业集团有限公司发来的感谢信，诚挚感谢东北特钢为我国航空航天、国防军工事业做出的贡献。

2月，经兵器装备集团精益管理评估小组现场评估，中原特钢评为B一级，位列民品企业第2名。

3月

3月1日，西钢集团党委决定在全体干部职工中全面开展“献礼100年、大干100天”主题劳动竞赛。

3月1日，南钢—瑞立联合研发中心正式揭牌。

3月2日，河钢舞钢研发的国内最厚海上风电用钢——230毫米厚的KE500钢板一次性通过日本船级社的入级检验，顺利交付客户，将被用于新加坡大型海上风电安装船项目。

3月2日，中宣部建党百年纪录片《钢铁脊梁》摄制项目组到大冶特钢调研前采。

3月4日，中央财经办经济二局副局长祝丹涛（主持工作）、国务院国资委企业改革局副局长唐祖君率中央财经办调研组，在辽宁省国资委主任王永威，抚顺市委副书记于万军、副市长王金华等省、市相关领导陪同下来到抚顺特钢进行实地调研，了解企业重整以来的生产经营情况，帮助企业协调解决实际问题。

3月4日，太钢集团与东方电气股份有限公司签署战略合作协议，标志着双方合作开启了崭新篇章。

3月5日，河北省委组织部人才工作处处长张长征就人才工作来石钢新区调研。河北省科技厅人事处、省委组织部研究室等相关负责人参加。河钢集团党委副书记李炳军、钢研总院院长李建新及组织部相关同志陪同调研。

3月6日，常州市经开区举行2021年重大项目签约仪式，集中签约总投资350亿元的28个重点项目，其中集团董事局副主席、副总裁、党委副书记高一平先生代表集团签约总投资77亿元的“中天优特钢提档升级绿色智造项目”“中天教育小镇项目”“中天集团总部项目”。

3月6日，西钢集团党委召开党史学习教育动员会，安排部署公司党史学习教育各项工作。

3月6日，经权威认证机构——中国船级社质量认证潍坊特钢审核，潍坊特钢顺利通过CCSR9001—2011《船用产品认证规范》及ISO9001：2015《质量管理体系》到期换版再认证的现场审核并取得了由其颁发的质量管理体系认证证书。

3月8日，市政府牵头在淮钢特钢展示厅会议室召开公司“十四五”规划调研座谈会，淮安市委副书记、市长陈之常出席会议，副市长王向红主持会议。

3月9日，天津钢管一举获得中原储气库群3座储气库钻井建设所需套管过半市场份额，为满足油田用户急需、积极推进清洁能源发展、保障国家能源安全贡献天津钢管力量。

3月10日，河南省工信厅领导到汉冶现场察看项目建设进度。

3月11日，省委第五巡视组巡视西宁特殊钢集团有限责任公司党委工作动员会召开。

3月11日，省自然资源厅党组书记、副厅长孔海燕一行调研中天绿色精品钢项目。

3月11日，永钢长江两新党建学院开班授课，全力打造“两新”组织党建领域理论研究、教育培训、协作创新的专业性交流平台。

3月14日，天津钢管制造有限公司首次生产的外径476.25毫米TP-G2和482.60

毫米 TP-TLM 特殊扣抗腐蚀套管成功应用于中国南方海相最深井元深 1 井，其中一开套管下井深约 3300 米，创国内大规格套管的下井深度新纪录。

3 月 15 日，工业和信息化冶金业财融合评价专委会执行主任、中特钢协总工程师、财金分会会长洪家增一行到访南钢。

3 月 15 日，新天钢集团 2021 年第一个信息化进阶项目——天钢公司物流检斤系统正式上线，过磅效率大幅提升，由 3 分钟缩短至 30 秒。

3 月 15 日，在甘肃省某高端能源装备制造大型龙头企业，由河钢舞钢生产、用来替代进口的超大厚度、超大单重铬钼钢板被卷制成筒，即将开始进行焊接。这是河钢舞钢为中（国）委（委内瑞拉）合资广东石化 330 万吨/年柴油加氢装置项目量身定制的“单打冠军”产品——12Cr2Mo1R（H），钢板厚度和单重均创下同类钢板之最。

3 月 16 日，由中国钢铁工业协会主办，江苏沙钢集团有限公司、冶金工业信息标准研究院、中国废钢铁应用协会、冶金科技发展中心承办的《再生钢铁原料》国家标准宣贯暨技术研讨会在张家港召开。

3 月 18 日，南钢成立数字应用研究院。

3 月 18 日，中国航天科技集团第八研究院第 806 研究所所长叶勋一行到大冶特钢调研。

3 月 18 日，山钢莱芜特钢事业部新旧动能转换工程转炉连铸项目开工建设，配置 1 套机械搅拌法脱硫、1 座 100 吨转炉、1 座吹氩喂丝站、2 座 LF 精炼炉、2 套 SVC、1 座 RH 精炼炉、1 台 6 机 6 流方坯连铸机，以及与之配套的公辅设施，设计年产优特钢 128 万吨。

3 月 18 日，湖南省委常委、省国资委党委书记姚来英来到衡钢，参加指导 180 分厂生产党支部组织生活会。

3 月 20 日，国家发改委地区振兴司副司长王心同一行来大冶特钢调研。

3 月 22 日，太钢集团召开干部宣布会，任命魏成文为太钢集团董事、总经理人选，以及党委副书记，太钢不锈董事、董事长人选。

3 月 23 日，中原特钢召开党史学习教育动员部署会，学习贯彻习近平总书记在党史学习教育动员大会上的重要讲话精神和兵器装备集团党史学习教育有关安排，对中原特钢开展党史学习教育进行动员部署。

3 月 24 日，在济源产城融合示范区工业高质量发展和科技创新大会上，中原特钢荣获 2020 年度济源科技创新发展先进单位、济源工业三大改造先进企业和纳税先进企业等荣誉称号。

3 月 24 日，河北省环保厅副厅长吕竹青、环境应急与重污染预警中心主任王晓利一行到石钢新区进行环保工作检查。市生态环境局、井陉矿区政府等有关人员陪同。

3 月 24 日，邢钢瞄准汽车轻量化、电动化、智能化、网联化发展方向，所开发的 SPR 铆钉用钢，具备较高的硬度和韧性，最高硬度（HV）达到 530~580。

3 月 24 日，邢钢线材顺利通过欧盟限用和有毒有害物质检测。

3 月 24 日，中共中央政治局常委、国务院总理李克强到常州考察，并与中天钢铁集团等 10 余家当地制造业企业负责人互动交流，中天钢铁集团董事局主席、总裁、党委书记董才平参加活动。

3 月 24 日，沙钢股份第七届董事会第十次会议在淮钢特钢召开，对董事会工作报告、总经理工作报告等报告议案进行了审议表决。

3 月 25~26 日，SKF（斯凯孚）与大冶特钢开展技术交流日活动。

3 月 25 日，中国国际贸易促进委员会党组书记、会长高燕一行到大冶特钢调研考察。

3月26日，南京钢铁股份有限公司（简称“南钢”）举办首届GMS产业互联高峰论坛。

3月27日，长城特钢炼钢厂新增电渣炉项目第二台电渣炉第一阶段热调试成功，标志着长城特钢新增2台3吨保护气氛电渣炉项目取得重要阶段性成果。

3月27日，中信泰富特钢集团党史学习教育动员部署会议结束后，大冶特钢党委举办党史学习教育专题党课。

3月30日，中信集团党委委员、副总经理徐佐一行在中信泰富特钢集团党委书记、董事长钱刚的陪同下来大冶特钢调研。

3月30日，贵州省政协副主席，贵阳市委副书记、市长、贵安新区管委会主任陈晏调研贵钢生产经营情况。

3月31日，石钢新区精品高速线材生产线全线贯通。

3月31日~4月1日，兵器装备集团总经理、党组副书记龚艳德到中原特钢调研生产经营及棚户区改造情况。

3月31日，西钢集团党委书记、董事长张永利以《学党史 颂党恩 跟党走 铸就公司改革脱困高质量发展的脊梁》为题，面向干部职工讲授了一堂生动的党课，强调全公司要牢固树立“一盘棋”思想，紧紧围绕公司“十四五”战略目标，大力弘扬新时代共产党人的奉献精神，以优异的成绩庆祝建党100周年。

3月31日，江苏省委常委、常务副省长樊金龙实地调研中天绿色精品钢项目建设情况，对中天绿色精品钢项目建设速度给予充分肯定。

3月31日，衡钢召开干部大会，华菱集团党委任命郑生斌同志为衡钢党委书记、执行董事（法定代表人），何航同志为衡钢副总经理。

3月，长城特钢被中航发沈阳黎明公司评为“银牌供应商”。

3月，中信泰富靖江特钢中标国家重点项目中原油田储气库项目非API特殊扣订单，实现在储气库项目第一单。

3月初，东北特钢成功研发、生产供航空发动机使用的GH4098高温合金带材新产品，产品尺寸包括0.5毫米×200毫米、0.6毫米×400毫米、0.7毫米×200毫米多个规格。

3月，东北特钢股份大连精密合金公司成功试制直径300毫米的4J36精密合金大规格棒材，这在精密公司历史上属于首次，为公司进一步拓宽产品生产能力奠定了坚实基础。

3月，河钢舞钢成功研发生产出高级别大厚度FH785海工钢板，实现了又一高级别、高强度、高创效、高难度海工钢新品的国内首发。高级别大厚度FH785海工钢板是一种新型环保型海洋工程用钢铁材料，具有超强的抗冲击性和超高的强度等，其强韧性较常规海工钢高出1倍。该产品因在加工过程中较其他的高级别海工钢更易焊接加工，可加速制造进程，降低加工成本，成为目前国内外同行业生产研发的热门方向。

3月，中原特钢60吨AOD成功完成双向不锈钢、高钛不锈钢和高强无磁钢部分的冶炼试制。

3月，淮钢公司生产的CL65、CL70产品经太原重工轨道交通设备有限公司加工成HESA铁路货车辗钢整体车轮，顺利通过中国铁科院检测，旋转弯曲疲劳实验次数超过1000万次，满足TB/T 2817—2018《铁路货车用碾钢整体车轮》标准要求。

3月，凌钢优特钢事业部开发的工程机械链轨节齿块用钢35MnB-DN圆钢顺利交付，用户反馈使用该钢种生产的工程机械链轨节齿块全部检验合格，标志着优特钢事业部特别定制开发的个性化产品35MnB-DN圆钢研发取得成功。

3~4月，西王特钢完成以2号高炉、2

号转炉炉役为中心的检修。

3 月，永兴新能源年产 2 万吨电池级碳酸锂项目开工。

4 月

4 月 1 日，河钢舞钢 1900 吨高端钢板独家应用于内蒙古 600 万吨煤化工项目脱硫塔制造。

4 月 7 日，中宣部建党百年纪录片《钢铁脊梁》摄制组到中信泰富特钢兴澄特钢进行为期 5 天的现场拍摄。

4 月 7 日，生态环境部对外合作与交流中心主任专家张晓岚一行到贵钢进行现场调研，听取贵钢项目的迁建、生产经营、环境管理及今后的发展思路等情况汇报，并参观了铁路专用线、精品线材生产线。

4 月 7 日，江苏省生态环境厅副厅长陈志鹏、大气处处长李文青、环评处处长戴明忠等一行 7 人，在苏州市生态环境局副局长蒋勐、张家港市副市长陈卫兵等领导的陪同下到沙钢考察调研。沙钢集团董事局常务执行董事、有限公司总经理施一新等领导陪同考察。

4 月 8 日，兵器装备集团财务公司专职董事孙伟一行到中原特钢调研。

4 月 8 日，江苏沙钢集团有限公司董事局主席沈文荣与淮安市市长陈之常就淮钢特钢“十四五”规划项目进行了亲切会谈。

4 月 9 日，济源产城融合示范区党工委书记、市委书记史秉锐到中原特钢调研，深入济源园区生产现场，实地了解了产品生产、科技研发、安全环保等情况。

4 月 9 日，河南省科技厅副厅长刘英锋到中原特钢调研企业科技创新工作。

4 月 9 日，江苏省人大常委会副主任、党组副书记陈震宁，南京市人大常委会主任龙翔一行就挂钩联系的省特钢材料产业链、市智能制造装备产业链等强链工作到南钢调研。

4 月 10 日，由凌钢集团联办的“第十七届钢铁产业发展战略会议”在上海隆重举行。会议揭晓了“第三届中国钢铁企业综合竞争力排行榜”，凌钢以极强的竞争力在 149 家钢铁企业中位列第 23 名。

4 月 12 日，河钢舞钢高等级钢板中标国内某高端船舶制造项目，将用于世界最大的海上浮式生产储卸油装置（BACALHAU FPSO）关键部位的制造。

4 月 14 日，重钢集团、宝武特冶、重庆钢研签订委托管理协议，宝武特冶对重庆钢铁研究所有限公司实施托管。

4 月 14 日，天津钢管轧管厂 168 机组成功轧制出供中石油新疆油田 TP125V 钢级某规格重点套管，满足用户需求，进一步提升了 168 机组高端管材生产的工艺技术水平。

4 月 15 日，中国南方海相最深井元深 1 井顺利完成一开下套管及固井作业。该井设计井深 8680 米，所用套管全部由天津钢管共同参与设计开发并完成供货，套管的性能与质量得到了油田用户的充分肯定和好评，其中一开套管下井深约 3300 米，创国内大规格套管的下井深度新纪录。

4 月 15 日，宝武特冶与 621 所（北航材院）、603 所（中国一飞院）共同参研的中国航发某攻关项目某重型飞机起落架用材，通过专家评审。

4 月 15 日，太钢集团粉煤灰综合利用公司产品结构调整及智能化升级项目——年产 30 万立方米蒸压粉煤灰加气混凝土板扩容改造项目热负荷试车。

4 月 15 日，汉冶钢铁完成国家企业技术中心评价材料上报。

4 月 16 日，河北省政协副主席、党组成员孙瑞彬带领省政协“看成就、增共识、聚合力”委员专题调研考察团一行 11 人到石钢新区围绕“河钢集团石钢公司搬迁和高质量发展”主题进行调研考察。

4 月 16 日，沙钢集团董事局主席沈文荣在沙钢大厦接受新华社“碳达峰、碳中和”内参调研组采访，沙钢集团有限公司副总经理蔡振明等领导参加。同日，国内最大的矿粉C型料场——沙钢3号C型料场全线贯通投运。该料场总占地面积6.15万平方米，建筑体积358.2万立方米，可储存80万吨球团用铁精矿和烧结矿粉。

4月16日，永钢首批电动重载货运车辆（即电动重卡）启用，助力绿色发展。

4月17日，由凌钢等7家单位联合主办的2021年春季钢材市场形势高峰论坛暨第五届优秀钢贸人颁奖典礼在天津社会山国际会议中心隆重举行。

4月18日，中原特钢首批高温合金锻造成功，为中原特钢向高温合金领域发展奠定基础。

4月19日，作为国家制造业转型升级基金的被投企业，天工迎来财政部绩效评价工作组及国家制造业转型升级基金领导前来调研指导。

4月20日，国家统计局能源司副司长王晓辉一行，在江苏省统计局副局长周国强，苏州市统计局副局长王卫一，张家港市委常委、市政府常务副市长卞东方，以及张家港市统计局相关领导的陪同下，到沙钢就企业煤气发电、钢铁行业及企业能源生产消费情况进行现场调研。

4月20日，南京市委常委王华到南钢调研，深入了解南钢“绿色”“智慧”“人文”“高科技”的高质量发展情况。

4月22日，贵州省工信厅科技处现场调研贵钢《高等级列车牵引电机转轴用钢开发》科技创新申报项目。

4月23日，黄石市委书记郄英才、市长吴锦与中信泰富特钢集团党委书记、董事长钱刚，总裁李国忠一行座谈，就促进大冶特钢项目落地、实现共赢发展进行了交流。

4月24日，中信泰富特钢集团召开大冶特钢干部大会。集团党委书记、董事长钱刚出席会议。集团总裁李国忠宣读任免文件。经集团党委研究决定，任命蒋乔同志为大冶特钢党委书记、总经理，谢文新同志不再担任大冶特钢党委书记、党委委员、总经理职务；任命苏春阳同志为靖江特钢副总经理，不再担任大冶特钢党委委员、副总经理职务；任命郭怀魁为大冶特钢党委委员、总审计师，因年龄原因，赵彦彦同志不再担任大冶特钢党委委员、总审计师职务；任命张继宏为大冶特钢总经理助理。

4月25日，财政部自然资源和生态环境司司长夏先德、生态环境部大气司司长刘炳江就企业生态环境保护工作到太钢现场调研。山西省财政厅、生态环境厅、太原市政府以及省市相关部门负责人陪同调研。

4月26日，石钢新区2号电炉和2号RH炉热试成功。

4月26日，江苏省商务厅副厅长朱益民一行调研中天绿色精品钢项目，中天钢铁集团副总裁、中天绿色精品钢项目总指挥董力源率指挥部领导陪同调研。

4月26日，长城特钢召开一贯制质量管理系统（CQMS）上线启动会，四川大学汇报了《攀长特CQMS系统上线运行方案V2.0》，项目部通报了CQMS工作进展情况。历经4个多月的持续测试，CQMS已具备正式上线条件。5月1日，该系统正式上线运行。

4月26日，山东省人大常委会副主任王良到山钢莱芜特钢事业部新区中型生产线视察调研。

4月28日，长城特钢生产的AISI630ϕ330锻材顺利通过ABS美国船级社认证。ABS船级社认证的顺利通过，标志着长城特钢产品的工艺技术水平已达到较高水准，具备了对ABS标准下的相关船用产品的生产和供应资质，有助于长城特钢开拓更广阔的国际船舶市场。

4月28日，由江苏省冶金行业协会主

办的全省特殊钢及特种合金产业链发展座谈会在南钢召开，会议宣告成立江苏特殊钢及特种合金分会。

4 月 28 日，卡特彼勒 2021 年度审核暨 1E1861 体系钢材认证供应商授牌仪式在中信泰富特钢科技大楼会议中心举行。兴澄特钢获得卡特彼勒 1E1861 体系完全供应商认证。

4 月 29 日，天工公司旗下天工工具 A 股分拆上市项目正式启动。天工工具 A 股分拆上市项目，是天工特钢业务板块由港股分拆回归 A 股，提升天工各业务板块在资本市场上的知名度和影响力的重要项目。

4 月 29 日，河北省国资委党委副书记魏建厂、副主任李合义一行到河钢石钢新区就安全生产工作进行督导。

4 月 29 日，天钢棒材厂 2 号生产线比原计划提前 1 天完成检修任务，顺利投产。

4 月 29 日，山钢股份“精品特钢新区”建设启动会暨揭牌仪式在山钢莱芜特钢事业部举行。

4 月 30 日，邢钢通过 GB/T 23331 能源管理体系再认证审核。

4 月，扬州特材能源管理体系通过了中国质量认证中心（CQC）认证审核，标志着扬州特材能源利用全过程一体化管理再上新台阶。

4 月，太钢集团宁波宝新成功轧制出厚度 0.03 毫米、宽度 1000 毫米的更薄规格宽幅精带产品，系全球同等厚度中宽幅最大的“手撕钢”。

5 月

5 月 1 日，潍坊特钢正式实施《钢铁行业循环经济实践技术指南》《循环经济评价钢铁行业》两项国家标准，该标准由潍坊特钢参与起草制定，于 2020 年 10 月 1 日正式发布。

5 月 2 日，天钢炼铁厂日产达到 15002 吨，炼钢厂日产达到 19031 吨，均创最高纪录。

5 月 6~8 日，淮钢公司参加中国重庆智能汽车技术展会。

5 月 7 日，淮钢特钢团委荣获“江苏省五四红旗团委”称号。

5 月 9 日，江西省委宣传部副部长、省新闻出版局局长黎隆武受方大钢铁党委邀请到方大特钢参观指导工作。

5 月 9 日，新华社、中国品牌建设促进会、中国资产评估协会、国务院国资委新闻中心等单位在上海国际会议中心举行“2021 中国品牌价值评价信息发布暨中国品牌建设高峰论坛”。中信泰富特钢旗下兴澄特钢以 163.42 亿元的品牌价值、883 的品牌强度荣登“冶金有色”榜单第四；大冶特钢也以 75.12 亿元的品牌价值、793 的品牌强度荣登“冶金有色”榜单第八。

5 月 10 日，“2021 年中国钢铁行业品牌榜”发布，天津钢管制造有限公司荣获“2021 中国特钢企业卓越品牌”。

5 月 10 日，浙江钢管成功开发国内外最大口径 ϕ850 毫米×23.3 毫米 4130X 电子气体储气用管并交付用户。

5 月 10 日，全国工业互联网平台赋能深度行南京首发式展览区，工信部总工程师韩夏、江苏省副省长齐家滨等一行来到南钢展位参观指导。

5 月 10 日、11 日、23 日，天钢烧结矿产量三天超过 2.41 万吨，1 号烧结利用系数超过 1.72 吨/(米^2 · 小时)，吨矿电耗、工序成本等多项指标持续下降，综合固耗突破了历史最好纪录。

5 月 11 日，中天钢铁集团 1E 系列钢顺利通过了卡特彼勒公司的年度审核。卡特彼勒公司全球供应网络事业部钢材采购经理王呈泉一行来中天钢铁，授予中天钢铁“卡特彼勒 1E1861 全球合格供应商”的牌匾。

5 月 11 日，国家重大工程——中核集团田湾核电 6 号机组首次并网获得成功，河钢舞钢为其提供了 SA516Gr70、15MnNi、SA-36M、20MnHR 等十多个牌号的钢板千余吨。其中，最大厚度达 100 毫米的核电用调质高强钢 SA517GrF 填补国内空白，独家应用于田湾核电站 6 号机组干式贮存项目的首台乏燃料贮存容器制作。

5 月 12 日，太钢集团 0.07 毫米超平不锈钢精密带材、无纹理表面不锈精密带钢两项新品全球首发。同日，太钢煤气锅炉升级改造项目竣工投产。

5 月 12~16 日，芜湖新兴铸管首次亮相 GAF2021 全球螺丝技术大会暨高端紧固件“智”造、应用工程博览会。

5 月 12 日，大冶特钢总经理蒋乔从卡特彼勒全球采购亚太地区采购经理王呈泉手上接过“1E1861 认证钢材供应商”奖牌。至此，大冶特钢已连续 16 年获得卡特彼勒 1E1861 认证。

5 月 13 日，由凌钢集团冠名主办的“中国优特钢行业高峰论坛”在青岛举行，论坛围绕下半年钢市机遇与挑战等议题进行了分析与交流。会议公布 2021 年度中国优特钢最具品牌影响力企业，凌钢名列前茅。

5 月 19 日，中国机械冶金建材工会分党组书记、主席陈杰平，贵州省机械冶金建材工会主席吴晓英一行到贵钢开展“工会进万家”调研走访慰问活动。

5 月 19 日，济源钢铁召开 TPM 全员生产维修项目启动大会，并成立了 TPM 全员生产维修项目推进委员会。

5 月 21 日，宝武特冶召开中国宝武特种冶金材料发展研讨会暨宝武特冶航材军工用户交流会。

5 月 20 日，河南省政协主席刘伟来济源钢铁调研，济源钢铁董事长李玉田陪同刘伟主席来到特殊钢大棒材生产线现场调研，详细了解济源钢铁的发展历程、企业规模、产品结构、生产经营情况和“十四五”期间的发展规划。

5 月 22~23 日，大冶特钢党委在南昌举办“奋斗百年路 启航新征程”党史学习教育培训班，开展专题理论教学和现场教学。

5 月 22 日，天津钢管采购中心办公楼乔迁新址揭牌仪式在经营大楼二楼大厅举行。中信泰富特钢集团总裁李国忠，公司总经理丁华、党委副书记霍建、副总经理承江、总经理助理兼采购中心经理夏三峰、办公室主任王建、采购中心班子成员及全体业务骨干参加了揭牌仪式。

5 月 23 日，青岛特钢研发的 2300 兆帕级高强钢绞线在高铁箱梁破坏性试验中创世界加载纪录。

5 月 24 日，中原特钢举办了庆祝建党 100 周年“学党史、听党话、跟党走”知识竞赛，总经理、党委副书记马强出席活动，并为获奖选手颁奖。

5 月 25 日，天津钢管加工厂特殊扣线顺利完成专门为中石油浙江油田分公司特殊井况设计的非标规格特殊扣新品生产任务。

5 月 25 日，铜陵特材 80 兆瓦超高温亚临界煤气、蒸汽综合利用发电项目正式启动。

5 月 25 日，河北省人大常委会副主任周仲明带领大气污染防治工作调研组一行 9 人到石钢新区进行巡回调研。石家庄市人大常委会、市政府相关部门负责人及井陉矿区政府相关领导陪同调研。

5 月 25 日，沙钢集团“庆祝中国共产党建党 100 周年优秀共产党员暨劳模、功勋代表先进事迹宣讲活动”在淮钢公司隆重举行。

5 月 25 日，太钢集团与战略合作伙伴大明国际共建的先进不锈钢材料国家重点实验室成型及应用技术研究中心揭牌，双方将充分发挥双方优势，加快不锈钢产品研发与推广应用。

5 月 27 日，河南省总工会党组书记、常务副主席寇武江，省总工会办公室主任刘雪峰一行到中原特钢对荣获河南省第二届中原大工匠的陈问春进行慰问。

5 月 28～29 日，中原特钢党委组织 17 名党员干部到大别山开展党史学习教育。

5 月 29 日，河北省国资委党委副书记魏建厂、何志伟带领省国资委各处室负责人一行 30 余人到石钢新区开展党史学习教育主题实践活动。集团党委副书记李炳军陪同参加了有关环节的活动。

5 月 29 日，由凌钢股份公司主办、燕山大学承办的“高品质特殊钢冶金技术”中高级专业技术人才培训典礼在生产安全部一楼会议室如期举办。集团公司总经理冯亚军出席会议并讲话。

5 月 30 日，辽宁省委副书记、省长刘宁在朝阳、凌源市调研期间专程来到凌钢，就企业技术创新、生产经营以及安全环保等工作进行实地调研，并就推动凌钢高质量发展提出明确要求。

5 月 30 日，随着第一支毛管一次顺利通过连轧机，天津钢管轧管厂 168 机组 2021 年度年修工作圆满结束。

5 月 30 日，方大钢铁及所属方大特钢中高层管理人员、人大代表、劳动模范代表和获得国家、省、市、集团级荣誉的先进代表，优秀党员、团员代表等 120 人，走进南昌八一起义纪念馆，缅怀革命先烈，传承红色革命精神。

5 月 30 日，天钢棒材 MES 系统升级改造项目上线，让公司物流管理更科学、资金运作更加规范、信息传递更通畅。

5 月，兴澄特钢牵头组织提出的国际标准提案《桥梁缆索钢丝用盘条》（ISO/NP6819）被国际标准化组织（ISO）正式批准立项。

5 月，太钢自主研发的 0.015 毫米不锈钢箔材成功实现量产，产品可用于芯片制造、电池包覆、航天航空等高端领域，又被称为“芯片钢”。

5 月，长城特钢收到中国航天科技集团发来的感谢信，感谢长城特钢在长征 5 号 B 遥二运载火箭发射工作中的大力支持并致诚挚问候，期盼与长城特钢继续携手，大力弘扬“两弹一星”精神和载人航天精神，自立自强，创新超越，夺取空间建造任务全面胜利，为全面建设社会主义现代化国家作出新的更大贡献。

5 月上旬，某研究院专项新材料在长城特钢轧钢厂薄板产线试制成功，填补了长城特钢在该材料领域薄板产品的空白。

5 月，中原特钢通过河南省生态环境厅组织的绿色发展评价审核。

5 月，首钢贵钢公司 EA4T 机车车轴获得 HPQ 认证。

5 月，邢钢引入全球第六大汽车零部件供应商弗吉亚，正式开启认证工作，并通过现场审核。邢钢引入新能源汽车恒驰汽车，正式开启认证，并通过原料供应商筛查。

6 月

6 月 1 日，由工商银行江苏省分行、江苏银行、进出口银行江苏省分行、中国银行江苏省分行、农业银行江苏省分行等 8 家金融机构组成的银团与中天集团在南京签订战略合作协议，为中天绿色精品钢项目提供融资总额 170 亿元。

6 月 3 日，世界钢协公布了 2020 年全球钢企产量前 50 强，该统计数据根据 2020 年粗钢产量情况对全球钢铁企业进行排名，并发布了全球前 50 大钢铁企业名单。

6 月 3 日，凌钢联合主办的“2020 年度北京地区优质钢材流通商 50 强揭晓颁奖大会”在北京隆重举行。凌钢销售公司负责人应邀出席大会并颁奖。

6 月 3 日，淡水河谷与沙钢集团在无锡召开 2021 年战略合作研讨会。淡水河谷矿产品（中国）公司总裁谢雪，沙钢集团党委书记、董事局常务执行董事、有限公司董事长沈彬等领导出席会议，淡水河谷与沙钢五方面合作项目主要负责人及相关领域专家代表参加研讨会。

6月3日，邢钢工业纯铁项目研发团队通过研究深脱碳工艺，开发RH炉深脱碳技术，纯铁碳含量降到0.004%及以下，不仅收获5件发明专利、3个企业标准、2篇核心论文，还提高了产品质量、市场竞争力，实现了成果创新，节能变压器铁芯用高硅纯铁、铜包钢复合屏蔽线用钢、爆破引线用超低碳盘条等“硬核实力”产品相继亮相。

6月4日，国内第一座700米级超高水头抽水蓄能电站——吉林敦化抽水蓄能电站1号机组正式投产发电。河钢舞钢牌800兆帕级水电工程用高强钢板——WSD690E又一次建功完全自主研发、设计和建造的国产化重大水电工程。

6月初，45兆牛挤压机产业化试制直径345系列的某新品挤压管顺利完成，丰富了长城特钢的产品结构。

6月6日，西钢集团召开干部大会，宣布集团公司职能部门机构调整以及部分中层管理人员职务调整的决定，在集团总部设置两室五部六中心。

6月7日，邢钢高炉增加均压煤气回收系统项目顺利投运，该项目既可消除炉顶煤气放散噪声，又实现了高炉煤气的全回收，避免煤气二次放散。

6月7日，衡钢在浙江大学举行管理干部领导力研修班开班典礼，通过培训进一步提升干部队伍综合能力。

6月8日，西钢集团召开国企改革三年行动专题推进会，学习国务院国资委及青海省关于国企改革三年行动方案的核心要求，传达西钢集团公司国企改革三年行动实施方案的具体内容。

6月8日，太钢集团召开数智化建设工作会议，启动信息化升级改造（一期）项目，与宝信软件签署智慧制造（1+6，即1个生产管控中心、6个生产区域集控中心）项目。

6月8日，河北省省委常委、石家庄市委书记张超超到石钢新区调研。石家庄市委常委、秘书长罗利，市政府党组成员、副市长高玉柱陪同调研。集团总经理王兰玉参加调研。

6月9日，天津钢管召开专题推动会，加强形势任务教育，深化“五个统一、一个目标”大讨论工作。

6月9~11日，天津钢管参与了中国石化2021年度油套管框架协议公开招标，最终入围10个标包，获得了2021~2022年中石化油套管供货资格。

6月10日，中国冶金矿山企业协会发布2020年中国冶金矿山企业50强，太钢矿业分公司以营业收入110.58亿元的优异成绩位列榜单第二。

6月11日，宝武特冶第一届董事会第一次会议召开，审议通过《关于选举宝武特种冶金有限公司第一届董事会董事长》等议案。

6月11日，人力资源和社会保障部副部长、党组成员李忠，青海省副省长、省政府党组成员杨志文，青海省人力资源和社会保障厅厅长武玉璋等领导来西宁特钢调研稳岗就业工作。

6月11日，淮钢公司举办“学党史、悟思想、干实事、开新局”党史知识竞赛。

6月12日，邹平市委副书记、市长张谦一行来西王集团调研企业生产经营情况，了解企业发展遇到的问题，征求意见和建议。邹平市委常委、宣传部部长、副市长商献文，市委常委、副市长董瑞祥，市政府办公室党组书记、主任郭刚陪同。西王村党委书记王勇、西王集团董事长王棣接待调研领导。

6月13日，天钢棒材厂45牌号ϕ65毫米、ϕ70 毫米规格圆钢一次试制成功。

6 月 14 日，滨州市副市长刘裕斌带领调研组来西王集团调研企业生产经营情况，了解和协助企业解决发展中遇到的问题，鼓励支持企业开足马力、放量生产。滨州市政府副秘书长术国强，邹平市委书记吕明涛，市人大常委会主任乔铭，市委常委、宣传部部长、副市长商献文陪同。西王村党委书记王勇，西王集团总裁夏培剑、常务副总裁王栋接待调研领导。

6 月 15 日，青海省委常委、省政府副省长、党组成员、省国资委党委书记、主任王黎明以《大力弘扬新青海精神，扎实推进青海国企高质量发展》为题在西宁特钢讲授党课。

6 月 15 日，黄石市委书记郄英才、市长吴锦到大冶特钢公司新焦化项目部调研。

6 月 15 日，100 吨产线无组织排放综合治理项目设备设施投入使用，全面达到超低排放改造要求，山钢莱芜特钢事业部顺利通过超低排放改造现场核查。

6 月 18 日，中央电视台报道在塔里木盆地发现了新的亿吨级油气田，衡钢生产的特殊扣油管在这一重点探井中下至最深处 7399 米，助力开辟国家油气资源增储上产新阵地。

6 月 19 日，河钢舞钢中标了 9 个风电项目，承接了共计 1.3 万吨陆地风电钢钢板的生产合同。

6 月 21 日，河钢舞钢为某高端客户批量研发生产的高硅耐磨钢 BTW4 成功发往客户。该钢在模拟 500℃ 工况情况后自然冷却，表面硬度保持在布氏 450HBW 以上，其高温耐磨性能指标处于国内先进水平。这标志着河钢舞钢成功填补了国内钢企在高温耐磨钢领域的又一项空白，进一步丰富和完善了河钢舞钢在耐磨钢领域的产品布局。

6 月 21 日，随着第一支合格管顺利下线，标志着天津钢管加工厂 2 号热处理线年修工作圆满收官，转入正常生产。

6 月 21 日，兴澄特钢在江阴大剧院召开庆祝中国共产党成立 100 周年大会暨党史学习教育宣讲。

6 月 22 日，河北省委老干部局副局长杨海东、省国资委党委副书记何志伟分别看望慰问石钢离退休老党员。集团党委副书记李炳军陪同参加有关慰问。

6 月 22 日，由世界品牌实验室（WORLD BRAND LAB）主办的（第十八届）“世界品牌大会”在北京举行。会上发布了 2021 年《中国 500 最具价值品牌》分析报告，沙钢集团以 563.78 亿元的品牌价值位列榜单第 137 位，中天钢铁以 337.76 亿元上榜，排第 224 位。

6 月 23 日，中信泰富特钢集团党委书记、董事长钱刚结合党史学习教育“我为群众办实事”实践活动，深入大冶特钢调研。

6 月 24 日，大冶特钢承办中国特钢企业协会十届一次会员大会。中信泰富特钢集团党委书记、董事长钱刚当选为十届一次轮值会长，宝武特冶等五家特钢企业被选举为会长单位。

6 月 24 日，太钢集团、淡水河谷和山东鑫海印度尼西亚巴哈多比镍铁建设与运营项目合作框架协议（PCFA）在中国上海宝武大厦和印度尼西亚雅加达现场同步成功视频签约，标志着项目进入实质性实施阶段。

6 月 24 日，长城特钢被推选为中国特钢企业协会副会长单位。

6 月 24 日，贵州省生态环境厅在贵钢开展“使命—2021”贵州省辐射事故应急综合演习。

6 月 25 日，南钢与华为签署《数智南钢样板点打造合作协议》。

6 月 25 日，西钢集团召开深化改革金融支持座谈会，推进银企合作互利共赢发展。

6 月 25 日，庆祝中国共产党建党 100 周年、济源钢铁改制20周年文艺晚会在济源钢铁体育馆隆重举行。

6月25日，来自工信部、国家发改委、湖北省和黄石市委、市政府，中国钢铁工业协会和中国特钢企业协会，以及特钢行业相关企业、科研院所、多家媒体的400余名领导、代表齐聚大冶特钢，参加中国（黄石）特钢产业发展大会。

6月26日，2021年长城特钢重点技改项目“550轧机搬迁改造工程”ϕ40～85毫米特种材料小圆机组热负荷试车获得成功。

6月27日，辽宁省委书记、省人大常委会主任张国清来到凌钢，就深入贯彻习近平总书记重要指示精神，完整、准确、全面贯彻新发展理念，推动绿色低碳发展进行调研。

6月27日，天钢高线厂1号线在停产6年后热试一次成功，顺利复产出钢。

6月28日，中信泰富特钢集团党委书记钱刚，参加在北京人民大会堂举行的全国“两优一先”先进基层党组织表彰大会，受到了习近平等党和国家领导人的亲切接见，并受邀在天安门广场参加庆祝中国共产党成立100周年大会。

6月28日，中国共产党大冶特殊钢有限公司召开第一次代表大会。中信泰富特钢集团党委副书记郑静洪到会指导。

6月28日，白鹤滩水电站首批机组正式投产发电，世界在建规模最大、单机容量最大、装机规模全球第二的白鹤滩水电站投产发电，其电机转子磁轭及磁极使用的磁性材料由太钢自主研发保供。同日，太钢铁前物流智能升级改造工程全线贯通。

6月28日，在某公司召开的“安装供应商合作推进大会”上，河钢舞钢凭借过硬的产品质量、完善的服务体系和强大的品牌实力，获得该公司2020年度“AAA级优质供应商”。在该公司2020年度“AAA级优质供应商”名单中，河钢舞钢是唯一一家获此殊荣的钢板生产企业。

6月28日，济钢专用线跨济水大街铁路桥工程项目顺利交付通车，工程于2021年3月12日开工，比预期提前两个月，由中铁十八局承建，总投资约1690万元。

6月29日，方大特钢隆重庆祝中国共产党成立100周年庆典晚会暨颁奖典礼在方大特钢文化中心举行。

6月29日，西钢集团党委隆重召开庆祝中国共产党成立100周年“七一”表彰大会，热烈庆祝中国共产党成立100周年，表彰公司近年来的优秀共产党员、优秀党务工作者及先进基层党组织，慰问公司“光荣在党50年”老党员。

6月29日，中原特钢举办庆祝中国共产党成立100周年暨人民兵工创建90周年颂歌《献给党、永远跟党走》歌咏比赛。

6月29日，凌钢集团召开庆祝中国共产党成立100周年暨“两优一先”表彰大会。

6月29日，国务院办公厅秘书二局八处处长蔡治华一行到石钢新区调研。国家发展改革委环资司循环经济处处长王静波、河北省发展改革委一级巡视员高俊钊陪同调研。河北省工信厅、生态环境厅环评处、发展改革委环资处及市发改委、井陉矿区相关领导参加。

6月29日，衡钢党委组织召开第十一次代表大会，选举产生新一届党委和纪委班子，确定未来五年发展目标和重点任务，擘画了“建世界一流企业，打造幸福衡钢”的宏伟蓝图。

6月29日，中央政治局集体学习党史授课人、中央党校国际战略研究中心特邀研究员江英（正师职，大校军衔）到大冶特钢讲授《长征精神与毛泽东领导艺术》。

6月30日，庆祝中国共产党成立100周年、大冶特殊钢党史学习教育·光辉历程图片展开展。

6月30日，中原特钢召开庆祝中国共产党成立100周年暨“两优一先”表彰大会。党委书记、董事长陈鲁平为全体党员讲党课，对先进党组织、优秀共产党员和优秀党务工作者进行表彰。

6 月 30 日，天津钢管轧管厂 460 机组成功轧制新品 ϕ316 毫米×6.5 毫米气瓶，圆满地完成了生产任务。

6 月下旬，由河北省市场监督管理局选派审查专家和邢台市、县级监管部门监管人员组成的联合检查组，对邢钢粗苯许可证产品现场进行检查验收，检查组对邢钢各方面工作给予肯定和良好评价，保持了邢钢生产许可证的持续有效。

6 月，大连精密合金公司在第一轧钢厂钢丝车间成功生产直径 1.6 毫米焊接用高温合金 GH4169 冷拉丝材。

6 月，贵钢“一种 EBT 炼钢芯材加料系统”“一种炼钢物料输送系统”两个实用新型专利申请获得受理。

6 月，西王特钢与北京科技大学碳中和国家建设科学研究中心主任朱荣教授进行项目合作，加快企业碳减排和碳中和先进技术的应用，实现绿色低碳制造转型。

7 月

7 月 1 日，淮安日报专版刊登了《淮钢特钢：党旗飘扬，钢花璀璨》。

7 月 1 日，国际首条配置 PSM 的高线/大盘卷生产线技改工程项目在中天钢铁八轧厂五线正式开工建设。项目建成后，可采用三辊减定径机直接生产大规格线材产品，轧制速度高达 42 米/秒，精度达±0.1 毫米，属全球首创。

7 月 1 日，据世界权威的 SMR 钢铁、金属产品市场研究中心发布的世界工模具钢排名，天工国际有限公司 2020 年工模具钢产品年产量及综合实力成功超越世界知名的奥地利奥钢联集团，跃居世界第一位。

7 月 1 日，示范区管委会主任、市长庄建球履新后首次到济源钢铁调研。

7 月 1 日，芜湖新兴铸管成功开发生产出耐内陆极端自然环境腐蚀钢（XXNS400）。

7 月 2~5 日，天淮公司进行了 API 会标使用权年度监督外审工作。

7 月 3 日，石钢召开 2020~2021 年先进集体、先进个人暨 2021 年度“两优一先”表彰大会，总结表彰在石钢“双线作战”和新区达产达效等工作中涌现出的先进集体和先进个人，以及在基层党建规范化建设、提升党建组织力和创效力工作中涌现出的先进基层党组织、优秀党员和党务工作者。

7 月 5 日，南钢参建一批超级工程大国重器献礼中国共产党百年华诞，南钢是白鹤滩水电站工程高强钢板供应商，为长龙山抽水蓄能电站提供全部水电用钢。免涂装耐候钢板和耐候焊丝焊条用钢全部由南钢供应。

7 月 6 日，大冶特钢承担的国家工业强基工程《航空发动机用高温合金材料》项目通过专家组验收。

7 月 6 日，河南省“万人助万企”活动第十八工作组到中原特钢调研。

7 月 8 日，山钢莱芜特钢事业部生产的 ϕ120 毫米规格 40Mn2 成功通过小松集团二方认证，进入批量供货阶段。

7 月 8 日，由太钢集团和中关村不锈钢联盟主办，宝钢德盛、冶金工业规划研究院承办的“2021（第一届）中国建筑用不锈钢创新论坛”在福建福州召开。

7 月 9 日，国家石油天然气管网集团有限公司（简称“国家管网集团”）2021~2022 年度钢板、钢管业务对接会议暨框架协议签约仪式在河北廊坊举行，沙钢集团董事局常务执行董事、有限公司总经理施一新出席会议并代表沙钢与国家管网集团签订钢板买卖框架协议。

7 月 10 日，西钢集团召开 2021 年上半年度生产经营分析会，总结分析宏观经济、行业形势和公司上半年生产经营情况，安排部署下半年重点工作。

7月10日，河钢舞钢重点用户青岛兰石所订购的12块431吨高端压力容器用Cr-Mo钢全部按合同要求如期发运。这批将被用于山东厚惟齐成加氢反应器项目的钢板采用电渣锭成材工艺生产，单重达到38吨，长度达到15492毫米，综合考虑成材方式、单重、规格、订货量及性能要求，堪称“国内唯一，国际先进”。

7月10日，邢钢74%股权持有人和河北普阳钢铁集团签订《股权收购协议》。

7月10日，方大特钢在文化中心举办甘肃南梁、两当党史学习教育宣讲，方大特钢领导徐志新、詹柏丹及宣讲团成员郭海清作宣讲。

7月11日，邢钢公司召开了中高层管理人员大会，会议由邢台市政府副秘书长魏华北主持。魏华北代表邢台市政府和信都区政府宣布，邢钢股权重组工作圆满结束，重组后的邢钢由普阳钢铁有限公司持股74%、河北国控集团持股26%。

7月12日，山钢莱芜特钢100吨智慧电炉系统智能化升级改造一期项目顺利完成。测温取样机器人、自动合金配加模型、静态供氧供电模型、自动出钢模型相继投入使用。

7月13日，济源钢铁与冶金工业规划研究院“响应碳达峰暨低碳发展专项规划”战略合作签约启动仪式在豪生酒店举行。

7月14日，天钢炼铁厂3200立方米高炉作业区丙班“全国工人先锋号”授牌仪式隆重举行。

7月15日，天津钢管顺利通过2020年度天津市节能核查。

7月15日，天津钢管召开安委会扩大会议，总结上半年、安排部署下半年安环保卫重点工作。

7月15日，中国宝武太钢集团科协召开第六届代表大会及委员会第一次全体会议，选举产生新一届领导机构。

7月16日，西钢集团开展碳达峰、碳中和专题培训。

7月19日，河北省政协副主席卢晓光、常丽虹率领由省、市、区部分政协委员组成的省政协习近平新时代中国特色社会主义思想学习座谈会第四小组21人来石钢新区参观考察。

7月19日，天工国际召开2021年上半年经济工作总结大会。公司高管层、全体管理人员、班组长参加会议，副总经理朱泽峰主持会议。大会通报了上半年各项经济指标的完成情况和下半年的指标任务。

7月19日，中南大学蔺永诚教授一行到贵钢交流钎钢钎具新产品合作研发事宜。

7月19日，2021年国家钢铁去产能“回头看”专项检查第六工作组赴贵钢检查工作，国税总局政策法规司副司长傅靖带队，省、市、县相关部门人员陪同检查。

7月20日，济源市10小时最大降雨量超过120毫米，中原特钢启动防汛抗灾应急预案。

7月20日，天津钢管顺利通过壳牌供应商资格认证审核。

7月21日，河南多地遭遇极端特大暴雨袭击，沙钢捐款5000万元驰援河南抗洪抢险救灾。

7月22日，财富中文网发布2021年《财富》中国500强排行榜，钢铁板块共有28家企业上榜，其中南钢股份以营业收入531.23亿元排名第216位，凌钢位列第468位。

7月22日，邢钢公司与金融机构对接会议在公司205会议室召开，就邢钢顺利实现重组、共同维护邢钢金融环境的稳定、实现银企双赢、强力助推邢钢转型升级搬迁改造项目的进展等议题进行磋商交流并达成共识。

7月22~23日、9月9日，西钢集团微信公众平台共推出三期《向死而生的奋进之路——西钢深化改革三年记》的深度报道，全面阐述了西钢三年来的改革成果。

7 月 23 日，太钢冷轧硅钢厂 CA4 机组极薄规格高牌号无取向硅钢改造项目提前投产。

截至 7 月 24 日，河钢舞钢承接的 4818 吨 9Ni 钢板合同已完成 66 批 382 吨，经检验，各项指标全部合格，性能质量稳定可靠。这是河钢舞钢首次大批量承接 9Ni 钢板合同，为进一步拓展高端 Ni 系钢材市场打下了坚实基础。

7 月 24 日，山东省委书记刘家义，省委常委、济南市委书记孙立成等一行到山钢莱芜特钢事业部新区中型生产线视察调研。

7 月 25 日，经北京恩格威认证中心的全面审核，中原特钢顺利通过环境和职业健康安全管理体系再认证。

7 月 27 日，南钢捐赠 1000 万元驰援河南。济源钢铁向河南抗洪救灾捐款 200 万元，其中向河南省见义勇为基金会捐赠 100 万元，向河南省慈善总会捐赠 100 万元。

7 月 27 日，某发动机双发配装直升机首飞成功，代表了我国民用涡轴发动机自主研制迈出坚实一步。宝武特冶为该发动机独家提供了钛合金某棒材及高温合金某（双真空）棒材。

7 月 27 日，生态环境部环境工程评估中心总工程师王亚男一行 4 名专家到石钢新区进行环评与排污许可落实情况调研检查。河北省、市生态环境部门领导陪同调研。

7 月 28 日，衡钢变压吸附制氧项目热试成功，该项目有利于高炉稳顺生产，解决轧钢工业炉瓶颈问题，提高生产效率，减少碳排放。

7 月 29 日，中国钢铁工业协会第六届会员大会二次会议在上海召开。中国钢铁工业协会党委书记、执行会长何文波宣布中信泰富特钢集团当选为中国钢铁工业协会会长单位。增补南钢为中钢协副会长单位，南钢领导黄一新当选为中钢协副会长。

7 月 31 日，复星和南钢向南京捐赠防疫物资累计 446356 件。

7 月 31 日，昆钢控股与宝武特冶签订楚丰新材（云钛公司）委托管理协议，宝武特冶对云南楚丰新材料集团有限公司（云南钛业股份有限公司）实施托管。

7 月，太钢集团采用中核集团 ACP100 技术的全球首个陆上商用模块化小型核反应堆科技示范工程“玲龙一号”在海南昌江开工建设。

7 月，太钢集团国内首条极薄规格高牌号无取向硅钢专业化生产线——太钢冷轧硅钢厂 CA4 机组产线改造项目热负荷试车成功。

7 月，在东北特钢研究院的积极参与下，抚顺特钢 FS438 压铸模具钢通过日本爱信公司认证，这对抚顺特钢压铸模具钢进入国际车企供应商名录及今后的发展具有重要意义。通过认证后，将加快爱信集团在中国的模具钢本地化采购量，并替代进口产品。

7 月，长城特钢炼钢厂一作业区 40 吨电炉炉龄达到 616 次，打破了当年 5 月创造的 601 次纪录，创历史新高。

7 月，中原特钢收到了用户发来的牌匾和感谢信，对中原特钢圆满完成中国共产党成立 100 周年大会用礼炮弹生产保障任务给予高度评价。

7 月，中原特钢冶锻公司新建 12 吨保护气氛恒熔速电渣炉成功投产，顺利试炼 ϕ1100 毫米大规格电渣锭。

7 月，天钢销售部实现钢材销售量、销售收入、单月锁单量、创效金额和单月收款金额等多项指标均创混改以来最好水平，满产运行库存实现历史最低。

7 月，凌钢为终端用户特别定制研发的 AK-B3 圆钢顺利交付，反馈其生产的矿用耐磨钢球全部检验合格。耐磨钢球用钢 AK-B3 的研发成功，进一步优化了优特钢产品结构，增强了凌钢品牌的市场影响力和竞争力。

7月，西王特钢获得钢筋混凝土用热轧钢筋钢坯产品生产许可证。

8月

8月2日，南京市工业和信息化局局长、党委书记叶荣生，江北新区经济发展局（统计局）局长张乐，副局长吕永忠等一行到访南钢，调研疫情防控、企业经营等情况。

8月2日，建龙北满特钢顺利通过中国兵器工业集团有限公司集团公司级合格供应商准入审核，被纳入中兵集团公司级优选供应商名录。

8月2日，2021《财富》世界500强排行榜重磅发布，沙钢以2020年38664.5万美元营业收入位列榜单第308位，较上年提升43位，连续13年入围世界500强。

8月3日，河钢舞钢研发的250毫米厚最高级别海工钢FH36顺利通过5家船级社的试验认证，认证厚度规格填补国内空白。这标志着河钢舞钢研发的250毫米厚最高级别海工钢FH36获得圆满成功，为加速拓展海工钢市场奠定了坚实基础。同日，国内首套运用中石油自主研发的乙烷裂解制乙烯技术建成的大型乙烯生产装置——80万吨/年乙烯装置顺利生产出合格的乙烯产品。河钢舞钢生产的上千吨高端石化用钢，成功用于该装置关键设备——反应器、换热器等的制作。

8月3~6日，河北省环保督察组来石钢新区进行环保工作督察。其中，省生态环境厅党组成员、副厅长郝留亮，环境监察专员牛晓东3日进行了专题调研督察；4~6日，由甄小泉组长带队省环保督察组一行4人，进行了为期3天的下沉督察。

8月4日，淮钢公司通过江苏省两化融合管理体系（升级版）贯标评审，成为淮安市首批AAA级贯标试点企业。

8月4日，中国宝武中央研究院太钢技术中心、不锈钢研发中心揭牌成立。

8月4日，天工国际举行公司“职工子女考取名校特别奖励金”发放仪式。总经理吴锁军之子吴鹏程、生产保障部朱迎春之子朱彦分别荣获特别奖励金。吴鹏程被世界排名第39位威斯康星大学录取，朱彦考取国内排名第7位的中国科学技术大学生物物理专业博士研究生，成为第二批享受特别奖励金的天工优秀职工子女。

8月5日，太钢集团与太原科技大学签订产学研合作协议。

8月5日，常州市委副书记、代理市长盛蕾来集团调研，她强调，中天钢铁作为我市龙头企业，要牢牢坚持“深耕、升级、升值”发展导向，抢抓国家战略机遇，坚持自主创新、勇担社会责任，助推常州向万亿级城市冲刺迈进。

8月5日，宝武特冶第一届监事会第一次会议召开，选举监事会主席、明确监事会议事规则等。

8月6日12时许，随着中跨合龙段最后一榀钢箱梁的吊装到位，世界首座跨海高铁桥——福厦高铁泉州湾跨海大桥主桥成功合龙，标志着世界首座设计时速350公里的跨海高铁大桥向着2022年通车目标又迈进坚实一步。河钢舞钢共为该大桥供应优质钢板万余吨，其中，3000吨的Ni系Q345qDNHY-I耐候桥梁钢板被用于大桥的关键部位。

8月6日，衡钢工程技术有限公司揭牌，该公司是衡钢集团全资控股子公司，业务范围涵盖机械设备制造、金属材料加工、机电设备安装维修。

8月9日，随着高炉框架顺利封顶，临沂钢铁投资集团特钢有限公司年产270万吨优特钢项目炼铁工程施工难度最大、位置最高的重点工程顺利完工。

8月9日，东北特钢股份精密合金公司

已成功试制及批量化生产可替代进口的软磁合金 JMFeCo16 合金棒材，产品实物质量达到国际水平，公司软磁合金产品系列又添新成员。

8 月 10 日，中国宝武举行太钢集团专业化整合委托管理协议签约仪式，固体废物利用、招标代理、智能运维、废水处理、空分运营、产业园区和财务公司 7 个项目组由委托方太钢集团分别与宝武环科、宝钢工程、宝武智维、宝武水务、宝武清能、宝地资产和财务公司 7 家受托方公司签署委托管理协议，标志着太钢集团专业化整合步入实质性操作阶段。

8 月 10 日，山钢莱芜特钢事业部 100 吨电炉连铸产线实现 ϕ500 毫米、ϕ650 毫米、ϕ700 毫米、ϕ800 毫米全规格中间包热换。

8 月 11 日，邢钢高炉增加均压煤气回收系统项目顺利投运，该项目既可消除炉顶煤气放散噪声，又能实现高炉煤气的全回收，避免煤气二次放散。

8 月 15 日，凌钢 3 号焦炉停炉，大修施工正式开始。

8 月 16 日，永钢集团科创中心项目落户张家港高新区。

8 月 18 日，邢钢成功开发轧辊钢 XTT01，主要用于制作轧制电极极片辊。

8 月 19 日，济源钢铁向济源市慈善总会捐款 100 万元，定向捐赠给承留镇花石村，用于美丽乡村建设。

8 月 19 日，全国钢标准化技术委员会特殊钢分技术委员会 SAC/TC183/SC16 组织召开由东北特钢股份主持制定的《汽车胀断连杆用非调质结构钢棒》行业标准讨论会。

8 月 23 日，江西省委常委、南昌市委书记李红军，南昌市委副书记、市长万广明到方大特钢调研。集团董事局主席方威热情接待李红军书记、万广明市长一行。

8 月 25 日，太原市委副书记、市长张新伟一行到太钢调研督导太钢高端碳纤维生产基地项目建设。

8 月 25 日，天钢炼钢厂日产突破 19500 吨大关，达到 19518 吨，创历史最好纪录。

8 月 26 日，河钢股份视频召开“破冰标杆”贺功表彰大会，授予河钢舞钢 1260 立方米高炉“破冰标杆”荣誉称号，颁发“破冰标杆”荣誉奖杯并重奖。

8 月 27 日，青海省工信厅党组书记、厅长，省国资委党委副书记、副主任洪涛，省国资委二级巡视员元乃光，省工信厅、国资委办公室主任朱生海及安全生产方面相关专家一行 5 人到西宁特钢调研指导安全生产工作。西钢集团党委副书记、总经理马玉成，集团公司副总经理、工会主席夏振宇，股份公司副总经理高旭东，安全环保管理中心主任刘治权及相关人员陪同调研。省国资委副主任栾风江一行 5 人到西宁特钢督导检查国企改革三年行动工作部署、推进、成果及巡视整改落实情况。

8 月 27 日，太钢集团土地矿产资产管理系统顺利通过山西省自然资源厅、太原市规划和自然资源局等相关专家的专业化验收评审，正式上线运行。

8 月 29 日，沙钢 0. 3 毫米最薄无取向硅钢新品第一卷成功下线。

8 月 30 日，天津钢管技术中心螺纹研究室与中石油管材管研院合作的油套管螺纹接头数字化测量模块检测项目如期顺利开展，目前已完成外螺纹安装调试并测试成功。

8 月 31 日，厚度规格为 8.5 毫米的 T5BA 成品特殊用钢在长城特钢轧钢厂扁钢作业区轧制成功。

8 月，经中信集团品牌委审议，中信泰富特钢集团获评 2020 年度中信集团子公司品牌建设评级 A 级。

8 月，红沿河核电 5 号机组在完成 168 小时的试运行试验后，具备商运条件。河钢舞钢为红沿河核电站 5 号、6 号机组供应钢材数千吨，主要用于板式换热器、应急柴油机发电机组、安全闸门、主蒸汽超级管道、蓄压气罐、反应堆压力容器支撑、硼注箱等的制造。

8月，天津钢管与中石油大庆油田签订了技术协议，实现了TP-BM（S）特殊扣套管在中石油大庆油田页岩油项目上的成功推广。

8月，天津钢管炼钢厂钢产量环比增长1.5万吨，创单月历史新高。炼钢厂一区冶炼周期环比降低3.3分钟，平均日产炉数环比提高1.55炉；二区冶炼周期环比降低2.7分钟，平均日产炉数环比提高1.02炉。

8月，中原特钢完成高品质工模具钢电渣生产线技术改造项目，设备热负荷试车，系统运行平稳正常。

8月，邢钢6号高炉创造新纪录，月度平均日产4037.65吨。

8月，淮钢公司被省水利厅、发改委联合授予“省级节水型企业”荣誉称号。

8月，2021浙商全国500强“净利润百强榜”在《浙商》杂志上发布，振石控股集团位列第53名，较2020年排名上升17位。2020年雅石年产30万吨镍铁项目全线投产，东方特钢年产12万吨不锈钢中厚板技改项目通过竣工验收，恒石公司50万吨风电材料生产基地正式投运，华美新材迁厂新建项目完成，这些项目提升了企业盈利能力。

8月，凌钢顺利通过国家绿色制造公共服务平台2020年度和2021年上半年度声明审核。

8月，西王特钢完成轧钢厂冷剪更换，提高圆钢剪切效率，圆钢生产效率提升20%。

9月

9月1日，湖北省副省长宁咏率到大冶特钢调研。

9月2日，大冶特钢运行了63年的功勋轧机——850毫米轧机，轧完最后一支钢坯后开始拆除改造。

9月3日，邢钢环境和职业健康安全管理体系顺利通过BSI年度监督审核。

9月6日，新兴铸管、中铁物资、北科大国家材料腐蚀与防护科学数据中心、中国腐蚀与防护学会四家单位进行了战略合作协议签订仪式和“高品质耐蚀钢研发及应用联合创新中心”揭牌仪式。

9月7~9日，天钢组织发动超17万人次参与“99公益日”活动，共筹到爱心款993248.41元。

9月7日，太钢万邦焙烧SCR脱硝工程竣工投产，为太钢万邦着力打造绿色化低碳铬铁冶炼生产基地奠定了坚实的环保基础。

9月7~8日，中信泰富特钢集团总裁李国忠深入大冶特钢实地调研指导安全、环保和项目建设等工作。

9月8日，中原特钢某型内腔容积1000升大规格超高压容器耐压检测压力达到310兆帕，突破大型超高压容器试验历史最高压力。

9月8日，根据“立式连铸机增加末端电磁搅拌建设项目”工作安排，中原特钢顺利完成连铸机末端电磁搅拌器安装调试工作。

9月13日，中国石化西北油田部署在塔河区块的重点探井塔深5井顺利完钻，垂直深度9017米，天津钢管制造有限公司拥有自主知识产权的TP140V套管下井深度8950米，刷新了亚陆第一深井和亚陆套管下井深度两项亚洲纪录。

9月10日，中国金属学会、河北省金属学会参加2021年“追寻红色足迹，党建强会”党史学习教育的领导和专家一行26人到石钢新区开展学习教育活动，进行了现场参观和专题交流。河北省金属学会理事长、集团副总经理王新东等参加。

9月10日，振石集团围绕质量管理主

题，邀请了上海强思企业管理服务有限公司对子公司主要质量责任人进行了 QCC 质量管理培训，东方特钢两个 QCC 项目脱颖而出，分别获得一等奖和二等奖，QCC 项目内容得到了评委专家的一致认可。

9 月上旬，某重点专项产品在 45 兆牛新挤压线转产试制成功，标志着 45 兆牛新挤压产线又一新试产品挤压成功，具有里程碑意义。该重点专项产品主要用于国家重点工程，工艺要求非常严格，一直在 31.5 兆牛挤压线生产。

9 月 12 日，凌钢召开第三届炼钢系统技术交流研讨会暨论文发布会，会议围绕“绿色、高效、优质化炼钢”主题，对优秀论文进行表彰并有 10 篇优秀论文进行现场发布交流。

9 月 14 日，全国政协常委、经济委员会主任尚福林率调研组就金融服务制造业融合发展主题到太钢调研。

9 月 15 日，山钢莱芜特钢事业部首次研发的 17CrMnBH 齿轮钢在中棒生产线试制生产成功，并达到国际领先水平。

9 月 15 日，石钢在各项工作全面转向以客户为中心的阶段，实现了产品铁路发运和顺利衔接。

9 月 15 日，第十四届全国运动会开幕，衡钢高端建筑用管应用于主会场——西安奥体中心体育场，为这一“钢结构金奖”建筑注入钢铁力量。

9 月 16 日，中国政研会举办的全国政研会秘书长培训班以河钢思想政治工作创新为主题到石钢新区进行案例教学。集团党委副书记李炳军代表集团党委介绍河钢思想政治工作创新的主要做法和成效。

9 月 16 日，河钢舞钢为某高端客户研发生产的 2000 毫米超宽冷作模具钢轧板 WLMA8 一次性开发成功。这是目前国内钢厂生产此类钢板的最大宽度，成功开创了国内冷作模具钢轧制超宽板的先河。

9 月 16 日，太钢研制成功的核级不锈钢板材成功应用于“玲珑一号”核反应堆内构件。

9 月 16 日，长城特钢承办了四川省机电冶煤系统劳模和工匠人才创新工作室联盟大会，23 家成员单位齐聚江油，总结创新工作室经验，交流高端金属材料应用前景。

9 月 17 日，重庆钢铁研究所有限公司更名为宝武特冶航研科技有限公司，公司揭牌。

9 月 17 日，淮钢公司决策系统投运，公司智能化建设再上新台阶。

9 月 18 日，卡特彼勒全球采购部亚太区战略采购经理王呈泉一行来到济源钢铁，授予济源钢铁“卡特彼勒 1E1861 全球合格供应商”牌匾。

9 月 22 日，河钢舞钢为某高端客户研发的首批近千吨高端高层建筑结构用钢成功交付客户，将被用于杭州大会展中心的关键部位。

9 月 23 日，太钢国内首发光伏行业关键材料。

9 月 24 日，南昌市新时代产业工人队伍建设改革现场推进会在方大特钢举行。方大特钢董事长徐志新参加会议并作产业工人队伍建设工作经验介绍。

9 月 24 日，经过天钢技术中心、天钢高线厂、天钢炼钢厂技术人员紧密配合，首次试制的 ϕ13 毫米规格 82B 热检抗拉强度为 1160～1180 兆帕，面缩率为 21%～24%，金相无异常组织，索氏体化率达到 90.24%，各项性能指标均满足技术要求。

9 月 24 日，中国钢铁企业对标挖潜工作交流座谈会在山东济南召开。会议评选表彰了 2020 年度“对标挖潜”十项主要产品制造成本、五项加工成本及吨钢材利润前三名企业，凌钢位列钢筋（Ⅲ级）加工成本先进企业第二名。

9 月 24～26 日，贵钢成功举办高端轨道交通运输部件制造技术论坛活动。邀请到首钢集团技术研究院、中车株洲电力机车有限公司、株洲中车天力锻业有限公司相关领导及专家参加此次高端轨道交通运输部件制造技术论坛。

9月25日，凌钢1~4号高炉装备升级建设项目产能置换方案顺利通过第三方专业机构审核。此次审核的顺利通过为后续项目公示公告程序、办理项目备案、环评、能评等前期手续及项目顺利开工建设奠定基础，对推动凌钢可持续高质量发展具有重要意义。

9月25日，河北省纪委常委许晓娟到河冶科技调研。

9月25日，中国企业500强榜单、中国民营企业500强榜单同时揭晓，沙钢集团再次荣登双榜，沙钢位列2021中国企业500强第87位，南钢位列中国企业500强第145位，凌钢位列中国企业500强第380位。

9月28日，西钢集团公司门户网站正式上线运行。

9月28日，江苏省商务厅副厅长姜昕一行赴中天绿色精品钢项目开展“以高水平开放助力通州湾新出海口建设”的专题调研。

9月28日，大冶特钢大棒厂1350轧机首片机架（牌坊）完成吊装。

9月中旬，长城特钢45兆牛新线试制钛球扁材获得成功，丰富了该产线品种。

9月中旬，长城特钢首次利用550轧机进行方钢试生产获得圆满成功，结束了长城特钢方钢生产依靠外委的历史，为长城特钢产品结构调整和新品开发积累了宝贵经验。

9月，太钢成功中标国内最大LNG储罐项目——中海油天津LNG二期项目标段二8000多吨9Ni钢订单，为太钢9Ni钢种有史以来最大订单。

9月，由太钢供货核心材料N08810镍基合金特厚钢板的首台（套）国产化亚洲硅业项目冷氢化反应器发运仪式在兰州兰石重型装备股份有限公司举行。

9月，长城特钢新建的能源集控系统正式上线运行。该系统通过自动化技术、网络技术和安防视频技术，将长城特钢中坝作业区共计21个能源站所改造为无人值守和少人值班站所，由集控中心集中监控，有利于发挥能源产线自动化、产线透明化、信息网络化和管理信息化优势。

9月，淮钢公司“特殊钢产品质量在线评级与预判系统的建立与实践”管理经验荣获“2021年江苏省质量标杆”称号。

9月，淮钢特钢开展以“严抓设备管理、强化标准操作、推进结构调整、提升产品档次”为主题的“质量月”活动。

9月，本钢特殊钢事业部通过了武器装备科研生产单位保密资格现场审查，本钢板材通过了二级保密资格单位认定。

9月，凌钢研发的焊丝用盘条ZJ10各项检验指标全部合格，顺利交付。本次研发的ZJ10属低碳低硅高锰钢，主要用于制造埋弧焊丝，冶金质量要求较高。焊丝用盘条ZJ10的研发成功，不仅丰富了凌钢中高端品种线材，还进一步提高了凌钢在焊材行业的品牌知名度。

9月，西王特钢完成转炉煤气掺混使用管路改造，转炉煤气回收大幅提升。

9月，西王特钢完成了南高齿首件钢锭18CrNiMo7-6的试制，已进入小批量试供阶段。

10月

10月8日，河钢舞钢定制研发的高端HIC容器钢板已交付客户，将被用于德国UPM公司EOS系统氢化反应器项目。这是河钢舞钢首次研发的具备HIC（抗硫化氢腐蚀）试验性能的高端容器钢板，比预定时间早36天交货，满足了客户项目建设急需。

10月9日，由中国一重大连核电石化

承制的世界最大 SD 专利环氧乙烷反应器顺利完工并启航发往用户。河钢舞钢生产的 2445 吨高端超长、超厚容器板独家应用于该反应器制造，助力中国一重高质量完成了这台世界最大的 SD 专利环氧乙烷反应器制造任务，为中国石化装备国产化书写了浓墨重彩的一笔。

10 月 11 日，天津钢管加工厂接箍作业区成功批量生产 TP-G2（TW）特殊扣接箍新品，满足了用户个性化需求，为公司拓宽了市场空间，进一步提升了公司产品的市场竞争力。

10 月 11～16 日，API 总部审核员到天津钢管进行为期 6 天的审核，天津钢管顺利通过验证审核。

10 月 12 日，河钢舞钢为河南某公司生产的首批高性能易焊接耐候钢板 Q460NHE 全部实现入库并开始发运。这是河钢舞钢定制化为客户开发的专用高性能易焊接 Q460NHE 耐候钢板，为河钢舞钢高级别耐候用钢大家庭再添一员，标志着河钢舞钢在耐候钢的研发领域迈出了新的步伐。

10 月 13 日，贵州省工信厅全省产业基础再造与产业链提升专题研究调研组到贵钢调研产业基础再造与产业链提升有关情况。

10 月 13 日，由中国特钢企业协会主办、河钢石钢协办的全国优钢市场预警研讨会在石家庄召开。中国特钢企业协会秘书长刘建军及来自全国 36 家优特钢企业代表参加会议。

10 月 13 日，河南省委常委、省政府副省长周霁在济源示范区管委会党组书记、主任、市长庄建球的陪同下到济源钢铁调研。

10 月 13 日，全国政协常委、外事委员会主任楼继伟率调研组在山西省政协副主席、农工党省委会主委李思进以及山西省政协相关领导的陪同下到太钢调研企业发展及对外开放情况。同日，国家发展和改革委员会产业司一级巡视员夏农就企业高质量发展情况到太钢调研。

10 月 14 日，山东省统计局调研组调研山东寿光巨能特钢有限公司经济运行情况。

10 月 15 日，本钢特殊钢事业部正式挂牌为鞍钢集团本钢板材特钢厂。

10 月 16～17 日，2021 年辽宁省创新方法大赛决赛在东北大学创新创业学院科学馆举行，凌钢首次参加并有 6 项获奖。

10 月 16 日，中信泰富特钢集团董事长钱刚到大冶特钢调研指导工作。

10 月 17 日，中管金融企业党史学习教育第三指导组副组长汤学斌及指导组成员一行到大冶特钢调研指导党史学习教育。

10 月 18 日，大冶特钢作为唯一的特钢企业参加 2021 北京国际风能展。

10 月 18 日，靖江特钢高性能气密封特殊扣套管在华北最大天然气地下储气库群——中原储气库群建成投产项目中发挥重要作用。

10 月 19 日，山西遭受连续的强降雨，导致多地发生严重洪涝灾害，给人民群众的生命财产造成巨大损失，中国宝武太钢集团通过山西省红十字会，向山西遭受洪涝灾害的灾区捐款 1 亿元，定向用于全省防汛救灾和灾后恢复重建等工作，帮助受灾群众尽快战胜困难、恢复生产生活。

10 月 19 日，中央统战部副部长、全国工商联党组书记、常务副主席徐乐江在史秉锐、庄建球等示范区领导的陪同下到济源钢铁视察。

10 月 20 日，汉冶钢铁通过国军标管理体系认证。

10 月 21 日，中信泰富特钢集团总裁李国忠带队参观天津钢管轧管事业部三分厂 460 机组精益样板工厂，并召开现场会。公司总经理丁华，党委副书记、常务副总经理温德松，总经理助理袁方成、缪新德、魏南、夏三峰、王振功、杨满，各单位行政一把手陪同。

10月21日，潍坊特钢集团向钢城现代学校无偿捐资助学仪式，在钢城现代学校师生的共同见证下隆重举行。

10月21日，天津钢管制造有限公司承办中国钢结构协会钢管分会八届一次会员会议，大会选举产生新一届钢管分会理事长。

10月21~22日，贵钢公司与大西洋股份公司、大西洋焊接材料公司、首钢集团技术研究院联合举办焊接材料产业链高质量发展技术论坛。

10月22日，新建的长城特钢能源集控系统经过一个多月的正式运行，压空控制精准，配气质量稳定，供电安全可靠。

10月22日，沙钢钢铁研究院省级高价值专利培育中心项目启动会在沙钢召开。

10月22日，衡钢调整机构设置，将技改工程指挥部与设备能源部合并，成立设备工程部；将各个二级分厂全部更名为二级厂；将纪委、审计部从党群工作部中独立出来。

10月22日，国家民族事务委员会副主任赵勇到永钢调研民族团结进步工作开展情况。

10月23日，石钢高线实现日产1286吨新突破。

10月23日，太钢集团首次在热连轧机组轧制成功不锈钢+碳钢非对称组坯复合热轧卷，填补生产空白，向后续批量稳定化生产迈出坚实一步。

10月23~24日，瓦轴党委副书记、总经理张兴海一行访问大冶特钢。

10月26日，《财富》（中文版）发布2021年“最受赞赏的中国公司”明星榜，沙钢在众多领先企业中脱颖而出，连续4年上榜。

10月26日，恰逢石钢新区投产一周年之际，由中国特钢企业协会和德国汉诺威展览公司共同主办的“2021中国特殊钢工业展览会”在上海新国际博览中心开幕，石钢以崭新的姿态亮相特钢展，首次全面展示石钢高端特钢品牌形象。

10月26日，长城特钢应邀参加中国国际特殊钢工业展览会暨中国国际高品质特殊钢论坛，展示了长城特钢高端优质的特钢精品在航空航天、模具制造、石化能源、钛及钛合金等高端领域的雄厚实力，长城特钢被授予“第一批工模具钢行业自律规范企业”。

10月26日，中原特钢参加第17届（2021）中国国际特殊钢工业展览会。同日，中原特钢技术部门认真学习贯彻兵器装备集团科技大会精神，不断强化科技引领，提升服务一线质量，深化“两化”融合，向完成全年经营任务全力冲刺。

10月27日，由凌钢集团协办的《第十七届中国国际高品质特殊钢论坛》在上海世纪洲顺酒店隆重召开。同期，由中国特钢企业协会、中国金属学会特殊钢分会等共同主办的“2021中国国际特殊钢工业展览会”在上海新国际博览中心盛大召开，凌钢集团应邀参展，此次是凌钢集团首次参加的全国范围大型知名特钢企业展览盛会。

10月29日，2021年“中天钢铁杯”江苏省钢铁行业质量管理小组QC成果交流会在中天钢铁大礼堂举行。淮钢公司QC小组获2021年江苏省钢铁行业质量管理小组QC成果交流会一等奖。

10月30日，淮钢“十四五”高质量发展规划工程产品延伸加工精品棒材项目厂区道路建设开工仪式举行。

10月30日，大冶特钢贯彻落实集团要求，启动开展《中信泰富特钢集团合规倡议书》宣传暨《大冶特殊钢有限公司员工合规承诺书》推广签署启动会。

10月31日，中原特钢1061件某重点特种产品顺利通过客户联检。

10月，钢筋产品质量能力分级促进钢筋产业高质量发展研讨会在西安召开。会上，发布了《2020 年热轧带肋钢筋质量能力分级评级结果》，沙钢集团有限公司荣获 A+级企业。

10 月，锻轧厂薄板作业区月入库量创五连高，较去年同期提高 48.7%，其中特种合金材料交货量创历史新高，实现经营毛利增幅达 43.2%。经营业绩的华丽转身是长城特钢三项制度改革在薄板作业区试点并扎实推进的成效。

10 月，山东省泰山产业领军人才项目期满，西王特钢顺利通过验收材料。

10 月，西王特钢与中科院金属所共同研发的大型装备用轴承钢新材料，顺利通过课题组验收。

11 月

11 月 1 日，天津钢管组织公司各部门（单位）分 19 个投票站进行东丽区人民代表大会代表投票选举。

11 月 2 日，中原特钢科研综合楼正式开工建设。

11 月 2 日，河北省工信厅党组书记、厅长龚晓峰一行到石钢新区调研。省工信厅党组成员、副厅长宋向党，二级巡视员纪永健，石家庄市政府副市长詹鹏等陪同调研。

11 月 2 日，济源钢铁改制 20 年纳税 100 亿元发布会召开。

11 月 3 日，宝武特冶第一轮填平补齐最大项目 18 吨真空自耗炉试车成功。

11 月 3 日，兴澄特钢和斯凯孚中国在上海共同签署“高端轴承钢产业化及应用技术开发合作框架协议”。

11 月 3 日，凌钢第一轧钢厂成功试轧出精轧螺纹钢筋。在 2 号棒材机组成功试轧出合格精轧螺纹钢一炉，试轧时经过三次调整，最终取得成功，成品在平头后能够顺利扭入指定螺母。经过后期取样分析后，无论成品尺寸还是性能均符合标准要求，标志此次精轧螺纹钢试轧圆满成功。

11 月 3 日，西钢集团下发《关于成立西钢集团公司“碳达峰、碳中和”工作领导小组的通知》，这一举措将是西钢贯彻落实习近平总书记对青藏高原产业“生态友好、绿色低碳、高原特色”要求、实施绿色低碳战略、加快完善青海钢铁产业发展生态、融入青海省人民政府与中国宝武钢铁集团战略合作布局、推动建设“四地”新战略的重要一步。

11 月 4 日，东北特钢股份召开了 6S-TPM 精益管理第 2 年度第 10 期辅导总结会，会议对大连基地近期的 6S-TPM 管理各项工作进行了总结，并对 9 月份 6S 竞赛、设备系统竞赛获得优秀的单位颁发了羚羊旗。

11 月 4 日和 8 日，山西省委常委、副省长、太原市委书记韦韬先后到山西钢科碳材料有限公司（以下简称钢科公司）、不锈钢中厚板生产线智能化升级改造项目调研。

11 月 7 日，炼钢厂特冶作业区电渣日产钢量刷新了作业区成立以来最高纪录。

11 月 7 日，由山西太钢不锈钢股份有限公司等单位主持制定的《不锈钢精密箔材》国家标准通过全国钢标委专家的审定，向国家标准化管理委员会报批后，将正式发布并执行。同日，西门子中国公司在北京召开 2022 财年线上供应商大会，经评委会评选，太钢作为国内钢铁行业唯一代表荣获“最佳综合竞争力奖”。同日，太钢受邀参加美国通用电气（以下简称 GE）水电公司的全球供应商大会，荣获“最佳突破奖”。太钢凭借优异的产品品质、技术服务水平和新产品研发能力，成为 GE 水电用高等级磁性钢板的主要供应商。

11 月 8 日，山东寿光巨能特钢有限公司组织开展 2021 年度职工技术技能大赛活动。

11 月 9 日，永钢向新疆伊犁州巩留县捐赠 3 辆负压救护车，提升当地基层医疗机构的救治能力及转运能力。

11 月 10 日，东北特钢召开 2021 年总结评比工作动员会，集团公司总经理孙启作了题为《在总结中扬长补短 在评比中争先创优 为推动东北特钢集团高质量发展贡献更大力量》的工作动员报告。

11 月 10 日，济源钢铁召开 2020 年度科技表彰大会，对 2020 年度的科技成果进行了表彰，表彰金额 100 余万元。

11 月 10 日，天津市水务局水资源中心副处长张月一行到天津钢管进行水资源调研，对企业先进的用水标准表示充分的肯定。

11 月 10 日，石家庄市人民政府授予河钢石钢新区“石家庄市园林式单位”称号。

11 月 11 日，在长城特钢统筹下，钛材江油分公司钛合金产线升级改造项目“新增真空自耗炉”开工建设。

11 月 11 日，世界钢动态公司（WSD）发布最新一期世界级钢铁企业竞争力排名，中天钢铁集团荣列第 30 位。

11 月 12 日，河北省生态环境厅厅长李晋宇到石钢新区调研督导环保工作。石家庄市副市长詹鹏陪同调研。

11 月 12 日，飞达集团四届一次职工代表大会在飞达人民大会堂胜利召开并取得圆满成功。集团、各板块中层以上管理人员及职工代表共计 800 余人参加了会议。

11 月 12 日，大冶特钢党委召开理论中心组扩大学习会议，集中收看中共中央十九届六中全会新闻发布会实况直播。

11 月 14 日，天津钢管技术中心驻元坝 102-4H 井技术人员顺利完成特殊扣镍基油管井上逐支试气作业。

11 月 16 日，由中国世界石油理事会国家委员会主办的“碳达峰、碳中和背景下的能源转型主题交流会”在杭州举行，天津钢管副总经理陈培钰应邀出席会议。

11 月 16 日，宝武特冶总工程师赵欣代表中国宝武、宝武特冶参加上海人才工作座谈会，重点汇报中国宝武围绕“卡脖子”关键材料攻关情况，技术人才贡献累积金、人才引进、人才培养等相关人才机制，李强书记对于中国宝武解决核心关键材料“卡脖子”难题给予高度评价。

11 月 17 日，石钢新区实现井矿站铁路日均装车发运 30 车的发运量新高。

11 月 17 日，中信集团企业号推送“中信故事”第三季第一集《钢铁脊梁》，讲述冶钢直面挑战、为国担当轧制歼-6 飞机主梁毛坯的故事。

11 月 18 日，长三角三省一市企业联合会共同发布了 2021 年长三角企业百强、长三角制造业企业百强系列榜单，沙钢凭借强劲的综合实力再度蝉联两榜，位列长三角企业 100 强第 17 位、长三角制造业企业 100 强第 7 位。

11 月 18 日，太钢客车用不锈钢面板成功应用于大连西安地铁，产品质量得到用户肯定，客户口碑良好。

11 月 20 日，天津市钢铁工业协会专家一行到天钢公司召开超低排放论证会议，现场通过超低排放验收。

11 月 21 日，辽宁省委副书记、代省长李乐成在抚顺市市长高键、副市长王金华等省、市领导的陪同下来到抚顺特钢，就企业生产经营、技术改造、未来发展规划等进行工作调研。

11 月 21 日，凌钢优特钢事业部 120 吨 2 号转炉炼完第 6 个炉役期，开始停炉检修，炉龄定格为 16553 炉次，同时实现转炉底吹与炉龄同步，这是凌钢建厂以来的最高纪录。

11 月 21 日，山钢莱芜特钢事业部新区连铸产线成功试用电磁感应加热中间包技术，首次实现通道式电磁感应加热中间包技术的现场应用。

11 月 22 日，凌钢 3 号焦炉顺利出焦，标志着 3 号焦炉大修工程竣工投产。焦化厂

3 号炉于 1994 年投产，经过 27 年的连续运行，已经达到了一代炉龄。为了生产安全和环保达标，亟须升级改造。

11 月 22 日，由靖江特钢负责牵头起草的《管线输送系统用抗 H_2S 腐蚀无缝钢管》和《油套管用抗 H_2S 腐蚀无缝钢管》两项团体标准由中国特钢企业协会发布。

11 月 23 日，兴澄特钢代表国家首次牵头 ISO 国际特殊钢标准研制项目。

11 月 23 日，轧钢系统实现日产 7106 吨新纪录。其中，高线 11 月 22 日、23 日连续创出日产 1341 吨和 1411 吨历史新高。

11 月 24 日，青海省政府办公厅副秘书长李宏绪一行到西宁特钢督导检查粗钢产量压减工作。

11 月 24 日，凌钢数字化部开发的产供销系统质量异议管理功能模块正式上线运行。

11 月 25 日，凌钢优特钢事业部成功研制钻夹头用 46S20 易切削钢，首批产品现已顺利发往用户。

11 月 25 日，太钢再登央视。节目报道了太钢集团积极创新，打破国外长期垄断，保障我国能源建设用材的供应升级道路上的艰辛探索和取得的成就。

11 月 25 日，贵州省政协副主席陈晏到贵钢调研生产经营情况和宣讲党的十九届六中全会精神。

11 月 25 日，国内单机容量最大的广东阳江抽水蓄能电站 1 号机组首次发电工况并网成功。河钢舞钢大厚度高等级水电钢独家用于该电站 1 号机组的座环、球阀和固定导叶制作，实现了国内重大项目工程关键部位“中国造”。

11 月 25 日，济源钢铁向天坛区实验小学捐赠 20000 本《道德经》。

11 月 28~29 日，以“匠心不惑再出发”为主题的天工国际有限公司成立 40 周年庆典暨聚焦产业高质量发展高峰论坛在江苏省镇江市丹阳市举办。与会领导、专家、学者共同见证天工国际成立 40 周年庆典，并围绕新材料产业发展、现状和面临的机遇与挑战展开交流。

11 月 29 日，南钢智慧运营中心顺利实现上线试运行，现已集成 45 套支撑系统、726 个报警规则、82 个模型、26 万多个数据点、集成 6 条配套的数字工厂示范线。

11 月 29 ~ 30 日，由中央广播电视总台与中国钢铁工业协会联合制作的六集大型纪录片《钢铁脊梁》在 CCTV2 陆续播出。该片以大冶特钢汉冶萍广场遗址开篇，以大冶特钢航拍全景结尾。在第一集《钢铁雄心》中建龙北满特钢第二位重磅出场，近 9 分钟的故事为我们讲述了新中国第一个特殊钢厂栉风沐雨的发展历程。在 11 月 30 日晚播出的第二集《钢铁纵横》中，浓墨描绘了沙钢的精彩故事，生动的镜头画面与珍贵的历史资料为观众展现了沙钢集团董事局沈文荣主席的睿智与博大胸襟，以及沙钢创新引领转型，走在时代前列的成功实践。

11 月 30 日，衡钢特种钢管厂 720Assel 机组热负荷试车成功。这套新建成的轧机为全球首套中国产最大口径的三辊斜轧管机，其投运可大幅提升衡钢 720 机组生产效率。

11 月 30 日，新天钢集团天钢公司铁路正式开通。

11 月，在东北特钢研究院的积极参与下，抚顺特钢 20CrMo5 齿轮用钢顺利通过比利时邦奇公司认证。

11 月，太钢集团国际热核聚变实验反应堆（ITER）主机安装第一阶段顺利完成。

11 月，长城特钢取得装备承制单位资格证书，持续具备专项产品生产资质。

11 月，根据 308 车间整体搬迁项目计划安排，中原特钢顺利完成 1000 吨油压机搬迁任务，设备已正常投入使用。

11 月，北京 2022 冬奥会的众多冬奥场馆开放，国家雪车雪橇中心宛如盘旋于山间的“雪游龙”，这条“巨龙赛道”就是用南钢耐候钢打造的。

11 月，凌钢为山推工程机械股份有限公司研发的 35MnBM 链轨节用钢成功供货。此次成功供货，不仅提升了凌钢在工程机械行业的业绩和口碑，还对公司进军该领域起到示范作用，扩大了行业影响力。

11 月，西王特钢完成省政府钢焦企业民生供暖现场核查工作，为取暖季增加产能提供相关支撑材料。

11 月，西王特钢通过工艺创新，实现 VD 钢连浇 27 炉。

12 月

12 月 1 日，在中信泰富特钢集团旗下兴澄特钢二炼钢分厂，世界最大规格 ϕ1200 毫米连铸圆坯面世。这是中信泰富特钢继世界首创 ϕ800 毫米、ϕ900 毫米、ϕ1000 毫米后，再次刷新由自己保持的连铸圆坯最大规格的世界纪录。

12 月 1 日，方大特钢登上央视大型工业纪录片《钢铁脊梁》。

12 月 2 日、4 日，《钢铁脊梁》第四集《钢连万家》、第六集《钢铸未来》播出，南钢 9 镍钢（LNG 储罐用钢）、低温钢（北极亚马尔项目）生产制造全过程，用镜头语言展示了南钢在研发替代进口、解决“卡脖子”问题的高端产品方面孜孜不倦追求和艰苦创业、开拓创新的企业精神。

12 月 2 日，经过前期 10 个月业务数据与 AI 人工智能深度磨合训练，集团海关关务平台智能流程机器人（RPA）应用正式上线投用。该技术在国内钢铁行业完全应用尚属首创。

12 月 3 日，淮钢“高炉、电炉”产能购买、产能置换完成手续办理，并在江苏省工信厅网站顺利公示。

12 月 3 日，凌钢助力的“一带一路”重点工程——中老铁路全线开通。凌钢助力的建设路段为老挝磨丁至万象段及万象至万象南段，凌钢自 2018 年开始先后 4 次以自主投标方式中标该项目的甲供物资供应，合计供应螺纹钢、线材、圆钢 9.9 万吨，占工程总钢材用量的三分之一，创汇 4.26 亿元境外人民币。

12 月 5 日，邢钢线材厂单条生产线日产创历史新高 2821.67 吨。

12 月 6 日，开幕的第二十四届北京·香港经济合作研讨洽谈会上，京港双方“云启动”香港国际机场第三跑道客运大楼和站坪工程项目。河钢舞钢千余吨高端高强度特厚板用于该项目的关键部位。

12 月 6 日，大冶特钢 6 名党代表蒋乔、郭培锋、熊朝霞、柳萍、齐泽权、陈新出席中国共产党黄石市第十四次代表大会。12 月 8 日，蒋乔当选为中国共产党黄石市第十四届委员会委员。

12 月 7 日，按照西钢集团深化改革工作要求，股份公司认真研究、反复论证，封存了特冶分厂二炼和锻钢两个作业区主体设备，分流安置 296 名在岗职工。

12 月 8 日，庆祝中国共产党建党 100 周年，济源钢铁改制 20 周年员工冬季运动会在新建的乒乓球、台球馆（济钢大食堂三楼）隆重开幕。

12 月 8 日，济源示范区党工委副书记、市委副书记李哲，济源市人大常委会副主任、市总工会主席冯正道，济源市总工会党组书记尹晖一行到济源钢铁对推进新时代产业工人队伍建设改革工作进行调研。

12 月 8 日，山东省委党史学习教育第十五巡回督导组成员到山钢莱芜特钢事业部生产现场参观调研。

12 月 9 日，中国航天三江集团党委书记、董事长冯杰鸿一行到大冶特钢考察。

12 月 9 日，淮钢公司“炼铁喷煤智能行车系统”项目，获江苏省企业信息化协会和江苏省 5G 产业联盟主办的第六届“江苏智造”创新大赛三等奖，成为本届大赛唯一获奖的钢铁企业。

12 月 9 日，中国钢铁工业协会党委副书记、钢铁行业智能制造联盟理事长姜维调研南钢数智化转型发展工作。

12 月 9 日，东北特钢股份动力设备环保处在职业学校 5 楼阶梯教室组织开展了机械设备基础知识培训。

12 月 9 日，中国共产党河钢舞钢第四次代表大会在舞钢俱乐部隆重召开，公司党委书记、董事长李建朝代表中共河钢舞钢第三届委员会向大会作了题为《解放思想，深化改革，凝心聚力，实干担当，为实现又好又快发展建设最具竞争力的宽厚板领军企业而努力奋斗》的报告。

12 月 10 日，太钢超大直径双相不锈钢管坯填补行业空白。

12 月 10 日，凌钢集团召开 2022 年工作会议，系统总结 2021 年工作，全面部署 2022 年任务，动员全公司广大干部职工凝心聚力，积极落实国家节能减排、绿色低碳钢铁产业发展要求，扎实构建凌钢高质量发展新格局。集团公司总经理冯亚军在会上作工作讲话，股份公司总经理马育民主持会议并系统解读了公司 2022 年经济责任制。

12 月 11 日，济源钢铁在炼铁厂区隆重举行产能置换项目 5 号、6 号高炉退役拆除仪式。济源钢铁领导王方军、王俊锋、赵红军，工程部、拆除项目承接单位、炼铁厂等单位代表 100 余人参加仪式，仪式由工程部副部长韩江文主持。

12 月 13 日，凌钢高强钢筋获得中冶检测认证有限公司颁发的冶金绿色产品认证证书，是凌钢首次有关产品的绿色认证。

12 月 14～15 日，由太钢不锈牵头承担的“十三五”国家重点研发计划项目“苛刻环境下铁路车辆关键部件用钢”和“高强高耐蚀不锈钢及应用”，通过科学技术部高技术中心验收。

12 月 15 日，冶金工业规划研究院对外发布 2021 年度中国钢铁企业竞争力暨发展质量评级企业名单，凌钢获评竞争力 A 级（特强）企业称号。

12 月 15 日，青海省委常委、宣传部部长赵月霞到西宁特钢调研指导，集团公司党委副书记、总经理马玉成，纪委书记宋永进等领导陪同调研。

12 月 15 日，随着全球运力最大的 24232TEU（2.4232 万标准箱）集装箱船正式开工建造，由南钢独家提供的其关键部位用止裂钢开始供货。

12 月 16 日，南钢独家供货的长江新一代高端邮轮“长江叁号”在爆竹声中喜迎交付，走进这个“庞然大物”，仿佛走进了一座五星级酒店。

12 月 16 日，第四届钢铁行业技能知识网络竞赛已落下帷幕。天津钢管制造有限公司炼铁厂分会荣获“团体优胜单位”荣誉称号，炼铁厂高炉作业区责任工程师高本国获得“钢铁行业学技能知识标兵”称号。

12 月 16 日，根据分公司新旧动能产能置换要求，山钢莱芜特钢事业部 50 吨电炉连铸产线开展 240 毫米×375 毫米断面连铸坯适应性改造，并于 12 月 16 日首次成功生产。

12 月 17 日，中原特钢开展“以案为鉴、警钟长鸣”安全保卫警示日活动。

12 月 18 日，中国有色金属工业协会钛锆铪分会第七届第一次会员大会暨理事会换届会议召开，宝武特冶当选副会长单位，宝武科学家计波当选为副会长。

12 月 18 日，石钢炼钢厂实现日产钢水 6506 吨新突破，并创造了日产钢坯 6148 吨的新纪录。

12 月 18 日，江苏省复合材料学会主办、南钢和金元素复合材料有限公司共同承办的金属基复合材料专委会学术年会在南钢举行。

12 月 18 日，济源钢铁在虎岭高新园区隆重举行了河南济钢安装有限公司搬迁暨河南国泰智能装备有限公司揭牌仪式。

国内首创的南钢热轧钢板表面质量检测与识别系统，由金恒科技与中厚板卷厂联合攻关 20 个月，其中经过 4 个多月的算法优化和数据实测，系统的平均检出率≥98%、准确率≥90%，项目 12 月中旬通过验收。

12 月 20 日，太钢集团与中冶宝钢技术服务有限公司签订战略合作框架协议，中冶宝钢技术服务有限公司山西分公司成立揭牌。

12 月 20 日，国家科技重大专项、全球首座第四代球床模块式高温气冷堆，华能石岛湾高温气冷堆核电站示范工程 1 号反应堆并网发电。宝武特冶为其提供棒、管、板、带等核心材料，部分为独家供应，打破国际垄断，解决了“卡脖子”关键材料的供应。

12 月 20~21 日，石横特钢在泰安琼花岛酒店举办以“携手石特，‘板’接未来”为主题的热轧卷板产品发布会暨客户协作发展交流会。副总经理张伟、安增超出席活动并致辞，省内经贸商代表受邀参加。

12 月 21 日，随着为山东某清洁能源化工项目定制的最后一批大厚度铬钼钢 15CrMoR 顺利交付客户，河钢舞钢实现了 1900 吨大厚度 15CrMoR 钢板的国内独家供货，产品各项技术指标达到行业领先水平。

12 月 21 日，凌钢集团与中冶京诚工程技术有限公司“振兴东北央地百对企业协作行动”签约仪式在凌源滨河会务中心举行。集团公司总经理冯亚军与中冶京诚总经理张勇代表双方签约。

12 月 21 日，淮钢特钢“一种工程机械履带底盘轮体用钢及其生产方法”发明专利荣获“2020 年度淮安市优秀发明专利奖”。

12 月 22 日，河钢舞钢为国内某高端客户定制研发的又一“单打冠军”产品——新型磁盘用钢 WNM18 顺利交付用户，该钢各项性能指标优良，填补了国内磁盘用钢领域研发空白。

12 月 22 日，省企业改革处副处长郭亭、张玉，科员樊森彬、安靓一行 4 人就股份公司贯彻落实国企改革三年行动方案情况开展专项督导。股份公司党委副书记王永兴及股份公司运营改善部、董秘法务部、党委办公室相关领导作专项汇报。12 月 21 日，淮钢公司“一种工程机械履带底盘轮体用钢及其生产方法”发明专利荣获“2020 年度淮安市优秀发明专利奖”。

12 月 23 日，淮钢公司“高品质风电设备用轴承钢”新产品已入选第 27 批省重点推广应用的新技术新产品目录。

12 月 23 日，天钢 1 号烧结机日产量突破 11000 吨大关，达到 11046 吨，创日产历史新纪录。

12 月 23 日，《中国不锈钢》新书发布会在太钢花园会议中心举行。同日，太钢集团太原基地不锈钢智能化升级改造项目奠基。

12 月 23 日，中原特钢数字化工厂项目（一期）投入试运行。

12 月 23 日，河南轴承产业联盟成立大会在洛阳举行，济源钢铁任副理事长单位。公司总经埋曹立国，副总工程师、轴承（弹簧）钢材料开发办公室主任范植金参加会议。

12 月 24 日，济源钢铁举行新能源车辆和国六新车投运仪式。

12 月 24 日，淮钢公司轧钢厂三轧车间获 2021 年省智能制造示范车间。

12 月 24 日，宝武特冶召开第一届董事会第二次会议，审议通过《宝武特冶落实董事会职权实施方案》等议案。

12 月 24 日，西宁市常务副市长韩向晖到西宁西钢矿业公司调研指导协调企业外围隐患消除及环境恢复治理申请等相关事宜。西钢集团党委副书记、总经理马玉成，集团公司总经理助理、总调度长于斌陪同调研。

12 月 25 日，天津钢管召开超低排放改造专家评估会议。公司总体完成超低排放改造工作，具备在天津市钢铁工业协会进行公示的条件。

12 月 27 日，邢钢单日自发电率达到 98.23%，继 10 月 23 日自发电量占比 96.01%之后，再次刷新历史纪录。

12 月 27 日，济源钢铁董事长李玉田应中国科技馆发展基金会邀请，赴京出席“中国企业公益科普联合倡议仪式暨颁奖典礼”。

12 月 28 日，天津钢管制造有限公司研发的 TP 系列页岩气井专用套管项目，获得 2021 年度中国石油和化学工业联合会科技进步奖一等奖。该 TP 系列页岩气井专用套管已经在中国石油天然气股份有限公司西南油气田分公司、中石化重庆涪陵页岩气勘探开发有限公司、中国石油集团川庆钻探工程有限公司页岩气勘探开发项目经理部等单位的 545 口页岩气水平井中获得大规模推广应用，为油田用户创造了良好的经济效益，为国内深层页岩气开采提供了科学可靠的技术支持，推动我国页岩气开采加快驶入快车道。

12 月 28 日，南钢智慧运营中心进驻仪式隆重举行。同日，全球首制 99000 立方米超大型乙烷运输（VLEC）船命名仪式在江南船厂举行，南钢总裁祝瑞荣、副总裁谯明亮等作为供钢单位代表出席仪式。

12 月 28 日，中国船级社质量认证公司审核专家组刘德庆、束海芳、尹杰和李浩到集团，对集团电动批头用合金工具钢 S2、钢帘线用盘条两项产品进行“江苏精品”认证现场审核，经过三天的审核，一致认定集团该两项产品通过“江苏精品”认证。

12 月 28 日，工信部、发改委、财政部、国家市场监管总局等四部委授予河钢石钢新区“绿色短流程特钢智能制造示范工厂”称号。

12 月 29 日，随着天津钢管炼铁厂高炉放残铁工作顺利结束，高炉年修工作正式开始，其他各项年修工作全面铺开。

12 月 29 日，淮钢公司通过法国 BV 认证淮钢公司 IATF16949 汽车用钢质量管理体系现场审核。

12 月 30 日，工信部副部长王江平到贵钢调研生产经营情况。

12 月 30 日，由新华报业传媒集团主办、江苏经济报社承办的“智能制造和元宇宙发展高峰论坛”在南京举行，中天钢铁集团获得“庆祝建党 100 周年 · 江苏红色地标企业”“战‘疫’最美苏企”称号，集团董事局主席、总裁、党委书记董才平荣获“庆祝建党 100 周年 · 江苏功勋企业家”“战‘疫’最美苏商”称号，集团副总裁、南通公司总经理董力源荣获“2021 年度江苏十大经济新闻人物”。

12 月 30 日，凌钢参与建设的河北丰宁抽水蓄能电站投产发电，作为服务绿色冬奥的重点工程，该电站为北京冬奥场馆实现 100%绿电供应提供保障。

12 月 31 日，石钢新区连续模铸热试成功。

12 月 31 日，南钢成立产业发展研究院。

12 月，中原特钢第二批 14 件辙叉产品顺利交付，经检测各项指标均满足技术要求，标志着中原特钢具备批量供货能力。

12 月，兴澄特钢紧固件用热轧产品和钢丝线材产品通过 SMG/PATAC 整车的材料认可，标志着兴澄特钢通过通用汽车全系线材认证。

12 月，凌钢为终端客户特别定制开发的 GN-2A-1 耐磨球用圆钢顺利交付，客户反馈产品入厂检验全部合格，标志着个性化高端牌号 GN-2A-1 开发取得成功。

12 月，西王特钢申报的 2021 年度山东省中央引导地方科技发展资金项目获山东省科技厅批准。

12月，西王特钢完成高炉热风炉精脱硫项目并投入运行，实现硫化物达标排放。

12月，西王特钢与北控水务签订长江水供水合同，在省委政府“以水四定”严控模式下，在黄河水面临限量使用、累进加价等政策下，提供了一次水源保障。

2021年，承德建龙重点采取内部研发、与专业公司（同创信通、北科大、中冶长天等）合作方式开展大数据应用、生产智能分析、机器人技术应用等项目研发。

2021年，天津钢管X60Q及以上高钢级管线管产量与2020年同比增长177%，创历史新高。

2021年，在汽车及工程机械市场开始大幅下滑的背景下，承德建龙坚定不移地加大非调质钢产品市场开发力度，与中国汽车工程研究院共同搭建了“汽车轻量化用钢联合应用创新中心”平台，并联动高校、下游用户、终端用户，共同开展EVI项目合作，开发一批档次高、效益好的非调质钢新产品，2021年全年实现非调质钢销量13998吨，同比2020年增长135%。

2021年，承德建龙成功承办“中国机械工程学会材料分会 & 中国汽车工程学会汽车材料分会联合结构钢专委会第一届会议”，邀请来自学会、高校及企业等60多名顶级专家，承德建龙齿轮钢获得了参会专家的一致认可，提升承德建龙在汽车行业的影响力和品牌形象。

第8章

特殊钢企业成果和奖励（包括模范人物）

8.1 国家级奖项

1月1日，中信泰富特钢集团大冶特钢高碳铬轴承钢GCr15、GCr15SiMn、风力发电主轴用轴承钢100CrMo7-3、风力发电齿轮用钢18CrNiMo7-6四项产品获得2020年度冶金产品实物质量品牌培育“金杯优质产品”奖。

1月12日，太钢再次入选国企改革“双百企业”，太钢不锈钢精密带钢公司再次入选“科改示范企业”。国务院国资委对“双百企业”名单和“科改示范企业”名单进行动态调整。其中，“双百企业”452家，太钢继续名列其中。“科改示范企业”共209家，山西太钢不锈钢精密带钢有限公司继续入选。

3月，中国科协发布了2020年度“科创中国”先导技术榜单，兴澄特钢“超纯净高稳定性轴承钢关键技术”项目成功入选。

4月，太钢技术中心不锈钢首席研究员李国平荣获“全国五一劳动奖章”。

5月30日，国务院国资委发布包括178个项目的《中央企业科技创新成果推荐目录(2020年版)》，钢铁企业共有8个项目入选，鞍山钢铁“耐低温船舶用钢（FH32-FH690/VL4-4系列)”“大型集装箱船用止裂钢（EH40/EH47)”“高性能海洋油气输送用管线钢（X65/X70级)”“低温高压服役条件下高强度管线用钢（X70/X80级)”等4个项目入选。

6月28日，全国“两优一先”表彰大会在北京人民大会堂举行。中信泰富特钢集团党委获评“全国先进基层党组织”。中信泰富特钢集团党委书记、董事长钱刚参加全国“两优一先”表彰大会，并在29日上午受到了中共中央总书记、国家主席、中央军委主席习近平等领导同志的亲切接见。

6月，太钢不锈冷轧厂连轧作业区连轧班长牛国栋荣获“全国技术能手”荣誉称号。

8月，淮钢特钢参与的“钢-轧过程产品质量智能管控技术与平台”项目获冶金科学技术奖一等奖。

9月24日，河南中原特钢装备制造有限公司入选国家首批13家工模具行业自律规范企业名单。

11月，西王金属科技有限公司与北京科技大学研发的核心技术，获得中国发明创业创新一等奖。

11月，太钢荣获工业和信息化部中国工业经济联合会颁发的“超纯铁素体不锈钢”名列“第六批制造业单项冠军”称号。

12月17日，新天钢工业旅游景区通过评审，正式获批成为国家AAA级旅游景区。

12月，在2021年中国企业慈善公益500强系列榜单发布活动中，沙钢集团党委书记、董事局常务执行董事、有限公司董事长沈彬荣获“2021中国慈善企业家”称号。

12月，太钢荣获中国钢铁工业协会颁发的冶金企业管理现代化创新成果之“超低排放A级企业的创建”一等奖。

河钢石钢新区与北京科技大学等合作单位联合申报的《二氧化碳绿色洁净炼钢技术及应用》获中国钢铁工业协会、中国金属学会冶金科学技术奖特等奖。

河钢石钢炼钢厂炼钢工段丁班、轧钢厂智能化站两个班组荣获2021年度“全国机械冶金建材行业创新百强班组”荣誉称号。

河钢石钢新区承接的《汽车发动机曲轴用非调质钢的研发与应用》荣获2021年度全国机械冶金建材行业职工技术创新成果大赛二等奖。《起重天车自动摘钩装置的研发及应用》《试验用多功能软连接器的研制》《稀油密封煤气柜活塞排液装置》《质量大数据平台》《普钢加热炉工艺优化在特钢生产中的应用》《一种硬度试验样品的外观检测工具》等6项成果荣获2021年度全国机械冶金建材行业职工技术创新成果大赛三等奖。

8.2　省部级及模范人物奖项

8.2.1　中信泰富特钢集团有限公司

1 月 25～26 日，中信集团 2021 年工作会议在北京中信大厦召开，中信泰富特钢集团荣获“卓越贡献奖”。

2 月，经江苏省工业和信息化厅正式批准，中信泰富特钢集团扬州特材荣获 2020 年首批“江苏省四星级上云企业”称号。

5 月 9 日，新华社、中国品牌建设促进会、中国资产评估协会、国务院国资委新闻中心等单位在上海国际会议中心举行“2021 中国品牌价值评价信息发布暨中国品牌建设高峰论坛”。中信泰富特钢集团旗下兴澄特钢以 163. 42 亿元的品牌价值、883 的品牌强度荣登“冶金有色”榜单第四；大冶特钢也以 75. 12 亿元的品牌价值、793 的品牌强度荣登“冶金有色”榜单第八。

5 月 10 日，中国冶金报社发布“2021 年中国钢铁行业品牌榜”。中信泰富特钢集团股份有限公司荣获“2021 中国卓越钢铁企业品牌”。兴澄特钢荣获“2021 中国优秀钢铁企业品牌”“2021 中国特钢企业卓越品牌”。大冶特钢荣获“2021 中国特钢企业卓越品牌”。青岛特钢荣获“2021 中国优秀钢铁企业品牌”“2021 中国特钢企业优秀品牌”。靖江特钢荣获“2021 中国特钢企业优秀品牌”。扬州特材荣获“2021 中国钢铁优秀品牌供应商”。

8 月，江苏省人民政府发布首届江苏省科技创新发展奖先进单位（集体）、优秀企业、先进个人表彰决定，兴澄特钢荣膺首批“江苏省科技创新发展奖优秀企业”。

8 月，冶金科学技术奖励委员会公布 2021 年中国钢铁工业学会、中国金属学会冶金科学技术奖。中信泰富特钢集团下属子公司兴澄特钢“超高强度耐久型桥梁缆索绿色高效成套技术研究与应用”项目荣获一等奖；“100 毫米以上特厚低裂纹敏感性超高强度钢板关键技术研究及产业化”项目荣获二等奖；“高品质海洋、风力发电及页油岩开采钢制造技术和应用”项目荣获三等奖。

9 月 17 日，扬州特材荣获中国质量协会 2021 年度六西格玛发表赛专业奖、改进奖。

9 月，兴澄特钢《提升中碳钢中心偏析 C 类比率》《降低烧结内返矿率》《提高净水站制水率》3 个六西格玛项目参赛团队在中国质量创新与质量改进成果发表赛上发挥出色，获评委专家高度评价，分获总成绩第一、三、四名，获最高荣誉——“示范级”技术成果。

12 月 7 日，铜陵特材荣登“安徽百强企业”“安徽制造业百强企业”双榜，名列百强企业第 76 位、制造业百强第 46 位。

8.2.2　宝武特种冶金有限公司

5 月 21 日，通过上海市节水办公室现场审核，获得“上海市节水型企业称号”。

8 月 29 日，2021 上海新兴产业企业百强榜首次发布，宝武特冶作为首批名单登榜。

9 月 8 日，上海市科委向宝武特冶颁发“高温加热炉用铁镍基合金无缝钢管”“新型航空发动机用钛合金等温模锻件”“高性能压铸模用热作模具钢”等三项上海市高新技术成果转化项目证书。

10 月 26 日，由中国特钢企业协会主办的第 17 届（2021）中国国际特殊钢工业展览会暨高品质特殊钢论坛在上海新国际博览中心召开，宝武特冶应邀参加，并被授予“工模具钢行业自律规范”企业。

8.2.3　西宁特殊钢集团有限责任公司

1 月 9 日，集团公司获省国资委“2020

年度财务预算报表先进单位”称号。

1月14日，公司荣获“全国厂务公开民主管理先进单位”和“青海省五一劳动奖状”两项荣誉。

1月，《大马力汽车发动机用非调质曲轴钢C38N2及C38+N的开发与研究》获得2020年中国产学研合作创新成果奖优秀奖。

3月，西宁特钢集团公司被青海省安全生产委员会评为2020年度“安全生产先进企业”。

3月，西宁特钢股份公司被西宁市生态环境局评为企业环境信用评价2020年度“环保诚信企业”。

5月13日，公司下属公司西钢股份公司、福利公司、江仓能源公司荣获西宁市城北区人民政府颁发的“安置残疾人就业先进单位”荣誉称号。

5月22日，西钢股份公司荣获“环保诚信企业”称号，公司已连续5年被评为“环保良好企业”。

9月8日，西钢股份公司荣获2021年中国特钢企业优秀品牌和钢铁绿色发展优秀企业。

12月，青海省工业和信息化厅公布了2021年“青海省质量标杆”名单，青海西钢特殊钢科技开发有限公司“APQP+工艺复盘”质量管理方法成功入选。

12月17日，青海省公布了“2021年青海企业50强”名单，西钢集团公司位列第九名。

青海省科学技术厅发布了《关于青海省2021年度通过认定科技型企业名单的公示》。其中，西宁特殊钢股份有限公司位列“青海省科技型企业”名单。

12月22日，青海省科学技术厅专家在项目验收会上，西宁特钢承接省工信厅“牙轮钻具用钢开发”和“齿轮钢末端淬透性检测技术控制及应用”两项科研项目通过验收。

12月23日，西钢股份公司获得青海省科技型企业称号。

12月27日，西钢集团公司获第四届钢铁行业技能知识网络竞赛“团体优胜单位”荣誉称号。

8.2.4 太原钢铁（集团）有限公司

1月，太钢集团超超临界电站锅炉用高品质耐热无缝钢管获“中国钢铁工业产品开发市场开拓奖”。

1月11日，太钢集团矿业分公司尖山铁矿入选国家级绿色矿山名录，获全国冶金矿山“十佳厂矿”称号。

1月14日，太钢两单位获“2020年度山西省安全文化建设示范企业”称号。日前，山西省政府安委办公布2020年度山西省安全文化建设示范企业评审结果，经山西省政府安委办组织专家评审、现场审核和网上公示后，太钢不锈冷轧厂、热连轧厂获评2020年度山西省安全文化建设示范企业。

1月19日，中国钢铁工业协会发布2020年冶金产品实物质量品牌培育产品名单。太钢生产的06Cr19Ni10奥氏体不锈钢热轧钢板和钢带、10Cr17铁素体不锈钢热轧钢板和钢带、Q450NQR1铁道车辆用耐大气腐蚀钢、20Cr13马氏体不锈钢热轧钢板和钢带被冠名为“金杯优质产品”。其中，06Cr19Ni10奥氏体不锈钢热轧钢板和钢带被冠名为“金杯特优产品”。

3月，太钢不锈参与起草的首个不锈钢领域国际标准提案《钢筋混凝土用不锈钢钢筋》，被国际标准化组织钢技术委员会正式批准立项，填补该领域空白。

4月20日，太钢不锈被中国钢铁工业协会授予“中国钢铁工业清洁生产环境友好企业”荣誉称号，这是太钢不锈在2010年首次获得“中国钢铁工业清洁生产环境友好企业”称号后，根据新的评审要求，2020年与宝钢股份、鞍钢股份等六家企业通过复审再次获此殊荣。

4 月 23 日，山西省人民政府下发《关于 2019 年度山西省科学技术奖励的决定》，太钢七个项目获山西省科技进步奖，山西太钢不锈钢精密带钢公司获山西省企业技术创新奖。

5 月 10 日，太钢集团在“2021（首届）钢铁工业品牌质量发展大会”上获“绿色低碳优秀品牌”称号。

6 月 19 日，由太钢集团、先进不锈钢国家重点实验室和太原理工大学联合主办的航空模具用 Ni36 材料（因瓦合金或殷瓦钢）及国产化技术交流会在太钢召开，会上发布了太钢历时近十年研发生产的国产化 Ni36 材料。

8 月 17 日，太钢荣获四项山西省科技奖。其中，“高等级无取向硅钢高性能控制和高效制造技术开发与创新”被授予一等奖，“重载铁路货车用系列高品质耐蚀钢关键制造技术创新产品开发”和“资源节约型高性能铁素体不锈钢焊接关键技术创新与产业化应用”两个项目被授予二等奖，山西钢科碳材料有限公司荣获“企业技术创新奖”。

8 月 19 日，太钢不锈 2020 年社会责任报告经中国企业社会责任报告评级专家委员会评级小组评定，在过程性、实质性、完整性、平衡性、可比性、可读性、创新性等七方面均有较好表现，综合评级为五星，是一份卓越的企业社会责任报告。这也是太钢连续第 5 年获得“中国企业社会责任报告评级专家委员会”五星级（卓越）评价。

9 月 9 日，2021 年冶金科学技术奖获奖项目揭晓。太钢“核电用高品质不锈钢制造技术及品种开发”项目获一等奖，“-19 微米粒级铁矿选矿高效综合技术开发与应用”“绿色焦化全流程关键技术装备开发与工业应用”“钢产品力学性能试验用试样取样及试样制备标准研制”“冶金车载式渣罐在线倾翻装备与技术开发”四个项目获三等奖。

9 月 16 日，第四届中国质量奖颁奖仪式在杭州隆重举行。太钢集团以精品为本、标准化为基、数字为魂的“十化”质量管理模式斩获中国质量奖提名奖。

10 月 8 日，太钢科研人员李俊获“中国冶金青年科技奖”。

10 月 21 日，太钢集团获“山钢杯”全国钢铁行业职工网上安全生产竞赛团体一等奖。

11 月，太钢集团“碳纤维”项目获全国质量创新奖。

11 月 6 日，在中国质量协会《中国质量》杂志社举办的 2021 年度“中国质量创新与质量改进成果发表交流活动”中，中国宝武太钢集团山西钢科碳材料有限公司“国产 T1000 级碳纤维工程化制备技术开发”项目获得质量创新组最高奖项示范级成果。

12 月 14～15 日，由太钢不锈牵头承担的“十三五”国家重点研发计划项目“苛刻环境下铁路车辆关键部件用钢”和“高强高耐蚀不锈钢及应用”，通过科学技术部高技术中心验收。

8.2.5 东北特殊钢集团股份有限公司

1 月，2020 年度中国钢铁工业协会冶金产品实物质量品牌培育活动结果揭晓，抚顺特钢多项产品上榜。《热作模具钢 FS413（1.2344）》被评为“金杯特优产品”；《高压锅炉管坯 T91（SA-213T91）》《高温合金 GH4169 棒材》《汽车用高性能齿轮钢 SCr420HB》《热作模具钢 FS413（1.2344）》《塑料模具钢热轧 FS136 扁钢和方钢》被评为“金杯优质产品”。东北特钢股份 16MnNi3CuAl 轧制预硬扁钢荣获 2020 年“冶金产品实物质量品牌金杯奖”。

5 月 10 日，第 5 个中国品牌日，中国冶金报社发布“2021 中国钢铁品牌榜”。东北特钢荣获“2021 中国特钢企业卓越品牌”

荣誉称号，抚顺特钢荣获“2021 中国特钢企业优秀品牌”荣誉称号。

5 月 13 日，2021 年全国冶金行业职业能力建设工作会议在南宁召开，会议总结表彰了 2020 年度全国冶金行业职业技能鉴定工作。抚顺特钢被授予“全国冶金行业职业技能鉴定先进单位”荣誉称号；王凯、张敏被评为全国冶金行业职业技能鉴定优秀鉴定工作者；薛井恒、王建辉、王洪军被评为全国冶金行业职业技能鉴定优秀考评员。这是抚顺特钢自成立职业技能鉴定站以来首次获此殊荣。

由中国冶金报社组织的 2021 “寻找最美绿色钢城”结果揭晓，东北特钢榜上有名，其中，东北特钢股份、抚顺特钢公司分别被评为“2021 绿色发展优秀企业”。

8 月 19 日，2021 年中国钢铁工业协会、中国金属学会冶金科学技术奖评审结果揭晓，东北特钢两项科研成果获奖。其中，抚顺特钢参与的《高品质高碳含镧变形高温合金材料关键技术研究及应用》等两个项目获冶金科学技术奖三等奖。其中，《高品质高碳含镧变形高温合金材料关键技术研究及应用》项目由钢铁研究总院、抚顺特钢、北京钢研高纳科技股份有限公司共同完成。

8.2.6 舞阳钢铁有限责任公司

11 月 3 日，国家科学技术奖励大会在北京隆重召开，河钢舞钢作为主要单位参与完成的《400 万吨/年煤间接液化成套技术创新开发及产业化》项目荣获国家科学技术进步奖一等奖。这是继《特厚钢板生产关键技术研发与创新》项目获 2013 年度国家科学技术进步奖二等奖、《高品质特殊钢绿色高效电渣重熔关键技术的开发和应用》项目荣获 2019 年度国家科学技术进步奖一等奖之后，河钢舞钢获得的又一项国家级殊荣。

12 月 17 日，凭借一系列技术专利和雄厚的研发实力，在全国高新技术企业认定管理工作领导小组办公室发布的《关于河南省 2021 年第一批备案高新技术企业名单的公告》中，河钢舞钢榜上有名，再次获得“国家级高新技术企业”认定。

8.2.7 天津钢管制造有限公司

5 月 28~29 日，全国钢铁行业共青团工作指导和推进委员会二届五次常务会议在济钢召开。天津钢管团委荣获 2019~2020 年度全国钢铁行业“五四红旗团委”荣誉称号。

6 月 8 日，由中国冶金报社组织的 2021 “寻找最美绿色钢城”评选结果揭晓，天津钢管制造有限公司获评为“绿色发展优秀企业”。

9 月 16 日，全国劳动模范、首届津门工匠、天津钢管制造有限公司管加工厂主任电气师李刚被授予第四届中国质量奖提名奖。

9 月 25 日，经国家冶金工业职业技能鉴定指导中心批准，天津钢管国家职业技能鉴定站被授予“2020 年度全国冶金行业职业技能鉴定先进单位”荣誉称号，此次是公司第三次获此殊荣。

10 月 14 日，由天津市企业联合会、企业家协会组织开展的 2021 年天津企业 100 强、天津制造业企业 100 强结果发布，天津钢管再度荣登榜单。

10 月 26 日，天津钢管收到经由天津海关严格审核认定后颁发的“海关 AEO 高级认证证书”，标志着公司获得了全球化贸易的“VIP 绿色通行证”和“金字招牌”。

11 月 10 日，公司顺利通过了知识产权管理体系认证，获得知识产权管理体系认证证书。

12 月 29 日，天津钢管参与完成的“页岩气水平井专用套管与工程设计控制技术及其应用”项目，获得 2021 年度中国石油和化学工业联合会科技进步奖一等奖。

8.2.8　石家庄钢铁有限责任公司

1 月 4 日，河北省工信厅授予石钢新区“河北省节水型企业”。

5 月 17 日，公司以唯一的钢铁冶金企业荣获河北省工业和信息化厅全省第二批“2020 年度省级制造业单项冠军企业”称号。

6 月 5 日，荣获中国冶金报 2021 年“钢铁产业链绿色标杆企业”。

8 月 17 日，公司“汽车用高品质渗碳系齿轮钢研发与应用”“减震器活塞杆用钢的研制与研发”“汽车发动机涨断连杆涨断性能研究与应用”共 3 个项目，分获河北省金属学会 2021 年全省冶金科学技术奖一、二、三等奖。

11 月 10 日，石家庄市人民政府授予石钢新区“石家庄市园林式单位”。

11 月 24 日，炼钢厂炼钢工段丁班和轧钢厂智能化站荣获“全国机械冶金建材行业创新百强班组”称号。

8.2.9　攀钢集团江油长城特殊钢有限公司

1 月，公司研发的热作盾构钢获得四川省新材料首批次认证（省内冶金行业首次获得），产品质量及市场占有率达到国内领先水平，实现了以产顶进。

1 月，公司“20CrMnTiH 保证淬透性结构钢热轧圆钢”再次荣获“金杯优质产品”。

3 月 11 日，公司“深海大容积高压气瓶用特种钢研制及关键应用技术”课题成果获四川省政府科技进步奖一等奖。

3 月 11 日，公司“航大高品质 1Cr21Ni5Ti 关键工艺技术研究及应用”课题成果获四川省政府科技进步奖二等奖。

8 月，公司“含碲高端特殊钢冶金工艺技术的开发和应用”课题成果获中国钢铁工业协会和中国金属学会联合颁发的冶金科学技术奖一等奖。

8.2.10　江阴兴澄特种钢铁有限公司

1 月，江阴兴澄特种钢铁有限公司（以下简称“兴澄特钢”）精品特殊钢厚板热轧车间获“江苏省示范智能车间”荣誉称号。

3 月，江苏省科技发展战略研究院向社会发布“2020 江苏省百强创新型企业”名单，兴澄特钢成功入选。

4 月，中国钢铁工业协会公布 2020 年度中国钢铁工业清洁生产环境友好企业榜单，兴澄特钢荣获“2020 年度中国钢铁工业清洁生产环境友好企业”荣誉称号。

5 月，兴澄特钢牵头组织提出的国际标准提案《桥梁缆索钢丝用盘条》（ISO/NP6819）被国际标准化组织（ISO）正式批准立项。

5 月 18 日，第二十七届江苏省企业管理现代化创新成果榜单发布。兴澄特钢报送的“大型特钢企业基于价格、成本、价值三元聚合的经营管理机制变革”荣获一等成果。

6 月 4 日，国家人力资源和社会保障部发布了《关于表彰第十五届中华技能大奖和全国技术能手的决定》，兴澄特钢是唯一一家上榜的特钢企业单位。

7 月，兴澄特钢荣膺首批“江苏省科技创新发展奖优秀企业”。

8 月，2021 年度中国最具创新力知识型组织（MIKE）大奖获奖名单正式发布。兴澄特钢荣获“2021 中国最具创新力知识型组织（MIKE）大奖”。

8 月，冶金科学技术奖励委员会公布 2021 年中国钢铁工业学会、中国金属学会冶金科学技术奖。中信泰富特钢集团旗下兴澄特钢“超高强度耐久型桥梁缆索绿色高效成套技术研究与应用”项目荣获一等奖；“100 毫米以上特厚低裂纹敏感性超高强钢板关键技术研究及产业化”项目荣获二等奖；“高品质海洋、风力发电及页油岩开采钢制造技术和应用”项目荣获三等奖。

8月4日，兴澄特钢荣获2021年江苏省两化融合管理体系（升级版）AAA级贯标试点企业认定。

9月，兴澄特钢《提升中碳钢中心偏析C类比率》《降低烧结内返矿率》《提高净水站制水率》3个六西格玛项目参赛团队在中国质量创新与质量改进成果发表赛上发挥出色，获评委专家高度评价，分获总成绩第一、三、四名，获最高荣誉——“示范级”技术成果。

11月23日，兴澄特钢代表国家首次牵头ISO国际特殊钢标准研制项目。

12月，江苏省科技厅发布《2021年省科技成果转化专项资金拟立项项目公示》，兴澄特钢申报的省科技成果转化专项资金项目“重大装备用高端轴承钢生产关键技术研发及产业化”成功获批立项。

12月，江苏省市场监管局发布了2021年批准筹建的十个省级技术标准创新基地项目，兴澄特钢承担的“江苏省技术标准创新基地（特殊钢）”项目榜上有名。

8.2.11 大冶特殊钢有限公司

1月1日，大冶特钢高碳铬轴承钢GCr15、GCr15SiMn、风力发电主轴用轴承钢100CrMo7-3、风力发电齿轮用钢18CrNiMo7-6四项产品获得2020年度冶金产品实物质量品牌培育“金杯优质产品”奖。

1月19日，中信泰富特钢集团年会上，大冶特钢“抗疫防汛保目标，创新管理促发展”获得2020年度突出贡献奖唯一“特等奖”奖励。

3月29日，大冶特钢大功率风电关键部件用高端轴承钢荣获“2020年度中国钢铁工业产品开发市场开拓奖”。

4月28日，大冶特钢特冶厂专职工程师李林森荣获“湖北省五一劳动奖章”，大棒厂轧钢二横班荣获“湖北省工人先锋号”。

5月11日，大冶特钢以75.12亿元的品牌价值、793的品牌强度荣登“冶金有色”榜单第八，同时以过硬的品牌获评“2021中国优秀钢铁企业品牌”和“中国特钢企业卓越品牌”。

9月17日，大冶特钢入选2021湖北企业100强和湖北制造业100强榜单，分别位列第13、第6，比上届上升4位、2位。

8.2.12 江苏沙钢集团有限公司

1月4日，中国钢铁工业协会发布“2020年冶金产品实物质量品牌培育产品名单”，沙钢集团有限公司冷轧无取向电工钢和橡胶骨架类钢丝用热轧盘条两项产品荣膺“金杯优质产品”。

1月14日，工信部公示了2020年度重点用能行业能效“领跑者”企业名单。在钢铁行业转炉工序中，江苏沙钢集团有限公司再度上榜。

3月3日，应贝卡尔特邀请，沙钢集团董事局常务执行董事、有限公司总经理施一新，有限公司副总经理王科、第一副总工程师黄久贵一行走访贝卡尔特亚洲采购研发中心，参加贝卡尔特供应商授奖仪式，沙钢荣获年度贝卡尔特供应商最高奖项“卓越供应商”称号。会上，施一新代表沙钢与贝卡尔特签署“2021年沙钢-贝卡尔特全球盘条采购战略合作协议”。

3月9日，国家商业信用中心、《企业管理》杂志社共同发布了“2020年全国优秀诚信企业案例”名单，沙钢“强化企业信用管理、夯实沙钢腾飞基础”案例荣获2020年“全国企业诚信建设十佳案例”，沙钢集团党委书记、董事局常务执行董事、有限公司董事长沈彬荣膺“全国优秀诚信企业家”。

3 月 25 日，江苏省科技发展战略研究院向社会发布了“2020 江苏省百强创新型企业”名单，江苏沙钢集团有限公司成功入选，位列第 15 位。这是自 2016 年江苏省首次发布该榜单以来沙钢已先后 4 次成功入围。

5 月 14 日，国家知识产权局发布了第二十二届中国专利奖评审结果，其中由沙钢钢铁研究院申报的发明专利“一种高碳钢线材及其制备方法”在诸多评选项目中脱颖而出，喜提第二十二届中国专利优秀奖。

5 月 18 日，江苏沙钢集团有限公司正式取得惠誉、标普两大国际权威评级机构授予的 BBB 投资级信用评级。沙钢国际投资级信用评级在江苏省民营企业乃至全国民营钢铁企业中均为首次获取，也是继宝钢后国内第二家获得独立评级为国际投资级的钢铁企业，该评级在沙钢发展过程中具有标志性意义，为企业国际化步伐树立了重要的里程碑。

7 月 27 日，江苏省人民政府发布首届江苏省科技创新发展奖先进单位（集体）、优秀企业、先进个人表彰决定，对全省 50 家单位（集体）、46 家企业和 46 名个人进行了表彰。凭借在科技创新领域的软、硬件实力和丰硕发展成果，沙钢荣膺首批“江苏省科技创新发展奖优秀企业”。

8 月 19 日，2021 年中国钢铁工业协会、中国金属学会冶金科学技术奖评审结果揭晓，沙钢集团有限公司主导的《高效薄带铸轧稳定化生产关键技术创新及应用》、沙钢集团淮钢特钢股份有限公司参与的《钢—轧过程产品质量智能管控技术与平台》两项成果获“冶金科学技术奖”一等奖。

10 月，中国钢铁工业协会组织专家召开沙钢科技成果鉴定会，沙钢“铁前多级别产线全流程协同匹配与稳定生产关键技术创新”和“高品质低碳钢 RH 关键共性技术集成与应用”两项科研成果顺利通过鉴定，达到国际先进水平。

11 月 10 日，“2021 福布斯中国工业互联网系列评选”结果公布，沙钢集团有限公司斩获“福布斯中国 2021 年度中国十大工业数字化转型企业”大奖。

12 月 15 日，2022 中国和全球钢铁需求预测暨 2021 中国钢铁企业竞争力（暨发展质量）评级研究成果发布会召开，中国冶金工业规划研究院发布 2021 中国钢铁企业竞争力（暨发展质量）评级，沙钢继续保持在竞争力极强钢企方阵，再次获评竞争力极强“A+”最高评级。

12 月 21 日，“2021 钢铁企业专利创新指数”发布会在北京召开，由冶金工业信息标准研究院、国家知识产权局知识产权出版社共同研究的“2021 中国钢铁企业专利创新指数”和“2021 全球钢铁企业专利创新指数”榜单正式发布，沙钢荣登双榜，成为沙钢新时期以专利创新赋能企业高质量发展的生动注脚。

8.2.13 南京钢铁集团有限公司

5 月 10 日，《2021 年度中国钢铁品牌榜》发布，南京钢铁股份有限公司荣膺 2021 年中国卓越钢铁企业品牌荣誉称号。

2021 年 5 月 27 日，2021 年全国企业管理创新大会在广东深圳召开。会议发布和推广了 2020 年“全国企业管理现代化创新成果”，其中南京钢铁集团有限公司（以下简称“南钢”）“钢铁企业基于工业互联网的数字化运营管理”获得全国企业管理现代化创新成果二等奖。

10 月 16 日，由工业和信息化部、全国工商联、江苏省人民政府共同主办的第二届两化融合暨数字化转型大会在江苏苏州召开，南钢股份入围首批 18 家 AAA 认证企业。

12 月 21 日，中国钢铁工业协会在人力资源与劳动保障工作委员会年会上发布了钢铁行业人力资本竞争力（组织效能）指数。南钢荣获人力资本竞争力极强（AAA+）企业。

12月30日，南钢获得“庆祝建党100周年·江苏红色地标企业”“战疫最美苏企”称号，黄一新荣获“庆祝建党100周年·江苏功勋企业家”“2021年度江苏十大经济新闻人物”“战疫”最美苏商称号。

8.2.14 邢台钢铁有限责任公司

3月17日，共青团中央和应急管理部向各获奖单位颁发2019年度“全国青年安全生产示范岗”牌匾和证书，邢钢炼钢厂冶炼乙3班，成为389个获奖单位之一。

4月27日，邢钢被河北省应急管理与安全生产协会评为“2020年度应急管理与安全生产先进单位”以及“2020年度安全管理标准化示范班组创建活动优秀组织单位”。

5月13日，由河北省质量协会评选的首批“河北省企业特色质量管理模式”名单揭晓，邢钢申报的“邢钢精益六西格玛创新管理模式”，凭借理念先进、方法科学、措施易行、效果明显等优势，上榜首批名单，此项荣誉彰显了企业鲜明的区域行业特色、显著的示范引领作用和较高的借鉴推广价值。

6月，河北省科学技术厅正式授予邢钢“河北省科普示范基地”称号。

6月9日，邢钢收到中钢协〔2021〕73号文《关于表彰冶金安全信息交换系统管理工作先进单位和先进个人的决定》及荣誉证书，邢钢在冶金安全信息交换系统管理工作中表现突出，被评为先进单位。

7月1日，由河北省质量文化协会主办的“河北省第四届质量创新成果（项目）发布会”在秦皇岛召开，邢钢精益六西格玛代表团3个成果入围发布会名单，其中《高强度耐低温风电螺栓用盘条的研发》和《提高不锈钢1Cr13浇次连浇炉数》荣获一等奖，《提高Q55SiCrA-1线材成材率》荣获二等奖。

7月15日，邢钢十项质量成果获河北省冶金质量成果奖。

9月17日，邢钢荣获“2021年度华北区域紧固件用钢优质生产企业”称号。

12月27日，由冶金工业信息标准研究院、国家知识产权局知识产权出版社共同研究的“2021钢铁企业专利创新指数”在北京正式发布，邢钢榜上有名以43名的好成绩入选“较强专利创新力企业”。这是继入围“新材指数”发布的世界钢铁企业技术竞争力50强之后，邢钢再次以极强的企业核心竞争力彰显了其行业地位不可或缺。

8.2.15 首钢贵阳特殊钢有限责任公司

4月12日，首钢贵钢公司科技项目“高品质含S、Pb易切削钢生产关键工艺技术研究”获2020年度首钢科学技术奖二等奖、“接杆钎具成套生产技术开发”获2020年度首钢科学技术奖三等奖。

5月24日，贵钢高品质易切削钢绿色高效生产成套技术开发与应用实践课题入选贵州省科技进步奖三等奖公示名单。

9月，经中国物流与采购联合会物流企业综合评估委员会评审，贵钢物流企业贵阳东方鑫盛钢材物流有限公司获评全国3A级物流企业。

11月30日~12月2日，贵州省机械冶金建材产业第十七届职工职业技能大赛天车工比赛在贵钢举行，来自全省7家单位31名选手参加比赛，贵钢公司包揽了比赛前4名。

12月13~14日，由贵州省机械冶金建材工会组织的“建功十四五 奋进新征程”2021年度班组安全管理成果评比展示会在省总工会举行。首钢贵钢参赛的两个优秀班组安全成果分别获得第一名、第七名的好成绩，并被授予省机械冶金建材产业“十佳班组”“工人先锋号”光荣称号。

8.2.16　江苏天工工具有限公司

1 月 5 日，省委组织部、省总工会在盐城联合召开全省非公企业“三创争两提升”活动省级示范单位命名暨现场推进会，总结一年来取得的成效，围绕“推动江苏党建带工建重整行装再出发”，进行再部署、再动员。江苏天工工具有限公司成为丹阳市唯一一家获评全省非公企业“三创争两提升”活动省级示范单位的非公企业。

1 月 8 日，江苏省召开质量发展大会，省政府公布了 2020 年江苏省省长质量奖和省长质量奖提名奖名单，20 家组织和个人获此荣誉。其中，江苏天工工具有限公司榜上有名，荣获 2020 年江苏省省长质量奖，成为 2020 年镇江市范围内唯一获此殊荣的企业。

5 月 10 日，中国冶金报社发布了 2021 年度中国钢铁品牌榜，天工国际有限公司获得“2021 中国卓越钢铁企业品牌”和“2021 中国特钢卓越品牌”荣誉称号。

6 月 28 日，天工国际“数智天工”项目二期项目启动大会隆重召开。“数智天工”项目是由天工国际和用友公司共同实施的加速天工标准化建设、全面推进企业数字化、智能化管理的转型升级项目。

9 月 2 日，江苏省市场监督局、发改委联合发文，认定江苏天工工具有限公司等企业为 2020 年度江苏省工业企业质量信用 AAA 级企业。

10 月 22 日，全国工商联发布“2021 中国民营企业 500 强”榜单。江苏天工工具有限公司再次强势上榜，位列 500 强榜单第 267 位，比 2020 年度排名上升 11 位。这是天工连续 12 年荣膺“中国民营企业 500 强”。

8.2.17　方大特钢科技股份有限公司

4 月 23 日，方大特钢荣获 2021 年度“江西省优质流通品牌奖”。

4 月 30 日，方大特钢建安公司副总经理谢雨田被授予“南昌市五一劳动奖章”、轧钢厂高线作业区丁班被授予“南昌市工人先锋号”称号。

5 月，方大特钢荣获“2021 中国特钢企业优秀品牌”称号。方大特钢员工付曙辉、胡建钢、罗宏伟被授予南昌市第二届“洪城技师”称号。方大特钢团委与检测中心团总支分别荣获 2021 年度“全国钢铁行业五四红旗团支部”“全国钢铁行业五四红旗团支部”称号，方大特钢青年员工范静、罗志玲分别荣获全国钢铁行业优秀共青团干部和优秀共青团员荣誉。

6 月 25 日，方大特钢员工罗宏伟被授予“江西省能工巧匠”荣誉称号。

8 月，方大特钢入选江西省第二批产业工人队伍建设改革试点单位。

10 月 15 日，方大特钢荣获“全国冶金绿化先进单位”称号，方大特钢董事长徐志新荣获“全国冶金绿化突出贡献纪念章”。

11 月 30 日，2021 年度江西省劳模创新工作室命名授牌仪式在方大特钢举行，方大特钢鲍文戬劳模创新工作室获评江西省劳模创新工作室。

12 月 4 日，方大特钢获江西省“数字经济创新型企业”和“电子信息行业先进单位”荣誉称号。

12 月 27 日，方大特钢入选中华全国总工会提升职工生活品质塑造幸福生活环境试点单位。

8.2.18　中天钢铁集团有限公司

1 月 4 日，集团 4 项产品（齿轮用热轧圆钢 H20CrMnTi、汽车发电机爪极用热轧圆钢 QD08、汽车轮毂用轴承钢 S55C、高强度紧固件用热轧盘条 10B21）被审定冠名为“金杯优质产品”。

1 月 14 日，由集团、中冶长天、安徽工业大学共同完成的“基于富氧工艺强化低热值煤气烧结点火质量和降低烧结一氧化碳排放研究”科技成果，经评价专家委员会充分认定，项目成果总体达到“国际先进水平”。

1月22日，由集团和上海大学共同完成的“特殊钢线材在线组织调控与高品质基础用钢的技术开发集成”项目成果，被评价专家委员会认定为“国际先进水平”。

6月1日，集团荣获江苏省钢铁行业协会“副会长单位”称号。

6月3日，世界钢铁公布了2020年全球钢企产量前50强，集团以1276万吨粗钢产量位列第33为，创集团历史最高排名。

7月20日，中国装备制造行业协会发布2021年《中国装备制造业100强》榜单，集团首次入围，荣列第33位，排名钢铁行业第9位。

8月25日，集团5项科技成果项目获得中国钢铁工业协会、中国金属学会共同颁发的“2021年度冶金科技技术奖”：《基于富氧工艺强化低热值煤气烧结点火质量和降低烧结CO排放研究》《组合式电磁调控特殊钢高均质化高拉速连铸技术及产业化应用》《特钢线材在线组织调控与高品质基础件用钢的技术开发集成》获得三等奖，《含碲高端特殊钢冶金工艺技术的开发和应用》获得一等奖，《转炉炼钢过程协同控制新工艺的开发和应用》获得二等奖。

10月12日，由中国质量协会主办的中国质量创新与质量改进成果发表交流活动在成都举行，来自全国各行各业110家企业共180个项目参赛。特钢公司六西格玛黑带项目《降低汽车紧固件用ML40Cr系列盘条冷镦开裂率》、精益项目《提升钢铁企业现代化物流智能服务效率》双双获评“专业级”成果。

10月15~16日，第二届两化融合暨数字化转型大会，发布了首批两化融合管理体系升级版贯标达标AAA级企业名单，中天钢铁集团入围全国首批18家AAA级贯标认证企业。

12月21日，中国钢铁工业协会在人力资源与劳动保障工作委员会年会上发布了钢铁行业人力资本竞争力（组织效能）指数。中天钢铁在同行业参加人力资本竞争力（组织效能）指数评估的100家钢铁企业中获最高评估等级，被评为人力资本竞争力极强（AAA+）企业。

8.2.19 建龙北满特殊钢有限责任公司

4月，国家冶金工业职业技能鉴定指导中心下发《关于表彰2020年度全国冶金行业职业技能鉴定先进单位和优秀鉴定工作者及优秀考评人员的决定》。建龙北满特殊钢有限责任公司国家职业技能鉴定站被评为2020年度全国冶金行业职业技能鉴定先进单位。这是该公司连续两年获此殊荣。同时，该公司人事行政部李婷婷被评为优秀鉴定工作者，一炼钢厂李晓强、质量部杨铭、炼铁厂郑东帅被评为优秀考评人员。

4月27日，建龙北满特殊钢有限责任公司获得2021年“全国五一劳动奖状”，建龙北满特殊钢有限责任公司第一炼钢厂炼钢作业区乙大班获得“全国工人先锋号”称号。

8月，中国钢铁工业协会、中国金属学会联袂评选的2021年度冶金科学技术奖重磅揭晓，建龙北满超洁净高均质轴承钢生产关键技术开发与应用项目被授予二等奖。

8.2.20 芜湖新兴铸管有限责任公司

1月15日，公司蝉联安徽省发明专利百强企业称号。

3月1日，公司铸管部熔炼工段获“全国青年安全生产示范岗”荣誉称号。

3月30日，芜湖新兴铸管有限责任公司工会喜获“安徽省模范职工之家”荣誉称号。

5月26日，由中国铸造协会主办的第十九届中国国际铸造博览会在上海举办，公司铸件部选送的DN300毫米×100毫米球墨铸铁双承单支盘三通荣获“优质铸件金奖”，这也是公司连续第六次获此殊荣。

7月1日，公司球墨铸铁排水检查井荣获省级“高新技术产品”“新产品”双证证书。

7月23~24日，芜湖新兴荣获“2021年安徽省绿色工厂”称号。

8月30日由上海大学牵头，公司作为主要生产单位共同完成的“含碲高端特殊钢冶金技术的开发和应用”项目荣获一等奖。冶金科学技术奖作为中国钢铁工业学会和中国金属学会联合设立的奖项，是中国冶金行业最高科学技术奖。

9月6日公司“内陆严酷自然环境下高强低合金耐蚀钢筋的基础研究与品种开发”通过科技成果评审。

10月14~15日，芜湖新兴荣获“钢筋产品质量能力分级A级企业”称号。

12月，芜湖新兴荣列2021年安徽省百强企业第41位，制造业第24位。

12月，《芜湖新兴铸管“智能+”数字化车间》成功入选中央企业“十三五”网络安全和信息化优秀案例。

12月，芜湖新兴理化检测中心获得2020~2021年度“能力验证质量奖”。

8.2.21 河冶科技股份有限公司

7月，河冶科技赵勇荣获“全国技术能手”称号。

9月，公司荣获石家庄市工业100强第60名、石家庄市战略新兴产业优势企业20强第16名“石家庄市优秀企业”称号。

12月，公司被认定为河北省“专精特新”示范企业。

8.2.22 天津钢铁集团有限公司

9月，管加工生产主任电气工程师李刚荣获第四届中国质量奖提名奖，成为全国钢铁行业唯一的获奖个人。

12月14日，天钢公司荣获中厚板企业金牌供应商“十大优质品牌企业”荣誉称号。

12月15日，天钢公司申报的《钢铁企业工业互联网平台的建设与应用》成功入选“2021年全国智慧企业建设创新案例”名单，标志公司在推进数字化转型、建设智慧企业方面得到了行业的认可。

12月17日，天钢公司入选天津市2021年认定的第二批高新技术企业备案名单，标志着公司成功通过国家级高新技术企业认定，成为国家高新技术企业。

8.2.23 衡阳华菱钢管有限公司

1月28日，衡钢项目“高强韧性海底管线用钢冶金关键技术开发与应用”获湖南省科技进步奖二等奖。

5月10日，《2021年度中国钢铁品牌榜》发布，衡钢荣获“中国优秀钢铁企业品牌”“中国特钢企业优秀品牌”。

8.2.24 凌源钢铁集团有限责任公司

1月11日，自然资源部发布《自然资源部关于将河北华澳矿业开发有限公司蔡家营锌矿等矿山纳入全国绿色矿山名录的公告》，保国铁矿公司黑山采区位列其中。这也是继2019年铁蛋山采区被评“国家级绿色矿山”后，保国铁矿公司在绿色矿山建设上获得的又一项殊荣。

2月，中国钢铁工业协会发布全国冶金大中型企业综合考评结果，凌钢被评为财务决算年报工作先进单位。

4月27日，2021年辽宁五一劳动奖表彰大会在沈阳举行，会议表彰全省各行各业、各条战线先进集体和先进个人，激励全省上下大力弘扬劳模精神、劳动精神、工匠精神，担当作为、创优争先，加快推动辽宁全面振兴、全方位振兴。凌钢集团公司第一炼钢厂 1 号 120 吨转炉炼钢班长牛国权身披大红绶带，胸佩“五一”劳动奖章，在会议现场接受这份属于全省劳动者的最高礼赞。

4 月 28 日，由北京金属材料流通行业协会和我的钢铁网主办，凌钢集团协办的“2021 钢铁中国 · 北京钢铁产业链高峰论坛”在北京隆重举行，凌钢集团荣获“2020—2021 京津冀主要流通钢厂品牌”奖。

4 月，我的钢铁网第三届雄安新区钢材产业供应链高峰论坛在雄安新区召开。会议颁发了雄安新区建设主要流通钢厂品牌、雄安新区工程建设优质供应单位、雄安新区工程建设推荐供应单位等奖项，凌钢荣获 2020~2021 年度“雄安新区建设主要流通钢厂品牌”奖。

4 月，中国钢铁工业协会依据修订的《冶金大中型企业财务指标快报和财务决算年报工作管理及考评办法》，综合 2020 年度各企业财务指标快报的报送时间、数据质量、指标完整等多方面情况，评选财务指标快报工作先进单位，凌钢获此殊荣。

4 月，凌源钢铁股份有限公司荣获中国环境报社颁发的“绿色发展联盟”理事单位称号。

4 月，凌源钢铁集团有限责任公司荣获“辽宁省抗击新冠肺炎疫情先进集体”荣誉称号。

5 月 10 日，《2021 年度中国钢铁品牌榜》发布，凌钢荣获“2021 中国优秀钢铁企业品牌”。

5 月 28 日，全国钢铁行业共青团工作指导和推进委员会二届五次常务会议暨第 35 次大钢团委书记联席会议召开。会上对 2019~2020 年度全国钢铁行业“两红两优”进行了表彰。凌钢集团公司团委和优特钢事业部团委荣获“全国钢铁行业五四红旗团委”，第一炼钢厂团总支和动力厂团总支荣获“全国钢铁行业五四红旗团支部”，优特钢事业部团委马尧荣获“全国钢铁行业优秀共青团员标兵”，氧气厂团支部曹军荣获“全国钢铁行业优秀共青团员”。凌钢团委所取得的荣誉，充分展现了凌钢青年和集体的精神风貌和青春风采。

5 月，凌源钢铁集团有限责任公司荣获“辽宁省脱贫攻坚先进集体”荣誉称号。

6 月 3~5 日，中国钢铁工业协会 2021 年度营销统计信息工作研讨会在福建厦门召开。凌钢荣膺 2020 年度营销统计信息工作先进单位称号，物流管理中心李淑侠荣获 2020 年度优秀营销统计信息员称号。

9 月 17 日，2021 年中国建筑用钢产业链高峰论坛在山西太原隆重举行。凌钢获 2021 年度全国优质建筑用钢品牌奖。

10 月，中国劳动学会冶金分会发布通知，凌钢人力资源部撰写的《科学识别特殊岗位实施差异化精准激励》《实施工资总额决定机制改革与职工共享发展成果》《采用现代化信息手段加强机关加班管控》3 篇论文在全国地方钢铁企业优秀论文评选中分别荣获一、二、三等奖，尤其是《科学识别特殊岗位　实施差异化精准激励》论文获得一等奖的第一名。同时，在 2021 年中国劳动学会冶金分会组织的“农民工口述典型脱贫案例”主题征文活动中我公司表现突出，荣获优秀组织奖。

10 月，2021 辽宁省职工技能大赛开幕，代表朝阳市参赛的凌钢职工刘忠伟在维修电工、安装电工、机电一体化三个赛项比赛中，连续斩获维修电工、机电一体化两个赛项省赛第一名桂冠。

10 月，辽宁省 2020 年度企业管理创新成果发布，凌钢申报的《钢铁企业智能计量管理》项目荣获二等奖。

10 月 26～29 日，2021“技师杯”全省技能精英挑战赛在丹东技师学院火热开赛，来自全省 15 支参赛代表队的 281 名选手参赛。来自检修中心的徐继庆、李志剑、杨兴波分别获得机电一体化赛项第三、第五、第七名，李大鹏、李奈、刘晓东、甘谊春在钳工赛项分别获得第七、八、九、十名，首次联袂杀进省赛前十名。

11 月，凌钢组卷申报材料顺利通过省工信厅审核，首次获得省级“服务型制造示范企业”荣誉称号。凌钢首次获得省级服务型制造示范企业，是公司推进“强品牌”战略取得巨大成效的具体体现，进一步增强了品牌影响力，不仅能够优先享受相关支持政策，也为下一步申报国家级服务型制造示范企业创造了条件。

12 月，中国钢铁工业协会发布“第四届全国钢铁行业技能知识网络竞赛”表彰名单。凌钢职工肖景阔、胡浩明、朱文凯、李阳、暴志广和曹亮被授予“钢铁行业学技能知识标兵”荣誉称号，凌钢集团公司获得“团体优胜单位”，首次进入全国钢铁行业技能知识网络竞赛“团体优胜单位”行列。

12 月 21 日，中国钢铁工业协会在人力资源与劳动保障工作委员会年会上发布了钢铁行业人力资本竞争力（组织效能）指数。凌钢获评人力资本竞争力强（AAA-）企业荣誉。

12 月 30 日，钢铁行业冶金铁路运输技术专家委员会发布了钢铁行业冶金运输优秀科技创新成果，凌钢铁路运输平面调车系统信息化和集中调度建设项目荣获三等奖。

8.2.25 江苏永钢集团有限公司

1 月 4 日，永钢集团获评国家安全生产标准化二级企业。

2 月 23 日，永钢集团连续七届获评张家港市文明单位标兵。

4 月 2 日，永钢集团获 2020 年度“中国钢铁工业清洁生产环境友好企业”。

5 月 1 日，智能炼钢生产车间荣膺“全国工人先锋号”称号。

5 月 7 日，固废利用智能工厂（转底炉车间）获“2020 年度中国标杆智能工厂”称号。

5 月 11 日，永钢集团荣获“2021 中国卓越钢铁企业品牌”荣誉称号。

6 月 25 日，永钢集团“合金加料模型”获 2021 钢铁行业设备管理与技术创新管理类一等成果。

6 月 30 日，永联村党委书记、永卓控股董事局副主席吴惠芳被授予“全国优秀共产党员”荣誉称号，受到党中央表彰。

7 月 2 日，永钢集团党委荣获“苏州市先进基层党组织”称号。

9 月 14 日，永钢集团“棒材四分厂”“转底炉智能车间”上榜 2021 年度苏州市级示范智能车间。

10 月 28 日，“党建带工建”工作项目获评江苏省“优秀成果”称号。

12 月 24 日，固废循环利用车间获评“江苏省智能制造示范车间”。

8.2.26 河南济源钢铁（集团）有限公司

2 月 18 日，“河南省特殊钢材料创新中心”被河南省工业和信息化厅认定为河南省制造业创新中心。

3 月 24 日，示范区工业经济高质量发展和科技创新大会召开，公司董事长李玉田获颁“突出贡献企业家”。

5 月 1 日，公司被中华全国总工会授予“全国五一劳动奖状”。

5 月 10 日，《中国冶金报》发布 2021 中国钢铁品牌榜，公司荣获“2021 中国优秀钢铁企业品牌”和“2021 中国特钢企业优秀品牌”两奖荣誉。

5 月 30 日，获得河南省脱贫攻坚先进集体荣誉称号。

7 月 21 日，中国制造企业协会发布了“中国制造企业效益 200 佳”和“中国装备制造业 100 强”两份榜单，公司分别位居第 156 位和第 86 位。

9 月 25 日，2021 中国制造业企业 500 强公布，公司位列 346 位；2021 中国民营企业 500 强公布，公司位列 468 位。

10 月 18 日，公司党委书记、董事长李玉田荣获第一届“河南慈善之星”荣誉称号。

10 月 21 日，全国工商联发布“2021 民营企业研发投入 500 家榜单（黑色金属冶金和压延加工业）”，公司位列 191 位，位居 55 家上榜钢铁企业第 26 位。

10 月 28 日，根据科技部火炬中心批准，公司被批准为高新技术企业（编号 1019），列入河南省 2021 年第一批备案的 2593 家高新技术企业名单，标志着公司的主导产品属国家高新技术产品。

11 月 1 日，济源示范区优化营商环境大会召开，公司董事长李玉田荣获“十大功勋企业家”称号并代表功勋企业家发言。

12 月 1 日，公司优特钢棒线材生产基地以及区域加工中心建设写进《河南省钢铁行业“十四五”转型升级实施方案》。

12 月 8 日，2021 年河南民营企业 100 强榜单公布，公司排名第 11 位，位列 2021 河南民营企业制造业 100 强榜单第 6 位。

12 月 24 日，2021 中国企业慈善公益 500 强名单在中国企业慈善公益论坛网站发布。公司以 2020 年慈善公益投入 700 万元，位列 2021 年钢铁企业慈善榜第 28 位，位列全国第 422 位。

12 月 27 日，2021 年河南省工会乡村振兴劳模出彩行动总结推进会在郑州召开，公司获颁河南省乡村振兴劳模出彩“十面红旗单位”，工会副主席梁长江上台领奖。

12 月 31 日，河南省人力资源和社会保障厅、河南省人民政府国有资产监督管理委员会、河南省企业联合会、河南省企业家协会联合发布《关于表彰 2020—2021 年度河南省优秀企业家的决定》，董事长李玉田等 50 位同志被授予“2020—2021 年度河南省优秀企业家”称号。

8.2.27 江苏沙钢集团淮钢特钢股份有限公司

5 月，共青团江苏省委印发《关于表彰江苏省五四红旗团委（团支部）、江苏省优秀共青团员、江苏省优秀共青团干部的决定》，淮钢公司团委荣获“江苏省五四红旗团委”称号。

8 月，淮钢公司通过江苏省两化融合管理体系（升级版）贯标评审，成为淮安市首批 AAA 级贯标试点企业，得到省工信厅对淮钢两化融合建设的高度认可。

8 月，淮钢公司申报节水型企业成功，顺利通过公示，被省水利厅、发改委联合授予“省级节水型企业”荣誉称号。

9 月，淮钢公司“特殊钢产品质量在线评级与预判系统的建立与实践”管理经验荣获“2021 年江苏省质量标杆”称号。

12 月，淮钢公司“高品质风电设备用轴承钢”新产品已入选第 27 批省重点推广应用的新技术新产品目录。

12 月，江苏省统计局正式发布通知，公布了 2021 年江苏省统计信用红名单企业，淮钢公司光荣入选。

12 月 9 日，由江苏省企业信息化协会和江苏省 5G 产业联盟主办的第六届“江苏智造”创新大赛总决赛线上开赛。江苏沙钢集团淮钢特钢股份有限公司申报的“炼铁喷煤智能行车系统”入围数字智造成果类总决赛，并荣获三等奖，成为本届大赛唯一获奖的钢铁企业成果。炼铁喷煤智能行车系统主要是针对员工作业环境差、内容单一、劳动强度大等问题，对烟煤库区行车进行的智能化改造。在保留行车原手动操作功能的基础上，库区内布置行车定位系统、变频控制系统、PLC（可编程逻辑控制器）控制系统、三维扫描识别系统等，自动识别库区内物料的分布情况，自动判断料仓满料、堵料情况，并对物料的操作进行规划，根据业务逻辑自动实现取料、上料、打堆等作业，在有效解放人力的同时，大大提升了作业效率。

淮钢特钢自主开发的“高品质风电设备用回转支承用钢”新产品入选第27批省重点推广应用新技术新产品目录。

淮钢特钢获“江苏省文明单位”“2020江苏民营企业制造业100强”“江苏省工业互联网示范工程——星级上云企业”称号。

8.2.28 天津市新天钢联合特钢有限公司

2021年，天津市第二届海河工匠技能大赛智能化工厂管理与维护赛项王兰涛、严顺利荣获第二名。

2021年，带钢厂为打造高品质产品成立了《提高三车间产品外观质量》攻关小组，并申报市级质量攻关项目，获得了天津市质量攻关二等奖。

8.2.29 西王金属科技有限公司

5月，西王特钢入选2021年度山东省制造业高端品牌持续培育企业名单。

12月，邹平市唯一一家获评山东省节水标杆单位的企业。

8.2.30 山东钢铁股份有限公司莱芜分公司特钢事业部

9月5日，特钢事业部100吨电炉车间精炼班获评全国机械冶金建材行业“创新百强班组”

12月16日，42CrMoA高强度汽车轴类合金结构圆钢获评2021年度山东优质品牌产品。

8.2.31 南阳汉冶钢铁有限公司

6月22日，公司获得河南省产业领军人才称号。

9月8日，公司获得河南省企业技术中心称号。

9月25日，公司获得河南省制造业头雁企业称号。

8.2.32 山东寿光巨能特钢有限公司

3月11日，山东寿光巨能特钢有限公司船用锚链圆钢被认定为“冶金产品实物质量金杯优质产品”。

11月18日，山东寿光巨能特钢有限公司荣获“2021年度全国优特钢生产企业优质品牌”称号。

12月15日，山东寿光巨能特钢有限公司荣获“钢铁企业发展质量（暨综合竞争力）B+优强企业”称号。

12月31日，山东寿光巨能特钢有限公司保证淬透性结构钢40MnBH钢被认定为“冶金产品实物质量金杯优质产品”。

8.2.33 河南中原特钢装备制造有限公司

12月，公司自主研发的《测试封隔器用高温高压多功能试验井筒产品研制》《氮合金化工艺技术开发》《高品质热作模具钢技术开发与应用》3个科技项目通过省级科技成果评价。

8.2.34 马钢交材公司

马钢交材公司4项产品获安徽省新产品证书。马钢交材公司自主研发的4项车轮产品获得安徽省新产品证书。这是马钢交材公司首次申报省级新产品认证。在此次省级新产品鉴定验收的过程中，经过专家组的审查评定，马钢交材公司生产的直径840毫米城轨用耐磨高韧性CG10车轮、直径860毫米准高速动车组用ER8高硬度车轮、直径957

毫米高寒地区铁路货车中高碳G2钢车轮、直径970毫米低应力高韧性重载车轮4项产品顺利通过鉴定验收。

8.2.35 福建三钢集团

福建三钢获福建省劳模工作室优秀创新成果奖。2021年5月，由福建三钢集团潘建洲劳模工作室与三明学院合作设计开发的“基于机器视觉全自动砂轮片在线更换系统”荣获2020年度福建省劳模工作室优秀创新成果奖。这一全自动砂轮片在线更换系统填补了国内中大型砂轮锯片用机器自动更换的空白，可为三钢年增效500多万元。该系统成功申报国家10项发明专利和实用新型专利。

8.2.36 建龙集团抚顺新钢铁公司

抚顺新钢铁一成果获首届“工业互联网+人工智能”专业大赛优秀奖。2021年9月29日，由工信部指导，大连金普新区管委会、中国工业互联网研究院联合承办的中国工业互联网大赛首届“工业互联网+人工智能”专业赛总决赛结果重磅揭晓。建龙集团抚顺新钢铁5G+冶金全流程炉窑热过程智能控制技术开发与应用项目获优秀奖。

8.2.37 青岛特殊钢铁有限公司

青岛特钢在线智能监测平台获创新成果类奖项。2021年12月28日，中国钢铁工业协会发布“第二十届（2021年）冶金企业管理现代化创新成果名单”，青岛特殊钢铁有限公司装备部（以下简称“青岛特钢”）通过“青岛特钢在线智能监测平台”项目，打造公司级设备状态在线智能监测平台，以“数字化+智能化”构筑全流程的设备智能运维管理，获得冶金企业管理现代化创新成果三等奖。青岛特钢“在线智能监测平台”项目充分依托公司装备部状态监测中心成熟的设备监测及故障诊断经验，在大数据、AI算法的基础上，集设备数据采集及预处理模块、设备智能诊断平台、设备智能报警平台、故障模型管理平台于一体，构建覆盖全公司主机设备的智能诊断平台。

第 9 章
中国特殊钢企业介绍

9.1 中信泰富特钢集团

9.1.1 企业概况

中信泰富特钢集团是全球领先的专业化特殊钢制造企业，具备年产1400多万吨特殊钢材料的生产能力。集团拥有江苏江阴兴澄特钢、湖北黄石大冶特钢、山东青岛特钢、江苏靖江特钢四家专业精品特殊钢材料生产基地，安徽铜陵特材、江苏扬州特材两家原材料生产基地，山东泰富悬架、浙江钢管两大产业链延伸基地，形成了沿海沿江产业链的战略大布局。

集团工艺技术和装备具备世界先进水平，拥有合金钢棒材、特种中厚板材、特种无缝钢管、特冶锻造、合金钢线材、合金钢大圆坯六大产品群以及调质材、银亮材、汽车零部件等深加工产品系列，品种规格配套齐全、品质卓越并具有明显市场竞争优势，满足能源、交通、工程机械、航空航天等国家优先发展行业的市场需求，已成为国民经济发展、重大工程建设等重要领域所需关键特殊钢材料的制造基地与新材料、新工艺、新技术研发基地。产品畅销全国并远销美国、日本以及欧盟、东南亚等60多个国家和地区，获得国内外高端领域用户的青睐。集团所生产的轴承钢产销量连续10余年全球领先，高端汽车用钢、工程机械用钢、风电用钢、海洋系泊链钢、矿用链条钢、高端大圆坯等材料国内市场占有率领先。

2020年，集团克服新冠疫情对宏观经济的影响，盈利水平持续提升，综合竞争力持续增强，取得了令人鼓舞的成绩。集团充分发挥集团化统一的管理、资金、采购、销售平台优势，全方位协调整体经营，提升协同效益，资金方面统一调度，发挥集中采购规模优势，降低采购成本；充分发挥集中销售的协同优势，不断优化产品结构，销售总量创历史新高。

9.1.2 主要设备

中信泰富特钢拥有国内特钢行业最先进的工艺装备，整体装备已具当代世界先进水平。

在特殊钢生产工艺方面，拥有炼钢、精炼、连铸、热送、连轧“五位一体”短流程特钢长材生产线，拥有烧结、球团、炼铁、炼钢、LF精炼、RH真空脱气、连铸、连轧工艺的长流程特殊钢长材生产线，国内装备最齐全、断面最大的合金钢方坯连铸机。

在特殊钢长材生产方面，拥有从国外引进的具有火焰表面清理功能的合金钢大棒、中棒生产线，拥有世界领先的可实现控轧控冷、轧材尺寸高精确控制的合金钢中棒、小棒生产线，拥有可实现控轧控冷的专业化线材生产线。

在无缝钢管生产方面，拥有ϕ108毫米、ϕ170毫米、ϕ219毫米、ϕ258毫米、ϕ460毫米锥形辊穿孔机、三辊轧管机、二辊定径机，相控阵超声探伤仪构成了配套完善的合金无缝钢管生产线。

在特钢板材生产方面，拥有3500毫米板卷生产线和4300毫米中厚板生产线。

在特种钢材生产方面，拥有引进的真空感应炉、真空自耗炉和保护气氛电渣炉，拥有从国外引进的径锻机、国产先进水平的快锻机和辗环机。

在特钢长材延伸加工方面，拥有引进的棒材剥皮机、盘圆剥皮机、碾光机、无芯磨床、在线/离线无损探伤设备及多台棒材可控气氛连续热处理炉构成了国际先进的银亮材加工生产线。

在产品质量保证方面，拥有特钢棒材、板材和钢管调质热处理生产线，引进的多条抛丸、校直、倒棱、无损探伤精整生产线可确保产品的表面与内在质量。

9.1.3　主要产品

集团可生产 3000 多个品种、5000 多个规格，是目前全球品种规格最多的特殊钢材料制造企业之一，拥有合金钢棒材、特种中厚板材、特种无缝钢管、特冶锻造、合金钢线材、合金钢大圆坯“六大产品群”以及调质材、银亮材、汽车零部件等深加工产品系列，品种规格配套齐全并具有明显优势，可为用户提供一站式、一揽子的特殊钢材料解决方案。

9.1.4　生产经营情况

2020 年，集团坚持一手抓疫情防控，一手抓经营生产，全年实现钢材销售量 1399 万吨，高端品种和整体产销量同比均有增长，保持稳中有进的态势。

9.1.5　科技进步及产品开发

集团持续加大新产品及工艺技术的研发和创新，2020 年研发投入 270671 万元，研发投入占营业收入比例 3.62%。通过研发投入和技术创新，全年新产品开发量 225 万吨。

2020 年集团获得国家科学技术进步一等奖 1 项，省级科技进步奖 1 项，冶金科学技术二等奖 2 项，大冶特钢工程机械用钢荣获工信部第五批单项冠军产品称号。集团 2020 年获得授权专利 213 项，发明专利 45 项，累计获得授权专利 1017 项，发明专利 218 项，并有 4 项授权的国际发明专利。

9.1.6　发展目标及技术改造

中信泰富特钢的总体发展战略是：以高质量发展为主题，深耕特钢主业，以“内生+外延”的发展路径，做大产业规模，做强细分市场，同时以资本和服务为纽带，整合上下游资源，构建“资本+制造+服务”的特钢产业链生态圈，创建全球最具竞争力的特钢企业集团。

中信泰富特钢集团总部

地址：江苏省江阴市长山大道 1 号
邮编：214429
电话：0510-80675555（办公室）
　　　0510 - 80673266/80673299（销售）
传真：0510-80672800（办公室）
　　　0510-86271071（销售）
网址：www. citicsteel. com

江阴兴澄特种钢铁有限公司

地址：江苏省江阴市滨江东路 297 号
邮编：214429
电话：0510-80676169（办公室）
　　　0510 - 80673130/80673005（销售）
传真：0510-80672800
网址：http：//xctg. citicsteel. com/

大冶特殊钢有限公司

地址：湖北省黄石市黄石大道 316 号
邮编：435001
电话：0714-6297888
传真：0714-6297792
网址：http：//xyg. citicsteel. com/

青岛特殊钢铁有限公司

地址：山东省青岛市黄岛区泊里镇集成路 1886 号
邮编：266409
电话：0532-58815030/58815085
传真：0532-58815178
网址：http：//qdtg. citicsteel. com/

靖江特殊钢有限公司

地址：江苏省泰州市靖江经济开发区新港大道 21 号
邮编：214500

电话：0523-80709087
传真：0523-80709087
网址：http：//jjtg. citicsteel. com/

铜陵泰富特种材料有限公司
地址：安徽省铜陵经济技术开发区（循环园）
邮编：244100
电话：0562-8822111
传真：0562-8825888
网址：http：//tltf. citicsteel. com/

扬州泰富特种材料有限公司
地址：江苏省扬州市江都区经济开发区三江大道8号
邮编：225211
电话：0514-85766666（总机）
0514-85336678（销售）
传真：0514-85336612
网址：http：//yztf. citicsteel. com/

9.2 宝武特种冶金有限公司

9.2.1 企业概况

宝武特种冶金有限公司（简称宝武特冶）为中国宝武钢铁集团有限公司旗下唯一特种冶金材料研发和制造单元，代表中国宝武践行特种冶金核心关键材料保供的使命，是中国特钢企业协会会长单位，高新技术企业。

宝武特冶前身为上海第五钢铁厂、上海钢铁研究所、宝钢特钢，经过六十多年的改革与发展，已成为我国重要的特种冶金材料及高品质特殊钢生产基地，形成了高温合金、耐蚀合金、钛及钛合金、精密合金、特殊不锈钢、特种结构钢、工模具钢等产品族群，广泛应用于国防军工、能源电站、先进交通、工程机械、石油化工、环境保护等领域。宝武特冶成立以来，多项参与或负责的项目获得“国家科技进步奖”“国防科技进步奖”“冶金科学技术奖”等国家及省部级科技成果奖项。

9.2.2 主要设备

目前拥有包括感应、自耗、电渣等特种冶炼及40吨电弧炉冶炼，1300吨径锻和2000吨、4000吨、6000吨快锻、等温锻，钢管轧制、精密合金冷轧，检测中心与技术中心检测科研用等设备设施。

9.2.3 生产经营情况

2021年度，宝武特冶以商业计划书为核心，紧盯目标任务，提高经营能力，以价值为核心，完善经营管控，强化过程管控机制，动态调整、完善各项计划工作举措。同时贯彻落实以ROE为核心的资产效率提升工作，聚焦“目标可量化、措施可操作、成效可考核”的总体思路，为推动宝武特冶“战略三步走”目标有效落地，聚焦军工、核电、航空航天等行业需求，践行国家使命，促进企业规模和效益快速增长。2021年，营业收入突破40亿元，利润总额完成年度目标要求，其中，使命类产品收入分别环比上升37%、26%。镍基合金（高温合金、耐蚀合金、精密合金）成为国内首家突破万吨的企业，其中军用发动机高温合金产销量增幅63%。

9.2.4 科技进步及产品开发

勇于承担核心关键技术专项攻关任务，突破大型运载火箭发动机等配套关键材料制造技术，为长征五号B、长征二号F运载火箭、神舟十二号、神舟十三号载人飞船等提供了高温合金、钛合金、精密合金等核心材料，保证国家重大工程顺利实施。全力推进高温合金、高强钢等新产品的试制，为新一代航空发动机和商用发动机配套交付高温合金材料，为实现我国航空发动机关键材料自主可控提供了保障。同时围绕使命产品保供任务，策划了“围绕国家使命类产品需求趋势，完善宝武特冶发展规划及配套机制”等十大任务，提升产线制造能力，攻克重大技术问题，掌握关键核心技术，全力保障国家使命类产品保供任务完成，全年使命类产品收入环比提升26%。承担国家、地方科技重大专项30项，其中：国家科技部重大科技专项和重点研发计划专项8项，国防科工局军品配套项目15项，国家工信部二机专项2项、工业转型升级（中国制造2025）专项1项，上海市经委产业转型升级发展专项资金项目3项，上海市经委军民融合发展专项资金项目1项。

9.2.5 发展目标及技术改造

构建平台，布局扩张，“一总部、多基地”，践行钢铁报国使命能力更强。2021年1月5日，以混合所有制形式成立“宝武特冶钛金科技有限公司”，引入非公资本和管理资源，实施员工持股。通过引资本，促进改机制，完成经理层成员任期制和契约化管理工作，签订业绩责任书，实施职业经理人机制，迈出打造“又红又专”小巨人企业关键第一步。

全面完成宝武特冶本部及下属子公司经理层成员任期制和契约化管理，实现100%覆盖。完成宝武特冶本部及下属子公司董事会的应建尽建，实现外部董事占多数。

基于宝武特冶战略发展定位，围绕提升中国宝武使命产品保供能力和满足国家战略性新兴产业发展需求“两个驱动”，发挥传承和创新“两大优势”，聚焦特种冶金关键材料行业和“一基三特”产业结构，以“三高两化”对标国际先进企业，建设2万吨级镍基合金、10万吨级特种合金钢的特种冶金材料企业，成为镍基合金全国第一，工模具钢国际知名品牌的重要践行者，宝武特冶将积极践行“三跨融合”为特征的智慧制造2.0，紧紧围绕宝武生态圈，落实“一总部、多基地”战略路径，结合新基地建设，通过信息畅通、成本可视、精细管理、服务协同，探索工业大脑攻关领域，实现智慧化生产经营管理，推进宝武特冶新基地智慧运营信息化平台建设。同时加速宝山基地新一轮装备填平补齐项目建设，快速满足市场需求，提升使命保供能力。

总部地址：上海市宝山区泰和路679号
邮政编码：200940
公司总机：021-26032000
公司官网：www.baowuteye.com
电子邮箱：baowuteye@baowugroup.com

9.3 西宁特殊钢集团有限责任公司

9.3.1 企业概况

西宁特殊钢集团有限责任公司（简称“西钢集团”）于1964年建厂，1969年正式投产，1996年完成公司制改革，1997年钢铁主体资产在上交所成功上市。西钢集团属“三线建设”企业，是青海省老牌国有企业，也是我国西部地区唯一独立的特钢企业。2000年以来，通过优化产业布局，延伸产业链，形成了集钢铁制造、冶金焦化、地产开发等产业板块协同发展的多产业格局。截至目前，西钢集团总资产214亿元，职工总数7250人。

西钢集团历来受到党和国家、政府高度重视和关心，曾荣获全国“五一”劳动奖状、全国优秀诚信企业、青海省十大诚信企业等多个省部级以上荣誉称号，连续二十多年被青海省政府命名为“财政支柱企业”和“利税贡献大户企业”，为青海省经济发展做出了突出贡献。

9.3.2 基本状况

（1）生产能力。具有年产铁160万吨、钢160万吨、钢材210万吨、焦炭75万吨的生产能力。

(2) 主要产品状况（钢种、品种）。主要生产汽车用钢，分为汽齿轮用钢、发动机曲轴用钢、发动机连杆用钢、汽车调质结构件用钢；工程机械用钢，分为非调质液压活塞杆用钢、链轨节及销轴用钢；轴承用钢，分为铁路货车轴承用钢、风电轴承用钢、汽车轴承用钢；石油用钢，分为石油钻杆及套管用钢、石油抽油杆用钢；另外还有钎具用钢、铁路机车用钢、煤机链环用钢、军工用钢等。其中大马力汽车发动机用非调质曲轴钢 C38N2 及 C38+N 获得产学研合作创新成果奖；工业机器人高精度长寿命减速器柔轮用特殊钢获得青海省科技进步奖三等奖；汽车轻量化用高强度胀断连杆用钢获得青海省科技成果；高品质煤矿链环用 Cr54 钢获得青海省专利银奖。

(3) 主要设备状况。主要设备：1 座 450 立方米高炉、1 座 1080 立方米高炉，配套 1 台 132 平方米烧结机、1 台 180 平方米烧结机、1 台 65 吨转炉、2 台 LF 精炼炉、2 台真空脱气精炼炉、1 套 5 机 5 流方坯连铸机、1 套 18 架棒材连轧机及相关公辅设施的五位一体优特钢棒材生产线；2 台 110 吨康斯迪电弧炉、3 台 75 吨精炼炉、2 台 65 吨精炼炉、30 台电渣炉、2 套 3 机 3 流合金钢大方坯连铸机、1 套 ϕ750 毫米开坯机组、1 套 ϕ1250 毫米开坯机组、1 套 25 架精品小棒材连轧机组、1 套 8 架精品大棒材生产机组、3 台电液锤、1 台 20 兆牛快锻机、冷拔机组，后部热处理设施、精整设施、检验设施等构成的特殊钢棒材生产线 5 条；1 座 300 吨套筒石灰窑、1 座 500 吨套筒石灰窑、1 台年产能力 60 万吨的立磨设施、1 套 15000 立方米/时制氧机、1 套 12000 立方米/时制氧机、1 套 6000 立方米/时制氧机等配套生产设施；变电所、循环水泵站、空压站、燃气锅炉等公辅设施；4 台余热回收锅炉、2 套 TRT 发电机组、1 套余热蒸汽发电机组、1 套总排废水处理系统等余热余能回收利用设施。

9.3.3 2021 生产经营状况

2021 年西钢集团有效应对市场挑战的同时，完成了国家产量压降目标，生产铁 154.22 万吨、钢 186.69 万吨、钢材 189.11 万吨、焦炭 66.13 万吨，销售钢材 190.36 万吨，销售住宅 472 套，全集团实现销售收入 113.28 亿元。

9.3.4 2021 科技进步及产品开发

2021 年《大马力汽车发动机用非调质曲轴钢 C38N2 及 C38+N 的开发与研究》获得产学研合作创新成果奖；《工业机器人高精度长寿命减速器柔轮用特殊钢研发》获得青海省科技进步奖三等奖；《一种高品质煤矿链环用 Cr54 钢及其生产方法》获得青海省专利银奖；《汽车轻量化用高强度胀断连杆用钢开发》《齿轮钢渣系中硼元素测试研究与应用》《非调质钢硫化物聚集度方法的研究与应用》《自由锻电液锤砧座的修复方法》《生产 Cr13 系列不锈钢的电炉及精炼炉冶炼控制方法》《一种能缩短 Consteel 电炉冶炼周期的冶炼方法》《一种提高 Consteel 电炉炉壳整体寿命的方法》等 7 项获得青海省科技成果；全年获得授权发明及实用新型专利共计 8 项。

2021 年成功开发了常州远东连杆 46MnVS5 钢、桂林福达 42CrMo 船用曲轴用钢、浙江双动 100Cr6 轴承用钢、住友重机械（唐山）有限公司 SCM822H 钢、塑机高端机筒用 XG45MnSiV 钢开发等 60 个产品；2021 年新签技术协议完成上交合格钢材 46341 吨。

9.3.5 企业改组改制状况

西钢集团自 2018 年实施改革发展以来，按照“突出主业、瘦身健体”的理念，加快产业结构调整，突出主业；坚决淘汰落后产线产能，“处僵治困”；处置低效无效资产、盘活企业资金，进一步精干主业、聚焦优势。相继注册成立建筑安装公司、矿冶科技公司、资源综合利用公司、西钢新材料公司、自动化信息公司、西钢科技开发公司，开始市场化运作。

9.3.6 企业发展目标及技术改造状况

（1）发展目标。“十四五”期间，西钢集团围绕钢铁制造、冶金焦化、房地产开发板块为主，其他产业为辅的综合发展道路，做强钢铁制造主业，积极开发冶金焦化、房地产等产业，形成一业为主、多业共赢的协同发展模式，实现矿山采选、冶金焦化板块绿色可持续稳定保供发展，钢铁制造板块逐步实现普特结合的新特钢发展之路，房地产开发板块形成示范性规模化发展之路，实现“做强矿山采选、冶金焦化板块”“做精钢铁制造板块”“做优房地产开发板块”“做实新兴产业”的战略目标。“十四五”期间累计实现营业收入527亿元以上，利润总额11亿元以上的经营发展目标，将西钢集团打造成为西部地区最大综合性特钢企业、国内一流知名企业，为青海省经济的可持续高质量发展提供重要支撑。

（2）技术改造。自2018年以来，重点完成了炼钢分厂3号Consteel电炉工艺攻关、中间包流场优化试验、2号连铸轻压下、五孔水口试验、弥散式透气砖试验、24小时工艺复盘、2号连铸末端电磁搅拌改造、大规格材产材质量提升与稳定、高强度调质钢生产及工艺技术开发、HRB400E切分技术开发应用、轴晶区轧制技术开发等60多项工艺优化和质量提升工作。通过这些项目的实施，增强了产品质量稳定提升、品种结构调整的保障能力，为全公司提高生产运行效率、稳定产品质量奠定了良好基础。

地址：青海省西宁市柴达木西路52号
邮编：810005
电话：(0971) 5299531
传真：(0971) 5217506
网址：http://www.xntg.com

9.4 东北特殊钢集团股份有限公司

9.4.1 企业概况

东北特殊钢集团股份有限公司（简称东北特钢集团）总部位于海滨城市大连，前身为东北特殊钢集团有限责任公司，旗下包括始建于1905年的东北特钢股份公司和始建于1937年的抚顺特钢公司两大生产基地，2017年实施混合所有制改革，中国大型民营钢铁企业——沙钢集团实际控制人成为公司控股股东，2018年10月12日东北特殊钢集团股份有限公司正式注册。

9.4.2 主要产品

公司坚持“特钢更特、优特结合”产品定位，以生产高档次、高技术含量、高附加值特殊钢为主营业务，公司拥有高温合金、高强钢、弹簧钢、钛合金、汽车钢、不锈钢、模具钢、轴承钢、精密合金、重点结构钢十大主导产品系列，以善于研制“高精尖急难新特”特钢产品而享誉国内外市场，与国内、国际多家大型企业建立合作关系，有80余项产品通过著名国际化大公司、船级社的产品认证，大量供应美国、德国、意大利、日本、韩国、印度、澳大利亚、新加坡等36个国家和地区市场，为我国“神舟”系列宇宙飞船、“嫦娥”探月工程、“天宫”系列空间实验室以及核电风电事业、高速铁路建设、轿车国产化、石油开采用钢更新换代等项目研制提供了大量特殊钢新材料。

9.4.3 主要设备

公司以绿色、低消耗、低污染为宗旨，建设科技环保新型企业。东北特钢大连基地

2011 年完成环保整体搬迁改造，主体设备全部来自国内外最先进的冶金设备制造厂家，产品技术性能全部达到世界领先水平或替代进口同类产品标准。抚顺基地通过技术设备升级改造，成为中国航空航天等高端领域所需特殊钢大型生产基地，也是大型的精品模具钢生产基地。

9.4.4 生产经营情况

2021 年东北特钢集团紧紧围绕沙钢董事局“效益、效率、人才”三大核心任务和“对标、改进、创新、提升”四项活动，狠抓“品种、质量、效率、效益”，持续推进产销结构优化和降本增效工作，取得较好经营成果。实现钢产量 223.4 万吨，同比增长 2%；钢材产量 217.3 万吨，同比增长 19.7%；销售收入 175.9 亿元，同比增长 28.5%。

9.4.5 科研实力

公司拥有一支特钢领域高端技术团队，企业注重人才培养，建立了首席专家、高级专家、一至三级技术专家人才梯队，具有很强的科研技术水平。公司拥有国家级企业技术中心、大连市特种合金钢工程实验室、辽宁抚顺特殊钢工程技术研究中心等 3 个省级以上研发平台，设有博士后科研工作站。东北特钢集团下属两基地公司中心试验室均通过了国家实验室认可。集团 2021 年新增 6 项省级以上科研课题，在研项目达 51 项；主持制修订的国家行业团体标准发布 17 项；新授权发明专利 11 项，实用新型 3 项，目前有效专利 68 项。铁路用轴承钢、汽车曲轴用钢、优质热轧塑料模具扁钢等 60 余项产品荣获国家冶金产品实物质量“特优质量奖”和“金杯奖”、冶金行业品质卓越产品奖、冶金科技进步奖等荣誉称号。

9.4.6 混改体制

中央实施的国企“混合所有制”改革为东北特钢集团迎来了体制机制的新变革。集团引入了沙钢集团经营管理的新理念、新模式，为集团注入了新的生机。集团坚持以“品种、质量、效率、效益”为中心创新发展，新体制机制逐步建立，管理流程不断理顺，运营质量逐步向好，企业活力逐步释放，经济效益稳步回升，民营企业灵活、成熟的管理经验与国企百年底蕴相融合，助推东北特钢实现了创新发展。

9.4.7 发展目标

展望未来，东北特钢将以习近平新时代中国特色社会主义思想为指引，按照国家产业政策和沙钢集团特钢发展战略，坚持“绿色、节能、低碳”的发展理念，努力实现超低排放，大力提高生产效率和经济效益，为建设最具行业竞争力的特钢企业不懈奋斗。

为“做大、做强、做精”沙钢特钢板块，增强沙钢集团核心竞争力。沙钢集团于 2022 年 4 月在东北特钢集团的基础上，将同属于沙钢实际控制人控制的江苏淮钢特钢股份有限公司、河南安阳永兴特钢有限公司一并纳入特钢板块统一管理，即组建沙钢东北特钢集团，为非法人管理机构，管理总部机构设在大连，对淮钢特钢、东特股份、抚顺特钢、安阳永兴四家特钢公司实施整合、揉合，优势互补，在研发、销售、采购和生产协作等方面形成合力，不断增强沙钢东北特钢集团在国内外市场的核心竞争力，成为中国最知名的特钢集团之一。

地址：辽宁省大连市金州区登沙河临港工业区河滨南路 18 号
邮编：116105
电话：0411-62693377/3024（公司办）
0411-62693075（大连销售）/
024-53770110（抚顺销售）
传真：0411-62693060（大连销售）/
024-56681423（抚顺销售）

网址：http//www.dtsteel.com/
http//www.fs-ss.com/

9.5 河钢集团舞阳钢铁有限责任公司

9.5.1 企业概况

河钢集团舞阳钢铁有限责任公司（简称“河钢舞钢”）是我国宽厚钢板生产和科研基地，我国重要的宽厚钢板国产化替代进口基地。现有资产总额210亿元，职工8000人。具有年产钢500万吨、宽厚钢板400万吨、销售收入200亿元以上的综合实力。

河钢舞钢是中国宽厚板工业的摇篮，拥有出色的高端宽厚钢板技术研发和生产制造能力。主体设备有1260立方米高炉、120吨转炉各1座，100吨超高功率电炉3台，钢水精炼、真空处理设施11台，大型钢锭模铸线9条，300毫米×1900毫米板坯连铸机1座、300毫米×2500毫米板坯连铸机2座，4100毫米+4100毫米双机架宽厚板轧机和4200毫米+4300毫米双机架宽厚板轧机各1座。拥有我国宽厚钢板行业齐全配套的钢板热处理设施、先进的科研检测装置。

40多年来，河钢舞钢坚定特钢之路，坚持做高端、出精品，奠定了在中国宽厚钢板行业的特殊而重要的地位。河钢舞钢引领行业，主持制订了建筑结构用钢板、临氢设备用铬钼合金钢钢板、自升式平台桩腿用钢板、核电站用碳素钢和低合金钢板、工程机械用高强度耐磨钢板、厚度方向性能钢板等14项国家和行业标准。

在河钢舞钢16大系列、350多个牌号的产品中，有220多个替代了进口或采用外国标准生产，60多个品种出口美国、德国、日本等发达国家和地区。产品大量应用于国家重大工程、重大技术装备。为北京2008年奥运主会场——国家体育场专项研制生产的110毫米厚Q460E-Z35钢板，实现了“鸟巢”用钢全部国产化，受到了社会各界的高度评价。在国家大飞机工程、三峡工程、港珠澳大桥、北京首都机场扩建、国家大剧院、中央电视台新台址以及国家战略石化工程、载人航天事业等领域，均发挥了关键性作用。

面向未来，伴随河钢集团建设最具竞争力钢铁企业的奋进号角，河钢舞钢秉承钢铁报国之志，不忘初心，牢记使命，正在不断创造更多的钢铁骄傲！

9.5.2 2021年经营情况

2021年，面对供需两端大幅波动，以及能源双控、产量产能双控等巨大挑战，河钢舞钢始终秉承初心和使命，坚持“又好又快”发展工作主基调，持续推进效率、效益双提升，生产经营取得历史性突破。全年产铁146万吨、产钢454万吨、产钢板348万吨，同比2020年分别增长5.5%、40.9%、33.7%；实现营业收入201亿元、利润4亿元，同比分别增长53%、251%，各项工作取得了令人瞩目的成就。全年承接重点工程项目用钢80万吨，批量供货宁夏宝丰能源、香港机场扩建、梅里385米世界第一高铁塔、俄罗斯核电站等国内外重点项目，实现经济、品牌效益双提升。

河钢舞钢依托课题制管理和产线技术优势，培育更多单打冠军产品。成功开发288毫米厚国内最大厚度水电机组座环用钢S460N、230毫米厚国内最大厚度级别海上风电用钢KE500、低成本高性能环保型锅炉汽包板18MnMo4-5、高级别耐候桥梁钢Q420-500qENH、大厚度海洋结构用调质钢板API 2Y Gr60、高碳高硅贝氏体耐磨钢BTW4、低切割裂纹大厚度耐磨钢BTW-450、105毫米厚国内最大厚度超低温钢SA-203 Gr.E、冷作模具钢WLM A8、磁盘用钢WNM18等。

9.5.3 产品系列

锅炉及压力容器用钢板、低合金高强度

钢板、调质高强度结构钢板、耐腐蚀钢板、桥梁用钢板、建筑结构用钢板、合金结构钢板、模具钢板、耐磨钢板、碳素结构钢板、海洋工程设备及造船用钢板、高强度高韧性钢板、油气输送管线用钢板、复合钢板、低焊接裂纹敏感性高强度钢板等。

地址：河南省舞钢市湖滨大道西段
邮编：462500
销售电话：0375-8110433
客户服务中心：0375-8118699
网址：http：//www.wygt.cn/

9.6 天津钢管制造有限公司

9.6.1 企业概况

天津钢管制造有限公司（简称“天津钢管”，英文缩写TPCO），又名“大无缝”，是我国“八五”期间建设的重点项目，建厂初衷是“以产顶进”、实现石油管材国产化、保障国家能源安全战略。2019年以来，公司先后引入上海电气集团、中信泰富特钢集团战略投资，发挥各方协同优势，努力创建全球最具竞争力专业化无缝钢管企业。

9.6.2 基本状况

天津钢管具备年产350万吨无缝钢管生产能力，其中油井管年产能超过150万吨。公司装备水平和工艺技术先进，拥有高炉，超高功率电炉，MPM、PQF、ASSEL和REM 4种机型7套无缝钢管轧制机组，多类型热处理线和加工线以及完整的尖端无损检测装备，产品涵盖油气开采、化工、电力、海洋工程、军工、工程机械等多个领域，是国内规模最大、品种最全的精品无缝钢管生产基地，已发展成我国无缝钢管行业的引领企业。公司与全球100多个国家和地区的客户保持着长期稳定的贸易关系，能够为全球能源开发和工业领域所需无缝钢管提供完整的配套解决方案。荣获第二届中国质量奖提名奖、国家质量管理卓越企业、国家首批创新型企业、知识产权优势企业等称号。

9.6.3 生产经营状况

2021年，天津钢管坚持市场导向，积极调整经营策略，完善经营机制，拓市场、调结构，发挥产线能力，主要经营指标同比大幅攀升。全年产铁87万吨，同比增长30%；产钢205万吨，同比增长30%；无缝钢管销量258万吨，同比增长12.3%；无缝钢管出口44万吨，同比增长33%；销售收入166亿元，同比增长33.8%。生产系统注重效率效益，优化生产组织，在稳产高产、降低成本、提升质量等方面狠下功夫，排产合同执行率稳步提高，多项经济技术指标创历史最好水平。采购系统通过完善组织架构、加强供应链建设、实施策略采购、严控物资质量、提高原材料直供比等，提升了采购竞争力，实现了稳供和降本。设备、能源、物流、物管等各系统深挖潜力，降本增效成果显著。

9.6.4 科技进步及产品开发

2021年，天津钢管强化科技创新引领，坚持面向市场、面向现场、面向科技前沿技术，强化科技攻关，高端产品研发推广力度及成效取得突破。全年投放完全新品12项，销售1.5万吨；荣获省部级以上奖励6项，完成专利申报26项，制定国家、行业和团体标准8项。多项产品用于国家重点建设项目，TP-FE抗疲劳特殊扣首次应用于千米级深海多金属采矿项目，填补了国内空白；公司首次生产的TP-G2和TP-TLM特殊扣抗腐蚀套管成功应用于中国南方海相最深井元深1井，其中一开套管下井深约3300米，创国内大规格套管的下井深度新纪录；中国石化西北油田部署在塔河区块的重点探井塔深5井顺利完钻，公司套管下井深度8950

米，刷新了亚陆第一深井和亚陆套管下井深度两项亚洲纪录。

9.6.5 企业改革

2021 年，中信泰富特钢集团与上海电气集团战略合作，其全资子公司中信泰富特钢经贸有限公司成功竞得上海电气集团钢管有限公司 40%股权，间接持有公司 20.4%股权，并全面负责生产经营管理。公司深入开展“五个统一、一个目标”和“管理提升年”活动，对标先进，持续改进提升；优化组织架构，强化企管、风控、环保、物资、规划等管理职能；健全内部审计监督体系，查堵漏洞，规范管理；推进精益管理、班组建设、清洁生产“三位一体”管理模式，促进精益管理水平提升。调整经济责任制考核体系，突出“业绩+贡献”导向；完善法人治理结构与管理体系，融合股东方先进经营管理理念，借助资源优势，强化多方协同，加快推动企业实现高质量发展。

9.6.6 发展目标

2021 年，天津钢管编制完成了“十四五”发展规划，确定了“六三三”发展战略和“1226”发展目标。即：落实党建、创新、品牌、绿色、数智、人才六个引领，深耕能源、机械、建筑三大重点领域，突出精品、服务、协同三大抓手；力争到 2025 年，市场、服务、技术、品牌、创新均达到世界一流水平，营业收入超过 200 亿元，利税总额 20 亿元，劳动生产率超过 600 吨/(人·年)。

地址：天津市东丽区津塘公路 396 号
邮编：300301
电话：022-24802625
传真：022-24802603；022-24360649
网址：www.tpco.com.cn

9.7 攀钢集团江油长城特殊钢有限公司

9.7.1 企业概况

攀钢集团江油长城特殊钢有限公司（简称“长城特钢”）位于风景秀丽、气候宜人、交通便利的四川省江油市——诗仙李白的故里。公司始建于 1965 年，2003 年 11 月加入攀钢集团，是国家特殊钢科研生产基地和四川省大型骨干企业。公司现有子公司 3 家、控股公司 1 家，参股公司 7 家。公司是中国高端金属材料整体解决方案提供者，具备年产特殊钢 50 万吨、特殊钢材 70 万吨的生产能力。

9.7.2 产品状况

产品覆盖面广。公司可按照国家标准、国际标准及用户技术条件，提供碳结钢、合结钢、轴承钢、弹簧钢、工模具钢、不锈钢、高强钢、高温合金、耐蚀合金、精密合金、钛及钛合金等 13 大类、400 多个牌号的特殊钢、特种合金及钛产品。产品广泛用于航空、航天、海装、核电、交通、机械、石化等领域，其中特种合金、特种不锈钢、工模具钢等产品在国内占有重要地位，市场占有率位居同行业前茅。

9.7.3 研发实力

研发实力雄厚。公司十分注重自身研发团队及外部协作平台建设，累计承担国家高新工程配套及民用领域科研课题 400 余项，其中 120 余项科研成果获得国家、省部级科技进步奖。多项产品填补了国内空白，研发能力在同行业中处于领先水平。

9.7.4 品牌认证

品牌成果丰硕。公司在长期的发展积淀中，已形成独具特色的品牌优势，通过了

ISO9001 质量管理体系认证、汽车行业质量体系认证、CNAS 实验室认可、测量管理体系认证、环境管理体系认证和职业健康安全体系认证等多项管理体系认证，船用产品通过 ABS、LR、DNV·GL、BV、CCS 等全球 9 大船级社认证，不锈钢、冷作模具钢和齿轮钢等多项产品获冶金产品实物质量“金杯奖”，得到了国内外市场的高度认可。

地址：四川省江油市江东路 195 号
邮编：621701
电话：0816-3651866
传真：0816-3650054
邮箱：webmaster@ mail. cssc. com. cn

9.8 建龙北满特殊钢有限责任公司

9.8.1 企业概况

2021 年是建龙北满特殊钢有限责任公司（简称“建龙北满特钢”）迈向高质量发展的关键一年，公司以市场为导向，以效益为中心，按照战略规划及年度重点工作任务，扎实推进各项工作，在生产运行、产品结构、科技创新、数智化转型、美好企业建设等方面均实现了新的突破。

2021 年企业铁产量 157 万吨、钢产量 194.2 万吨、材产量 175.7 万吨，与同期比略有增长，与重整前相比分别增长 2206%、740.7%、694%；企业营业收入突破 120 亿元，同比增长 17.6%，是重整前的 12.5 倍；上交税金 1.22 亿元，同比增长 142.4%，是重整前的 42 倍；产值实现 90.3 亿元，同比增长 33.8%，与重整前相比增长 688.0%。

9.8.2 基础管理稳步推进，主要工序产能进一步突破

系统推动工艺操作标准化，强化过程检讨，生产运行的稳定性逐步提升。完成了标准化操作程序的系统梳理，实现了生产流程、主工序及辅助工序（包含物流、机修、能源、计量）的全覆盖，并通过系统培训及执行过程中的差异检讨，不断优化操作，生产过程逐步稳定、可控，预计全年 KPI 完成率 82.4%，同比提高 13.4%，小棒黑皮材直交比例由一季度的 89.2%提升至 92.3%，大棒黑皮材直交比例由一季度的 25.4%提升至 60.3%。

9.8.3 系统推动生产精细化管理，强化工序衔接，各工序产能得到进一步释放

通过产销衔接、产供衔接、铁钢协同及钢后精细化排程等工作的系统梳理和推进，强化“一级计划、一级调度”的全面组织协调能力，有效打通了瓶颈环节，年度实现钢产量 194.2 万吨，在国家产能、产量“双控”及限电等政策影响下，与去年（192.9 万吨）相比基本持平，与重整前相比增长 740.7%。

9.8.4 产品调整重点发力，出口产品跃居特钢行业第二位

以“重点维护+重点开发+供方准入+产品认证”为市场开发工作抓手，通过实施客户分级管理，持续优化客户结构，带动客户档次及销量进一步提升。2021 年出口产品销量 21.17 万吨，跃居特钢行业第二位，同比增长 95.1%。其中核心品种矿山钢销量 6.43 万吨，成为国内出口第一名，在市场需求下降的情况下逆势增长 11.7%；调质材销量 6.48 万吨，增长 318.1%，实现了满产满销，成为业内公认国内第一品牌；锚链钢完成了船级社的认证资质，继续保有中国对韩国市场的唯一供货商地位。

9.8.5 技术支撑进一步强化，创新成果逐步涌现

围绕轴承钢、汽车钢、中高端冷镦钢等

品种在 50 个新产品开发上取得突破。从流程优化、工艺优化、合金优化三个方面系统梳理工艺创效项目，每月纳入公司级重点工作常态化推进，有效降低了生产成本，提升了作业效率。年度参加标准修订 4 项，其中行业标准修订 1 项、团体标准修订 3 项，其中乘用车发动机胀断连杆毛坯技术条件第 1 部分已发布。年度获得专利授权 43 项，其中发明专利授权 14 项、实用新型专利授权 29 项。累计专利数量达到 98 项，其中发明专利 36 项、实用新型专利 62 项。《超洁净高均质轴承钢生产关键技术开发与应用》项目获得冶金科学技术奖二等奖，顺利通过国家级技术中心认定。

9.8.6 智能制造有序推进，数字化转型初显成效

按照统一规划、分布实施的原则，重点从 5G+基础系统建设、数据平台建设、集控项目建设、智能设备应用四个方向进行推进，取得了较好的效果，为后续智慧工厂建设奠定了良好的基础。借助工业互联网进行基础系统建设，提高了网络覆盖率，实现数据采集，横向和纵向打通了各工序间的信息接口。利用大数据分析应用，实现数据共享；提前进行缺陷预警。以“降低劳动强度、保障设备稳定、促进安全生产”为目标，实现基础设备、生产操作的智能化。借助数采平台及先进的控制手段，实现站所集中控制。

9.8.7 推进美好企业建设，良好发展氛围进一步巩固

（1）队伍建设进一步强化。一是通过年度调薪、发放重点分配奖金、激励奖等方式，与员工共享企业发展成果，2021 年员工人均月收入 6250 元，同比提高 450 元；二是建立了公开透明的人事选拔、考评体系，主管、专业人员、管理人员晋升全部实行公开竞聘；三是开展专业评聘，聘任专业技术人员 433 人，打通了专业人员晋升通道。

（2）员工关爱更有温度。一是在后勤保障上，进一步推动食堂、公寓、浴池、饮水、惠民等“五个满意工程”的落地，特别是开放小炒餐厅，年修期间保障早、中、晚、夜宵四餐供应，开通病号送餐服务等工作的推进，让员工体验到了有温度、有关爱的服务；二是通过爱心基金精准帮扶 56 个员工家庭，发放帮扶金 9 万余元；三是围绕庆祝建党 100 周年开展了职工篮球赛、羽毛球赛等 22 项党工团活动，同时在现有篮球队、乐队、书画协会基础上，新增羽毛球、乒乓球等协会，丰富了员工的文化生活。

（3）企业外部形象进一步提升。首次通过装备承制单位资格审查与能源体系认证；获得国家级技术中心认定；企业荣获全国五一劳动奖状；一炼钢厂炼钢作业区乙大班荣获全国工人先锋号；取得初、中级职称评定资质以及省级、行业的岗位技能等级认定资质；企业展览馆已开始着手建设；中央财经频道黄金时间播放《钢铁脊梁》纪录片，黑龙江新闻联播连续三天专题报道《三问北钢之“变”》。

9.8.8 2022 年工作思路及工作部署

坚定不移地走专业化、高技术含量、高附加值的精品特钢之路，采取“以差异化为核心、铁前低成本和产品差异化相结合”的竞争策略，在战略规划的引领下，以高效生产为基础，扎实推动“八大战略”的落地，着力推进美好企业建设工作，确保战略规划及全面预算日标的实现，坚决打赢建龙北满 2022 年利润攻坚战。

以高度计划、高度管控为中心，系统打通瓶颈环节，确保各工序高效生产。

大力推动铁前低成本、特钢精品差异化和产业链运营战略，快速提升企业盈利

能力。

大力推动技术领先战略、数字化战略，为企业高质量发展提供动力支撑。

大力推动管理精细化战略，提升体系支撑能力，为各项战略的落地提供保障。

大力推动人才强企战略、绿色发展战略，着力推进美好企业建设，营造和谐共融环境。

地址：黑龙江省齐齐哈尔市富拉尔基区红岸大街7号
邮编：161041
电话：0452—6801677
传真：0452—6800531
网址：http：//www. bmsteel. com. cn/
电子信箱：gsbgs6801677@ 126. com

9.9　河钢集团石家庄钢铁有限责任公司

9.9.1　企业概况

河钢集团石家庄钢铁有限责任公司（简称石钢公司）是河钢集团特钢板块标志性企业，京津冀唯一的专业化特钢棒线材生产企业、国内外高端装备制造业材料主要供应商。

石钢公司始建于1957年，60多年艰苦奋斗、干字当头，继承发展、创新突破，在“九五”计划期间，开创了国内以转炉生产优特钢的先河，相继实现普转优、优转特，从一个地方普钢企业发展成为绿色低碳特钢领军企业。

石钢公司践行河钢集团“建设最具竞争力钢铁企业”的共同愿景和“为人类文明制造绿色钢铁”的环保理念，2018年12月27日，石钢公司环保搬迁升级改造项目作为河北省重点工程项目在石家庄市井陉矿区开工建设，在各级党委、政府和各级领导大力支持下，在河钢集团坚强领导下，公司以同行业最快速度高质量完成了新区建设，于2020年10月29日正式投产，同年10月25日公司老厂区关停，实现了成功搬迁和区位调整，成为一个绿色、智能、节能、高质量、高效益的国际一流特钢示范工厂。

石钢公司被评为河北省制造业单项冠军企业，被工业和信息化部等四部委评为绿色短流程特钢智能制造示范工厂，被中国冶金报社评为钢铁绿色发展标杆企业和中国卓越钢铁品牌企业。

石钢新区集成了一大批国际一流高端装备和工艺技术，致力于为国家高端装备制造业提供材料支撑，以客户为中心，加强品质管理，形成了具有超强竞争优势的高端和独有产品集群。新区投产后的第一炉钢就为国际知名品牌汽车制造企业丰田生产了样钢，并获得丰田最高A级评价。所生产的轴承钢、齿轮钢、弹簧钢、合金结构钢、优质碳素结构钢、易切削非调质钢等主导产品，深度嵌入下游客户产业链，广泛应用于汽车、工程机械、轨道交通、能源、矿山等领域，多项产品荣获国家“金杯奖”及“特优质量奖”，并替代进口。

9.9.2　设备基本情况

石钢公司采用“废钢→电炉→精炼→连铸→轧制→精整”短流程生产工艺，主要装备有：1台废钢破碎机及2台废钢剪切机，2台双竖井废钢预热型直流电弧炉、3台LF精炼炉、2台RH真空精炼炉及4台连铸机，大棒、中棒、小棒、高速线材4条轧钢生产线和多套后部精整工序，具备年产钢200万吨、材192万吨的生产能力。

（1）新型双竖井废钢预热型电弧炉。世界第一台新型SHARC电炉，全废钢冶炼，通过废钢预热、闭炉门操作、泡沫渣技术、复合喷吹供氧、底搅拌、二次燃烧等技术，提高钢水质量、降低冶炼成本；配备自动出钢、自动出渣、自动测温取样、自动加砂、出钢口自动清理、电极自动调节等完整的一、二级自动化设备，实现炼钢智能化。主要技经及环保指标：冶炼周期≤45 分钟、电耗≤280 千瓦时/吨、电极消耗≤0.78 千克/吨，烟气中粉尘排放（标态）≤10 毫克/立方米，二噁英排放（标态）≤0.1 纳克(TEQ)/立方米。

（2）RH 精炼设备。采用“三车五位”布置形式，设计双钢包升降装置、双真空罐、双钢包车、3 套真空罐车、5 个停车位，配置高效节能的机械真空泵系统、高精度的合金加料系统、多功能顶枪及先进的冶金模型，可以实现真空罐在线烘烤、自动加料、自动测温取样、覆盖剂自动添加、氩气自动接通高精度底吹、全自动精炼功能，处理终点，钢水［H］≤1.5×10^{-6}。

（3）连续模铸。连续模铸浇铸断面 460 毫米×610 毫米，是世界范围内坯型最大、建造深度最深的特钢工艺装备。

连续模铸采用了全自动开浇、动态轻压下、铸坯淬火等 20 多项先进工艺技术以提高铸坯的纯净度、组织的均匀性。满足生产高纯净度、高均质性轴承钢、高品质帘线钢、弹簧钢、高合金模具钢、工具钢等。

（4）中间包电磁感应加热装置。采用 T 型中间包、变频电源控制和双通道多出口结构形式；结构紧凑，布置简单，操作方便。投入感应加热后，系统会根据温度反馈自动闭环无级调节输出功率，将中间包钢水温度控制在目标值±3℃的最佳温度区间，升温速率≥2.0℃/分钟。实现低温、恒温浇铸。

（5）轻压下、重压下技术。国内唯一产业化技术，具有布置紧凑、单辊压下能力大、压下区间大的特点，可有效提高铸坯均质化，改善连铸坯中心偏析、疏松问题，C 偏析指数高碳钢≤1.04、低碳钢≤1.02。

（6）连铸坯自动淬火装置。该装置集成铸坯单流升降、称重、横移、淬火功能，采用箱体水浴淬火，根据工艺要求实现连铸坯在线自动淬火。铸坯淬火后表面形成 3~5 毫米的致密组织，有效防止氮化铝的析出，改善铸坯的表面质量，为铸坯无缺陷热送提供保障。

（7）大棒线锻坯机。大棒线锻坯机采用 1350 机型，为目前国内同类轧线最大。单道次最大压下量可>100 毫米，通过大压下、多道次接触弧长与料型高度比值 $L/H>0.5$，变形能够充分渗透到坯料心部，更好地改善铸态组织，实现以轧代锻。

（8）KOCKS 轧机。世界上轧制能力最大的 500++第五代 KOCKS 三辊减定径轧机，通过远程自动调整和+SCS 尺寸闭环控制系统，实现 ϕ40~120 毫米全规格自由尺寸高精度轧制，可实现通条尺寸偏差≤1/6DIN，头尾≤1/4DIN。

（9）控轧控冷装置。能够实现全规格控温轧制，实现普通轴承钢网状碳化物≤2.0 级达到 100%；滚子轴承钢碳化物网状≤1.5 级达到 100%；轧态晶粒度≥10 级，易切非调质钢晶粒度≥8 级。

（10）高线高速区轧机。世界首套高速区摩根第七代机型，普瑞特进口设备配加普瑞特电控技术，配套 360°全表面热眼检测技术。尺寸公差最高精度±0.1 毫米。

9.9.3 生产经营状况

2021 年，石钢公司在做好安全生产和疫情防控前提下，全面推进达产达效及后续产线建设投运工作，迅速将工作重心由项目建设转向以客户为中心的各项工作，生产经营稳中有进，新区能力和活力快速释放。

石钢公司进一步将党建与生产经营深度融合，紧紧依靠广大干部职工，深化“党建三项指数管理”和刚性完成月度生产经营计划专题民主生活会。创新开展“抗疫一线党旗红，生产经营当先锋”“对标一流再破冰、效率效益双提升”和“创最佳的业绩，做最好的自己”活动，不断提升基层党建创造力和执行力，为刚性完成生产经营任务提供有力保障。

9.9.4 科技进步及产品研发

石钢公司聚焦国家重大需求，助力科技进步，主动承担了《面向特钢棒材精整作业的机器人系统》《高档数控机床关键材料生产应用示范平台》等多项国家重点研发计划项目，以及《高强超韧非调质钢的性能柔性控制关键技术集成及产业化应用》等省级科技计划项目，并成功申报了国家工信部《高档数控机床关键材料生产应用示范平台》，共享高档数控机床行业平台上下游资源，起到行业龙头示范作用。

石钢公司近 200 项科技成果获奖，其中《二氧化碳绿色洁净炼钢技术及应用》获得 2021 年中国钢铁工业协会、中国金属学会冶金科学技术奖特等奖；《高品质钢制备全流程钢中非金属夹杂物精益控制集成关键技术及应用》获得 2020 年国家教育部科学技术进步奖一等奖。

2021 年依托河钢石钢新区工艺装备的提升和扩展，新增线材生产线，高线总产量 9.3 万吨，产品结构扩展到轴承钢、齿轮钢、碳合结、弹簧钢、非调质钢、工模具钢棒材产品及冷镦钢、硬线钢、油淬火回火弹簧钢、焊丝钢等相关线材产品。工模具钢开发方面，根据产品特性及工装设备，以塑料模具钢开发为基础，逐步向热作模具钢、冷作模具钢等产品开发扩展。大力开发线材产品 GCr15、55SiCr、60Si2Mn、10B21、ER60-Ti、ER70S-6、82B、ML40Cr、ML08Al、ML20MnTiB、SWCRH22A、SWCRH35K、ZJ80S-1CM、50BV30 等。

2021 年累计开发新牌号产品 35 个，实现销量 5.6 万吨，2021 年开发、交付高端样钢 260 多个，顺利通过奔驰、宝马（中国）、华晨宝马、日本丰田、大众等国内外高端客户二方审核 135 家。

9.9.5 绿色低碳发展

石钢新区集成了多项先进节能和环保技术，实现了各类污染物超低排放和绿色低碳；高标准建设了水处理中心，生产用水全部使用所在矿区的城市中水，实现水资源循环利用和零排放，并在冶金行业首家采用浓盐水分质盐结晶处理技术，提取的氯化钠、硫酸钠变废为宝。新区主要污染物排放量大幅降低，颗粒物、二氧化硫、氮氧化物吨钢排放量分别较老区长流程降低 76.58%、60.22%、45.12%。

9.9.6 智能化转型

石钢新区高效投用智能装备，构建智能示范工厂体系架构，持续推进产线智能制造、模型化生产、绿色短流程特钢智能制造示范工厂建设。

（1）围绕生产经营业务管理智能化，实现了钢轧生产优化排程、按炉/轧制批次成本管理、定额成本分析、销售利润分析、销售订单状态分析、生产合同跟踪、产品库存分析、产品质量分析等主要经营指标的统计分析，满足生产经营的管控需要。

（2）按照先示范、后推广的原则推动模型化生产，电炉智能冶炼模型、RH 一键处理模型、加热炉智能燃烧模型、退火炉温度控制模型、高线控轧控冷模型等 32 套专家系统 90 余个专家模型，产线数据深度利用，技经指标显著提升。

（3）技术先行，创新突破，牵头科技部重点研发计划项目，构建特钢棒材智能精整的全流程、集群化机器人作业应用示范产线，实现废钢精准智能无人验质多项新兴技术填补国内空白。

（4）成功揭榜工信部、发改委等四部委绿色短流程智能制造示范工厂，全面推动 42 个智能示范场景建设，有效带动智能制造在产线的全面落地。

9.9.7 企业管理创新

（1）强化安全管理，为达产达效创造基本保障。强化“任何作业项目一定要把安全放在第一位”的安全意识，结合新区设备和工艺特点，建立健全以安全生产责任制为核心的职业健康安全管理体系。加强“双控”机制建设，动态开展风险辨识、管控，严格落实机械防护能源隔离。开展全员安全观察，及时发现现场风险和隐患。

（2）持续强化事故预防，优化生产组织模式。践行“一分预防胜过十分治疗”和“任何事故都是可防可控的”理念，全面开展事故预防专业管理，优化以电炉为核心的生产组织模式，实行品种钢分批集中生产组织模式，提升钢轧效能。

（3）创新优化管理架构，提升管理效率。以体系管理为抓手，将质量、职业健康安全、环境、能源等 9 个体系融合为综合管理体系，顺利获取新区认证证书。充分“借智借力”，开展各种形式的学习、培训和交流，打造学习型团队，向管理要效率、要效益。加大干部换岗及年轻人才培养力度，选拔 90 后青年干部。优化废钢采购组织结构，成立 4 个废钢采购部，构建以废钢基地为核心，大客户、直采点、采销联动，多点支撑的废钢供应渠道，打造废钢采购核心竞争力。

（4）提升党建工作信息化和高效化。利用智慧党建云平台系统，通过“三会一课”、民主评议、发展党员等在线党建业务模块使用，进一步提升“三会一课”等党建业务的质量效率。

（5）开展主题先锋赛活动。相继开展“抗疫一线党旗红，生产经营当先锋”活动，“对标一流再破冰、效率效益双提升”活动，“创最佳的业绩 做最好的自己”活动，实施“三结合”，开展“三促进”，实施“三保障”，持续维护公司疫情防控“零输入”“零感染”的良好局面，建立 80 个党员先锋岗和 69 个党员责任区，组织志愿服务 509 次，参加党员干部 2041 人次，服务群众 48467 人次。

（6）创新开展党建特色工作。创新开展“党建三项指数管理”。通过开展基层党组织堡垒指数管理、干部执行力指数管理、基层岗位党员先锋指数管理，强化党组织、党员刚性执行，形成党组织、干部和岗位党员“三位一体”的党建工作保障体系。创新运用党内民主生活会经验。把批评和自我批评的优良传统运用到生产经营之中，以严肃活泼的党内专题民主生活会、组织生活会探寻解决问题的新思路新方法，2021 年组织 9 个单位召开 18 次刚性完成月度生产经营计划专题民主生活会。创新开展“小建议大奖励”活动。主动问计于民，2021 年收集意见建议 1951 项。系统开展党建品牌创建活动。通过 15 个党建品牌的创建，突出示范引领、典型带动效应，促进党建工作深度融入企业生产经营和改革发展，提升价值创造力。

地址：河北省石家庄市和平东路 363 号
邮编：050031
网址：http：//www. csggs. com/

9.10 河南中原特钢装备制造有限公司

9.10.1 企业概况

河南中原特钢装备制造有限公司位于河南省济源市，隶属于中国兵器装备集团有限公司，前身为国家重点军工项目“五三一”工程一分部，始建于 1970 年，1984 年建成投产，拥有小寨园区、东张园区和济源园区三个工业园区。2004 年 12 月整体改制为国有独资性质的有限责任公司，2007 年 8 月改制为股份有限公司。2020 年完成重大资产重组。截至 2020 年 12 月底，公司总资产 40.78 亿元，净资产 35.31 亿元；占地面积 193 万平方米，建筑总面积 43 万平方米；主要工艺设备 1080 余台（套），从业人员 2100 余人。

9.10.2 基本状况

（1）生产能力状况。中原特钢是一家回收利用废钢熔炼高品质特殊钢的资源节约型高新技术企业，具有材料熔炼—锻造—热处理—机械加工完整工艺链，现有限动芯棒、石油钻具、风机轴、铸管模、锻钢冷轧辊、液压油缸等多条专业化生产线。

（2）主要设备状况。炼钢系统拥有从奥地利引进的 ϕ800 毫米立式两机两流大圆坯连铸机、从意大利引进的 60 吨电弧炉、60 吨 LF 钢包精炼炉、60 吨 VD/VOD 精炼炉，从美国引进“两电三工位” 10 吨中频炉、60 吨 AOD 氩氧精炼炉；同时拥有 3~20 吨电渣重熔炉 9 台。

锻造系统拥有从奥地利引进的 SXP-65 型 1400 吨精锻机和 RF70 型 1800 吨精锻机，从德国引进的 5000 吨油压快锻机，利用德国潘克公司技术改造的 2200 吨油压快锻机以及国产的 3150 吨、1600 吨油压机等。

热处理系统拥有多台钟罩式电阻淬回火炉、井式电阻淬回火炉以及中频感应炉，适用于各种空心、实心、超长、大型轴类件及异型件的热处理。

机加系统拥有各类大中型金切设备 1000 多台。

（3）主要产品状况。中原特钢主要从事以高品质特殊钢材料为基础的工业专用装备和高品质特殊钢坯料的研发、生产、销售和服务，工业专用装备主要包括石油钻具、限动芯棒、风机主轴、铸管模、超高压容器、锻钢冷轧辊等；高品质特殊钢坯料主要包括大型特殊钢毛坯调质件、以模具钢和不锈钢为代表的特殊钢精锻件、大规格高洁净特殊钢连铸坯、高洁净特殊钢钢锭及电渣锭、特种产品等。产品广泛应用于国防军工、重大装备、油气田、船舶、电力、水利等领域，远销欧美、日韩、非洲及东南亚 20 多个国家和地区，与国内外知名大型企业集团长期保持良好合作关系。

9.10.3 2020 年生产经营状况以及科技进步和产品开发状况

2020 年，面对新冠肺炎疫情、国际油价暴跌的严重冲击，中原特钢统筹做好疫情防控和生产经营，不停工、不停产，实现营业收入 140862 万元，同比增长 11.34%；利润总额 786 万元；经营性利润同比减亏 4034 万元。

突出质量前期策划和特殊过程控制，废损占营收比重较上年降低 0.39 个百分点。深化产学研合作，模具钢、连铸坯等产品关键技术有所突破；连铸坯代钢锭使用率再提升，助力连铸产量创新高；获得授权专利 42 项、其中发明专利 8 项。

9.10.4 企业改组改制状况

完成重大资产重组，2020 年 11 月 27 日，公司股东由中粮集团有限公司变更为中国兵器装备集团有限公司。

9.10.5 企业发展目标

牢固树立新发展理念，坚持军民结合，以高质量发展为主线，以“高端特殊钢材料+深加工产品”为主攻方向，以强化“自主研发+产学研合作+资本运作”为增长突破口，抓创新、转机制、调结构、上规模、提质量、增效益，致力建设科技引领、国际知名、国内一流的科技型高品质特殊钢材料和全产业链工业专用装备制造企业。

地址：河南省济源市虎岭产业集聚区五三一工业园区

邮编：459000
电话：0391-6099016
传真：0391-6099019
邮箱：zytggf@163.com

9.11 本钢板材特殊钢事业部

本钢板材特殊钢事业部（以下简称“本钢特钢”）位于辽宁省本溪市，隶属于本钢板材股份有限公司，前身是本溪湖试验工厂，始建于1933年，是东北历史上第一个特殊钢生产厂。解放后与抚顺钢厂、大连钢厂、太原钢厂、重庆特钢、大冶钢厂、北京钢厂、北满特钢号称中国八大特钢，各有不同特色产品。解放后我国生产的第一批枪、第一批炮、第一辆解放牌汽车、第一台透平发电机以及第一颗人造卫星和第一枚运载火箭都有本钢特钢提供的钢材，本钢特钢为国防工业的发展和社会主义建设作出过重大贡献。

经过80余载发展建设，具备年产80万吨棒材的生产能力，其中转炉钢矩形坯40万吨、电炉钢中方坯40万吨。主要产品品种有轴承钢、齿轮钢、曲轴钢、石油用钢、高压气瓶钢、凿岩钎具钢、军工钢等。产品销往全国并出口韩国、马来西亚等国家和地区，应用于汽车、铁路、石油、化工、机械制造、军工等行业。

9.12 河冶科技股份有限公司

9.12.1 企业概况

河冶科技股份有限公司（以下简称“河冶科技”）位于河北省石家庄市经济技术开发区世纪大道17号，占地面积235亩，截至2020年12月31日，注册资本为26153万元，资产总额129452万元，在册员工906人，是央企三级子公司，属于中外合资股份制企业，是研发和生产相结合的先进金属材料及制品生产企业，中国机床工具工业协会和中国模具工业协会会员，石家庄市工业50强企业，产品质量位于国内领先水平，2000年当选中国特殊钢行业协会高速工具钢专业组组长单位，建有“河北省企业技术中心”“河北省高速工具钢工程技术中心”“博士后科研工作站”“院士工作站”，与先进钢铁材料技术国家工程研究中心合作设立河冶工模具钢研究中心，公司检测中心获得国家实验室认可证书。

9.12.2 基本状况（生产能力、主要产品和设备状况）

公司现有建筑面积16万平方米，主要生产设备包括：20吨中频炉、25吨LF精炼炉、25吨VD真空脱气炉、电渣重熔炉、喷射制钢生产线、20MN快锻机、SX55精锻机、工模具钢棒线材连轧生产线、棒线材银亮材生产线等，设计年产高合金工模具钢40000吨。

河冶材料产品按材料类别分为刀具材料（粉末、喷射、传统）、模具材料、关键零部件材料三大类；按产品形态分为棒材、银亮材、异型材、线材、丝材、板材、带材、锻件等八个系列近千个规格，并可根据顾客需要提供锻制、挤压、焊接类近终成型刀具或零部件毛坯。产品广泛用于工具、模具、汽车、航空、船舶、军工、冶金、汽轮机等行业，销往国内二十六个省、自治区、直辖市，并远销欧美、东南亚等十余个国家和地区，被国内外众多知名企业所认可。

9.12.3 2020年生产经营状况

2020年公司面对新冠疫情导致的生产停滞和全球性经济疲软等严峻的经营态势，守底线、求生存、寻机会、图发展，从深加强源头和过程降本，实现了抗疫情、保业绩、促发展的预期目标，经营性现金流控制良好，营业收入和利润总额同比大幅提升，顾客满意度进一步改善，新产品、新市场开发等方面取得了较好成绩，全年共完成钢材销售 21039 吨、销售收入 9.77 亿元、经营活动产生现金流量净额 13255 万元。

9.12.4 技术进步及产品开发

“自主创新研发+产业化”是公司的生存之本，2020 年公司技术创新研发投入占比达到 3.32%，用于技术进步和产品研发，相继开发了高速切削滚刀用 3V 级高性能高速钢、螺杆专用材料、高性能滚切刀用喷射材料等新产品。

2020 年受理发明专利 7 项，授权发明专利 2 项。

“ϕ0.8~3.0 毫米高速钢钢丝开发”和“高韧高耐磨高寿命汽车锁具系列精冲模具钢开发”通过了省级科技成果评价，“高性能搓丝板材料开发”“直径 300 毫米以上高速钢锻圆制备工艺研究”分别获河北省冶金科学技术奖二等奖和三等奖。

9.12.5 企业发展目标及技术改造状况

公司坚持“中高端”市场定位，聚焦高性能、高端工模具材料产业发展方向；坚持“精而美”特色化发展思路，倡导“工匠精神”与“标准化、数字化、智能化、绿色化”发展理念的相互融合，做精做优产品、实现高质量发展，成为全球工模具材料领域的优势品牌；坚持“聚焦客户”的经营发展理念，注重材料应用技术开发，以及材料技术与零部件制造的有机融合，更好贴近和服务于高端装备的主流用户，加速实施市场经营向应用型、服务型转化；坚持“创新驱动”发展战略，持续推进技术创新、管理创新和服务模式创新的协同并举，以创新整合资本与资源、助推企业健康发展，到“十四五”期末，实现年销售工模具钢 30000 吨、营业收入 15.2 亿元、利润总额 8580 万元、在岗员工总数≤960 人、员工人均收入增长 40%~50%。

地址：河北省石家庄经济技术开发区世纪大道 17 号
邮编：052165
电话：0311-88382028
传真：0311-88382027
网址：http：//www.hss-cn.com
电子邮箱：zjb@hss-cn.com

9.13 江苏沙钢集团淮钢特钢股份有限公司

9.13.1 企业概况

公司始建于 1970 年，2006 年与江苏沙钢集团联合重组，成立江苏沙钢集团淮钢特钢有限公司并于 2010 年底在深交所成功上市，更名为江苏沙钢集团淮钢特钢股份有限公司，现有总资产近 132 亿元，职工 5000 余名。经过 50 多年的发展，公司已成为年产 320 万吨优特钢现代化钢铁联合企业，可生产直径 ϕ380~800 毫米的连铸圆坯，轧材产品规格覆盖 ϕ13~300 毫米圆棒以及最大到 300 毫米×110 毫米的扁钢，产品覆盖 560 个规格、1000 多个钢种。

公司船用锚链热轧圆钢、非调质热轧圆钢、货叉扁钢、铁道车辆用 LZ50 车轴钢坯、高铁弹条用高品质弹簧热轧圆钢等产品曾获“冶金产品实物质量金杯奖”；热轧弹簧钢圆钢、油井管用热轧圆管坯、货叉扁钢、耐磨球用热轧圆钢等产品曾通过“冶金行业品质卓越产品”认定。公司“淮钢”牌弹簧钢曾获“省质量信得过”产品称号和“中国弹簧钢市场用户满意第一品牌”美誉；锚链钢产品分别获得中国、英国、挪威、日本、美国、法国、韩国等 7 个国家船级社船用钢材工厂认可；碳钢产品通过韩国船级社认可；碳钢、碳锰钢、合金结构钢大圆坯和热轧圆钢产品通过美国船级社认可；ER 系列车轮钢坯通过欧盟 AD2000 认证；LF2 碳钢产品通过欧盟 PED 认证。

“淮钢”牌商标被评为江苏省著名商标，“淮钢”牌系列产品连续多年保持“江苏省名牌产品”荣誉称号。作为淮安市直重点企业之一，淮钢始终坚持安全发展、绿色发展、创新发展、和谐发展，先后荣获“全国精神文明建设工作先进单位”“全国五一劳动奖状”“国家级绿色工厂”“江苏省节能先进单位”“省级园林式单位”等诸多荣誉。

9.13.2 主要装备

公司现有：2 台 4350D 焦炉，配套 1 台 110 吨/小时规格干熄炉以及 1 台 18 兆瓦干熄焦发电机组；2 台烧结机，分别为 184 平方米带式烧结机 1 台、192 平方米带式烧结机 1 台；烧结余热发电机组 1 套，装机容量 7 兆瓦；4 座高炉，分别为 2 台 450 立方米、2 台 580 立方米；3 套 TRT 发电机组，分别为 1 套 8 兆瓦以及 2 套 4.5 兆瓦；2 台 80 吨转炉，1 台 70 吨电炉及 3 台方坯连铸机、1 台圆坯连铸机并配套相应 VD、RH 真空处理炉；4 条连轧线，其中一轧：18 架连轧机，生产规格范围为 ϕ16~60 毫米；二轧：18 架连轧机+4 架 KOCKS 轧机，生产规格范围为 ϕ13~50 毫米，F(50~150) 毫米×F(8~33) 毫米；三轧：14 架连轧机，生产规格范围为 ϕ50~130 毫米，F(70~150) 毫米×F(32~80) 毫米；四轧：1 架往复式轧机+6 架连轧机，生产规格范围为 ϕ70~300 毫米，F(150~310)毫米×F(50~118) 毫米；6 条自动精整线、4 台无心棒材修磨机、2 台方坯修磨机、1 台方坯抛丸机、1 台圆坯抛丸机；银亮车间现有 2 套联合探伤线；另有 4 套发电机组，分别为 1 套 80 兆瓦发电机组、1 套 40 兆瓦发电机组、2 套 12 兆瓦发电机组。

9.13.3 主要产品及其用途

公司主要产品包含齿轮钢、弹簧钢、轴承钢、非调质钢、合结钢、锚链钢、管坯钢、优碳钢等 1000 多个钢种牌号，覆盖 ϕ380~800 毫米连铸圆坯、ϕ12~300 毫米圆棒以及最大规格到 300 毫米×110 毫米的扁钢等 560 多个品种。公司产品广泛应用于汽车用钢、机械工业用钢、能源用钢、工程机械用钢、轨道交通用钢、矿用钢、船用锚链钢等领域。

9.13.4 2021 年生产经营情况

2021 年，面对疫情反复，环保管控限产、“双减双控”、限电，以及大宗原材料、产成品价格大起大落等国内外形势，在集团董事局的正确领导下，全体干部群众积极响应，科学应对，克服多种不利因素，扎实开展各项工作，取得较好经营业绩。实现粗钢产量 358.19 万吨、钢材产量 277.08 万吨、销售收入 173.68 亿元、净利润 20.62 亿元。

9.13.5 科技进步及产品研发

多年来，公司坚持科技创新发展战略，以科技创新促进企业快速发展，依靠科技进步和技术创新不断提升企业核心竞争力。目前，公司拥有省级企业技术中心、省级重点实验室、省级工程技术研究中心、市级特钢研究院、市级重点实验室等创新平台，并获批设立研究生工作站。公司与钢铁研究总院、中国铁道科学研究院、北京科技大学、东北大学、上海大学等科研院所及高等院校建立了长期的技术合作关系，有效支撑了公司关键工艺、重点产品研发进程，其中开发的“转炉无渣出钢”“一种 RH 真空处理过程中的脱氢增氮控制方法”“一种控制球状夹杂物冶炼超纯净钢的工艺方法”等新技术先后获得国家发明专利。2021 年，与北京科技大学共同申报的“钢-轧过程产品质量智能管控技术与平台”项目获冶金科学技术奖一等奖；“一种高品质轮毂轴承钢的研发”项目入选省级新产品研发类重点技术创新项目导向计划；“特殊钢产品质量在线评级与预判系统的建立与实践”管理经验获江苏省质量标杆；“炼铁喷煤智能行车系统”数字智造成果荣获江苏智造创新大赛三等奖；公司新获授权专利 69 项（累计 152 项），“一种工程机械履带底盘轮体用钢及其生产方法”发明专利获淮安市优秀发明专利奖。

公司本着“质量第一、用户至上、创新发展、永续经营”的质量方针，以客户需求为动力，以提高产品质量作为核心竞争力，不断优化品种结构，全面提升产品实物质量。2021 年，公司累计投入 5.45 亿元用于支持研发活动，成功开发汽车蜗杆用钢、工程机械履带用钢、工程机械液压系统减震簧用大规格弹簧钢、汽车用感应淬火轴承钢、乘用车变速箱传动轴用钢、高强度高压气瓶管用钢、低硅高铝含硫齿轮钢等 36 个高档次全新产品，引领公司产品在汽车制造、工程机械、轨道交通、能源装备等领域向中高档次迈进。

9.13.6 发展目标

未来五年，淮钢将通过淘汰落后的旧设备、旧工艺，实现企业的装备提档升级，推进企业的产业延伸，为企业的产品升级，增强企业的竞争力和发展后劲提供坚实的保障。以下游重点用钢行业市场需求为导向，以服务高端为引领，以提高经济效益为目标，优化升级产品结构，在发挥并巩固既有钢材产品市场优势的同时，实现钢材品种的优化升级，重点满足江苏省及周边地区机械、汽车等装备制造业用钢需求。稳固并进一步提升合金结构钢、碳素结构钢、管坯钢、齿轮钢、铬钼钢、弹簧钢、扁钢、锚链钢等品种在市场中的地位，逐步降低优碳钢生产比例，提高合金钢占比。打造货叉扁钢、锚链钢、合金钢圆坯等 2~3 个国内市场占有率较高的全国名牌产品。进一步丰富品种结构，储备高端产品，发展轮毂轴承用中碳轴承钢，高速铁路、汽车、工程机械用合金弹簧钢，乘用车变速箱用齿轮钢，汽车发动机曲轴、专用设备杆、轴用非调质钢以及汽车、机械用高端合金结构钢等产品。

地址：江苏省淮安市西安南路 188 号
邮编：223002
电话：0517－83631098（公司办）/
0517-83803715（销售处）
传真：0517-83631344
网址：http//www.huaigang.com/

9.14 山东寿光巨能特钢有限公司

9.14.1 企业概况

山东寿光巨能特钢有限公司是生产特殊钢棒材和石油套管为主要产品的大型企业。公司于 2003 年 10 月建成投产，主要生产轴承钢、优质碳素结构钢、合金结构钢、管坯钢、抽油杆用钢、锚链钢、弹簧钢、碳素工具钢、汽车用钢、石油套管和管线管等系列产品，目前已形成年产 260 万吨特种钢的生产能力，是山东省最大的特种钢生产基地，为中国钢铁工业协会、中国特钢企业协会、山东金属学会、潍坊市冶金行业协会会员单位。

公司拥有省级技术中心，通过国家实验室认可，是国家钢铁研究总院“新工艺、新技术、新材料、新装备实验基地”。公司生产的轴承钢产销量居国内第三位，被中国钢铁工业协会认定为冶金产品实物质量品牌培育“金杯优质产品”；船用锚链圆钢及系泊链钢通过中国 CCS、美国 ABS、法国 BV、日本 NK、英国 LR、挪威德国 DNVGL 和韩国 KR 等多国船级社认证，被中国钢铁工业协会认定为冶金产品实物质量品牌培育“金杯优质产品”，该产品为省内最大的生产供应企业；无缝钢管、钢筋混凝土用热轧钢筋分别获得国家市场监督管理总局颁发的生产许可证，其中无缝钢管取得美国石油协会（API）认证；汽车用钢 IATF 16949 质量管理体系通过英国标准协会（BSI）认证，并连续四年荣获“中国汽车用钢优秀品牌”称号。公司获得中石油物资一级供应商准入证，取得了中石化物资供应管理综合信息平台的准入资格，是中国石油装备（寿光）产业基地的重点企业。公司产品出口到日韩、中东、欧美、非洲等国家和地区，广泛应用于农机、石油、化工、铁路、矿山、汽车、船舶等机械加工制造行业。

近年来，公司先后获得全国钢铁工业先进集体、全国用户满意企业、山东省制造业高端品牌培育企业、山东省民营企业品牌价值 100 强单位、山东省履行社会责任示范企业、山东省 AAA 级优等信誉企业等多项荣誉称号，通过工信部组织的“钢铁行业规范企业”及国家“绿色工厂”审核，为企业延伸产业链、产品上档升级以及持续发展奠定了良好基础。

9.14.2　基本状况

（1）生产能力状况。巨能特钢拥有年产生铁 195 万吨、连铸坯 260 万吨、钢材 215 万吨的生产能力。

（2）主要产品状况。公司主要生产优质碳素结构钢、合金结构钢、管坯钢、抽油杆用钢、锚链钢、弹簧钢、轴承钢、碳素工具钢、汽车用钢、石油套管和管线管等系列产品，优特钢产品共计 211 个牌号，87 个钢材规格、12 个连铸坯规格、18 个钢管外径规格，合金比达到 75.10%。

（3）主要设备状况。公司目前工艺流程：烧结—高炉—电炉（转炉）—LF 精炼炉—VD 真空脱气炉—连铸—热轧—精整，现有装备均符合国家产业政策及节能环保要求，工艺先进，适合高端特种钢产品多品种、小批量、高性能的需求特点。特别是目前已投产的高品质特钢精整生产线项目，核心设备由世界一流冶金设备制造商研究开发，应用意大利达涅利控冷控轧工艺和 DSD 减定径技术等最新冶金技术成果，属国内首家，其装备及工艺技术水平达到国际领先水平。公司现有烧结、炼铁、炼钢、轧钢和钢管设施装备具体如下：

烧结设备有：110 平方米、265 平方米烧结机组各一套。

炼铁设备有：450 立方米、1250 立方米高炉各一座。

炼钢设备有：70 吨超高功率电炉一座；80 吨、120 吨顶底复吹转炉各一座。

轧钢设备有：ϕ550 毫米、ϕ650 毫米和 ϕ1350 毫米半连轧生产线各一条，ϕ950 毫米全连轧机组生产线一条。

钢管设备有：ϕ273 毫米穿、轧管生产线一条。

9.14.3　2020 年生产经营状况

2020 年，巨能特钢公司通过优化产品结构、调整销售策略、加大市场开发力度、深挖内潜、提质增效等有效措施，保持了稳定的发展态势。2020 年，公司共计生产生铁 179.67 万吨、钢坯 183.41 万吨、钢材 157.04 万吨，实现产品销售收入 66.19 亿元、利税 1.63 亿元。

9.14.4　2020 年科技进步及产品开发

公司通过省级企业技术中心认定，多年来持续加深与钢铁研究总院、北京科技大学等各大院校及科研机构开展课题合作，公司研发的多种新产品填补了国内空白，“大规格风力发电用地脚螺栓用钢的研制开发”项目达到了国际先进水平；“汽车用非调质机械结构钢 30MnVS 的研制”“高淬透性中碳 Cr 钢研发”“注塑机拉杆用钢 CL.516C 的研制开发”和“半马氏体钢 12Cr5Mo 研制开发”等项目达到了国内领先水平。2017 年以来共申报38项专利，其中获得授权的发明专利为4项；共参与制定国家标准1项、行业标准6项，参与制定团体标准3项；牵头制定团体标准3项、企业标准6项。近三年R&D投入强度均超过4%，通过持续科研投入、技术成果的不断积累与广泛推广应用，公司在全国特种钢市场的优势地位得到进一步稳固。

2020年，公司围绕国内轴承市场开发滚动体用轴承钢和高端套圈用轴承钢，并销往人本集团，在满足国内人本轴承等龙头企业批量供货基础上，通过开展渣系优化等工艺试验使轴承钢实物质量基本满足SKF检验标准要求；通过“窄淬透带齿轮钢产品研发”“曲轴用钢产品研发”两个项目的开发成功将产品销往国内知名的两家用户文登天润曲轴有限公司和山东齿轮公司；开发的20CrMnTiH系列高端齿轮钢、40Cr/42CrMoA系列汽车用含硫钢、风电螺栓用钢等产品质量稳定，可以满足中、高端用户批量质量需求，形成稳定供货。船用锚链产品公司已经占据了山东的主导地位，为了扩大公司在海洋用钢的市场，通过“海洋钻井平台用系泊链钢产品研发”项目，开发了R3级系泊链钢，成为省内第一家通过系泊链认证的企业，并取得了中国CCS、美国ABS、法国BV、挪威德国DNVGL、日本NK和英国LR六个船级社的认可。

9.14.5 企业发展目标及技术改造状况

公司始终坚持绿色、可持续发展，加强节能减排、资源利用方面的技术创新，积极改进生产工艺，提高各种资源、能源的综合利用率，使系统能效最大化，降低能源成本、提高综合效益。近年来，公司先后投资近10亿余元实施超低排放改造，建设大气污染治理、煤气余压发电、余热回收等节能环保设施，安装自动在线监测设备，做好国家“绿色工厂”保持工作，其中2020年公司实施环保、质量、节能、成本类技术改造投资达3亿元。

下一步，为积极响应山东省委、省政府提出全面开展新旧动能转换重大工程的号召，以需求牵引和战略发展为导向，以《产业结构调整指导目录》《新材料发展指南》《山东省产业关键共性技术发展指南》为指引，以满足我省机械、石油、汽车等传统产业转型升级，高铁核电、节能环保、海洋装备、航空航天等战略性新兴产业发展为主攻方向，发展高品质特殊钢、高端装备用特种合金钢、核心基础零部件用钢等“特、精、高”关键品种，进一步增加高端供给，填补省内乃至国内高端产品空白，为山东省高端装备制造业高质量发展提供原材料保障，勇做山东高端特钢产业报国和制造强省使命的担当者。预计到2025年，先进制造业用高性能轴承钢、高品质冷墩钢、高端齿轮钢、高性能合金弹簧钢、系泊链钢，以及高品质抽油杆用钢、高合金石化用管、超超临界用高压锅炉管等高端产品产量占比达70%以上，打造成为国内一流的特种钢生产企业。

地址：山东省寿光市特钢路九号
邮编：262711
办公室电话：0536-5186022
办公室传真：0536-5186789
网址：http://www.sgjntg.com
电子邮箱：jntgbgs@126.com

9.15 常州东方特钢有限公司

9.15.1 企业概况

常州东方特钢有限公司，成立于2009年12月，现有员工2850人，占地面积2016亩。公司地处长三角经济圈中心地带，区位优越，交通便捷，是华东地区重要的优特钢生产基地，隶属于东方润安集团有限公司。

9.15.2 基本状况

（1）生产能力。东方特钢成立以来严格遵照国家要求，围绕“精品发展、绿色发展、安全发展”战略，实施总量控制、结构调整、转型升级，拥有铁 260 万吨、钢 330 万吨、钢材 300 万吨生产能力。

（2）主要产品。产品以优特钢棒材为主，规格涵盖ϕ20~150 毫米，产品覆盖非调质钢、齿轮钢、轴承钢、弹簧钢、球磨钢、锚链钢、油井管坯钢等优特钢主要品种，形成了特殊电梯导轨钢、特钢精品棒材、高品质连铸圆管坯钢三大系列产品。

其中，电梯导轨钢市场份额已占全球约 70%，成为全球电梯导轨钢第一品牌，产品质量和市场占有率稳居行业首位；特钢精品棒材以合结钢为主导产品，广泛应用于机械制造、汽车、风电等领域。

（3）主要设备。主体装备为 186 平方米、300 平方米烧结机各一台，550 立方米高炉三座，100 吨转炉两座，三条精品轧钢线。

在特钢生产方面，炼钢系统全线引入应用德国普瑞特 PRIMETALS 先进工艺，拥有转炉炼钢、LF 精炼、VD 真空脱气、连铸连续矫直带动态轻压下等技术工艺的长流程特钢生产线。

在特钢轧材生产方面，配置 1 条 ϕ20~50 毫米规格的小棒线、1 条 ϕ50~150 毫米规格的中棒线和 1 条导轨专用钢生产线。

在产品质量保证方面，拥有多条倒棱、矫直、探伤等钢材精整设备，可确保产品的表面与内在质量。

9.15.3 生产经营

2020 年，全年生产铁 244 万吨、钢 301 万吨、轧材 241 万吨，实现营业收入 159 亿元。

9.15.4 产品研发

公司参与制定国家行业标准 4 项，通过英国 LR、美国 ABS 等 9 大船级社认证，为造船用钢指定单位；质量体系通过 IATF16949 汽车质量体系认证，产品可直接用于汽车主机厂。近两年共获得 3 项发明专利、7 项实用新型专利。

开发出多项精品棒材新应用技术，突破传统思维，加大技术应用与技术集成，注重钢铁材料的性能升级，立足本地区用钢下游客户联合开发功能性材料，形成区域产业链，例如将 08 号棒材由普通钢材升级为精密合金功能材料，其磁性能完全满足法雷奥的技术要求。

9.15.5 发展目标

东方特钢以“同心同向、共建共享”为核心价值观，以满足客户需求为己任，聚焦于合金特殊钢，专注服务于高端装备制造业，致力于把公司建设成为一个有特色、有品质、有核心竞争力受人尊敬的企业。

地址：江苏省常州市武进区湟里镇东方路 5 号
邮编：213155
电话：0519-68866635/68866636（销售）
传真：0519-68866192
网址：www. czdftg. com
邮箱：luym@ czdftg. com

9.16 河南济源钢铁（集团）有限公司

9.16.1 企业概况

济源钢铁集团属中国大型钢铁骨干企业、中国企业 500 强、中国民营企业 100 强、中国制造业 500 强和世界钢铁企业 100 强，系中钢协、中特钢理事单位。目前，拥有员工 7000 余人，各类专业技术人员 3000 余人，资产总额 165 亿元，固定资产原值

107 亿元，占地面积约 215 万平方米。

9.16.2 基本状况

公司地理条件优越，交通便利，厂区铁路专用线与国家铁路线准轨相接。公司主线为长流程钢铁生产工艺，拥有国内一流、国际领先的技术装备。炼铁和炼钢系统分别形成了以 1200 立方米高炉和 120 吨转炉为主导的、配套设施完善的生产模式；轧钢系统拥有国际先进的棒材生产线一条、精品高速线材生产线三条、大棒卷生产线一条、高性能基础件用特殊钢棒材生产线一条，形成了规模适中、布局合理、装备精良、工艺先进、节能环保、检测手段齐全的生产模式。

企业具备铁、钢、材各 500 万吨的年生产能力，其中优特钢所占比例达 70%。主导产品优特钢类：优质碳素结构钢、合金结构钢、低合金高强度结构钢、冷镦钢、管坯钢、焊丝钢、齿轮钢、弹簧钢、轴承钢、易切削钢、帘线钢及水平连铸铸铁型材等；建筑用钢类：螺纹钢、光圆钢筋、PC 钢棒用钢、高速线材等。生产的各种精品优质钢材，现已广泛应用于国民经济生活的各个领域。其中，用冷镦钢系列产品生产的零部件、紧固件可满足从五金机具、家用电器、汽车、摩托车乃至航空航天机械的制造要求，齿轮钢在发动机、变速箱等领域广泛使用，硬线、30MnSi 系列产品则主要用于生产高强度、低松弛预应力钢丝、钢绞线、钢丝绳、PC 钢棒，满足铁路轨枕、高速公路、桥梁等工程建设需要。另外，建筑用钢先后被黄河小浪底、长江三峡、西气东输、青藏铁路、华能沁北电厂、国家高铁、各省高速公路等国家大型重点工程指定为钢材供应商。产品已批量进入欧、美、日本、东南亚等国际市场。

9.16.3 2020 年生产经营状况

2020 年，主线铁、钢产量均突破 400 万吨，产能跨入 500 万吨规模。全年销售收入 245.3 亿元，同比增长 13.3%，实现利润为 15 亿元，两税上缴 7.7 亿元。

9.16.4 2020 年科技进步及产品开发

济源钢铁研发实力雄厚，拥有省级技术中心、河南省特殊钢材料创新中心、国家级认可实验室、博士后研发基地、河南省工程机械用钢工程技术研究中心，企业通过了 ISO9001、GB/T 28001、ISO14001、IATF16949、GJB 9001C 体系认证，获得了能源管理体系、测量管理体系、两化融合管理体系认证和中国船级社工厂认可证等。

2020 年共成功开发了 35WY、S45CWY、40CrH 等 69 个新牌号品种。

9.16.5 企业改组改制状况

济源钢铁始建于 1958 年，几下几上，几易归属，历经沧桑。2001 年产权改制，由地方国有企业改制为股份制民营企业。

9.16.6 企业发展目标及技术改造状况

企业发展目标：建设国内一流，国际有影响力的精品优特钢生产基地。

技术改造状况：炼铁系统：形成了以 1200 立方米高炉为核心的生产模式。炼钢系统：拥有 KR 铁水预处理、120 吨顶底复吹转炉、LF 精炼炉、RH 和 VD 真空精炼设备，瑞士康卡斯特的合金钢大方圆坯连铸机采用了全程保护浇注工艺和动态轻压下工艺，钢坯可实现探伤、修磨、扒皮处理，扒皮机由达涅利全套引进，可为轧钢提供优质无缺陷钢坯。轧钢系统：拥有德国 KOCKS 减定径机组，实现自由尺寸轧制；拥有 8+4 摩根线材轧机，拥有全套引进意大利达涅利的合金钢大棒生产线，采用大压缩比轧制，两台蓄热式加热炉，保证钢材的精度和内部质量，同时可以提供其两火材产品。轧钢后区配备有钢材矫直、探伤、扒皮工序，台车式退火炉和阿瑞斯连续退火炉，可以提供退火材、两火材、扒皮材。

地址：中国河南济源虎岭产业集聚区
邮编：459000
电话：0391-6698018
传真：0391-6695008
网址：http：//www.hnjg.com

9.17 江苏天工工具新材料股份有限公司

9.17.1 企业概况

江苏天工工具新材料股份有限公司（以下简称“天工工具”），始建于1981年，国家重点高新技术企业，中国民营企业、中国民营企业制造业500强。天工工具是“中国制造2025”重点领域新材料——高速工具钢、模具钢（统称为“工模具钢”），战略性新兴产业重点产品——粉末冶金产品的专业化生产制造商。其中，高速工具钢获评中国工信部首批制造业单项冠军产品，粉末冶金工模具钢产品填补国内空白，成功突破“卡脖子”技术难题，目前为国内唯一掌握粉末冶金工模具钢规模化生产技术的企业。

9.17.2 基本状况

公司具备年产30万吨工模具钢生产能力，形成从冶炼、锻造、轧钢、拉丝一体化的科研、生产链；销售渠道方面，公司拥有遍布全球的营销市场，包括美国、印度、韩国、中国台湾、捷克、意大利、土耳其、加拿大、墨西哥、泰国等国家和地区，在全球工模具钢行业处于领先地位；装备水平方面，公司拥有先进的生产设备，涵盖合金熔融炉，LF精炼炉，VOD真空脱气炉，650、850、910轧钢机组，1250吨、2000吨、4500吨快锻机组，500吨、750吨、1300吨精锻机组，棒线材全连轧机组，全自动拉拔机，制粉、热等静压机组，以及冷轧、热轧薄板轧钢机组；在技术方面，公司坚持走产、学、研相结合之路，与钢铁研究总院、东南大学、东北大学等建立了良好的产学研合作关系。其中与钢铁研究总院共同组建了高速钢研究中心，与东南大学成立了高速钢及工具工程技术研究中心，使公司成为中国工模具钢前沿技术的实验基地和科研中心。新技术方面，公司立足粉末钢锭、近净成型、增材制造（包括低碳模具、不锈钢、3D打印）三个发展方向，比肩世界粉末冶金同行。公司始终坚持以开发新材料和不断改进材料性能为目标，秉承“一切从诚信做起”的理念，努力实现“打造中国新材料世界品牌，做世界新材料行业引领者”的愿景。

9.17.3 成果荣誉

2021年，在新经济变局和世纪疫情影响的多重考验下，公司凭借产品的高端化产销两旺，工模具钢设计年产能增加至30万吨。据世界SMR钢铁及金属产品研究中心公布排名，公司工模具钢综合实力跃居世界第一位。粉末冶金工模具钢成功破解多项“卡脖子”关键技术，打破国际垄断，成为中国冶金行业年度20件大事之一。荣登2021年中国钢铁品牌榜，获“2021中国卓越钢铁企业品牌”和“2021中国特钢卓越品牌”，品牌影响力和行业地位进一步凸显。智能化合金熔融项目正式建成投产，成功实现由普通低端产品向高端产品的转型升级，高质量发展步伐进一步加快。公司分别与江苏大学材料学院高端金属研究所、山东大学建立产学研合作关系，科研攻关水平和技术引领能力进一步提升。

9.17.4 产品研发

2021年，公司加快传统产品提档升级，成功开发用于轧辊、牙板、耐高温领域的模具钢，用于滚切模领域的粉末高速钢等新品。公司一系列高端项目建设有序推进，相继完成合金熔融项目建成，实现由普通低端产品向高端产品转型升级；650轧钢改造扩大一火成材全面量产；粉末冶金扩能项目正式启动；7000吨快锻规划落地；现代化钢丝厂规划提档；为公司高质量高效益发展提供了新的引擎。

2022年公司将高起点高标准完成粉末冶金扩能、7000吨快锻、现代化钢丝生产车间等项目建设，进一步实现公司的转型升级目标。

地址：江苏省丹阳市丹北镇后巷通港大道888号
邮编：212312
电话：0511-86312333
传真：0511-86321331
网址：www.tggj.cn

9.18 山东泰山钢铁集团有限公司

9.18.1 企业概况

山东泰山钢铁集团有限公司（以下简称“泰山钢铁”）始建于1969年，是一家有着50年生产经营史的钢铁制造企业，2007年转型发展不锈钢。是一家以不锈钢为主营，以精品板带材为主体，集新材料、高端装备、清洁能源、国际贸易、物流运输等多业并举和产学研协同发展的现代化企业集团，是工信部批准的《钢铁行业规范条件》合规企业、国家第一批“绿色工厂”、国家新材料产业化基地骨干企业、全国最具竞争力的400系不锈钢基地，拥有殷瑞钰院士工作站、博士后工作站和国家级企业技术中心，是山东省唯一一家全流程不锈钢生产企业，山东省不锈钢行业协会会长单位，也是山东省“莱-泰内陆精品钢生产基地”的重要支撑。

9.18.2 企业基本状况

泰山钢铁拥有捣固焦炉生产线一条，烧结机两座，球团生产线一条，1780立方米高炉两座，60吨炼钢转炉两座，70吨转炉一座，70吨电炉一座，70吨TSR炉3座；950毫米热连轧机组1条、1800毫米炉卷轧机1条、950毫米可逆式冷轧机组4套、1700毫米冷轧机组2套，1450毫米不锈钢冷轧机组2套。生产规模生铁350万吨、粗钢323万吨，轧钢600万吨，主要产品包括碳钢冷、热轧板卷，不锈钢冷、热轧板卷等，产品覆盖了409L、410、420、430、304、316L、310S、2205等百余个品种规格，广泛应用于交通运输、石油化工、机械制造、环保设备等耐蚀环境领域。06Cr13和06Cr19Ni10不锈钢热轧钢带以及SPCC冷轧薄钢带分别被中国钢铁协会和中国质量协会认定为冶金实物质量“金杯奖”和冶金行业品质卓越产品称号，不锈钢热轧钢带被评为山东省名牌产品，不锈钢热轧钢带和冷轧钢带被山东省品牌建设促进会授予山东省知名品牌，并以品牌价值39.97亿元，位列全国“冶金有色”榜单前列。

9.18.3 2020年生产经营状况

2020年，泰山钢铁全年生产生铁321万吨，粗钢352万吨，钢材447万吨；实现营业收入497亿元，利税16亿元。连续12年入围中国企业500强，先后荣获全国钢铁工业先进集体、中国钢铁企业竞争力特强企业（A级）、中国制造十佳品质优秀企业、绿色发展优秀企业、山东省“亩产效益”评价A类企业、山东省单位能耗产出效益综合评价鼓励发展企业、山东省质量信用AAA用户满意企业、山东省高端品牌培育企业等荣誉称号。

9.18.4 2020年科技进步及产品开发

（1）主要科技创新成果。泰山钢铁以殷瑞钰院士工作站、国家级企业技术中心、国家认可实验室等国家级技术研究平台为载体，强化技术创新、品种研发，其中“低镍铁素体不锈钢板带材关键技术开发”课题被列入国家科技支撑计划，自主研发的“400系高端不锈钢非真空条件冶炼”等 40 项技术达到国际领先、国际先进水平，多项技术填补国内、省内空白，2020 年共 11 项科技成果通过省冶金公司评价（鉴定），4 项为国际先进；完成 120 项国家专利申请，获授权 78 项。

（2）新产品开发。多年来，泰山钢铁紧紧围绕市场需求，坚持在新产品开发上不断创新升级，积极开展用户应用研究，用个性化的产品和服务，提升企业品牌，拓展产品应用领域，不断提升产品市场竞争力和附加值。借助 SBU 项目组，2020 年累计开发 06Cr13、12Cr13、20Cr13、30Cr13、40Cr14、TSCr9LP、0Cr13Mn、20Cr13N、10Cr17、022Cr12、022Cr11Ti、06Cr13Al 等新产品 20 余种，新产品销量突破 65 万吨。参与制定各类标准、规范 7 项，其中行业标准 4 项，团体标准 3 项。

9.18.5　企业发展目标及技术改造状况

当前泰山钢铁正按照省、市钢铁产业规划要求，发挥领军企业核心技术优势，挖掘全流程不锈钢生产和国家新材料产业化基地骨干企业潜能，利用院士工作站、博士后工作站和国家级企业技术中心平台优势，提速建设莱—泰内陆精品钢生产基地及不锈钢产业集群。2021 年 4 月，泰山钢铁与中国钢研签订战略合作协议，在济南共建高端装备用钢及新能源基地，重点实施高端装备用钢智能制造、高效智能冶炼、氢能及氢冶金、新材料、产城融合绿色发展等项目，规划到 2025 年，钢材加工能力达到 840 万吨，其中，不锈钢（含特种钢）热轧材产量 500 万吨，400 系高端不锈钢材及高端特种钢材占比达到 90%；攻克氢能源燃料电池金属双极板、超级双相钢、军工用钢、海工用钢、核电用钢等高端新材料，突破重点领域高端材料供应“卡脖子”难题，实现进口替代，年主营收入突破千亿元。

地址：山东省济南市莱芜区新甫路 1 号
邮编：271199
电话：0531-76114430
传真：0531-76114423
网址：www.taishansteel.com.cn
电子信箱：tgjtbgs@163.com

9.19　南阳汉冶特钢有限公司

9.19.1　企业介绍

南阳汉冶特钢有限公司（以下简称汉冶特钢）是河南龙成集团有限公司的全资子公司，成立于 2003 年，是集球团、石灰、烧结、炼铁、炼钢、连铸、轧钢为一体的钢铁联合企业。具备年产 400 万吨中特厚钢板的长流程特钢生产企业。汉冶特钢是通过工信部《钢铁行业规范条件》45 家企业之一、是《河南省钢铁产业调整规划》一区五点重点支持企业之一，现为河南省百户重点工业企业、河南省高新技术企业、全国钢铁工业先进集体，是中国钢铁工业协会常务理事单位、中国特钢企业协会常务理事单位、全国工商联冶金业商会副会长单位。

9.19.2　主要设备

汉冶特钢占地约 120.5 公顷，其中北厂区（炼钢、轧钢）占地面积 61.66 公顷，南厂区（烧结、炼铁）占地 58.78 公顷。2003 年 10 月动工，2004 年 10 月烧结、炼铁、炼钢试投产，2005 年轧钢厂建成投入运行；后经两次续建和技术改造，实现 400 万吨特厚板的生产能力，拥有数座 120 吨转炉、1530 立方米高炉、420 毫米×2700 毫米连铸机和 14 条工业化生产的水冷模铸特厚板生产线及 3800 毫米轧线、淬火热处理线、常化热处理线等主要装备，实现了装备大型化、流程紧凑化、操作自动化、管理信息化。

9.19.3 科研实力

汉冶特钢拥有一支技术精、素质高、能力强的专业化研发团队和技能娴熟、经验丰富的优秀员工队伍。同时汉冶与北京科技大学、东北大学、武汉科技大学、钢铁研究总院等高校院所及企业建立了“产、学、研、用”合作关系，积极引进专业人才，不断提升企业技术专业化水平和竞争能力。先后荣获“国家高新技术企业”“国家企业技术中心”等30余项国家荣誉，200余项工艺技术获得国际或国家专利授权，20余种产品获“国家实物质量金杯奖”等称号，获得了极限厚度（200毫米）容器板认证和极限厚度（400毫米）欧盟认证资格，通过了美国、挪威等九国船级社船板钢认证和管线钢、桥梁钢、美国容器板认证及国家CNAS实验室认可、质量安全环保管理体系认证，完成了中石油、中石化、上海电气、西门子等第二方认证。

9.19.4 产品市场

汉冶特钢具备锅炉与压力容器用钢、高层建筑结构用钢、合金结构钢、模具钢、低合金高强度结构钢、管线钢、耐候钢、船舶及海洋工程用结构钢、桥梁用结构钢等13大系列400余个产品群的生产能力，厚度达750毫米、成品单重达60吨，可满足客户多样化、个性化需求。生产的水冷模特厚板产品以轧代锻，高强度调质钢A514GrQ、S500QZ35、200毫米以上锅炉压力容器板和低合金高强度板等产品处于国内前列。产品销往欧洲、亚洲、南美、中东等50多个国家和地区，并成功用于京沪高铁、杭州湾大桥、北京财富中心大楼、南京火车站、格尔木南山口水电站、哈萨克斯坦炼油厂、俄罗斯NDC石油平台项目等一大批国家重点工程和国家重大技术装备领域，实现向世界单机容量较大的白鹤滩百万级水电机组、第四代核电中核霞浦600兆瓦示范快堆1号、2号机组核岛主设备、“华龙1号”机组中广核浙江三澳核电厂反应堆重点核岛设备钢板供货。长期与中国一重、中国二重、中信重工、上海电气、东方电气、哈电集团、中船重工、西门子、阿尔斯通等数百家国内外知名大型企业保持着密切的战略合作关系。

9.19.5 营销理念

汉冶特钢不同于其他钢铁企业的钢铁贸易销售即经销商的模式，主要采取以销定产，走终端销售模式，这样一方面可以减少中间环节费用，使得双方互惠互利，另一方面可以更加深入地了解客户需求，便于双方合作。在客户开发上强调深耕细作，由于中厚板用户尤其是特厚特种板用户，其需求钢板的规格型号往往多而杂，且不同客户对钢板的质量、性能有不同的要求，汉冶特钢将销售人员和技术服务人员黏合起来，与客户深入沟通交流，既有利于满足客户个性化需求，又便于及时处理合作中出现的各种异议。目前汉冶的客户遍布全国，并远销欧亚非，每年替代进口100万吨左右钢板，同时节约外汇超10亿美元，初步建立了自己的销售网络。

地址：河南省西峡县回车工业园区
邮编：474500
网址：http：//www. elongcheng. com

第 10 章

主要特殊钢企业统计

10.1 主要特殊钢企业二级组成

（1）中信泰富特钢集团有限公司二级组成见表10-1。

表10-1 中信泰富特钢集团有限公司二级组成

二级单位名称	投产年月	年末全部从业人员	产品名称	计量单位	年产量（工作量）	主要设备名称及数量
江阴兴澄特种钢铁有限公司	1993年12月	8518	生铁 粗钢 钢材	万吨	620 687 519	高炉3200立方米×1、1280立方米×2； 转炉120吨×2，RH 120吨×2，LF 120吨×3，*R*12×1、*R*16.5×1、*R*17×1； 转炉150吨×2，LF 150吨×2，RH 160吨×2，*R*11×1、*R*12×1、*R*6.5×1； 电炉100吨×1，VD 100吨×2，LF 100吨×2，CCM-*R*12×1； 高线轧机2台套，连轧机3台套，3500、4300轧机各1套
大冶特殊钢有限公司	2004年10月	5971	焦炭 生铁 粗钢 钢材	万吨	97 337 386 327	75孔焦炉2座； 高炉1780立方米×1、1280立方米×1； 转炉120吨×2、LF 120吨×4，RH 120吨×2，连铸机3台； 电炉70吨交流、直流各1座，LF 60吨×3，VD 60吨×1，RH 80吨×1，连铸机3台； 20吨电炉1座，LF炉/VD炉各2座，1吨、3吨、10吨、20吨感应炉各1座，35吨AOD炉1座，6吨、12吨真空感应炉各1座，真空自耗炉5座，电渣炉30座； 1350开坯机1套，750轧机组1套，650轧机组1套，500半连轧机组1套，新中棒生产线1套，380~720扁棒线轧机1套，热处理、银亮、冷拉生产线3条，170、108、219、460无缝钢管产线各1条

续表 10-1

二级单位名称	投产年月	年末全部从业人员	产品名称	计量单位	年产量（工作量）	主要设备名称及数量
青岛特殊钢铁有限公司	2017 年 5 月	5188	焦炭 生铁 粗钢 钢材	万吨	146 377 325 306	焦炉 2 座，烧结机 2 台，高炉 3 座； 转炉 4 座，连铸机 6 台； 高速线材轧机 6 套，小型型钢轧机 2 套
靖江特殊钢有限公司	2018 年 6 月	979	钢材	万吨	60	连轧机 1 套，钢管热轧线 1 条，热处理线 2 条
铜陵泰富特种材料有限公司	2009 年 10 月	1106	焦炭	万吨	240	TJL43-50D 2×63 孔侧装炼焦炉，JNX3-70-1 2×60 孔顶装炼焦炉
扬州泰富特种材料有限公司	2013 年 5 月	520	球团	万吨	703	5.2 米×57 米链箅机，ϕ6.4 米×43 米回转窑，178 平方米环冷机，360 平方米双室四电场除尘器

（2）太原钢铁（集团）有限公司二级组成见表 10-2。

表 10-2 太原钢铁（集团）有限公司二级组成

二级单位名称	投产年月	年末全部从业人员	产品名称	计量单位	年产量（工作量）	主要设备名称及数量
太原钢铁（集团）有限公司	1934 年 8 月	28354				
太钢集团母公司	1934 年 8 月	4527	铁精矿	万吨	347.4	采矿、选矿设备
山西太钢不锈钢股份有限公司	1998 年 6 月	17697	钢材（不含商品坯）	万吨	910.17	焦炉、高炉、转炉、电炉、轧机设备
太钢集团临汾钢铁有限公司	1958 年 12 月	500	物业、机加工、不动产租赁等			轧机设备
太钢集团代县矿业有限公司	1977 年 4 月	1767	球团矿	万吨	192.02	采矿、选矿设备
太钢集团岚县矿业有限公司	2013 年 12 月	1357	铁精矿、球团矿	万吨	924.87	采矿、选矿设备
太原钢铁（集团）国际经济贸易有限公司	1986 年 6 月	36	原材料、设备进口			
太原钢铁（集团）不锈钢工业园有限公司	2004 年 10 月	111	不锈钢制品的生产与销售			
山西太钢工程技术有限公司	2001 年 11 月	337	工程设计			
山西太钢环境监测有限公司	2018 年 8 月	32	环境监测服务			

续表 10-2

二级单位名称	投产年月	年末全部从业人员	产品名称	计量单位	年产量（工作量）	主要设备名称及数量
太原钢铁（集团）粉煤灰综合利用有限公司	2001 年 6 月	146	粉煤灰砖、加气砼砌块			强力混合机
太原钢铁（集团）电气有限公司	2003 年 5 月	133	变压器产品、非晶带材			变压器干燥炉、变压器剪切机等
太原钢铁（集团）修建有限责任公司	1993 年 6 月	72	铆焊件产品			电焊机、天车等
山西钢科碳材料有限公司	2012 年 9 月	565	碳纤维及其制品			牵伸机、炭化炉
山西太钢鑫磊资源有限公司	2011 年 8 月	165	冶金白灰	万吨	75.8	回转窑
山西太钢万邦炉料有限公司	2011 年 3 月	362	铬铁及其他合金材料的技术研发、生产和销售	万吨	28.67	球磨机、滚筒造球机、铬粉矿小球钢带焙烧炉
山西禄纬堡太钢耐火材料有限公司	2006 年	355	耐火材料制品	万吨	10.79	破碎机、球磨机
山西宝地产城发展有限公司	1998 年 12 月	196	房产租赁、提供劳务			
山西世茂商务中心有限公司	1994 年 10 月	24	宾馆经营、写字楼出租			
山西太钢保险代理有限公司	2003 年 11 月	3	代理收取保险费			
山西太钢集团先进材料工程技术研究院有限公司	2015 年 5 月	1	工程设计、工程地质勘察、水处理技术等			
山西太钢医疗有限公司	2015 年 6 月	2408	医院管理、医疗器械的生产、销售			
太钢集团财务有限公司	2013 年 1 月	36	为集团成员单位提供结算、融资、资信、理财和咨询等金融服务			
山西太钢投资有限公司	1998 年 7 月	17	投资及咨询管理			

（3）东北特殊钢集团股份有限公司二级组成见表 10-3。

表 10-3　东北特殊钢集团股份有限公司二级组成

二级单位名称	投产年月	年末全部从业人员	产品名称	计量单位	年产量（工作量）	主要设备名称及数量
东北特殊钢集团股份有限公司		13385				

续表 10-3

二级单位名称	投产年月	年末全部从业人员	产品名称	计量单位	年产量（工作量）	主要设备名称及数量
集团高层		6				
集团办公室		6				
生产经营部		10				
党群组织部		12				
纪审法务部		10				
财务管理部		4				
投资管理部		14				
国贸公司		49				
特钢研究院		12				
采购管理中心		17				
信息技术公司		25				
规划设计院		1				
大连基地		5343				
广告公司		11				
特殊钢制品公司		70				
圣韬公司		10				
金牛宾馆		21				
韩国公司		2				
东北特钢股份		5229				
东北特钢股份高层		5				
办公室		137				
人力资源处		32				
财务处		35				

续表 10-3

二级单位名称	投产年月	年末全部从业人员	产品名称	计量单位	年产量（工作量）	主要设备名称及数量
技改处		24				
生产管理处		29				
质检处		121				
动力环保设备处		55				
供应处		46				
安全保卫处		132				
总工办		36				
技术中心		44				
物资管理处		33				
销售处		25				
销售公司		97				
炼铁厂		451				
炼钢厂		955				
第一轧钢厂		972				
第二轧钢厂		679				
锻钢厂		216				
精密公司		129				
动力厂		164				
泰隆公司		88				
机电公司		10				
机修厂		238				
物流公司		334				
中心试验室		142				

续表 10-3

二级单位名称	投产年月	年末全部从业人员	产品名称	计量单位	年产量（工作量）	主要设备名称及数量
抚顺基地合计		7262				
抚顺特钢		6324				
抚顺机电力博公司		246				
抚顺板材公司		206				
抚顺实林公司		486				
耐材公司		85				
上海公司		46				
山东鹰轮		477				
新工兴公司		1				
林西钼制品		1				
鞍山东亚		4				

（4）西宁特殊钢集团有限责任公司二级组成见表 10-4。

表 10-4 西宁特殊钢集团有限责任公司二级组成

二级单位名称	投产年月	年末全部从业人员	产品名称	计量单位	年产量（工作量）	主要设备名称及数量
西宁特殊钢股份有限公司	1969年10月	2591	粗钢生产	万吨	160	110吨 Consteel 电炉1台，90吨 Consteel 电炉1台，75吨 LF 炉2台，65吨 LF 炉3台，70吨 VD 炉4台，三机三流连铸机2台等
西钢新材料公司	2018年9月	1014	钢材生产	万吨	200	精品特钢大棒材开坯加8架连轧精品钢生产线，精品特钢小棒材25架（含4架高精度定减径机组）全连轧生产线，全连续无扭棒材轧机组18架

续表 10-4

二级单位名称	投产年月	年末全部从业人员	产品名称	计量单位	年产量（工作量）	主要设备名称及数量
青海江仓能源公司	2005 年 11 月	476	冶金焦炭	万吨	75	TJL4350D 焦炉 2 座，干熄焦系统 1 套，焦油回收系统、焦油初笨回收系统、硫酸铵
西钢置业公司	2011 年 7 月	49	房屋	套	550	
青海矿冶科技有限公司	2018 年 9 月	917	生铁、铁水	万吨	160	1080 立方米高炉 1 台，450 立方米高炉 1 台
青海西钢建筑安装工程有限责任公司	2018 年 8 月	377	混凝土、工程建筑安装	万立方米	22	三一重工 HZS180 型搅拌站 2 座，50 吨装载机 2 台
青海钢城物业管理有限公司	2003 年 6 月	852	物业服务、保洁、保安、绿化、公共设备、设施的维护等方面的管理服务工作	万平方米	物业服务 118	
西宁西钢福利有限公司	2003 年 12 月	79	钢芯铝加工、劳保用品供应、印刷、打字复印、标牌制作等			
卡约初禾公司	2015 年 10 月	26	藜麦米、藜麦酒、藜麦酒糟醋、马铃薯种薯、各类瓜果蔬菜苗及各类果蔬	万斤		高压灭菌锅，筛分机，藜麦加工成套特种设备，烘干设备，自动打包机 XT101
西宁西钢矿业开发有限公司	2011 年 12 月	33	石灰石生产加工	万吨	50	2 条破碎线，1 条粉料加工线及相配套除尘设备（XMZC360-3 布袋除尘器 2 台）
青海西钢自动化信息技术有限公司	2019 年 11 月	123	自动化信息化系统设计集成、软件开发、编程调试、设备成套、安装施工、运行维护、技术服务及仪器仪表检定校准、工业油品化验等于一体的综合性自动化信息技术企业			

续表 10-4

二级单位名称	投产年月	年末全部从业人员	产品名称	计量单位	年产量（工作量）	主要设备名称及数量
青海西钢再生资源综合利用开发有限公司	2018 年 9 月	344	冶金渣类产品的加工、废钢加工、石灰生产及各类固体废弃物的加工、回收、销售	万吨	生石灰 28、钢渣处理 30、60 矿渣微粉	意大利进口弗卡斯 500 吨套筒窑 1 座和 300 吨套筒窑 1 座，60 万吨的矿渣微粉生产线（立磨），抓钢机 3 台，1250 吨龙门剪 2 台，400 吨液压打包机 1 台

（5）舞阳钢铁有限责任公司二级组成见表 10-5。

表 10-5　舞阳钢铁有限责任公司二级组成

二级单位名称	投产年月	年末全部从业人员	产品名称	计量单位	年产量（工作量）	主要设备名称及数量
一炼钢厂		813	粗钢	万吨	101.6	90 吨电炉 2 座，1.9 米连铸机 1 套
二炼钢厂		787	粗钢	万吨	217.9	100 吨电炉 1 座，100 吨转炉 1 座，2.5 米连铸机 2 套
一轧钢厂		988	钢板	万吨	125.5	4200 毫米厚板轧机 1 套
二轧钢厂		804	钢板	万吨	135.8	4100 毫米厚板轧机 1 套
能源中心		540	氧气	万立方米	28621	4500 立方米/小时、10000 立方米/小时、20000 立方米/小时制氧机各 1 台
检修厂		535				
原料部		195				
科技部		110				
自动化部		225				
质量管理部		401				
炼铁厂		714	铁水	万吨	134.50	1260 立方米高炉 1 座
机关部室合计		572				
分子公司						
运输部		948		万吨	872.00	铁道机车 9 台，载重汽车 39 辆
生活服务部		382				
舞钢技校		14				
离退部		10				
保卫部		329				

（6）天津钢管制造有限公司二级组成见表 10-6。

表 10-6 天津钢管制造有限公司二级组成

二级单位名称	投产年月	年末从业人数	产品名称	计量单位	年产量（工作量）	主要设备名称和数量
炼铁厂	2005 年 1 月	368	铁水（炼钢原料）	万吨	86.7	105 平方米烧结机 1 台，1000 立方米高炉 1 座
炼钢厂	一炼钢：1992 年 6 月 二炼钢：2005 年 2 月	728	钢坯（轧管原料）	万吨	204.98	150 吨电炉、90 吨电炉各 1 座，配套精炼钢包炉、连铸机等
轧管事业部	ϕ250MPM 连轧管机组：1995 年 ϕ168PQF 连轧管机组：2003 年 ϕ460PQF 连轧管机组：2007 年 ϕ258PQF 连轧管机组：2008 年 ϕ720 旋扩管机组：2008 年	1633	无缝钢管	万吨	222.5	ϕ168、ϕ250、ϕ258、ϕ460 热轧管生产线及 ϕ720 扩管生产线各 1 条
管加工事业部	首条加工线于 1993 年投产， 最后一条加工线 2013 年投产	1726	无缝钢管	万吨	76.45	油/套管加工线 11 条、光管加工线 5 条等
江苏天淮钢管有限公司	2012 年 5 月	504	无缝钢管	万吨	38.65	ϕ508 毫米 PQF 轧管机组 1 套、热处理线和光管加工线各 1 条
天津元通管材制品有限公司	2008 年 1 月	318	无缝钢管	万吨	26.88	热处理线 2 条、油/套管加工线 3 条

（7）石家庄钢铁有限责任公司二级组成见表 10-7。

表 10-7 石家庄钢铁有限责任公司二级组成

二级单位名称	投产年月	年末全部从业人员	产品名称	计量单位	年产量（工作量）	主要设备名称及数量
炼钢厂	2020 年 11 月	660	电炉钢	万吨	136	2×130 吨直流电弧炉
轧钢厂中棒线	2020 年 8 月	143	热轧棒材	万吨	48	17 架全连轧
轧钢厂小棒线	2020 年 11 月	117	热轧棒材	万吨	42	22 架全连轧
轧钢厂大棒线	2020 年 11 月	130	热轧棒材	万吨	22	8 架全连轧
高线	2021 年 4 月	126	热轧线材	万吨	9	16 架全连轧

（8）攀钢集团江油长城特殊钢有限公司二级组成见表10-8。

表10-8 攀钢集团江油长城特殊钢有限公司二级组成

二级单位名称	投产年月	年末全部从业人员	产品名称	计量单位	年产量（工作量）	主要设备名称及数量
攀钢集团江油长城特殊钢有限公司	1965年9月	3193	粗钢、钢材	万吨	粗钢28.19、钢材41.27	
炼钢厂	1965年9月	604	粗钢	万吨	28.19	3座40吨电炉，3座真空感应炉，1座非真空感应炉，4座自耗炉，18座电渣炉，1台连铸机
锻轧厂	1965年9月	526	钢材	万吨	24.17	2000吨快锻，18兆牛精锻机，CKV45/50兆牛快锻机，3/4吨锤，棒线材轧，普通中型型钢轧机，普通小型型钢轧机
轧钢厂	1965年9月	485	钢材	万吨	17.02	825初轧机组，热轧窄钢带轧机，3150挤压机
西南钢管江油分公司	1996年4月	71	钢材	万吨	0.09	冷轧钢管机15台（套）

（9）建龙北满特殊钢有限责任公司二级组成见表10-9。

表10-9 建龙北满特殊钢有限责任公司二级组成

二级单位名称	投产年月	年末全部从业人员	产品名称	计量单位	年产量（工作量）	主要设备名称及数量
炼铁厂		485	烧结矿、生铁	吨	烧结矿 2287199、生铁1569535	1号高炉、2号高炉、1号烧结机、265烧结机各1座
一炼钢厂		606	钢、商品坯	吨	钢 1914981、商品坯246571	转炉、方坯连铸机、圆坯连铸机、混铁炉、超高功率交流电弧炉各1套
轧钢厂		578	热轧材、退火材、调质材、冷拔材	吨	810353	825初轧机1套，型钢轧机2套
特冶锻造厂		321	钢、电渣钢、锻材、锻件	吨	钢 27232、电渣钢18538、锻材（件）28205	电炉1台，电渣炉12台，快锻机16~25/30兆牛、411水压机、412水压机、16兆牛精锻机各1套

续表 10-9

二级单位名称	投产年月	年末全部从业人员	产品名称	计量单位	年产量（工作量）	主要设备名称及数量
特殊钢线材厂		281	线材	吨	670756	7860 短应力轧机列 2 套，6850 短应力轧机列 2 套，4532 短应力轧机列 2 套、轧辊直径 ϕ440～360×650 4 架，4532 短应力轧机列 2 套、轧辊直径 ϕ390～320×650 4 架，280 悬臂轧机列 1 套，10 架顶交 45°精轧机组 1 套，2 架顶交 45°预精轧机组 1 套，8 架顶交 45°精轧机组 1 套，2 架顶交 45°减径轧机组 1 套，2 架顶交 45°定径轧机组 1 套，三段步进式双蓄热加热炉 2 座
能源中心		305				
生产部		324				
安全保卫部		137				
销售总公司		69				
国贸公司		13				
采购部		87				
研发部		30				
质量部		195				
工程装备部		185				
财企部		56				
人事行政部		91				

（10）大冶特钢有限公司二级组成见表10-10。

表10-10 大冶特钢有限公司二级组成

二级单位名称	投产年月	年末全部从业人员	产品名称	计量单位	年产量（工作量）	主要设备名称及数量
铁前事业部		921	焦炭、生铁		90、375	
焦化厂	2006年12月	283	焦炭	万吨	90	75孔焦炉2座
炼铁厂		570	烧结矿、生铁	万吨	610、375	
其中：新高炉与烧结	2020年4月新高炉投产，8月新烧结投产	288	烧结矿、生铁	万吨	260、169	220平方米带式烧结机1台，1280立方米高炉1座，铸铁机3台
大高炉与烧结	2011年5月大烧结投产，8月大高炉投产	282	烧结矿、生铁	万吨	350、206	265平方米带式烧结机1台，1780立方米高炉1座
焦化项目部	新焦炉正在筹建中	68				
炼钢事业部		790	连铸坯、钢锭	万吨	420	
转炉厂	2011年5月	404	连铸坯	万吨	290	120吨转炉2座，双工位120吨LF精炼炉4座，三车五工位120吨RH钢包真空炉2座，连铸机3台
电炉厂	1985年5月	386	钢锭、连铸坯	万吨	130	70吨交流、直流电炉各1座，60吨LF炉3座，60吨VD炉1座，80吨RH炉1座，连铸机3台
棒材事业部		1276	棒材	万吨	208	
大棒厂	2021年1月1350开坯机投产	305	轧坯、棒材	万吨	85、50	1350开坯机1套，750机组：1H轧机、3H轧机、5H轧机、2V轧机、4V轧机、6V轧机
中棒厂	二轧钢筹建于1946年，1949年10月1日新中国成立后正式生产；新中棒线于2015年10月投产	337	棒材	万吨	18、90	500半连轧（轧制军工产品），新中棒线：8565轧机7架、7555轧机5架、6548轧机4架、KOCKS轧机4架

续表 10-10

二级单位名称	投产年月	年末全部从业人员	产品名称	计量单位	年产量（工作量）	主要设备名称及数量
小棒厂	1997 年 650 全连轧投产；1952 年 12 月热处理建成投产	410	棒材、热处理轧材（银亮材）	万吨	40、10	650 机组：480 轧机 6 架、464 轧机 4 架、450 轧机 6 架、350 轧机 6 架、KOCKS 轧机 4 架，热处理、银亮、冷拉生产线 3 条
扁棒项目部	2021 年 3 月新扁棒生产线投产	224				新扁棒线：720 轧机 4 架、610 轧机 4 架、480 轧机 9 架、380 轧机 3 架、摩根轧机 3 架
钢管事业部		900	管材	万吨	84	
170 钢管厂	无缝钢管厂于 1960 年 8 月建成投产。ϕ108 热轧管机组始建于 1988 年，2004 年 6 月改造成为一条完整生产线；ϕ170 热轧管机组 1993 年建成投产；热处理机组始建于 2008 年	455	无缝钢管	万吨	25、6、10、1	170、108 无缝钢管生产线各 1 条，是国内精品中厚壁无缝钢管生产基地；热处理机组由 4 条热处理生产线组成，具备调质、正火、正火 + 回火、退火、固溶等热处理工艺。热处理年产能达 30 万吨；旋压钢管生产线 1 条
219 钢管厂	ϕ273 热轧管机组始建于 2010 年，2014 年 1 月改造成 ϕ219 热轧管机组	255	无缝钢管	万吨	22	219 无缝钢管生产线 1 条，改造后其 CPE 顶管机组为纵轧，产品没有内螺纹，适用于轧制无缝薄壁钢管
460 钢管厂	钢管 ϕ460 机组于 2009 年 11 月投产	190	无缝钢管	万吨	30	460 无缝钢管生产线 1 条，主体设备与工艺技术从德国引进，是目前世界上最大的 ASSEL 轧管机组

续表 10-10

二级单位名称	投产年月	年末全部从业人员	产品名称	计量单位	年产量（工作量）	主要设备名称及数量
锻造事业部		1001	钢锭、锻材	万吨	6、16	
特冶厂	二炼钢始建于1946年8月，1949年3月试炼了第一炉钢；5号电弧炉于1958年8月建成投产；第一座电渣炉于1960年5月建成投产	562	钢锭、电渣锭	万吨	6、10.23	电炉区：20吨电炉1座（炼高合金钢），LF炉/VD炉各2座、10吨中频感应炉、20吨常规感应炉、1吨及3吨小感应炉各1座，35吨AOD炉1座；电渣区：6吨、12吨真空感应炉各1座，真空自耗炉5座，电渣炉30座
锻造厂	1953年1月	439	锻材	万吨	16	8兆牛快锻机、30兆牛快锻机各1台（用于开坯），16兆牛精锻机1台，20兆牛快锻机、45兆牛快锻机、60兆牛快锻机各1台
动力事业部		428				
动力厂	1971年1月	211	生活水、生产水、循环水、软化水、除盐水、压缩空气、高炉煤气、焦炉煤气、混合煤气、饱和蒸汽、中压过热蒸汽、高压过热蒸汽			220千伏变电站、净水站、循环水站、污水处理站、2万空压机、汽拖、20万立方米煤气储气柜、160吨锅炉、110吨锅炉、75吨锅炉
制氧厂	2003年2月	53	氧气、氮气、氩气			2万立方米制氧机，液氧、液氮贮槽，氧气、氮气球罐
热电厂	2015年1月	164	电			25兆瓦发电机、15兆瓦发电机

续表 10-10

二级单位名称	投产年月	年末全部从业人员	产品名称	计量单位	年产量（工作量）	主要设备名称及数量
物流部	2009 年 3 月公司成立物流中心，2011 年 11 月公司成立物流部，建立起整个新冶钢采购物流、生产物流和销售物流管理体系	303	（1）采购物资的物流管理（矿、煤、焦炭等运输、仓储）；（2）生产物流管理（锭、坯、材等运输）；（3）产品销售物流管理（钢材水路、铁路、公路运输）；（4）承运商及运输价格管理			（1）铁路：铁路总长 49.6 公里，运输量 700 万吨/年，内燃机车 21 台，铁路车皮 334 辆； （2）码头：可靠泊万吨级船舶，吞吐能力 750 万吨/年，卸船机 2 台，龙门吊 3 台，浮吊 3 台，码头门座式起重机 2 台； （3）公路采取第三方物流公司协作方式，广泛吸纳社会资源加入，内部长期协作单位车辆共计 168 台，包括平板车、托架车、罐车、铲车等多种车型
中信特钢研究院新冶钢分院	2014 年 1 月成立	339	工艺技术、产品质量、品种研发、体系、产品认证			分为工艺研究所、试验检测所、棒材研究所、钢管研究所、特冶产品研究所、研究分院办公室
信息化部	2006 年 3 月成立	189	网络平台、五大信息中心			五级信息化总体架构层次清晰、负载均衡的网络平台、高度集成的五大信息中心（数据网络中心、安全保卫中心、生产调度中心、物资计量中心、能源管控中心）

（11）江阴兴澄特种钢铁有限公司二级组成见表 10-11。

表 10-11 江阴兴澄特种钢铁有限公司二级组成

二级单位名称	投产年月	年末全部从业人员	产品名称	计量单位	年产量（工作量）	主要设备名称及数量
棒材事业部一分厂	1997 年 11 月	608	棒材	吨	1061676	电炉 100 吨×1，VD 100 吨×2，LF 100 吨×2，CCM-R12×1，连轧 1 台套
棒材事业部二分厂	2005 年 9 月	1078	棒材	吨	1043646	转炉 120 吨×2，RH 120 吨×2，LF 120 吨×3，R12×1、R16.5×1、R17×1，连轧 2 台套
特板事业部	2009 年 7 月	1444	特厚板、厚钢板、中板	吨	2302890	转炉 150 吨×2，LF 150 吨×2，RH 160 吨×2，R11×1、R12×1、R6.5×1，3500、4300 轧机各 1 套
炼铁事业部	2002 年 9 月	786	生铁	吨	6200171	高炉 3200×1、1280×2
动力事业部	1987 年 8 月	525	电力	万千瓦时	133352	发电机组 50 兆瓦×2、40 兆瓦×1，余热发电 12 兆瓦×2，TRT 发电 3 兆瓦×2、5 兆瓦×1、25 兆瓦×1、18 兆瓦×1
线材事业部	2013 年 6 月	1124	线材、棒材	吨	785197	高线轧机 2 台套
其他单位及部门	—	2953	—	—		本单位无实质性的二级单位

（12）青岛特殊钢铁有限公司二级组成见表 10-12。

表 10-12 青岛特殊钢铁有限公司二级组成

二级单位名称	投产年月	年末全部从业人员	产品名称	计量单位	年产量（工作量）	主要设备名称及数量
焦化厂	2015 年 6 月	257	焦炭	吨	1460903	焦炉 2 座
炼铁厂烧结工序	2015 年 5 月	148	烧结铁矿	吨	5415755	烧结机 3 台
炼铁厂炼铁工序	2015 年 11 月	432	生铁	吨	3771997	高炉 3 座
炼钢厂	2015 年 11 月	1017	钢坯	吨	3249985	转炉 4 座，连铸机 6 台
高线厂	2015 年 4 月	962	线材	吨	2023102	高速线材轧机 6 套
型材厂	2015 年 4 月	440	棒材	吨	1033354	小型型钢轧机 2 套
其他		1932				

（13）本钢板材股份有限公司特殊钢事业部二级组成见表 10-13。

表 10-13 本钢板材股份有限公司特殊钢事业部二级组成

二级单位名称	投产年月	年末全部从业人员	产品名称	计量单位	年产量（工作量）	主要设备名称及数量
合计		1642				
炼钢作业区	1988 年	235				50 吨电弧炉 2 台，50 吨精炼炉 2 台
铸钢作业区	2005 年		电炉钢锭			
			电炉钢坯			连铸机 1 套
大棒作业区	2019 年	296	钢材（坯）	吨	622502	1150 毫米、850 毫米轧钢机组 1 套
精整作业区	2015 年	259				
动力作业区		108				
吊车作业区	2009 年	237				
小棒作业区	2009 年	98				
成品作业区	2015 年	65				
机关		186				

（14）首钢贵阳特殊钢有限责任公司二级组成见表 10-14。

表 10-14 首钢贵阳特殊钢有限责任公司二级组成

二级单位名称	投产年月	年末全部从业人员	计量单位	年产量（营业收入）	主要设备名称及数量
贵阳东方现代钢材市场股份有限公司		69（含外派会计 2 人）	万元	6642.57	单主梁门式起重机 13 台（MDG 20 吨-25 米 A6），双梁厢式起重机 2 台（MG32-22），叉车 3 台（CPCD70）
贵阳东方鑫盛钢材物流有限责任公司		65	万元	13183.56	单主梁门式起重机 2 台（MDG 20 吨-25 米 A6），单主梁门式起重机 1 台（MDG 20－S25－H11 A6），叉车 4 台（CPCD70），双梁桥式起重机 5 台（QD 16 吨-25.5 米 A6）

续表 10-14

二级单位名称	投产年月	年末全部从业人员	计量单位	年产量（营业收入）	主要设备名称及数量
贵阳金吉运输有限公司		2	万元	474.37	电动单梁起重机1台（LD10-S15-H9A5），电动单梁起重机1台（LD10-15.58米A3）
贵阳钢厂职工医院		182	万元	8365.70	腹腔镜1套（368D），B超机1台（SA-600-2），放射成像系统1套（CR-30），全自动生化分析仪3台
贵阳金麟物业管理有限公司		12	万元	478.41	
贵阳阳明花鸟市场有限公司		10	万元	2310.96	
贵阳首钢贵钢物业管理有限公司		59	万元	3792.77	
贵州贵钢设备工程公司有限责任公司		293	万元	2018.21	
贵州贵钢钎具制造有限责任公司		218	万元	16165.20	

（15）江苏永钢集团有限公司二级组成见表10-15。

表 10-15 江苏永钢集团有限公司二级组成

二级单位名称	投产年月	年末全部从业人员	产品名称	计量单位	年产量（工作量）	主要设备名称及数量
公司办公室		6				
人力资源部		16				
财务管理部		17				
安全环保管理部		29				
采购中心		65				
营销中心		142				
规划发展部		16				
制造部		38				
设备部		91				
产品研发中心		274				

续表 10-15

二级单位名称	投产年月	年末全部从业人员	产品名称	计量单位	年产量（工作量）	主要设备名称及数量
能源部		40				
运输部		867				
动力厂		567				
炼铁厂		2100	铁水	吨	8601524	500 立方米高炉×4，600 立方米高炉×2，700 立方米高炉×1，1080 立方米高炉×3
炼钢厂		1764	粗钢	吨	8596080	50 吨转炉×3，60 吨转炉×2，120 吨转炉×2
轧钢厂		1533	钢材	吨	9385484	
其中：棒材分厂			棒材	吨	5537863	钢坯连轧机×6
线材分厂			线材	吨	3847621	高速线材轧机×2
电炉分厂		673	粗钢	吨	719245	100 吨电炉×1，连铸机×2
大棒分厂			棒材	吨	348784	往复式开坯机×1

（16）西王金属科技有限公司二级组成见表 10-16。

表 10-16 西王金属科技有限公司二级组成

二级单位名称	投产年月	年末全部从业人员	产品名称	计量单位	年产量（工作量）	主要设备名称及数量
西王金属科技有限公司	2012 年 7 月	3459	钢材	吨	2784655	

（17）中天钢铁集团有限公司二级组成见表 10-17。

表 10-17 中天钢铁集团有限公司二级组成

二级单位名称	投产年月	年末全部从业人员	产品名称	计量单位	年产量（工作量）	主要设备名称及数量
第一烧结厂			烧结矿	万吨	406	

续表 10-17

二级单位名称	投产年月	年末全部从业人员	产品名称	计量单位	年产量（工作量）	主要设备名称及数量
第二烧结厂			烧结矿	万吨	1057	
第一炼铁厂			生铁	万吨	200	
第二炼铁厂			生铁	万吨	548	
第三炼铁厂			生铁	万吨	416	
钢轧一分厂			钢	万吨	371	
			线材（含盘螺）	万吨	81	
			螺纹钢	万吨	263	
钢轧二分厂			钢	万吨	187	
			螺纹钢	万吨	227	
钢轧三分厂			钢	万吨	113	
			窄钢带	万吨	110	
第三炼钢厂			钢	万吨	545	
电炉炼钢厂			钢	万吨	60	
第三轧钢厂			线材（含盘螺）	万吨	183	
第八轧钢厂			线材（含盘螺）	万吨	146	
第六轧钢厂			螺纹钢	万吨	150	
			棒材	万吨	58	
			棒材	万吨	66	
热电厂			发电、蒸汽	万千瓦·小时、百万千焦	277751	
制氧厂			氧气			

（18）山钢股份有限公司莱芜分公司特钢事业部二级组成见表 10-18。

表 10-18 山钢股份有限公司莱芜分公司特钢事业部二级组成

二级单位名称	投产年月	年末全部从业人员	产品名称	计量单位	年产量（工作量）	主要设备名称及数量
机关		215				
50 吨电炉车间	1994 年 6 月	192	电炉钢 连铸坯	万吨	37.72	1 座 50 吨超高功率电弧炉，1 座 LF 钢包精炼炉，1 座双工位 VD 真空精炼炉，R11 米三机三流大方坯合金钢连铸机 1 台
100 吨电炉车间	2013 年 8 月	74	电炉钢	万吨	81.85	1 座 100 吨超高功率电弧炉，2 座 LF 钢包精炼炉，1 座双工位 VD 真空精炼炉
100 吨连铸车间	2013 年 8 月	63	连铸坯	万吨	81.85	R16.5 米五机五流大圆坯合金钢连铸机 1 台
100 吨运行车间	2013 年 8 月	78				
大棒车间	2013 年 10 月	99	钢材	万吨	52.94	$\phi1350\times1/\phi950\times4/\phi800\times2/$轧机
中棒车间	2019 年 7 月	137	钢材	万吨	73.37	$\phi1000\times3/\phi900\times3/\phi780\times5/\phi600\times6$ 轧机
小棒车间	1987 年 12 月	108	钢材	万吨	29.3	$\phi550\times1/\phi450\times6/\phi350\times6$ 轧机
银前转炉车间	2005 年 5 月	312	转炉钢 连铸坯	万吨	234.26	2 座 120 吨顶底复吹转炉，2 座 90 吨 LF 钢包精炼炉，1 座双工位 VD 真空精炼炉，1 台 R8 米六机六流方坯连铸机，1 台 R12 米六机六流合金钢方坯连铸机
银前运行车间	2005 年 5 月	143				
生产准备车间	2019 年 10 月	74				
储运车间	2012 年 8 月	58				
质量检查站	2012 年 8 月	95				
转炉项目部		18				
合计		1666				

（19）河冶科技股份有限公司二级组成见表10-19。

表10-19 河冶科技股份有限公司二级组成

二级单位名称	投产年月	年末全部从业人员	产品名称	计量单位	年产量（工作量）	主要设备名称及数量
炼钢分厂	1974年7月21日	143	铸锭、电渣锭	吨	33335	
锻钢分厂	1988年6月21日	93	锻坯、锻材	吨	20764	
连轧分厂	2012年6月	132	轧材、异型材	吨	22276	
成品分厂	2011年2月	90	轧材、锻材、钢丝	吨	30274	
锻件加工厂	2006年5月21日	30	锻件	吨	950	
喷射事业部	2014年1月24日	17	喷射锭、电极棒	吨	1704	

（20）承德建龙特殊钢有限公司二级组成见表10-20。

表10-20 承德建龙特殊钢有限公司二级组成

二级单位名称	投产年月	年末全部从业人员	产品名称	计量单位	年产量（工作量）	主要设备名称及数量
炼铁厂	2001年1月	1010	生铁	万吨		1350立方米高炉1座，1200立方米高炉1座
钢轧厂	2004年1月	1152	方坯 圆坯 圆钢	万吨		120吨炼钢转炉1座，100吨炼钢转炉1座，五机五流方坯连铸机1座，五机五流大圆坯连铸机1座，方圆坯连铸机1座，棒材连轧机1套

（21）山东寿光巨能特钢有限公司二级组成见表10-21。

表10-21 山东寿光巨能特钢有限公司二级组成

二级单位名称	投产年月	年末全部从业人员	产品名称	计量单位	年产量（工作量）	主要设备名称及数量
烧结厂	2003年12月	431	烧结矿	吨	2534693	110平方米烧结机1座 265平方米烧结机1座

续表 10-21

二级单位名称	投产年月	年末全部从业人员	产品名称	计量单位	年产量（工作量）	主要设备名称及数量
炼铁厂	2003 年 12 月	447	生铁	吨	1586321	450 立方米高炉 1 座
						1250 立方米高炉 1 座
炼钢厂	2003 年 12 月	884	连铸坯	吨	1582939	70 吨电炉 1 座
						80 吨转炉 1 座
						120 吨转炉 1 座
轧钢厂	2003 年 10 月	920	棒材	吨	1290984	ϕ550 半连轧生产机组 1 套
						ϕ650 半连轧生产机组 1 套
						ϕ1350 半连轧 1 套
	2019 年 10 月					ϕ950 全连轧 1 套
钢管厂	2009 年 6 月	383	无缝钢管	吨	239841	ϕ273 穿管机 1 套

（22）江苏天工工具新材料股份有限公司二级组成见表 10-22。

表 10-22　江苏天工工具新材料股份有限公司二级组成

二级单位名称	投产年月	年末全部从业人员	产品名称	计量单位	年产量（工作量）	主要设备名称及数量
天工爱和特钢有限公司	2005 年	750	工模具钢	吨	213639	25 吨、30 吨×3 电弧炉，30 吨精炼炉×2，30 吨 VD 炉×2，850、910 轧制生产线，两平两立机组，1300 吨精锻机，15 吨中频炉
江苏伟建工具科技有限公司	2013 年	40	扁丝圆丝	吨	780	拉丝机×6，压延机×1，抛光机×4

（23）永兴特种材料科技股份有限公司二级组成见表 10-23。

表 10-23　永兴特种材料科技股份有限公司二级组成

二级单位名称	投产年月	年末全部从业人员	产品名称	计量单位	年产量（工作量）	主要设备名称及数量
炼钢一厂	2000 年 9 月	121	钢锭	吨		电弧炉 1 台，AOD 炉 1 台，LF 炉 1 台、模铸设备 10 套，VD 炉 1 台，连铸机 1 套
炼钢二厂	2010 年 5 月	122	连铸坯	吨		超高功率电弧炉 1 台，顶底复吹 AOD 炉 1 台，钢包精炼炉 1 台，连铸机 1 套
锻压车间	2015 年 4 月	37	锻材	吨		35 兆牛快锻机组 1 套，加热炉群 1 套，法兰精锻机
精炼车间	2015 年	33	电渣产品	吨		5 吨电渣炉 2 台，6 吨真空感应 1 台，6 吨真空自耗炉 1 台
轧钢厂	2017 年	107	棒线材	吨		步进加热炉 1 座，750 两辊可逆 1 台，全连轧 14 架，4 机架 Kocks 机组，摩根高线精轧机及减定径，在线固溶炉 1 座，棒材冷床，大盘卷集卷装置 2 套，固溶炉（13 工位环形炉），辊底退火炉（10 工位）
酸洗精整车间	2016 年	97	棒线材	吨		1 号隧道式酸洗线，2 号隧道式酸洗线，废水处理线，SCR 脱销装置，棒材矫直机，线材抛丸机，不锈钢混酸再生

（24）南阳汉冶特钢有限公司二级组成见表 10-24。

表 10-24　南阳汉冶特钢有限公司二级组成

二级单位名称	投产年月	年末全部从业人员	产品名称	计量单位	年产量（工作量）	主要设备名称及数量
轧钢厂	2005 年	1010	钢板	吨	2940234	3800 轧机 1 台，3500 粗轧机 1 台，3500 精轧机 1 台
炼钢厂	2003 年	1025	粗钢	吨	2717894	转炉 3 座，连铸机 3 台，LF 精炼炉 3 台，双工位真空 VD 炉 3 台
老炼铁厂	2003 年	1055	生铁	吨	2335490	高炉 3 座，烧结机 1 台
新炼铁厂	2008 年					

续表 10-24

二级单位名称	投产年月	年末全部从业人员	产品名称	计量单位	年产量（工作量）	主要设备名称及数量
采购部、矿石部、安环国家监察委员会、综合办、销售部门、钢研所等部门		1020				

（25）邢台钢铁有限责任公司二级组成见表 10-25。

表 10-25 邢台钢铁有限责任公司二级组成

二级单位名称	投产年月	年末全部从业人员	产品名称	计量单位	年产量（工作量）	主要设备名称及数量
焦化厂	1972 年 1 月 1 日	276	焦炭	吨	380293	65 孔×2 焦炉
炼铁厂	1970 年 9 月 1 日	600	烧结矿/生铁	吨	1535138/1363657	198×1、180×1 烧结机/420×1、450×1、1050×1 高炉
炼钢厂	1995 年 8 月 1 日	785	钢坯	吨	1530831	50 吨×2、80 吨×1 顶底复吹转炉，50 吨×4、80 吨×1 LF 钢包精炼炉，60 吨×1AOD 氧氩精炼炉，80 吨×1RH 精炼炉，9 米弧×2、12 米弧×2 方坯连铸机，9 米弧×1 方圆坯连铸机
线材厂	1966 年 1 月 1 日	653	盘条	吨	1466075	全连续高速线材轧机 5 套
动力厂	1973 年 11 月 1 日	353	自发电	万千瓦时	32552	15 兆瓦×3 纯凝式汽轮机，40 兆瓦×1 高温超高压单缸再热凝汽式汽轮机
储运中心	1971 年 12 月 1 日	487	铁路运输量	吨	2032190	GK1E31 型内燃机车 8 台，NS0201 内燃吊车 1 台
邢台新翔金属材料科技股份有限公司	2005 年 5 月 26 日	23	精制线材	吨	77022	拉丝机共 17 台，STC 退火炉 4 座，连续退火炉 2 座，酸洗线 1 条，包装机 5 台
北京新光凯乐汽车冷成型件股份有限公司	2005 年 9 月 6 日	14	汽车冷成型件	万件	9841	7 台冷镦机：FM250、FM500、NH620、CF350、NH515、FM630、NH628

续表 10-25

二级单位名称	投产年月	年末全部从业人员	产品名称	计量单位	年产量（工作量）	主要设备名称及数量
北京邢钢焊网科技发展有限责任公司	2002年11月1日	10	钢筋焊接网/冷轧钢筋制品/热缩绝缘钢筋	吨	24516/8848/0	3台焊网机：MG210型号1台、MG320型号1台、G/8型号1台； 3台冷轧机：LGH3S-EHE型号冷轧机3台； 5条矫直剪切机：R43B型号2条、RBK51B型号1条、GT6-12型号2条； 热缩用箱式加热炉9台，热缩钢筋折弯机47台
部室小计		515				
其他		1039				
公司合计		4755				

（26）凌源钢铁集团有限责任公司二级组成见表10-26。

表10-26 凌源钢铁集团有限责任公司二级组成

二级单位名称	投产年月	年末全部从业人员	产品名称	计量单位	年产量（工作量）	主要设备名称及数量
凌源钢铁股份有限公司	1994年4月12日	7292				
其中：第一炼铁厂	1970年2月1日	846	生铁	万吨	310.47	高炉4座
			烧结矿	万吨	463.57	烧结机2台
第二炼铁厂	2013年5月1日	428	生铁	万吨	192.1	高炉1座
			烧结矿	万吨	262.91	烧结机1台
			球团矿	万吨	205.52	链箅机回转窑1座
第一炼钢厂	1989年10月1日	895	连铸坯	万吨	306.04	转炉4座，连铸机5台

续表 10-26

二级单位名称	投产年月	年末全部从业人员	产品名称	计量单位	年产量（工作量）	主要设备名称及数量
优特钢事业部	1989 年 10 月 1 日	1501	连铸坯	万吨	234.64	转炉 2 座，连铸机 3 台
	2012 年 12 月 20 日		棒材	万吨	62.88	中型轧机 1 套
	2012 年 12 月 20 日		棒材	万吨	30.9	半连续式棒材轧机 1 套
	2012 年 12 月 20 日		棒材、钢筋	万吨	80.99	全连续式棒材轧机 1 套
	2010 年 8 月 12 日		线材	万吨	47.85	单线全连续线材轧机 1 套
第一轧钢厂	1969 年 1 月 12 日	492	棒材、钢筋	万吨	81.69	全连续式棒材轧机 1 套
			钢筋	万吨	106.06	全连续式棒材轧机 1 套
第二轧钢厂	1996 年 9 月 12 日	392	中宽热带	万吨	121.24	热轧中宽带钢轧机 1 组
原料厂	2001 年 6 月 1 日	323	冶金石灰	万吨	39.35	麦尔兹窑 2 座
氧气厂	1971 年 5 月 1 日	213	氧气	万立方米	50586	制氧机 5 台
数字化部		177				
科技质量部		319				
凌钢钢铁国际贸易有限公司		349				
凌钢股份北票钢管有限公司	2009 年 8 月 28 日	126	钢管	万吨	5.8	焊管机组 11 套
凌钢股份北票保国铁矿有限公司	1972 年 7 月 1 日	718	铁精矿	万吨	50.42	
股份机关		513				
设计咨询公司	2002 年 7 月 1 日	50				
凌源滨河会务中心	1973 年 1 月 1 日	12				
焦化厂	1970 年 8 月 1 日	331	焦炭	万吨	56.16	122 孔焦炉 1 座
动力厂（热电公司）		897	电力	万千瓦时	144021	
			煤气	万立方米	730043	
运输公司		329	铁路运量	万吨	1873	
检修中心	2000 年 8 月 1 日	731				

续表 10-26

二级单位名称	投产年月	年末全部从业人员	产品名称	计量单位	年产量（工作量）	主要设备名称及数量
集团机关		108				
合计		9750				

（27）衡阳华菱钢管有限公司二级组成见表 10-27。

表 10-27 衡阳华菱钢管有限公司二级组成

二级单位名称	投产年月	年末全部从业人员	产品名称	计量单位	年产量（工作量）	主要设备名称及数量
炼铁厂	2009 年 4 月 30 日	306	生铁	吨	1385145	180 烧结机 1 台，1080 高炉 1 座
炼钢厂	1991 年 7 月 28 日	505	连铸坯	吨	1769542	45 吨电炉 2 座，90 吨电炉 1 座，弧形连铸机 3 套
特种钢管厂 219 机组	1987 年 1 月 30 日	130	热轧无缝钢管	吨	100263	环形加热炉 1 座，二辊穿孔机 1 套，轧管机 1 套，12 机架张减机 1 套，六辊矫直机 1 台
特种钢管厂 720 机组	2009 年 7 月 3 日	142	热轧无缝钢管	吨	147907	环形加热炉 1 座，卧式曼式穿孔机 1 套，皮尔格轧管机 1 套，Assel 三辊斜轧管机 1 套，三辊 5 机架定径机 1 套，六辊矫直机 1 台
89 厂	1997 年 8 月 29 日	212	热轧无缝钢管	吨	252671	环形加热炉 1 座，二辊锥形穿孔机 1 套，6 机架限动连轧机 1 套，三辊张力减径机 1 套，六辊矫直机 5 台，淬、回火加热炉各 3 座，水淬装置 2 套，探伤机 8 套，水压试验机 3 台
340 厂	2005 年 4 月 29 日	250	热轧无缝钢管	吨	649987	环形加热炉 1 座，二辊锥形穿孔机 1 套，限动芯棒连轧机 1 套，12 机架定径机 1 套，六辊矫直机 1 台
180 厂	2011 年 12 月 30 日	227	热轧无缝钢管	吨	543236	环形加热炉 1 座，锥形穿孔机 1 套，180PQF 轧机 1 套，张减机 1 套，矫直机 2 台
其他		1295				

（28）天津钢铁集团有限公司二级组成见表 10-28。

表 10-28　天津钢铁集团有限公司二级组成

二级单位名称	投产年月	年末全部从业人员	产品名称	计量单位	年产量（工作量）	主要设备名称及数量
烧结厂	2004 年 2 月	557	烧结	吨	7441542	1 座 180 平方米烧结，1 座 265 平方米高炉，1 座 360 平方米高炉
炼铁厂	2004 年 3 月	592	生铁	吨	4638573	1 座 2000 立方米高炉，1 座 3200 立方米高炉
炼钢厂	2004 年 3 月	1128	粗钢	吨	5536936	120 吨转炉 3 座
中厚板	2006 年 6 月	625	中厚板	吨	2507282	3500 毫米双机架 1 套
棒材厂	2006 年 3 月	530	棒材（钢筋）	吨	1836831	意大利达涅利
高线厂	1995 年 6 月	433	盘条	吨	479867	美国摩根公司
动力厂		650				
综合加工厂		311				

10.2　主要特殊钢企业专业产品主要生产能力

（1）宝武特种冶金有限公司专业产品主要生产能力见表 10-29。

表 10-29　宝武特种冶金有限公司专业产品主要生产能力

产品名称	计量单位	年初生产能力	本年新增能力	其中				本年减少能力	年末生产能力
				基建新增	更新改造新增	并购新增	其他新增		
粗钢	万吨/年	58							58
电炉钢	万吨/年	57.5							57.5
钢材生产能力	万吨/年	15.1							15.1
冷轧（拔）钢材	万吨/年	0.7							0.7
冷轧窄钢带	万吨/年	0.2							0.2
冷轧（拔）无缝钢管	万吨/年	0.5							0.5
锻、挤、旋压钢材	万吨/年	14.4							14.4

续表 10-29

产品名称	计量单位	年初生产能力	本年新增能力	其中				本年减少能力	年末生产能力
				基建新增	更新改造新增	并购新增	其他新增		
锻压钢材	万吨/年	12. 1							12. 1
挤压钢材	万吨/年	2. 3							2. 3

（2）中信泰富特钢集团有限公司专业产品主要生产能力见表 10-30。

表 10-30　中信泰富特钢集团有限公司专业产品主要生产能力

产品名称	计量单位	年初生产能力	本年新增能力	其中				本年减少能力	年末生产能力
				基建新增	更新改造新增	并购新增	其他新增		
人造块矿									
烧结铁矿	万吨/年	1824. 5	241. 3	241. 3					2065. 8
球团铁矿	万吨/年	600							600
炼铁产品									
生铁	万吨/年	1257	113	113					1370
粗钢	万吨/年	1428. 5	115	115					1543. 5
转炉钢	万吨/年	1142. 5	115	115					1257. 5
电炉钢	万吨/年	286							286
连铸坯	万吨/年	1457. 5	115	115					1572. 5
方坯	万吨/年	210							210
矩形坯	万吨/年	687. 5	115	115					802. 5
板坯	万吨/年	200							200
圆坯	万吨/年	360							360
钢材生产能力	万吨/年	1469	150	150				1	1618
热轧钢材	万吨/年	1451	150	150					1601
热轧棒材	万吨/年	743	50	50					793

续表 10-30

产品名称	计量单位	年初生产能力	本年新增能力	其中				本年减少能力	年末生产能力
				基建新增	更新改造新增	并购新增	其他新增		
线材（盘条）	万吨/年	275	100	100					375
其中：高速线材	万吨/年	275	100	100					375
特厚板	万吨/年	80							80
厚板	万吨/年	110							110
热轧中板	万吨/年	100							100
热轧无缝钢管	万吨/年	143							143
锻、挤、旋压钢材	万吨/年	18						1	17
锻压钢材	万吨/年	17						1	16
旋压钢材	万吨/年	1							1
焦炭	万吨/年	480	30	30					510
机焦	万吨/年	480	30	30					510

（3）太原钢铁（集团）有限公司专业产品主要生产能力见表 10-31。

表 10-31　太原钢铁（集团）有限公司专业产品主要生产能力

产品名称	计量单位	年初生产能力	本年新增能力	其中				本年减少能力	年末生产能力
				基建新增	更新改造新增	并购新增	其他新增		
黑色金属矿采选									
铁矿石开采能力	万吨/年	17580	2800				2800	2080	18300
铁矿石选矿处理原矿能力	万吨/年	4016	140				140		4156
人造块矿									
烧结铁矿	万吨/年	898							898
球团铁矿	万吨/年	448	4.6				4.6		452.6
炼铁产品									

续表 10-31

产品名称	计量单位	年初生产能力	本年新增能力	其中				本年减少能力	年末生产能力
				基建新增	更新改造新增	并购新增	其他新增		
生铁	万吨/年	847.5							847.5
粗钢	万吨/年	1294							1294
转炉钢	万吨/年	944							944
电炉钢	万吨/年	350							350
连铸坯	万吨/年	1215							1215
方坯	万吨/年	90							90
板坯	万吨/年	1075							1075
圆坯	万吨/年	50							50
钢材生产能力	万吨/年	1350							1350
热轧钢材	万吨/年	988							988
热轧棒材	万吨/年	100							100
线材（盘条）	万吨/年	20							20
其中：高速线材	万吨/年	20							20
特厚板	万吨/年	21							21
厚板	万吨/年	65							65
热轧中板	万吨/年	82							82
热轧中厚宽钢带	万吨/年	600							600
冷轧（拔）钢材	万吨/年	447.5							447.5
冷轧薄板	万吨/年	3							3
冷轧薄宽钢带	万吨/年	300							300
冷轧窄钢带	万吨/年	2.2							2.2
冷轧电工钢板（带）	万吨/年	137							137
冷轧（拔）无缝钢管	万吨/年	5							5

续表 10-31

产品名称	计量单位	年初生产能力	本年新增能力	其中				本年减少能力	年末生产能力
				基建新增	更新改造新增	并购新增	其他新增		
焊接钢管	万吨/年	0.3							0.3
锻、挤、旋压钢材	万吨/年	12.5							12.5
锻压钢材	万吨/年	12.5							12.5
其他加工工艺钢材	万吨/年	2							2
焦炭	万吨/年	330							330
机焦	万吨/年	330							330

（4）西宁特殊钢集团有限责任公司专业产品主要生产能力见表 10-32。

表 10-32 西宁特殊钢集团有限责任公司专业产品主要生产能力

产品名称	计量单位	年初生产能力	本年新增能力	其中				本年减少能力	年末生产能力
				基建新增	更新改造新增	并购新增	其他新增		
烧结铁矿	万吨/年	286							286
球团铁矿	万吨/年	55							55
炼铁产品									0
生铁	万吨/年	160							160
粗钢	万吨/年	160							160
转炉钢	万吨/年	80							80
电炉钢	万吨/年	80							80
连铸坯	万吨/年	153							153
方坯	万吨/年	153							153
钢材生产能力	万吨/年	200							200
热轧钢材	万吨/年	195							195
热轧棒材	万吨/年	105							105

续表 10-32

产品名称	计量单位	年初生产能力	本年新增能力	其中				本年减少能力	年末生产能力
				基建新增	更新改造新增	并购新增	其他新增		
热轧钢筋	万吨/年	90							90
冷轧（拔）钢材	万吨/年	0.5							0.5
冷轧（拔）棒材	万吨/年	0.5							0.5
锻、挤、旋压钢材	万吨/年	4.5							4.5
锻压钢材	万吨/年	4.5							4.5
焦炭	万吨/年	75							75
机焦	万吨/年	75							75

（5）舞阳钢铁有限责任公司专业产品主要生产能力见表 10-33。

表 10-33 舞阳钢铁有限责任公司专业产品主要生产能力

产品名称	计量单位	年初生产能力	本年新增能力	其中				本年减少能力	年末生产能力
				基建新增	更新改造新增	并购新增	其他新增		
炼铁产品									
生铁	万吨/年	100							100
粗钢	万吨/年	438							438
转炉钢	万吨/年	140							140
电炉钢	万吨/年	298							298
连铸坯	万吨/年	235							235
板坯	万吨/年	235							235
钢材生产能力	万吨/年	290							290
热轧钢材	万吨/年	290							290
特厚板	万吨/年	130							130
厚板	万吨/年	110							110
热轧中板	万吨/年	50							50

（6）天津钢管制造有限公司专业产品主要生产能力见表 10-34。

表 10-34 天津钢管制造有限公司专业产品主要生产能力

产品名称	计量单位	年初生产能力	本年新增能力	其中				本年减少能力	年末生产能力
				基建新增	更新改造新增	并购新增	其他新增		
生铁	万吨/年	96							96
粗钢	万吨/年	220							220
无缝钢管	万吨/年	350							350

（7）石家庄钢铁有限责任公司专业产品主要生产能力见表 10-35。

表 10-35 石家庄钢铁有限责任公司专业产品主要生产能力

产品名称	计量单位	年初生产能力	本年新增能力	其中				本年减少能力	年末生产能力
				基建新增	更新改造新增	并购新增	其他新增		
粗钢	万吨/年	200							200
电炉钢	万吨/年	200							200
连铸坯	万吨/年	200							200
矩形坯	万吨/年	200							200
钢材生产能力	万吨/年	192							192
热轧钢材	万吨/年	192							192
热轧棒材	万吨/年	167							167
热轧线材	万吨/年	25							25

（8）攀钢集团江油长城特殊钢有限公司专业产品主要生产能力见表 10-36。

表 10-36 攀钢集团江油长城特殊钢有限公司专业产品主要生产能力

产品名称	计量单位	年初生产能力	本年新增能力	其中				本年减少能力	年末生产能力
				基建新增	更新改造新增	并购新增	其他新增		
粗钢	万吨/年	44.6							44.6
转炉钢	万吨/年								

续表 10-36

产品名称	计量单位	年初生产能力	本年新增能力	其中				本年减少能力	年末生产能力
				基建新增	更新改造新增	并购新增	其他新增		
电炉钢	万吨/年	43.5							43.5
连铸坯	万吨/年	20							20
方坯	万吨/年	20							20
钢材生产能力	万吨/年	85.22							85.22
热轧钢材	万吨/年	68.57							68.57
热轧棒材	万吨/年	56.27							56.27
线材（盘条）	万吨/年	6							6
特厚板	万吨/年	1.65							1.65
厚板	万吨/年	1.65							1.65
热轧中板	万吨/年	3							3
冷轧（拔）钢材	万吨/年	2.85							2.85
冷轧（拔）棒材	万吨/年	1.5							1.5
冷轧薄板	万吨/年	0.75							0.75
冷轧（拔）无缝钢管	万吨/年	0.6							0.6
锻、挤、旋压钢材	万吨/年	13.8							13.8
锻压钢材	万吨/年	12.8							12.8
挤压钢材	万吨/年	1							1

（9）建龙北满特殊钢有限责任公司专业产品主要生产能力见表 10-37。

表 10-37 建龙北满特殊钢有限责任公司专业产品主要生产能力

产品名称	计量单位	年初生产能力	本年新增能力	其中				本年减少能力	年末生产能力
				基建新增	更新改造新增	并购新增	其他新增		
人造块矿		350							350

续表 10-37

产品名称	计量单位	年初生产能力	本年新增能力	其中				本年减少能力	年末生产能力
				基建新增	更新改造新增	并购新增	其他新增		
烧结铁矿	万吨/年	350							350
炼铁产品		110							110
生铁	万吨/年	110							110
粗钢	万吨/年	210							210
转炉钢	万吨/年	100							100
电炉钢	万吨/年	110							110
连铸坯	万吨/年	100							203
方坯	万吨/年	50	103						153
圆坯	万吨/年	50							50
钢材生产能力	万吨/年	198.6							198.6
热轧钢材	万吨/年	81.5							81.5
热轧棒材	万吨/年	71.5							71.5
热轧无缝钢管	万吨/年	10							10
冷轧（拔）钢材	万吨/年	3.6							3.6
冷轧（拔）棒材	万吨/年	3.6							3.6
锻、挤、旋压钢材	万吨/年	13.5							13.5
锻压钢材	万吨/年	13.5							13.5
特殊钢线材	万吨/年	100							100

（10）大冶特殊钢有限公司专业产品主要生产能力见表10-38。

表10-38 大冶特殊钢有限公司专业产品主要生产能力

产品名称	计量单位	年初生产能力	本年新增能力	其中				本年减少能力	年末生产能力
				基建新增	更新改造新增	并购新增	其他新增		
人造块矿									
烧结铁矿	万吨/年	610							610
炼铁产品									
生铁	万吨/年	375							375
粗钢	万吨/年	426							426
转炉钢	万吨/年	290							290
电炉钢	万吨/年	136							136
连铸坯	万吨/年	455							455
方坯	万吨/年	60							60
矩形坯	万吨/年	195							195
圆坯	万吨/年	200							200
钢材生产能力	万吨/年	309	50	50				1	358
热轧钢材	万吨/年	291	50	50					341
热轧棒材	万吨/年	208	50	50					258
热轧无缝钢管	万吨/年	83							83
锻、挤、旋压钢材	万吨/年	18						1	17
锻压钢材	万吨/年	17						1	16
旋压钢材	万吨/年	1							1
焦炭	万吨/年	90							90
机焦	万吨/年	90							90

（11）江阴兴澄特种钢铁有限公司专业产品主要生产能力见表10-39。

表10-39 江阴兴澄特种钢铁有限公司专业产品主要生产能力

产品名称	计量单位	年初生产能力	本年新增能力	其中				本年减少能力	年末生产能力
				基建新增	更新改造新增	并购新增	其他新增		
人造块矿									
烧结铁矿	万吨/年	751							751
炼铁产品									
生铁	万吨/年	560							560
粗钢	万吨/年	690							690
转炉钢	万吨/年	540							540
电炉钢	万吨/年	150							150
连铸坯	万吨/年	690							690
方坯	万吨/年	150							150
矩形坯	万吨/年	180							180
板坯	万吨/年	200							200
圆坯	万吨/年	160							160
钢材生产能力	万吨/年	680							680
热轧钢材	万吨/年	680							680
热轧棒材	万吨/年	335							335
线材（盘条）	万吨/年	55							55
其中：高速线材	万吨/年	55							55
特厚板	万吨/年	80							80
厚板	万吨/年	110							110
热轧中板	万吨/年	100							100

（12）青岛特殊钢铁有限公司专业产品主要生产能力见表 10-40。

表 10-40 青岛特殊钢铁有限公司专业产品主要生产能力

产品名称	计量单位	年初生产能力	本年新增能力	其中				本年减少能力	年末生产能力
				基建新增	更新改造新增	并购新增	其他新增		
烧结铁矿	万吨/年	463.5	241.3	241.3					704.8
生铁	万吨/年	322	113	113					435
粗钢	万吨/年	312.5	115	115					427.5
转炉钢	万吨/年	312.5	115	115					427.5
连铸坯	万吨/年	312.5	115	115					427.5
矩形坯	万吨/年	312.5	115	115					427.5
钢材生产能力	万吨/年	350	100	100					450
热轧钢材	万吨/年	350	100	100					450
热轧棒材	万吨/年	130							130
线材（盘条）	万吨/年	220	100	100					320
其中：高速线材	万吨/年	220	100	100					320
焦炭	万吨/年	170							170
机焦	万吨/年	170							170

（13）本钢板材股份有限公司特殊钢事业部专业产品主要生产能力见表 10-41。

表 10-41 本钢板材股份有限公司特殊钢事业部专业产品主要生产能力

产品名称	计量单位	年初生产能力	本年新增能力	其中				本年减少能力	年末生产能力
				基建新增	更新改造新增	并购新增	其他新增		
炼钢产品									
电炉钢	万吨	50							50
连铸坯	万吨	48							48
钢压延加工产品									
钢材	万吨	110							110

（14）首钢贵阳特殊钢有限责任公司专业产品主要生产能力见表10-42。

表 10-42 首钢贵阳特殊钢有限责任公司专业产品主要生产能力

产品名称	计量单位	年初生产能力	本年新增能力	其中				本年减少能力	年末生产能力
				基建新增	更新改造新增	并购新增	其他新增		
粗钢	万吨/年	50							50
钢材	万吨/年	76							76

（15）江苏沙钢集团有限公司专业产品主要生产能力见表10-43。

表 10-43 江苏沙钢集团有限公司专业产品主要生产能力

产品名称	计量单位	年初生产能力	本年新增能力	其中				本年减少能力	年末生产能力
				基建新增	更新改造新增	并购新增	其他新增		
人造块矿									
烧结铁矿	万吨/年	5200.6							5200.6
球团铁矿	万吨/年	800							800
炼铁产品									
生铁	万吨/年	3381						1	3380
粗钢	万吨/年	4275						68	4207
转炉钢	万吨/年	3215						68	3147
电炉钢	万吨/年	1060							1060
连铸坯	万吨/年	4775	40	40				180	4635
方坯	万吨/年	2820						180	2640
矩形坯	万吨/年	175							175
板坯	万吨/年	1428							1428
圆坯	万吨/年	352	40	40					392
钢材生产能力	万吨/年	4762.55							4762.55
热轧钢材	万吨/年	4332							4332

续表 10-43

产品名称	计量单位	年初生产能力	本年新增能力	其中				本年减少能力	年末生产能力
				基建新增	更新改造新增	并购新增	其他新增		
热轧棒材	万吨/年	1172							1172
热轧钢筋	万吨/年	590							590
线材（盘条）	万吨/年	1260							1260
其中：高速线材	万吨/年	1260							1260
热轧中板	万吨/年	350							350
热轧薄宽钢带	万吨/年	960							960
冷轧（拔）钢材	万吨/年	315							315
冷轧（拔）棒材	万吨/年	5							5
冷轧薄宽钢带	万吨/年	310							310
镀涂层板（带）	万吨/年	85							85
镀层板（带）	万吨/年	85							85
其中：镀锌板（带）	万吨/年	55							55
热镀锌板（带）	万吨/年	55							55
镀锡板（带）	万吨/年	30							30
锻、挤、旋压钢材	万吨/年	30.55							30.55
锻压钢材	万吨/年	30.55							30.55
钢丝及其制品合计	吨/年	18000							18000
钢丝	吨/年	18000							18000
焦炭	万吨/年	630							630
机焦	万吨/年	630							630

（16）东北特殊钢集团股份有限公司专业产品主要生产能力见表10-44。

表10-44 东北特殊钢集团股份有限公司专业产品主要生产能力

产品名称	计量单位	年初生产能力	本年新增能力	其中				本年减少能力	年末生产能力
				基建新增	更新改造新增	并购新增	其他新增		
人造块矿									
烧结铁矿	万吨/年	144							144
炼铁产品									
生铁	万吨/年	116						1	115
粗钢	万吨/年	375. 35							375. 35
转炉钢	万吨/年	135							135
电炉钢	万吨/年	240. 35							240. 35
连铸坯	万吨/年	345							345
方坯	万吨/年	220							220
矩形坯	万吨/年	75							75
板坯	万吨/年	8							8
圆坯	万吨/年	42							42
钢材生产能力	万吨/年	387. 52							388. 07
热轧钢材	万吨/年	352. 32							352. 32
热轧棒材	万吨/年	202							202
线材（盘条）	万吨/年	150							150
其中：高速线材	万吨/年	150							150
热轧窄钢带	万吨/年	0. 32							0. 32
冷轧（拔）钢材	万吨/年	5. 2							5. 2
冷轧（拔）棒材	万吨/年	5							5
冷轧窄钢带	万吨/年	0. 2							0. 2
锻、挤、旋压钢材	万吨/年	30							30. 55

续表 10-44

产品名称	计量单位	年初生产能力	本年新增能力	其中				本年减少能力	年末生产能力
				基建新增	更新改造新增	并购新增	其他新增		
锻压钢材	万吨/年	30							30.55
钢丝及其制品合计	万吨/年	1.8							1.8
钢丝	万吨/年	1.8							1.8

（17）江苏沙钢集团淮钢特钢股份有限公司专业产品主要生产能力见表 10-45。

表 10-45 江苏沙钢集团淮钢特钢股份有限公司专业产品主要生产能力

产品名称	计量单位	年初生产能力	本年新增能力	其中				本年减少能力	年末生产能力
				基建新增	更新改造新增	并购新增	其他新增		
人造块矿									
烧结铁矿	万吨/年	416.6							416.6
炼铁产品									
生铁	万吨/年	300							300
粗钢	万吨/年	300							300
转炉钢	万吨/年	220							220
电炉钢	万吨/年	80							80
连铸坯	万吨/年	300							300
方坯	万吨/年	210							210
圆坯	万吨/年	90							90
钢材生产能力	万吨/年	300							300
热轧钢材	万吨/年	300							300
热轧棒材	万吨/年	300							300
焦炭	万吨/年	80							80
机焦	万吨/年	80							80

（18）江苏永钢集团有限公司专业产品主要生产能力见表 10-46。

表 10-46 江苏永钢集团有限公司专业产品主要生产能力

产品名称	计量单位	年初生产能力	本年新增能力	其中				本年减少能力	年末生产能力
				基建新增	更新改造新增	并购新增	其他新增		
人造块矿									
烧结铁矿	万吨/年	1200							1200
球团铁矿	万吨/年	240							240
炼铁产品									
生铁	万吨/年	800							800
粗钢	万吨/年	900							900
转炉钢	万吨/年	800							800
电炉钢	万吨/年	100							100
连铸坯	万吨/年	880	20	20					900
方坯	万吨/年	800							800
圆坯	万吨/年	80	20	20					100
钢材生产能力	万吨/年	1010							1010
热轧钢材	万吨/年	1010							1010
热轧棒材	万吨/年	130							130
热轧钢筋	万吨/年	670							670
线材（盘条）	万吨/年	210							210
其中：高速线材	万吨/年	210							210

（19）西王金属科技有限公司专业产品主要生产能力见表10-47。

表10-47 西王金属科技有限公司专业产品主要生产能力

产品名称	计量单位	年初生产能力	本年新增能力	其中				本年减少能力	年末生产能力
				基建新增	更新改造新增	并购新增	其他新增		
铁	万吨	280							280
粗钢	万吨	300							300
钢材	万吨	300							300

（20）中天钢铁集团有限公司专业产品主要生产能力见表10-48。

表10-48 中天钢铁集团有限公司专业产品主要生产能力

产品名称	计量单位	年初生产能力	本年新增能力	其中				本年减少能力	年末生产能力
				基建新增	更新改造新增	并购新增	其他新增		
烧结铁矿	万吨/年	1570							1570
球团铁矿	万吨/年	90							90
生铁	万吨/年	1100							1100
粗钢	万吨/年	1110							1110
转炉钢	万吨/年	990							990
电炉钢	万吨/年	120							120
钢材生产能力	万吨/年	1180							1180
热轧钢材	万吨/年	1180							1180
热轧棒材	万吨/年	400							400
热轧钢筋	万吨/年	280							280
线材（盘条）	万吨/年	430							430
热轧窄钢带	万吨/年	70							70

（21）山钢股份莱芜分公司特钢事业部专业产品主要生产能力见表10-49。

表10-49 山钢股份莱芜分公司特钢事业部专业产品主要生产能力

产品名称	计量单位	年初生产能力	本年新增能力	其中				本年减少能力	年末生产能力
				基建新增	更新改造新增	并购新增	其他新增		
粗钢	万吨/年	390						390	
电炉钢	万吨/年	150						150	
转炉钢	万吨/年	240						240	
连铸坯	万吨/年	390						390	
方（矩形）坯	万吨/年	290						290	
圆坯连铸机	万吨/年	100						100	
钢材轧制能力	万吨/年	184.5						184.5	
热轧棒材	万吨/年	184.5						184.5	

（22）河冶科技股份有限公司专业产品主要生产能力见表10-50。

表10-50 河冶科技股份有限公司专业产品主要生产能力

产品名称	计量单位	年初生产能力	本年新增能力	其中				本年减少能力	年末生产能力
				基建新增	更新改造新增	并购新增	其他新增		
粗钢	万吨/年	4.8							4.8
电炉钢	万吨/年	4.8							4.8
钢材生产能力	万吨/年	3.8							3.8
热轧钢材	万吨/年	2.95							2.95
热轧棒材	万吨/年	2.4							2.4
线材（盘条）	万吨/年	0.45							0.45
热轧窄钢带	万吨/年	0.1							0.1
冷轧（拔）钢材	万吨/年	0.35							0.35
冷轧窄钢带	万吨/年	0.1							0.1

续表 10-50

产品名称	计量单位	年初生产能力	本年新增能力	其中				本年减少能力	年末生产能力
				基建新增	更新改造新增	并购新增	其他新增		
其他冷轧（拔）钢材	万吨/年	0.25							0.25
锻、挤、旋压钢材	万吨/年	0.5							0.5
锻压钢材	万吨/年	0.5							0.5

（23）承德建龙特殊钢有限公司专业产品主要生产能力见表 10-51。

表 10-51　承德建龙特殊钢有限公司专业产品主要生产能力

产品名称	计量单位	年初生产能力	本年新增能力	其中				本年减少能力	年末生产能力
				基建新增	更新改造新增	并购新增	其他新增		
生铁	万吨	175.98	73						248.68
粗钢	万吨	165.02	82.3						247.32
钢材	万吨	77.3						-5.19	72.1

（24）山东寿光巨能特钢有限公司专业产品主要生产能力见表 10-52。

表 10-52　山东寿光巨能特钢有限公司专业产品主要生产能力

产品名称	计量单位	年初生产能力	本年新增能力	其中				本年减少能力	年末生产能力
				基建新增	更新改造新增	并购新增	其他新增		
烧结矿	万吨/年	470							470
生铁	万吨/年	195							195
粗钢	万吨/年	260							260
转炉钢	万吨/年	200							200
电炉钢	万吨/年	60							60
连铸坯	万吨/年	260							260
钢材	万吨/年	215							215

续表 10-52

产品名称	计量单位	年初生产能力	本年新增能力	其中				本年减少能力	年末生产能力
				基建新增	更新改造新增	并购新增	其他新增		
热轧棒材	万吨/年	190							190
热轧无缝钢管	万吨/年	25							25

（25）江苏天工工具新材料股份有限公司专业产品主要生产能力见表 10-53。

表 10-53 江苏天工工具新材料股份有限公司专业产品主要生产能力

产品名称	计量单位	年初生产能大	本年新增能力	其中				本年减少能力	年末生产能力
				基建新增	更新改造新增	并购新增	其他新增		
粗钢	万吨/年	28.5	2.0	2				4.9	25.6
中频炉	万吨/年	12	2.0	2				2	12
电炉钢	万吨/年	17						2.9	14.1
钢材	万吨/年	21	1.5		1.5			1.8	20.7
线材（盘条）	万吨/年	4.3						0.3	4
棒材	万吨/年	10	1.5		1.5			0.5	11
板材	万吨/年	12.3						1	11.3

（26）南京钢铁集团有限公司专业产品主要生产能力见表 10-54。

表 10-54 南京钢铁集团有限公司专业产品主要生产能力

产品名称	计量单位	年初生产能力	本年新增能力	其中				本年减少能力	年末生产能力
				基建新增	更新改造新增	并购新增	其他新增		
铁矿石开采能力	万吨/年	300							300
铁矿石选矿处理原矿能力	万吨/年	300							300
烧结铁矿	万吨/年	1226							1226
球团铁矿	万吨/年	176							176

续表 10-54

产品名称	计量单位	年初生产能力	本年新增能力	其中				本年减少能力	年末生产能力
				基建新增	更新改造新增	并购新增	其他新增		
炼铁产品									
生铁	万吨/年	900							900
粗钢	万吨/年	1000							1000
转炉钢	万吨/年	880							880
电炉钢	万吨/年	120							120
连铸坯	万吨/年	1080							1080
方坯	万吨/年	450							450
矩形坯	万吨/年	100							100
板坯	万吨/年	530							530
钢材生产能力	万吨/年	1010							1010
热轧钢材	万吨/年	1010							1010
热轧大型型钢	万吨/年	30							30
热轧中小型型钢	万吨/年	10							10
热轧棒材	万吨/年	215							215
热轧钢筋	万吨/年	110							110
线材（盘条）	万吨/年	65							65
其中：高速线材	万吨/年	65							65
厚板	万吨/年	320							320
热轧中板	万吨/年	200							200
热轧窄钢带	万吨/年	60							60
焦炭	万吨/年	170							170
机焦	万吨/年	170							170

（27）永兴特种材料科技股份有限公司专业产品主要生产能力见表 10-55。

表 10-55 永兴特种材料科技股份有限公司专业产品主要生产能力

产品名称	计量单位	年初生产能力	本年新增能力	其中				本年减少能力	年末生产能力
				基建新增	更新改造新增	并购新增	其他新增		
棒材（含锻材）	万吨	23							23
线材	万吨	10							10

（28）南阳汉冶特钢有限公司专业产品主要生产能力见表 10-56。

表 10-56 南阳汉冶特钢有限公司专业产品主要生产能力

产品名称	计量单位	年初生产能力	本年新增能力	其中				本年减少能力	年末生产能力
				基建新增	更新改造新增	并购新增	其他新增		
生铁	万吨	226							226
粗钢	万吨	300							300
钢板	万吨	400							400

（29）邢台钢铁有限责任公司专业产品主要生产能力见表 10-57。

表 10-57 邢台钢铁有限责任公司专业产品主要生产能力

产品名称	计量单位	年初生产能力	本年新增能力	其中				本年减少能力	年末生产能力
				基建新增	更新改造新增	并购新增	其他新增		
人造块矿		340							340
烧结铁矿	万吨/年	340							340
炼铁产品		216							216
生铁	万吨/年	216							216
粗钢	万吨/年	236							236
转炉钢	万吨/年	236							236

续表 10-57

产品名称	计量单位	年初生产能力	本年新增能力	其中				本年减少能力	年末生产能力
				基建新增	更新改造新增	并购新增	其他新增		
连铸坯	万吨/年	280							280
方坯	万吨/年	230							230
圆坯	万吨/年	50							50
钢材生产能力	万吨/年	295							295
热轧钢材	万吨/年	295							295
线材（盘条）	万吨/年	295							295
其中：高速线材	万吨/年	295							295
焦炭	万吨/年	55							55
机焦	万吨/年	55							55

（30）河南济源钢铁（集团）有限公司专业产品主要生产能力见表 10-58。

表 10-58 河南济源钢铁（集团）有限公司专业产品主要生产能力

产品名称	计量单位	年初生产能力	本年新增能力	其中				本年减少能力	年末生产能力
				基建新增	更新改造新增	并购新增	其他新增		
黑色金属矿采选									
铁矿石开采能力	万吨/年	120							120
铁矿石选矿处理原矿能力	万吨/年	100							100
人造块矿									
烧结铁矿	万吨/年	600	110		110				710
球团铁矿	万吨/年	70							70
炼铁产品									
生铁	万吨/年	400							400
粗钢	万吨/年	400							400

续表 10-58

产品名称	计量单位	年初生产能力	本年新增能力	其中				本年减少能力	年末生产能力
				基建新增	更新改造新增	并购新增	其他新增		
转炉钢	万吨/年	400							400
连铸坯	万吨/年	520							520
方坯	万吨/年	520							520
钢材生产能力	万吨/年	400	50	50					450
热轧钢材	万吨/年	400	50	50					450
热轧棒材	万吨/年	130	50	50					180
热轧钢筋	万吨/年	90							90
线材（盘条）	万吨/年	180							180
其中：高速线材	万吨/年	180							180

（31）河南中原特钢装备制造有限公司专业产品主要生产能力见表 10-59。

表 10-59 河南中原特钢装备制造有限公司专业产品主要生产能力

产品名称	计量单位	年初生产能力	本年新增能力	其中				本年减少能力	年末生产能力
				基建新增	更新改造新增	并购新增	其他新增		
炼钢	万吨	30							30
连铸	万吨	20							20
锻造	万吨	15							15

（32）江西新旭特殊材料有限公司专业产品主要生产能力见表 10-60。

表 10-60 江西新旭特殊材料有限公司专业产品主要生产能力

产品名称	计量单位	年初生产能力	本年新增能力	其中				本年减少能力	年末生产能力
				基建新增	更新改造新增	并购新增	其他新增		
连铸坯	万吨	45							45
钢锭	万吨	5							5

（33）方大特钢科技股份有限公司专业产品主要生产能力见表10-61。

表10-61 方大特钢科技股份有限公司专业产品主要生产能力

产品名称	计量单位	年初生产能力	本年新增能力	其中				本年减少能力	年末生产能力
				基建新增	更新改造新增	并购新增	其他新增		
人造块矿									
烧结铁矿	万吨/年	430							430
球团铁矿	万吨/年	90							90
炼铁产品									
生铁	万吨/年	315							315
粗钢	万吨/年	360							360
转炉钢	万吨/年	360							360
连铸坯	万吨/年	360							360
方坯	万吨/年	360							360
钢材生产能力	万吨/年	360							360
热轧钢材	万吨/年	360							360
热轧棒材	万吨/年	140							140
热轧钢筋	万吨/年	150							150
线材（盘条）	万吨/年	70							70
其中：高速线材	万吨/年	70							70
焦炭	万吨/年	86							86
机焦	万吨/年	86							86

（34）芜湖新兴铸管有限责任公司专业产品主要生产能力见表10-62。

表10-62 芜湖新兴铸管有限责任公司专业产品主要生产能力

产品名称	计量单位	年初生产能力	本年新增能力	其中				本年减少能力	年末生产能力
				基建新增	更新改造新增	并购新增	其他新增		
人造块矿									

续表 10-62

产品名称	计量单位	年初生产能力	本年新增能力	其中				本年减少能力	年末生产能力
				基建新增	更新改造新增	并购新增	其他新增		
烧结铁矿	万吨/年	628							628
炼铁产品									
生铁	万吨/年	275							275
粗钢	万吨/年	310							310
转炉钢	万吨/年	310							310
连铸坯	万吨/年	300							300
方坯	万吨/年	252							252
圆坯	万吨/年	48							48
钢材生产能力	万吨/年	300							300
热轧钢材	万吨/年	300							300
热轧棒材	万吨/年	80							80
热轧钢筋	万吨/年	100							100
线材（盘条）	万吨/年	120							120
其中：高速线材	万吨/年	120							120
焦炭	万吨/年	120							120
机焦	万吨/年	120							120

（35）凌源钢铁集团有限责任公司专业产品主要生产能力见表 10-63。

表 10-63　凌源钢铁集团有限责任公司专业产品主要生产能力

产品名称	计量单位	年初生产能力	本年新增能力	其中				本年减少能力	年末生产能力
				基建新增	更新改造新增	并购新增	其他新增		
铁矿石开采能力	万吨/年	415							415
铁矿石选矿处理原矿能力	万吨/年	410							410

续表 10-63

产品名称	计量单位	年初生产能力	本年新增能力	其中				本年减少能力	年末生产能力
				基建新增	更新改造新增	并购新增	其他新增		
人造块矿	万吨/年	971	211.8		211.8			158	1024.8
烧结铁矿	万吨/年	613	211.8		211.8				824.8
球团铁矿	万吨/年	358						158	200
炼铁产品									
生铁	万吨/年	530							530
粗钢	万吨/年	600							600
转炉钢	万吨/年	600							600
连铸坯	万吨/年	885							885
方坯	万吨/年	765							765
板坯	万吨/年	120							120
钢材生产能力	万吨/年	701							701
热轧钢材	万吨/年	659							659
热轧棒材	万吨/年	203							203
热轧钢筋	万吨/年	250							250
线材（盘条）	万吨/年	60							60
其中：高速线材	万吨/年	60							60
热轧中厚宽钢带	万吨/年	140							140
热轧无缝钢管	万吨/年	6							6
冷轧（拔）钢材	万吨/年	42							42
焊接钢管	万吨/年	42							42
焦炭	万吨/年	65							65
机焦	万吨/年	65							65

（36）衡阳华菱钢管有限公司专业产品主要生产能力见表10-64。

表10-64 衡阳华菱钢管有限公司专业产品主要生产能力

产品名称	计量单位	年初生产能力	本年新增能力	其中				本年减少能力	年末生产能力
				基建新增	更新改造新增	并购新增	其他新增		
烧结铁矿	万吨/年	180							180
生铁	万吨/年	83							83
粗钢	万吨/年	130							130
电炉钢	万吨/年	130							130
连铸坯	万吨/年	150							150
管坯	万吨/年	150							150
热轧钢材	万吨/年	177							177
热轧无缝钢管	万吨/年	177							177

（37）天津钢铁集团有限公司专业产品主要生产能力见表10-65。

表10-65 天津钢铁集团有限公司专业产品主要生产能力

产品名称	计量单位	年初生产能力	本年新增能力	其中				本年减少能力	年末生产能力
				基建新增	更新改造新增	并购新增	其他新增		
球团	万吨/年	240							240
烧结	万吨/年	816							816
生铁	万吨/年	437							437
粗钢	万吨/年	405							405
转炉钢	万吨/年	405							405
钢材	万吨/年	550							550
棒材	万吨/年	90							90
钢筋	万吨/年	90							90
中厚板	万吨/年	220							220
高线	万吨/年	150							150

(38) 天津新天钢联合特钢有限公司专业产品主要生产能力见表10-66。

表10-66 天津新天钢联合特钢有限公司专业产品主要生产能力

产品名称	计量单位	年初生产能力	本年新增能力	其中				本年减少能力	年末生产能力
				基建新增	更新改造新增	并购新增	其他新增		
烧结矿	万吨	654					11		665
球团矿	万吨	118					4		122
生铁	万吨	511						22	489
粗钢	万吨	633							633
热轧带钢一、二线	万吨	223						28	195

10.3 主要特殊钢企业专业产品主要生产设备

(1) 宝武特种冶金有限公司专业产品主要生产设备见表10-67。

表10-67 宝武特种冶金有限公司专业产品主要生产设备

设备名称及类型	设备数量			设备能力			设备出厂时间	设备投产时间	设备末次更新改造时间	设备制造国家、公司
	计量单位	安装数	其中：使用数	计量单位	安装设备能力	其中：使用设备能力				
炼钢设备										
电弧炉	座	40	40	万吨/年	146	146				
交流电弧炉	座	2	2	万吨/年	28	91				
其中：13号炉30吨	座	1	1	万吨/年	13	13			2007年11月	国产
15号炉30吨	座	1	1	万吨/年	15	15		2007年12月		国产
真空感应炉	座	4	4	万吨/年	0.66	0.66				
其中：VIM-4.5/6（26号/27号	座	2	2	万吨/年	0.15	0.15		1996年		英国
1吨真空感应炉（28号）	座	1	1	万吨/年	0.01	0.01		1982年		英国

续表 10-67

设备名称及类型	设备数量			设备能力			设备出厂时间	设备投产时间	设备末次更新改造时间	设备制造国家、公司
	计量单位	安装数	其中：使用数	计量单位	安装设备能力	其中：使用设备能力				
12 吨真空感应炉（22 号）	座	1	1	万吨/年	0.50	0.50		2004 年		德国
非真空感应炉	座	1	1	万吨/年	0.11	0.11				国产
其中：立式 1 吨（25 号）	座	1	1	万吨/年	0.11	0.11		1980 年		
真空自耗炉	座	9	9	万吨/年	1.82	1.82				
其中：L700P5（43 号）	座	1	1	万吨/年	0.10	0.10		1966 年	2003 年	
VAR（47 号）	座	1	1	万吨/年	0.20	0.20		2003 年		
RVAR（48 号）	座	1	1	万吨/年	0.30	0.30		2003 年		
RVAR（45 号）	座	1	1	万吨/年	0.30	0.30		2007 年		
RVAR（46 号）	座	1	1	万吨/年	0.25	0.25		2007 年		德国 ALD
RVAR（44 号）	座	1	1	万吨/年	0.20	0.20		2007 年		美国 CONSARC
RVAR（41 号、49 号）	座	2	2	万吨/年	0.30	0.30		2010 年		德国 ALD
RVAR（01 号）	座	1	1	万吨/年	0.17	0.17		2021 年		德国 ALD
电渣重熔炉	座	19	19	万吨/年	5.25	4.58				
其中：2 吨（33 号、37 号）	座	2	2	万吨/年	1.50	1.50		2000 年		五钢
0.5 吨（31 号）	座	1	1	万吨/年	0.30	0.30		2000 年		五钢
2 吨（34 号、35 号）	座	2	2	万吨/年	1.00	1.00		2000 年		五钢
3 吨（38 号、39 号）	座	2	2	万吨/年	0.20	0.20		2000 年		西安
20 吨（40 号）	座	1	1	万吨/年	0.30	0.30		2002 年		美国
4 吨（91~94 号）	座	4	4	万吨/年	0.25	0.25		2004 年		五钢
5 吨（30 号）	座	1	1	万吨/年	0.20	0.200		2000 年		德国
20 吨（97 号、98 号）	座	2	2	万吨/年	0.50	0.335		2008 年		国产

续表 10-67

设备名称及类型	设备数量			设备能力			设备出厂时间	设备投产时间	设备末次更新改造时间	设备制造国家、公司
	计量单位	安装数	其中：使用数	计量单位	安装设备能力	其中：使用设备能力				
20 吨（95 号、96 号）	座	2	2	万吨/年	0.50	0.34		2008 年		国产
7 吨（90 号、99 号）	座	2	2	万吨/年	0.50	0.16		2010 年		美国
电子束冷床炉（EB）	座	1	1	万吨/年	0.30	0.30	2011 年 1 月	2011 年 5 月		美国 Retech
等离子冷床炉（PAM）	座	1	1	万吨/年	0	0	2011 年 3 月	2011 年 9 月		美国 Retech
二次冶金设备	座	10	10	万吨/年	61	61				
钢包炉（LF）	座	5	5	万吨/年	10	10				
其中：LFV-40（60 号）	座	1	1	万吨/年	10	10		2012 年 11 月		国产
真空氧气脱碳装置（VOD、VAD、VHD）	座	1	1	万吨/年	35	35				
其中：VD/VOD-60（62 号）	座	1	1	万吨/年	35	35		2003 年 11 月		国产
氩氧精炼炉（AOD）	座	4	4	万吨/年	16	16				
其中：AOD-40（73 号）	座	1	1	万吨/年	8	8		2007 年 1 月		国产
AOD-40（74 号）	座	1	1	万吨/年	8	8		2011 年 6 月		国产
炼钢辅助设备		3	3							
钢加工设备										
钢压延加工设备										
钢管轧机	台	30	30		0.40	0.40				
钢管穿孔/挤压设备	台	2	1							
	台	1	1	万吨/年	2	1	2009 年 3 月	2009 年 11 月		德国西马克
冷轧钢管轧机	台	17	17							
其中：LD60	台	2	2				1980 年 4 月	1980 年 8 月		中国、彭浦机械厂
KPW-50VMR	台	1	1				1986 年 3 月	1988 年 6 月		德国、德马克

续表 10-67

设备名称及类型	设备数量			设备能力			设备出厂时间	设备投产时间	设备末次更新改造时间	设备制造国家、公司
	计量单位	安装数	其中：使用数	计量单位	安装设备能力	其中：使用设备能力				
SKW-75VMR	台	1	1				1995年3月	1996年5月		德国、德马克
LG110H 钢管冷轧机	台	3	3				2007年5月	2007年7月		温州永得利机械设备制造有限公司
冷拔钢管机	台	11	11		0.15	0.15				
其中：10吨单链	台	1	1				1964年5月	1964年12月		中国、自制
8吨单链	台	2	2				1965年3月	1965年11月		中国、自制
特种轧机	台	9	9		5	5				
其他压延设备	台	4	4	万吨/年	13	13				
精锻机（注明规格）	台	1	1	万吨/年	3	3				
其中：1300吨精锻机	台	1	1	万吨/年	3	3	1905年6月	2004年10月		德国
快锻机（注明规格）	台	3	3	万吨/年	10	10				
其中：2000吨快锻机	台	1	1	万吨/年	2	2	1905年6月	1905年6月		德国
4000吨快锻机	台	1	1	万吨/年	3	3	1905年6月	2003年12月		德国
6000吨快锻机	台	1	1	万吨/年	5	5	2008年	1905年7月		德国
油压机	台	8	8		2	2				
其中：500吨	台	1	1				80年代初（钢研所搬来）		中国	
800吨	台	1	1					2002年7月		中国
3000吨	台	1	1					1996年4月		中国
8000吨	台	1	1					2003年4月		中国
2000吨	台	1	1					2006年4月		中国

续表 10-67

设备名称及类型	设备数量			设备能力			设备出厂时间	设备投产时间	设备末次更新改造时间	设备制造国家、公司
	计量单位	安装数	其中：使用数	计量单位	安装设备能力	其中：使用设备能力				
6300吨	台	1	1					2008年11月		中国
6000吨	台	2	2					2009年3月		中国

（2）中信泰富特钢集团有限公司专业产品主要生产设备见表10-68。

表10-68 中信泰富特钢集团有限公司专业产品主要生产设备

设备名称及类型	设备数量			设备能力			设备出厂时间	设备投产时间	设备末次更新改造时间	设备制造国家、公司
	计量单位	安装数	其中：使用数	计量单位	安装设备能力	其中：使用设备能力				
江阴兴澄特种钢铁有限公司										
人造块矿设备										
烧结机	台			万吨/年						
铁矿烧结机	台	2	2	万吨/年	751	751				
大烧结	台	1	1	万吨/年	340	340	2008年7月	2009年9月		中国、鞍钢总厂
1号烧结机	台	1	1	万吨/年	411	411	2018年12月	2019年4月		中国、鞍钢重型机械有限责任公司
炼铁及铸铁设备										
高炉	座	3	3	万吨/年	560	560				
1号高炉	座	1	1	万吨/年	128	128	2002年9月	2002年9月	2015年12月	中国冶金设备总公司
2号高炉	座	1	1	万吨/年	142	142	2019年10月	2020年4月		中国、中鼎锐拓
3号高炉	座	1	1	万吨/年	290	290	2008年7月	2009年9月		中国、马钢修建

续表 10-68

设备名称及类型	设备数量			设备能力			设备出厂时间	设备投产时间	设备末次更新改造时间	设备制造国家、公司
	计量单位	安装数	其中：使用数	计量单位	安装设备能力	其中：使用设备能力				
铸铁机	台	2	2	万吨/年	70	70				
1 号、2 号铸铁机	台	2	2	万吨/年	70	70	2004 年 5 月	2004 年 5 月	2009 年 11 月	山观冶金机械厂
炼钢设备										
铁水预处理设备	座	4	4	万吨/年	428	428				
1 号铁水预处理设备	座	1	1	万吨/年	70	70	2005 年 3 月	2005 年 9 月	2005 年 9 月	日本钻石公司
2 号铁水预处理设备	座	1	1	万吨/年	70	70	2008 年 3 月	2008 年 11 月	2008 年 11 月	中钢设备公司
特板炼钢 1 号 KR	座	1	1	万吨/年	144	144	2009 年 1 月	2009 年 7 月		中钢设备公司
特板炼钢 2 号 KR	座	1	1	万吨/年	144	144	2009 年 2 月	2009 年 8 月		中钢设备公司
转炉	座			万吨/年						
顶底复合吹转炉	座	4	4	万吨/年	488	488				
二炼转炉	座	1	1	万吨/年	100	100	2005 年 3 月	2005 年 9 月	2005 年 9 月	中冶京城工程技术有限公司
二炼转炉	座	1	1	万吨/年	100	100	2008 年 7 月	2009 年 2 月	2009 年 2 月	中冶京城工程技术有限公司
特板炼钢 1 号转炉	座	1	1	万吨/年	144	144	2009 年 1 月	2009 年 7 月		中冶京城工程技术有限公司
特板炼钢 2 号转炉	座	1	1	万吨/年	144	144	2009 年 2 月	2009 年 8 月		中冶京城工程技术有限公司
电炉	座			万吨/年						
直流电弧炉	座	3	3	万吨/年	160	160				
一炼单壳电炉	座	1	1	万吨/年	100	100	1996 年 6 月	1997 年 11 月		德国德马格
三炼双壳 1 号电炉	座	1	1	万吨/年	30	30	1986 年 5 月	1987 年 10 月	2003 年 11 月	长春电炉厂
三炼双壳 3 号电炉	座	1	1	万吨/年	30	30	1992 年 3 月	1993 年 11 月	1996 年 6 月	长春电炉厂
二次冶金设备										
钢包炉	座	9	9	万吨/年	878	878				

续表 10-68

设备名称及类型	设备数量			设备能力			设备出厂时间	设备投产时间	设备末次更新改造时间	设备制造国家、公司
	计量单位	安装数	其中：使用数	计量单位	安装设备能力	其中：使用设备能力				
一炼 1 号 LF 炉	座	1	1	万吨/年	100	100	1996 年 6 月	1997 年 11 月		德国德马格
一炼 2 号 LF 炉	座	1	1	万吨/年	100	100	2005 年 6 月	2005 年 9 月		中国二重
二炼 1 号 LF 炉	座	1	1	万吨/年	100	100	2005 年 3 月	2005 年 9 月		中国二重
二炼 2 号 LF 炉	座	1	1	万吨/年	100	100	2006 年 9 月	2007 年 3 月		中国二重
三炼 1 号 LF 炉	座	1	1	万吨/年	30	30	1996 年 4 月	2003 年 6 月		东雄重型电炉公司
特板炼钢 1 号 LF 炉	座	1	1	万吨/年	144	144	2009 年 1 月	2009 年 7 月		长春市兴海电炉有限公司
特板炼钢 2 号 LF 炉	座	1	1	万吨/年	144	144	2009 年 2 月	2009 年 8 月		长春市兴海电炉有限公司
三炼 3 号 LF 炉	座	1	1	万吨/年	30	30	2002 年 12 月	2007 年 9 月		西安华兴
二炼 3 号 F 炉	座	1	1	万吨/年	100	100	2010 年 1 月	2010 年 4 月		中国二重
三炼 2 号 LF 炉	座	1	1	万吨/年	30	30		1993 年 5 月	2005 年 10 月	中国、无锡四方
真空循环脱气装置	座	4	4	万吨/年	468	468				
二炼 1 号 RH 炉	座	1	1	万吨/年	90	90	2005 年 5 月	2006 年 5 月	2006 年 5 月	德国 SMS
特板炼钢 1 号 RH 炉	座	1	1	万吨/年	144	144	2009 年 1 月	2009 年 7 月		西门子奥钢联
特板炼钢 2 号 RH 炉	座	1	1	万吨/年	144	144	2009 年 2 月	2009 年 8 月		西门子奥钢联
二炼 2 号 RH 炉	座	1	1	万吨/年	90	90	2007 年 11 月	2008 年 4 月		中冶京城
真空脱气装置	座	3	3	万吨/年	160	160				
一炼 VD 炉	座	1	1	万吨/年	100	100	1996 年 6 月	1997 年 11 月		德国德马格
三炼 1 号 VD 炉	座	1	1	万吨/年	30	30	1999 年 9 月	1999 年 10 月		无锡四方
三炼 2 号 VD 炉	座	1	1	万吨/年	30	30	2005 年 4 月	2005 年 5 月		西安西重所
钢包吹氩装置	座	3	3	万吨/年	300	300				
一炼 1 号 LF/钢包吹氩 CLP600/602	座	1	1	万吨/年	100	100				意大利

续表 10-68

设备名称及类型	设备数量			设备能力			设备出厂时间	设备投产时间	设备末次更新改造时间	设备制造国家、公司
	计量单位	安装数	其中：使用数	计量单位	安装设备能力	其中：使用设备能力				
一炼 2 号 LF/钢包吹氩 5853S	座	1	1	万吨/年	100	100				美国
一炼一盖两罐 VD 炊氩 10A	座	1	1	万吨/年	100	100				美国
连铸机	台			万吨/年						
方坯连铸机	台	9	9	万吨/年	842	842				
一炼 RH12 连铸机	台	1	1	万吨/年	100	100	1996 年 6 月	1997 年 11 月		德国德马格
二炼 R12 连铸机	台	1	1	万吨/年	100	100	2004 年 5 月	2005 年 6 月		武汉 461 厂
二炼的 16.5 连铸机	台	1	1	万吨/年	100	100	2006 年 5 月	2007 年 3 月		瑞士康卡斯特
二炼 R17 连铸机	台	1	1	万吨/年	50	50	2009 年 2 月	2009 年 5 月	2011 年 11 月	中冶京城
三炼 1 号 R8 连铸机	台	1	1	万吨/年	35	35	2003 年 3 月	2004 年 3 月		武汉船工用机械厂
三炼 3 号 R8 连铸机	台	1	1	万吨/年	35	35	1994 年 5 月	1994 年 9 月		沪东造船厂
特板炼钢 R11 连铸机	台	1	1	万吨/年	153	153	2008 年 2 月	2008 年 5 月		中京工程技术有限公司
特板炼钢 R6.5 连铸机	台	1	1	万吨/年	149	149	2008 年 2 月	2008 年 5 月		达涅利公司
特板炼钢 R12 连铸机	台	1	1	万吨/年	120	120	2013 年 2 月	2013 年 4 月		中京工程技术有限公司
炼钢辅助设备										
制氧机	台	4	4	万立方米/年	62160	62160				
6000 立方米/小时制氧机	台	1	1	万立方米/年	5040	5040	1996 年 10 月	1997 年 7 月		哈尔滨制氧机厂
10000 立方米/小时制氧机	台	1	1	万立方米/年	8400	8400	2001 年 8 月	2002 年 5 月		四川空分设备有限公司
20000 立方米/小时制氧机	台	1	1	万立方米/年	16800	16800	2004 年 5 月	2005 年 6 月		四川空分设备有限公司

续表 10-68

设备名称及类型	设备数量			设备能力			设备出厂时间	设备投产时间	设备末次更新改造时间	设备制造国家、公司
	计量单位	安装数	其中：使用数	计量单位	安装设备能力	其中：使用设备能力				
38000立方米/小时制氧机	台	1	1	万立方米/年	31920	31920	2008年10月	2009年12月		四川空分设备有限公司
钢加工设备										
钢压延加工设备										
大型型钢轧机	套	2	2	万吨/年	165	165				
一轧	套	1	1	万吨/年	85	85	1997年4月	1998年5月	2006年3月	武汉船用机械厂、南京减速机厂
二轧大棒	套	1	1	万吨/年	80	80	2007年5月	2007年10月		成都莱克冶金机械设备有限公司
小型型钢轧机	套	3	3	万吨/年	190	155				
二轧小棒	套	1	1	万吨/年	120	120	1997年4月	1998年5月		武汉船用机械厂、南京减速机厂
三轧一线	套	1	1	万吨/年	35		1985年5月	1989年8月	2005年5月	意大利
三轧二线	套	1	1	万吨/年	35	35	1994年5月	1994年8月	2001年11月	大连重工
线材轧机										
高速线材轧机	套	2	2	万吨/年	75	75				
杨市高线	套	1	1	万吨/年	25	25	2007年6月	2007年6月		西安航鑫机电设备制造有限公司
合金材料	套	1	1	万吨/年	50	50	2013年1月	2013年6月		常熟达涅利
宽厚板轧机	套	1	1	万吨/年	170	170				
宽厚板	套	1	1	万吨/年	170	170	2010年11月	2010年11月		中信重机、意大利达涅利
中厚板轧机	套	1	1	万吨/年	120	120				
中板	套	1	1	万吨/年	120	120	2010年2月	2010年4月		中信重工机械股份有限公司
大冶特钢有限公司										
机械化焦炉	座	2	2	万吨/年	90	90				

续表 10-68

设备名称及类型	设备数量			设备能力			设备出厂时间	设备投产时间	设备末次更新改造时间	设备制造国家、公司
	计量单位	安装数	其中：使用数	计量单位	安装设备能力	其中：使用设备能力				
焦化厂 1 号焦炉	座	1	1	万吨/年	45	45	2007 年 1 月	2007 年 3 月	2021 年 8 月	中国十七冶
焦化厂 2 号焦炉	座	1	1	万吨/年	45	45	2006 年 9 月	2006 年 12 月	2021 年 10 月	中国十七冶
煤气净化处理系统	套	7	7	立方米/小时	181000	181000				
焦化厂煤气风机	套	2	2	立方米/小时	75000	75000	2006 年 6 月	2006 年 12 月	2021 年 10 月	沈阳透平机械股份有限公司
焦化厂横管初冷器	套	3	3	立方米/小时	53000	53000	2006 年 6 月	2006 年 12 月	2021 年 10 月	济南冶金化工设备制造有限公司
焦化厂电捕焦油器	套	2	2	立方米/小时	53000	53000	2006 年 6 月	2006 年 12 月	2021 年 10 月	扬州庆松化工设备有限公司
氨回收设备	套	4	4	吨/年	4800	4800				
焦化厂蒸铵塔	套	2	2	吨/年	2400	2400	2006 年 8 月	2007 年 1 月	2021 年 10 月	武汉富瑞德
焦化厂硫铵饱和塔	套	2	2	吨/年	2400	2400	2006 年 8 月	2007 年 1 月	2021 年 10 月	济南冶金化工设备制造有限公司
苯回收设备	套	4	4	吨/年	15000	15000				
焦化厂终冷塔	套	2	2	吨/年	5000	5000	2006 年 7 月	2007 年 1 月	2021 年 10 月	济南冶金化工厂
焦化厂洗苯塔	套	1	1	吨/年	5000	5000	2006 年 9 月	2007 年 1 月	2021 年 10 月	洪湖化机公司
焦化厂脱苯塔	套	1	1	吨/年	5000	5000	2006 年 6 月	2007 年 1 月	2021 年 10 月	洪湖化机公司
人造块矿设备										
烧结机										
铁矿烧结机	台	2	2	万吨/年	610	610				
265 平方米带式烧结机	台	1	1	万吨/年	350	350	2010 年 2 月	2011 年 5 月 4 日	2021 年 11 月	辽宁省鞍山重型机械厂
220 平方米带式烧结机	台	1	1	万吨/年	260	260	2019 年 8 月	2020 年 8 月 10 日		五冶集团上海有限公司
炼铁及铸铁设备					375	375				
高炉	座	2	2	万吨/年	375	375				

续表 10-68

设备名称及类型	设备数量			设备能力			设备出厂时间	设备投产时间	设备末次更新改造时间	设备制造国家、公司
	计量单位	安装数	其中：使用数	计量单位	安装设备能力	其中：使用设备能力				
1780 立方米高炉	座	1	1	万吨/年	206	206	2010 年 4 月	2011 年 8 月 16 日	2021 年 8 月	中国十七冶
1280 立方米高炉	座	1	1	万吨/年	169	169	2019 年 4 月	2020 年 4 月 25 日		五冶集团上海有限公司
铸铁机	台	3	3	万吨/年	195	175				
1 号铸铁机	台	1	1	万吨/年	70	60	2001 年 1 月	2002 年 1 月	2021 年 8 月	江阴冶金有限公司
2 号铸铁机	台	1	1	万吨/年	70	60	2004 年 1 月	2005 年 7 月	2021 年 8 月	江阴冶金有限公司
3 号铸铁机	台	1	1	万吨/年	55	55	2010 年 1 月	2011 年 1 月	2021 年 8 月	江阴冶金有限公司
炼钢设备					436	426				
转炉										
顶吹转炉	座	2	2	万吨/年	290	290				
转炉厂 1 号转炉	座	1	1	万吨/年	145	145	2011 年 8 月	2012 年 5 月	2021 年 8 月	太原重工股份有限公司
转炉厂 2 号转炉	座	1	1	万吨/年	145	145	2010 年 4 月	2011 年 5 月	2021 年 9 月	太原重工股份有限公司及大连华锐股份有限公司
电炉	座			万吨/年	146	136				
交流电弧炉	座	3	3	万吨/年	76	76				
特冶厂 5 号电炉 EBT	座	1	1	万吨/年	6	6	2001 年 12 月	2002 年 3 月	2021 年 8 月	自制设备
电炉厂 7 号电炉 AC EAF	座	1	1	万吨/年	70	70	1984 年 1 月	1985 年 5 月	2021 年 12 月	西安电炉研究所
直流电弧炉	座	1	1	万吨/年	70	60				
电炉厂 8 号电炉 DC EAF	座	1	1	万吨/年	70	60	1998 年 2 月	1999 年 6 月	2021 年 11 月	瑞典 ABB 制造公司
感应炉	座	7	7	万吨/年	3.02	3.02				
51 号感应炉 特冶厂 1 吨感应炉	座	1	1	万吨/年	0.02	0.02	2015 年 12 月	2016 年 10 月	2021 年 11 月	襄阳大展机电设备厂

续表 10-68

设备名称及类型	设备数量			设备能力			设备出厂时间	设备投产时间	设备末次更新改造时间	设备制造国家、公司
	计量单位	安装数	其中：使用数	计量单位	安装设备能力	其中：使用设备能力				
52 号感应炉 特冶厂中频感应炉	座	1	1	万吨/年	2.00	2.00	2004 年 12 月	2005 年 2 月	2021 年 12 月	上海应达公司
53 号感应炉 特冶厂 3 吨感应炉	座	1	1	万吨/年	0.06	0.06	2015 年 12 月	2016 年 10 月	2021 年 11 月	苏州振吴电炉厂
54 号感应炉 特冶厂 20 吨感应炉	座	1	1	万吨/年	0.40	0.40	2018 年 2 月	2018 年 12 月	2021 年 10 月	苏州振吴电炉厂
56 号真空感应炉	座	1	1	万吨/年	0.25	0.25	2009 年 8 月	2010 年 11 月	2021 年 12 月	美国 CONSARC 公司
57 号真空感应炉	座	1	1	万吨/年	0.25	0.25	2019 年 5 月	2020 年 5 月		美国 CONSARC 公司
58 号真空感应炉	座	1	1	万吨/年	0.04	0.04	2020 年 5 月	2021 年 5 月		苏州振吴电炉厂
真空自耗炉	座	4	4	万吨/年	0.8	0.8				
41 号真空自耗炉	座	1	1	万吨/年	0.15	0.15	2009 年 1 月	2010 年 12 月	2021 年 8 月	奥地利 INTECO
42 号真空自耗炉	座	1	1	万吨/年	0.25	0.25	2019 年 1 月	2020 年 5 月		美国 CONSARC
43 号真空自耗炉	座	1	1	万吨/年	0.25	0.25	2020 年 1 月	2021 年 5 月		美国 CONSARC
44 号真空自耗炉	座	1	1	万吨/年	0.15	0.15	2020 年 1 月	2021 年 5 月		美国 CONSARC
电渣重熔炉	座	30	30	万吨/年	10.234	10.234				
11 号、14 号、19 号电渣炉	座	3	3	万吨/年	0.612	0.612	1964 年/1968 年/1991 年	1964 年/1968 年/1991 年	2021 年 10 月	自制设备
12 号、13 号、15 号、16 号、17 号、20 号、21 号电渣炉	座	7	7	万吨/年	2	2.1	1971 年/1988 年/2004 年	1971 年/1988 年/2004 年	2021 年 10 月	自制设备
18 号、22 号电渣炉	座	2	2	万吨/年	0.72	0.72	1967 年/2005 年	1967 年/2005 年	2021 年 10 月	自制设备
23 号气体保护电渣炉	座	1	1	万吨/年	0.312	0.312	2008 年 1 月	2008 年 5 月	2021 年 11 月	奥地利 INTECO 公司、沈阳中大乌冶金技术工程有限公司
24 号、25 号电渣炉	座	2	2	万吨/年	0.72	0.72	2008 年 12 月	2009 年 12 月	2021 年 12 月	西安广大电炉厂

续表 10-68

设备名称及类型	设备数量			设备能力			设备出厂时间	设备投产时间	设备末次更新改造时间	设备制造国家、公司
	计量单位	安装数	其中：使用数	计量单位	安装设备能力	其中：使用设备能力				
26号、27号、28号、29号、32号、34号、35号气体保护电渣炉	座	7	7	万吨/年	2.52	2.52	2011年/2018年/2020年	2011年/2018年/2020年	2021年12月	上海应达公司
10号、31号、36号、37号气体保护电渣炉	座	4	4	万吨/年	1.6	1.6	2017年/2019年/2020年	2017年/2019年/2020年	2021年11月	辽宁辽重公司
30号气体保护电渣炉	座	1	1	万吨/年	0.5	0.5	2018年5月	2018年12月	2021年12月	奥地利INTECO公司
33号气体保护电渣炉	座	1	1	万吨/年	0.43	0.43	2020年11月	2021年2月		上海应达
38号、39号气体保护电渣炉	座	2	2	万吨/年	0.72	0.72	2020年9月	2021年9月		辽宁重型机械厂
二次冶金设备					1008.8	1008.8				
钢包炉	座	10	10	万吨/年	616.8	616.8				
特冶厂1号LF炉	座	1	1	万吨/年	6	6	2012年1月	2013年7月	2021年11月	自制设备
特冶厂2号LF炉	座	1	1	万吨/年	6	6	1997年1月	1998年10月	2021年9月	自制设备
特冶厂AOD炉	座	1	1	万吨/年	4.8	4.8	2011年2月	2012年5月	2021年10月	上海绿地建设设计研究院
电炉厂1号LF炉	座	1	1	万吨/年	40	40.00	1984年1月	1985年11月	2021年12月	西安电炉研究所
电炉厂2号LF炉	座	1	1	万吨/年	40	40	1993年2月	1994年12月	2021年11月	达涅利DANIELI公司
电炉厂3号LF炉	座	1	1	万吨/年	40	40	2006年2月	2007年5月	2021年11月	鞍山热能院
转炉厂双工位1号LF炉	座	1	1	万吨/年	120	120	2010年4月	2011年5月	2021年8月	中钢集团鞍山热能研究院有限公司
转炉厂双工位2号LF炉	座	1	1	万吨/年	120	120	2010年4月	2011年5月	2021年9月	中钢集团鞍山热能研究院有限公司
转炉厂双工位3号LF炉	座	1	1	万吨/年	120	120	2017年5月	2018年11月	2021年9月	中钢集团鞍山热能研究院有限公司

续表 10-68

设备名称及类型	设备数量			设备能力			设备出厂时间	设备投产时间	设备末次更新改造时间	设备制造国家、公司
	计量单位	安装数	其中：使用数	计量单位	安装设备能力	其中：使用设备能力				
转炉厂双工位 4 号 LF 炉	座	1	1	万吨/年	120	120	2012 年 8 月	2013 年 8 月	2021 年 8 月	中钢集团鞍山热能研究院有限公司
真空循环脱气装置	座	3	3	万吨/年	332	332				
电炉厂 RH-80 真空脱气炉	座	1	1	万吨/年	92	92	2002 年 5 月	2003 年 8 月	2021 年 12 月	日本大同（中冶京城）
转炉厂三车五位 1 号 RH 真空炉	座	1	1	万吨/年	120	120	2010 年 4 月	2011 年 5 月	2021 年 8 月	中冶京诚工程技术有限公司
转炉厂三车五位 2 号 RH 真空炉	座	1	1	万吨/年	120	120	2013 年 7 月	2014 年 10 月	2021 年 9 月	中冶京诚工程技术有限公司
真空脱气装置	座	1	1	万吨/年	60	60				
电炉厂 VD 炉	座	1	1	万吨/年	60	60	1993 年 8 月	1994 年 12 月	2021 年 12 月	达涅利 DANIELI 公司
连铸机	台	6	6	万吨/年	455	455				
方坯连铸机	台	6	6	万吨/年	255	255				
电炉厂 1 号连铸机	台	1	1	万吨/年	25	25	1987 年 2 月	1988 年 10 月	2021 年 11 月	克虏伯公司
电炉厂 2 号连铸机	台	1	1	万吨/年	25	25	2000 年 2 月	2001 年 3 月	2021 年 11 月	武汉大西洋公司
电炉厂 3 号连铸机	台	1	1	万吨/年	40	40	2008 年 9 月	2009 年 2 月	2021 年 12 月	中冶京诚工程技术有限公司
转炉厂 1 号连铸机	台	1	1	万吨/年	55	55	2010 年 4 月	2011 年 5 月	2021 年 8 月	中信泰富工程技术有限公司
转炉厂 2 号连铸机	台	1	1	万吨/年	55	55	2010 年 4 月	2011 年 11 月	2021 年 9 月	中信泰富工程技术有限公司
转炉厂 3 号连铸机	台	1	1	万吨/年	55	55	2016 年 3 月	2017 年 9 月	2021 年 9 月	中冶京诚工程技术有限公司
圆坯连铸机	台			万吨/年	200	200				
电炉厂 1 号连铸机	台			万吨/年	25	25	1987 年 2 月	1988 年 10 月	2021 年 11 月	克虏伯公司

续表 10-68

设备名称及类型	设备数量			设备能力			设备出厂时间	设备投产时间	设备末次更新改造时间	设备制造国家、公司
	计量单位	安装数	其中：使用数	计量单位	安装设备能力	其中：使用设备能力				
电炉厂 2 号连铸机	台			万吨/年	20	20	2000 年 2 月	2001 年 3 月	2021 年 11 月	武汉大西洋公司
电炉厂 3 号连铸机	台			万吨/年	20	20	2008 年 9 月	2009 年 2 月	2021 年 12 月	中冶京诚工程技术有限公司
转炉厂 1 号连铸机	台			万吨/年	45	45	2010 年 4 月	2011 年 5 月	2021 年 8 月	中信泰富工程技术有限公司
转炉厂 2 号连铸机	台			万吨/年	45	45	2010 年 4 月	2011 年 11 月	2021 年 9 月	中信泰富工程技术有限公司
转炉厂 3 号连铸机	台			万吨/年	45	45	2016 年 3 月	2017 年 9 月	2021 年 9 月	中冶京诚工程技术有限公司
炼钢辅助设备										
制氧机	台	3	2	万立方米/年	43800	35040				
新 20000 制氧机	台	1	1	万立方米/年	17520	17520	2019 年 1 月	2020 年 9 月		杭氧集团透平机械有限公司
20000 制氧机	台	1	1	万立方米/年	17520	17520	2010 年 5 月	2011 年 8 月	2021 年 10 月	杭州杭氧集团
10000 制氧机	台	1	0	万立方米/年	8760		2003 年 11 月	2003 年 11 月	2020 年 9 月已停用	杭州杭氧集团
钢加工设备					358	358				
钢压延加工设备										
初轧开坯设备										
初轧机	套	1	1	万吨/年	85	85				
大棒 1350 轧机	套	1	1	万吨/年	85	85	2021 年 1 月	2021 年 10 月		中冶赛迪

续表 10-68

设备名称及类型	设备数量			设备能力			设备出厂时间	设备投产时间	设备末次更新改造时间	设备制造国家、公司
	计量单位	安装数	其中：使用数	计量单位	安装设备能力	其中：使用设备能力				
附：钢坯连轧机	套	5	5	万吨/年	248	248				
大棒 750 轧机	套	1	1	万吨/年	50	50	2004 年 1 月	2005 年 10 月	2021 年 8 月	苏州冶金机械厂
新中棒线轧机	套	1	1	万吨/年	90	90	2014 年 1 月	2015 年 8 月	2021 年 10 月	常熟达涅利冶金设备有限公司
中棒 500 半连轧机	套	1	1	万吨/年	18	18	2001 年 2 月	2002 年 9 月	2021 年 12 月	北钢院及中冶京诚
小棒 650 连轧机	套	1	1	万吨/年	40	40	1997 年/2002 年/2003 年	1997 年/2002 年/2003 年	2021 年 9 月	POMINI 及苏州冶金公司
新扁棒线轧机	套	1	1	万吨/年	50	50	2020 年 2 月	2021 年 2 月		常熟达涅利冶金设备有限公司
钢管轧机										
热轧无缝钢管轧机（机组）	台	4	4	万吨/年	84	84				
170 钢管厂 170 机组	台	1	1	万吨/年	25	25	1990 年 1 月	1992 年 2 月	2021 年 8 月	
170 钢管厂 108 机组	台	1	1	万吨/年	6	6	1985 年 1 月	1987 年 4 月	2021 年 9 月	
460 钢管厂 460 机组	台	1	1	万吨/年	30	30	2007 年 1 月	2009 年 3 月	2021 年 10 月	
219 钢管厂 219 机组	台	1	1	万吨/年	22	22	2007 年 1 月	2009 年 12 月	2021 年 11 月	
旋压钢管机	台	1	1	万吨/年	1	1	1966 年 2 月	1968 年 1 月	2021 年 12 月	自制设备
拉拔机	台	1	1	万吨/年	1.2	1.2	2019 年 8 月	2020 年 8 月		江阴圆方
其他压延设备										
锻锤	台	6	6	台	16.2	16.2				
8 兆牛快锻（开坯）	台	1	1	万吨/年	0.96	0.96	1992 年 10 月	1994 年 11 月	2021 年 9 月	兰石重工

续表 10-68

设备名称及类型	设备数量			设备能力			设备出厂时间	设备投产时间	设备末次更新改造时间	设备制造国家、公司
	计量单位	安装数	其中：使用数	计量单位	安装设备能力	其中：使用设备能力				
30 兆牛快锻（开坯）	台	1	1	万吨/年	0.42	0.42	2006 年 11 月	2007 年 6 月	2021 年 10 月	德国杜伊斯堡
16 兆牛精锻机	台	1	1	万吨/年	5.4	5.4	2010 年 2 月	2011 年 12 月	2021 年 7 月	德国 MEER
20 兆牛快锻	台	1	1	万吨/年	2.52	2.52	2009 年 10 月	2010 年 9 月	2021 年 11 月	兰石重工
45 兆牛快锻	台	1	1	万吨/年	4.68	4.68	2010 年 2 月	2011 年 5 月	2021 年 9 月	兰石重工
60 兆牛快锻	台	1	1	万吨/年	3.6	3.6	2019 年 2 月	2020 年 11 月		德国 SMS
钢加工辅助设备										
钢材热处理设备	套	41	41	万吨/年	10	10				
3 号辊底式真空连续退火炉	套	1	1	万吨/年	1.44	1.44	2008 年 2 月	2010 年 9 月	2021 年 8 月	浙江金舟
4 号辊底式连续退火炉	套	1	1	万吨/年	1.44	1.44	2008 年 3 月	2010 年 8 月	2021 年 8 月	浙江金舟
20 吨保护气氛退火炉	套	1	1	万吨/年	7.12	7.12	2016 年 12 月	2017 年 1 月	2021 年 12 月	浙江金舟
1 号银亮线剥皮机	套	1	1	万吨/年	1.2	1.2	2005 年 2 月	2006 年 1 月	2021 年 10 月	美国汉川
2 号银亮线剥皮机	套	1	1	万吨/年	1.2	1.2	2003 年 2 月	2004 年 1 月	2021 年 11 月	美国汉川
3 号银亮线剥皮机	套	1	1	万吨/年	1.2	1.2	2017 年 2 月	2018 年 5 月	2021 年 12 月	德国凯瑟琳
银亮线 1 号精矫抛光机	套	1	1	万吨/年	1.2	1.2	2005 年 1 月	2006 年 3 月	2021 年 10 月	美国汉川
银亮线 2 号精矫抛光机	套	1	1	万吨/年	1.2	1.2	2003 年 1 月	2004 年 6 月	2021 年 10 月	美国汉川
银亮磨光线	套	7	7	万吨/年	1.2	1.2	2007 年 1 月	2008 年 4 月	2021 年 7 月	无锡南元机床厂
调质大线	套	1	1	万吨/年	2.2	2.2	2011 年 1 月	2012 年 5 月	2021 年 10 月	西安博大
调质小线	套	1	1	万吨/年	1	1	2011 年 1 月	2012 年 6 月	2021 年 10 月	西安博大
超声自动探伤机	套	2	2	万吨/年	3	3	2012 年 1 月	2013 年 6 月	2021 年 10 月	钢研纳克
涡流超声自动探伤线	套	1	1	万吨/年	2	2	2015 年 1 月	2016 年 8 月	2021 年 9 月	钢研纳克
两辊、九辊、十一辊矫直机	套	5	5	万吨/年	4	4	1987 年/2013 年	1987 年/2013 年	2021 年 8 月	西重所

续表 10-68

设备名称及类型	设备数量			设备能力			设备出厂时间	设备投产时间	设备末次更新改造时间	设备制造国家、公司
	计量单位	安装数	其中：使用数	计量单位	安装设备能力	其中：使用设备能力				
1 号砂带磨	套	1	1	万吨/年	1.2	1.2	2006 年 1 月	2006 年 10 月	2021 年 10 月	美国汉川
2 号砂带磨	套	1	1	万吨/年	1.2	1.2	2004 年 1 月	2004 年 11 月	2021 年 11 月	美国汉川
3 号砂带磨	套	1	1	万吨/年	1.2	1.2	2017 年 12 月	2018 年 9 月	2021 年 12 月	美国汉川
无心磨床 1	套	1	1	万吨/年	5	5	1986 年 5 月	1987 年 1 月	2021 年 5 月	浙江海宁机床厂
无心磨床 2	套	1	1	万吨/年	1.5	1.5	2011 年 10 月	2012 年 10 月	2021 年 10 月	江阴东辰
钢管热处理设备 1 号辊底式退火炉	套	1	1	万吨/年	4.5	4.5	1992 年 1 月	1992 年 8 月	2021 年 8 月	杨治
钢管热处理设备 2 号辊底式退火炉	套	1	1	万吨/年	4.5	4.5	1992 年 1 月	1992 年 7 月	2021 年 10 月	杨治
钢管热处理设备 3 号辊底式退火炉	套	1	1	万吨/年	5	5	2012 年 1 月	2012 年 10 月	2021 年 10 月	天津洛伊
钢管热处理设备 170 淬火机	套	1	1	万吨/年	7	7	2008 年 1 月	2008 年 8 月	2021 年 9 月	西重所
钢管热处理设备 325 淬火机	套	1	1	万吨/年	5	5	2011 年 10 月	2012 年 6 月	2021 年 6 月	中冶京城
钢管热处理设备 460 淬火机	套	1	1	万吨/年	8	8	2011 年 1 月	2011 年 8 月	2021 年 9 月	中冶京城
钢管热处理设备 325 步进式回火炉	套	1	1	万吨/年	5	5	2011 年 1 月	2012 年 10 月	2021 年 9 月	天津洛伊
钢管热处理设备 460 步进式回火炉	套	1	1	万吨/年	5	5	2015 年 1 月	2016 年 7 月	2021 年 6 月	北京凤凰
钢管热处理设备 508 正火炉	套	1	1	万吨/年	7.2	7.2	2017 年 1 月	2018 年 8 月	2021 年 10 月	北京凤凰
钢管热处理设备燃气台车炉	套	1	1	万吨/年	2	2	2010 年 1 月	2011 年 5 月	2021 年 10 月	黄冈市华窑中洲窑炉有限公司
钢管热处理设备电阻台车炉	套	1	1	万吨/年	1.5	1.5	2010 年 1 月	2011 年 5 月	2021 年 10 月	丹阳市江南工业炉有限公司
钢管热处理设备电阻台车炉	套	1	1	万吨/年	1.5	1.5	2010 年 1 月	2011 年 5 月	2021 年 10 月	丹阳市江南工业炉有限公司
青岛特殊钢铁有限公司										
人造块矿设备										
烧结机	台	3	3	万吨/年	704.8	704.8				
铁矿烧结机	台	3	3	万吨/年	704.8	704.8	2014 年 10 月	2015 年 11 月		马鞍山钢铁股份有限公司重型机械设备制造公司

续表 10-68

设备名称及类型	设备数量			设备能力			设备出厂时间	设备投产时间	设备末次更新改造时间	设备制造国家、公司
	计量单位	安装数	其中：使用数	计量单位	安装设备能力	其中：使用设备能力				
1号烧结机	台	1	1	万吨/年	231.9	231.9	2014年10月	2015年11月		马鞍山钢铁股份有限公司重型机械设备制造公司
2号烧结机	台	1	1	万吨/年	231.9	231.9	2014年10月	2015年11月		马鞍山钢铁股份有限公司重型机械设备制造公司
3号烧结机	台	1	1	万吨/年	241	241	2020年12月			鞍钢重型机械有限责任公司
炼铁及铸铁设备										
高炉	座	3	3	万吨/年	417	417				
1号高炉	座	1	1	万吨/年	161	161	2014年12月	2015年11月		中冶赛迪工程技术股份有限公司
2号高炉	座	1	1	万吨/年	161	161	2014年12月	2016年10月		中冶赛迪工程技术股份有限公司
3号高炉	座	1	1	万吨/年	95	95	2020年12月			中冶京诚工程技术有限公司
炼钢设备										
转炉	座	4	4	万吨/年	427.36	427.36				
顶底复合吹转炉	座	4	4	万吨/年	427.36	427.36				
1号转炉	座	1	1	万吨/年	106.84	106.84	2014年12月	2015年11月		太原重工股份有限公司
2号转炉	座	1	1	万吨/年	106.84	106.84	2014年12月	2015年11月		太原重工股份有限公司
3号转炉	座	1	1	万吨/年	106.84	106.84	2014年12月	2015年11月		太原重工股份有限公司
4号转炉	座	1	1	万吨/年	106.84	106.84				中冶京诚工程技术有限公司
连铸机	台	6	6	万吨/年	615.51	615.51				
方坯连铸机	台	5	5	万吨/年	515.51	515.51				
1号连铸机	台	1	1	万吨/年	104.17	104.17	2014年10月	2015年11月		中国重型机械研究所有限公司
2号连铸机	台	1	1	万吨/年	104.17	104.17	2014年10月	2015年11月		中国重型机械研究院有限公司

续表 10-68

设备名称及类型	设备数量			设备能力			设备出厂时间	设备投产时间	设备末次更新改造时间	设备制造国家、公司
	计量单位	安装数	其中：使用数	计量单位	安装设备能力	其中：使用设备能力				
3 号连铸机	台	1	1	万吨/年	104.17	104.17	2014 年 10 月	2015 年 11 月		中国重型机械研究院有限公司
5 号连铸机	台	1	1	万吨/年	100	100	2014 年 10 月	2015 年 11 月		中冶南方连铸技术工程有限公司
6 号连铸机	台	1	1	万吨/年	103	103				中冶京诚工程技术有限公司
其他连铸机										
方圆连铸机	台	1	1	万吨/年	100	100	2018 年 9 月			中冶京诚工程技术有限公司
钢加工设备										
小型型钢轧机	套	2	2	万吨/年	130	130				
扁钢小型型钢轧机	套	1	1	万吨/年	60	60	2015 年 1 月	2015 年 4 月		大连华锐重工集团有限公司减速机厂
圆钢小型型钢轧机	套	1	1	万吨/年	70	70	2015 年 6 月	2015 年 12 月		西马克梅尔工程（中国）有限公司
线材轧机	套	6	6	万吨/年	330	330				
高速线材轧机			6	万吨/年	330	330				
第一高速线材厂	套	1	1	万吨/年	70	70	2014 年 10 月	2015 年 7 月		美国摩根工程公司
第二高速线材厂	套	1	1	万吨/年	50	50	2014 年 9 月	2015 年 3 月		意大利达涅利冶金设备公司
第三高速线材厂	套	1	1	万吨/年	50	50	2014 年 9 月	2015 年 10 月		意大利达涅利冶金设备公司
第四高速线材厂	套	1	1	万吨/年	60	60	2009 年 10 月	2011 年 5 月	2016 年 5 月	美国摩根工程公司
第五高速线材厂	套	1	1	万吨/年	50	50				意大利达涅利冶金设备公司
第六高速线材厂	套	1	1	万吨/年	50	50				意大利达涅利冶金设备公司
洗煤、炼焦、煤气及煤化工产品生产设备										
机械化焦炉	座	2	2	万吨/年	160	160				

续表 10-68

设备名称及类型	设备数量			设备能力			设备出厂时间	设备投产时间	设备末次更新改造时间	设备制造国家、公司
	计量单位	安装数	其中：使用数	计量单位	安装设备能力	其中：使用设备能力				
1 号焦炉	座	1	1	万吨/年	80	80	2015 年 3 月	2015 年 6 月		太原重工股份有限公司
2 号焦炉	座	1	1	万吨/年	80	80	2015 年 3 月	2016 年 3 月		太原重工股份有限公司

（3）太原钢铁（集团）有限公司专业产品主要生产设备见表 10-69。

表 10-69 太原钢铁（集团）有限公司专业产品主要生产设备

设备名称及类型	设备数量			设备能力			设备出厂时间	设备投产时间	设备末次更新改造时间	设备制造国家、公司
	计量单位	安装数	其中：使用数	计量单位	安装设备能力	其中：使用设备能力				
黑色金属矿、非金属矿采选及煅烧专业设备										
采矿设备										
潜孔钻机	台	4	4	米/年	190000	170000				
ROCL6 潜孔钻机	台	2	2	米/年	156000	136000	2005 年 12 月	2006 年 7 月		瑞典阿特拉斯科普柯岩石钻机公司
CS165D 潜孔钻机	台	1	1	米/年	16000	16000	2008 年 8 月	2008 年 12 月		湖南有色重型机器有限责任公司
SWDE165 潜孔钻机	台	1	1	米/年	18000	18000	2016 年 11 月	2016 年 11 月		山河智能装备股份有限公司
牙轮钻机	台	11	11	米/年	552000	552000				
KY250D	台	4	4	米/年	160000	160000	2005~2010 年	2005~2010 年		中国江西采矿机械厂
KY310A	台	7	7	米/年	392000	392000	2005 年 6 月	2006 年 2 月		中国江西南昌凯
电铲	台	10	9	万吨/年	4700	4080				

续表 10-69

设备名称及类型	设备数量			设备能力			设备出厂时间	设备投产时间	设备末次更新改造时间	设备制造国家、公司
	计量单位	安装数	其中：使用数	计量单位	安装设备能力	其中：使用设备能力				
WK-4B	台	1	1	万吨/年	200	200	2015 年	2015 年		中国太原重型机器厂
WK-10B	台	9	8	万吨/年	4500	3880	2006 年 2 月	2006 年 4 月		中国太原重型机器厂
柴油铲	台	7	1	万吨/年	504	72				
小松挖机 PC450-7	台	7	1	万吨/年	504	72	2008 年 1 月	2008 年 12 月		小松（常州）工程机械有限公司
液压铲	台	11	11	万吨/年	2434	2434				
PC400-6	台	2	2	万吨/年	456	456	2005 年 1 月	2006 年 7 月		日本小松（常州）工程机械有限公司
PC360-7	台	1	1	万吨/年	180	180	2005 年 1 月	2005 年 12 月		日本小松（常州）工程机械有限公司
345CLFS	台	1	1	万吨/年	150	150	2007 年	2007 年		卡特彼勒
PC300-7	台	1	1	万吨/年	120	120	2008 年 5 月	2008 年 5 月		小松（中国）投资有限公司
PC400-7	台	2	2	万吨/年	100	100	2001 年 4 月	2011 年 12 月		常州小松
液压挖掘机 2 立方米	台	1	1	万吨/年	228	228	2011 年 4 月	2011 年 12 月		常州小松
EX1200-6LD 液压挖掘机	台	1	1	万吨/年	400	400	2011 年 3 月	2011 年 8 月		日立建机
PC1250-7	台	2	2	万吨/年	800	800	2005 年 12 月	2005 年 12 月		日本小松
载重汽车	辆	38	36	载重/吨	3245	3155				
TR60 运矿大车	辆	5	5	载重/吨	275	275	2011 年 10 月	2011 年 10 月		中国包头北方重汽
别拉斯 75131	辆	18	18	载重/吨	2340	2340	2007 年 5 月	2007 年 10 月		白俄罗斯汽车制造厂
斯太尔、豪泺运矿车	辆	9	9	载重/吨	360	360	2003~2012 年	2003~2012 年		济南重汽
特雷克斯 TR50	辆	6	4	载重/吨	270	180	2011 年 8 月	2011 年 12 月		内蒙古包头重型汽车股份公司
皮带运输机	台	33	33	万吨/年	21783.8	21783.8				

续表 10-69

设备名称及类型	设备数量			设备能力			设备出厂时间	设备投产时间	设备末次更新改造时间	设备制造国家、公司
	计量单位	安装数	其中：使用数	计量单位	安装设备能力	其中：使用设备能力				
胶带运输机	台	5	5	万吨/年	13500	13500	2012年3月	2012年3月		北方重工
DT Ⅱ B1400×102 皮带机	台	1	1	万吨/年	605	605	2006年3月	2006年9月		中日合资山西三岛输送机械有限公司
DT Ⅱ B1000×380、222 皮带机	台	11	11	万吨/年	6655	6655	2006年3月~2013年4月	2006年9月~2013年4月		中日合资山西三岛输送机械有限公司
DT Ⅱ B800 皮带机	台	4	4	万吨/年	480	480	2006年3月	2006年9月		中日合资山西三岛输送机械有限公司
DT Ⅱ B650×7.25 皮带机	台	1	1	万吨/年	26	26	2006年3月	2006年9月		中日合资山西三岛输送机械有限公司
管式胶带运输机	台	1	1	万吨/年	172.8	172.8	2006年8月	2006年8月		（德国科赫输送技术公司设计）中国交通建设集团公司承建
DTIIB1000×96/105 皮带机	台	10	10	万吨/年	345	345	2012年10月	2013年3月		杭州博宇机械有限公司
推土机	台	17	14	立方米/班	50364	38164				
T320	台	5	3	立方米/班	500	300	2001~2006年	2001~2006年		山东山推工程机械股份有限公司
T410	台	4	4	立方米/班	1224	1224	2008~2009年	2008~2009年		上海彭浦机器厂
TL210 轮式推土机	台	2	1	立方米/班	24000	12000	2003~2008年	2003~2008年		郑州工程机械公司
PD220Y-2 履带式推土机	台	2	2	立方米/班	440	440	2005年11月	2006年7月		上海澎浦机器厂
TL210B 轮式推土机	台	2	2	立方米/班	24000	24000	2006~2008年	2006~2008年		郑州宇通
SD22 推土机	台	1	1	立方米/班	100	100	2005~2007年	2005~2007年		山东推土机总厂
TG140 履带式推土机	台	1	1	立方米/班	100	100	2004年8月	2004年12月		宣化工程机械厂
装载机	台	1	1	万吨/年	8	8				

续表 10-69

设备名称及类型	设备数量			设备能力			设备出厂时间	设备投产时间	设备末次更新改造时间	设备制造国家、公司
	计量单位	安装数	其中：使用数	计量单位	安装设备能力	其中：使用设备能力				
LW820G 轮式装载机	台	1	1	万吨/年	8	8	2008 年 11 月	2008 年 11 月		徐州工程机械科技股份有限公司
选矿、洗矿设备										
破碎机										
粗破碎机	台	7	7	万吨/年	3930	3930				
PX-1200/180	台	1	1	万吨/年	110	110	1970 年	1970 年		中国沈阳重型机械厂
PE-900×1200	台	1	1	万吨/年	110	110	2006 年 1 月	2006 年 12 月		中国上海建设路桥机械设备有限公司
颚式破碎机 CT60×80	台	2	2	万吨/年	110	110	2011 年 11 月	2012 年 12 月		上海杰弗朗
颚式颚破机 C200	台	2	2	万吨/年	900	900	2009 年	2014 年		芬兰美卓
半固定破碎机	台	1	1	万吨/年	2700	2700	2012 年 3 月	2012 年 3 月		蒂森克虏伯散料技术设备有限公司
中破碎机	台	7	7	万吨/年	2288	1809				
中碎圆锥破碎机 H8800	台	2	2	万吨/年	650	650	2003 年 7 月	2003 年 9 月		瑞典山特维克公司
中破碎机 HP500	台	2	2	万吨/年	750	600	2003~2006 年	2003~2006 年		美卓矿山机械厂
MMD850 齿辊破碎机	台	1	1	万吨/年	605	349	2005 年 11 月	2006 年 9 月		英国 MMD 矿物筛分破碎有限公司
MMD500 齿辊破碎机	台	2	2	万吨/年	283	210	2005 年 11 月	2006 年 9 月		英国 MMD 矿物筛分破碎（亚洲）有限公司
细破碎机	台	14	14	万吨/年	2298	2198				
细碎圆锥破碎机 H8800	台	2	2	万吨/年	400	400	2006 年 7 月	2006 年 12 月		瑞典山特维克公司

续表 10-69

设备名称及类型	设备数量			设备能力			设备出厂时间	设备投产时间	设备末次更新改造时间	设备制造国家、公司
	计量单位	安装数	其中：使用数	计量单位	安装设备能力	其中：使用设备能力				
细碎短头圆锥破碎机 HP500	台	7	7	万吨/年	350	250	2001~2012 年	2001~2012 年		美卓矿山机械厂
诺德伯格 GP200S 圆锥破碎机	台	1	1	万吨/年	300	300	2007 年	2008 年		中国沈阳重型机械厂
KB63-90 破碎机	台	1	1	万吨/年	600	600	2011 年 10 月	2012 年 7 月		德国蒂森克虏伯散料技术设备贸易（北京）有限公司
破碎机（1~3 号）	台	3	3	万吨/年	648	648	2012 年 1 月	2013 年 3 月		北京英迈特矿山机械有限公司
磨矿机										
一次球磨机	台	13	11	万吨/年	1180	990				
湿式格子型 QG3600×4500	台	2	2	万吨/年	240	240	2001 年	2001 年 12 月		中国沈阳重型机械厂
YZ 系列 3600×6000	台	2	2	万吨/年	160	160	2006 年 6 月	2007 年 1 月		中国中信重工公司
MQY-3200/4500	台	7	6	万吨/年	560	480	1976 年	1976 年		中国沈阳重型机械厂
QS-3200×3500	台	2	1	万吨/年	220	110	1990 年	1991 年		衡阳有色冶金机械厂
二次球磨机	台	6	6	万吨/年	270	270				
YZ 系列 3600×6000	台	2	2	万吨/年	150	150	2006 年 6 月	2006 年 6 月		中国河南中信重型公司
溢流型 MQY3600×4500	台	4	4	万吨/年	120	120	2001 年	2001 年 12 月		中国沈阳重型机械厂
三次球磨机	台	18	17	万吨/年	2863. 2	2800. 2				
YZ 系列 3600×4500	台	2	2	万吨/年	120	120	2006 年 6 月	2007 年 1 月		中国沈阳重型机械厂
溢流型 MQY3200×4500	台	4	4	万吨/年	100	100	1993~2001 年	1993~2001 年		中国沈阳重型机械厂
球磨机 φ5. 03×6. 4	台	1	0	万吨/年	36	0	2008 年 6 月	2008 年 12 月		中信重工机械股份有限公司
球磨机 φ4. 27×6. 1	台	2	2	万吨/年	20. 2	20. 2	2008 年 6 月	2008 年 12 月		中信重工机械股份有限公司
φ10. 37 米×5. 49 米球磨机	台	3	3	万吨/年	926	920	2010 年 12 月	2012 年 8 月		芬兰美卓矿机（天津）国际贸易有限公司

续表 10-69

设备名称及类型	设备数量			设备能力			设备出厂时间	设备投产时间	设备末次更新改造时间	设备制造国家、公司
	计量单位	安装数	其中：使用数	计量单位	安装设备能力	其中：使用设备能力				
ϕ7.32 米×12.5 米球磨机	台	3	3	万吨/年	926	920	2010 年 6 月	2012 年 5 月		中国中信重工机械股份有限公司
ϕ7.32 米×11.28 米球磨机	台	3	3	万吨/年	735	720	2010 年 6 月	2012 年 8 月		中国中信重工机械股份有限公司
分级机	台	4	4	万吨/年	315	315				
螺旋分级机	台	4	4	万吨/年	315	315	2001 年 12 月	2001 年 12 月		中国沈阳重型机械厂
振动筛	台	14	11	万吨/年	2876	2870				
YKR1848 单层振动筛	台	1	1	万吨/年	406	406	2006 年 8 月	2006 年 9 月		南昌矿山机械有限公司
DHG24/70/82.3/Ⅱ振动筛	台	1	1	万吨/年	406	406	2005 年 11 月	2006 年 9 月		英国 MMD 矿物筛分破碎（亚洲）有限公司
DHG21/60/71.5/Ⅱ振动筛	台	1	1	万吨/年	311	311	2005 年 11 月	2006 年 9 月		英国 MMD 矿物筛分破碎（亚洲）有限公司
2YKR2460（15°）振动筛	台	1	1	万吨/年	110	110	2005 年 11 月	2007 年 12 月		南昌矿山机械有限公司
Low-Head 双层水平直线振动筛	台	6	3	万吨/年	926	920	2010 年 12 月	2012 年 8 月		芬兰美卓矿机（天津）国际贸易有限公司
1~3 号振动筛	台	3	3	万吨/年	406	406	2012 年 10 月	2013 年 3 月		上海杰弗朗
TTHC7201 振动筛	台	1	1	万吨/年	311	311	2012 年 10 月	2013 年 4 月		中矿华源工程设备（北京）有限公司
磁选机	台	230	230	万吨/年	3690	3690				
永磁圆筒磁选机 CTB718	台	16	16	万吨/年	400	400	1993 年 4 月	1994 年 8 月		中国安徽天源科技股份有限公司
浓缩磁选机 CTB1024	台	32	32	万吨/年	75	75	1993 年	1994~2001 年		中国安徽天源科技股份有限公司
永磁磁选机 CTB1230	台	36	36	万吨/年	900	900	1993 年 3 月	1994 年 8 月		安徽天源科技股份有限公司机械厂

续表 10-69

设备名称及类型	设备数量			设备能力			设备出厂时间	设备投产时间	设备末次更新改造时间	设备制造国家、公司
	计量单位	安装数	其中：使用数	计量单位	安装设备能力	其中：使用设备能力				
谐和波磁选柱 YZ 系列	台	6	6	万吨/年	144	144	2013 年 4 月	2013 年 4 月		沈阳华大
全自动淘洗机（YZ 系列）	台	6	6	万吨/年	180	180	2013 年 4 月	2013 年 4 月		石家庄金垦
LGS-2000 立式感应湿式强磁选机	台	60	60	万吨/年	100	100	2011 年 1 月	2012 年 8 月		中国沈阳隆基电磁科技有限公司
弱磁机	台	53	53	万吨/年	85	85	2011 年 1 月	2012 年 8 月		中钢集团安徽天源科技股份有限公司
磁选机 CTB1540	台	20	20	万吨/年	1720	1720	2018 年 12 月	2020 年 11 月		沈阳隆基
磁选机 NCT1540	台	1	1	万吨/年	86	86	2018 年 12 月	2020 年 11 月		沈阳隆基
浮选机	台	57	57	万吨/年	1500	1300				
160 立方米威姆科自吸式浮选机	台	30	30	万吨/年	750	650	2010 年 9 月	2012 年 10 月		美国艾法史密斯矿业设备（北京）有限公司
160 立方米道尔充气式浮选机	台	27	27	万吨/年	750	650	2010 年 9 月	2012 年 10 月		美国艾法史密斯矿业设备（北京）有限公司
重型板式给矿机	台	11	11	万吨/年	2896	2896				
BWJ2400×12000	台	2	2	万吨/年	580	580	2008 年	2008 年		平湖市恒力机械制造有限公司
BWJ2000×10000 重型板式喂料机	台	1	1	万吨/年	560	560	2006 年 8 月/2012 年 10 月	2006 年 9 月/2013 年 3 月		浙江平湖恒力机械制造有限公司
BWJ1600×6000 中型板式喂料机	台	1	1	万吨/年	346	346	2006 年 8 月/2012 年 10 月	2006 年 9 月/2013 年 3 月		平湖市恒力机械制造有限公司
臂式斗轮堆取料机	台	4	4	万吨/年	560	560	2011 年 5 月	2012 年 9 月		中国中联重科股份有限公司
ZB2000×10000 喂机	台	2	2	万吨/年	500	500	2012 年 10 月	2013 年 3 月		唐山胜达机械设备有限公司
ZB1600×6000 喂机	台	1	1	万吨/年	350	350	2012 年 10 月	2013 年 3 月		唐山胜达机械设备有限公司

续表 10-69

设备名称及类型	设备数量			设备能力			设备出厂时间	设备投产时间	设备末次更新改造时间	设备制造国家、公司
	计量单位	安装数	其中：使用数	计量单位	安装设备能力	其中：使用设备能力				
浓缩机	台	5	5	万吨/年	630	630				
尾矿深型浓缩机 NT-53	台	4	4	万吨/年	120	120	1993 年 11 月	1994 年 8 月		中国辽宁选矿机械厂
尾矿深型浓缩机 AUTOKump	台	1	1	万吨/年	510	510	2006 年 7 月	2007 年 1 月		美国奥托昆普公司
过滤机	台	25	25	万吨/年	1881	1881				
VPA2050-50 压滤机	台	4	4	万吨/年	54	54	2000 年 3 月	2000 年 5 月		美国艾姆科公司
压滤机	台	9	9	万吨/年	1170	1170	2011 年 7 月	2011 年 7 月		Metso 矿业（瑞典）公司
TRE-1050 千瓦离心空压机	台	3	3	万吨/年	180	180	2011 年 2 月	2012 年 12 月		IHI 寿力压缩技术（苏州）有限公司
TS32S-450HHWC 螺杆空压机	台	9	9	万吨/年	477	477	2011 年 2 月	2012 年 12 月		
辅助原料矿煅烧设备										
回转窑	座	6	6	万吨/年	191.7	191.7				
东山回转窑	座	3	3	万吨/年	105.9	105.9	2006 年 8 月	2006 年 8 月		美国美卓矿机技术公司/洛阳矿山机械研究院
大关焙烧回转窑	座	1	1	万吨/年	19.8	19.8	2012 年 9 月	2012 年 12 月	2014 年 5 月	洛阳矿山机械工程设计研究院有限责任公司
鑫磊回转窑	座	2	2	万吨/年	66	66	2012 年 10 月	20130 年 4 月		洛阳中重成套工程设计院有限责任公司
人造块矿设备										
烧结机	台			万吨/年						
铁矿烧结机	台	2	2	万吨/年	898	898				
铁矿烧结机 5 号	台	1	1	万吨/年	449	449	2006 年 10 月	2006 年 10 月		中国沈重

续表 10-69

设备名称及类型	设备数量			设备能力			设备出厂时间	设备投产时间	设备末次更新改造时间	设备制造国家、公司
	计量单位	安装数	其中：使用数	计量单位	安装设备能力	其中：使用设备能力				
铁矿烧结机6号	台	1	1	万吨/年	449	449	2010年5月	2010年5月		中国沈重
球团设备										
铁矿球团回转窑	座	2	2	万吨/年	465	460				
铁矿球团回转窑	座	1	1	万吨/年	200	200	2004年12月	2004年12月		中国矿山机械成套设备制造厂
球团回转窑	座	1	1	万吨/年	265	260	2011年4月	2012年12月		中信重工机械股份有限公司
炼铁及铸铁设备										
高炉	座	3	3	万吨/年	847.5	847.5				
3号高炉	座	1	1	万吨/年	153.5	153.5	1960年1月	1960年1月	2007年4月	自制
5号高炉	座	1	1	万吨/年	347	347	2006年1月	2006年1月	2020年10月	国产
6号高炉	座	1	1	万吨/年	347	347	2013年11月	2013年11月		国产
炼钢设备										
铁水预处理设备	座	8	8	万吨/年	880	880				
三脱铁水预处理（二钢）	座	2	2	万吨/年	100	100	2002年10月	2002年10月		日本川崎
脱硫铁水预处理	座	3	3	万吨/年	240	240	2006年1月，2014年6月	2006年1月，2014年6月		乌克兰戴思马克
二钢北铁水预处理	座	1	1	万吨/年	180	180	2006年8月	2006年8月		乌克兰戴思马克
KR脱硫站（二钢）	座	2	2	万吨/年	360	360	2011年9月	2011年9月		中冶南方
转炉	座			万吨/年						
顶底复合吹转炉	座	6	6	万吨/年	944	944				
K-OBM转炉（二钢南）	座	1	1	万吨/年	99	99	1990年	1990年		奥地利VAI
LD转炉（二钢南）	座	2	2	万吨/年	245	245	1970年4月/2013年10月	1970年4月/2013年10月		奥地利VAI

续表 10-69

设备名称及类型	设备数量			设备能力			设备出厂时间	设备投产时间	设备末次更新改造时间	设备制造国家、公司
	计量单位	安装数	其中：使用数	计量单位	安装设备能力	其中：使用设备能力				
二钢北转炉	座	2	2	万吨/年	400	400	2006 年 8 月	2006 年 8 月		奥地利 VAI
二钢北转炉	座	1	1	万吨/年	200	200	2012 年 7 月	2012 年 7 月		奥地利 VAI
电炉	座			万吨/年						
交流电弧炉	座	4	4	万吨/年	350	350				
80 吨电炉	座	1	1	万吨/年	30	30	1999 年 7 月	2000 年 1 月		奥地利
160 吨电炉（二钢北）	座	2	2	万吨/年	260	260	2006 年 9 月	2006 年 9 月		奥地利
90 吨电炉（一钢不锈）	座	1	1	万吨/年	60	60	2007 年 8 月	2007 年 10 月		日本新日铁
二次冶金设备										
钢包炉	座	6	6	万吨/年	790	790				
50 吨 LF 精炼炉（一钢碳）	座	1	1	万吨/年	80	80	2014 年 1 月	2015 年 2 月		西马克
1 号 LF 精炼炉（二钢南）	座	1	1	万吨/年	50	50	2002 年 5 月	2002 年 5 月	2007 年 5 月	奥地利 VAI
2 号 LF 精炼炉（二钢南）	座	1	1	万吨/年	60	60	2007 年 5 月	2007 年 5 月		奥地利 VAI
LF 精炼炉（二钢北）	座	3	3	万吨/年	600	300	2006 年 9 月～2011 年 10 月	2011 年 10 月		奥地利 VAI
真空循环脱气装置	座	4	4	万吨/年	340	340				
RH 炉（二钢南）	座	2	2	万吨/年	80	80	1997 年 9 月～2014 年 3 月	1997 年 9 月～2014 年 3 月		德国卖索
1 号、2 号 RH 炉（二钢北）	座	2	2	万吨/年	260	260	2007 年 4 月/2011 年 7 月	2007 年 4 月/2011 年 7 月		奥地利
真空氧气脱碳装置	座	2	2	万吨/年	90	90				
VOD 精炼炉（二钢南）	座	1	1	万吨/年	60	60	2002 年 10 月	2002 年 10 月		意大利达涅利

续表 10-69

设备名称及类型	设备数量			设备能力			设备出厂时间	设备投产时间	设备末次更新改造时间	设备制造国家、公司
	计量单位	安装数	其中：使用数	计量单位	安装设备能力	其中：使用设备能力				
VOD 精炼炉（二钢北）	座	1	1	万吨/年	30	30	2012 年 12 月	2012 年 12 月		奥地利 VAI
氩氧精炼炉	座	3	3	万吨/年	300	300				
AOD 炉（二钢北）	座	3	3	万吨/年	300	300	2006 年 9 月，2013 年 6 月	2006 年 9 月，2013 年 6 月		奥地利
其他精炼炉	座	5	5	万吨/年	85. 2	85. 2				
中频炉（二钢南）	座	1	1	万吨/年	10	10	2013 年 6 月	2013 年 6 月		德国 ABP
中频炉（二钢北）	座	3	3	万吨/年	75	75	2013 年 11 月	2013 年 11 月		德国 ABP
6 吨真空感应炉（型材镍基合金）	座	1	1	万吨/年	0. 2	0. 2	2017 年 5 月	2017 年 1 月		苏州振湖电炉有限公司
连铸机	台			万吨/年						
方坯连铸机	台	1	1	万吨/年	30	30				
方坯连铸机（一钢）	台	1	1	万吨/年	30	30	2014 年	2014 年		上海新中
方板坯连铸机	台	1	1	万吨/年	60	60				
3 号连铸机	台	1	1	万吨/年	60	60	2003 年 3 月	2003 年 3 月	2007 年 5 月	意大利达涅利
板坯连铸机										
普通板坯连铸机	台	9	9	万吨/年	1142	1142				
1 号、2 号、4 号连铸机	台	3	3	万吨/年	300	300	1995 年 12 月/1998 年 6 月/2002 年 10 月	1995 年 12 月/1998 年 6 月/2002 年 10 月	2005 年 12 月	奥地利
0 号、1 号、2 号、3 号连铸机	台	4	4	万吨/年	500	500	2006 年 9 月	2006 年 9 月		奥地利
斜出坯式连铸机	台	1	1	万吨/年	42	42	1985 年	1985 年	2004 年	西安重型机械研究所
4 号连铸机	台	1	1	万吨/年	300	300	2012 年 2 月	2012 年 2 月		奥地利

续表 10-69

设备名称及类型	设备数量			设备能力			设备出厂时间	设备投产时间	设备末次更新改造时间	设备制造国家、公司
	计量单位	安装数	其中：使用数	计量单位	安装设备能力	其中：使用设备能力				
圆坯连铸机	台	1	1	万吨/年	50	50				
ϕ390、ϕ550、ϕ690、ϕ800 三流圆坯连铸机	台	1	1	万吨/年	50	50	2014 年 1 月	2015 年 3 月		西马克
钢加工设备										
钢压延加工设备										
初轧开坯设备										
初轧机	套	1	1	万吨/年	100	100				
初轧机	套	1	1	万吨/年	100	100	1953 年	1958 年	2004 年	苏联
线材轧机										
高速线材轧机	套	1	1	万吨/年	20	20				
650 轧机	套	1	1	万吨/年	20	20		1981 年		中国
中厚板轧机	套	3	3	万吨/年	156	156				
3300 毫米轧机	套	2	2	万吨/年	120	120				
2300 中厚板轧机	套	1	1	万吨/年	36	36		1966 年 8 月		苏联
热轧宽钢带轧机	套	2	2	万吨/年	700	700				
1549 轧机	套	1	1	万吨/年	300	300	1994 年 8 月	1994 年 8 月	2002 年 10 月	日本
2250 轧机	套	1	1	万吨/年	400	400	2006 年 6 月	2006 年 6 月		中国二重
冷轧宽钢带轧机	套			万吨/年						
单机架冷轧宽钢带轧机	套	23	23	万吨/年	639	639				
2300 四辊可逆式冷轧机	套	1	1	万吨/年	3	3	1968 年 12 月	1971 年 8 月		中国上海重型机器厂
二十辊轧机	套	1	1	万吨/年	15	15	1997 年 6 月	1997 年 6 月		法国 DMS 公司
二十辊轧机	套	1	1	万吨/年	20	20	2006 年 9 月	2007 年 4 月		法国 DMS 公司

续表 10-69

设备名称及类型	设备数量			设备能力			设备出厂时间	设备投产时间	设备末次更新改造时间	设备制造国家、公司
	计量单位	安装数	其中：使用数	计量单位	安装设备能力	其中：使用设备能力				
0号轧机	套	1	1	万吨/年	5	5	1968年12月	1970年4月		德国斯洛曼
1号轧机	套	1	1	万吨/年	7	7	1995年10月	1996年9月		法国DMS公司
2~3号轧机	套	2	2	万吨/年	20	20	2001年2月	2002年10月		法国DMS公司
4~8号轧机	套	5	5	万吨/年	250	250	2005年1月	2005年9月		德国SMS公司
9号轧机	套	1	1	万吨/年	20	20		2006年11月	2007年4月	德国SUNDWIG
10号轧机	套	1	1	万吨/年	30	30	2006年12月	2007年6月		德国SUNDWIG
11号轧机	套	1	1	万吨/年	20	20	2008年11月	2009年4月		法国DMS
12号轧机	套	1	1	万吨/年	13	13	2011年	2012年3月		法国DMS
森吉米尔二十辊轧机	套	4	4	万吨/年	36	36	2011年	2012年		法国DMS
酸连轧机组（冷硅）	套	1	1	万吨/年	100	100	2013年7月		2014年6月	日本
400线五机架连续式	套	1	1	万吨/年	50	50	2014年1月	2014年7月		法国DMS
300线五机架连续式	套	1	1	万吨/年	50	50	2014年1月	2014年8月		法国DMS
冷轧窄钢带轧机	套	2	2	万吨/年	2.2	2.2				
1号、2号轧机（精带）	套	2	2	万吨/年	2.2	2.2	2009年3月	2009年11月		德国松德维克
钢加工辅助设备										
平整机	台	5	5	万吨/年	242.05	242.05				
2250毫米轧线平整机组	台	1	1	万吨/年	100.75	100.75	2006年6月	2006年6月		意大利米诺
2号平整机组	台	1	1	万吨/年	28	28	2002年	2002年		德国松德维克
3号平整机组	台	1	1	万吨/年	35	35	2006年	2007年1月		德国松德维克
1号平整机组	台	1	1	万吨/年	3.3	3.3	1964年	1965年		德国施罗曼
平整机组（1549毫米轧线）	台	1	1	万吨/年	75	75	2012年	2012年		意大利米诺设计（常宝菱制造）

续表 10-69

设备名称及类型	设备数量			设备能力			设备出厂时间	设备投产时间	设备末次更新改造时间	设备制造国家、公司
	计量单位	安装数	其中：使用数	计量单位	安装设备能力	其中：使用设备能力				
钢带（板卷）退火炉	座	95	95	万吨/年	801.84	798.84				
锻压 1~4 号	座	4	4	万吨/年	20	20	1953 年	1953 年		
锻压 5~7 号	座	3	3	万吨/年	20	20	1963 年	1963 年		
快锻 1~3 号	座	3	3	万吨/年	120	120	1994 年 8 月	1994 年 8 月		中国二十冶机械安装工程公司
均热退火炉	座	1	1	万吨/年	160	160	1994 年	1994 年		太钢修建公司
精整 1 号、2 号退火炉	座	2	2	万吨/年	40	40	1964 年	1964 年		
精整 3 号、4 号退火炉	座	2	2	万吨/年	80	80	1964 年	1964 年		
径锻 1 号退火炉	座	1	1	万吨/年	50	50	2010 年 7 月	2010 年 10 月		中国联合
径锻 2~4 号退火炉	座	4	4	万吨/年	180	180	2010 年 7 月	2010 年 10 月		中国联合
全氢煤气罩式退火炉	座	41	41	万吨/年	54	54	2005 年	2005 年		奥地利
全氢煤气罩退火炉	座	18	18	万吨/年	29	29	2006 年	2007 年		奥地利
罩式退火炉（线材厂）	座	1	1	万吨/年	0.84	0.84	2009 年 3 月	2009 年 6 月		中国
电加热罩式炉（热轧厂）	座	2	2	万吨/年	2	2	2000 年 12 月	2000.12		中国
新常化线（热轧）	座	1	1	万吨/年	8	5	2006 年 7 月	2006 年 7 月		太钢建设公司
电加热罩式炉（冷硅厂）	座	10	10	万吨/年	3	3	2006 年 7 月	2006 年 7 月		中国
1 号连续退火、涂层处理（冷硅厂）	座	1	1	万吨/年	15	15	1997 年 7 月	1997 年 9 月	2005 年 12 月	法国
2 号连续退火、涂层处理（冷硅厂）	座	1	1	万吨/年	20	20	2006 年 1 月	2007 年 1 月		中冶南方
钢带（板卷）酸洗机组	套	17	17	万吨/年	428.2	428.2				
中厚板连续酸洗线	套	1	1	万吨/年	17	17				
连续酸洗线（热轧厂）	套	1	1	万吨/年	10	10				
常化酸洗机组	套	1	1	万吨/年	15	15	2006 年	2007 年		

续表 10-69

设备名称及类型	设备数量			设备能力			设备出厂时间	设备投产时间	设备末次更新改造时间	设备制造国家、公司
	计量单位	安装数	其中：使用数	计量单位	安装设备能力	其中：使用设备能力				
推拉式酸洗机组	套	1	1	万吨/年	22	22	1965 年	1967 年		德国
1 号、2 号光亮线	套	2	2	万吨/年	2. 4	2. 4	2009 年 5 月	2010 年 6 月		奥地利 Ebner
0 号热线酸洗机组	套	1	1	万吨/年	4. 8	4. 8	1965 年	1967 年		德国施罗曼
1 号热线酸洗机组	套	1	1	万吨/年	80	80	2003 年 6 月	2004 年 12 月		法国 DMS
2 号热线酸洗机组	套	1	1	万吨/年	115	115	2005 年 12 月	2006 年 12 月		法国 DMS
4 号热线酸洗机组	套	1	1	万吨/年	38	38	2013 年 4 月	2013 年 7 月		中国太钢工程技术公司
混线酸洗机组	套	1	1	万吨/年	15	15	1997 年 6 月	1998 年 12 月		法国 DMS
1~3 号冷线酸洗机组	套	3	3	万吨/年	85	85	2000 年 12 月	2006 年 2 月		法国 DMS
窄幅光亮线酸洗机组	套	1	1	万吨/年	4	4	1966 年 5 月	1967 年 11 月	2004 年	法国 DMS
宽幅光亮线酸洗机组	套	1	1	万吨/年	15	15	2010 年 7 月	2012 年 9 月		法国 DMS
0 号冷线酸洗机组	套	1	1	万吨/年	5	5	1965 年	1967 年		德国施罗曼
钢带（板卷）横切机组	套	5	5	万吨/年	135	135				
横切线（2250 毫米）	套	1	1	万吨/年	62	62	2006 年 6 月	2007 年 1 月		西班牙 FAGOR
1 号、2 号横切机组	套	2	2	万吨/年	4	4	1965~1989 年	1967~1991 年		德国施罗曼
3 号横切机组	套	1	1	万吨/年	49	49	2006 年	2007 年 1 月		西班牙 FAGOR
4 号横切线	套	1	1	万吨/年	20	20	2007 年	2007 年 12 月		西班牙 FAGOR
钢带（板卷）纵切机组	套	14	14	万吨/年	150. 8	150. 8				
1 号、3~7 号纵切机组	套	6	6	万吨/年	89	89	2005 年	2007 年		德国
2 号纵切机组	套	1	1	万吨/年	1	1	1982 年	1984 年		德国松德维克
1~4 号纵切（精带）	套	4	4	万吨/年	5. 8	5. 8	2009 年 8 月	2010 年 1 月		德国 B+S
拉矫线	套	1	1	万吨/年	20	20	2005 年	2006 年 3 月		德国松德维克

续表 10-69

设备名称及类型	设备数量			设备能力			设备出厂时间	设备投产时间	设备末次更新改造时间	设备制造国家、公司
	计量单位	安装数	其中：使用数	计量单位	安装设备能力	其中：使用设备能力				
8~9 号纵切机组	套	2	2	万吨/年	35	35	2008 年	2012 年		德国 GEOGR
钢材热处理设备	套	13	11	万吨/年	1048.9	1048.1				
中厚板热处理生产线	套	1	1	万吨/年	28	28				
2 号加热炉	套	1	1	万吨/年	23	23	2002 年 3 月	2002 年 3 月		北京神雾公司
0~3 号步进式加热炉	套	4	4	万吨/年	770	770				中国北京凤凰炉
1~4 号步进式加热炉	套	4	4	万吨/年	227	227	2006 年	2006 年		中国重庆赛迪
1 号、2 号、3 号互段连续加热炉（热轧）	套	3	1	万吨/年	0.9	0.1	2005 年 12 月	2005 年 12 月		中国北京凤凰炉
洗煤、炼焦、煤气及煤化工产品生产设备										
机械化焦炉	座	3	3	万吨/年	330	330				
7 号、8 号焦炉	座	2	2	万吨/年	220	220	2006 年 8 月	2007 年 11 月		国产
9 号焦炉	座	1	1	万吨/年	110	110	2013 年 10 月	2013 年 10 月		国产

（4）西宁特殊钢股份有限公司专业产品主要生产设备见表 10-70。

表 10-70 西宁特殊钢股份有限公司专业产品主要生产设备

设备名称及类型	设备数量			设备能力			设备出厂时间	设备投产时间	设备末次更新改造时间	设备制造国家、公司
	计量单位	安装数	其中：使用数	计量单位	安装设备能力	其中：使用设备能力				
人造块矿设备										
烧结机										
铁矿烧结机										

续表 10-70

设备名称及类型	设备数量			设备能力			设备出厂时间	设备投产时间	设备末次更新改造时间	设备制造国家、公司
	计量单位	安装数	其中：使用数	计量单位	安装设备能力	其中：使用设备能力				
1号烧结机	台	1	1	万吨/年	136	136	2005年1月	2005年1月		中冶东方工程技术有限公司
2号烧结机	台	1	1	万吨/年	150	150	2011年11月	2011年11月		中冶东方工程技术有限公司
炼铁及铸铁设备										
高炉										
2号高炉	台	1	1	万吨/年	60	60	2005年1月	2005年1月	2010年5月	中冶东方工程技术有限公司
3号高炉	台	1	1	万吨/年	100	100	2011年11月	2011年11月	无	中冶东方工程技术有限公司
炼钢设备										
转炉	座			万吨/年						
顶吹转炉	座	1	1	万吨/年	80	80				
转炉	座	1	1	万吨/年	80	80				
电炉	座			万吨/年						
交流电弧炉	座	2	2	万吨/年	140	140				
电弧炉	座	1	1	万吨/年	70	70				
电弧炉	座	1	1	万吨/年	70	70				
电渣重熔炉	座	30	30	万吨/年	10	10				
重熔炉	座	30	30	万吨/年	10	10				
连铸机	台			万吨/年						
方坯连铸机	台	3	3	万吨/年	140	140				
连铸机	台	2	2	万吨/年	60	60	1997年	1997年		
连铸机	台	1	1	万吨/年	80	80	2013年	2013年		
炼钢辅助设备										

续表 10-70

设备名称及类型	设备数量			设备能力			设备出厂时间	设备投产时间	设备末次更新改造时间	设备制造国家、公司
	计量单位	安装数	其中：使用数	计量单位	安装设备能力	其中：使用设备能力				
制氧机	台	3	3	万立方米/年	87000	87000				
15000 立方米/小时	台	1	1	万立方米/年	15000	15000				中国 杭氧
12000 立方米/小时	台	1	1	万立方米/年	12000	12000				中国 杭氧
6000 立方米/小时	台	1	1	万立方米/年	60000	60000				美国
钢加工设备										
钢压延加工设备										
初轧开坯设备										
开坯机	套	2	2	万吨/年	130	130				
750 轧机	套	1	1	万吨/年	80	80	2002 年	2002 年		
1050DB 轧机	套	1	1	万吨/年	50	50	2015 年	2015 年		
小型型钢轧机	套	3	3	万吨/年	194. 5	194. 5				
小棒	套	1	1	万吨/年	45. 5	45. 5	2013 年 3 月	2013 年 9 月		
连续无扭棒材轧机组 18 架	套	1	1	万吨/年	79	79	2006 年	2006 年		
大棒	套	1	1	万吨/年	70	70	2014 年	2014 年		
加热炉	座	2	2	万吨/年	0	0				
连续式加热炉	座	1	1	万吨/年	0	0	2015 年	2015 年		
斯坦因加热炉	座	1	1	万吨/年	0	0	2013 年	2013 年		

续表 10-70

设备名称及类型	设备数量			设备能力			设备出厂时间	设备投产时间	设备末次更新改造时间	设备制造国家、公司
	计量单位	安装数	其中：使用数	计量单位	安装设备能力	其中：使用设备能力				
特种轧机										
冷拉钢材轧机	台	2	2	万吨/年	0.5	0.5				
冷拔机	台	1	1	万吨/年	0.3	0.3	1997 年	1997 年		
冷拔机	台	1	1	万吨/年	0.2	0.2	1997 年	1997 年		
其他压延设备										
锻锤	台	1	1	台	5	5				
快锻机	台	1	1	万吨/年	5	5				沈阳重机
洗煤、炼焦、煤气及煤化工产品生产设备										
机械化洗煤机	套	1	1	（处理）万吨/年	90	70				
洗煤机	套	1	1	（处理）万吨/年	90	70				
简易洗煤机	套			（处理）万吨/年						
机械化焦炉	座	2	2	万吨/年	70	70				
焦炉	座	2	2	万吨/年	70	70			2002 年	
煤气净化处理系统	套	2	1	立方米/时	43000	43000				
煤气净化	套	2	1	立方米/时	43000	43000	2004 年	2005 年		扬州庆松化工设备有限公司
氨回收设备	套	2	1	吨/年	43000	43000				
氨气回收	套	2	1	吨/年	43000	43000	2006 年	2007 年		济南冶金设备制造有限公司
苯回收设备	套	1	1	吨/年	80	80				
苯回收	套	1	1	吨/年	80	80	2006 年	2007 年		中国化学工程第十三建设公司

（5）河北钢铁集团舞阳钢铁有限责任公司专业产品主要生产设备见表10-71。

表10-71　河北钢铁集团舞阳钢铁有限责任公司专业产品主要生产设备

设备名称及类型	设备数量			设备能力			设备出厂时间	设备投产时间	设备末次更新改造时间	设备制造国家、公司
	计量单位	安装数	其中：使用数	计量单位	安装设备能力	其中：使用设备能力				
1260立方米高炉	座	1	1	万吨	100	100		2014年3月		第一冶金制造公司
120吨转炉	座	1	1	万吨	130	100		2012年9月		中信重工
90吨1号电炉	座	1	1	万吨	100	100		2005年1月		西安电炉变压厂
90吨2号电炉	座	1	1	万吨	100	100		1991年12月		奥钢联
3号电炉	座	1	1	万吨	100	100		2007年2月		西安电炉变压厂
1号板坯连铸机	套	1	1	万吨	40	40		1992年11月		西安重型研究所
2号板坯连铸机	套	1	1	万吨	100	100		2007年2月		西安重型研究所
3号板坯连铸机	套	1	1	万吨	100	100		2008年11月		西安重型研究所
宽厚板轧机	套	1	1	万吨	130	130		1978年9月		二重
宽厚板轧机	套	1	1	万吨	160	160		2007年5月		奥钢联

（6）天津钢管制造有限公司专业产品主要生产设备见表10-72。

表10-72　天津钢管制造有限公司专业产品主要生产设备

设备名称及类型	设备数量			设备能力			设备出厂时间	设备投产时间	设备末次更新改造时间	设备制造国家、公司
	计量单位	安装数	其中：使用数	计量单位	安装设备能力	其中：使用设备能力				
烧结机	台	1	1	万吨	105	105				
炼铁高炉	座	1	1	万吨	96	96				
炼钢电炉	座	3	2	万吨	320	220				

续表 10-72

设备名称及类型	设备数量			设备能力			设备出厂时间	设备投产时间	设备末次更新改造时间	设备制造国家、公司
	计量单位	安装数	其中：使用数	计量单位	安装设备能力	其中：使用设备能力				
连铸机	台	3	3	万吨	320	320				
钢压延加工设备	套	15	14	万吨	351.9	334.9				
其中：热轧无缝钢管轧机	套	6	5	万吨	342	325				
冷拔无缝钢管机	套	4	4	万吨	1.2	1.2				
冷轧无缝钢管机	套	4	4	万吨	0.7	0.7				
旋压无缝钢管机	套	1	1	万吨	8	8				
无缝钢管加工线	条	24	24	万吨	219	219				

（7）石家庄钢铁有限责任公司专业产品主要生产设备见表 10-73。

表 10-73 石家庄钢铁有限责任公司专业产品主要生产设备

设备名称及类型	设备数量			设备能力			设备出厂时间	设备投产时间	设备末次更新改造时间	设备制造国家、公司
	计量单位	安装数	其中：使用数	计量单位	安装设备能力	其中：使用设备能力				
炼钢设备										
炼钢设备	座	2	2		200	200				
电弧炉	座	2	2		200	200				
直流电弧炉	座	2	2		200	200				
其中：1 号电炉，公称容量 130 吨	座	1	1	万吨/年	100	100	2020 年 5 月	2020 年 11 月		意大利西马克公司
2 号电炉，公称容量 130 吨	座	1	1	万吨/年	100	100	2020 年 10 月	2021 年 4 月		意大利西马克公司
连铸机	套（台）	4	4		200	200				

续表 10-73

设备名称及类型	设备数量			设备能力			设备出厂时间	设备投产时间	设备末次更新改造时间	设备制造国家、公司
	计量单位	安装数	其中：使用数	计量单位	安装设备能力	其中：使用设备能力				
电炉连铸机	套（台）	4	4		200	200				
其中：1 号连铸机，*R*10 米、六机六流	套（台）	1	1	万吨/年	57	57	2020 年 5 月	2020 年 11 月		中国重工设计院
2 号连铸机，*R*12 米、五机五流	套（台）	1	1	万吨/年	62	62	2020 年 5 月	2020 年 11 月		中国重工设计院
3 号连铸机，*R*16.5 米、三机三流	套（台）	1	1	万吨/年	51	51	2020 年 10 月	2021 年 4 月		中冶京诚
立式连铸机，三机三流	套（台）	1	1	万吨/年	30	30	2021 年 6 月	2021 年 12 月		瑞士西马克康卡斯特公司
轧钢设备	套（台）	4	4		192	192				
其中：中棒线，17 架全连轧	套（台）	1	1	万吨/年	70	70	2020 年 5 月	2020 年 8 月		广东恒华重工
小棒线，22 架全连轧	套（台）	1	1	万吨/年	55	55	2020 年 5 月	2020 年 11 月		广东恒华重工
大棒线，8 架全连轧	套（台）	1	1	万吨/年	42	42	2020 年 1 月	2020 年 11 月		中冶赛迪
高线，16 架全连轧	套（台）	1	1	万吨/年	25	25	2020 年 10 月	2021 年 4 月		中冶赛迪

(8) 攀钢集团江油长城特殊钢有限公司专业产品主要生产设备见表10-74。

表 10-74 攀钢集团江油长城特殊钢有限公司专业产品主要生产设备

设备名称及类型	设备数量			设备能力			设备出厂时间	设备投产时间	设备末次更新改造时间	设备制造国家、公司
	计量单位	安装数	其中：使用数	计量单位	安装设备能力	其中：使用设备能力				
炼钢设备										
电炉										
101 车间 40 吨超高功率电弧炉	座	1	1	万吨/年	18	18		1999 年	2004 年 7 月	无锡四方公司
401 车间 1 号超高功率电弧炉	座	1	1	万吨/年	19.2	19.2		2015 年 11 月		长春电炉成套设备有限责任公司
401 车间 5 号超高功率电弧炉	座	1	1	万吨/年	19.2	19.2		2014 年 7 月		长春电炉成套设备有限责任公司
真空感应炉										
特冶车间 6 吨真空感应炉（M3/M4）	座	1	1	万吨/年	0.30	0.30	2006 年 1 月	2006 年 1 月		美国 CONSAR
特冶车间 FV-132 真空感应炉（3000P）	座	1	1	万吨/年	0.057	0.057	1972 年 1 月	1972 年 1 月	1991 年 1 月	英国 WISHAW
真空感应炉（M5）	座	1	1	万吨/年	0.44	0.44	2018 年 10 月	2019 年 10 月		应达工业（上海）有限公司（美国康萨克品牌）
非真空感应炉										
特冶车间 5 吨非真空感应炉（H1/H2）	座	1	1	万吨/年	0.6	0.6	1967 年	1967 年		日本东京
真空自耗炉	座	2	2	万吨/年	0.29	0.29				
其中：特冶车间 L700-P7 真空自耗炉 R1（7 吨）	座	1	1			0.14	2006 年 4 月	2006 年 4 月		日本大同
特冶车间真空自耗炉 R2（3 吨钛、6 吨钢）	座	1	1			0.10	2009 年	2012 年		德国 ALD
真空自耗炉（R3）	座	1	1	万吨/年	0.22	0.22	2019 年 8 月	2019 年 11 月		应达工业（上海）有限公司（美国康萨克品牌）
真空自耗炉（R5）	座	1	1	万吨/年	0.154	0.154	2020 年 9 月	2020 年 11 月		苏州爱立德（ALD）

续表 10-74

设备名称及类型	设备数量			设备能力			设备出厂时间	设备投产时间	设备末次更新改造时间	设备制造国家、公司
	计量单位	安装数	其中：使用数	计量单位	安装设备能力	其中：使用设备能力				
电渣重熔炉										
特冶车间 A1 电渣炉（1 吨）	座	1	1	万吨/年	0.132	0.132	1978 年 1 月	1978 年 1 月		长钢机修厂
特冶车间 A2 电渣炉（1 吨）	座	1	1	万吨/年	0.132	0.132	1978 年 1 月	1978 年 1 月		长钢机修厂
特冶车间 A3 电渣炉（2.5 吨）	座	1	1	万吨/年	0.18	0.18	1978 年 1 月	1978 年 1 月		长春电炉厂
特冶车间 A4 电渣炉（5 吨）	座	1	1	万吨/年	0.30	0.30	1999 年 4 月	1999 年 4 月		长城钢厂机修厂
特冶车间 A5 电渣炉（3 吨）	座	1	1	万吨/年	0.180	0.180	2020 年	2020 年		鑫蓝海自动化科技有限公司
特冶车间 A6 电渣炉（3 吨）	座	1	1	万吨/年	0.180	0.180	2020 年	2020 年		鑫蓝海自动化科技有限公司
特冶车间 A7 电渣炉（3 吨）	座	1	1	万吨/年	0.25	0.25	2012 年	2012 年 7 月		潍坊亚东冶金设备有限责任公司
特冶车间 A8 电渣炉（3 吨）	座	1	1	万吨/年	0.25	0.25	2012 年	2012 年 7 月		潍坊亚东冶金设备有限责任公司
特冶车间 A9 电渣炉（1 吨）	座	1	1	万吨/年	0.20	0.20	2012 年	2012 年 7 月		沈阳华盛
特冶车间 A10 电渣炉（1 吨）	座	1	1	万吨/年	0.20	0.20	2012 年	2012 年 7 月		沈阳华盛
特冶车间 A12 电渣炉（2.5 吨）	座	1	1	万吨/年	0.25	0.25	2008 年	2008 年	2012 年 8 月	冶金公司
特冶车间 A13 电渣炉（3 吨）	座	1	1	万吨/年	0.25	0.25	2011 年	2011 年 11 月		上海海越
特冶车间 A14 电渣炉（7 吨）	座	1	1	万吨/年	0.30	0.30	2012 年	2012 年 9 月		德国 ALD
特冶车间 A11 电渣炉（2.5 吨）	座	1	1	万吨/年	0.18	0.18	2007 年	2007 年 1 月		西安中新冶金设备公司
特冶车间 A15 电渣炉（25 吨）	座	1	1	万吨/年	0.55	0.55	2011 年	2013 年 9 月		沈阳华盛冶金技术与设备制造有限公司
特冶车间 A16 电渣炉（7 吨）	座	1	1	万吨/年	0.30	0.30	2020 年	2020 年	2020 年	鑫蓝海自动化科技有限公司
特冶车间 A17 电渣炉（3 吨）	座	1	1	万吨/年	0.18	0.18	2020 年	2020 年		鑫蓝海自动化科技有限公司
特冶车间 A18 电渣炉（3 吨）	座	1	1	万吨/年	0.18	0.18	2020 年	2020 年		鑫蓝海自动化科技有限公司
二次冶金设备										

续表 10-74

设备名称及类型	设备数量			设备能力			设备出厂时间	设备投产时间	设备末次更新改造时间	设备制造国家、公司
	计量单位	安装数	其中：使用数	计量单位	安装设备能力	其中：使用设备能力				
钢包炉（LF）										
101 车间 LF 精炼炉	座	1	1	万吨/年	9	9	2004 年	2004 年		西安中新冶金设备公司
401 车间 1 号 DCLF 精炼炉	座	1	1	万吨/年	6	6	1992 年 1 月	1992 年 6 月		中国/长特四厂
401 车间 2 号 ACLF 精炼炉	座	1	1	万吨/年	6	6	2002 年 12 月	2003 年 1 月		中国/西安中兴电炉设备有限公司
401 车间 3 号 ACLF 精炼炉	座	1	1	万吨/年	6	6	1995 年 5 月	1995 年 7 月		中国/长城特钢
401 车间 4 号 ACLF 精炼炉	座	1	1	万吨/年	6	6	2018 年 1 月	2018 年 3 月		西安骅衢
真空脱气装置（VD）										
401 车间 VD 钢包精炼炉	座	1	1	万吨/年	6	6	1996 年 3 月	1996 年 9 月	2008 年 1 月	中国/西安电炉研究所
真空氧气脱碳装置										
101 车间 VOD 精炼炉	座	1	1	万吨/年	6	6	2004 年	2004 年		西安向阳设备公司
401 车间 VOD 钢包精炼炉	座	1	1	万吨/年	6	6	1989 年 8 月	1990 年 3 月	2007 年 1 月	中国/长特公司机电厂
氩氧精炼炉										
101 车间 AOD 炉	座	1	1	万吨/年	28.47	28.47	2013 年	2013 年		鞍钢集团信息产业有限公司
连铸机										
方坯连铸机										
R9/17.5 合金钢小方坯连铸机组	套	1	1	万吨/年	20	20	1989 年	1989 年	2014 年 5 月	西德克虏伯公司
钢压延加工设备										
初轧及开坯机										
825 初轧机	套	1	1	万吨/年	25	25	1959 年	1981 年 1 月		一重
钢材加工设备										

续表 10-74

设备名称及类型	设备数量			设备能力			设备出厂时间	设备投产时间	设备末次更新改造时间	设备制造国家、公司
	计量单位	安装数	其中：使用数	计量单位	安装设备能力	其中：使用设备能力				
大型型钢轧机										
825 精轧机	套	1	1	万吨/年	15	15	1959 年	1981 年		一重
普通中型型钢轧机										
550 粗轧机/三重悬挂式 EX3-8 型	架	4	4	万吨/年	6.8	6.8	1966 年 10 月	1971 年		日本、KOBE
普通小型型钢轧机										
小规格轧材生产线（军工小圆）	套	1	1	万吨/年	0.4685	0.4685	2019 年 6 月	2019 年 8 月		四川鸿舰重型机械制造有限责任公司
高速线材轧机										
棒线材连轧机	套	1	1	万吨/年	45	45				
其中：2 架 750 轧机组	套	2	2	万吨/年	39	39	2008 年 12 月	2009 年 6 月		中冶陕压重工设备有限公司
4 架 650 轧机组	套	4	4	万吨/年	39	39	2008 年 12 月	2009 年 6 月		中冶陕压重工设备有限公司
6 架 535 轧机组	套	6	6	万吨/年	39	39	2008 年 12 月	2009 年 6 月		赛迪重工
6 架 385 轧机组	套	6	6	万吨/年	39	39	2008 年 12 月	2009 年 6 月		赛迪重工
5 架减定径机组	套	5	5	万吨/年	39	39	2008 年 12 月	2009 年 6 月		赛迪重工
8 架 BGV 线材精轧机组	套	8	8	万吨/年	6	6	1996 年	1996 年	2009 年 12 月	DANIELI
4 架 TMB 线材精轧机组	套	4	4	万吨/年	6	6	1996 年	1996 年	2009 年 12 月	DANIELI
大盘卷机组	套	1	1	万吨/年	3	3	2018 年	2018 年		DANIELI
热轧薄板轧机										
304 车间二辊周期式	套	1	1	万吨/年	1.5	1.5	1969 年	1971 年		太原重机厂
304 车间三辊劳特式	套	1	1	万吨/年	1	1	1969 年	1971 年		太原重机厂
冷轧薄板轧机										

续表 10-74

设备名称及类型	设备数量			设备能力			设备出厂时间	设备投产时间	设备末次更新改造时间	设备制造国家、公司
	计量单位	安装数	其中：使用数	计量单位	安装设备能力	其中：使用设备能力				
304 车间四辊可逆式	套	1	1	万吨/年	1	1	1975 年	1975 年		上海重型机器厂
304 车间四辊可逆式	套	1	1	万吨/年	1	1	1975 年	1975 年		上海重型机器厂
热轧窄钢带轧机										
404 车间立辊轧机	套	1	1		6	6	1968 年	1968 年		上海重型机器厂
404 车间二辊轧机	套	1	1		6	6	1968 年	1968 年	2019 年 11 月	上海重型机器厂
404 车间四辊轧机	套	1	1	万吨/年	6	6	1968 年	1968 年		上海重型机器厂
热轧无缝管机										
热穿孔机组	套	1	1	万吨/年	0.8	0.6	1986 年 5 月	1987 年 12 月		二重
热轧无缝钢管轧机	台	1	1	万吨/年	0.8	0.6	2019 年 6 月	2019 年 11 月		太原通泽重工
冷轧钢管机										
其中：皮尔格冷轧管机机组	套	1	1	万吨/年	0.01	0.01	1998 年 12 月	1998 年 12 月		德国曼内斯曼
皮尔格冷轧管机机组	套	1	1	万吨/年	0.3	0.3	1998 年 12 月	1998 年 12 月		德国曼内斯曼
冷轧管机	套	1	1	万吨/年	0.1	0.1	2007 年	1998 年 12 月		二重
冷轧管机	套	2	2	万吨/年	0.25	0.25	2007 年	2007 年		上海攀枝花机械厂
冷轧管机	套	1	1	万吨/年	0.1	0.1	2010 年	2010 年		上海攀枝花机械厂
冷轧管机	套	2	2	万吨/年	0.04	0.04	2011 年	2011 年		上海攀枝花机械厂
冷轧管机	套	1	1	万吨/年	0.3	0.3	1994 年	1994 年		上海攀枝花机械厂
冷轧管机	套	1	1	万吨/年	0.5	0.43		1998 年		俄罗斯电钢城重机厂
冷轧钢管轧机	台	1	1	万吨/年	0.06	0.036	2019 年 1 月	2019 年 10 月		上海攀枝花机械厂
冷轧钢管轧机	台	1	1	万吨/年	0.06	0.036	2019 年 1 月	2019 年 10 月		上海攀枝花机械厂

续表 10-74

设备名称及类型	设备数量			设备能力			设备出厂时间	设备投产时间	设备末次更新改造时间	设备制造国家、公司
	计量单位	安装数	其中：使用数	计量单位	安装设备能力	其中：使用设备能力				
冷轧钢管轧机	台	1	1	万吨/年	0.06	0.036	2019 年 1 月	2019 年 10 月		上海攀枝花机械厂
冷轧钢管轧机	台	1	1	万吨/年	0.036	0.012	2019 年 1 月	2019 年 10 月		上海攀枝花机械厂
冷轧钢管轧机	台	1	1	万吨/年	0.036	0.012	2019 年 1 月	2019 年 10 月		上海攀枝花机械厂
冷拉钢材机										
其中：C-11 连拔机	套	1	1	万吨/年	0.5	0.3	1969 年 1 月	1970 年 1 月	1993 年 1 月	日本
C-12 连拔机	套	1	1	万吨/年	0.3	0.2	1969 年 1 月	1970 年 1 月	1993 年 1 月	日本
单链式拉拔机	套	1	1	万吨/年	0.4	0.3	1971 年 1 月	1972 年 1 月	1996 年 12 月	洛阳矿山机械厂
S80 剥皮机组	套	1	1	万吨/年	2	1	1998 年 5 月	1999 年 1 月	2003 年 6 月	德国
锻锤										
18 兆牛精锻机组（含 2 号无轨装出料机、7~11 号加热炉）	套	1	1	万吨/年	5.5	5.5	2011 年 9 月	2012 年 6 月		奥地利 GFM 公司
2000 吨快段机组	套	1	1	万吨/年	2	2	1980 年	1982 年 4 月	2004 年 11 月	日本长崎机工株式会社
CKV45/50 兆牛快锻机组（含有轨操作机、1 号无轨装出料机、2~6 号加热炉）	套	1	1	万吨/年	3.5	3.5	2010 年 11 月 1 日	2011 年 11 月		捷克 ZDAS 公司
3 吨锤	台	1	1	万吨/年	0.6	0.6	2000 年	2000 年		德阳二重基础件研究所
4 吨锤	台	1	1	万吨/年	1.2	1.2	2000 年	2000 年		德阳二重基础件研究所
挤压机										
3150 挤压机	台	1	1	万吨/年	1	1	1975 年 10 月	1975 年 10 月	2008 年 11 月	西德

（9）建龙北满特殊钢有限责任公司专业产品主要生产设备见表10-75。

表10-75 建龙北满特殊钢有限责任公司专业产品主要生产设备

设备名称及类型	设备数量			设备能力			设备出厂时间	设备投产时间	设备末次更新改造时间	设备制造国家、公司
	计量单位	安装数	其中：使用数	计量单位	安装设备能力	其中：使用设备能力				
人造块矿设备										
烧结机										
铁矿烧结机	台	2	2	万吨/年	350	345				
1号烧结机	台	1	1	万吨/年	80	80	2009年			山东莱芜煤矿机械有限公司
265烧结机	台	1	1	万吨/年	270	265	2019年	2019年		唐山重型装备集团有限责任公司/中国
炼铁及铸铁设备										
高炉	座	2	2	万吨/年	110	110				
1号高炉	座	1	1	万吨/年	55	55	2009年	2011年9月		二十冶
2号高炉	座	1	1	万吨/年	55	55	2013年	2013年8月		中冶天工、二十二冶、三冶
铸铁机	台	1	1	万吨/年	117	117	2009年	2011年9月		三河长城实业有限公司
混铁炉	座	1	0	万吨/年	100	0	2010年	2010年		焦作长远机械制造有限公司
顶底复合吹转炉	座	1	1	万吨/年	100	100	2010年	2010年		中国一重
顶底复合吹转炉	座	1	1	万吨/年	100	100	2010年	2010年		中国一重
电炉	座	3	2	万吨/年	110	95				
交流电弧炉	座	3	2	万吨/年	110	95				
一炼钢1号电炉	座	1	1	万吨/年	80	80	2001年	2002年		烟台、大连重工、CONCAST
二炼钢8号电炉	座	1	1	万吨/年	15	15	1957年	1957年	1993年	自制
二炼钢电炉	座	1	0	万吨/年	15	0	1988年	1988年	2006年	自制
电渣重熔炉	座	12	12	万吨/年	4.46	4.46				

续表 10-75

设备名称及类型	设备数量			设备能力			设备出厂时间	设备投产时间	设备末次更新改造时间	设备制造国家、公司
	计量单位	安装数	其中：使用数	计量单位	安装设备能力	其中：使用设备能力				
二炼钢 0 号电渣炉	座	1	1	万吨/年	0.15	0.15	1988 年	1988 年		自制
二炼钢 12 号电渣炉	座	1	1	万吨/年	0.42	0.42	1966 年	1966 年		自制
二炼钢 13 号电渣炉	座	1	1	万吨/年	0.26	0.26	1979 年	1979 年		自制
二炼钢 14 号电渣炉	座	1	1	万吨/年	0.33	0.33	1980 年	1980 年	2006 年	西德
二炼钢 15 号电渣炉	座	1	1	万吨/年	0.48	0.48	1989 年	1989 年		自制
二炼钢 18 号电渣炉	座	1	1	万吨/年	0.24	0.24	2000 年	2000 年		自制
二炼钢 2 号电渣炉	座	1	1	万吨/年	0.42	0.42	2006 年	2006 年		自制
二炼钢 3 号、4 号电渣炉	座	2	2	万吨/年	0.84	0.84	2006 年	2006 年		自制
二炼钢 5 号、7 号电渣炉	座	2	2	万吨/年	0.84	0.84	2007 年	2007 年		自制
二炼钢 9 号电渣炉	座	1	1	万吨/年	0.48	0.48	2013 年	2013 年		自制
二次冶金设备										
钢包炉	座	6	4	万吨/年	205.5	169				
一炼 LF 炉	座	1	1	万吨/年	50	50	2001 年	2005 年		西安重型机械研究所
二炼钢 2 号 LF 炉	座	1	1	万吨/年	9.5	9.5	1956 年	1956 年	1999 年	苏联
二炼钢 3 号 LF 炉	座	1	1	万吨/年	9.5	9.5	2006 年	2006 年	2014 年	机电修、北京
二炼钢 LF 炉	座	1	0	万吨/年	30	0	1989 年	1989 年	2000 年	西安
一炼 RH 真空循环脱气精炼炉	座	1	1	万吨/年	100	100	2013 年	2014 年		中国重型机械研究院股份公司
二炼钢 1 号 LF 炉	座	1	0	万吨/年	6.5	0	1990 年	1990 年		机电修、北京
真空脱气装置	座	3	2	万吨/年	72.76	72.76				
一炼 VD 炉	座	1	1	万吨/年	50	50	2001 年	2002 年		西安重型机械研究所
二炼钢 2 号 VD	座	1	1	万吨/年	11.38	11.38	2006 年	2006 年		杭州西湖真空设备厂

续表 10-75

设备名称及类型	设备数量			设备能力			设备出厂时间	设备投产时间	设备末次更新改造时间	设备制造国家、公司
	计量单位	安装数	其中：使用数	计量单位	安装设备能力	其中：使用设备能力				
二炼钢1号VD	座	1	0	万吨/年	11.38	11.38	1984年	1985年	2001年	西安重型机械研究院
氩氧精炼炉	座	1	1	万吨/年	1.28	1.28				
二炼钢AOD炉	座	1	1	万吨/年	1.28	1.28	2004年12月		2011年	中国烟台冶金设备厂
连铸机	台	2	2	万吨/年	100	100				
方坯连铸机	台	1	1	万吨/年	50	50				
一炼方坯连铸机	台	1	1	万吨/年	50	50	2001年	2002年		瑞士 CONCAST
一炼方坯连铸机	台	1	1	万吨/年	103	103	2018年	2018年		中冶连铸
圆坯连铸机	台	1	1	万吨/年	50	50	2011年	2011年		中冶京诚
钢压延加工设备										
初轧开坯设备										
初轧机	套	1	1	万吨/年	40	40				
轧钢825轧机	套	1	1	万吨/年	40	40	1957年	1957年	1990年	苏联
均热炉	坑	18	11	万吨/年	45	25				
轧钢均热炉	坑	18	11	万吨/年	45	25	1983年、1988年、1993年	1983年、1988年、1993年	1998~2002年	自制
附：钢坯连轧机	套	2	2	万吨/年	71.5	71.5				
轧钢棒材连轧机	套	1	1	万吨/年	47.5	47.5	2001年	2002年		意大利
轧钢厂连轧机	套	1	1	万吨/年	24	24			2011年	中冶赛迪重工，陕西压延设备厂
钢管轧机										
热轧无缝钢管轧机（机组）	台	1	0	万吨/年	10	0				

续表 10-75

设备名称及类型	设备数量			设备能力			设备出厂时间	设备投产时间	设备末次更新改造时间	设备制造国家、公司
	计量单位	安装数	其中：使用数	计量单位	安装设备能力	其中：使用设备能力				
ϕ140 无缝管轧机	台	1	0	万吨/年	10	0	1996 年	1996 年		中国一重
特种轧机										
冷拉钢材轧机	台	7	3	万吨/年	3.6	0.95				
轧钢厂冷拔机	台	7	3	万吨/年	3.6	0.95				
轧钢厂 50 吨冷拔机	台	1	1	万吨/年	1.10	0.3	1956 年	1956 年	1993 年	苏联
轧钢厂 20 吨冷拔机	台	1	1	万吨/年	0.4	0.35	1982 年	1982 年		自制
轧钢厂 20 吨冷拔机	台	4	0	万吨/年	1.6	0	1990 年	1990 年		自制
轧钢厂 15 吨冷拔机	台	1	1	万吨/年	0.5	0.3	1956 年	1956 年	2004 年	苏联
其他压延设备										
水压机	台	4	3	万吨/年	13.5	10.5				
锻造水压机	台	2	1	万吨/年	6	3	1957~2007 年	1957~2007 年		苏联、自制
锻造 411 水压机	台	1	1	万吨/年	3	3	1957 年	1957 年		苏联
锻造 412 水压机	台	1	0	万吨/年	3	0	2007 年	2007 年		自制
16 兆牛精锻机	台	1	1	万吨/年	4.5	4.5	2013 年	2013 年		奥地利 GFM 公司
3000 吨快锻机	台	1	1	万吨/年	3	3	1993 年	1993 年		西德
特殊钢线材厂（三段步进式双蓄热加热炉）	座	2	2	万吨/年	100	100	2019 年	2019 年		上海嘉德环境能源科技有限公司
7860 短应力轧机列	套	2	2	万吨/年	50	50	2020 年	2020 年		广东恒华投资有限公司
6850 短应力轧机列	套	2	2	万吨/年	50	50	2021 年	2021 年		山西太矿煤机
4532 短应力轧机列	套	2	2	万吨/年	50	50	2022 年	2022 年		山西太矿煤机
4532 短应力轧机列	套	2	2	万吨/年	50	50	2023 年	2023 年		山西太矿煤机

续表 10-75

设备名称及类型	设备数量			设备能力			设备出厂时间	设备投产时间	设备末次更新改造时间	设备制造国家、公司
	计量单位	安装数	其中：使用数	计量单位	安装设备能力	其中：使用设备能力				
280 悬臂轧机列	套	1	1	万吨/年	50	50	2024 年	2024 年		SMS 西马克公司
10 架顶交 45°精轧机组	套	1	1	万吨/年	50	50	2025 年	2025 年		SMS 西马克公司
2 架顶交 45°预精轧机组	套	1	1	万吨/年	50	50	2026 年	2026 年		美国摩根公司
8 架顶交 45°精轧机组	套	1	1	万吨/年	50	50	2027 年	2027 年		美国摩根公司
2 架顶交 45°减径轧机组	套	1	1	万吨/年	50	50	2028 年	2028 年		美国摩根公司
2 架顶交 45°定径轧机组	套	1	1	万吨/年	50	50	2029 年	2029 年		美国摩根公司
钢加工辅助设备										
钢材热处理设备	套	1	1	万吨/年	14	14				
轧钢冷拔退火炉	套	1	1	万吨/年	14	14	1956~2008 年	1956~2008 年		苏联、自制、北京钢铁院

（10）大冶特钢有限公司专业产品主要生产设备见表 10-76。

表 10-76 大冶特钢有限公司专业产品主要生产设备

设备名称及类型	设备数量			设备能力			设备出厂时间	设备投产时间	设备末次更新改造时间	设备制造国家、公司
	计量单位	安装数	其中：使用数	计量单位	安装设备能力	其中：使用设备能力				
机械化焦炉	座	2	2	万吨/年	90	90				
焦化厂 1 号焦炉	座	1	1	万吨/年	45	45	2007 年 1 月	2007 年 3 月	2021 年 8 月	中国十七冶
焦化厂 2 号焦炉	座	1	1	万吨/年	45	45	2006 年 9 月	2006 年 12 月	2021 年 10 月	中国十七冶
煤气净化处理系统	套	7	7	立方米/时	181000	181000				
焦化厂煤气风机	套	2	2	立方米/时	75000	75000	2006 年 6 月	2006 年 12 月	2021 年 10 月	沈阳透平机械股份有限公司

续表 10-76

设备名称及类型	设备数量			设备能力			设备出厂时间	设备投产时间	设备末次更新改造时间	设备制造国家、公司
	计量单位	安装数	其中：使用数	计量单位	安装设备能力	其中：使用设备能力				
焦化厂横管初冷器	套	3	3	立方米/时	53000	53000	2006 年 6 月	2006 年 12 月	2021 年 10 月	济南冶金化工设备制造有限公司
焦化厂电捕焦油器	套	2	2	立方米/时	53000	53000	2006 年 6 月	2006 年 12 月	2021 年 10 月	扬州庆松化工设备有限公司
氨回收设备	套	4	4	吨/年	4800	4800				
焦化厂蒸铵塔	套	2	2	吨/年	2400	2400	2006 年 8 月	2007 年 1 月	2021 年 10 月	武汉富瑞德
焦化厂硫铵饱和塔	套	2	2	吨/年	2400	2400	2006 年 8 月	2007 年 1 月	2021 年 10 月	济南冶金化工设备制造有限公司
苯回收设备	套	4	4	吨/年	15000	15000				
焦化厂终冷塔	套	2	2	吨/年	5000	5000	2006 年 7 月	2007 年 1 月	2021 年 10 月	济南冶金化工厂
焦化厂洗苯塔	套	1	1	吨/年	5000	5000	2006 年 9 月	2007 年 1 月	2021 年 10 月	洪湖化机公司
焦化厂脱苯塔	套	1	1	吨/年	5000	5000	2006 年 6 月	2007 年 1 月	2021 年 10 月	洪湖化机公司
人造块矿设备					610	610				
烧结机										
铁矿烧结机	台	2	2	万吨/年	610	610				
265 平方米带式烧结机	台	1	1	万吨/年	350	350	2010 年 2 月	2011 年 5 月	2021 年 11 月	辽宁省鞍山重型机械厂
220 平方米带式烧结机	台	1	1	万吨/年	260	260	2019 年 8 月	2020 年 8 月		五冶集团上海有限公司
炼铁及铸铁设备										
高炉	座	2	2	万吨/年	375	375				
1780 立方米高炉	座	1	1	万吨/年	206	206	2010 年 4 月	2011 年 8 月	2021 年 8 月	中国十七冶
1280 立方米高炉	座	1	1	万吨/年	169	169	2019 年 4 月	2020 年 4 月		五冶集团上海有限公司

续表 10-76

设备名称及类型	设备数量			设备能力			设备出厂时间	设备投产时间	设备末次更新改造时间	设备制造国家、公司
	计量单位	安装数	其中：使用数	计量单位	安装设备能力	其中：使用设备能力				
铸铁机	台	3	3	万吨/年	195	175				
1号铸铁机	台	1	1	万吨/年	70	60	2001年1月	2002年1月	2021年8月	江阴冶金有限公司
2号铸铁机	台	1	1	万吨/年	70	60	2004年1月	2005年7月	2021年8月	江阴冶金有限公司
3号铸铁机	台	1	1	万吨/年	55	55	2010年1月	2011年1月	2021年8月	江阴冶金有限公司
炼钢设备					436	426				
炼钢设备										
转炉										
顶吹转炉	座	2	2	万吨/年	290	290				
转炉厂1号转炉	座	1	1	万吨/年	145	145	2011年8月	2012年5月16日	2021年8月	太原重工股份有限公司
转炉厂2号转炉	座	1	1	万吨/年	145	145	2010年4月	2011年5月16日	2021年9月	太原重工股份有限公司及大连华锐股份有限公司
电炉	座			万吨/年	146	136				
交流电弧炉	座	3	3	万吨/年	76	76				
特冶厂5号电炉 EBT	座	1	1	万吨/年	6	6	2001年12月	2002年3月	2021年8月	自制设备
电炉厂7号电炉 AC EAF	座	1	1	万吨/年	70	70	1984年1月	1985年5月	2021年12月	西安电炉研究所
直流电弧炉	座	1	1	万吨/年	70	60				
电炉厂8号电炉 DC EAF	座	1	1	万吨/年	70	60	1998年2月	1999年6月	2021年11月	瑞典 ABB 制造公司
感应炉	座	7	7	万吨/年	3.02	3.02				
51号感应炉 特冶厂1吨感应炉	座	1	1	万吨/年	0.02	0.02	2015年12月	2016年10月	2021年11月	襄阳大展机电设备厂
52号感应炉 特冶厂中频感应炉	座	1	1	万吨/年	2	2	2004年12月	2005年2月	2021年12月	上海应达公司

续表 10-76

设备名称及类型	设备数量			设备能力			设备出厂时间	设备投产时间	设备末次更新改造时间	设备制造国家、公司
	计量单位	安装数	其中：使用数	计量单位	安装设备能力	其中：使用设备能力				
53 号感应炉 特冶厂 3 吨感应炉	座	1	1	万吨/年	0.06	0.06	2015 年 12 月	2016 年 10 月	2021 年 11 月	苏州振吴电炉厂
54 号感应炉 特冶厂 20 吨感应炉	座	1	1	万吨/年	0.40	0.40	2018 年 2 月	2018 年 12 月	2021 年 10 月	苏州振吴电炉厂
56 号真空感应炉	座	1	1	万吨/年	0.25	0.25	2009 年 8 月	2010 年 11 月	2021 年 12 月	美国 CONSARC 公司
57 号真空感应炉	座	1	1	万吨/年	0.25	0.25	2019 年 5 月	2020 年 5 月		美国 CONSARC
58 号真空感应炉	座	1	1	万吨/年	0.04	0.04	2020 年 5 月	2021 年 5 月		苏州振吴电炉厂
真空自耗炉	座	4	4	万吨/年	0.8	0.8				
41 号真空自耗炉	座	1	1	万吨/年	0.15	0.15	2009 年 1 月	2010 年 12 月	2021 年 8 月	奥地利 INtECO
42 号真空自耗炉	座	1	1	万吨/年	0.25	0.25	2019 年 1 月	2020 年 5 月		美国 CONSARC
43 号真空自耗炉	座	1	1	万吨/年	0.25	0.25	2020 年 1 月	2021 年 5 月		美国 CONSARC
44 号真空自耗炉	座	1	1	万吨/年	0.15	0.15	2020 年 1 月	2021 年 5 月		美国 CONSARC
电渣重熔炉	座	30	30	万吨/年	10.234	10.234				
11 号、14 号、19 号电渣炉	座	3	3	万吨/年	0.612	0.612	1964 年/1968 年/1991 年	1964 年/1968 年/1991 年	2021 年 10 月	自制设备
12 号、13 号、15 号、16 号、17 号、20 号、21 号电渣炉	座	7	7	万吨/年	2	2.1	1971 年/1988 年/2004 年	1971 年/1988 年/2004 年	2021 年 10 月	自制设备
18 号、22 号电渣炉	座	2	2	万吨/年	0.72	0.72	1967 年/2005 年	1967 年/2005 年	2021 年 10 月	自制设备
23 号气体保护电渣炉	座	1	1	万吨/年	0.312	0.312	2008 年 1 月	2008 年 5 月	2021 年 11 月	奥地利 INTECO 公司沈阳中大乌冶金技术工程有限公司
24 号、25 号电渣炉	座	2	2	万吨/年	0.72	0.72	2008 年 12 月	2009 年 12 月	2021 年 12 月	西安广大电炉厂

续表 10-76

设备名称及类型	设备数量			设备能力			设备出厂时间	设备投产时间	设备末次更新改造时间	设备制造国家、公司
	计量单位	安装数	其中：使用数	计量单位	安装设备能力	其中：使用设备能力				
26号、27号、28号、29号、32号、34号、35号气体保护电渣炉	座	7	7	万吨/年	2.52	2.52	2011年/2018年/2020年	2011年/2018年/2020年	2021年12月	上海应达公司
10号、31号、36号、37号气体保护电渣炉	座	4	4	万吨/年	1.6	1.6	2017年/2019年/2020年	2017年/2019年/2020年	2021年11月	辽宁辽重公司
30号气体保护电渣炉	座	1	1	万吨/年	0.5	0.5	2018年5月	2018年12月	2021年12月	奥地利INTECO公司
33号气体保护电渣炉	座	1	1	万吨/年	0.43	0.43	2020年11月	2021年2月		上海应达
38号、39号气体保护电渣炉	座	2	2	万吨/年	0.72	0.72	2020年9月	2021年9月		辽宁重型机械厂
二次冶金设备	座	14	14	万吨/年	1008.8	1008.8				
钢包炉	座	10	10	万吨/年	616.8	616.8				
特冶厂1号LF炉	座	1	1	万吨/年	6	6	2012年1月	2013年7月	2021年11月	自制设备
特冶厂2号LF炉	座	1	1	万吨/年	6	6	1997年1月	1998年10月	2021年9月	自制设备
特冶厂AOD炉	座	1	1	万吨/年	4.8	4.8	2011年2月	2012年5月	2021年10月	上海绿地建设设计研究院
电炉厂1号LF炉	座	1	1	万吨/年	40	40	1984年1月	1985年11月	2021年12月	西安电炉研究所
电炉厂2号LF炉	座	1	1	万吨/年	40	40	1993年2月	1994年12月	2021年11月	达涅利DANIELI公司
电炉厂3号LF炉	座	1	1	万吨/年	40	40	2006年2月	2007年5月	2021年11月	鞍山热能院
转炉厂双工位1号LF炉	座	1	1	万吨/年	120	120	2010年4月	2011年5月	2021年8月	中钢集团鞍山热能研究院有限公司
转炉厂双工位2号LF炉	座	1	1	万吨/年	120	120	2010年4月	2011年5月	2021年9月	中钢集团鞍山热能研究院有限公司
转炉厂双工位3号LF炉	座	1	1	万吨/年	120	120	2017年5月	2018年11月	2021年9月	中钢集团鞍山热能研究院有限公司

续表 10-76

设备名称及类型	设备数量			设备能力			设备出厂时间	设备投产时间	设备末次更新改造时间	设备制造国家、公司
	计量单位	安装数	其中：使用数	计量单位	安装设备能力	其中：使用设备能力				
转炉厂双工位 4 号 LF 炉	座	1	1	万吨/年	120	120	2012 年 8 月	2013 年 8 月	2021 年 8 月	中钢集团鞍山热能研究院有限公司
真空循环脱气装置	座	3	3	万吨/年	332	332				
电炉厂 RH-80 真空脱气炉	座	1	1	万吨/年	92	92	2002 年 5 月	2003 年 8 月	2021 年 12 月	日本大同（中冶京城）
转炉厂三车五位 1 号 RH 真空炉	座	1	1	万吨/年	120	120	2010 年 4 月	2011 年 5 月	2021 年 8 月	中冶京诚工程技术有限公司
转炉厂三车五位 2 号 RH 真空炉	座	1	1	万吨/年	120	120	2013 年 7 月	2014 年 10 月	2021 年 9 月	中冶京诚工程技术有限公司
真空脱气装置	座	1	1	万吨/年	60	60				
电炉厂 VD 炉	座	1	1	万吨/年	60	60	1993 年 8 月	1994 年 12 月	2021 年 12 月	DANIELI 公司
连铸机	台	6	6	万吨/年	455	455				
方坯连铸机	台	6	6	万吨/年	255	255				
电炉厂 1 号连铸机	台	1	1	万吨/年	25	25	1987 年 2 月	1988 年 10 月	2021 年 11 月	克虏伯公司
电炉厂 2 号连铸机	台	1	1	万吨/年	25	25	2000 年 2 月	2001 年 3 月	2021 年 11 月	武汉大西洋公司
电炉厂 3 号连铸机	台	1	1	万吨/年	40	40	2008 年 9 月	2009 年 2 月	2021 年 12 月	中冶京诚工程技术有限公司
转炉厂 1 号连铸机	台	1	1	万吨/年	55	55	2010 年 4 月	2011 年 5 月	2021 年 8 月	中信泰富工程技术有限公司
转炉厂 2 号连铸机	台	1	1	万吨/年	55	55	2010 年 4 月	2011 年 11 月	2021 年 9 月	中信泰富工程技术有限公司
转炉厂 3 号连铸机	台	1	1	万吨/年	55	55	2016 年 3 月	2017 年 9 月	2021 年 9 月	中冶京诚工程技术有限公司
圆坯连铸机										
电炉厂 1 号连铸机	台			万吨/年	25	25	1987 年 2 月	1988 年 10 月	2021 年 11 月	克虏伯公司

续表 10-76

设备名称及类型	设备数量			设备能力			设备出厂时间	设备投产时间	设备末次更新改造时间	设备制造国家、公司
	计量单位	安装数	其中：使用数	计量单位	安装设备能力	其中：使用设备能力				
电炉厂 2 号连铸机	台			万吨/年	20	20	2000 年 2 月	2001 年 3 月	2021 年 11 月	武汉大西洋公司
电炉厂 3 号连铸机	台			万吨/年	20	20	2008 年 9 月	2009 年 2 月	2021 年 12 月	中冶京诚工程技术有限公司
转炉厂 1 号连铸机	台			万吨/年	45	45	2010 年 4 月	2011 年 5 月	2021 年 8 月	中信泰富工程技术有限公司
转炉厂 2 号连铸机	台			万吨/年	45	45	2010 年 4 月	2011 年 11 月	2021 年 9 月	中信泰富工程技术有限公司
转炉厂 3 号连铸机	台			万吨/年	45	45	2016 年 3 月	2017 年 9 月	2021 年 9 月	中冶京诚工程技术有限公司
炼钢辅助设备										
制氧机	台	3	2	万立方米/年	43800	35040				
新 20000 制氧机	台	1	1	万立方米/年	17520	17520	2019 年 1 月	2020 年 9 月		杭氧集团透平机械有限公司
20000 制氧机	台	1	1	万立方米/年	17520	17520	2010 年 5 月	2011 年 8 月	2021 年 10 月	杭州制氧厂
10000 制氧机	台	1	0	万立方米/年	8760		2003 年 11 月	2003 年 11 月	2020 年 9 月已停用	杭州杭氧集团
钢加工设备										
钢压延加工设备										
初轧开坯设备										
初轧机	套	1	1	万吨/年	85	85				
大棒 1350 轧机	套	1	1	万吨/年	85	85	2021 年 1 月	2021 年 10 月		中冶赛迪

续表 10-76

设备名称及类型	设备数量			设备能力			设备出厂时间	设备投产时间	设备末次更新改造时间	设备制造国家、公司
	计量单位	安装数	其中：使用数	计量单位	安装设备能力	其中：使用设备能力				
附：钢坯连轧机	套	5	5	万吨/年	248	248				
大棒 750 轧机	套	1	1	万吨/年	50	50	2004 年 1 月	2005 年 10 月	2021 年 8 月	苏州冶金机械厂
新中棒线轧机	套	1	1	万吨/年	90	90	2014 年 1 月	2015 年 8 月	2021 年 10 月	常熟达涅利冶金设备有限公司
中棒 500 半连轧机	套	1	1	万吨/年	18	18	2001 年 2 月	2002 年 9 月	2021 年 12 月	北钢院及中冶京诚
小棒 650 连轧机	套	1	1	万吨/年	40	40	1997 年/2002 年/2003 年	1997 年/2002 年/2003 年	2021 年 9 月	POMINI 及苏州冶金公司
新扁棒线轧机	套	1	1	万吨/年	50	50	2020 年 2 月	2021 年 2 月		常熟达涅利冶金设备有限公司
钢管轧机										
热轧无缝钢管轧机（机组）	台	4	4	万吨/年	84	84				
170 钢管厂 170 机组	台	1	1	万吨/年	25	25	1990 年 1 月	1992 年 2 月	2021 年 8 月	
170 钢管厂 108 机组	台	1	1	万吨/年	6	6	1985 年 1 月	1987 年 4 月	2021 年 9 月	
460 钢管厂 460 机组	台	1	1	万吨/年	30	30	2007 年 1 月	2009 年 3 月	2021 年 10 月	
219 钢管厂 219 机组	台	1	1	万吨/年	22	22	2007 年 1 月	2009 年 12 月	2021 年 11 月	
旋压钢管机	台	1	1	万吨/年	1	1	1966 年 2 月	1968 年 1 月	2021 年 12 月	自制设备
拉拔机	台	1	1	万吨/年	1.2	1.2	2019 年 8 月	2020 年 8 月		江阴圆方
其他压延设备										
锻锤	台	6	6	台	16.2	16.2				
8 兆牛快锻（开坯）	台	1	1	万吨/年	0.96	0.96	1992 年 10 月	1994 年 11 月	2021 年 9 月	兰石重工

续表 10-76

设备名称及类型	设备数量			设备能力			设备出厂时间	设备投产时间	设备末次更新改造时间	设备制造国家、公司
	计量单位	安装数	其中：使用数	计量单位	安装设备能力	其中：使用设备能力				
30 兆牛快锻（开坯）	台	1	1	万吨/年	0.42	0.42	2006 年 11 月	2007 年 6 月	2021 年 10 月	德国杜伊斯堡
16 兆牛精锻机	台	1	1	万吨/年	5.4	5.4	2010 年 2 月	2011 年 12 月	2021 年 7 月	德国 MEER
20 兆牛快锻	台	1	1	万吨/年	2.52	2.52	2009 年 10 月	2010 年 9 月	2021 年 11 月	兰石重工
45 兆牛快锻	台	1	1	万吨/年	4.68	4.68	2010 年 2 月	2011 年 5 月	2021 年 9 月	兰石重工
60 兆牛快锻	台	1	1	万吨/年	3.6	3.6	2019 年 2 月	2020 年 11 月		德国 SMS
钢加工辅助设备										
钢材热处理设备	套	41	41	万吨/年	10	10				
3 号辊底式真空连续退火炉	套	1	1	万吨/年	1.44	1.44	2008 年 2 月	2010 年 9 月	2021 年 8 月	浙江金舟
4 号辊底式连续退火炉	套	1	1	万吨/年	1.44	1.44	2008 年 3 月	2010 年 8 月	2021 年 8 月	浙江金舟
20 吨保护气氛退火炉	套	1	1	万吨/年	7.12	7.12	2016 年 12 月	2017 年 1 月	2021 年 12 月	浙江金舟
1 号银亮线剥皮机	套	1	1	万吨/年	1.2	1.2	2005 年 2 月	2006 年 1 月	2021 年 10 月	美国汉川
2 号银亮线剥皮机	套	1	1	万吨/年	1.2	1.2	2003 年 2 月	2004 年 1 月	2021 年 11 月	美国汉川
3 号银亮线剥皮机	套	1	1	万吨/年	1.2	1.2	2017 年 2 月	2018 年 5 月	2021 年 12 月	德国凯瑟琳
银亮线 1 号精矫抛光机	套	1	1	万吨/年	1.2	1.2	2005 年 1 月	2006 年 3 月	2021 年 10 月	美国汉川
银亮线 2 号精矫抛光机	套	1	1	万吨/年	1.2	1.2	2003 年 1 月	2004 年 6 月	2021 年 10 月	美国汉川
银亮磨光线	套	7	7	万吨/年	1.2	1.2	2007 年 1 月	2008 年 4 月	2021 年 7 月	无锡南元机床厂
调质大线	套	1	1	万吨/年	2.2	2.2	2011 年 1 月	2012 年 5 月	2021 年 10 月	西安博大
调质小线	套	1	1	万吨/年	1	1	2011 年 1 月	2012 年 6 月	2021 年 10 月	西安博大
超声自动探伤机	套	2	2	万吨/年	3	3	2012 年 1 月	2013 年 6 月	2021 年 10 月	钢研纳克

续表 10-76

设备名称及类型	设备数量			设备能力			设备出厂时间	设备投产时间	设备末次更新改造时间	设备制造国家、公司
	计量单位	安装数	其中：使用数	计量单位	安装设备能力	其中：使用设备能力				
涡流超声自动探伤线	套	1	1	万吨/年	2	2	2015 年 1 月	2016 年 8 月	2021 年 9 月	钢研纳克
两辊、九辊、十一辊矫直机	套	5	5	万吨/年	4	4	1987 年/2013 年	1987 年/2013 年	2021 年 8 月	西重所
1 号砂带磨	套	1	1	万吨/年	1.2	1.2	2006 年 1 月	2006 年 10 月	2021 年 10 月	美国汉川
2 号砂带磨	套	1	1	万吨/年	1.2	1.2	2004 年 1 月	2004 年 11 月	2021 年 11 月	美国汉川
3 号砂带磨	套	1	1	万吨/年	1.2	1.2	2017 年 12 月	2018 年 9 月	2021 年 12 月	美国汉川
无心磨床 1	套	1	1	万吨/年	5	5	1986 年 5 月	1987 年 1 月	2021 年 5 月	浙江海宁机床厂
无心磨床 2	套	1	1	万吨/年	1.5	1.5	2011 年 10 月	2012 年 10 月	2021 年 10 月	江阴东辰
钢管热处理设备 1 号辊底式退火炉	套	1	1	万吨/年	4.5	4.5	1992 年 1 月	1992 年 8 月	2021 年 8 月	杨治
钢管热处理 2 号辊底式退火炉	套	1	1	万吨/年	4.5	4.5	1992 年 1 月	1992 年 7 月	2021 年 10 月	杨治
钢管热处理设备 3 号辊底式退火炉	套	1	1	万吨/年	5	5	2012 年 1 月	2012 年 10 月	2021 年 10 月	天津洛伊
钢管热处理设备 170 淬火机	套	1	1	万吨/年	7	7	2008 年 1 月	2008 年 8 月	2021 年 9 月	西重所
钢管热处理设备 325 淬火机	套	1	1	万吨/年	5	5	2011 年 10 月	2012 年 6 月	2021 年 6 月	中冶京城
钢管热处理设备 460 淬火机	套	1	1	万吨/年	8	8	2011 年 1 月	2011 年 8 月	2021 年 9 月	中冶京城
钢管热处理设备 325 步进式回火炉	套	1	1	万吨/年	5	5	2011 年 1 月	2012 年 10 月	2021 年 9 月	天津洛伊
钢管热处理设备 460 步进式回火炉	套	1	1	万吨/年	5	5	2015 年 1 月	2016 年 7 月	2021 年 6 月	北京凤凰
钢管热处理设备 508 正火炉	套	1	1	万吨/年	7.2	7.2	2017 年 1 月	2018 年 8 月	2021 年 10 月	北京凤凰
钢管热处理设备燃气台车炉	套	1	1	万吨/年	2	2	2010 年 1 月	2011 年 5 月	2021 年 10 月	黄冈市华窑中洲窑炉有限公司
钢管热处理设备电阻台车炉	套	1	1	万吨/年	1.5	1.5	2010 年 1 月	2011 年 5 月	2021 年 10 月	丹阳市江南工业炉有限公司

（11）江阴兴澄特种钢铁有限公司专业产品主要生产设备见表10-77。

表10-77 江阴兴澄特种钢铁有限公司专业产品主要生产设备

设备名称及类型	设备数量			设备能力			设备出厂时间	设备投产时间	设备末次更新改造时间	设备制造国家、公司
	计量单位	安装数	其中：使用数	计量单位	安装设备能力	其中：使用设备能力				
人造块矿设备										
烧结机	台			万吨/年						
铁矿烧结机	台	2	2	万吨/年	751	751				
大烧结	台	1	1	万吨/年	340	340	2008年7月	2009年9月		中国、鞍钢总厂
1号烧结机	台	1	1	万吨/年	411	411	2018年12月	2019年4月		中国、鞍钢重型机械有限责任公司
炼铁及铸铁设备										
高炉	座	3	3	万吨/年	560	560				
1号高炉	座	1	1	万吨/年	128	128	2002年9月	2002年9月	2015年12月	中国冶金设备总公司
2号高炉	座	1	1	万吨/年	142	142	2019年10月	2020年4月		中国、中鼎锐拓
3号高炉	座	1	1	万吨/年	290	290	2008年7月	2009年9月		中国、马钢修建
铸铁机	台	2	2	万吨/年	70	70				
1号、2号铸铁机	台	2	2	万吨/年	70	70	2004年5月	2004年5月	2009年11月	山观冶金机械厂
炼钢设备										
炼钢设备										
铁水预处理设备	座	4	4	万吨/年	428	428				
1号铁水预处理设备	座	1	1	万吨/年	70	70	2005年3月	2005年9月	2005年9月	日本钻石公司
2号铁水预处理设备	座	1	1	万吨/年	70	70	2008年3月	2008年11月	2008年11月	中钢设备公司
特板炼钢1号KR	座	1	1	万吨/年	144	144	2009年1月	2009年7月		中钢设备公司
特板炼钢2号KR	座	1	1	万吨/年	144	144	2009年2月	2009年8月		中钢设备公司

续表 10-77

设备名称及类型	设备数量			设备能力			设备出厂时间	设备投产时间	设备末次更新改造时间	设备制造国家、公司
	计量单位	安装数	其中：使用数	计量单位	安装设备能力	其中：使用设备能力				
转炉	座			万吨/年						
顶底复合吹转炉	座	4	4	万吨/年	488	488				
二炼转炉	座	1	1	万吨/年	100	100	2005 年 3 月	2005 年 9 月	2005 年 9 月	中冶京城工程技术有限公司
二炼转炉	座	1	1	万吨/年	100	100	2008 年 7 月	2009 年 2 月	2009 年 2 月	中冶京城工程技术有限公司
特板炼钢 1 号转炉	座	1	1	万吨/年	144	144	2009 年 1 月	2009 年 7 月		中冶京城工程技术有限公司
特板炼钢 2 号转炉	座	1	1	万吨/年	144	144	2009 年 2 月	2009 年 8 月		中冶京城工程技术有限公司
电炉	座			万吨/年						
直流电弧炉	座	3	3	万吨/年	160	160				
一炼单壳电炉	座	1	1	万吨/年	100	100	1996 年 6 月	1997 年 11 月		德国德马格
三炼双壳 1 号电炉	座	1	1	万吨/年	30	30	1986 年 5 月	1987 年 10 月	2003 年 11 月	长春电炉厂
三炼双壳 3 号电炉	座	1	1	万吨/年	30	30	1992 年 3 月	1993 年 11 月	1996 年 6 月	长春电炉厂
二次冶金设备										
钢包炉	座	9	9	万吨/年	878	878				
一炼 1 号 LF 炉	座	1	1	万吨/年	100	100	1996 年 6 月	1997 年 11 月		德国德马格
一炼 2 号 LF 炉	座	1	1	万吨/年	100	100	2005 年 6 月	2005 年 9 月		中国二重
二炼 1 号 LF 炉	座	1	1	万吨/年	100	100	2005 年 3 月	2005 年 9 月		中国二重
二炼 2 号 LF 炉	座	1	1	万吨/年	100	100	2006 年 9 月	2007 年 3 月		中国二重
三炼 1 号 LF 炉	座	1	1	万吨/年	30	30	1996 年 4 月	2003 年 6 月		东雄重型电炉公司
特板炼钢 1 号 LF 炉	座	1	1	万吨/年	144	144	2009 年 1 月	2009 年 7 月		长春市兴海电炉有限公司
特板炼钢 2 号 LF 炉	座	1	1	万吨/年	144	144	2009 年 2 月	2009 年 8 月		长春市兴海电炉有限公司
三炼 3 号 LF 炉	座	1	1	万吨/年	30	30	2002 年 12 月	2007 年 9 月		西安华兴

续表 10-77

设备名称及类型	设备数量			设备能力			设备出厂时间	设备投产时间	设备末次更新改造时间	设备制造国家、公司
	计量单位	安装数	其中：使用数	计量单位	安装设备能力	其中：使用设备能力				
二炼3号F炉	座	1	1	万吨/年	100	100	2010年1月	2010年4月		中国二重
三炼2号LF炉	座	1	1	万吨/年	30	30		1993年5月	2005年10月	中国、无锡四方
真空循环脱气装置	座	4	4	万吨/年	468	468				
二炼1号RH炉	座	1	1	万吨/年	90	90	2005年5月	2006年5月	2006年5月	德国SMS
特板炼钢1号RH炉	座	1	1	万吨/年	144	144	2009年1月	2009年7月		西门子奥钢联
特板炼钢2号RH炉	座	1	1	万吨/年	144	144	2009年2月	2009年8月		西门子奥钢联
二炼2号RH炉	座	1	1	万吨/年	90	90	2007年11月	2008年4月		中冶京城
真空脱气装置	座	3	3	万吨/年	160	160				
一炼VD炉	座	1	1	万吨/年	100	100	1996年6月	1997年11月		德国德马格
三炼1号VD炉	座	1	1	万吨/年	30	30	1999年9月	1999年10月		无锡四方
三炼2号VD炉	座	1	1	万吨/年	30	30	2005年4月	2005年5月		西安西重所
钢包吹氩装置	座	3	3	万吨/年	300	300				
一炼1号LF/钢包吹氩CLP600/602	座	1	1	万吨/年	100	100				意大利
一炼2号LF/钢包吹氩5853S	座	1	1	万吨/年	100	100				美国
一炼一盖两罐VD炊氩10A	座	1	1	万吨/年	100	100				美国
连铸机	台			万吨/年						
方坯连铸机	台	9	9	万吨/年	842	842				
一炼RH12连铸机	台	1	1	万吨/年	100	100	1996年6月	1997年11月		德国德马格
二炼R12连铸机	台	1	1	万吨/年	100	100	2004年5月	2005年6月		武汉461厂
二炼R16.5连铸机	台	1	1	万吨/年	100	100	2006年5月	2007年3月		瑞士康卡斯特
二炼R17连铸机	台	1	1	万吨/年	50	50	2009年2月	2009年5月	2011年11月	中冶京城
三炼1号R8连铸机	台	1	1	万吨/年	35	35	2003年3月	2004年3月		武汉船工用机械厂
三炼3号R8连铸机	台	1	1	万吨/年	35	35	1994年5月	1994年9月		沪东造船厂
特板炼钢R11连铸机	台	1	1	万吨/年	153	153	2008年2月	2008年5月		中京工程技术有限公司

续表 10-77

设备名称及类型	设备数量			设备能力			设备出厂时间	设备投产时间	设备末次更新改造时间	设备制造国家、公司
	计量单位	安装数	其中：使用数	计量单位	安装设备能力	其中：使用设备能力				
特板炼钢 R6.5 连铸机	台	1	1	万吨/年	149	149	2008 年 2 月	2008 年 5 月		达涅利公司
特板炼钢 R12 连铸机	台	1	1	万吨/年	120	120	2013 年 2 月	2013 年 4 月		中京工程技术有限公司
炼钢辅助设备										
制氧机	台	4	4	万立方米/年	62160	62160				
6000 立方米/小时制氧机	台	1	1	万立方米/年	5040	5040	1996 年 10 月	1997 年 7 月		哈尔滨制氧机厂
10000 立方米/小时制氧机	台	1	1	万立方米/年	8400	8400	2001 年 8 月	2002 年 5 月		四川空分设备有限公司
20000 立方米/小时制氧机	台	1	1	万立方米/年	16800	16800	2004 年 5 月	2005 年 6 月		四川空分设备有限公司
38000 立方米/小时制氧机	台	1	1	万立方米/年	31920	31920	2008 年 10 月	2009 年 12 月		四川空分设备有限公司
钢加工设备										
钢压延加工设备										
大型型钢轧机	套	2	2	万吨/年	165	165				
一轧	套	1	1	万吨/年	85	85	1997 年 4 月	1998 年 5 月	2006 年 3 月	武汉船用机械厂、南京减速机厂
二轧大棒	套	1	1	万吨/年	80	80	2007 年 5 月	2007 年 10 月		成都莱克冶金机械设备有限公司
小型型钢轧机	套	3	3	万吨/年	190	155				
二轧小棒	套	1	1	万吨/年	120	120	1997 年 4 月	1998 年 5 月		武汉船用机械厂、南京减速机厂
三轧一线	套	1	1	万吨/年	35	35	1985 年 5 月	1989 年 8 月	2005 年 5 月	意大利
三轧二线	套	1	1	万吨/年	35	35	1994 年 5 月	1994 年 8 月	2001 年 11 月	大连重工
线材轧机										

续表 10-77

设备名称及类型	设备数量			设备能力			设备出厂时间	设备投产时间	设备末次更新改造时间	设备制造国家、公司
	计量单位	安装数	其中：使用数	计量单位	安装设备能力	其中：使用设备能力				
高速线材轧机	套	2	2	万吨/年	75	75				
杨市高线	套	1	1	万吨/年	25	25	2007 年 6 月	2007 年 6 月		西安航鑫机电设备制造有限公司
合金材料	套	1	1	万吨/年	50	50	2013 年 1 月	2013 年 6 月		常熟达涅利
宽厚板轧机	套	1	1	万吨/年	170	170				
宽厚板	套	1	1	万吨/年	170	170	2010 年 11 月	2010 年 11 月		中信重机、意大利达涅利
中厚板轧机	套	1	1	万吨/年	120	120				
中板	套	1	1	万吨/年	120	120	2010 年 2 月	2010 年 4 月		中信重工机械股份有限公司

（12）青岛特殊钢铁有限公司专业产品主要生产设备见表 10-78。

表 10-78　青岛特殊钢铁有限公司专业产品主要生产设备

设备名称及类型	设备数量			设备能力			设备出厂时间	设备投产时间	设备末次更新改造时间	设备制造国家、公司
	计量单位	安装数	其中：使用数	计量单位	安装设备能力	其中：使用设备能力				
人造块矿设备										
烧结机	台	3	3	万吨/年	704.8	704.8				
铁矿烧结机	台	3	3	万吨/年	704.8	704.8	2014 年 10 月	2015 年 11 月		马鞍山钢铁股份有限公司重型机械设备制造公司
1 号烧结机	台	1	1	万吨/年	231.9	231.9	2014 年 10 月	2015 年 11 月		马鞍山钢铁股份有限公司重型机械设备制造公司
2 号烧结机	台	1	1	万吨/年	231.9	231.9	2014 年 10 月	2015 年 11 月		马鞍山钢铁股份有限公司重型机械设备制造公司

续表 10-78

设备名称及类型	设备数量			设备能力			设备出厂时间	设备投产时间	设备末次更新改造时间	设备制造国家、公司
	计量单位	安装数	其中：使用数	计量单位	安装设备能力	其中：使用设备能力				
3 号烧结机	台	1	1	万吨/年	241	241	2020 年 12 月			鞍钢重型机械有限责任公司
炼铁及铸铁设备										
高炉	座	3	3	万吨/年	417	417				
1 号高炉	座	1	1	万吨/年	161	161	2014 年 12 月	2015 年 11 月		中冶赛迪工程技术股份有限公司
2 号高炉	座	1	1	万吨/年	161	161	2014 年 12 月	2016 年 10 月		中冶赛迪工程技术股份有限公司
3 号高炉	座	1	1	万吨/年	95	95	2020 年 12 月			中冶京诚工程技术有限公司
炼钢设备										
转炉	座	4	4	万吨/年	427. 36	427. 36				
顶底复合吹转炉	座	4	4	万吨/年	427. 36	427. 36				
1 号转炉	座	1	1	万吨/年	106. 84	106. 84	2014 年 12 月	2015 年 11 月		太原重工股份有限公司
2 号转炉	座	1	1	万吨/年	106. 84	106. 84	2014 年 12 月	2015 年 11 月		太原重工股份有限公司
3 号转炉	座	1	1	万吨/年	106. 84	106. 84	2014 年 12 月	2015 年 11 月		太原重工股份有限公司
4 号转炉	座	1	1	万吨/年	106. 84	106. 84				中冶京诚工程技术有限公司
连铸机	台	6	6	万吨/年	615. 51	615. 51				
方坯连铸机	台	5	5	万吨/年	515. 51	515. 51				
1 号连铸机	台	1	1	万吨/年	104. 17	104. 17	2014 年 10 月	2015 年 11 月		中国重型机械研究所有限公司
2 号连铸机	台	1	1	万吨/年	104. 17	104. 17	2014 年 10 月	2015 年 11 月		中国重型机械研究院有限公司
3 号连铸机	台	1	1	万吨/年	104. 17	104. 17	2014 年 10 月	2015 年 11 月		中国重型机械研究院有限公司
5 号连铸机	台	1	1	万吨/年	100	100				中冶南方连铸技术工程有限公司
6 号连铸机	台	1	1	万吨/年	103	103				中冶京诚工程技术有限公司
其他连铸机										

续表 10-78

设备名称及类型	设备数量			设备能力			设备出厂时间	设备投产时间	设备末次更新改造时间	设备制造国家、公司
	计量单位	安装数	其中：使用数	计量单位	安装设备能力	其中：使用设备能力				
方圆连铸机	台	1	1	万吨/年	100	100	2018年9月			中冶京诚工程技术有限公司
钢加工设备										
钢压延加工设备										
小型型钢轧机	套	2	2	万吨/年	130	130				
扁钢小型型钢轧机	套	1	1	万吨/年	60	60	2015年1月	2015年4月		大连华锐重工集团有限公司减速机厂
圆钢小型型钢轧机	套	1	1	万吨/年	70	70	2015年6月	2015年12月		西马克梅尔工程（中国）有限公司
线材轧机	套	6	6	万吨/年	330	330				
高速线材轧机	套		6	万吨/年	330	330				
第一高速线材厂	套	1	1	万吨/年	70	70	2014年10月	2015年7月		美国摩根工程公司
第二高速线材厂	套	1	1	万吨/年	50	50	2014年9月	2015年3月		意大利达涅利冶金设备公司
第三高速线材厂	套	1	1	万吨/年	50	50	2014年9月	2015年10月		意大利达涅利冶金设备公司
第四高速线材厂	套	1	1	万吨/年	60	60	2009年10月	2011年5月	2016年5月	美国摩根工程公司
第五高速线材厂	套	1	1	万吨/年	50	50				意大利达涅利冶金设备公司
第六高速线材厂	套	1	1	万吨/年	50	50				意大利达涅利冶金设备公司
洗煤、炼焦、煤气及煤化工产品生产设备										
机械化焦炉	座	2	2	万吨/年	160	160				
1号焦炉	座	1	1	万吨/年	80	80	2015年3月	2015年6月		太原重工股份有限公司
2号焦炉	座	1	1	万吨/年	80	80	2015年3月	2016年3月		太原重工股份有限公司

（13）本钢板材股份有限公司特殊钢事业部专业产品主要生产设备见表 10-79。

表 10-79 本钢板材股份有限公司特殊钢事业部专业产品主要生产设备

设备名称及类型	设备数量			设备能力			设备出厂时间	设备投产时间	设备末次更新改造时间	设备制造国家、公司
	计量单位	安装数	其中：使用数	计量单位	安装设备能力	其中：使用设备能力				
A 炉 50 吨交流电弧炉 30000 千伏安	座	1	1	万吨/年	25	25	2004 年 6 月	2004 年 7 月	2008 年 8 月	西安
C 炉 50 吨交流电弧炉 25000 千伏安	座	1	1	万吨/年	25	25	1999 年 1 月	1999 年 10 月	2009 年 3 月	长春
7 号 精炼炉 LF-50 吨 9000 千伏安	座	1	1	万吨/年	25	25	2004 年 6 月	2004 年 7 月	2008 年 8 月	西安
8 号 精炼炉 LF-50 吨 7000 千伏安	座	1	1	万吨/年	25	25	1999 年 1 月	1999 年 10 月	2009 年 3 月	长春
VD 真空精炼炉	座	1	1	万吨/年	50	50	2008 年 4 月	2010 年 12 月		北京科技大学
方坯连铸机柔性引锭杆全弧形连铸机	台套	1	1	万吨/年	48	48	2006 年 6 月	2006 年 9 月	2014 年 11 月	武汉大西洋冶金
端进端出空气单预热蓄热步进梁式 1 号加热炉	座	1	1	吨/小时	120	120	2007 年 12 月	2007 年 12 月		北京神雾公司
端进端出空气单预热蓄热步进梁式 2 号加热炉	座	1	1	吨/小时	120	120	2007 年 6 月	2007 年 6 月		北京神雾公司
初轧线										
ϕ1150 轧机	台套	1	1	万吨/年	80	80	2019 年 4 月	2019 年 6 月		达涅利
ϕ850 轧机	台套	3	3	万吨/年	80	80	2019 年 4 月	2019 年 6 月		达涅利
大棒轧线										
480 连轧机组	台套	6	6	万吨/年	102.7	102.7	2007 年 1 月	2007 年 5 月	2019 年 4 月	意大利 Pomini 公司、沈重
576 连轧机组	台套	3	3	万吨/年	95.6	95.6	2007 年 1 月	2007 年 5 月		意大利 Pomini 公司、沈重
小棒轧线										
576 轧机组	台套	2	2	万吨/年	30.7	30.7	2007 年 5 月	2007 年 12 月	2009 年 1 月	意大利 Pomini 公司、沈重
558 轧机组	台套	4	4	万吨/年	24	24	2007 年 5 月	2007 年 12 月	2009 年 1 月	意大利 Pomini 公司、沈重
548 轧机组	台套	4	4	万吨/年	18	18	2007 年 5 月	2007 年 12 月	2009 年 1 月	意大利 Pomini 公司、沈重
检定径										
370 轧机组	台套	3	3	万吨/年	22	22	2007 年 5 月	2007 年 12 月		意大利 Pomini 公司

（14）首钢贵阳特殊钢有限责任公司专业产品主要生产设备见表 10-80。

表 10-80　首钢贵阳特殊钢有限责任公司专业产品主要生产设备

设备名称及类型	设备数量			设备能力			设备出厂时间	设备投产时间	设备末次更新改造时间	设备制造国家、公司
	计量单位	安装数	其中：使用数	计量单位	安装设备能力	其中：使用设备能力				
60 吨电弧炉	座	1	1	万吨	32	32		2014 年 7 月	2021 年 3 月	特洛恩
连铸机	座	1	1	万吨	30	30		2014 年 7 月	2021 年 3 月	康卡斯特
高刚度短应力轧机	套	2	2	万吨	50	30	2013 年 2 月	2014 年 5 月		秦皇岛首钢长白机械有限公司
悬臂式轧机	套	1	1	万吨	50	30	2013 年 3 月	2014 年 5 月		哈尔滨哈飞工业制造有限公司
650 开坯机	套	1	1	万吨	19	20	2016 年 4 月	2019 年 7 月		大连重工
交流电弧炉	座	1	1	万吨	40	40	2000 年 6 月	2000 年 6 月		意大利特诺恩
液压扩孔机	台	4	4	万吨	2	2	1995 年 1 月	1995 年 1 月		自制
锻锤	套	1	1	万吨	1	0	2014 年 8 月	2014 年 12 月		贵阳万里有限公司
加热炉	台	2	2	万吨	1	1	2014 年 10 月	2014 年 12 月		江苏腾天工业炉有限公司

（15）江苏沙钢集团有限公司专业产品主要生产设备见表 10-81。

表 10-81　江苏沙钢集团有限公司专业产品主要生产设备

设备名称及类型	设备数量			设备能力			设备出厂时间	设备投产时间	设备末次更新改造时间	设备制造国家、公司
	计量单位	安装数	其中：使用数	计量单位	安装设备能力	其中：使用设备能力				
炼铁设备	座	33	33		3380	3380				
高炉 450 立方米	座	2	2	万吨/年	140	140	2003 年 5 月	2003 年 12 月		
高炉 580 立方米	座	2	2	万吨/年	160	160	2004 年 7 月	2005 年 6 月		
1 号高炉 450 立方米	座	1	1	万吨/年	50	50	2002 年 10 月	2003 年 6 月		

续表 10-81

设备名称及类型	设备数量			设备能力			设备出厂时间	设备投产时间	设备末次更新改造时间	设备制造国家、公司
	计量单位	安装数	其中：使用数	计量单位	安装设备能力	其中：使用设备能力				
2 号高炉 450 立方米	座	1	1	万吨/年	50	50	2002 年 10 月	2003 年 6 月		
新区高炉 580 立方米	座	2	2	万吨/年	160	160	2009 年 10 月	2010 年 3 月		
高炉 500 立方米	座	4	4	万吨/年	220	220	2003 年 1 月	2003 年 8 月		
高炉 600 立方米	座	2	2	万吨/年	140	140	2005 年 12 月	2006 年 6 月		
高炉 700 立方米	座	1	1	万吨/年	80	80	2005 年 12 月	2007 年 2 月		
高炉 1080 立方米	座	2	2	万吨/年	240	240	2010 年 9 月	2011 年 8 月		
高炉 1080 立方米	座	1	1	万吨/年	120	120	2013 年 9 月	2013 年 11 月		
高炉 5800 立方米	座	1	1	万吨/年	463	463	2008 年	2009 年		
高炉 2680 立方米	座	3	3	万吨/年	668	668	2003 年	2004 年		
高炉 580 立方米	座	4	4	万吨/年	272	272	2004 年	2005 年		
高炉 480 立方米	座	4	4	万吨/年	228	228	1999 年	2000 年		
高炉 1580 立方米	座	2	2	万吨/年	274	274	2011 年	2012 年		
大连特钢炼铁厂高炉 1260 立方米	座	1	1	万吨/年	115	115	2011 年	2013 年		
炼钢设备										
转炉	座	22	22	万吨/年	3147	3147				
顶吹转炉	座	3	3	万吨/年	270	270	2003 年 1 月	2003 年 7 月		
顶吹转炉	座	2	2	万吨/年	180	180	2005 年 10 月	2006 年 4 月		
顶底复吹转炉	座	2	2	万吨/年	350	350	2010 年	2011 年 7 月		
43-4116B1 顶吹转炉	座	1	1	万吨/年	110	110	2003 年 1 月	2003 年 12 月		
43-4116B1 顶吹转炉	座	1	1	万吨/年	110	110	2004 年 12 月	2005 年 6 月		
顶底复合吹转炉	座	2	2	万吨/年	260	260	2008 年/2012 年	2010 年/2012 年		

续表 10-81

设备名称及类型	设备数量			设备能力			设备出厂时间	设备投产时间	设备末次更新改造时间	设备制造国家、公司
	计量单位	安装数	其中：使用数	计量单位	安装设备能力	其中：使用设备能力				
180 吨转炉	座	6	6	万吨/年	1300	1300	2003 年	2004 年		
50 吨转炉	座	2	2	万吨/年	182	182	2002 年	2003 年		
100 吨转炉	座	2	2	万吨/年	250	250	2012 年	2013 年		
100 吨顶底复合吹转炉	座	1	1	万吨/年	135	135	2010 年	2011 年		
交流电弧炉	座	15	15	万吨/年	1060	1060				
EAF5800-2-F-E-060 交流电弧炉	座	1	1	万吨/年	80	80	1994 年 12 月	1995 年 12 月		
140 吨电炉	座	1	1	万吨/年	110	110	2005 年	2006 年		
110 吨电炉	座	1	1	万吨/年	110	110	2006 年	2007 年		
100 吨电炉	座	3	3	万吨/年	320	320	1999 年	2000 年		
90 吨电炉	座	1	1	万吨/年	100	100	1994 年	1995 年		
1 号电炉（50 吨）	座	1	1	万吨/年	30	30	1991 年	1992 年		
2 号电炉（60 吨）	座	1	1	万吨/年	35	35	2000 年	2001 年		
10 号电炉	座	1	1	万吨/年	15	15	1965 年	1965 年		
12 号电炉	座	1	1	万吨/年	15	15	1965 年	1965 年		
110 吨电弧炉	座	1	1	万吨/年	80	80	2010 年	2011 年		
交流电弧炉	座	1	1	万吨/年	35	35	2008 年	2009 年		
交流电弧炉	座	1	1	万吨/年	30	30	2004 年	2010 年		
交流电弧炉	座	1	1	万吨/年	100	100	2011 年	2013 年		
钢加工设备										
钢压延加工设备										
初轧机	套	2	2	万吨/年	47	20.8				

续表 10-81

设备名称及类型	设备数量			设备能力			设备出厂时间	设备投产时间	设备末次更新改造时间	设备制造国家、公司
	计量单位	安装数	其中：使用数	计量单位	安装设备能力	其中：使用设备能力				
850 轧机	套	1	1	万吨/年	22	13.6	1989 年	1989 年		
750 初轧机	套	1	1	万吨/年	25	7.2	1974 年	1975 年		
钢坯连轧机	套	6	6	万吨/年	620	575				
钢坯连轧机	套	1	1	万吨/年	140	140	2004 年 3 月	2004 年 8 月		
钢坯连轧机	套	1	1	万吨/年	130	130	2010 年 2 月	2011 年 5 月		
钢坯连轧机	套	2	2	万吨/年	220	220	2011 年 9 月	2011 年 12 月		
钢坯连轧机	套	1	1	万吨/年	50	50	2018 年 10 月	2019 年 3 月		
钢坯连轧机	套	1	1	万吨/年	80	35	2013 年 1 月	2013 年 9 月		
大型型钢轧机	套	3	3	万吨/年	225	225				
连轧机组	套	1	1	万吨/年	80	80	2005 年 1 月	2005 年 12 月		
连轧机组	套	1	1	万吨/年	80	80	2004 年 6 月	2005 年 12 月		
1050 大型型钢轧机	套	1	1	万吨/年	65	65	2008 年 7 月	2011 年 2 月		
中型型钢轧机	套	5	5	万吨/年	101.4	98.4				
模具钢轧机	套	1	1	万吨/年	20	20	2010 年 10 月	2011 年 7 月		
棒材轧机	套	1	1	万吨/年	30	30	1995 年 2 月	1997 年 1 月		
棒材连轧机	套	1	1	万吨/年	33	30	1995 年	1995 年		
WF5-4	套	1	1	万吨/年	7	7	1996 年	1996 年		
750 轧机	套	1	1	万吨/年	11.4	11.4	2013 年 8 月	2014 年 1 月		
小型型钢轧机	套	9	9	万吨/年	780	780				
连轧机组	套	1	1	万吨/年	70	70	1998 年 8 月	1999 年 1 月		
连轧机组	套	1	1	万吨/年	70	70	2001 年 5 月	2002 年 3 月		

续表 10-81

设备名称及类型	设备数量			设备能力			设备出厂时间	设备投产时间	设备末次更新改造时间	设备制造国家、公司
	计量单位	安装数	其中：使用数	计量单位	安装设备能力	其中：使用设备能力				
小型型钢轧机	套	2	2	万吨/年	200	200	2009年6月	2010年3月		
连轧机	套	4	4	万吨/年	320	320	1991年/1998年	1992年/1999年		
连轧机	套	1	1	万吨/年	120	120	1999年	2000年		
高速线材轧机	套	18	18	万吨/年	1260	1260				
线材轧机	套	1	1	万吨/年	90	90	2004年10月	2005年3月		
线材轧机	套	1	1	万吨/年	90	90	2006年7月	2007年3月		
线材轧机	套	1	1	万吨/年	70	70	2009年4月	2009年7月		
线材轧机	套	2	2	万吨/年	140	140	2012年10月	2012年12月		
高速线材轧机	套	9	9	万吨/年	620	620	1995年/1998年	1996年/1999年		
高速线材轧机	套	1	1	万吨/年	100	100	2005年	2006年		
高速线材轧机	套	1	1	万吨/年	30	30	2008年6月	2009年10月		
双高线轧机1号线	套	1	1	万吨/年	60	60	2018年	2019年8月		
双高线轧机2号线	套	1	1	万吨/年	60	60	2018年	2019年9月		
宽厚板轧机	套	3	3	万吨/年	350	350				
5000/3500毫米宽厚板轧机	套	3	3	万吨/年	350	350	2005年	2006年		
热轧中宽钢带轧机	套	4	4	万吨/年	960	960				
1700毫米连轧机	套	1	1	万吨/年	450	450	2003年	2004年		
1600毫米连轧机	套	1	1	万吨/年	110	110	2005年	2006年		
1450毫米连轧机	套	1	1	万吨/年	350	350	2007年	2008年		

续表 10-81

设备名称及类型	设备数量			设备能力			设备出厂时间	设备投产时间	设备末次更新改造时间	设备制造国家、公司
	计量单位	安装数	其中：使用数	计量单位	安装设备能力	其中：使用设备能力				
1680 毫米连轧机	套	1	1	万吨/年	50	50	2017 年	2017 年		
连续式冷轧宽钢带轧机	套	4	4	万吨/年	310	310				
不锈钢薄板轧机	套	1	1	万吨/年	90	90	1997 年/2002 年	1998 年/2003 年		
冷轧机	套	2	2	万吨/年	200	200	2012 年	2013 年		
冷轧机	套	1	1	万吨/年	20	20				
锻锤	套	10	10	万吨/年	32. 55	30. 31				
1000 吨精锻机	套	1	1	万吨/年	2. 4	2. 06	1982 年	1982 年		
1800 吨精锻机	套	1	1	万吨/年	6. 6	5. 12	2011 年 1 月	2012 年 4 月		
16 兆牛精锻机	套	1	1	万吨/年	5	5	2009 年 6 月	2011 年 9 月		
630 模锻机	套	1	1	万吨/年	0. 315	0. 17	2018 年 12 月	2019 年 9 月		
1600 模锻机	套	1	1	万吨/年	0. 235	0. 14	2018 年 12 月	2019 年 9 月		
2000 吨快锻机	套	1	1	万吨/年	2	1. 92	1983 年	1983 年		
3500 吨快锻机	套	1	1	万吨/年	3	3	2004 年	2004 年		
3150 吨快锻机	套	1	1	万吨/年	3	2. 9	2010 年 12 月	2012 年 1 月		
35 兆牛快锻机	套	1	1	万吨/年	3. 5	3. 5	2009 年 8 月	2011 年 11 月		
80 兆牛快锻机	套	1	1	万吨/年	6. 5	6. 5	2009 年 9 月	2012 年 6 月		
涂镀层加工设备										
镀锌机组	套	3	3	万吨/年	85	85				
热镀锌板	套	2	2	万吨/年	55	55	1996 年	1997 年		
电镀锡	套	1	1	万吨/年	30	30	2014 年	2014 年		

（16）东北特殊钢集团股份有限公司专业产品主要生产设备见表10-82。

表10-82 东北特殊钢集团股份有限公司专业产品主要生产设备

设备名称及类型	设备数量			设备能力			设备出厂时间	设备投产时间	设备末次更新改造时间	设备制造国家、公司
	计量单位	安装数	其中：使用数	计量单位	安装设备能力	其中：使用设备能力				
人造块矿设备										
烧结机	台			万吨/年						
铁矿烧结机	台	1	1	万吨/年	144	144				
大连特钢炼铁厂烧结机	台	1	1	万吨/年	144	144	2010年9月	2013年12月		唐山冶金矿山机械厂
炼铁及铸铁设备										
高炉	座	1	1	万吨/年	115	115				
大连特钢炼铁厂高炉	座	1	1	万吨/年	115	115	2019年9月	2021年4月		上海二十冶
铸铁机	台	1	1	万吨/年	52	52				
大连特钢炼铁厂铸铁机	台	1	1	万吨/年	52	52	2011年6月	2013年12月		三河实业
炼钢设备										
炼钢设备										
混铁炉	座	1		万吨/年	100					
900吨混铁炉	座	1		万吨/年	100		2010年12月	2013年12月		鞍钢重型机械
转炉	座			万吨/年						
顶底复合吹转炉	座	1	1	万吨/年	135	135				
顶底复合吹转炉	座	1	1	万吨/年	135	135	2010年12月	2011年7月		中冶京城
电炉	座			万吨/年						
交流电弧炉	座	7	6	万吨/年	240	163.4				
1号电炉（50吨）	座	1	1	万吨/年	30	30	1991年	1992年		德国
2号电炉（60吨）	座	1	1	万吨/年	35	35	2000年	2001年		德国

续表 10-82

设备名称及类型	设备数量			设备能力			设备出厂时间	设备投产时间	设备末次更新改造时间	设备制造国家、公司
	计量单位	安装数	其中：使用数	计量单位	安装设备能力	其中：使用设备能力				
10 号电炉	座	1	1	万吨/年	15	15	1965 年	1965 年		德国
12 号电炉	座	1	1	万吨/年	15	15	1965 年	1965 年		长春电炉厂
110 吨电弧炉	座	1	1	万吨/年	80	27.9	2010 年 5 月	2011 年 5 月		奥钢联、西安电炉有限公司
交流电弧炉	座	1	1	万吨/年	35	25.7	2008 年 1 月	2009 年 10 月		意大利达涅利、长春电炉厂
交流电弧炉	座	1		万吨/年	30	14.8	2004 年 7 月	2010 年 9 月		长春电炉有限公司
真空感应炉	座	10	10	万吨/年	2.731	2.444				
16 号真空感应炉	座	1	1	万吨/年	0.096	0.07	1974 年	1974 年		沈阳真空研究所
17 号真空感应炉	座	1	1	万吨/年	0.28	0.28	1979 年	1980 年		德国
18 号真空感应炉	座	1	1	万吨/年	0.015	0.014	1963 年	1963 年		沈阳真空研究院
23 号真空感应炉	座	1	1	万吨/年	0.46	0.46	2005 年	2006 年		德国
41 号真空感应炉	座	1	1	万吨/年	0.3	0.3	2010 年 6 月	2012 年 8 月		德国 ALD
43 号真空感应炉	座	1	1	万吨/年	0.45	0.45	2013 年 1 月	2015 年 4 月		美国 Consarc
42 号真空感应炉	座	1	1	万吨/年	0.8	0.71	2015 年 8 月	2016 年 9 月		德国 ALD 公司
2.5 吨真空感应炉（旧）	座	1	1	万吨/年	0.15	0.14	1979 年	1993 年 3 月		英国 康萨克公司
2.5 吨真空感应炉（新）	座	1	1	万吨/年	0.15	0.01	2011 年	2012 年 12 月		美国应达公司
VIM-250M 真空感应炉	座	1	1	万吨/年	0.03	0.01	2016 年 5 月	2016 年 7 月	2016 年 7 月	中国沈阳中北真空技术有限公司
非真空感应炉	座	6	6	万吨/年	50.612	25.23				
14 号非真空感应炉	座	1	1	万吨/年	0.12	0.12	2002 年	2002 年		浙江大学
15 号非真空感应炉	座	1	1	万吨/年	0.192	0.19	1999 年	1999 年		阜新市晶体管厂
11 号非真空感应炉	座	1	1	万吨/年	13	13	2009 年	2010 年		浙江振昊
合金熔炼炉	座	2	2	万吨/年	37	11.82	2012 年 5 月	2013 年 5 月		上海新研工业设备有限公司

续表 10-82

设备名称及类型	设备数量			设备能力			设备出厂时间	设备投产时间	设备末次更新改造时间	设备制造国家、公司
	计量单位	安装数	其中：使用数	计量单位	安装设备能力	其中：使用设备能力				
1 吨+2 吨非真空感应炉	座	1	1	万吨/年	0.3	0.1	2011 年 2 月	2011 年 8 月		中国苏州振吴公司
真空自耗炉	座	15	15	万吨/年	2.582	1.969				
19 号真空自耗炉	座	1	1	万吨/年	0.16	0.16	2008 年	2008 年		德国 ALD
20 号真空自耗炉	座	1	1	万吨/年	0.16	0.16	2004 年	2004 年		德国 ALD
21 号真空自耗炉	座	1	1	万吨/年	0.12	0.07	1979 年	1979 年		德国 ALD
22 号真空自耗炉	座	1	1	万吨/年	0.036	0.015	2007 年	2007 年		宝鸡稀有设备研究所
32 号真空自耗炉	座	1	1	万吨/年	0.15	0.14	2010 年	2010 年		德国 ALD
33 号自耗炉	座	1	1	万吨/年	0.072	0.034	2011 年 3 月	2012 年 2 月		沈阳真鑫科技
34 号自耗炉	座	1	1	万吨/年	0.16	0.15	2011 年 3 月	2012 年 2 月		德国 ALD 公司
35 号真空自耗炉	座	1	1	万吨/年	0.144	0.14	2014 年 7 月	2015 年 1 月		美国康萨克
36 号真空自耗炉	座	1	1	万吨/年	0.18	0.15	2014 年 7 月	2015 年 1 月		美国康萨克
37 号真空自耗炉	座	1	1	万吨/年	0.18	0.15	2014 年 7 月	2015 年 1 月		美国康萨克
45 号真空自耗炉	座	1	1	万吨/年	0.24	0.18	2015 年 4 月	2015 年 6 月		德国 ALD
46 号真空自耗炉	座	1	1	万吨/年	0.24	0.18	2015 年 4 月	2015 年 7 月		德国 ALD
47 号真空自耗炉	座	1	1	万吨/年	0.24	0.18	2015 年 4 月	2015 年 7 月		德国 ALD
48 号真空自耗炉	座	1	1	万吨/年	0.25	0.13	2016 年 10 月	2017 年		德国 ALD
49 号真空自耗炉	座	1	1	万吨/年	0.25	0.13	2016 年 10 月	2017 年		德国 ALD
电渣重熔炉	座	53	53	万吨/年	16.527	13.5556				
1 号、2 号电渣炉	座	2	2	万吨/年	0.58	0.5	2003 年	2003 年		西安电磁机械厂
3 号、7 号电渣炉	座	2	2	万吨/年	0.441	0.4	1982 年	1982 年		自制
4 号、5 号、6 号、8 号、9 号电渣炉	座	5	5	万吨/年	0.673	0.62	1991 年	1991 年		自制

续表 10-82

设备名称及类型	设备数量			设备能力			设备出厂时间	设备投产时间	设备末次更新改造时间	设备制造国家、公司
	计量单位	安装数	其中：使用数	计量单位	安装设备能力	其中：使用设备能力				
11 号电渣炉	座	1	1	万吨/年	0.247	0.22	2001 年	2001 年		西安电磁机械厂
12 号、13 号、24 号、25 号电渣炉	座	4	4	万吨/年	1.182	1.09	2002 年/2004 年	2002 年/2004 年		东北大学
26 号电渣炉	座	1	1	万吨/年	0.386	0.35	2004 年	2004 年		东北大学
27 号、28 号、29 号、31 号电渣炉	座	4	4	万吨/年	1.16	1.12	2004 年	2004 年		东北大学
51 号电渣炉	座	1	1	万吨/年	0.238	0.22	2011 年 1 月	2011 年 1 月		德国
57 号、58 号、59 号电渣炉	座	3	3	万吨/年	0.78	0.73	2011 年 5 月	2011 年 9 月	2011 年	东北大学
61 号电渣炉	座	1	1	万吨/年	0.388	0.388	2011 年 6 月	2012 年 8 月		美国
62 号电渣炉	座	1	1	万吨/年	0.317	0.317	2011 年 7 月	2012 年 7 月		奥地利
52 号电渣炉	座	1	1	万吨/年	0.264	0.24	2014 年 3 月	2014 年 7 月		沈阳东大材料研究中心
53 号电渣炉	座	1	1	万吨/年	0.264	0.26	2014 年 3 月	2014 年 7 月		沈阳东大材料研究中心
54 号电渣炉	座	1	1	万吨/年	0.264	0.25	2014 年 4 月	2014 年 8 月		沈阳东大材料研究中心
55 号电渣炉	座	1	1	万吨/年	0.264	0.24	2014 年 5 月	2014 年 5 月		沈阳东大材料研究中心
56 号电渣炉	座	1	1	万吨/年	0.264	0.25	2014 年 5 月	2014 年 8 月		沈阳东大材料研究中心
66 号电渣炉	座	1	1	万吨/年	0.26	0.21	2018 年 5 月	2019 年 1 月		辽宁重型设备制造有限公司
67 号电渣炉	座	1	1	万吨/年	0.26	0.21	2018 年 5 月	2019 年 1 月		辽宁重型设备制造有限公司
68 号电渣炉	座	1	1	万吨/年	0.26	0.21	2018 年 5 月	2019 年 1 月		辽宁重型设备制造有限公司
69 号电渣炉	座	1	1	万吨/年	0.26	0.21	2018 年 5 月	2019 年 1 月		辽宁重型设备制造有限公司
71 号电渣炉	座	1	1	万吨/年	1.3	1.1	2018 年 5 月	2019 年 1 月		辽宁重型设备制造有限公司
63 号电渣炉	座	1	1	万吨/年	0.3	0.2	2017 年 10 月	2021 年 1 月		奥地利、因泰克
64 号电渣炉	座	1	1	万吨/年	0.3	0.3	2017 年 10 月	2021 年 1 月		奥地利、因泰克

续表 10-82

设备名称及类型	设备数量			设备能力			设备出厂时间	设备投产时间	设备末次更新改造时间	设备制造国家、公司
	计量单位	安装数	其中：使用数	计量单位	安装设备能力	其中：使用设备能力				
65 号电渣炉	座	1	1	万吨/年	0.85	0.6	2017 年 10 月	2021 年 1 月		奥地利、因泰克
72 号电渣炉	座	1	1	万吨/年	0.216	0.2	2020 年 11 月	2020 年 12 月		辽宁辽重机械制造有限责任公司
73 号电渣炉	座	1	1	万吨/年	0.216	0.2	2020 年 11 月	2020 年 12 月		辽宁辽重机械制造有限责任公司
74 号电渣炉	座	1	1	万吨/年	0.216	0.2	2020 年 11 月	2020 年 12 月		辽宁辽重机械制造有限责任公司
75 号电渣炉	座	1	1	万吨/年	0.216	0.2	2020 年 11 月	2020 年 12 月		辽宁辽重机械制造有限责任公司
1 号电渣炉	座	1	1	万吨/年	0.321	0.259	2010 年 8 月	2011 年 8 月	2011 年 5 月	东北特钢改制
2 号电渣炉	座	1	1	万吨/年	0.321	0.256	2010 年 8 月	2011 年 8 月	2011 年 5 月	东北特钢改制
3 号电渣炉	座	1	1	万吨/年	0.321	0.2367	2010 年 8 月	2011 年 8 月		北满机电公司
4 号电渣炉	座	1	1	万吨/年	0.535	0.36	2011 年 2 月	2011 年 9 月		北满机电公司
5 号电渣炉	座	1	1	万吨/年	0.563	0.187	2011 年 2 月	2011 年 12 月		北满机电公司
6 号电渣炉	座	1	1	万吨/年	0.75	0.3611	2010 年 6 月	2012 年 7 月		奥地利 INTECO
7 号电渣炉	座	1	1	万吨/年	0.4	0.365	2010 年 6 月	2012 年 9 月		奥地利 INTECO
3 吨电渣炉	座	1	1	万吨/年	0.05	0.05	2011 年 7 月	2012 年 3 月		潍坊亚东冶金设备有限公司
8 号电渣炉	座	1	1	万吨/年	0.3	0.107	2021 年 1 月	2021 年 4 月		辽宁辽重
9 号电渣炉	座	1	1	万吨/年	0.3	0.197	2021 年 7 月	2021 年 10 月		辽宁辽重
10 号电渣炉	座	1	1	万吨/年	0.3	0.1418	2021 年 7 月	2021 年 10 月		辽宁辽重
二次冶金设备										
钢包炉	座	10	10	万吨/年	366.5	275.1254				
一炼 1 号、2 号 LF 炉	座	2	2	万吨/年	58.5	58.5	1993 年	1993 年		沈阳有色机械厂
二炼 1 号、2 号 LF 炉	座	2	2	万吨/年	18	18	1964 年/2004 年	1964 年/2004 年		长春、西安

续表 10-82

设备名称及类型	设备数量			设备能力			设备出厂时间	设备投产时间	设备末次更新改造时间	设备制造国家、公司
	计量单位	安装数	其中：使用数	计量单位	安装设备能力	其中：使用设备能力				
110 吨钢包精炼炉（4 号）	座	1	1	万吨/年	75	48.6356	2010 年 5 月	2011 年 5 月		长春电炉厂
钢包炉（1 号）	座	1	1	万吨/年	33	20.85		2009 年 1 月		意大利达涅利、长春电炉厂
钢包炉（2 号）	座	1	1	万吨/年	16	6.02	2005 年 7 月	2010 年 9 月		长春电炉有限公司
钢包炉（3 号）	座	1	1	万吨/年	16	16	2011 年 2 月	2011 年 1 月	2013 年 5 月	东北特钢集团机电工程有限责任公司
110 吨钢包精炼炉（5 号）	座	1	1	万吨/年	75	48.26	2010 年 12 月	2011 年 11 月		西安广大
110 吨钢包精炼炉（6 号）	座	1	1	万吨/年	75	58.8598	2018 年 12 月	2019 年 3 月		西安广大
真空循环脱气装置	座	1	1	万吨/年	100	72				
真空循环脱气装置（RH）	座	1	1	万吨/年	100	72	2011 年 2 月	2011 年 11 月		宝钢工程
真空脱气装置	座	5	5	万吨/年	170.5	96.33				
1 号、2 号 VD 炉	座	2	2	万吨/年	58.5	58.5	2001 年	2001 年		沈阳有色冶金机械厂
VD 炉	座	1	1	万吨/年	12	12	2008 年	2008 年		西安
50 吨真空脱气装置（VD）	座	1	1	万吨/年	25	18.74	2010 年 1 月	2010 年 9 月	2013 年 5 月	杭州西湖真空设备厂
110 吨真空脱气装置 VD	座	1	1	万吨/年	75	7.09	2009 年 9 月	2011 年 5 月		奥钢联、西安重型研究所
真空氧气脱碳装置	座	3	3	万吨/年	76.6	47.85				
AOD	座	1	1	万吨/年	40	40	2010 年	2010 年		西安广大电炉有限公司
VOD/VHD	座	1	1	万吨/年	6.6	6.6	2010 年 11 月	2011 年 6 月		奥地利因泰克
VOD 真空氧气脱碳装置	座	1	1	万吨/年	30	1.25		2009 年 1 月		意大利达涅利、杭州西湖
氩氧精炼炉	座	1	1	万吨/年	25	15.71				
AOD 氩氧精炼炉	座	1	1	万吨/年	25	15.71		2009 年 1 月		北美冶金
连铸机	台			万吨/年						

续表 10-82

设备名称及类型	设备数量			设备能力			设备出厂时间	设备投产时间	设备末次更新改造时间	设备制造国家、公司
	计量单位	安装数	其中：使用数	计量单位	安装设备能力	其中：使用设备能力				
方坯连铸机	台	5	5	万吨/年	295	207.7				
连铸机	台	1	1	万吨/年	40	40	2001年	2001年		意大利
3号大方坯连铸机	台	1	1	万吨/年	75	52.4	2010年7月	2011年6月		康卡斯特、中国一重
1号方坯连铸机	台	1	1	万吨/年	30	24.7		2009年1月		达涅利、中冶连铸
2号方坯连铸机	台	1	1	万吨/年	30	28.2	2009年4月	2010年9月	2012年7月	达涅利、中冶连铸
5号六机六流小方坯	台	1	1	万吨/年	120	62.4	2018年5月	2018年6月		中冶连铸
圆坯连铸机	台	1	1	万吨/年	50	31.2				
4号二机二流大圆坯连铸机	台	1	1	万吨/年	50	31.2	2011年6月	2012年5月	2015年12月	康卡斯特、中国一重
炼钢辅助设备										
制氧机	台	1	1	万立方米/年	5100	5100				
KDON-6000/13000制氧机	台	1	1	万立方米/年	5100	5100	2000年	2000年		杭州制氧厂
钢加工设备										
钢压延加工设备										
初轧开坯设备										
初轧机	套	2	2	万吨/年	47	20.8				
850轧机	套	1	1	万吨/年	22	13.6	1989年	1989年		沈阳重型机械厂
750初轧机	套	1	1	万吨/年	25	7.2		2013年11月		大连钢厂
均热炉	坑	24	24	万吨/年	66	37.77				
850均热炉	坑	12	12	万吨/年	22	22	1989年	1989年		北京钢铁设计院
均热炉	坑	12	12	万吨/年	44	15.77	2008年7月	2011年3月		辽宁向导
大型型钢轧机	套	1	1	万吨/年	65	58.4				

续表 10-82

设备名称及类型	设备数量			设备能力			设备出厂时间	设备投产时间	设备末次更新改造时间	设备制造国家、公司
	计量单位	安装数	其中：使用数	计量单位	安装设备能力	其中：使用设备能力				
1050 大型型钢轧机	套	1	1	万吨/年	65	58.4	2008 年 7 月	2011 年 2 月		奥钢联、中国一重
中型型钢轧机	套	5	5	万吨/年	101.4	89.26				
棒材连轧机	套	1	1	万吨/年	33	30	1995 年	1995 年		意大利
WF5-4	套	1	1	万吨/年	7	7	1996 年	1996 年		奥地利
750 轧机	套	1	1	万吨/年	11.4	11.4	2013 年 8 月	2014 年 10 月		意大利达涅利
模具钢轧机	套	1	1	万吨/年	20	10.86	2010 年 1 月	2011 年 7 月		中国一重
棒材轧机	套	1	1	万吨/年	30	30	1995 年 2 月	1997 年 1 月	2012 年 7 月	德国西马克
高速线材轧机	套	3	3	万吨/年	150	74.5				
高速线材轧机	套	1	1	万吨/年	30	26.5		2009 年 10 月		轧机：意大利达涅利；精轧机：美国摩根
双高线轧机 1 号线	套	1	1	万吨/年	60	20	2018 年	2019 年 8 月		轧机：中冶赛迪；精轧机：美国摩根
双高线轧机 2 号线	套	1	1	万吨/年	60	28	2018 年	2019 年 9 月		轧机：中冶赛迪；精轧机：美国摩根
加热炉	座	19	17	万吨/年	598.5	224.69				
模具钢 1 号步进梁式加热炉	座	1	1	万吨/年	20	10.86	2010 年 1 月	2011 年 6 月		辽宁向导科技发展有限公司
模具钢 2 号步进底式加热炉	座	1	1	万吨/年	10	0.22	2011 年 1 月	2011 年 12 月		北京安信中元
大连特钢锻钢 6 米台车式加热炉	座	2	2	万吨/年	1.5	0.31	2011 年 3 月	2011 年 5 月	2013 年 5 月	辽宁向导
大连特钢锻钢 7 米台车式加热炉	座	4	4	万吨/年	7	3	2011 年 3 月	2011 年 5 月	2013 年 12 月	辽宁向导
大连特钢锻钢 10 米台车式加热炉	座	2		万吨/年	6	0.6	2011 年 3 月	2011 年 5 月		辽宁向导
大连特钢锻钢 16 米台车式加热炉	座	1	1	万吨/年	3.5	0.5	2011 年 3 月	2011 年 5 月		辽宁向导

续表 10-82

设备名称及类型	设备数量			设备能力			设备出厂时间	设备投产时间	设备末次更新改造时间	设备制造国家、公司
	计量单位	安装数	其中：使用数	计量单位	安装设备能力	其中：使用设备能力				
大连特钢锻钢 12 米台车式加热炉	座	1	1	万吨/年	2.5	0.5	2013 年 5 月	2013 年 9 月		辽宁向导
2 号棒材加热炉	座	1	1	万吨/年	30	30	2009 年 3 月	2010 年 11 月	2019 年 1 月	辽宁向导
1 号线材加热炉	座	1	1	万吨/年	30	30	2009 年 12 月	2009 年 12 月		天津 LOI
大型材步进式加热炉	座	2	2	万吨/年	156	40.7	2008 年 7 月	2011 年 7 月		辽宁向导
3 号棒材加热炉	座	1	1	万吨/年	105	60	2019 年 1 月	2019 年 1 月		无锡拓邦
双高线 1 号加热炉	座	1	1	万吨/年	96	20	2019 年 4 月	2019 年 8 月		无锡拓邦
双高线 2 号加热炉	座	1	1	万吨/年	131	28	2019 年 4 月	2019 年 9 月		无锡拓邦
热轧窄钢带轧机	套	2	2	万吨/年	0.32	0.08				
500 四辊热轧机	套	1	1	万吨/年	0.1	0.07		1970 年 8 月	2011 年 9 月	中国大连钢厂
600 四辊热轧机	套	1	1	万吨/年	0.22	0.01	2011 年 6 月	2011 年 12 月		中国中冶陕压
冷轧窄钢带轧机	套	4	4	万吨/年	0.38	0.21				
600 冷轧机	套	1	1	万吨/年	0.1	0.01	2011 年 9 月	2013 年 3 月		中国一重集团
650 冷轧机	套	1	1	万吨/年	0.2	0.12	1961 年 5 月	1966 年 1 月	2015 年 6 月	中国上海成富
350 冷轧机	套	1	1	万吨/年	0.02	0.02		1970 年 1 月	2011 年 9 月	中国大连钢厂
20 辊冷轧机	套	1	1	万吨/年	0.06	0.06		1988 年 1 月	2003 年 5 月	美国 WF 公司
锻锤	台	12	12	万吨/年	32.9	23.37				
1000 吨精锻机	台	1	1	万吨/年	2.4	2.06	1982 年	1982 年		奥地利
1800 吨精锻机	台	1	1	万吨/年	6.6	5.12	2011 年 1 月	2012 年 4 月		奥地利 CMF
16 兆牛精锻机	台	1	1	万吨/年	5	4	2009 年 6 月	2011 年 9 月		德国 SMS-Meer
2 吨电液锤	台	1	1	万吨/年	0.15	0.15	1991 年	1991 年 1 月	2004 年 1 月	中国西安重机所
4 吨电液锤	台	1	1	万吨/年	0.2	0.16	2012 年 1 月	2012 年 9 月	2016 年 1 月	中国安阳锻压

续表 10-82

设备名称及类型	设备数量			设备能力			设备出厂时间	设备投产时间	设备末次更新改造时间	设备制造国家、公司
	计量单位	安装数	其中：使用数	计量单位	安装设备能力	其中：使用设备能力				
630 吨模锻机	台	1	1	万吨/年	0.315	0.17	2018 年 12 月	2019 年 9 月		青岛平安
1600 吨模锻机	台	1	1	万吨/年	0.235	0.14	2018 年 12 月	2019 年 9 月		青岛平安
2000 吨快锻机	台	1	1	万吨/年	2	1.92	1983 年	1983 年		西德
3500 吨快锻机	台	1	1	万吨/年	3	3	2004 年	2004 年		西德
3150 吨快锻机	台	1	1	万吨/年	3	2.9	2010 年 12 月	2012 年 1 月		德国辛北尔康普公司
35 兆牛快锻机	台	1	1	万吨/年	3.5	2.9	2009 年 8 月	2011 年 11 月		德国辛北康普
80 兆牛快锻机	台	1	1	万吨/年	6.5	0.85	2009 年 9 月	2012 年 6 月		德国 SMS-Meer
钢材热处理设备	套	37	36	万吨/年	86.7	37.0814				
辊底炉	套	3	3	万吨/年	6	2.1	2010 年 1 月	2011 年 12 月		杭州金舟
70 吨台车式退火炉	套	3	3	万吨/年	18.3	4.4	2011 年 7 月	2011 年 1 月		中国联合工程公司
氮气保护真空锁气辊底式连续退火炉	套	1	1	万吨/年	2.3	1.8	2012 年 3 月	2012 年 6 月		杭州金舟电炉有限公司
氮气保护真空锁气辊底式连续退火炉	套	1	1	万吨/年	2.3	1.8	2011 年 1 月	2012 年 2 月		杭州金舟电炉有限公司
罩式炉	套	8	8	万吨/年	8	5		2010 年 1 月		奥地利 EBNER
利旧罩式炉	套	6	6	万吨/年	6	4		1996 年	2014 年 6 月	德国 LOI
辊底炉	套	3	3	万吨/年	6	3.3		2011 年 1 月		杭州金舟
50 吨台车热处理炉	套	2	2	万吨/年	3	2		2012 年 6 月		中国联合工程公司
在线固溶炉	套	1	1	万吨/年	13	1.9		2010 年 5 月		瑞典 UTAB
环形固溶炉	套	1		万吨/年	3			2010 年 6 月		德国 LOI
热移位式辊底炉	套	1	1	万吨/年	2.6	1.8	2013 年 8 月	2013 年 11 月		杭州金舟电炉有限公司
热移位式辊底炉	套	1	1	万吨/年	2.6	1.8	2013 年 5 月	2013 年 9 月		杭州金舟电炉有限公司
电加热辊底式连续退火炉	套	1	1	万吨/年	1.75	1.1		1989 年 9 月	2011 年 9 月	德国纳赛尔公司

续表 10-82

设备名称及类型	设备数量			设备能力			设备出厂时间	设备投产时间	设备末次更新改造时间	设备制造国家、公司
	计量单位	安装数	其中：使用数	计量单位	安装设备能力	其中：使用设备能力				
电加热辊底式连续退火炉	套	1	1	万吨/年	1.75	1.1		2003 年 1 月	2011 年 2 月	德国 LOI 公司
电加热罩式退火炉	套	1	1	万吨/年	0.85	0.18		1989 年 9 月	2012 年 1 月	奥地利 ABNER 公司
电加热罩式退火炉	套	1	1	万吨/年	0.85	0.4014		2004 年 3 月	2011 年 6 月	德国 LOI 公司
盘圆连续炉	套	2	2	万吨/年	8.4	4.4	2019 年 3 月	2019 年 11 月		无锡拓邦
钢坯磁探修磨机组	套	12	12	万吨/年	64	27.71				
200 九头磨圆钢	套	1	1	万吨/年	11	2.5	2010 年 1 月	2011 年 6 月		江阴东辰机械
360 圆钢修磨机	套	1	1	万吨/年	12	5	2010 年 1 月	2011 年 6 月		江阴东辰机械
扁坯修磨机	套	2	2	万吨/年	8	5.8	2011 年 3 月	2011 年 8 月		江阴东辰机械
九头磨圆钢修磨	套	1	1	万吨/年	5	0.98	2011 年 2 月	2011 年 2 月		江阴东辰机械
300~700 圆钢修磨	套	1	1	万吨/年	6	1.03	2011 年 3 月	2011 年 4 月		江阴东辰机械
钢坯修磨机组	套	4	4	万吨/年	7	7		2009 年 1 月		江阴东辰
扁坯修磨机	套	1	1	万吨/年	4	2.9	2013 年 4 月	2013 年 11 月		江阴东辰机械制造有限公司
360 圆钢修磨机	套	1	1	万吨/年	11	2.5	2010 年 10 月	2011 年 6 月		江阴东辰机械
钢丝及其制品生产设备										
拉丝机	套	38	38	吨/年	49493	10147				
4/700 直线式拉丝机	套	1	1	吨/年	4809	1000	2011 年 3 月	2011 年 7 月		无锡市常欣机电科技有限公司
3/700 直线式拉丝机	套	1	1	吨/年	2413	520	2011 年 3 月	2011 年 7 月		无锡市常欣机电科技有限公司
5/650 直线式拉丝机	套	1	1	吨/年	2488	520	2011 年 3 月	2011 年 7 月		无锡市常欣机电科技有限公司
5/560 直线式拉丝机	套	1	1	吨/年	2488	520	2011 年 3 月	2011 年 7 月		无锡市常欣机电科技有限公司
5/450 直线式拉丝机	套	1	1	吨/年	930	190	2011 年 3 月	2011 年 7 月		无锡市常欣机电科技有限公司
5/400 直线式拉丝机	套	1	1	吨/年	930	190	2011 年 3 月	2011 年 7 月		无锡市常欣机电科技有限公司

续表 10-82

设备名称及类型	设备数量			设备能力			设备出厂时间	设备投产时间	设备末次更新改造时间	设备制造国家、公司
	计量单位	安装数	其中：使用数	计量单位	安装设备能力	其中：使用设备能力				
5/350 直线式拉丝机	套	2	2	吨/年	134	29	2011 年 3 月	2011 年 7 月		无锡市常欣机电科技有限公司
17/300 水箱式拉丝机	套	2	2	吨/年	26	5	2011 年 3 月	2011 年 7 月		江阴市华方机电科技有限公司
LZ3/700+LDD1/650 组合式拉丝机	套	1	1	吨/年	3847	800	2011 年 3 月	2012 年 8 月		贵州航天南海科技有限责任公司
LZ4/600+LDD1/450 组合式拉丝机	套	1	1	吨/年	411	85	2011 年 3 月	2011 年 9 月		贵州航天南海科技有限责任公司
LZ 2/400 直线式拉丝机	套	4	4	吨/年	390	80	2011 年 3 月	2011 年 8 月		江阴市华方机电科技有限公司
LZ4/600+5/450 直进式连续拉丝机	套	1	1	吨/年	2262	460	2011 年 3 月	2011 年 1 月		江阴市三联机械制造有限公司
LZ5/450+5/400 直线式连续拉丝机	套	1	1	吨/年	2262	460	2011 年 3 月	2011 年 1 月		江阴市三联机械制造有限公司
LZ4/400+1/350 直线式连续拉丝机	套	1	1	吨/年	758	160	2011 年 3 月	2011 年 1 月		江阴市三联机械制造有限公司
17/300 水箱式拉丝机	套	3	3	吨/年	18	4	2011 年 3 月	2011 年 7 月		江阴市华方机电科技有限公司
15/300 水箱式拉丝机	套	3	3	吨/年	18	4	2011 年 3 月	2011 年 7 月		江阴市华方机电科技有限公司
联合拉拔机 LLJZ-10-Ⅱ	套	1	1	吨/年	2154	440	2003 年 3 月	2011 年 3 月	2011 年 3 月	上海新亚机械设备有限公司
倒立式拉丝机 GVY-1000TW 型	套	1	1	吨/年	5132	1040	2003 年 3 月	2011 年 3 月	2011 年 3 月	中国台湾安全发机械公司
倒立式拉丝机 LDD-1/900	套	1	1	吨/年	3078	620	2003 年 3 月	2011 年 3 月	2011 年 3 月	西安恒通拉丝机厂
组合式拉丝机 LZ1/700+LD1/600	套	2	2	吨/年	2255	460	2003 年 3 月	2011 年 3 月	2011 年 3 月	贵州航天南海科技有限责任公司
倒立式拉丝机 LDD1/600	套	1	1	吨/年	2495	500	2003 年 3 月	2011 年 3 月	2011 年 3 月	贵州航天南海科技有限责任公司
组合式拉丝机 LZ2/700+LD1/850	套	1	1	吨/年	2164	440	2003 年 3 月	2011 年 3 月	2011 年 3 月	江阴江霄机械厂
密排层绕收线机 SG1120	套	4	4	吨/年	1200	240	2018 年 1 月	2018 年 11 月		江阴市祥乐机械制造有限公司
LZ3/700+LDD1/650 组合式拉丝机	套	1	1	吨/年	4809	970	2011 年 7 月	2013 年 6 月		贵州航天南海科技有限公司
LZ4/600+LDD1/450 组合式拉丝机	套	1	1	吨/年	2022	410	2011 年 7 月	2013 年 6 月		贵州航天南海科技有限公司
热处理机组（炉）	组	13	13	吨/年	39195	18581				
马弗式铅淬火连续炉	组	1	1	吨/年	5409	1000	2011 年 3 月	2011 年 7 月		鞍山蓝光能源工程有限公司

续表 10-82

设备名称及类型	设备数量			设备能力			设备出厂时间	设备投产时间	设备末次更新改造时间	设备制造国家、公司
	计量单位	安装数	其中：使用数	计量单位	安装设备能力	其中：使用设备能力				
油淬火-回火连续炉及精整作业线	组	1	1	吨/年	3300	1000	2011年3月	2011年8月		江阴泓昇有限公司
氨分解气体保护连续退火炉	组	1	1	吨/年	3108	150	2011年3月	2011年11月		江阴市三联机械制造有限公司
Ⅰ型强对流气体保护井式退火炉	组	1	1	吨/年	4000	2800	2011年3月	2011年8月		苏州市东升电炉有限公司
Ⅱ型强对流气体保护井式退火炉	组	1	1	吨/年	3000	2200	2011年3月	2011年8月		苏州市东升电炉有限公司
Ⅲ型强对流气体保护井式退火炉	组	2	2	吨/年	2000	2000	2011年3月	2011年8月		苏州市东升电炉有限公司
罩式退火炉	组	1	1	吨/年	10000	8000	2003年3月	2003年		北京东升电炉厂
Ⅰ型氨分解气体保护固溶处理炉	组	1	1	吨/年	1671	120	2011年	2011年		江阴市三联机械制造有限公司
Ⅱ型氨分解气体保护固溶处理炉	组	1	1	吨/年	1671	60	2011年	2011年11月		江阴市三联机械制造有限公司
Ⅲ型氨分解气体保护固溶处理炉	组	1	1	吨/年	778	50	2011年3月	2011年11月		江阴市三联机械制造有限公司
Ⅳ型氨分解气体保护固溶处理炉	组	1	1	吨/年	233	1	2011年3月	2011年11月		江阴市三联机械制造有限公司
井式固熔炉	组	1	1	吨/年	4025	1200	2011年3月	2011年11月		辽宁向导科技发展有限公司

（17）江苏沙钢集团淮钢特钢股份有限公司专业产品主要生产设备见表10-83。

表10-83 江苏沙钢集团淮钢特钢股份有限公司专业产品主要生产设备

设备名称及类型	设备数量			设备能力			设备出厂时间	设备投产时间	设备末次更新改造时间	设备制造国家、公司
	计量单位	安装数	其中：使用数	计量单位	安装设备能力	其中：使用设备能力				
炼钢设备										
转炉										
顶吹转炉	座	2	2	万吨/年	220	220				

续表 10-83

设备名称及类型	设备数量			设备能力			设备出厂时间	设备投产时间	设备末次更新改造时间	设备制造国家、公司
	计量单位	安装数	其中：使用数	计量单位	安装设备能力	其中：使用设备能力				
80 吨转炉	座	1	1	万吨/年	110	110	2003 年 1 月	2003 年 12 月		首钢机电总公司
80 吨转炉	座	1	1	万吨/年	110	110	2004 年 12 月	2005 年 6 月		首钢机电总公司
电炉										
交流电弧炉	座	1	1	万吨/年	80	80				
70 吨电炉	座	1	1	万吨/年	80	80	1994 年 12 月	1995 年 12 月		意大利达涅利公司
连铸机										
方坯连铸机	台	3	3	万吨/年	210	210				
电炉方坯连铸机	台	1	1	万吨/年	80	80				意大利达涅利公司
转炉方坯连铸机	台	1	1	万吨/年	90	90				首钢机电总公司
转炉方坯连铸机	台	1	1	万吨/年	40	40				首钢机电总公司
圆坯连铸机	台	1	1	万吨/年	90	90				
转炉圆坯连铸机	台	1	1	万吨/年	90	90				首钢机电总公司
钢加工设备										
钢压延加工设备										
大型型钢轧机	套	2	2	万吨/年	160	160				
连轧机组	套	1	1	万吨/年	80	80	2005 年 1 月	2005 年 12 月		首钢机电总公司
开坯机+连轧机组	套	1	1	万吨/年	80	80	2007 年 9 月	2007 年 12 月		意大利达涅利公司
小型型钢轧机	套	2	2	万吨/年	140	140				
连轧机组	套	1	1	万吨/年	70	70	1998 年 8 月	1999 年 10 月		意大利达涅利公司
连轧机组	套	1	1	万吨/年	70	70	2001 年 5 月	2002 年 3 月		首钢机电总公司

（18）江苏永钢集团有限公司专业产品主要生产设备见表10-84。

表10-84 江苏永钢集团有限公司专业产品主要生产设备

设备名称及类型	设备数量			设备能力			设备出厂时间	设备投产时间	设备末次更新改造时间	设备制造国家、公司
	计量单位	安装数	其中：使用数	计量单位	安装设备能力	其中：使用设备能力				
炼铁设备										
高炉	座		4	万吨/年	220	220	2003年1月	2003年8月		
高炉	座		2	万吨/年	140	140	2005年12月	2006年6月		
高炉	座		1	万吨/年	80	80	2005年12月	2007年2月		
高炉	座		2	万吨/年	240	240	2010年9月	2011年8月		
高炉	座		1	万吨/年	120	120	2013年9月	2013年11月		
炼钢设备										
转炉	座		7	万吨/年	800	800				
顶吹转炉	座		3	万吨/年	270	270	2003年1月	2003年7月		
顶吹转炉	座		2	万吨/年	180	180	2005年10月	2006年4月		
顶底复吹转炉	座		2	万吨/年	350	350	2010年	2011年7月		
交流电弧炉	座		1	万吨/年	100	100	2011年3月	2013年5月		
精炼炉	座									
LF炉	座		3	万吨/年	180	180				
LF炉	座		2	万吨/年	200	200				
LF炉	座		2	万吨/年	240	240				
VD炉	座		1	万吨/年	60	60				
VD炉	座		1	万吨/年	100	100				
VD炉	座		1	万吨/年	120	120				
钢加工设备										

续表 10-84

设备名称及类型	设备数量			设备能力			设备出厂时间	设备投产时间	设备末次更新改造时间	设备制造国家、公司
	计量单位	安装数	其中：使用数	计量单位	安装设备能力	其中：使用设备能力				
钢压延加工设备										
钢坯连轧机	套		6	万吨/年	540	540				
钢坯连轧机	套		2	万吨/年	140	140	2004 年 3 月	2004 年 8 月		
钢坯连轧机	套		1	万吨/年	130	130	2010 年 2 月	2011 年 5 月		
钢坯连轧机	套		2	万吨/年	220	220	2011 年 9 月	2011 年 12 月		
钢坯连轧机	套		1	万吨/年	50	50	2018 年 10 月	2019 年 3 月		
往复式开坯机	套		1	万吨/年	80	80	2013 年 1 月	2013 年 9 月		
高速线材轧机	套		7	万吨/年	390	390				
线材轧机	套		2	万吨/年	90	90	2004 年 10 月	2005 年 3 月		
线材轧机	套		2	万吨/年	90	90	2006 年 7 月	2007 年 3 月		
线材轧机	套		1	万吨/年	70	70	2009 年 4 月	2009 年 7 月		
线材轧机	套		2	万吨/年	140	140	2012 年 10 月	2012 年 12 月		

（19）西王金属科技有限公司专业产品主要生产设备见表 10-85。

表 10-85　西王金属科技有限公司专业产品主要生产设备

设备名称及类型	设备数量			设备能力			设备出厂时间	设备投产时间	设备末次更新改造时间	设备制造国家、公司
	计量单位	安装数	其中：使用数	计量单位	安装设备能力	其中：使用设备能力				
1~2 号双梁式竖炉	台	2	2	万吨/年	26	26	2014 年 10 月	2014 年 4 月		石家庄新华能源环保科技股份有限公司

续表 10-85

设备名称及类型	设备数量			设备能力			设备出厂时间	设备投产时间	设备末次更新改造时间	设备制造国家、公司
	计量单位	安装数	其中：使用数	计量单位	安装设备能力	其中：使用设备能力				
3~4 号双梁式竖炉	台	2	2	万吨/年			2015 年 11 月	2016 年 10 月		石家庄新华能源环保科技股份有限公司
回转窑	台	1	1	万吨/年	26	26	2017 年 10 月	2018 年 10 月		新兴河北工程技术有限公司
烧结机	套	1	1	万吨/年	370	370	2012 年 11 月	2013 年 8 月		唐山重型装备集团机械制造有限公司
1 号高炉	座	1	1	万吨/年	230	230	2013 年 7 月	2013 年 8 月		上海十三冶建设有限公司
2 号高炉	座	1	1				2013 年 11 月	2013 年 12 月		上海十三冶建设有限公司
转炉	台	2	2	万吨/年	240	240	2013 年 8 月	2013 年 10 月		太原重工股份有限公司
2 号连铸机	台	1	1	万吨/年	70	70	2010 年 10 月	2010 年 10 月		上海重矿连铸技术工程有限公司
3 号连铸机	台	1	1	万吨/年	170	170	2013 年 8 月	2013 年 10 月		中冶连铸技术工程股份有限公司
2 号精炼炉	台	1	1	万吨/年	60	60	2010 年 10 月	2011 年 10 月		西安泽邦实业有限责任公司
3 号精炼炉	台	1	1	万吨/年	60	60	2013 年 8 月	2013 年 10 月		西安泽邦实业有限责任公司
1 号连铸机	台	1	1	万吨/年	60	60	2009 年 8 月	2009 年 9 月		上海重矿连铸技术工程有限公司
电炉	台	1	1	万吨/年	60	60	2009 年 8 月	2009 年 9 月		西安鹏远重型电炉制造有限公司
1 号精炼炉	台	1	1				2009 年 8 月	2009 年 9 月		西安重型机械研究所
4 号精炼炉	台	1	1				2016 年 4 月	2016 年 6 月		西安巨力电炉设备有限公司
1 号 VOD 炉	台	1	1				2009 年 7 月	2009 年 9 月		西安重型机械研究所
2 号 VOD 炉	台	1	1	万吨/年	60	60	2010 年 10 月	2011 年 10 月		西安泽邦实业有限责任公司
开坯机	台	1	1	万吨/年	65	65	2011 年 10 月	2011 年 11 月		达涅利冶金设备（中国）有限公司
轧机	台	10	10				2011 年 7 月	2011 年 11 月		北京中传首高冶金成套设备有限公司

续表 10-85

设备名称及类型	设备数量			设备能力			设备出厂时间	设备投产时间	设备末次更新改造时间	设备制造国家、公司
	计量单位	安装数	其中：使用数	计量单位	安装设备能力	其中：使用设备能力				
轧机	台	31	31	万吨/年	50	50	2009 年 4 月	2009 年 6 月		太矿集团轧制设备分公司
轧机	台	18	18	万吨/年	50	85	2004 年 4 月	2004 年 6 月	2013 年 9 月	太矿集团轧制设备分公司
轧机	台	18	18	万吨/年	50	85	2007 年 6 月	2007 年 8 月	2014 年 10 月	太矿集团轧制设备分公司
20 兆牛锻机	台	1	1	万吨/年	3	4	2016 年 10 月	2016 年 5 月		兰州兰石重工有限公司
50 兆牛锻机	台	1	1	万吨/年	5	2	2016 年 2 月	2016 年 10 月		兰州兰石重工有限公司
浇钢车	台	2	2	万吨/年	15	11	2016 年 2 月	2016 年 10 月		秦皇岛秦冶重工有限公司
加热炉	台	7	7	万吨/年	10	7	2016 年 10 月	2016 年 5 月		淄博万方窑炉工程有限责任公司
退火炉	台	11	11	万吨/年	10	7	2016 年 10 月	2016 年 5 月		淄博万方窑炉工程有限责任公司

（20）中天钢铁集团有限公司专业产品主要生产设备见表 10-86。

表 10-86　中天钢铁集团有限公司专业产品主要生产设备

设备名称及类型	设备数量			设备能力			设备出厂时间	设备投产时间	设备末次更新改造时间	设备制造国家、公司
	计量单位	安装数	其中：使用数	计量单位	安装设备能力	其中：使用设备能力				
烧结机 180 平方米	台	4	4	万吨/年	800	800		2005 年 3 月	2012 年 11 月	
烧结机 90 平方米	台	2	2	万吨/年	180	180		2004 年 1 月	停产	
烧结机 550 平方米	座	1	1	万吨/年	590	590		2004 年 1 月		
球团竖炉 8 平方米	座	2		万吨/年	90	90		2004 年 1 月	停产	
1 号高炉 550 立方米	座	1	1	万吨/年	75	75		2004 年 1 月		

续表 10-86

设备名称及类型	设备数量			设备能力			设备出厂时间	设备投产时间	设备末次更新改造时间	设备制造国家、公司
	计量单位	安装数	其中：使用数	计量单位	安装设备能力	其中：使用设备能力				
2号高炉 510 立方米	座	1	1	万吨/年	65	65		2004年1月		
3号高炉 510 立方米	座	1	1	万吨/年	65	65		2006年8月		
新8号高炉 550 立方米	座	1	1	万吨/年	75	75		2007年11月		
5号高炉 850 立方米	座	1	1	万吨/年	100	100		2008年11月		
6号高炉 660 立方米	座	1	1	万吨/年	80	80		2008年12月		
7号高炉 850 立方米	座	1	1	万吨/年	100	100		2009年3月		
8号高炉 1580 立方米	座	1	1	万吨/年	180	180		2009年12月		
9号高炉 1580 立方米	座	1	1	万吨/年	180	180		2011年9月		
10号高炉 1580 立方米	座	1	1	万吨/年	180	180		2011年11月		
转炉 45 公称吨	座	2	2	万吨/年	180	180		2004年10月		
转炉 65 公称吨	座	1	1	万吨/年	160	160		2007年11月		
转炉 80 公称吨	座	2	2	万吨/年	190	190		2008年12月		
转炉 120 公称吨	座	3	3	万吨/年	460	460		2009年12月		
电炉 90 公称吨	座	1	1	万吨/年	120	120		2002年9月		
大型型钢轧机	套	4	4	万吨/年	400	400		2009年10月		
中型型钢轧机	套	3	3	万吨/年	280	280		2004年7月		
高速线材轧机	套	6	6	万吨/年	430	430		1999年5月		
热轧窄钢带轧机	套	1	1	万吨/年	70	70		2008年12月		

（21）山钢股份莱芜分公司特钢事业部专业产品主要生产设备见表 10-87。

表 10-87 山钢股份莱芜分公司特钢事业部专业产品主要生产设备

设备名称及类型	设备数量			设备能力			设备出厂时间	设备投产时间	设备末次更新改造时间	设备制造国家、公司
	计量单位	安装数	其中：使用数	计量单位	安装设备能力	其中：使用设备能力				
炼钢设备										
转炉										
其中：5 号顶底复合吹转炉	座	1	1	万吨/年	120	112	2005 年 4 月	2005 年 5 月	2008 年 11 月	莱钢机械厂
6 号顶底复合吹转炉	座	1	1	万吨/年	120	120	2007 年 9 月	2008 年 3 月		太原重工
银前 LF 精炼炉	座	1	1	万吨/年	120	根据生产而定	2005 年 12 月	2005 年 12 月		长春电炉有限责任公司
银前 LF 精炼炉	座	1	1	万吨/年	120	根据生产而定	2008 年 12 月	2008 年 12 月		长春电炉有限责任公司
银前 VD 精炼炉	座	1	1	万吨/年	84	根据生产而定	2013 年 12 月	2013 年 12 月		西安向阳精炼工程有限公司
电弧炉（50 吨）				万吨/年	50	50				
其中：交流电弧炉	座	1	1				1994 年 1 月	1994 年 6 月	2006 年 12 月	德国
钢包炉（LF）	座	1	1				1994 年 1 月	1994 年 6 月	2006 年 12 月	德国
真空脱气装置（VD）	座	1	1				2000 年 1 月	2000 年 12 月	2005 年 5 月	长春电炉厂
电弧炉（100 吨）				万吨/年	100	100				
其中：交流电弧炉	座	1	1				2011 年 6 月	2013 年 8 月		德国
钢包炉（LF）	座	2	2				2011 年 6 月	2013 年 8 月		长春电炉厂
真空脱气装置（VD）	座	2	2				2011 年 6 月	2013 年 8 月		西安迈特瑞
连铸机										

续表 10-87

设备名称及类型	设备数量			设备能力			设备出厂时间	设备投产时间	设备末次更新改造时间	设备制造国家、公司
	计量单位	安装数	其中：使用数	计量单位	安装设备能力	其中：使用设备能力				
5号小方坯连铸机	台	1	1	万吨/年	120	112	2005年4月	2005年12月		武汉大西洋
6号合金钢连铸机	台	1	1	万吨/年	120	120	2008年1月	2008年8月		中冶连铸
方坯连铸机	套	1	1	万吨/年	50	50	2002年6月	2002年12月	2003年12月	自制
圆坯连铸机	套	1	1	万吨/年	100	100	2011年6月	2013年8月		意大利 DANIELI
钢加工设备										
普通小型型钢轧机				万吨/年	34.5	34.5				
ϕ550×1	架	1	1				1986年2月	1987年12月	2003年12月	包头机械厂
ϕ450×6	架	6	6				2002年8月	2003年12月		邯郸峰峰机械总厂
ϕ350×6	架	6	6				2002年7月	2003年12月		包头机械厂
普通中型型钢轧机				万吨/年	80	80				
ϕ1000×3	架	3	3				2018年10月	2020年1月		中冶京诚
ϕ900×3	架	3	3				2018年10月	2020年1月		中冶京诚
ϕ780×5	架	5	5				2018年10月	2020年1月		中冶京诚
ϕ600×6	架	6	6				2018年10月	2020年1月		中冶京诚
大型型钢轧机				万吨/年	70	70				
ϕ1350×1	架	1	1				2013年5月	2013年10月		中国一重
ϕ950×4	架	4	4				2013年5月	2013年10月		中国一重
ϕ800×2	架	2	2				2013年5月	2013年10月		中国一重

（22）河冶科技股份有限公司专业产品主要生产设备见表10-88。

表10-88 河冶科技股份有限公司专业产品主要生产设备

设备名称及类型	设备数量			设备能力			设备出厂时间	设备投产时间	设备末次更新改造时间	设备制造国家、公司
	计量单位	安装数	其中：使用数	计量单位	安装设备能力	其中：使用设备能力				
炼钢设备										
真空感应炉	座	4	4	万吨/年	5.1	5.1				
中频感应炉	座	3	3	万吨/年	1.5	1.5	2004年	2004年		
中频感应炉	座	1	1	万吨/年	3.6	3.6	2009年8月	2011年4月		上海英达
电渣重熔炉	座	17	17	万吨/年	2	2				
电渣重熔炉	座	17	17	万吨/年	2	2	2008年	2008年	2016年	
LF炉	座	1	1	万吨/年	4	4	2010年	2010年		无锡东雄
VD炉	座	1	1	万吨/年	4	4	2010年	2010年		无锡东雄
钢加工设备										
钢压延加工设备										
小型型钢轧机	套	1	1	万吨/年	2	2				
250连轧机	套	1	1	万吨/年	2	2				
线材轧机										
普通线材轧机	套	1	1	万吨/年	4	4				
连轧机	套	1	1	万吨/年	4	4	2009年			
其他压延设备										
锻锤	台	2	2	台	6	6				
SX55	台	1	1	万吨/年	1	1				
快锻机	台	1	1	万吨/年	5	5				

（23）承德建龙特殊钢有限公司专业产品主要生产设备见表10-89。

表 10-89 承德建龙特殊钢有限公司专业产品主要生产设备

设备名称及类型	设备数量			设备能力			设备出厂时间	设备投产时间	设备末次更新改造时间	设备制造国家、公司
	计量单位	安装数	其中：使用数	计量单位	安装设备能力	其中：使用设备能力				
215平方米烧结机	台	1	1		—	—	2020年4月	2021年1月		唐山重型装备集团有限责任公司
265平方米烧结机	台	1	1		—	—	2008年3月	2009年5月		沈阳重型机器有限责任公司
10平方米竖炉	台	2	2	吨/小时	生产能力 65	—	2010年8月	2011年2月		中国第三冶金建设公司
1200立方米高炉	台	1	1		—	—	2020年4月	2021年1月		中国二十二冶集团有限公司
1350立方米高炉	台	1	1		—	—	2010年3月	2011年1月		中冶京唐建设有限公司
120吨炼钢转炉	台	1	1	吨	公称容量 120	—	2010年3月	2011年1月	2018年10月	北京首钢机电有限公司机械厂
100吨炼钢转炉	台	1	1	吨	公称容量 100	—	2019年10月	2020年12月		北京首钢机电有限公司机械厂
五机五流方坯连铸机	台	1	1	万吨/年	80	—	2003年4月	2004年1月	2018年11月	中冶京城技术工程有限公司
五机五流大圆坯连铸机	台	1	1	万吨/年	100	—	2010年3月	2011年1月		达涅利冶金设备有限公司
方圆坯连铸机	台	1	1	万吨/年	100	—	2020年12月	2020年12月		达涅利冶金设备有限公司
连轧棒材生产线	条	1	1	万吨/年	80	—	2005年3月	2006年1月	2019年9月	凤凰炉/中冶京城/Kocks公司

（24）山东寿光巨能特钢有限公司专业产品主要生产能力见表10-90。

表 10-90 山东寿光巨能特钢有限公司专业产品主要生产能力

设备名称及类型	设备数量			设备能力			设备出厂时间	设备投产时间	设备末次更新改造时间	设备制造国家、公司
	计量单位	安装数	其中：使用数	计量单位	安装设备能力	其中：使用设备能力				
110平方米烧结机	台	1	1	万吨	180	180	2003年9月	2003年12月		山东冶金机械厂

续表 10-90

设备名称及类型	设备数量			设备能力			设备出厂时间	设备投产时间	设备末次更新改造时间	设备制造国家、公司
	计量单位	安装数	其中：使用数	计量单位	安装设备能力	其中：使用设备能力				
265 平方米烧结机	台	1	1	万吨	290	290	2011 年 1 月	2011 年 4 月		鞍钢重型机械有限责任公司
450 立方米高炉	座	1	1	万吨	65	65	2005 年 1 月	2005 年 4 月		二十冶
1250 立方米高炉	套	1	1	万吨	130	130	2011 年 4 月	2011 年 4 月		二十二冶
70 吨电炉	座	1	1	万吨	60	60	2003 年 9 月	2003 年 12 月		意大利
80 吨转炉	座	1	1	万吨	80	80	2005 年 3 月	2005 年 4 月		鞍钢重型机械
120 吨转炉	座	1	1	万吨	120	120	2010 年 5 月	2011 年 2 月		鞍钢重型机械
ϕ550 半连轧机组	套	1	1	万吨	40	40	2003 年 9 月	2003 年 12 月		山东冶金机械厂
ϕ650 半连轧机组	套	1	1	万吨	50	50	2005 年 3 月	2005 年 8 月		石家庄市动力机械厂
ϕ950 全连轧机组	套	1	1	万吨	40	40	2019 年 1 月	2019 年 10 月		达涅利、中冶赛迪
ϕ1350 半连轧机组	套	1	1	万吨	60	60	2013 年 5 月	2013 年 12 月		达涅利、中冶赛迪
ϕ273 穿管机	套	1	1	万吨	25	25	2008 年 1 月	2009 年 6 月		济南重工

（25）江苏天工工具新材料股份有限公司专业产品主要生产设备见表 10-91。

表 10-91 江苏天工工具新材料股份有限公司专业产品主要生产设备

设备名称及类型	设备数量			设备能力			设备出厂时间	设备投产时间	设备末次更新改造时间	设备制造国家、公司
	计量单位	安装数	其中：使用数	计量单位	安装设备能力	其中：使用设备能力				
精炼炉	台	4	4	万吨/年	60	59				
VD 炉	台	3	3	万吨/年	37.5	37				
保护气氛电渣炉	台	1	1	万吨/年	3	2				
850 轧机	套	1	1	万吨/年	15	13				

续表 10-91

设备名称及类型	设备数量			设备能力			设备出厂时间	设备投产时间	设备末次更新改造时间	设备制造国家、公司
	计量单位	安装数	其中：使用数	计量单位	安装设备能力	其中：使用设备能力				
910 轧机	套	1	1	万吨/年	15	5.2				
4500 吨快锻	套	1	1	万吨/年	6	5				
2000 吨快锻	套	1	1	万吨/年	4	3				
1300 吨精锻	套	1	1	万吨/年	4	3				
750 吨径锻	套	1	1	万吨/年	3	2.5				
500 吨精锻	套	1	1	万吨/年	2	1.5				
棒线材轧机	套	1	1	万吨/年	5	4.6				

（26）南京钢铁集团有限公司专业产品主要生产设备见表 10-92。

表 10-92　南京钢铁集团有限公司专业产品主要生产设备

设备名称及类型	设备数量			设备能力			设备出厂时间	设备投产时间	设备末次更新改造时间	设备制造国家、公司
	计量单位	安装数	其中：使用数	计量单位	安装设备能力	其中：使用设备能力				
人造块矿设备										
烧结机	台	5	5	万吨/年	1226	1226				
铁矿烧结机	台	5	5	万吨/年	1226	1226				
180 烧结机	台	2	2	万吨/年	440	440	2004 年 5 月/2010 年 12 月	2004 年 6 月/2010 年 12 月		长沙冶金设计院
360 烧结机	台	1	1	万吨/年	356	356	2006 年 5 月	2006 年 6 月		长沙冶金设计院
220 烧结机	台	2	2	万吨/年	430	430	2013 年	2013 年		长沙冶金设计院

续表 10-92

设备名称及类型	设备数量			设备能力			设备出厂时间	设备投产时间	设备末次更新改造时间	设备制造国家、公司
	计量单位	安装数	其中：使用数	计量单位	安装设备能力	其中：使用设备能力				
球团设备										
铁矿球团竖炉	座	3	3	万吨/年	176	176				
11.6 平方米球团竖炉	座	1	1	万吨/年	50	50	1995 年 10 月	1995 年 10 月		自制
13.9 平方米球团竖炉	座	1	1	万吨/年	56	56	2000 年 6 月	2000 年 6 月		自制
15.5 平方米球团竖炉	座	1	1	万吨/年	70	70	2006 年 1 月	2006 年 1 月		自制
炼铁及铸铁设备										
高炉	座	5	5	万吨/年	900	900				
2000 立方米高炉	座	1	1	万吨/年	177.5	177.5	2004 年 5 月	2004 年 6 月		中冶赛迪
2550 立方米高炉	座	1	1	万吨/年	225	225	2006 年 8 月	2006 年 9 月		中冶赛迪
2000 立方米高炉	座	1	1	万吨/年	177.5	177.5	2010 年 12 月	2010 年 12 月		中冶南方
1800 立方米高炉	座	2	2	万吨/年	320	320	2013 年	2013 年		中冶南方
炼钢设备										
转炉	座	6	6	万吨/年	880	880				
顶底复合吹转炉	座	6	6	万吨/年	880	880				
150 吨转炉	座	1	1	万吨/年	177	177	2004 年 6 月	2004 年 6 月		中冶京城
150 吨转炉	座	1	1	万吨/年	177	177	2005 年	2005 年 8 月		中冶京城
150 吨转炉	座	1	1	万吨/年	176	176	2010 年 2 月	2010 年 10 月		中冶京城
120 吨转炉	座	3	3	万吨/年	350	350	2013 年	2013 年		太原重工
电炉	座	1	1	万吨/年	120	120				
交流电弧炉	座	1	1	万吨/年	120	120				
100 吨电炉	座	1	1	万吨/年	120	120	1995 年 11 月	1996 年 1 月	2000 年 4 月	意大利达涅利

续表 10-92

设备名称及类型	设备数量			设备能力			设备出厂时间	设备投产时间	设备末次更新改造时间	设备制造国家、公司
	计量单位	安装数	其中：使用数	计量单位	安装设备能力	其中：使用设备能力				
连铸机	台	8	8	万吨/年	1000	1000				
方坯连铸机	台	6	6	万吨/年	550	550				
R12000 方矩坯连铸机	台	1	1	万吨/年	116	116	2013 年	2013 年		中冶连铸
R10000 方坯连铸机	台	1	1	万吨/年	117	117	2013 年	2013 年		上海亚新
R10000 方矩坯连铸机	台	1	1	万吨/年	117	117	2013 年	2013 年		上海亚新
R8000 方矩坯连铸机	台	1	1	万吨/年	60	60	1999 年 8 月	2000 年 4 月	2006 年 6 月	意大利达涅利
R12000 矩坯连铸机	台	1	1	万吨/年	60	60	2008 年 1 月	2008 年 8 月		澳钢联
R12000 方矩坯连铸机	台	1	1	万吨/年	80	80	2020 年 1 月	2020 年 1 月		SMS（瑞士）
板坯连铸机										
普通板坯连铸机	台	3	3	万吨/年	530	530				
1 号板坯连铸机	台	1	1	万吨/年	160	160	2004 年 6 月	2004 年 6 月		VAI（英国）
2 号板坯连铸机	台	1	1	万吨/年	180	180	2006 年 7 月	2006 年 7 月		VAI（英国）
3 号板坯连铸机	台	1	1	万吨/年	190	190	2010 年 6 月	2010 年 10 月		VAI（英国）
炼钢辅助设备										
制氧机	台	4	4	万立方米/年	78840	78840				
1 号 2 万立方米制氧机	台	1	1	万立方米/年	17520	17520	2003 年 2 月	2003 年 8 月	2019 年 4 月	中国杭氧
2 号 2 万立方米制氧机	台	1	1	万立方米/年	17520	17520	2005 年 4 月	2005 年 9 月	2018 年 9 月	中国杭氧
3 号 2 万立方米制氧机	台	1	1	万立方米/年	17520	17520	2007 年 9 月	2008 年 2 月		中国杭氧

续表 10-92

设备名称及类型	设备数量			设备能力			设备出厂时间	设备投产时间	设备末次更新改造时间	设备制造国家、公司
	计量单位	安装数	其中：使用数	计量单位	安装设备能力	其中：使用设备能力				
1号3万立方米制氧机	台	1	1	万立方米/年	26280	26280	2010年10月	2010年12月		中国杭氧
钢加工设备										
钢压延加工设备										
大型型钢轧机	套	1	1	万吨/年	30	30				
大型型钢轧机	套	1	1	万吨/年	30	30		2009年6月		
粗轧机	套	1	1					2009年6月		赛迪重工
中轧机	套	1	1					2003年	2009年6月	三凌重工
中轧机	套	1	1					2003年	2009年6月	天津重工
精轧机	套	1	1					2009年6月		
中型型钢轧机	套	3	3	万吨/年	170	170				
中型型钢轧机	套	1	1	万吨/年	80	80	2008年5月	2008年6月		中冶赛迪
中型型钢轧机	套	1	1	万吨/年	10	10	1993年	2003年12月	2009年6月	吉林梨树
中型型钢轧机	套	1	1	万吨/年	80	80	2013年	2013年		常熟达涅利
小型型钢轧机	套	2	2	万吨/年	165	165				
全连轧生产线	套	1	1	万吨/年	85	85	2001年1月	2001年5月		苏州冶金机械厂
半连轧小型轧机	套	1	1	万吨/年	80	80	1981年5月	1981年9月	2005年1月	苏州/大连冶金
高速线材轧机	套	1	1	万吨/年	65	65				
高速线材轧机	套	1	1	万吨/年	65	65	1992年11月	1992年11月	2010年1月	意大利达涅利、美国摩根
宽厚板轧机	套	2	2	万吨/年	320	320				
四辊可逆式宽厚板轧机	套	1	1	万吨/年	140	140	2013年	2013年		一重

续表 10-92

设备名称及类型	设备数量			设备能力			设备出厂时间	设备投产时间	设备末次更新改造时间	设备制造国家、公司
	计量单位	安装数	其中：使用数	计量单位	安装设备能力	其中：使用设备能力				
宽厚板（卷）轧机	套	1	1	万吨/年	180	180	2004 年 9 月	2004 年 9 月		VAL（英国）
四辊可逆式宽厚板轧机	套	1	1							
中厚板轧机	套	1	1	万吨/年	200	200				
中板轧机	套	1	1	万吨/年	200	200				
2800 四辊轧机	套	1	1				2006 年 5 月	2007 年 1 月		中国一重
2500 四辊轧机	套	1	1				1994 年 9 月	1994 年 9 月	2007 年 12 月	中国一重
洗煤、炼焦、煤气及煤化工产品生产设备										
机械化焦炉	座	3	3	万吨/年	170	170				
JN60-6 型焦炉	座	2	2	万吨/年	110	110	2004 年 6 月	2004 年 6 月/2004 年 12 月		五冶建造
JN60-6 型	座	1	1	万吨/年	60	60	2006 年 6 月	2006 年 6 月		一冶建造

（27）永兴特种不锈钢股份有限公司专业产品主要生产设备见表 10-93。

表 10-93 永兴特种不锈钢股份有限公司专业产品主要生产设备

设备名称及类型	设备数量			设备能力			设备出厂时间	设备投产时间	设备末次更新改造时间	设备制造国家、公司
	计量单位	安装数	其中：使用数	计量单位	安装设备能力	其中：使用设备能力				
超高功率电弧炉（50 吨）	台	1	1	万吨	25	23	2009 年	2010 年	2010 年	长春电炉厂
电弧炉（30 吨）	台	1	1	万吨	10	10	2013 年	2013 年	2013 年	西安广大
顶底复吹 AOD 炉（50 吨）	台	1	1	万吨	25	23	2009 年	2010 年	2010 年	美国 Praxair

续表 10-93

设备名称及类型	设备数量			设备能力			设备出厂时间	设备投产时间	设备末次更新改造时间	设备制造国家、公司
	计量单位	安装数	其中：使用数	计量单位	安装设备能力	其中：使用设备能力				
AOD 炉（30 吨）	台	1	1	万吨	10	10	2019 年	2020 年	2020 年	上海又成
钢包精炼炉（50 吨）	台	1	1	万吨	25	23	2009 年	2010 年	2010 年	长春电炉厂
钢包精炼炉（30 吨）	台	1	1	万吨	10	10	2019 年	2020 年	2020 年	长春电炉厂
连铸机（R10 米两机两流）	台	1	1	万吨	24	15	2009 年	2010 年	2010 年	上海重矿连铸
模铸设备（0.6~5 吨）	套	10	10	万吨	8	6	2001 年	2002 年	2009 年	益昌铸造、上海耀秦
固溶炉（13 工位环形炉）	套	1	1	万吨	6	5	2021 年	2021 年	2022 年	北京凤凰炉
35 兆牛锻压机组（35 兆牛）	套	1	1	万吨	5	5	2015 年	2015 年	2015 年	兰石重工
保护气氛电渣炉（5 吨）	套	2	1	吨	5	5	2015 年	2015 年	2015 年	美国应达工业
真空感应炉（6 吨）	套	1	1	吨	6	6	2015 年	2015 年	2015 年	美国应达工业
真空自耗炉（6 吨）	套	1	1	吨	6	6	2015 年	2015 年	2015 年	美国应达工业
棒线卷复合轧线（25 万吨）	套	1	1	万吨	25	25	2016 年	2017 年	2018 年	普锐特
在线固溶炉（60 吨/时）	套	1	1	万吨	12	12	2016 年	2017 年	2017 年	瑞典 Linde
2 号酸洗线（8 万吨）	套	1	1	万吨	8	8	2015 年	2015 年	2015 年	江苏兴隆、同济科蓝
新 1 号酸洗线（8 万吨）	套	1	1	万吨	8	5	2021 年	2022 年	2022 年	江苏兴隆、同济科蓝
连铸机（R11 米一机一流）	台	1	1	万吨	5	5	2020 年	2020 年	2020 年	上海迈亦
VD 炉（30 吨）	台	1	1	万吨	10	10	2020 年	2020 年	2020 年	杭真
辊底退火炉（10 工位）	套	1	1	万吨	1.3	0.6	2021 年	2022 年	2022 年	北京凤凰炉
九辊矫直机（ϕ50~130）	套	1	1	万吨	15	13	2019 年	2019 年	2019 年	安徽浩中机械
不锈钢混酸再生（2.6 立方米/小时）	套	1	1	立方	18000	16000	2021 年	2022 年	2022 年	中冶南方

（28）南阳汉冶特钢有限公司专业产品主要生产设备见表10-94。

表10-94 南阳汉冶特钢有限公司专业产品主要生产设备

设备名称及类型	设备数量			设备能力			设备出厂时间	设备投产时间	设备末次更新改造时间	设备制造国家、公司
	计量单位	安装数	其中：使用数	计量单位	安装设备能力	其中：使用设备能力				
烧结机	台	1	1	平方米	265	265				
高炉	座	2	2	立方米	450	450				
高炉	座	1	1	立方米	1530	1530				
转炉	座	3	3	吨	100	100				
LF精炼炉	座	3	3	吨	100	100				
双工位真空VD炉	座	3	3	吨	100	100				
连铸机	台	1	1	毫米	400×2700	400×2700				
连铸机	台	2	2	毫米	250×1700	250×1700				
3800轧机	套	1	1	毫米	2100~3800	2100~3800				
3500粗轧机	套	1	1	毫米	2100~3200	2100~3200				
3500精轧机	套	1	1	毫米	2100~3400	2100~3400				

（29）邢台钢铁有限责任公司专业产品主要生产设备见表10-95。

表10-95 邢台钢铁有限责任公司专业产品主要生产设备

设备名称及类型	设备数量			设备能力			设备出厂时间	设备投产时间	设备末次更新改造时间	设备制造国家、公司
	计量单位	安装数	其中：使用数	计量单位	安装设备能力	其中：使用设备能力				
人造块矿设备										
烧结机	台	2	1	万吨/年	340	170				

续表 10-95

设备名称及类型	设备数量			设备能力			设备出厂时间	设备投产时间	设备末次更新改造时间	设备制造国家、公司
	计量单位	安装数	其中：使用数	计量单位	安装设备能力	其中：使用设备能力				
铁矿烧结机	台	2	1	万吨/年	340	170				
1 号烧结机	台	1		万吨/年	170		2003 年 3 月	2003 年 10 月		沈阳冶金机械厂
2 号烧结机	台	1	1	万吨/年	170	170	2006 年 9 月	2007 年 5 月		沈阳冶金机械厂
炼铁及铸铁设备										
高炉	座	3	2	万吨/年	191	141				
其中：1 号高炉	座	1		万吨/年	50		2001 年 6 月	2001 年 6 月	2008 年 10 月	河北省安装公司
5 号高炉	座	1	1	万吨/年	52	52	2003 年 10 月	2003 年 10 月	2013 年 1 月	河北省安装公司
6 号高炉	座	1	1	万吨/年	89	89	2011 年 11 月	2011 年 11 月		华北冶金建设公司
炼钢设备										
铁水预处理设备	座	2	2	万吨/年	90	90				
脱硫设备	座	1	1	万吨/年	45	45	2008 年 8 月	2008 年 11 月		首钢国际
脱磷设备	座	1	1	万吨/年	45	45	2011 年 3 月	2011 年 6 月		首钢国际
混铁炉	座	3	3	万吨/年	315	315				
其中：1 号混铁炉	座	1	1	万吨/年	105	105	1994 年 8 月	1995 年 8 月		天津重型机械厂
2 号混铁炉	座	1	1	万吨/年	105	105	2002 年 6 月	2002 年 9 月		邯钢
3 号混铁炉	座	1	1	万吨/年	105	105	2012 年 2 月	2012 年 5 月		首钢设备结构厂
转炉										
顶底复合吹转炉	座	4	4	万吨/年	236	236				
其中：2 号顶底复合吹转炉	座	1	1	万吨/年	70	70	2002 年 8 月	2002 年 11 月		奥钢联

续表 10-95

设备名称及类型	设备数量			设备能力			设备出厂时间	设备投产时间	设备末次更新改造时间	设备制造国家、公司
	计量单位	安装数	其中：使用数	计量单位	安装设备能力	其中：使用设备能力				
3号顶底复合吹转炉	座	1	1	万吨/年	70	70	1994年8月	1995年8月		首钢设备结构厂
4号顶底复合吹转炉	座	1	1	万吨/年	96	96	2005年6月	2005年12月		首钢机械厂
二次冶金设备										
钢包精炼炉	座	5	5	万吨/年	290	290				
其中：1号钢包精炼炉	座	1	1	万吨/年	50	50	2002年9月	2002年12月		奥钢联
2号钢包精炼炉	座	1	1	万吨/年	50	50	2004年8月	2004年11月		奥钢联
3号钢包精炼炉	座	1	1	万吨/年	80	80	2007年5月	2007年8月		西安桃园
4号钢包精炼炉	座	1	1	万吨/年	60	60	2010年3月	2010年8月		西门子、奥钢联
5号钢包精炼炉	座	1	1	万吨/年	50	50	2011年2月	2011年5月		西安桃园
氩氧精炼炉	座	1	1	万吨/年	80	80	2011年3月	2011年6月		西门子、奥钢联
RH精炼炉	座	1	1	万吨/年	80	80	2007年6月	2007年9月		宝钢工程
连铸机										
方坯连铸机	台	4	4	万吨/年	230	230				
其中：3号方坯连铸机	台	1	1	万吨/年	50	50	2004年3月	2004年6月		西门子、奥钢联
4号方坯连铸机	台	1	1	万吨/年	50	50	2002年9月	2002年12月		西门子、奥钢联
5号方坯连铸机	台	1	1	万吨/年	80	80	2007年5月	2007年8月		西重所
7号方坯连铸机	台	1	1	万吨/年	50	50	2011年2月	2011年5月		西重所
圆坯连铸机	台	1	1	万吨/年	50	50				
6号方、圆坯机	台	1	1	万吨/年	50	50	2010年3月	2010年8月		西门子、奥钢联
钢加工设备										
钢压延加工设备										

续表 10-95

设备名称及类型	设备数量			设备能力			设备出厂时间	设备投产时间	设备末次更新改造时间	设备制造国家、公司
	计量单位	安装数	其中：使用数	计量单位	安装设备能力	其中：使用设备能力				
初轧开坯设备										
开坯机										
1 号开坯机	套	1	1	万吨/年	80	80	2007 年 8 月	2007 年 8 月		上海重型机械厂
2 号开坯机	套	1	1	万吨/年	70	70	2011 年 5 月	2011 年 5 月		中冶赛迪
线材轧机										
高速线材轧机										
线材一车间	套	1	1	万吨/年	41	41	1999 年 9 月	1999 年 9 月		南高齿、西航
线材二车间	套	1	1	万吨/年	41	41	2001 年 5 月	2001 年 11 月		南高齿、西航
线材三车间	套	1	1	万吨/年	71	71	2003 年 11 月	2004 年 1 月		南高齿、西航
线材四车间	套	1	1	万吨/年	71	71	2004 年 5 月	2004 年 11 月		南高齿、西航
线材五车间	套	1	1	万吨/年	71	71	2008 年 5 月	2008 年 8 月		南高齿、西航、西门子
加热炉										
1 号开坯加热炉	座	1	1	万吨/年	140.16	140.16	2007 年 8 月	2007 年 8 月		上海嘉德
2 号开坯加热炉	座	1	1	万吨/年	140.16	140.16	2011 年 5 月	2011 年 5 月		上海嘉德
一车间加热炉	座	1	1	万吨/年	100	100	2011 年 1 月	2011 年 1 月		北京凤凰
二车间加热炉	座	1	1	万吨/年	87.6	87.6	2001 年 5 月	2001 年 11 月		北京凤凰
三车间加热炉	座	1	1	万吨/年	87.6	87.6	2003 年 11 月	2004 年 1 月		北京凤凰
四车间加热炉	座	1	1	万吨/年	87.6	87.6	2004 年 5 月	2004 年 11 月		上海嘉德
五车间加热炉	座	1	1	万吨/年	105.12	105.12	2008 年 8 月	2008 年 8 月		上海嘉德
洗煤、炼焦、煤气及煤化工产品生产设备										
机械化焦炉	座	2	1	万吨/年	95	47.5				二十二冶

续表 10-95

设备名称及类型	设备数量			设备能力			设备出厂时间	设备投产时间	设备末次更新改造时间	设备制造国家、公司
	计量单位	安装数	其中：使用数	计量单位	安装设备能力	其中：使用设备能力				
其中：1号机械化焦炉	座	1		万吨/年	47.5		2004年3月	2004年3月		二十二冶
2号机械化焦炉	座	1	1	万吨/年	47.5	47.5	2000年12月	2000年12月		二十二冶

（30）河南济源钢铁（集团）有限公司专业产品主要生产设备见表 10-96。

表 10-96　河南济源钢铁（集团）有限公司专业产品主要生产设备

设备名称及类型	设备数量			设备能力			设备出厂时间	设备投产时间	设备末次更新改造时间	设备制造国家、公司
	计量单位	安装数	其中：使用数	计量单位	安装设备能力	其中：使用设备能力				
人造块矿设备										
烧结机										
铁矿烧结机	台	3	3	万吨/年	710	710				
烧结机	台	1	1	万吨/年	410	410				
烧结机	台	2	2	万吨/年	300	300				
球团设备										
铁矿球团回转窑	座	1	1	万吨/年	70	70				
回转窑	座	1	1	万吨/年	70	70				
炼铁及铸铁设备										
高炉	座	5	5	万吨/年	400	400				
3~6号高炉	座	4	4	万吨/年	280	280				
2号高炉	座	1	1	万吨/年	120	120				

续表 10-96

设备名称及类型	设备数量			设备能力			设备出厂时间	设备投产时间	设备末次更新改造时间	设备制造国家、公司
	计量单位	安装数	其中：使用数	计量单位	安装设备能力	其中：使用设备能力				
炼钢设备										
转炉										
顶吹转炉	座	4	4	万吨/年	400	400				
转炉（二炼钢）	座	2	2	万吨/年	160	160				
转炉（一炼钢）	座	2	2	万吨/年	240	240				
连铸机										
方坯连铸机	台	5	5	万吨/年	520	520				
连铸机	台	3	3	万吨/年	360	360				
连铸机	台	2	2	万吨/年	160	160				
钢加工设备										
钢压延加工设备	套	6	6	万吨/年	450	450				
大型型钢轧机	套	3	3	万吨/年	180	180				
大棒材轧机	套	3	3	万吨/年	180	180				
小型型钢轧机	套	1	1	万吨/年	90	90				
钢筋轧机	套	1	1	万吨/年	90	90				
线材轧机										
高速线材轧机	套	3	3	万吨/年	180	180				
济源高速线材轧机（二轧）	套	1	1	万吨/年	60	60				
洛阳国泰线材轧机（三轧）	套	1	1	万吨/年	60	60				
特殊钢线材轧机（一轧）	套	1	1	万吨/年	60	60				

（31）河南中原特钢装备制造有限公司专业产品主要生产设备见表10-97。

表10-97 河南中原特钢装备制造有限公司专业产品主要生产设备

设备名称及类型	设备数量			设备能力			设备出厂时间	设备投产时间	设备末次更新改造时间	设备制造国家、公司
	计量单位	安装数	其中：使用数	计量单位	安装设备能力	其中：使用设备能力				
炼钢设备										
电炉	台			万吨/年	51.2	51.2				
交流电弧炉	台			万吨/年	51.2	51.2				
EBT-40 吨电炉	台	1	1	万吨/年	10	10	1975年12月	1980年11月		五机部制
EBT-40 吨电炉	台	1	1	万吨/年	10	10	2006年5月	2007年3月		陕西三秦工业电炉有限公司
60吨电弧炉	台	1	1	万吨/年	30	30	2014年11月	2015年3月		Tenova S. P. A 特诺恩工业技术（北京）有限公司和西安鹏远重型电炉制造有限公司
中频无芯感应熔炼炉	台	1	1	万吨/年	1.2	1.2	2014年6月	2015年7月		应达工业（上海）有限公司
电渣重熔炉	台	8	8	万吨/年	9	9				
8吨电渣炉	台	1	1	万吨/年	0.6	0.6	1984年3月	1993年7月	2008年12月	原长春电炉厂改造西安西炉特种电炉公司
3012-0 电渣炉	台	1	1	万吨/年	1	1	2001年3月	2001年7月		西安鹏远重型电炉制造有限公司
60508 电渣炉	台	2	2	万吨/年	0.4	0.4	2006年6月	2006年12月		西安鹏远重型电炉制造有限公司
JY-0701 电渣炉	台	1	1	万吨/年	1	1	2008年4月	2008年1月		沈阳东大工程研究所
0714 电渣炉	台	2	2	万吨/年	2	2	2008年1月	2008年12月		西安西炉特种电炉公司
20吨电渣炉 0808-8	台	1	1	万吨/年	2	2	2008年12月	2009年11月		西安西炉特种电炉公司
15吨电渣炉	台	1	1	万吨/年	2	2	2011年11月	2013年1月		沈阳东大兴科冶金技术有限公司
二次冶金设备	台			万吨/年						
钢包炉（LF）										

续表 10-97

设备名称及类型	设备数量			设备能力			设备出厂时间	设备投产时间	设备末次更新改造时间	设备制造国家、公司
	计量单位	安装数	其中：使用数	计量单位	安装设备能力	其中：使用设备能力				
LF-40 精炼炉	台	1	1	万吨/年	7	7	1975 年 9 月	1979 年 11 月		瑞典 ASEA 公司
LF-40 精炼炉	台	1	1	万吨/年	7	7	2008 年 1 月	2008 年 12 月		中钢集团鞍山热能研究院
LF 炉	台	2	2	万吨/年	30	30	2014 年 11 月	2015 年 3 月		Tenova S. P. A 特诺恩工业技术（北京）有限公司和西安鹏远重型电炉制造有限公司
真空氧气脱碳装置（VOD、VAD、VHD）										
40 吨精炼炉-VOD										
60 吨 VOD 炉	台	1	1	万吨/年	10	10	2006 年 11 月	2007 年 2 月		西安鹏远重型电炉制造有限公司
AOD 炉及配套设备	台	1	1	万吨/年	30	30	2014 年 11 月	2015 年 3 月		Tenova S. P. A 特诺恩工业技术（北京）有限公司和西安迈特瑞冶金设备技术有限公司
浇铸设备	台	1	1	万吨/年	10	10	2014 年 10 月	2015 年 7 月		上海又成钢铁设备科技有限公司
钢加工设备	台	1	1	万吨/年	30	30	2014 年 12 月	2015 年 6 月		西门子（中国）有限公司
钢压延加工设备	台									
其他压延设备		1	1	万吨/年	5	5	2010 年 11 月	2011 年 1 月		奥地利 GFM 公司
锻锤					15	15				
其中：精锻机					8	8				
精锻机	台	1	1	万吨/年	3	3	1980 年 6 月	1984 年 8 月		奥地利 GFM 公司
油压机										
其中：油压机					7	7				
油压机	台	1	1	万吨/年	2	2	1994 年 3 月	1994 年 8 月		北京重型机械厂德国番克公司

续表 10-97

设备名称及类型	设备数量			设备能力			设备出厂时间	设备投产时间	设备末次更新改造时间	设备制造国家、公司
	计量单位	安装数	其中：使用数	计量单位	安装设备能力	其中：使用设备能力				
油压机	台	1	1	万吨/年			2006 年 3 月	2006 年 12 月		兰州兰石技术开发公司
快锻液压机	台	1	1	万吨/年	3	3	2008 年 1 月	2009 年 6 月		德国 MEER 公司

（32）方大特钢科技股份有限公司专业产品主要生产能力见表 10-98。

表 10-98 方大特钢科技股份有限公司专业产品主要生产能力

设备名称及类型	设备数量			设备能力			设备出厂时间	设备投产时间	设备末次更新改造时间	设备制造国家、公司
	计量单位	安装数	其中：使用数	计量单位	安装设备能力	其中：使用设备能力				
人造块矿设备										
烧结机	台	2	2	万吨/年	430	430				
铁矿烧结机	台	2	2	万吨/年	430	430				
245 平方米烧结机	台	1	1	万吨/年	270	270	2011 年 8 月	2011 年 8 月		
130 平方米烧结机	台	1	1	万吨/年	160	160	2004 年 5 月	2004 年 5 月		
球团设备	座	2	2	万吨/年	90	90				
铁矿球团竖炉	座	2	2	万吨/年	90	90				
10 平方米球团竖炉×2	座	2	2	万吨/年	90	90	2002 年 3 月	2002 年 3 月		
炼铁及铸铁设备										
高炉	座	3	3	万吨/年	315	315				
1 号高炉	座	1	1	万吨/年	125	125	2006 年 10 月	2006 年 10 月		
2 号高炉	座	1	1	万吨/年	125	125	2011 年 12 月	2011 年 12 月		

续表 10-98

设备名称及类型	设备数量			设备能力			设备出厂时间	设备投产时间	设备末次更新改造时间	设备制造国家、公司
	计量单位	安装数	其中：使用数	计量单位	安装设备能力	其中：使用设备能力				
3 号高炉	座	1	1	万吨/年	65	65	2004 年 2 月	2004 年 2 月		
炼钢设备										
转炉	座	3	3	万吨/年	360	360				
顶吹转炉	座	3	3	万吨/年	360	360				
1 号顶吹转炉	座	1	1	万吨/年	120	120	2004 年 7 月	2004 年 7 月	2008 年 8 月	
2 号顶吹转炉	座	1	1	万吨/年	120	120	2004 年 4 月	2004 年 4 月	2008 年 12 月	
3 号顶吹转炉	座	1	1	万吨/年	120	120	2006 年	2007 年	2008 年 9 月	
二次冶金设备										
钢包炉	座	3	3	万吨/年	245	245				
转炉 1 号 LF 炉	座	1	1	万吨/年	65	65	2005 年	2005 年		
转炉 2 号 LF 炉	座	1	1	万吨/年	90	90	2008 年	2008 年		
转炉 3 号 LF 炉	座	1	1	万吨/年	90	90	2012 年	2012 年		
真空脱气装置	座	1	1	万吨/年	90	90				
VD 炉	座	1	1	万吨/年	90	90	2012 年	2012 年		
连铸机	台	4	4	万吨/年	360	360				
方坯连铸机	台	4	4	万吨/年	360	360				
0 号方坯连铸机	台	1	1	万吨/年	80	80	2010 年	2010 年		
1 号方坯连铸机	台	1	1	万吨/年	100	100	2007 年	2007 年		
2 号方坯连铸机	台	1	1	万吨/年	100	100	2004 年	2004 年		
3 号方坯连铸机	台	1	1	万吨/年	80	80	2004 年	2004 年		
炼钢辅助设备										

续表 10-98

设备名称及类型	设备数量			设备能力			设备出厂时间	设备投产时间	设备末次更新改造时间	设备制造国家、公司
	计量单位	安装数	其中：使用数	计量单位	安装设备能力	其中：使用设备能力				
制氧机	台	5	5	万立方米/年	22050	22050				
10000 立方米制氧机	台	1	1	万立方米/年	10000	10000	2002 年	2002 年		
4500 立方米制氧机	台	1	1	万立方米/年	4500	4500	2004 年	2004 年		
3350 立方米制氧机	台	1	1	万立方米/年	3350	3350	1985 年	1985 年		
3200 立方米制氧机	台	1	1	万立方米/年	3200	3200	1995 年	1995 年		
16000 立方米制氧机	台	1	1	万立方米/年	16000	16000	2007 年	2007 年		
钢加工设备										
钢压延加工设备	套	4	4	万吨/年	360	360				
中型型钢轧机	套	2	2	万吨/年	170	170				
弹扁线中型型钢轧机	套	1	1	万吨/年	75	75	1970 年	1970 年	2008 年	
优特钢线中型型钢轧机	套	1	1	万吨/年	95	95	2011 年	2011 年		
小型型钢轧机	套	1	1	万吨/年	120	120				
棒材线小型型钢轧机	套	1	1	万吨/年	120	120	2001 年	2001 年		
线材轧机										
高速线材轧机	套	1	1	万吨/年	70	70				

续表 10-98

设备名称及类型	设备数量			设备能力			设备出厂时间	设备投产时间	设备末次更新改造时间	设备制造国家、公司
	计量单位	安装数	其中：使用数	计量单位	安装设备能力	其中：使用设备能力				
高线高速线材轧机	套	1	1	万吨/年	70	70	2008 年 5 月	2008 年 10 月		
洗煤、炼焦、煤气及煤化工产品生产设备										
机械化焦炉										
1 号炉顶装型	座	1	1	万吨/年	46	46	1985 年	1990 年	2005 年	
2 号炉捣固型	座	1	1	万吨/年	40	40	2006 年	2006 年		

（33）芜湖新兴铸管有限公司专业产品主要生产设备见表 10-99。

表 10-99 芜湖新兴铸管有限公司专业产品主要生产设备

设备名称及类型	设备数量			设备能力			设备出厂时间	设备投产时间	设备末次更新改造时间	设备制造国家、公司
	计量单位	安装数	其中：使用数	计量单位	安装设备能力	其中：使用设备能力				
铁矿烧结机	台	2	2	万吨/年	628	628		2015 年 9 月		
高炉	座	2	2	万吨/年	275	275		2015 年 9 月		
顶吹转炉	座	2	2	万吨/年	310	310		2015 年 9 月		
连铸机	台	4	4	万吨/年	300	300		2015 年 9 月		
小型型钢轧机	套	5	5	万吨/年	300	300		2015 年 9 月		
机械化焦炉	座	2	2	万吨/年	120	120		2015 年 9 月		

（34）凌源钢铁集团有限责任公司专业产品主要生产设备见表 10-100。

表 10-100 凌源钢铁集团有限责任公司专业产品主要生产设备

设备名称及类型	设备数量			设备能力			设备出厂时间	设备投产时间	设备末次更新改造时间	设备制造国家、公司
	计量单位	安装数	其中：使用数	计量单位	安装设备能力	其中：使用设备能力				
黑色金属矿、非金属矿采选及煅烧专业设备										
采矿设备										
中深孔钻机	台			米/年						
掘进钻机	台	1	1	米/年	144000	144000				
凿岩机	台			米/年						
凿岩钻机	台	2	2	米/年	96000	96000				
电机车	台			自重/吨						
10 吨电机车	台	6	6	自重/吨	60	40				
铲运机	台			万吨/年						
铲运机	台	9	6	万吨/年	117	78				
提升机	台			千瓦						
提升机	台	1	1	千瓦	1750	1750				
选矿、洗矿设备										
破碎机										
粗破碎机	台			万吨/年						
0.9 米×1.2 米破碎机	台	1	1	万吨/年	120	120				
磨矿机										
一次球磨机	台			万吨/年						
3.2 米×4.5 米球磨机	台	2	2	万吨/年	100	100				
2.7 米×3.6 米球磨机	台	1	1	万吨/年	50	50				

续表 10-100

设备名称及类型	设备数量			设备能力			设备出厂时间	设备投产时间	设备末次更新改造时间	设备制造国家、公司
	计量单位	安装数	其中：使用数	计量单位	安装设备能力	其中：使用设备能力				
4.0 米×6.7 米球磨机	台	1	1	万吨/年	245	245				
无介质球磨机	台			万吨/年						
5.5 米×1.8 米无介质球磨机	台	2	2	万吨/年	150	150				
8.0 米×2.8 米无介质球磨机	台	1	1	万吨/年	245	245				
磁选机	台	69	69	万吨/年						
CBT1024	台	27	27	万吨/年	1626	1626				
CBT1030	台	22	22	万吨/年	1582	1582				
CBT1021	台	2	2	万吨/年	126	126				
XCBT1030	台	18	18	万吨/年	1135	1135				
辅助原料矿煅烧设备										
麦尔兹窑	座	2	2	万吨/年	38	38				
1 号麦窑	座	1	1	万吨/年	19	19				
2 号麦窑	座	1	1	万吨/年	19	19				
人造块矿设备										
烧结机	台			万吨/年						
铁矿烧结机	台	3	3	万吨/年	824.8	824.8				
烧结机	台	1	1	万吨/年	316.8	316.8	2020 年 4 月	2021 年 1 月		
烧结机	台	1	1	万吨/年	300	300	2008 年 2 月	2008 年 12 月	2015 年 12 月	河北安装公司
烧结机	台	1	1	万吨/年	208	208	2011 年 3 月	2011 年 10 月		中冶北方工程公司
球团设备										
铁矿球团回转窑	座	1	1	万吨/年	200	200				

续表 10-100

设备名称及类型	设备数量			设备能力			设备出厂时间	设备投产时间	设备末次更新改造时间	设备制造国家、公司
	计量单位	安装数	其中：使用数	计量单位	安装设备能力	其中：使用设备能力				
链算机回转窑	座	1	1	万吨/年	200	200	2012年7月	2012年9月		
炼铁及铸铁设备										
高炉	座	5	5	万吨/年	530	530				
高炉	座	2	2	万吨/年	130	130	1999年11月	2001年1月	2015年3月	
高炉	座	2	2	万吨/年	210	210				
高炉	座	1	1	万吨/年	190	190	2012年8月	2012年10月		
铸铁机	台	1	1	万吨/年	25	25				
铸铁机	台	1	1	万吨/年	25	25				
炼钢设备										
转炉	座	6	6	万吨/年	600	600				
顶吹转炉	座	3	3	万吨/年	240	240				
1~3号转炉	座	3	3	万吨/年	240	240				
顶底复合吹转炉	座	3	3	万吨/年	360	360				
4号转炉	座	1	1	万吨/年	120	120				
5~6号转炉	座	2	2	万吨/年	240	240	2012年7月	2012年9月		
连铸机	台	8	8	万吨/年	885	885				
方坯连铸机	台	7	7	万吨/年	765	765				
1号连铸机	台	1	1	万吨/年	90	90	1990年5月	1990年9月	2007年6月	衡阳机械总厂
2号连铸机	台	1	1	万吨/年	75	75	2002年2月	2002年2月	2007年5月	冶金技术工程公司
3号连铸机	台	1	1	万吨/年	80	80	2008年6月	2008年9月		中冶连铸

续表 10-100

设备名称及类型	设备数量			设备能力			设备出厂时间	设备投产时间	设备末次更新改造时间	设备制造国家、公司
	计量单位	安装数	其中：使用数	计量单位	安装设备能力	其中：使用设备能力				
4 号连铸机	台	1	1	万吨/年	120	120	2010 年 5 月	2010 年 5 月		
5 号连铸机	台	1	1	万吨/年	120	120	2012 年 9 月	2012 年 9 月		
6 号连铸机	台	1	1	万吨/年	140	140	2012 年 7 月	2012 年 9 月		
7 号连铸机	台	1	1	万吨/年	140	140	2015 年 10 月	2015 年 10 月		
板坯连铸机										
普通板坯连铸机	台	1	1	万吨/年	120	120				
1 号板坯	台	1	1	万吨/年	120	120	2008 年 8 月	2008 年 12 月		
钢加工设备										
钢压延加工设备		20	20		701	701				
大型型钢轧机	套	1	1	万吨/年	110	110				
大型轧机	套	1	1	万吨/年	110	110				
中型型钢轧机	套	1	1	万吨/年	80	80				
中型轧机	套	1	1	万吨/年	80	80	1990 年 1 月	1990 年 1 月	2011 年 8 月	南京高精工程公司
小型型钢轧机	套	3	3	万吨/年	263	263				
1 号机组	套	1	1	万吨/年	78	78	2001 年 4 月	2001 年 6 月	2014 年 11 月	鞍山制造公司
2 号机组	套	1	1	万吨/年	105	105	2008 年 8 月	2008 年 9 月		南京齿轮公司
3 号机组	套	1	1	万吨/年	80	80				
线材轧机		1	1		60	60				
高速线材轧机	套	1	1	万吨/年	60	60				
线材轧机	套	1	1	万吨/年	60	60				
热轧中宽钢带轧机	套	1	1	万吨/年	140	140				

续表 10-100

设备名称及类型	设备数量			设备能力			设备出厂时间	设备投产时间	设备末次更新改造时间	设备制造国家、公司
	计量单位	安装数	其中：使用数	计量单位	安装设备能力	其中：使用设备能力				
热轧中宽钢带轧机	套	1	1	万吨/年	140	140		1996年9月	2008年1月	德国克虏伯
钢管轧机		2	2		6	6				
热轧无缝钢管轧机（机组）	台	2	2	万吨/年	6	6				
80毫米无缝机组	台	1	1	万吨/年	3	3				
114毫米无缝机组	台	1	1	万吨/年	3	3				
焊接加工设备		11	11		42	42				
电焊钢管轧机	套	6	6	万吨/年	27	27				
直缝电焊管机	套	6	6	万吨/年	27	27				
219毫米轧机	套	1	1	万吨/年	5	5	2001年1月	2001年11月	2007年2月	南京轻工机械厂
114毫米轧机	套	1	1	万吨/年	4	4	1990年8月	1990年8月	1998年12月	北京冶金机械厂
76毫米轧机	套	1	1	万吨/年	4	4	1989年12月	1990年2月	1999年12月	北京冶金机械厂
50毫米轧机	套	1	1	万吨/年	0.5	0.5	2001年1月	2001年12月		石家庄机电公司
114毫米重型机组	套	1	1	万吨/年	5	5	2010年3月	2010年7月		
325毫米机组	套	1	1	万吨/年	8.5	8.5	2010年3月	2010年7月		
螺旋缝电焊管机	套	5	5	万吨/年	15	15				
630毫米机组	套	1	1	万吨/年	1.5	1.5	2010年3月	2010年7月		
1420毫米机组	套	1	1	万吨/年	1.5	1.5	2010年3月	2010年7月		
426毫米机组	套	3	3	万吨/年	12	12	2013年12月	2013年12月	2014年5月	
洗煤、炼焦、煤气及煤化工产品生产设备										
机械化焦炉	座	1	1	万吨/年	65	65				
焦炉	座	1	1	万吨/年	65	65	1994年8月	1994年12月		第三冶金建设公司

（35）湖南华菱衡阳钢管有限公司专业产品主要生产设备见表 10-101。

表 10-101 湖南华菱衡阳钢管有限公司专业产品主要生产设备

设备名称及类型	设备数量			设备能力			设备出厂时间	设备投产时间	设备末次更新改造时间	设备制造国家、公司
	计量单位	安装数	其中：使用数	计量单位	安装设备能力	其中：使用设备能力				
人造块矿设备										
烧结机	台	1	1	万吨/年	180	180				
铁矿烧结机	台	1	1	万吨/年	180	180				
铁矿烧结机	台	1	1	万吨/年	180	180	2009 年 1 月	2009 年 4 月		中冶长天
炼铁及铸铁设备										
高炉	座	1	1	万吨/年	83	83				
高炉	座	1	1	万吨/年	83	83	2009 年 1 月	2009 年 4 月		中鼎泰克
铸铁机	台	2	2	万吨/年	56	56				
1 号铸铁机	台	1	1	万吨/年	28	28	2009 年 1 月	2009 年 4 月		洛阳
2 号铸铁机	台	1	1	万吨/年	28	28	2009 年 8 月	2009 年 12 月		宝鸡
炼钢设备										
电炉	座	3	3	万吨/年	130	130				
交流电弧炉	座	3	3	万吨/年	130	130				
1 号电炉	座	1	1	万吨/年	25	25	1990 年 1 月	1991 年 12 月		西安电炉厂
2 号电炉	座	1	1	万吨/年	25	25	1993 年 8 月	1994 年 12 月		西安电炉厂
90 吨电炉	座	1	1	万吨/年	80	80	2005 年 1 月	2005 年 12 月		意大利达涅利公司
二次冶金设备										
钢包炉	座	4	4	万吨/年	130	130				

续表 10-101

设备名称及类型	设备数量			设备能力			设备出厂时间	设备投产时间	设备末次更新改造时间	设备制造国家、公司
	计量单位	安装数	其中：使用数	计量单位	安装设备能力	其中：使用设备能力				
小管坯	座	3	3	万吨/年	50	50	1993 年 8 月	1994 年 12 月	2012 年 11 月	西安鹏远/中冶南方
大管坯	座	1	1	万吨/年	80	80	2005 年 1 月	2005 年 12 月		无锡扬名
真空脱气装置	座	3	3	万吨/年	160	160				
小管坯	座	1	1	万吨/年	45	45	2007 年	2008 年		杭州西湖真空泵厂
小管坯	座	1	1	万吨/年	45	45	2017 年	2018 年		兑通
大管坯	座	1	1	万吨/年	70	70	2005 年 1 月	2005 年 12 月		兑通
连铸机										
圆坯连铸机	台	3	3	万吨/年	150	150				
小管坯	台	1	1	万吨/年	50	50	1990 年 1 月	1990 年 12 月	2012 年 12 月	中冶连铸
大管坯	台	1	1	万吨/年	80	80	2005 年 1 月	2005 年 12 月		意大利达涅利公司
大圆坯	台	1	1	万吨/年	20	20	2010 年 2 月	2010 年 10 月		中冶京城
钢加工设备										
钢压延加工设备										
钢管轧机	台	5	5	万吨/年	177	177				
热轧无缝钢管轧机	台	5	5	万吨/年	177	177				
219 机组	台	1	1	万吨/年	18	18	2007 年 5 月	2008 年 4 月		太重
89 机组	台	1	1	万吨/年	24	24	1995 年 6 月	1997 年 1 月	2019 年 7 月	德国、中冶赛迪
340 机组	台	1	1	万吨/年	70	70	2004 年 8 月	2005 年 2 月		德国
720 机组	台	1	1	万吨/年	15	15	2009 年 1 月	2009 年 7 月		德国
180 机组	台	1	1	万吨/年	50	50	2011 年 1 月	2011 年 12 月		德国、太重

（36）天津钢铁集团有限公司专业产品主要生产设备见表 10-102。

表 10-102 天津钢铁集团有限公司专业产品主要生产设备

设备名称及类型	设备数量			设备能力			设备出厂时间	设备投产时间	设备末次更新改造时间	设备制造国家、公司
	计量单位	安装数	其中：使用数	计量单位	安装设备能力	其中：使用设备能力				
球团回转窑	座	1	1	万吨/年	240	240		2011 年 4 月		华冶（建设施工）
烧结机	台	1	1	万吨/年	180	180				华冶（建设施工）
烧结机	台	1	1	万吨/年	294	294		2004 年 2 月		唐冶（建设施工）
烧结机	台	1	1	万吨/年	342	342		2006 年 5 月		唐冶（建设施工）
高炉	座	1	1	万吨/年	170	170		2004 年 3 月		二十冶（施工建设）
高炉	座	1	1	万吨/年	267	267		2006 年 5 月		二十冶（施工建设）
转炉	座	3	3	万吨/年	405	405		2004 年 3 月		首钢机械、大连重工
棒材轧机	套	2	2	万吨/年	180	180		2006 年 3 月		意大利达涅利
高速线材轧机	套	1	1	万吨/年	70	70		1995 年 6 月		美国摩根公司
高速线材轧机	套	1	1	万吨/年	80	80		2009 年 6 月		美国摩根公司
中厚板轧机	套	1	1	万吨/年	220	220		2006 年 6 月		中国第一重型机械（集团）有限公司

（37）天津新天钢联合特钢有限公司专业产品主要生产设备见表 10-103。

表 10-103 天津新天钢联合特钢有限公司专业产品主要生产设备

设备名称及类型	设备数量			设备能力			设备出厂时间	设备投产时间	设备末次更新改造时间	设备制造国家、公司
	计量单位	安装数	其中：使用数	计量单位	安装设备能力	其中：使用设备能力				
120 吨转炉	座	3	3	万吨	420	420		2011 年 4 月		

续表 10-103

设备名称及类型	设备数量			设备能力			设备出厂时间	设备投产时间	设备末次更新改造时间	设备制造国家、公司
	计量单位	安装数	其中：使用数	计量单位	安装设备能力	其中：使用设备能力				
120吨LF炉	座	3	3	万吨	360	360		2011年6月		
120吨VD炉	座	1	1	万吨	80	80		2011年6月		
1080立方米高炉	座	3	3	万吨	312	312		2011年6月		
1×500立方米高炉	座	1	1	万吨	120	120		2009年12月		炼铁厂6号500立方米高炉于2020年10月31日21点08分停拆炉，5号500立方米高炉于2022年1月8日19点56分停拆炉。目前产能未退，新建1250立方米高炉预计年内投产
10平方米竖炉	座	2	2	万吨	90	90		2011年9月		
230平方米烧结机	套	2	2	万吨	488	488		2011年4月		
550三辊轧机	套	1	1	万吨	30	30		2009年7月		
850两辊可逆轧机	套	1	1	万吨	70	70		2012年5月		
2立9平轧机	套	1	1	万吨	100	100		2012年11月		
3立9平轧机	套	1	1	万吨	50	50		2012年3月		

10.4 主要特殊钢企业主要领导班子成员

（1）中信泰富特钢集团有限公司主要领导班子成员见表10-104。

表10-104 中信泰富特钢集团有限公司主要领导班子成员

姓名	性别	年龄	职务	分工主管工作
钱 刚	男	55	党委书记、董事长	主持集团全面工作
李国忠	男	54	党委副书记、总裁	主持集团日常经营管理工作

续表 10-104

姓名	性别	年龄	职务	分工主管工作
王文金	男	58	常务副总裁	销售
郑静洪	男	53	党委副书记、工会主席	党务、工会、人事、学院
谢文新	男	54	副总裁	生产、安全、环保
程时军	男	56	总审计师	审计
丁民东	男	57	纪委书记	纪检
倪幼美	女	55	总会计师	财务
王海勇	男	46	董事会秘书	董办、法务部、投管部

（2）宝武特种冶金有限公司主要领导班子成员见表 10-105。

表 10-105 宝武特种冶金有限公司主要领导班子成员

姓名	性别	年龄	职务	分工主管工作
章青云	男	52	党委书记、董事长	负责公司党务工作。履行党建、安全、环保、军工配套、保密第一责任人职责。直管战略规划、组织绩效、审计、外事工作
陈步权	男	54	总经理、党委副书记	全面负责公司生产经营工作。直管公司新基地筹备和建设工作，科技创新、质量管理、军品配套及档案工作
徐克勤	男	51	党委副书记、纪委书记、工会主席	分管纪委、信访、维稳、工会、共青团工作，保密工作，行政事务、企业文化（公共关系、品牌），组织、人力资源工作
刘剑恒	男	57	副总经理、党委委员	分管安全、环保、保卫、消防及防汛防台，能源、设备与计量工作。分管资材备件采购工作、技改及工程建设工作、智慧制造工作
施　威	男	53	副总经理	分管原材料采购、市场营销、进出口业务、海关事务，生产制造、技术、物流运输、产品认证及综合体系等工作

（3）太原钢铁（集团）有限公司主要领导班子成员见表10-106。

表10-106　太原钢铁（集团）有限公司主要领导班子成员

姓名	性别	年龄	职务	分工主管工作
高祥明	男	59	党委书记 董事长	企业法定代表人，全面负责公司党务工作、董事会工作
魏成文	男	51	党委副书记　副董事长　总经理	全面负责公司经营管理工作，对公司董事会负责
汪　震	男	48	党委副书记 纪委书记	全面负责纪检监察工作
高　铁	男	57	党委副书记	协助总经理负责生活后勤、疫情防控、离退休职工管理、人民武装工作
李　华	男	51	党委常委　董事	协助总经理负责钢铁板块工作及公司安全、保卫、消防、交通工作
曹志福	男	44	党委常委、董事 、副总经理	协助总经理负责国内矿山板块工作
尚佳君	男	47	党委常委、副总经理	协助总经理负责战略规划、发展、合作、采购、营销、贸易工作
李建民	男	57	总工程师	协助总经理负责公司技术、质量、保密及新材料产业工作
石来润	男	55	装备能环总监	协助总经理负责能源、环保、装备、信息化、工程建设及技改工作

（4）西宁特殊钢股份有限公司主要领导班子成员见表10-107。

表10-107　西宁特殊钢股份有限公司主要领导班子成员

姓名	性别	年龄	职务	分工主管工作
张永利	男	57	党委书记、董事长	主持集团公司党委、董事会全面工作
马玉成	男	53	党委副书记、总经理	主持集团公司生产经营管理工作，负责组织实施董事会决议，执行、落实和检查集团公司党委会议作出的相关决议和部署；统筹做好各公司经营运行及生产组织和安全环保等工作
史　佐	男	51	党委副书记	协助党委书记负责党委日常工作，组织制定党委年度工作计划，协助党委书记抓好党建、思想政治、意识形态和党风廉政建设等工作；负责集团公司团青工作；负责集团公司人才工作；负责集团公司企业文化建设工作；负责集团公司统战、保密、信访接待及安保工作。分管党委办公室党建工作、组织部、宣传部
宋永进	男	51	纪委书记	主持集团公司纪检监察工作。抓好党风廉政建设，贯彻执行党风廉政建设责任制，及时查处党员违纪行为和监察对象滥用公权力行为及治安案件，受理党员的控告和申诉；监督、检查、指导各公司纪委工作，履行监察督导职责；负责集团公司党委巡察工作。分管党委巡察办公室、纪委监督检查室

续表 10-107

姓名	性别	年龄	职务	分工主管工作
陈立新	男	56	副总经理	参与集团公司重大项目的可行性研究，参与制定集团公司发展规划、生产经营方针、策略和业绩考核办法，负责集团公司各项战略部署的组织实施工作；负责集团公司地产开发工作。分管置业公司、资源综合利用公司
尹良求	男	55	副总经理	参与集团公司重大项目的可行性研究，参与制定集团公司发展规划、生产经营方针、策略和业绩考核办法，负责集团公司各项战略部署的组织实施工作；负责集团公司采购、销售工作；分管物资采购中心
夏振宇	男	55	副总经理	参与集团公司重大项目的可行性研究，参与制定集团公司发展规划、生产经营方针、策略和业绩考核办法，负责集团公司各项战略部署的组织实施工作；主持工会全面工作。组织开展民主管理和民主监督，维护职工的合法权益，关心职工生活，组织开展文化活动，活跃职工文化生活。分管工会工作部
张　伟	男	48	副总经理、总调度长	参与集团公司重大项目的可行性研究，参与制定集团公司发展规划、生产经营方针、策略和业绩考核办法，负责集团公司各项战略部署的组织实施工作；负责统筹协调全集团公司生产运行工作；负责安全环保工作，组织编制安全、环保工作规划、计划及事故应急预案，协调、监督各公司安全环保工作；分管生产指挥中心、安全环保管理中心、江仓能源公司
钟新宇	男	49	副总经理	参与集团公司重大项目的可行性研究，参与制定集团公司发展规划、生产经营方针、策略和业绩考核办法，负责集团公司各项战略部署的组织实施工作；负责集团公司财务管理工作；组织建立和健全集团公司的经济核算办法及财务管理制度，监督、指导各公司财务、资产、资金管理工作；负责集团公司资本运作，统筹制定集团公司融资计划并组织实施，指导各子公司融资计划制定工作，并监督执行；协助董事长做好集团公司董事会工作；协助董事长做好内部审计工作；分管财务管理中心、董秘（法务）部
张伯影	男	51	总经理助理	参与集团公司重大项目的可行性研究，参与制定集团公司发展规划、生产经营方针、策略和业绩考核办法，负责集团公司各项战略部署的组织实施工作；主持股份公司董事会工作；主持矿冶科技公司全面工作；分管上市公司、矿冶公司
于　斌	男	52	总经理助理、设备能源总工程师	参与集团公司重大项目的可行性研究，参与制定集团公司发展规划、生产经营方针、策略和业绩考核办法，负责集团公司各项战略部署的组织实施工作；负责全公司设备能源管理工作；负责集团公司信息化管理及“两化融合”工作；负责集团公司矿山管理工作；分管设备能源管理中心、建安公司、自信公司、都兰公司、西宁西钢矿业公司

续表 10-107

姓名	性别	年龄	职务	分工主管工作
苗红生	男	49	总工程师	参与集团公司重大项目的可行性研究，参与制定集团公司发展规划、生产经营方针、策略和业绩考核办法，负责集团公司各项战略部署的组织实施工作；协助总经理全面负责集团公司技术质量管理工作；负责集团公司技术工艺优化工作；负责集团产品结构调整工作；负责公司专业技术人才队伍建设和考核工作；分管科技开发有限公司
周　泳	男	50	总经济师	参与集团公司重大项目的可行性研究，参与制定集团公司发展规划、生产经营方针、策略和业绩考核办法，负责集团公司各项战略部署的组织实施工作；负责集团公司规划管理工作；负责集团公司运营改善和经营运行分析及管理改善提升工作；负责集团公司国企改革工作；组织起草发展规划、年度计划、经营业绩考核办法并组织实施；分管运营改善管理中心
曹小军	男	48	总经理助理	参与集团公司重大项目的可行性研究，参与制定集团公司发展规划、生产经营方针、策略和业绩考核办法，负责集团公司各项战略部署的组织实施工作；协助集团分管领导具体负责安全环保工作；具体负责安全环保管理中心
熊　俊	女	47	董事会秘书、总法律顾问	参与集团公司重大项目的可行性研究，参与制定集团公司发展规划、生产经营方针、策略和业绩考核办法，负责集团公司各项战略部署的组织实施工作；协助董事长及分管领导具体负责集团公司对外投资、对内投资收益的管理，防范和控制投资、经营风险；协助集团分管领导做好集团公司资本运作；具体负责组织集团公司董事会日常事务；具体负责处理集团公司和控股子公司的法律事务和各类经济合同管理与法律咨询以及员工法制教育等工作；具体负责集团公司内部审计工作；具体负责董秘法务部、审计部
吴海峰	男	45	副总经济师	参与集团公司重大项目的可行性研究，参与制定集团公司发展规划、生产经营方针、策略和业绩考核办法，负责集团公司各项战略部署的组织实施工作；协助党委书记做好公司党委日常工作的落实和监督；负责做好公司内部各项决策信息传递、改革目标任务推进落实及其他日常事务工作；负责集团公司党委办公室日常事务管理工作；负责集团公司人力资源管理工作；分管人力资源管理中心，具体负责党委办公室

（5）东北特殊钢集团股份有限公司主要领导班子成员见表 10-108。

表 10-108 东北特殊钢集团股份有限公司主要领导班子成员

姓名	性别	年龄	职务	分工主管工作
龚　盛	男	63	董事长、党委书记	负责集团董事会和党委会全面工作；负责企业战略规划、改革发展等工作，重点分管绩效考核工作。主管集团办公室
季永新	男	54	副董事长、党委副书记、纪委书记兼抚顺特钢董事长、党委书记	负责集团纪委全面工作，重点分管组织机构、干部人事、纪检审计、法务工作。主管党群组织部、纪审法务部
孙　启	男	57	总经理、党委副书记	全面负责集团生产经营日常运行管理。主管生产经营部，配合分管集团办公室
董学东	男	61	副总经理、总工程师	负责集团科技、质量、研发、信息化、项目技改等工作。主管特钢研究院、信息中心，配合分管生产经营部
魏守忠	男	57	副总经理、总会计师	负责集团财务、税务、资金、销售、国贸、采购、招标、物流管理等工作。主管财务管理部、国际贸易有限公司、采购管理中心，配合分管生产经营部
朴文浩	男	50	副总经理、工会主席	负责集团党建、宣传、工会、群团、人武、保卫、信访和集团投资管理、房地产开发等工作。主管投资管理部，配合分管党群组织部、纪审法务部
孙久红	男	55	副总经理、安全总监	负责集团生产、设备、能源管理、资源循环利用、安全、环保管理等工作。配合分管生产经营部
华德明	男	53	副总经理、东特股份总经理	负责东特股份生产经营全面工作
孙立国	男	48	副总经理、抚顺特钢总经理、党委副书记	负责抚顺特钢生产经营全面工作

（6）河北钢铁集团舞阳钢铁有限责任公司主要领导班子成员见表 10-109。

表 10-109 河北钢铁集团舞阳钢铁有限责任公司主要领导班子成员

姓名	性别	年龄	职务	分工主管工作
李建朝	男	58	董事长、党委书记	负责公司党委、公司董事会全面工作
赵国昌	男	53	总经理、党委副书记、副董事长	负责公司经理层全面工作
钱泽旺	男	58	常务副总经理、党委常委	负责公司销售工作，牵头协调公司物流管理工作
李　杰	男	49	副总经理	负责公司生产、安全工作

续表 10-109

姓名	性别	年龄	职务	分工主管工作
高　振	男	52	副总经理	负责公司设备、能源、环保和信息化工作
殷国军	男	51	副总经理	负责公司物资采购、公司“三供一业”移交、基本医疗保险移交、退休人员社会化管理移交以及炼铁厂土地置换协调等工作
胡　军	男	50	党委副书记、工会主席、职工董事	负责公司党建、组织、宣传、工会、共青团、企业文化、老干部、扶贫、6S工作以及公司对外协调工作
王保卫	男	47	总会计师、董事	负责公司财务、审计、法律事务、对标工作以及价委会日常管理工作
张华军	男	54	党委常委、纪委书记、监事会主席	负责公司纪检监察、信访稳定、综合治理、武装保卫和监事会工作
龙　杰	男	52	副总经理（试用期半年）	负责公司技术、质量和产品研发工作
刘建磊	男	47	副总经理（试用期半年）	负责公司非钢发展、产业链延伸、生活后勤工作
庞会峰	男	59	专家	协助公司做好海外业务指导工作
朱新旺	男	53	总经理助理	负责公司物流工作，协助党委副书记管理扶贫工作，协助纪委书记管理信访稳定、综合治理工作，协助公司管理安全和6S管理工作

（7）天津钢管制造有限公司主要领导班子成员见表 10-110。

表 10-110　天津钢管制造有限公司主要领导班子成员

姓名	性别	年龄	职务	分工主管工作
张铭杰	男	58	党委书记、董事长	全面负责公司的党建工作、风控、审计工作
丁　华	男	54	总经理	全面负责公司的生产经营管理工作，负责公司的行政、人力资源、企业管理、考核管理、信息技术、招标管理和发展规划管理
温德松	男	51	党委副书记、常务副总经理	协助总经理抓好全面工作，负责抓好安全、环保、保卫管理工作
霍　建	男	53	党委副书记、纪委书记、工会主席	负责党群日常工作，负责工会和纪委全面工作
承　江	男	54	副总经理	负责采购管理工作
韩阿祥	男	50	副总经理	负责国内外营销工作，协调管理天淮公司
孙三牛	男	60	副总经理	协助抓好风险管理控制和审计工作
郑贵英	男	58	副总经理	负责生产计划、调度、生产物流管理工作
陈培钰	男	56	副总经理	负责设备维管、工程技改项目工作

续表 10-110

姓名	性别	年龄	职务	分工主管工作
刘金海	男	57	总工程师	负责科研技术和质量管理工作
彭　强	男	46	财务总监	负责财务工作和物资管理工作
刘　媛	女	42	财务副总监	协助抓好财务管理、风险管控和审计工作
袁方成	男	56	总经理助理	负责轧管厂、管加工厂生产工作
黄洪明	男	56	总经理助理	负责炼铁厂生产工作
缪新德	男	57	总经理助理	负责炼钢厂生产工作
魏　南	男	56	总经理助理	协助抓好招标管理、经营绩效考核、管理提升、信息化管理工作，具体负责企管信息部全面工作
刘尔静	男	57	总经理助理	协助抓好公司日常生产运营调度、生产计划和生产物流工作
夏三峰	男	49	总经理助理	协助抓好采购管理工作，具体负责采购中心的全面工作
王振功	男	55	总经理助理	协助抓好人力资源工作，具体负责人力资源部的全面工作
杨　满	男	59	总经理助理	协助抓好安全、环保、保卫工作

（8）石家庄钢铁有限责任公司主要领导班子成员见表 10-111。

表 10-111　石家庄钢铁有限责任公司主要领导班子成员

姓名	性别	年龄	职务	分工主管工作
黄永建	男	51	党委书记、董事长	负责公司党委、董事会全面工作
张海宁	男	51	党委副书记、副董事长、总经理	负责公司经理班子全面工作
范宝恕	男	57	石钢京诚公司党委书记、董事长	负责石钢京诚公司党委、董事会全面工作
段庆福	男	57	党委常委、董事、工会主席	负责公司工会及采购、设备、能源、生活后勤等方面工作。
刘　翔	男	53	总会计师	负责公司财务管理、经营、资金运转、资本运营、对外投资、废钢采购、老区土地开发、闲置资产利旧等方面工作
于凯军	男	53	副总经理	负责石钢京诚公司生产经营全面工作
董大西	男	53	副总经理	负责公司非钢产业发展及运营、以电炉和高线为示范的全流程智能制造、电炉全面提升及炼钢尾项达产达效、物流、武装保卫、消防、交通、法律事务及入炉废钢的安全高效高性价比综合管理、高端客户开拓、对标及对标考核等方面工作

续表 10-111

姓名	性别	年龄	职务	分工主管工作
宋一兵	男	54	副总经理	负责公司营销、市场开发、协调支撑公司上海新材料研发中心等方面工作
孙晓明	男	47	副总经理	负责公司技术、质量、目视化、订单交付、产品研发等方面工作
贾建勇	男	49	副总经理	负责公司环保、项目建设和设备性能指标达标及完善、厂容厂貌、绿化及矿区城市综合服务协调保障等方面工作
高士峰	男	47	党委常委、纪委书记	负责公司纪检监察、审计、招投标、外事等方面工作，特别关注废钢验质、实现入炉废钢高性价比合规性、科学性采购相关工作
郭旭东	男	48	副总经理	负责公司安全、生产、工序成本等方面工作
彭绍峰	男	47	党委副书记	负责公司党群系统、组织人事、国企改革、信访稳定、疫情防控、现场 6S 等方面工作

（9）攀钢集团江油长城特殊钢有限公司主要领导班子成员见表 10-112。

表 10-112 攀钢集团江油长城特殊钢有限公司主要领导班子成员

姓名	性别	年龄	职务	分工主管工作
江宾	男	56	党委书记、工会主席	负责贯彻落实党委决议决定，落实党的建设第一责任。主持公司党委全面工作，负责公司工会工作
李　强	男	48	党委委员、执行董事、总经理	履行公司法定代表人职责。主持公司行政全面工作
付正刚	男	56	党委委员、副总经理	公司质保体系管理者代表。负责公司安全、环保、消防及危化品、防汛抗洪、企业基础管理（最优工厂产线打造）、对标挖潜、绿化、爱卫、物流、文明城市创建、档案管理、地企协作业务工作。协助分管绩效考核、教育培训工作
周　伟	男	49	党委委员、纪委书记	分管纪委（党政督查办、党委巡察办）、机关党委
杨五八	男	53	党委委员、副总经理	分管公司投资、技改项目、工程建设、设备管理、备品备件管理、资产的实物管理、闲置资产处置、防震减灾、土地和总图管理、节能减排及能源管理工作。协助分管“两化”融合工作
赵　斌	男	48	党委委员、副总经理	分管公司特种材料市场开拓和销售、产品应用及技术服务、产品开发、科研攻关、科技管理、军工办、知识产权、科协工作

续表 10-112

姓名	性别	年龄	职务	分工主管工作
陈 炜	男	49	副总经理	分管公司质量管理、客户服务、民品升级、计量检测等业务工作。公司质保体系管理者代表。协助分管“处僵治困”和钛材板块业务
孙 俊	男	48	总经理助理	分管生产管理、供产运销衔接、预算成本、统计、应急管理、生产外协工作

（10）建龙北满特殊钢有限责任公司主要领导班子成员见表 10-113。

表 10-113 建龙北满特殊钢有限责任公司主要领导班子成员

姓名	性别	年龄	职务	分工主管工作
刘建勋	男	49	总经理	全面
王伟先	男	52	党委书记	人事、后勤
陈 列	男	53	副总经理	技术、生产
黄 斌	男	49	副总经理	经营
杜 明	男	48	副总经理	财企

（11）江阴兴澄特种钢铁有限公司主要领导班子成员见表 10-114。

表 10-114 江阴兴澄特种钢铁有限公司主要领导班子成员

姓名	性别	年龄	职务	分工主管工作
罗元东	男	49	总经理、党委书记	全面负责
孙广亿	男	52	副总经理、总会计师	财务、物管
孙步新	男	56	副总经理	特板板块生产销售
周月林	男	58	党委副书记、工会主席	党群、企业管理、人事
王 勇	男	53	纪委书记	纪委
王永建	男	52	副总经理	设备、能源、环保
纪玉忠	男	51	副总经理	棒线材板块生产销售、物流
白 云	男	46	副总经理、总工程师	研发、质量
张宏星	男	54	副总经理	炼铁板块

（12）大冶特钢有限公司主要领导班子成员见表10-115。

表10-115 大冶特钢有限公司主要领导班子成员

姓名	性别	年龄	职务	分工主管工作
蒋　乔	男	50	总经理、党委书记	全面负责；重点抓干部管理、人才引进和培养、队伍建设工作，销售、市场开拓和用户开发，公司供应采购工作。主管总经理办公室、人力资源部、供应部、采购中心大冶特钢工作站、销售总公司
郭培锋	男	50	党委副书记、工会主席	负责公司党务、大冶特钢学院、企业管理、招投标、企业文化建设、法律事务等系统工作；负责公司工会、后勤工作。主管党委工作部、大冶特钢学院、企业管理部、招标部、法律事务部、后勤部、工会；协管总经理办公室
童　忆	男	52	副总经理	负责公司的安全、生产、保卫和物流等系统工作，同时抓好生产系统长期协作劳务单位的管理工作。主管生产部、安全监督管理部、保卫部、物流事业部以及各主体生产单位
周立新	男	53	总工程师、党委委员	负责公司工艺技术、产品质量、品种研发、体系、产品认证及公司发展规划工作。主管研究分院、发展规划部
陈国安	男	57	纪委书记、党委委员	负责公司纪委工作、主管纪委办公室
陶士君	男	48	总会计师	负责公司财务、物资管理等工作，协助总经理抓好供应、采购工作；主管财务部和物资管理部
郭怀魁	男	55	总审计师、党委委员	负责公司审计工作；主管审计部，协助总经理管理铁前事业部
李永灯	男	53	总经理助理、党委委员	协助总经理负责钢管事业部及汽车零部件公司相关工作
黄　剑	男	56	总经理助理、党委委员	协助总经理负责公司特冶锻材销售、生产经营及技术研发等工作，分管军工锻材销售业务
陈章明	男	45	总经理助理	协助总经理负责公司棒材的生产经营、销售工作。分管棒材事业部、冶钢棒材销售业务
程卫国	男	50	总经理助理、党委委员	负责公司设备管理和运行、能源介质、环境保护及动力公辅设施，同时主抓装备系统长期维保及工程项目的管理等系统相关工作，技术改造、智能制造等系统工作；主管装备部、能源环保部、动力事业部、信息化部
张继宏	男	46	总经理助理	协助童忆做好公司的安全、生产、保卫和物流等系统工作，同时抓好生产系统长期协作劳务单位的管理工作。主要负责生产组织、计划编排等工作

（13）青岛特殊钢铁有限公司主要领导班子成员见表10-116。

表10-116 青岛特殊钢铁有限公司主要领导班子成员

姓名	性别	年龄	职务	分工主管工作
惠　荣	男	55	总经理	对青岛特钢各项工作全面负责，全面履行董事会和集团下达的各项任务目标
高国华	男	52	搬迁续建项目总指挥	全面负责搬迁续建项目及项目招标工作
郭长波	男	59	首席专家	负责与政府部门接洽等工作，协调东厂区土地事宜，协助总经理审核把关安全、环保等政策措施
赵春风	男	56	副总经理	负责公司的内外贸销售工作
王海波	男	48	副总经理	负责现生产的设备管理、工程技改、环保、能源、规划发展、信息化等工作
陈绪耀	男	50	总会计师	负责公司的财务、物资管理、内部成本核算、融资、贷款结构调整、对外账务的清理、风险管控、招标管理、对外统计、保密等工作
邓　新	男	46	纪委书记、总审计师	协助党委书记抓好日常党建工作；负责公司纪检工作，协助党委抓好党风廉政建设。监督检查董事会下达的目标任务完成情况，负责公司的审计、纪检工作
甄先锋	男	47	总经理助理	负责公司的生产、安全、保卫等工作
杨建中	男	59	总经理助理	协助甄总抓好轧钢工作
于　波	男	53	总经理助理、工会主席兼公司办公室、党委办公室主任	协助党委书记抓好党建工作、协助总经理处理公司日常事务，负责公司的对外联络、工会、后勤、宣传等工作
胡乃志	男	55	总经理助理	负责公司物资采购工作

（14）本钢板材股份有限公司特殊钢事业部主要领导班子成员见表10-117。

表10-117 本钢板材股份有限公司特殊钢事业部主要领导班子成员

姓名	性别	年龄	职务	分工主管工作
何英春	男	51	党委书记	党委、工会全面工作
王长波	男	51	厂长	行政全面工作
王继臣	男	52	副厂长	技术工作及生产管理和运行工作
代　鑫	男	50	副厂长	设备管理工作
赵　科	男	54	首席工程师	技术质量工作
景　学	男	49	首席工程师	设备运行工作

（15）首钢贵阳特殊钢有限责任公司主要领导班子成员见表10-118。

表10-118 首钢贵阳特殊钢有限责任公司主要领导班子成员

姓名	性别	年龄	职务	分工主管工作
张 兴	男	50	党委书记、董事长、技术改造项目领导小组组长、建设指挥部总指挥	主持公司党委、董事会全面工作，保证、监督党和国家方针政策和省委、省政府、省国资委、集团公司决策部署在贵钢的贯彻执行，落实全面从严治党第一责任人责任，负责对企业改革发展稳定的全局性重大问题组织研究论证决策，组织全面深化改革政策的制定。分管公司办（党委办公室、董事会办公室）、深化改革领导小组办公室、全面从严治党领导小组办公室
汪凌松	男	56	党委副书记、董事、总经理	主持行政全面工作，贯彻落实公司党委和董事会的决定、公司年度计划和投资方案，对企业改革发展稳定的全局性重大问题组织研究论证，提出意见建议；负责公司经营、审计、固定资产投资管理、资本运作、技改及工程建设工作；分管公司办（经理办公室）、经营财务部，在分管范围内落实全面从严治党“一岗双责”
郭晓光	男	56	党委副书记、副董事长	参加公司党委和董事会对重大问题的决策；协助党委书记抓好党的建设工作，协助董事长抓好董事会建设工作；负责党组织建设、宣传思想、企业文化、人力资源、干部（离休）管理、信访维稳、机要保密、统战、治安保卫以及助力乡村振兴等工作，负责全面深化改革政策的推进和实施；分管党群工作部、人力资源部、武装保卫部、党委巡察工作领导小组办公室、党建工作领导小组办公室、保密委员会办公室、反恐涉军工作领导小组办公室、信访维稳工作领导小组办公室、网络舆情和安全领导小组办公室；在分管范围内落实全面从严治党“一岗双责”
潘昆仑	男	51	党委委员、纪委书记、工会主席	参加公司党委和董事会对重大问题的决策；负责党风廉政建设和纪律检查工作，落实全面从严治党监督责任，负责内部风险防范与控制、合规运行及对法律机构的管理，负责法律事务、风控体系建设、职工生活服务工作；协助总经理抓好审计工作；分管纪委、工会、审计风控部，监督工作联席会办公室、反腐倡廉建设领导小组办公室、党委审计工作领导小组办公室；在分管范围内落实全面从严治党“一岗双责”
范 军	男	53	副总经理	负责钢业板块生产和日常管理工作；负责安全环保、生产组织、信息化建设，对标一流管理提升等工作；分管制造部、安委会办公室；联系轧钢事业部、钎具制造公司；在分管范围内落实全面从严治党“一岗双责”
佘 凯	男	54	安全总监	负责设备运行维护管理、消防、能源管理、资源综合利用、厂容绿化等工作；协助副总经理范军同志抓好安全生产、环境保护管理工作，对职责和授权范围内的事项承担直接责任；分管安全环保部、设备工程部；联系设备工程公司；在分管范围内落实全面从严治党“一岗双责”

续表 10-118

姓名	性别	年龄	职务	分工主管工作
杨接明	男	49	总经理助理	协助总经理抓好钢业经营管理工作；负责营销、工艺技术、科研开发、品种质量等工作，分管营销部、制造部（技术中心）；联系炼钢事业部；在分管范围内落实全面从严治党“一岗双责”
王衍冬	男	40	总经理助理兼任贵阳东方鑫盛钢材物流有限公司党总支书记、经理、贵阳东方现代钢材市场股份有限公司经理	协助总经理抓好固定资产投资管理；负责非钢经营管理、资产管理、对外投资关系管理，土地、房产管理，全资、控参股公司管理，非钢市场化改革等工作；分管资产管理部；联系老区项目开发公司；贵阳首钢贵钢物业管理公司、东方鑫盛公司（东方现代钢材市场、金吉运输公司）、阳明花鸟市场、职工医院、金鳞物业、幼儿园、劳动服务公司及其他参股企业；在分管范围内落实全面从严治党“一岗双责”

（16）江苏沙钢集团淮钢特钢股份有限公司主要领导班子成员见表 10-119。

表 10-119　江苏沙钢集团淮钢特钢股份有限公司主要领导班子成员

姓名	性别	年龄	职务	分工主管工作
何春生	男	55	董事长、党委书记	全面负责董事会工作，负责召集和主持公司董事会及股东会议，组织讨论和审议决定公司的投资、发展战略中的重大事项
蒋建平	男	55	副董事长、总经理、党委副书记	全面主持公司的行政管理工作；执行董事会的各项决议、决定，并具体组织实施
李培松	男	55	副董事长、第一副总经理、党委副书记	配合做好董事会工作；主管公司设备能源环保、智能化、项目技改工作
韩党锋	男	43	副总经理、总经济师	分管公司经贸工作，主管公司物资供应、招标工作
陈建龙	男	57	纪委书记、工会主席	主管公司党务群团、纪检审计、后勤保卫工作
郑力宁	女	55	总工程师	主管技术质量条线，负责产品研发、产品认证和质量管理工作，配合产品市场开拓工作
丁　松	男	52	副总经理、安全总监	主管公司生产、安全管理工作
张兆斌	男	58	总会计师	主管公司财务工作
袁文军	男	55	总经理助理、销售处处长	主管公司销售工作

（17）江苏永钢集团有限公司主要领导班子成员见表 10-120。

表 10-120 江苏永钢集团有限公司主要领导班子成员

姓名	性别	年龄	职务	分工主管工作
吴耀芳	男	62	董事局主席	全面主持工作
吴惠芳	男	61	董事局副主席	协助总裁指导抓好董事局办公室、人力资源部、监督审计部的工作
吴　毅	男	34	总裁	全面负责集团经营管理工作，全面负责党委工作
张刘瑜	男	50	副总裁	主抓生产工作，分管财务管理部、制造部、炼铁厂、炼钢厂和轧钢厂
余加军	男	44	副总裁	主抓供销工作，分管采购中心和营销中心
钱毅群	女	43	副总裁	主管财务管理部、分管运营管理部
黄跟平	男	45	副总裁	主抓安全环保、设备管理工作，分管安全环保管理部、设备部、能源部和动力厂
曹树卫	男	46	副总裁	主抓项目建设、负责项目建设部和运营改善部
胡俊辉	男	51	总工程师	主抓战略管理工作和技术质量管理工作，分管产品研发中心
程　勇	男	56	总裁助理	全面负责特钢公司运营管理工作
陈富斌	男	56	总裁助理	主管资产管理工作
眭志松	男	40	总裁助理	制造部工作、分管运输部
杜显峰	男	52	总裁助理	主管监督审计工作
张　迁	男	40	总裁助理	主管战略赋能工作、全面负责工会工作
黄秀伟	女	51	总裁助理	主管规划建设工作

（18）西王金属科技有限公司主要领导班子成员见表 10-121。

表 10-121 西王金属科技有限公司主要领导班子成员

姓名	性别	年龄	职务	分工主管工作
张　健	男	39	董事长	主持特钢公司工作，全面负责公司发展方向、外处环境、资本运营、市场融资、人员配置工作
张庆生	男	43	总经理	全面负责公司生产运营、产品开发工作
徐学兵	男	39	销售副总	负责特钢公司产品销售工作，分管建材销售处、特钢销售处及副产品销售科

续表 10-121

姓名	性别	年龄	职务	分工主管工作
王红祥	男	41	生产副总	主管生产运行工作，分管生产处、装备处、能源处及各生产厂
刘　杰	男	35	采购副总	主管原材物料、资材备件等采购工作，分管资材备件采购处、原料采购处、辅料采购处
李海霞	女	40	财务副总	主管财务工作，分管财务处
何庆文	男	53	安全总监	主管安全、环保工作，分管安全处和环保处
张成连	男	60	总工程师	主管技术工作，分管技术中心
张灵通	男	41	副总工程师	主管技术研发及新产品开发工作
张　莹	女	39	行政副总	主管人力资源及行政后勤管理工作，分管行政办公室及职工生活中心
王建翔	男	38	董事会秘书	负责香港资本市场运作和公共关系维护
王　晓	男	41	物管副总	主管物资管理工作，分管物管处
付兴武	男	47	项目副总	主管项目建设工作，分管项目管理办公室
石金香	女	39	人力资源处处长	主管人力资源工作，分管人力资源处

（19）中天钢铁集团有限公司主要领导班子成员见表 10-122。

表 10-122　中天钢铁集团有限公司主要领导班子成员

姓名	性别	年龄	职务	分工主管工作
董才平	男	60	主席、总裁、党委书记	主持集团全面工作，分管审计部、采购中心、信息工程部
高一平	男	64	副主席、副总裁、党委副书记	分管保卫部、纪检监察部；协管采购中心燃料采购职能；协调两大公司安全、环保工作
刘　伟	男	60	执行董事、常务副总裁	分管财务部、资金部、投资部、常州中天新材料股份有限公司；协管审计部
梅高阳	男	57	执行董事、副总裁	分管技术改造办公室、常州同创工业设备安装工程有限公司；协调两大公司设备工作
周国全	男	60	执行董事、副总裁	分管销售一部、销售二部、常州录安洲码头有限公司，协管采购中心、资金部、投资部
周永平	男	63	执行董事、副总裁	协管技术改造办公室
赵金涛	男	61	执行董事、副总裁	分管企业管理部、人力资源部，协管信息工程部
李　军	男	60	执行董事、副总裁、党委副书记、工会主席	分管党群工作部、常州中天实验学校、常州中厚置业有限公司、常州大酒店

续表 10-122

姓名	性别	年龄	职务	分工主管工作
王建伟	男	60	副总裁、废钢部部长（兼）	分管技术改造办公室基建职能、常州中天炉料有限公司，协管技术改造办公室；主管废钢部；协调两大公司生产、质量工作
董力源	男	35	副总裁、国际贸易部总经理（兼）、中天钢铁集团（上海）有限公司总经理（兼）、中天绿色精品钢项目筹建指挥部总指挥	主管采购中心、中天钢铁集团（上海）有限公司，协管销售一部
许九华	女	53	副总裁	分管集团办公室、后勤服务部
魏　巍	男	40	总裁助理	协管信息工程部

（20）山钢股份莱芜分公司特钢事业部主要领导班子成员见表 10-123。

表 10-123　山钢股份莱芜分公司特钢事业部主要领导班子成员

姓名	性别	年龄	职务	分工主管工作
袁本明	男	53	特钢事业部党委副书记、总经理	主持事业部行政全面工作。负责事业部生产经营、企业管理、企业发展战略推进实施、设备管理、安全环保、技术质量、市场营销、风险控制、行政监察、审计、人力资源管理、绩效考核、QESEn 管理体系等工作
王可昊	男	55	特钢事业部党委书记、副总经理、工会主席	主持事业部党委全面工作，主持工会工作。主持党委全面工作，主持工会工作。负责党的建设、党建思想政治工作、意识形态、社会治安综合治理、企业文化建设、计划生育、企地关系协调、保卫消防、生活后勤协调、爱国卫生、环境建设等相关工作
刘茂文	男	53	特钢事业部副总经理	负责事业部技术质量管理、能源管理、环境保护、成本管理、“运营转型 精益管理”等工作
陶务纯	男	48	特钢事业部纪委书记、副总经理	负责事业部纪委全面工作和新旧动能转换工程项目建设
孙永喜	男	48	特钢事业部副总经理	负责事业部安全管理、生产管理、设备管理等工作

（21）河冶科技股份有限公司主要领导班子成员见表 10-124。

表 10-124 河冶科技股份有限公司主要领导班子成员

姓名	性别	年龄	职务	分工主管工作
米永旺	男	52	总经理、党委副书记	负责公司全面工作
梁敬斌	男	55	常务副总经理	负责技术、采购和委外加工工作
王　晶	女	47	副总经理、财务负责人	负责公司财务工作
侯致平	男	50	副总经理	负责营销工作
侯国栋	男	41	副总经理	负责生产、安全工作
陈彦锦	男	37	副总经理	负责设备、能源、环保工作
张建军	男	61	董事会秘书	负责董事会日常工作

（22）承德建龙特殊钢有限公司主要领导班子成员见表 10-125。

表 10-125 承德建龙特殊钢有限公司主要领导班子成员

姓名	性别	年龄	职务	分工主管工作
王雪原	男	46	总经理	全面管理
巩　飞	男	54	常务副总经理	协助总经理做好全面管理
白凤仁	男	60	副总经理	主管钒制品部门
杨钢成	女	54	副总经理	主管财企工作
杨东	男	49	总经理助理	分管销售处
刘宝志	男	54	副总经理	主管生产、设备、工程、能源、安全、环保、保卫工作

（23）山东寿光巨能特钢有限公司主要领导班子成员见表 10-126。

表 10-126 山东寿光巨能特钢有限公司主要领导班子成员

姓名	性别	年龄	职务	分工主管工作
张明荣	男	56	董事长	主持特钢公司全面工作；联系抓办公室、人力资源部等部门工作

续表 10-126

姓名	性别	年龄	职务	分工主管工作
刘发友	男	51	总经理	协助董事长抓公司全面工作；主管公司企业管理、审计监督、原燃料采购等工作，联系抓企划部、审计部、原料部等部门工作
于克臣	男	58	副总经理	主管公司销售、市场开发、仓储等工作；联系抓销售公司、国际贸易公司、市场开发部、仓储部等部门工作
张洪波	男	53	副总经理	主管公司物资供应及基建工作，联系抓供应部、基建部等部门工作
朱卫东	男	55	副总经理	主管公司安全、生产、技术、质检、质量等工作；主持生产部全面工作；联系抓各生产厂、技术部、质检部、质量认证部等部门工作
韩彦勇	男	52	总会计师	主管公司财务管理、治安保卫、物业管理、法律事务及企业外联等工作；协助公司分管领导抓好招投标管理等工作；联系抓财务部、物业管理部、审计部等部门工作

（24）江苏天工工具新材料股份有限公司主要领导班子成员见表 10-127。

表 10-127 江苏天工工具新材料股份有限公司主要领导班子成员

姓名	性别	年龄	职务	分工主管工作
朱小坤	男	63	董事长	主持全面工作，负责实施公司重大决策
吴锁军	男	47	总经理	对公司总体经济指标的部署和执行，对上市公司生产、经营、销售、管理和利润负总责，直管安环部、采购部、制造管理部（计划科、成本），并对材料事业部产品外调负总责
廖　俊	男	55	总工程师	对工模具钢、工具及钛合金产品技术攻关、新品研发、产品质量负总责、协助人力资源部做好人才招聘、任粉末冶金项目和 3D 增材制造项目管理以负责人、计量室、工具技术科、工具质检科、主持全面工作
蒋荣军	男	51	副总经理	主持天工钛业全面工作，对天工股份生产、经营、运营管理、利润负总责
严荣华	男	51	副总经理	主管投资管理部、原辅材料库、成品库，直管党群办公室、团委，协管决策监督部、分管法务部、备料车间和包装厂，对集团下辖湖南安化厂、花桥华东天工、句容宝华项目进行监督管控、直管设备科、基建科、动力科、主持职工代表大会全面工作，完善工会、妇幼保健、员工救助基金会工作，协助抓好安全环保和现场管理
朱泽峰	男	37	副总经理	直管各贸易部、国内外合作公司，对刀具事业部产品外调负总责

续表 10-127

姓名	性别	年龄	职务	分工主管工作
王　刚	男	38	副总经理	直管财务部、内审部、证券投资部、信息中心，统管财务部全面工作，对公司资本运作、对外投资以及股东、潜在投者负总责
吴迎霞	女	43	总经理助理	主管财务管理工作，对所有现金收支管理负总责，全权负责理财服务、政企沟通和银企关系疏通工作
徐双荣	男	43	总经理助理	对模具钢工作部生产、销售、利润完成负总责
鲁荣年	男	46	总经理助理	对公司产品的国外销售与市场的拓展负总责
王雪峰	男	43	总经理助理	对国内模具钢、高速工具钢销售市场拓展负总责
蒋光清	男	55	总经理助理	对工具工作部产能、销售、利润指标的完成负总责

（25）南京钢铁集团有限公司主要领导班子成员见表 10-128。

表 10-128　南京钢铁集团有限公司主要领导班子成员

姓名	性别	年龄	职务	分工主管工作
黄一新	男	56	党委书记、董事长	董事会，行政全面工作，党务、纪委全面工作
祝瑞荣	男	54	总裁、副董事长	经营层全面工作
杨思明	男	68	监事会主席	监事会日常工作
姚永宽	男	54	联席总裁	日常生产经营管理
徐晓春	男	51	常务副总裁	特钢事业部日常管理工作、物流对内生产
余长林	男	58	副总裁	特流中心对外投资
朱　平	男	54	副总裁	生产制造、安全、环保、能源管理
林国强	男	55	副总裁	国贸公司、香港公司、新产业投资集团对外投资
徐　林	男	57	副总裁	证券投资业务管理
楚觉非	男	56	副总裁、总工程师	采购中心、总师室
邵仁志	男	53	副总裁	新产业投资集团日常管理
陈春林	男	53	副总裁、总会计师	财务管理、资金管理

续表 10-128

姓名	性别	年龄	职务	分工主管工作
王　芳	女	46	党委副书记、纪委书记	治安保卫、人民武装、党群
梅家秀	男	49	总会计师（股份）	财务管理、资金管理
姚　媛	女	38	副总裁	人力资源

（26）永兴特种不锈钢股份有限公司主要领导班子成员见表 10-129。

表 10-129　永兴特种不锈钢股份有限公司主要领导班子成员

姓名	性别	年龄	职务	分工主管工作
高兴江	男	59	党委书记、董事长、总经理	主持公司全面工作和党委工作
杨　辉	男	59	董事、总工程师	分管公司技术中心和项目部工作
邱建荣	男	58	董事、副总	分管棒线事业部、招投标中心工作
高亦斌	男	54	副总	分管公司质量管理部、人力资源部和信息部工作
邓倩雯	女	48	财务总监	分管公司财务部工作
徐　凤	女	42	董秘、副总	分管董事会办公室、法务部和证券部工作
沈惠玉	女	48	监事、党委副书记	分管公司安环能源部、总务部和党群行政办公室工作

（27）南阳汉冶特钢有限公司主要领导班子成员见表 10-130。

表 10-130　南阳汉冶特钢有限公司主要领导班子成员

姓名	性别	年龄	职务	分工主管工作
许少普	男	44	总经理	主管南阳汉冶特钢有限公司公司全面工作
孙书峰	男	49	副总经理	分管南阳汉冶特钢有限公司采购、销售、生产计划工作
陆岳障	男	76	总工程师	负责南阳汉冶特钢有限公司技术总指导工作
贾文党	男	52	财务总监	负责公司会计核算、经营成果核算及分析工作，一级指标核算工作，公司的资金预算、资金管控和调度工作，公司的风险管控工作，所有管控单位的财产物资的监管工作等
冯晓光	男	39	财务处长	主要负责南阳汉冶特钢有限公司全面会计核算和厂部核算工作

（28）邢台钢铁有限责任公司主要领导班子成员见表 10-131。

表 10-131 邢台钢铁有限责任公司主要领导班子成员

姓名	性别	年龄	职务	分工主管工作
齐　阳	男	36	董事	
高泽荧	男	33	董事	
戴鹤祥	男	72	董事	
魏雷迪	男	35	董事	
魏振华	男	59	公司注册法人	
高文彩	女	40	董事长	负责批准总经理对处级人员的提名、年度人力资源招聘计划、审批预算外 500 万元以上的资金支付、组织机构调整、审批月度和年度运营计划
王春雨	男	59	党委书记	负责党委全面工作
刘宏伟	男	53	董事、总经理	负责行政全面工作、人事管理、绩效考核、法律事务等工作
刘红海	男	47	副总经理	负责生产、销售管理工作
朱晓蓉	女	48	董事、总会计师	负责财务管理工作
张军华	男	50	董事、副总经理	负责物资采购工作
胡黎宁	男	52	董事、总工程师	负责技术、质量、计量、员工培训及体系管理工作

（29）河南济源钢铁（集团）有限公司主要领导班子成员见表 10-132。

表 10-132 河南济源钢铁（集团）有限公司主要领导班子成员

姓名	性别	年龄	职务	分工主管工作
李玉田	男	73	董事长、党委书记	主持党政全面工作
曹立国	男	56	总经理	负责公司钢铁主线生产经营，分管公司企业管理、审计、预决算处、信息化仪表处、进出口部
王方军	男	58	常务副总经理、党委副书记	协助总经理处理生产主线相关事务，分管生产部、安全生产管理处、能源环保处、国泰采矿公司和公司主线涉外业务
周为民	男	59	副总经理	分管非钢系统生产经营、炉料供应处；协管企业管理处、审计处

续表 10-132

姓名	性别	年龄	职务	分工主管工作
王　维	男	54	副总经理兼总工程师	分管科技管理处、质量管理处、洛阳国泰钢铁公司，负责部分产品结构调整项目前期工作
杜玉柱	男	56	副总经理兼销售公司经理	分管产品销售
李亚民	男	46	副总经理兼房地产公司经理	分管原燃料供应处，协管进出口部，协助王方军处理公司涉外业务
赵红军	男	55	副总经理兼工程部部长	分管基建和技改项目、武装保卫处以及公司水、电、气（汽）供应的涉外工作
王俊锋	男	56	总经理助理兼公司办公室主任	分管计量取样处、设备材料处、代管工会
万长杰	男	58	总经理助理	协助销售副总工作，侧重市场开发和用户服务
周集才	男	57	总经理助理兼河南济钢精品钢材有限公司经理	分管钢材深加工
梁　超	男	55	党委副书记、专职董事	分管洛阳区域房地产开发、公司上市和兼并重组工作
李全国	男	63	纪委书记兼人力资源部（组织部）部长	协管审计处、代理集团公司监事会主席
刘建新	男	70	高级顾问	协助总经理和总工程师工作、分管部分技术营销工作和部分售后服务

（30）河南中原特钢装备制造有限公司主要领导班子成员见表 10-133。

表 10-133　河南中原特钢装备制造有限公司主要领导班子成员

姓名	性别	年龄	职务	分工主管工作
陈鲁平	女	59	党委书记、董事长	负责并主持党委工作，发挥党委领导作用，依照规定组织讨论和决定公司重大事项，负责并主持董事会全面工作，组织制定公司发展战略，优化和提升公司治理和公司管控体系，指导推进营销工作和军品业务
马　强	男	54	总经理、党委副书记	在公司党委和董事会的领导下，管理生产经营、组织实施董事会决议，履行党建工作重要责任；指导推进精益管理工作
程海军	男	54	副总经理	分管特品业务、设备管理、动力能源工作；协助党委书记推进棚改工作
王怡群	男	52	副总经理	分管科研管理、产品研发、工艺质量管理工作
袁　伟	男	49	副总经理	分管生产管理、安全环保工作
齐纬镕	女	54	纪委书记	分管纪委工作，协助党委书记落实党委日常工作

续表 10-133

姓名	性别	年龄	职务	分工主管工作
罗志平	男	48	总会计师	分管公司财务、物资采购工作
赵雨舟	男	38	副总经理	分管市场营销工作、国际贸易工作，协助党委书记、董事长推进资本运作工作

（31）江西新旭特殊材料有限公司主要领导班子成员见表 10-134。

表 10-134 江西新旭特殊材料有限公司主要领导班子成员

姓名	性别	年龄	职务	分工主管工作
冯小明	男	54	董事长	主持全面工作
刘唆根	男	54	经理	协助董事长主持工作
方 炜	男	41	副经理、书记	党政工作
宋水根	男	46	副经理	协助总经理分管设备工作

（32）芜湖新兴铸管有限公司主要领导班子成员见表 10-135。

表 10-135 芜湖新兴铸管有限公司主要领导班子成员

姓名	性别	年龄	职务	分工主管工作
刘 涛	男	43	党委书记、执行董事	负责公司党委全面工作
朱利斌	男	48	党委副书记、总经理	负责生产经营管理全面工作
张永杰	男	52	党委副书记、工会主席	分管公司党群工作体系、人力、工会、后勤、法务、保卫等相关工作
陈永峰	男	42	常务副总经理	分管公司安全、生产、销售、运输、产品研发、科技、钢铁产品质量管理、工程基建等相关工作
李宝峰	男	58	副总经理	分管公司检化验、计量、能源、现场、铸管产品质量、环保等相关工作
江洪流	男	57	总会计师	分管公司资产、财务、税务、审计、经营分析等相关工作
任士同	男	56	纪委书记	分管纪检体系工作
郑川立	男	51	副总经理	分管公司采购、招投标、贸易等相关工作
焦魁明	男	53	总经理助理	协助常务副总经理分管生产经营及设备管理相关工作

（33）凌源钢铁集团有限责任公司主要领导班子成员见表 10-136。

表 10-136 凌源钢铁集团有限责任公司主要领导班子成员

姓名	性别	年龄	职务	分工主管工作
张焕新	男	59	党委书记	主持公司党委工作
文 广	男	49	董事长	主持集团公司董事会工作
冯亚军	男	51	党委副书记、董事、总经理	负责集团公司全面生产经营及安全管理方面工作，协助党委书记开展党委工作
华春波	男	46	副书记、工会主席	协助党委书记开展党委工作，负责工会工作
何志国	男	48	党委常委、董事、总会计师	负责集团公司财务、法律事务、资本运营和集团范围内资金调配统筹工作
杨宗成	男	58	党委常委、副总经理	负责集团公司矿山方面工作
张国栋	男	56	党委常委、纪委书记	负责集团公司纪检、审计监察方面工作
蒋海涛	男	55	副总经理	负责集团公司发展规划、固定资产投资管理、生产工艺技术管理和新产品开发方面工作，协助总经理结合企业发展需要和市场趋势组织开展新产品（优特钢、普钢）研发工作、制订企业产品中长期发展规划，分管发展规划部、优特钢

（34）衡阳华菱钢管有限公司主要领导班子成员见表 10-137。

表 10-137 衡阳华菱钢管有限公司主要领导班子成员

姓名	性别	年龄	职务	分工主管工作
郑生斌	男	48	衡钢党委书记、执行董事、总经理	全面工作
左少怀	男	57	衡钢党委副书记	党委日常工作、企业文化、工农关系协调、保密
程斯祥	男	54	衡钢党委副书记、纪委书记、工会主席	纪委日常工作、工会、后勤、保卫、内控审计、法律事务、综治
雷幼桐	男	53	衡钢副总经理	营销、技术
宋光鑫	男	39	衡钢副总经理	采购、能源、环保
李正德	男	47	衡钢财务总监、总会计师	财务管理、集团实业
何 航	男	46	衡钢副总经理	生产、质量、安全、物流、绩效管理、投资、工程 建设、设备、信息化

（35）天津钢铁集团有限公司主要领导班子成员见表10-138。

表10-138 天津钢铁集团有限公司主要领导班子成员

姓名	性别	年龄	职务	分工主管工作
阚永海	男	58	总经理	全面负责公司各项工作
张纪星	男	51	党委书记	负责公司党委全面工作
李兴才	男	50	副总经理	主管公司生产、安全、技术、质量工作
侯德琼	女	49	副总经理	主管公司财务、融资工作，协管数字信息化工作
陈志立	男	50	副总经理	主管公司销售工作
王爱华	男	50	副总经理	主管公司供应工作
刘　佳	男	51	副总经理	主管公司企管、人力资源工作
邢文起	男	54	副总经理	主管公司行政、后勤、保卫、党群工作
王保国	男	48	副总经理	主管公司焦化工作
孔令凯	男	49	总经理助理	主管公司动力、能源、环保工作
卢建军	男	55	总经理助理	主管公司设备、工程工作
董　军	男	51	总经理助理	协助生产副总主管铁前工作
王炳霞	女	51	总经理助理	主管工会工作

（36）天津新天钢联合特钢有限公司主要领导班子成员见表10-139。

表10-139 天津新天钢联合特钢有限公司主要领导班子成员

姓名	性别	年龄	职务	分工主管工作
聂荣恩	男	46	党委书记、总经理	抓全面工作
任玉明	男	50	副总经理	主管生产、设备、工程、安全
魏晓阳	男	39	副总经理	主管企管、人事、行政、保卫、后勤
王国军	男	48	副总经理	主管财务，协管数字信息化
王爱华	男	51	副总经理	主管供应、销售、备件
吴俊国	男	56	副总经理	主管能源、环保、动力
刘孝义	男	59	党委副书记、工会主席	协管行政、企业文化

第 11 章

中国特钢企业协会

11.1 中国特殊钢行业协会介绍

中国特钢企业协会，英文名称：Special Steel Enterprises Association of China，缩写：SSEA，是由全国特钢生产企业、科研院所、大专院校、流通企业及与特钢行业相关的个人自愿结成的全国性、行业性社会团体，是非营利性社会组织。是中国唯一合法的全国性特殊钢企业协会。业务主管单位/党建工作机构为国务院国资委党委。下设机构有：办公室、财务部、统计部、宣传展览办公室、统计委员会、专家委员会、不锈钢分会、冶金装备分会、财金分会。

11.1.1 中国特钢企业协会的特点

（1）自发性。1986 年由 15 家国家重点特钢企业厂长在冶金工作会议期间自发倡议组织，并联名向原冶金部党组汇报批准后成立的。

（2）民间性。本协会成立以来，没有占用行政、事业编制资源，没有国家财政拨款，工作人员和经费全部来自会员单位以及咨询服务。

（3）门槛性。志愿加入协会的企业，必须通过自身努力达到对特钢企业协会成员所要求的最低标准。

11.1.2 中国特钢企业协会的宗旨

（1）本会以党的路线、方针、政策为指导，坚持依靠会员办协会的工作方针，代表会员利益，维护会员的合法权益。努力为会员服务、为行业服务，向政府反映诉求，依法依规开展活动，努力发挥在政府和会员之间的桥梁、纽带作用。

（2）加强本会自身建设，利用协会成员的专业优势，努力把本会建设成国内有威信的行业组织。

（3）本会以致力于中国特钢行业的健康发展为目标，积极促进中国特殊钢的高质量发展，为建设现代化钢铁强国作出重要支撑而努力奋斗。

（4）本会遵守宪法、法律、法规和国家政策，践行社会主义核心价值观，弘扬爱国主义精神，遵守社会道德风尚，自觉加强诚信自律建设。

（5）本会坚持中国共产党的全面领导，根据中国共产党章程的规定，设立中国共产党的组织，开展党的活动，为党组织的活动提供必要条件。

11.1.3 中国特钢企业协会基本任务

（1）根据国家有关政策法规，结合本行业特点，制定行业或细分领域的行规行约，建立自律机制，规范企业行为，做好行业内部争议的协调工作。

（2）贯彻国家钢铁产业发展政策，促进行业结构调整、淘汰落后，推进新技术研发与推广应用，坚持绿色发展理念、促进节能环保水平提升，维护市场秩序，促进公平竞争，提高行业运行质量等方面，发挥行业组织的作用，维护行业整体利益和会员合法权益。

（3）开展行业调查研究，参与拟定本行业发展规划、产业政策法规等工作，为政府加强宏观调控和管理提出咨询建议，向政府反映企业诉求、争取政策支持。

（4）制定 SSEA 特钢协团体标准品牌，充分发挥标准化对特钢行业创新发展的引领作用，对特钢行业规范发展、绿色低碳发展的促进作用，通过标准引领，促进我国特钢行业高质量发展。

（5）受政府部门委托参与行业内的重大投资、改造、开发项目的先进性、经济性和可行性前期论证。

（6）组织有关业务培训，提高职工的专业和技术素质。

（7）组织国内、国际的行业技术协作和技术交流，推荐行业的新产品、名牌产品、组织行业技术成果的鉴定和推广应用；组织相关行业展览会。

（8）做好行业统计信息、价格信息、生产经营信息等企业信息工作，布置、收集、整理、分析全行业信息资料，并及时反馈给会员单位。

（9）做好本会自身建设和管理工作，接受会员和社会的委托，在符合国家规定的业务范围内提供专项服务。

11.1.4　会员入会的程序

（1）提交入会申请书。

（2）提交有关证明材料，包括：

1）填报《会员单位基本信息表》；

2）填报《会员单位基本情况表》；

3）由本会理事会讨论通过；

4）由本会理事会颁发会员证，并予以公告。

11.1.5　会员享有的权利

（1）选举权、被选举权和表决权；

（2）对本会工作的知情权、建议权和监督权；

（3）参加本会活动并获得本会服务的优先权；

（4）获取本会提供的信息资料的优先权；

（5）有优先、优惠接收其他会员有偿转让技术成果的权利；

（6）退会自由。

11.1.6　会员履行的义务

（1）遵守本会的章程和各项规定；

（2）执行本会的决议；

（3）按规定缴纳会费；

（4）维护本会的合法权益；

（5）积极参加本会组织的一切活动；

（6）保守秘密，不得进行有损于行业整体利益的活动；

（7）向本会反映情况，提供有关资料。

11.1.7　第十届会长联席会领导成员

十届一次执行会长：

钱　刚（中信泰富特钢集团有限公司党委书记、董事长）

会长：

章青云（宝武特种冶金有限公司党委书记、董事长）

尹良求（西宁特殊钢集团有限责任公司党委书记、董事长）

高祥明（太原钢铁（集团）有限公司党委书记、董事长）

孙　启（东北特殊钢集团股份有限公司总经理）

副会长：

李建朝（河钢集团舞钢公司书记、董事长）

丁　华（天津钢管制造有限公司总经理）

阮小江（建龙钢铁控股有限公司副总裁）

黄永建（河钢集团石家庄钢铁有限责任公司党委书记、董事长）

付正刚（攀钢集团江油长城特殊钢有限公司副总经理）

秘书处：

秘书长：刘建军　副秘书长：肖邦国

11.1.8　中国特钢企业协会成员名单

会长单位：

（1）中信泰富特钢集团有限公司

（2）宝武特种冶金有限公司

（3）西宁特殊钢集团有限责任公司

（4）太原钢铁（集团）有限公司

（5）东北特殊钢集团股份有限公司

副会长单位：

（6）河钢集团舞阳钢铁有限责任公司

（7）天津钢管制造有限公司

(8) 攀钢集团江油长城特殊钢有限公司
(9) 建龙北满特殊钢有限责任公司
(10) 河钢集团石家庄钢铁有限责任公司
常务理事单位:
(11) 江阴兴澄特种钢铁有限公司
(12) 大冶特殊钢有限公司
(13) 河南中原特钢装备制造有限公司
(14) 首钢贵阳特殊钢有限责任公司
(15) 本钢板材股份有限公司
(16) 江苏沙钢集团有限公司
(17) 山东钢铁股份有限公司莱芜分公司
(18) 南京钢铁集团有限公司
(19) 江西新旭特殊材料有限公司
(20) 河冶科技股份有限公司
(21) 郑州永通特钢有限公司
(22) 中天钢铁集团有限公司
(23) 江苏沙钢集团淮钢特钢股份有限公司
(24) 永兴特种材料科技股份有限公司
(25) 西王金属科技有限公司
(26) 邢台钢铁有限责任公司
(27) 江苏永钢集团有限公司
(28) 天津荣程联合钢铁集团有限公司
(29) 山东寿光巨能特钢有限公司
(30) 常州东方特钢有限公司
(31) 缙云县高合金工模具材料行业协会
(32) 建龙钢铁控股有限公司
(33) 河南济源钢铁(集团)有限公司
(34) 金鼎钢铁集团有限公司
(35) 江阴华润制钢有限公司
(36) 北京能泰高科环保技术有限公司
(37) 南京金鑫传动设备有限公司
(38) 常熟市龙腾特种钢有限公司
理事单位:
(39) 江苏天工工具有限公司
(40) 中国钢研科技集团有限公司
(41) 方大特钢科技股份有限公司
(42) 芜湖新兴铸管有限责任公司
(43) 山东泰山钢铁集团有限公司
(44) 宝武杰富意特殊钢有限公司
(45) 建省三钢(集团)有限责任公司
(46) 承德建龙特殊钢有限公司
(47) 马鞍山钢铁股份有限公司
(48) 河北永洋特钢集团有限公司
(49) 上海明进工贸有限公司
(50) 烟台华新不锈钢有限公司
(51) 山东天保贸易有限公司
(52) 河北龙凤山铸业有限公司
(53) 江苏申源集团有限公司
(54) 江苏明璐不锈钢有限公司
(55) 上海大学材料科学与工程学院
(56) 湖北时力模具材料有限公司
(57) 湖北方圆特模具材料有限公司
(58) 湖北富烽新材料科技有限公司
(59) 江苏星火特钢有限公司
(60) 新余威奥锻造有限公司
(61) 南阳汉冶特钢有限公司
(62) 江苏精工特种材料有限公司
会员单位:
(63) 上海钢联电子商务有限公司
(64) 伊莱特(济宁)高端装备科技有限公司
(65) 青岛特殊钢铁有限公司
(66) 久立集团股份有限公司
(67) 凌源钢铁股份有限公司
(68) 山东鲁丽钢铁有限公司
(69) 潍坊特钢集团有限公司
(70) 江苏省福达特种钢有限公司
(71) 振石集团东方特钢有限公司
(72) 威尔斯新材料(太仓)有限公司
(73) 唐山首唐宝生功能材料有限公司
(74) 上海钢之家电子商务股份有限公司
(75) 冶金工业规划研究院
(76) 临沂三德特钢有限公司
(77) 浙江精瑞工模具有限公司

（78）浙江正达模具有限公司
（79）浙江晋椿精密工业股份有限公司
（80）湖南华菱湘潭钢铁有限公司
（81）湖北川冶科技有限公司
（82）湖北日盛科技有限公司
（83）浙江友谊新材料有限公司
（84）浙江格丰工贸有限公司
（85）大连鑫大科技发展有限公司
（86）福建恒而达新材料股份有限公司
（87）江苏长强钢铁有限公司
（88）樟树市兴隆高新材料有限公司
（89）江苏龙泰合金科技有限公司
（90）黄石市铁汉特钢有限责任公司
（91）济源市丰源机械制造有限公司
（92）北京新钢不锈科技发展有限公司
（93）北京新轧科技股份公司
（94）丽水华宏钢铁制品有限公司
（95）湖南力方轧辊有限公司
（96）上海焊接器材有限公司
（97）陕西延长石油材料有限责任公司
（98）丹阳市曙光新材料科技有限公司
（99）江苏云融能源有限公司
（100）中冶检测认证有限公司
（101）艾尔德新技术开发（山西）有限公司
（102）杭州四达电炉成套设备有限公司
（103）佛山市金冶机械设备有限公司
（104）艾伯纳工业炉（太仓）有限公司
（105）应达工业（上海）有限公司
（106）扬州东方砂轮有限公司
（107）山西太钢不锈钢股份有限公司
（108）浙江元通不锈钢有限公司
（109）浙江久立特材科技股份有限公司
（110）五矿贸易有限责任公司
（111）无锡市不锈钢电子交易中心有限公司
（112）青山控股集团有限公司
（113）浦项（张家港）不锈钢股份有限公司
（114）江苏德龙镍业有限公司
（115）江苏大明金属制品有限公司
（116）宏旺控股集团有限公司
（117）广西北港新材料有限公司
（118）甘肃酒钢集团宏兴钢铁股份有限公司
（119）福建甬金金属科技有限公司
（120）成都博智云创科技有限公司
（121）江苏金珊瑚科技有限公司
（122）广东麦多智能装备有限公司
（123）河北宏发机械有限公司
（124）安徽富凯特材有限公司
（125）湖州永兴物资再生利用有限公司
（126）兴化市戴南新源环保有限公司
（127）上海实达精密不锈钢有限公司
（128）江苏希尔兴不锈钢有限公司
（129）苏州钢特威钢管有限公司
（130）上海水晶宫钢管厂有限公司
（131）上海浦东共业制刷有限公司
（132）上海弘途金属材料有限公司
（133）上海钢联资讯科技有限公司
（134）上海仓信电子科技有限公司
（135）山特维克材料科技（中国）有限公司
（136）山东鑫海科技股份有限公司
（137）山东省不锈钢行业协会
（138）山东青山万佳不锈钢有限公司
（139）山东金润德新材料科技股份有限公司
（140）山东华烨不锈钢制品集团有限公司
（141）诺励斯镍业贸易（上海）有限公司
（142）诺凡赛尔（上海）保护膜有限公司
（143）宁波奇亿金属有限公司
（144）美国克莱迈克斯钼业中国公司上海代表处

（145）玖德雅昌集团有限公司
（146）江苏亚盛新材料科技有限公司
（147）江苏维卡金属合金材料有限公司
（148）江苏美可美特合金科技有限公司
（149）江门市日盈不锈钢材料厂有限公司
（150）湖州盛特隆金属制品有限公司
（151）湖南泰嘉新材料科技股份有限公司
（152）宝钢德盛不锈钢有限公司
（153）鞍钢联众（广州）不锈钢有限公司
（154）中兴能源装备有限公司
（155）湖北力帝机床股份有限公司
（156）中信金属宁波能源有限公司
（157）恒源工业炉（靖江）有限公司
（158）邯郸新兴特种管材有限公司
（159）海门市森达装饰材料有限公司
（160）中钢不锈钢管业科技山西有限公司
（161）浙江中达新材料股份有限公司
（162）浙江永上特材有限公司
（163）哈尔滨威尔焊接有限责任公司
（164）兴化市不锈钢行业协会
（165）广州永大不锈钢有限公司
（166）温州市不锈钢行业协会
（167）广西梧州市金海不锈钢有限公司
（168）松阳不锈钢行业协会
（169）广东恒合信管业科技有限公司
（170）福建福欣特殊钢有限公司
（171）上上德盛集团股份有限公司
（172）北京龙汇鑫科技有限公司
（173）宝银特种钢管有限公司
（174）安平县银屏翊丝网制品有限公司
（175）安吉县鹏大钢管有限公司
（176）埃赫曼（上海）贸易有限公司
（177）镍协会（加拿大）北京代表处
（178）内蒙古上泰实业有限公司
（179）江苏兴海特钢有限公司
（180）江苏信用行科技股份有限公司
（181）江苏武进不锈股份有限公司
（182）中航上大高温合金材料有限公司
（183）浙江青山钢管有限公司
（184）浙江丰业集团有限公司
（185）则武（上海）贸易有限公司
（186）宜兴北海封头有限公司
（187）烟台东方不锈钢工业有限公司
（188）武汉苏泊尔炊具有限公司
（189）梧州市永达特钢有限公司
（190）梧州市鑫峰特钢有限公司
（191）无锡申康机械设备有限公司
（192）温州市经协钢管制造有限公司
（193）纬荻埃牡（上海）特种合金贸易有限公司
（194）天津格瑞新金属材料有限责任公司
（195）唐山开元自动焊接装备有限公司
（196）天津冶金集团天材科技发展有限公司
（197）常州市联谊特种不锈钢管有限公司

11.2 2021 年中国特钢企业协会主要工作完成情况

2021 年，中国特钢企业协会（以下简称特钢协会）在以习近平同志为核心的党中央领导下，在各位会长、秘书长及会员单位的大力支持下，认真学习贯彻习近平新时代中国特色社会主义思想和党的十九大精神，学习领会习近平总书记的重要讲话精神，深入开展“不忘初心、牢记使命”主题教育，推进“两学一做”学习教育常态化，落实“第一议题”制度。对关于钢铁行业和社会组织重要指示批示和党的建设重要论述严格对标对表，不折不扣抓好落实。同时，努力提高协会工作者的思想素质和工作能力，以“为企业服好务”为特钢协会的宗旨，特钢协会在党建工作、业务工作、为企业服务等方面都有了很大进步，协会与特钢企业共同为促进钢铁行业的健康发展，提高中国特钢企业的影响力做出了贡献。

2021 年，特钢协会主要工作包括三个部分，具体内容如下：

11.2.1　2021 年特钢协会主要成员单位生产经营指标完成概况

2021 年，综合各家企业的指标完成情况来看，粗钢产量持续增长，特钢市场需求总体平稳，价格持续高位运行，原辅材料价格大幅波动，企业经济效益大幅提升。

2021 年，特钢协会重点统计 34 家成员单位共生产粗钢 1.53 亿吨，同比增长 1.8 %；钢材产量 1.38 亿吨，同比增长 1.8%。

协会成员单位优特钢粗钢产量 8788 万吨，同比增长 3.6%；其中：优质钢粗钢产量 4979 万吨，同比增长 8.01%；特殊质量钢粗钢产量 3809 万吨，同比增长-1.65%。

特钢协会同口径统计，特钢出口上涨 22.6%，其中主要重点特钢企业棒材出口 144.1 万吨，同比增长 26.7%；线材出口 15.1 万吨，同比增长 5.1%。

2021 年，重点统计 28 家成员单位利润总额 780.5 亿元，较去年同比增长 100%。12 月末销售利润率 6.9%，全年维持在高位水平。

特钢协会成员单位主要财务指标见表 11-1。

表 11-1　特钢协会成员单位主要财务指标

项目	金额	同比
库存金额	416.9 亿元	+20.9%
应收账款	173.9 亿元	+1.7%
应付账款	901.1 亿元	+19.6%
营业、管理、财务费用	428.4 亿元	+21.6%
吨钢三项费用	293.7 元/吨（折合）	+19.7 元/吨
人均利润	37.8 万元/人	+109.1%
吨钢利润	535 元/吨	+96.9%

11.2.2　2021 年特钢协会秘书处的主要工作

2021 年特钢协会召开了“中国特钢企业协会十届一次会员大会”，选举产生了新的一届协会会长、副会长、秘书长，完成了协会换届工作。秘书处在各位会长的指导下，进行了工作部署。

（1）在上级党委的正确领导下，特钢协会党支部严格按照国资委党建局和钢协党委的部署，认真学习贯彻习近平新时代中国特色社会主义指导思想，始终坚持党要管党，从严治党的方针，在做好防疫工作的同时，全面贯彻党的十九大报告精神，认真完善党支部活动制度，开展好党史学习教育。

特钢协会党支部组织了 34 次支部活动，出了 30 期党史学习活动简报。还开展了 5 次讲党课，召开了 3 次生活会，组织党员同志及积极分子到中共一大会址接受革命教育。特别是对照党史学习问题清单对照整改 1 次，对钢协纪委廉政风险点检查和基础台账检查存在的问题，组织专人到冶金监督检查站学习取经 1 次。支部还按照钢协要求，组织学习《论中国共产党历史》《中国共产党简史》《习近平新时代中国特色社会主义思想学习问答》《中国共产党百年奋斗重大成就和历史经验的决议》及中国共产党十九届六中全会精神等，扎实推进政治学习和协会工作，做到协会工作和“防疫”双丰收，较好地完成了全年任务。

（2）积极参与特钢产业链相关行业的活动和交流，及时掌握动态信息，特钢协会秘书处加强与各有关部委、协会的联系，了解各行业发展情况。在大家遇到生产经营困难的时候，特钢协会及时向钢协反映情况，呼吁政府出台相应政策，支持中国特钢行业发展。特钢协会在征询了广大会员单位的意见和建议的基础上分别向工信部汇报了“特钢行业产品研发情况”、针对“重点新材料首批次应用保险指导目录”回复意见，提出了“特钢产品免征关税”等相关报告。

会同冶金工业规划研究院完成工信部“十四五特钢发展规划”等课题研究工作。

根据特钢市场运行情况，分别召开“中国特钢企业协会工模具钢市场预警研讨会”“中国特钢企业协会不锈钢棒线材市场预警会”“特钢出口座谈会”等工作会议，刘建军秘书长向参会代表做专题汇报。

2021 年 10 月，特钢协会在上海新国际展览中心成功举办了“2021 年中国国际特殊钢工业展览会”，本次展览由 21 家特钢企业参展，推广宣传了各参展单位的产品，为我国高品质特钢产品走向世界进行了推介宣传。中信泰富特钢、宝武特冶、东北特钢、攀长特、西宁特钢等企业参加了本次展览会。同期举办了“2021 年中国国际高品质特殊钢论坛”，论坛云集了国内外嘉宾、学者做专题报告，获得了圆满成功。

为提升我国工模具钢产品的质量，规范运营，制定了《工模具钢行业自律规范条件》，根据条件对申报企业开展了评审工作。首批入选企业 13 家。并举行了新闻发布会。

特钢协会会同冶金工业出版社、中信泰富特钢、宝武特冶、西宁特殊钢股份有限公司、太原钢铁（集团）有限公司、东北特钢等企事业单位完成了《中国特殊钢》一书的编撰审稿工作，开始编辑出版工作。

特钢协会与海关总署税收征管局（广州）、中国钨业协会等签订战略合作协议。与黄石市政府合作举办“中国（黄石）特钢产业大会”。

为更好发挥特钢协会资源优势，助力特钢行业高质量发展，成立中国特钢企业协会专家委员会，聘请著名专家、学者作为特钢协会的专家委员，开展专项课题。目前已经开展了以下课题：钛合金市场及技术调研工作、特殊合金钢增列税号调研工作（提出从 7228390 中增列出特殊钢产品）、绿色信贷团体标准制修订工作、中国特钢行业“十四五”发展规划滚动修改工作及特钢行业卡脖子产品攻关工作。

（3）认真服务会员企业，坚持做好特钢协会日常工作。目前，特钢协会有 7 名工作人员，虽然人手少，但工作任务不减。

《中国特殊钢市场指南》是宣传特钢行业的主要平面媒体喉舌，版面多，信息量大，出刊密度高，任务繁重，每月完成两期《中国特殊钢市场指南》的编辑，属半月刊杂志。

每月完成 38 家会员单位主要指标的汇总和反馈，并完成《中国特殊钢年鉴》的汇总、编辑工作。到目前为止已完成中国特殊钢年鉴 24 期。

严格执行会计制度，控制协会各项支出。协会的各项开支每年都进行严格的审计并通过，所有的会费全面服务于企业，特钢协会编制的年鉴、市场指南以及召开的年会全部免费。

（4）为向建党 100 周年献礼，宣传特钢行业，编纂发行《中国特殊钢》。《中国特殊钢》一书自 2020 年起由特钢协会与冶金工业出版社、中信泰富特钢集团等单位策划，历时 1 年多终于在 2021 年 12 月正式出版发行。该书全面地展现了中国特殊钢的发展历史、取得的巨大成就和今后的发展方向，充分反映了我国特殊钢波澜壮阔的奋斗历程和为国民经济发展作出的巨大贡献。

（5）创新开会模式，提供交流平台，维护市场规范。在抓好防疫的同时，积极推进协会创新工作。疫情期间，市场形势严峻，会员单位无法正常见面开会交流，协会为维护市场规范，通过腾讯会议软件，召集重点企业召开优特钢预警研讨会，成功搭建了交流平台，与会单位对当前优特钢市场形势进行了充分交流和深入研讨，并达成一定共识。在疫情好转后，恢复了不锈钢、工模具钢、出口小组协调会等。

（6）认真服务特钢企业，尽显责任所

在。为企业服务是特钢协会的初心，全面提升特钢行业高质量发展是特钢协会要求的目标。特钢协会已经正式发布各类团体标准173 项。特钢协会同时积极参加会员单位邀请参加的各项活动，积极配合政府和协会等有关单位部门的其他调研活动，同时按会员单位要求提供对各企业有利的各种证明材料，认真为企业服务。

11.2.3　2022 年特钢协会秘书处主要工作思路

2022 年，中国特钢企业协会秘书处将在各位会长的领导下，我们继续做好以下工作，切实为各会员单位服好务。

（1）协助企业做好应对复杂形势的各项措施，努力促进特钢行业平稳运行。继续认真组织好优特钢、出口预警小组的市场预警活动，做好运行监测分析，协调解决运行过程中的困难，针对行业的突出问题，尤其是取消特钢退税政策后带来的一系列问题，及时向政府部门反映情况并提出政策建议。继续做好与海关的协调工作，定期进行交流活动，争取列出更多的特钢税号，以便支持特钢出口。同时加强与下游行业信息交流，及时传递重要市场信息。

（2）转变经营思路，调整发展战略，创新发展理念，积极应对国内外环境的变化，推进产品结构、绿色环境、技术创新、管理体制、商业模式的不断发展。强化中国特钢企业在世界特钢产业舞台上的话语权，提升中国特钢产业链质量与价值，提高我们特钢的技术水平，扩大我们的产品在国际上的份额。

（3）按照民政部、国资委等政府部门对行业协会的要求，加强管理、完善制度、规范运作，做好秘书处其他日常工作。

特钢协会是由特钢企业自发组织成立的协会，为企业服务、为行业服务是特钢协会不变的宗旨，即遵照宪法、法律、法规和国家政策，遵守社会道德风尚，沟通企业与政府有关部门的联系，发挥纽带和桥梁作用，为政府制定产业政策提供依据，为企业经营决策提供服务。特钢协会按照政府授权的基本职能，建立行业自律性机制，规范行业自我管理行为，保护企业公平竞争，提高行业整体素质，维护行业整体利益，为各会员单位做好服务。特钢协会始终坚信“特钢强，则钢铁强；钢铁强，则中国强”的理念，为中国特钢的崛起而奋斗。

11.3　关于中国特钢企业协会成立的历史回顾

新中国成立以来，我国特殊钢的生产从无到有，有了很大的发展。但是由于种种原因，直到 20 世纪 80 年代初，全国的特殊钢厂没有一家企业进行过从原料开始到产品出厂完整的现代化改造，仍然沿用 50～60 年代的陈旧装备和工艺生产，有的企业甚至使用 40 年代的设备运转生产。当时特钢行业的实际情况是：冶炼设备是以 20 吨以下小电炉为主，没有一套炉外精炼炉和连铸机；轧钢设备没有一套连轧机组；锻压设备没有一台精锻机和快锻机。当时形容特钢行业的落后状况叫“糖葫芦”（小电炉）加“兵马俑”（小钢锭）。

为此，在每年召开的全国冶金工作会议期间，参会的全国特钢厂的厂长们都反复地进行认真讨论，大家觉得应该联合起来，把特钢行业整体落后的状况向冶金工业部领导反映，希望引起冶金工业部领导的重视和关心，加大对特钢行业更新改造的投入，尽快改变特钢行业的落后面貌，以满足国民经济发展的需要。

于是，在 1986 年召开的全国冶金工作会议期间，参会的全国 15 家重点特殊钢厂（齐齐哈尔钢厂、大连钢厂、抚顺钢厂、本钢特钢、首都特钢、上钢五厂、无锡钢厂、大冶钢厂、长城钢厂、重庆特钢、贵阳钢厂、陕西钢厂、西宁钢厂、成都无缝钢管厂、舞阳钢厂）的厂长，在冶金工业部领导和有关部门的支持下，共同发起，联合起来成立了企业之间的协调组织，并正式定名为“全国特殊钢厂协调委员会”，成为冶金行业中成立最早的协调委员会之一。1991 年按中华人民共和国社团管理条例，协调委员会在民政部注册登记成立了具有法人地位的社会团体，正式更名为“中国特钢企业协会”。

从 1986 年成立“全国特殊钢厂协调委员会”开始，协会的领导班子也是逐步完善和健全的，成立了“全国特殊钢厂协调委员会理事会”。理事会宗旨是：在冶金工业部的领导下，沟通特钢行业与政府部门的联系，发挥桥梁与纽带作用；根据平等互利、共同发展的原则，相互交流经验，沟通信息，传递市场行情；组织协调横向联合，维护特钢行业整体利益，提高行业整体素质；更好地为行业、会员服务，为振兴发展我国特钢行业，以适应国民经济发展的需要。第一届理事会理事长为齐齐哈尔钢厂厂长唐启文（不驻会），驻会秘书长为康贵仁（齐钢计划处处长）；第二届理事会理事长为重庆特钢厂厂长陈宝荣（不驻会），驻会秘书长为王声波（重特，后派周先觉接任）；第三届理事会理事长为大连钢厂厂长赵明仁（不驻会），驻会秘书长为胡名洋（大连钢厂）；第四届理事会理事长为长城钢厂厂长刘立中（不驻会），驻会秘书长为张远明（长城钢厂）；第五届理事会理事长为上钢五厂厂长侯树庭（不驻会），驻会秘书长为庞澄菇（原冶金工业部规划司）。从这一届开始，“全国特殊钢厂协调委员会”正式更名为“中国特钢企业协会”，并请贵阳钢厂厂长田忠学任协会常务副会长，并在北京驻会。至此，“中国特钢企业协会”成为在民政部注册、具有社会独立法人地位的社会团体。

该照片拍摄于 1988 年全国冶金工作会议期间，在特钢厂厂长们的建议下，经冶金工业部副部长陆叙生（原大冶钢厂厂长）同意，特拍照留念。照片拍摄地点：北京市东城区美术馆后街山老胡同，当时“全国特殊钢厂协调委员会”临时租用的北京工具厂

办公楼前

照片上人名如下：

第一排左起：陈宝荣（重庆特钢厂厂长），唐启文（齐齐哈尔钢厂厂长），陆叙生（冶金工业部副部长），庄沂（冶金工业部钢铁司司长），王建英（冶金工业部科技司副司长），袁大焕（大冶钢厂厂长），乔志明（陆叙生秘书）；

第二排左起：刘立忠（长城钢厂厂长），吴茂清（本钢特钢厂厂长，本文作者），欧阳骝（首特钢厂技术副总），田忠学（贵阳钢厂厂长），范广举（齐齐哈尔钢厂副厂长），赵明仁（大连钢厂厂长），刘嘉禾（钢研总院副院长），×××（成都无缝钢管厂），乐景鹏（上钢五厂副厂长），李德希（陕西精密合金厂厂长）；

第三排左起：周先觉（重庆特钢厂计划处长），周国成（冶金工业部特钢处处长），洪享裕（太钢技术处处长），李学圣（舞阳钢厂厂长），满载（无锡钢厂厂长），单亦和（西宁钢厂厂长），代华（抚顺钢厂书记），罗忠琳（陕西精密合金厂副厂长），×××（莱芜特钢副厂长）。

（撰稿人：原中国特钢企业协会常务副会长　吴茂清）

附　录

附录 A 2021 年世界粗钢产量和全国主要钢铁产品产量

附表 A1 2021 年世界粗钢产量 （万吨）

国家或地区	本月	上月	去年同月	本月同比增减（%）	本年累计	去年同期累计	累计同比增减（%）
奥地利	68.5[e]	66.5	63.3	8.2	792.0	676.5	17.1
比利时	61.0[e]	59.0[e]	35.9	69.9	695.0	611.9	13.6
保加利亚	5.5[e]	5.5[e]	3.5	57.1	60.0	48.4	24.0
克罗地亚	2.5[e]	2.7	1.3	88.1	19.0	4.5	319.7
捷克	34.0	40.9	40.8	-16.6	481.7	446.5	7.9
芬兰	35.9	35.6	33.6	6.9	434.0	349.8	24.1
法国	99.9	115.0	115.5	-13.5	1394.7	1159.6	20.3
德国	314.0	336.6	313.7	0.1	4006.6	3568.0	12.3
希腊	14.0[e]	13.8	8.8	59.1	153.0	140.8	8.7
匈牙利	10.0[e]	9.5[e]	9.0	10.8	109.0	151.3	-28.0
意大利	149.9	218.2	161.1	-6.9	2440.0	2037.9	19.7
卢森堡	11.2	18.5	11.3	-1.3	207.3	188.6	9.9
荷兰	48.7	55.3	54.0	-9.8	662.0	605.4	9.4
波兰	60.0[e]	58.2	66.9	-10.3	837.0	785.6	6.5
斯洛文尼亚	3.4	5.7	3.6	-4.3	66.2	58.5	13.1
西班牙	84.4	114.8	89.5	-5.7	1404.0	1099.8	27.7
瑞典	40.4	40.4	41.0	-1.4	467.8	440.9	6.1
欧盟其他国家	68.0[e]	87.2[e]	73.8[e]	-7.9	1021.6	843.7	21.1
欧盟（27）合计	**1111.3**	**1283.5**	**1126.6**	**-1.4**	**15251.0**	**13217.7**	**15.4**
波黑	8.0[e]	7.5[e]	7.5	6.6	91.5	75.9	20.5
马其顿	3.5	2.8	3.3	5.8	31.5	18.0	75.4
挪威	5.3	5.8	4.1	28.8	62.2	62.4	-0.2
塞尔维亚	13.5	16.2	11.9	13.9	166.7	145.6	14.5
土耳其	332.5	344.2[r]	340.3	-2.3	4036.0	3581.0	12.7
英国	63.0[e]	61.2	62.3	1.1	736.0	708.6	3.9
欧洲其他国家合计	**425.8**	**437.7**	**429.5**	**-0.8**	**5124.0**	**4591.5**	**11.6**
白俄罗斯	15.5[e]	15.0[e]	19.4	-20.1	239.0	248.2	-3.7

续附表 A1

国家或地区	本月	上月	去年同月	本月同比增减（%）	本年累计	去年同期累计	累计同比增减（%）
哈萨克斯坦	34.0[e]	33.0[e]	41.1	−17.3	438.0	389.2	12.5
摩尔多瓦	5.0[e]	5.0[e]	4.5	10.1	61.0	46.5	31.2
俄罗斯	657.0[e]	635.7	656.8	0.0	7597.0	7162.1	6.1
乌克兰	174.3	173.0	190.6	−8.5	2136.6	2061.6	3.6
乌兹别克斯坦	7.0[e]	7.0[e]	8.0	−12.1	88.5	93.9	−5.8
独联体合计	**892.8**	**868.7**	**920.4**	**−3.0**	**10560.1**	**10001.6**	**5.6**
加拿大	93.0[e]	89.8	97.8	−4.9	1277.0	1098.6	16.2
古巴	2.5[e]	2.3	2.4	2.4	23.0	18.5	24.2
萨尔瓦多	1.0[e]	1.0	1.0	−4.4	10.5	8.2	28.7
危地马拉	3.0[e]	2.7	3.1	−2.9	31.0	24.3	27.8
墨西哥	146.0[e]	140.9	150.5	−3.0	1840.0	1680.3	9.5
美国	724.6	717.3	647.6	11.9	8601.2	7273.2	18.3
北美合计	**970.1**	**954.0**	**902.5**	**7.5**	**11782.7**	**10103.0**	**16.6**
阿根廷	42.8	45.1	38.8	10.4	487.5	365.1	33.5
巴西	260.9	309.4	294.4	−11.4	3603.9	3141.5	14.7
智利	13.0[e]	12.6	9.8	33.2	134.0	115.7	15.8
哥伦比亚	11.5[e]	11.2	11.5	0.0	135.0	114.9	17.5
厄瓜多尔	5.0[e]	5.1	5.6	−10.2	61.0	48.2	26.5
巴拉圭	0.4[e]	0.4	0.5	−13.2	2.5	2.3	7.4
秘鲁	10.5[e]	10.3	16.4	−36.1	125.0	73.1	71.1
乌拉圭	0.7[e]	0.7	0.7	−2.0	6.0	4.9	22.2
委内瑞拉	0.3[e]	0.3	0.2	20.3	3.0	2.9	2.9
南美合计	**345.2**	**395.0**	**377.9**	**−8.7**	**4558.0**	**3868.7**	**17.8**
埃及	87.2	96.5	99.4	−12.3	1029.4	822.9	25.1
利比亚	7.6	6.8	7.3	4.0	65.2	49.5	31.7
南非	28.2[e]	43.4[e]	29.2	−3.6	502.0	387.7	29.5
非洲合计	**122.9**	**146.7**	**135.9**	**−9.6**	**1596.5**	**1260.0**	**26.7**
伊朗	279.0[e]	270.0[e]	242.3	15.1	2846.0	2899.0	−1.8
卡塔尔	8.2	8.4	8.5	−3.0	100.2	121.8	−17.8
沙特	79.1	47.2	44.0	79.9	873.5	777.5	12.3
阿联酋	27.9	26.6	28.0	−0.4	299.7	272.2	10.1
中东合计	**394.2**	**352.2**	**322.8**	**22.1**	**4119.4**	**4070.5**	**1.2**
中国内地	8619.0	6931.0	9247.9	−6.8	103279.0	106473.2	−3.0
印度	1038.3	989.3[r]	1028.6	0.9	11813.4	10025.6	17.8

续附表 A1

国家或地区	本月	上月	去年同月	本月同比增减（%）	本年累计	去年同期累计	累计同比增减（%）
日本	793.4	804.2[r]	752.8	5.4	9633.4	8318.6	15.8
韩国	597.5	593.2	591.0	1.1	7055.6	6707.9	5.2
巴基斯坦	60.0[e]	58.1	44.0	36.4	532.0	380.3	39.9
中国台湾	204.0[e]	197.7	190.8	6.9	2325.0	2095.9	10.9
泰国	50.0[e]	48.2	44.1	13.5	562.0	446.7	25.8
越南	197.0[e]	190.6	194.2	1.5	2356.0	1990.0	18.4
亚洲合计	**11559.3**	**9812.2**	**12093.2**	**-4.4**	**137556.3**	**136438.3**	**0.8**
澳大利亚	47.4	51.3	47.3	0.1	581.9	549.0	6.0
新西兰	5.2	4.8	5.9	-12.6	64.6	58.6	10.2
大洋洲合计	**52.6**	**56.1**	**53.3**	**-1.3**	**646.5**	**607.6**	**6.4**
全球 64 国/地区总计	**15874.3**	**14306.1**	**16362.1**	**-3.0**	**191194.5**	**184158.8**	**3.8**
除中国内地世界合计	**7255.3**	**7375.1**	**7114.3**	**2.0**	**87915.5**	**77685.6**	**13.2**

注：表中 64 个国家或地区的粗钢产量在 2020 年约占世界总产量的 98%。

e—估计值，r—调整值。

附表 A2 2021 年全国主要钢铁产品产量 （万吨）

品种	单位	本月	上月	去年同月	本月同比增减（%）	本年累计	去年同期累计	累计同比增减（%）	本月日产水平	累计日产水平
粗钢	全国	8619.00	6931.00	9247.85	-6.80	103279.00	106473.20	-3.00	278.03	282.96
	重点统计钢铁企业	6977.87	5589.74	7345.20	-5.00	83430.33	83317.74	0.14	225.09	228.58
	其他	1641.13	1341.26	1902.66	-13.75	19848.67	23155.45	-14.28	52.94	54.38
生铁	全国	7210.00	6173.00	7621.56	-5.40	86857.00	90759.67	-4.30	232.58	237.96
	重点统计钢铁企业	5976.23	5204.12	6399.16	-6.61	73097.07	73957.72	-1.16	192.78	200.27
	其他	1233.77	968.88	1222.40	0.93	13759.93	16801.94	-18.11	39.80	37.70
钢材	全国	11355.00	10103.00	11977.85	-5.20	133667.00	132869.78	0.60	366.29	366.21
	重点统计钢铁企业	6562.29	5736.11	7149.97	-8.22	80617.57	79974.84	0.80	211.69	220.87
	其他	4792.71	4366.89	4827.87	-0.73	53049.43	52894.94	0.29	154.60	145.34
焦炭	全国	3600.00	3385.00	4031.35	-10.70	46446.00	47490.80	-2.20	116.13	127.25
	重点统计钢铁企业	920.57	865.93	906.36	1.57	10952.33	10386.54	5.45	29.70	28.46
	其他	2679.43	2519.07	3125.00	-14.26	35493.67	37104.26	-4.34	86.43	97.24

注：其他企业产量数据为国家统计局全国产量数减去重点统计企业产量数的计算数据。

附录 B　特殊钢下游用户行业运行情况和需求

特殊钢产品被广泛运用在包括汽车、能源、交通运输、工程机械、航天航空、国防军工、武器装备等众多领域中的重大装备制造和国家重点工程建设所需的关键材料上，对于我国制造业创新发展和质量提升发挥着基础性、关键性、支撑性作用。据统计，汽车、机械、金属产品、铁路、电力、石油化工等应用领域对特钢需求结构各占约 40%、18%、15%、8%、6%、5%。特钢主要应用领域见附表 B1。

附表 B1　特钢主要应用领域

应用行业	特殊钢品种	应用零部件
汽车行业	合金工具钢、弹簧钢、轴承钢、合金结构钢等	弹簧、齿轮、传动轴、轴承、活塞杆等
机械行业	合金结构钢等	活塞、履带、液压缸等
能源行业	不锈钢、高速工具钢等	发电机转子用钢、钻头、再热器受热管道等
船舶海工	低温用钢、大热输入焊接用钢、耐蚀钢等	齿条板、钻杆、锡箔链等
高速铁路	合金结构钢、不锈钢、优质碳素钢等	紧固件、轴承、轮对等
国防	高温合金、高强度低合金钢、合金结构钢等	飞机起落架、飞机发动机、火箭发动机等

B1　汽车行业

B1.1　2021 年汽车行业运行情况

2021 年汽车行业面对芯片短缺、原材料价格持续高位等不利因素，主动作为，全年汽车产销呈现稳中有增的发展态势，结束了 2018 年以来连续三年下降的局面。其中新能源汽车成为最大亮点，全年销量超过 350 万辆，市场占有率提升至 13.4%；受国际市场恢复、中国品牌竞争力提升等因素推动，我国汽车出口表现出色，从 4 月份以来，多次刷新历史纪录，年度出口首次超过 200 万辆。中国品牌汽车受新能源、出口市场向好等因素的推动，市场份额已超过 44%，接近历史最好水平。

（1）汽车产销稳中有增。2021 年我国汽车产销分别完成 2608.2 万辆和 2627.5 万辆，同比分别增长 3.4%和 3.8%，产销总量已经连续 13 年稳居全球第一，并在“电动化、网联化、智能化”方面取得了巨大的进步。我国作为汽车大国的地位进一步巩固，正向汽车强国迈进。

从全年汽车销量情况来看，一季度由于 2021 年同期基数较低，同比快速增长，二季度增速有所回落，三季度受芯片供给不足影响最大，出现较大幅度下降，四季度明显恢复，好于预期，确保了全年稳中有增的良好发展态势。

（2）乘用车产销保持 2000 万辆以上规模。2021 年乘用车产销分别完成 2140.8 万辆和 2148.2 万辆，同比分别增长 7.1%和 6.5%，增幅高于汽车全行业 3.7 个百分点和 2.7 个百分点。我国乘用车市场已经连续七年超过 2000 万辆。

从全年乘用车销量变化情况来看，2021 年初由于基数较低，乘用车市场表现出大幅增长的态势，但随着芯片供应不足问题逐步显现，叠加同期基数快速提高，乘用车产销开始出现下滑，且降幅有所扩大。进入四季度，伴随芯片问题的逐步缓解，乘用车产销降幅逐渐收窄。

（3）商用车产销有所下降。2021年，商用车产销分别完成467.4万辆和479.3万辆，同比分别下降10.7%和6.6%。2021年商用车市场的波动主要是由于重型柴油车国六排放法规（以下简称“国六”）切换所导致的需求波动，国五排放法规（以下简称“国五”）产品在购置成本和使用成本方面都低于国六产品，因此市场更青睐于国五产品。此外，“蓝牌轻卡”政策预期带来的消费观望、房地产开发行业较冷等因素也加剧了商用车市场下行的压力。从远期发展来看，近几年支撑商用车增长的政策红利效用已逐步减弱，未来商用车市场将进入调整期。

从全年商用车走势看，上半年表现明显好于下半年。其中一季度由于同期基数较低，产销大幅增长，二季度开始销量同比下降，下半年下降趋势更为明显。

从2021年客货细分车型产销来看，货车中，重型货车、轻型货车以及微型货车减量都较大，其中重型货车减量最大；客车中，轻型客车的增长拉动了整体客车产销的增长。

（4）皮卡产销快速增长。2021年，皮卡产销分别完成54.7万辆和55.4万辆，同比分别增长11.2%和12.9%。分燃料情况看，2021年，汽油车产销均完成13.0万辆，同比分别增长5.8%和5.3%；柴油车产销分别完成41.5万辆和42.2万辆，同比分别增长12.8%和15.4%。2021年，排名前五家的皮卡企业销量合计42.9万辆，同比增长7.4%，占皮卡销售总量的77.5%，低于2020年同期4.0个百分点。

（5）新能源汽车产销均超过350万辆。新能源汽车成为汽车行业最大亮点，其市场发展已经从政策驱动转向市场拉动，呈现出市场规模、发展质量双提升的良好发展局面，为“十四五”汽车产业高质量发展打下了坚实的基础。

2021年，新能源汽车产销分别完成354.5万辆和352.1万辆，同比均增长1.6倍，市场占有率达到13.4%，高于2020年8个百分点。

从新能源汽车走势来看，2021年保持了产销两旺的发展局面，3月份开始月销量超过20万辆，8月份超过30万辆，11月份超过40万辆，12月份达到53万辆，表现出持续增长势头。

（6）中国品牌乘用车市场份额明显提升。2021年，中国品牌乘用车共销售954.3万辆，同比增长23.1%，占乘用车销售总量的44.4%，比2020年提升6.0个百分点。在主要外国品牌中，与2020年相比，法系乘用车销量增速最为明显，美系也呈两位数较快增长，德系、日系和韩系均呈下降趋势，其中韩系降幅居前。

（7）市场集中度保持平稳。2021年，汽车销量排名前十位的企业集团销量合计为2262.1万辆，同比增长1.7%，占汽车销售总量的86.1%，低于2020年同期1.8个百分点。在汽车销量排名前十位企业中，与2020年相比，上汽、一汽、东风和北汽销量有所下降，其他企业均呈增长，其中比亚迪、奇瑞、长城和长安增速更快。

（8）汽车出口创历史新高。按照整车企业出口统计口径，2021年我国汽车出口201.5万辆，同比增长1倍，占汽车销售总量的比重为7.7%，比2020年提升3.7个百分点。我国汽车出口首次超过200万辆，实现了多年来一直徘徊在100万辆左右的突破。值得关注的是，新能源汽车出口表现突出，2021年，我国新能源汽车出口31万辆，同比增长3倍。

从2021年汽车企业出口情况来看，各月出口同比均保持快速增长，其中四季度月均出口量超过 20 万辆，表现更为突出。

B1.2　汽车行业用钢需求

汽车行业一直是特殊钢的最主要应用领域，特殊钢生产规模及技术应用水平的提高是伴随着我国汽车用特殊钢的发展而壮大起来的。按照应用环境，可分为发动机系统用钢、传动系统用钢、底盘及转向系统用钢、标准件系统用钢。按照类别，可分为轴承钢、齿轮钢、弹簧钢、帘线钢、紧固件用冷镦和易切削钢、非调质钢以及少量的耐蚀和高温合金等。

汽车用特殊钢在钢铁及汽车产业中均占有极重要的地位，据统计汽车用特殊钢约占特钢总消费量的 40%，汽车各系统钢制汽车零部件约占整车质量的 15%。汽车的安全性、可靠性、舒适性要求汽车用特殊钢具备极高的综合性能和稳定的质量水平。

我国特殊钢行业经过多年的发展，产业体量已经稳居世界第一，特殊钢产品对汽车用钢基本实现品种全覆盖。

B1.2.1　我国汽车行业用钢发展现状

（1）规模化生产及高质量控制的现代装备体系已建成。目前，满足汽车用特殊钢规模化生产及高质量控制的现代装备体系已经建成，能够满足汽车用特殊钢各品种、全组距、各交货状态的生产与研发需求。

（2）产品研发、技术进步的创新平台已基本建成。汽车工业是高技术密集型产业，汽车产品高安全性、舒适性、经济性的基本属性以及快速的迭代更新、升级换代特征，要求汽车用特殊钢在新材料研发、新技术创新上保持快速响应。目前，我国已经初步建成了由国家科技重大项目引导，以企业技术中心（研究院）为主体，各科研机构、高校、产业协会广泛参与的汽车用特殊钢产品研发、技术进步的创新平台。

（3）绝大多数汽车用特钢品种已实现自主化。目前，汽车用特殊钢绝大多数品种已实现自主化，部分品种质量、综合竞争力达到了国际先进水平。

B1.2.2　汽车行业用钢发展方向

（1）绿色低碳可持续发展。面对生产端（钢铁制造）和消费端（汽车制造）双重降碳压力，汽车用特钢行业必须坚持走绿色可持续发展道路。

采用低 CO_2 排放工艺生产的钢铁原材料（绿钢）能够有效降低汽车产品全生命周期碳足迹。世界各知名整车 OEM 制造商、零部件供应商均对钢铁原材料生产制备过程碳排放提出明确要求，并制定了绿色钢铁采购时间进度表，推进绿色原料降碳计划。并且欧盟已经出台碳边境税法案，对高 CO_2 排放工艺生产的钢铁及其制成品进行限制，汽车用特殊钢将首当其冲。

（2）强度更高、性能更好、寿命更长。受节能减排标准提高以及新能源车的发展，对汽车用特殊钢强度、性能、寿命要求更高。汽车零部件特殊的服役环境以及极高的安全性目标，要求汽车零部件用钢不但需具备高强韧性、高纯净度、高均匀性、超细晶粒度、高表面质量、长疲劳寿命等优良性能，还应该满足“零缺陷”要求。“双碳”目标下，节能减排被冠以更高的要求，要求零部件在保证性能的情况下尺寸更小、质量更轻、强度更高、寿命更长、综合性能更优越。新能源车的发展，电机高转速、汽车高启动速率带来的瞬间高应变、高温度场对轻量化零部件服役的可靠性、稳定性提出新要求。因此，未来追求汽车用特殊钢更高性能的路永无止境。

（3）高精度、近终型。高效率、高可靠性的智能化、自动化工厂将成为未来工业发展的主题。未来智能化零部件生产车间自动化加工、自动化装配要求原材料外表尺寸、表面质量、内部组织有更好的一致性和稳定性，要求钢铁原材料具有更高的精度。另外，高精度、近终型的原材料还能够减少加工量，节约工时，提高生产率，降低加工过程碳排放。

（4）适宜绿色环保加工。未来汽车用特钢需密切关注用户加工过程工艺升级要求，适宜绿色环保加工，推进零部件加工绿色高质量发展。传统热锻工艺占零部件制备过程碳排放65%以上，传统零部件热处理工序占碳排放的15%，开发更环保、更节能的绿色成型新技术、新工艺一直是汽车零部件制造行业追求的目标。

（5）低合金化。未来应着眼于低合金高性能高性价比汽车用特殊钢材料的开发。合金化能够有效提高和稳定特殊钢的性能和质量水平。然而，过度的合金化和唯合金化方法论将严重制约汽车用特殊钢品种的创新发展且带来污染和浪费。Mo、V、Ni、Nb、B甚至稀土等高档合金原料被简单粗放地添加进钢铁保证性能，不仅是严重的资源浪费，而且有色金属铁合金的开采和制备也伴随着高耗能、高污染，与绿色发展理念背道而驰。未来钢铁材料性能的提高应更多依靠先进技术和工艺的应用，通过提高材料纯净度、晶粒度、均匀度等手段代替过量合金的添加。低合金高性能高性价比汽车用特钢将成为未来材料开发和应用的主流。

（6）先进新材料研发常态化。未来汽车用先进钢铁新材料研发也必将常态化、高频化。其一，安全性和可靠性是汽车，特别是轿车最主要的特征，贯穿从汽车设计到制造、品控的各环节，关系着企业和品牌的命脉和发展。因此，谨慎起见，产业链的各环节更愿意选择成熟的、稳妥的工艺、技术和原材料。新工艺、新材料的应用往往需要相当长的验证周期。“双碳”目标压力下，原有的陈规不得不被打破，上下游企业唯有形成合力，密切协作不断研发低碳高性能产品，才能够在低碳的浪潮中脱颖而出。其二，新能源车将迎来爆发式持续增长，相关新材料的研发和应用也必将迎来高速发展。

（7）先进高强钢在汽车行业前景光明。先进高强钢具有两大关键性能：一是延展性，或者说是拉伸应力下的成型性；二是屈服强度，这是碰撞试验中的一大重要安全指标。抗拉强度超过780兆帕的先进高强钢被称作“超高强钢”（UHSS），抗拉强度高于1000兆帕的被称作千兆钢（1000兆帕=1吉帕）。因为先进高强钢兼具较高的延展性和屈服强度，同时质量较轻，从而使汽车在实现轻量化效果的同时，其性能也可以满足更高的要求。最终目标就是实现汽车质量更轻、材料更薄、燃油效率更高，同时具备耐碰撞性，最大程度地确保乘客安全。

（8）汽车质量轻量化。汽车轻量化方向有三个：1）提高钢材的强度；2）改善钢材成型的结构；3）替代钢材的代用材料。具体操作上有如下措施：在使用钢材的前提下，1）采用薄规格超高强度汽车板及零部件，顶盖、侧围等大型覆盖件，车身A柱、B柱、车顶纵梁及前围板下方采用抗拉强度高达1500兆帕的高强度钢，其他部位钢材抗拉强度也达到1200~590兆帕，据计算2000兆帕级热成型汽车钢，比1500兆帕钢可实现减重10%~15%；2）采用先进成型方式减轻零部件质量，例如轴类改用中空结构，其他成型方式采用激光拼焊、热压、液压成型可减轻零部件质量40%；3）零部件广泛应用微合金非调质钢，例如用制作8.8级、9.8级、10.9级高强度螺栓，是环境友好型钢材；4）汽车电动化对轴承和齿轮系统的结构，相对内燃机汽车更简约化。这是因为电动车的特点是低速区域发挥出大扭矩，在高速区域扭矩下降。因此，电动汽车对轴承的要求是低黏度润滑、轴承小径薄型化、滚珠改为滚柱，向轻量化方向发展；5）用铝材代替高强度钢，可减轻汽车质量约200千克。在新能源汽车的电池壳，美国特斯拉公司除了上盖为厚度0.8毫米的钢板外，其他部分均为铝挤压材制成。国产电池壳有应用高强度钢（780~980兆帕）制作的实例。但铝价高于钢价，近年来特斯拉在电池壳材料也改用高强钢。

预计未来几年我国汽车产销量将整体呈现小幅增长趋势，带动汽车用优特钢棒材小幅增长。不过，未来汽车行业的总体用钢量将减少，减量主要体现在发动机系统上。根据计算，一辆普通轿车材料质量构成中，钢铁大约占70%，如果按2030年单辆汽车减重20%左右比例来计算，汽车用钢的减量大概在15%。

B2 机械行业

B2.1 2021年机械行业运行情况

2021年机械工业经济运行虽遇疫情散发、芯片短缺、原材料价格高涨、电力供应紧张等多种困难影响，但全行业经济运行总体平稳，产品生产基本稳定。全年经济运行态势“前高后低”，一季度高位运行，二季度逐月下滑，三季度下滑幅度加大，四季度趋向平稳，年底出现翘尾；年度主要经济指标增幅超出预期。

（1）工业增加值实现较快增长。国家统计局数据显示，2021年机械工业增加值同比增长10%，分别高于同期全国工业和制造业0.4个百分点和0.2个百分点；两年平均增速为8%，分别高于全国工业和制造业1.9个百分点和1.4个百分点。

机械工业主要涉及的5个国民经济行业大类中，通用设备、专用设备、汽车、电气机械及器材和仪器仪表制造业增加值同比分别增长12.4%、12.6%、5.5%、16.8%和12%，两年平均增速分别为8.7%、9.4%、6.0%、12.8%和7.6%。主要涉及的51个行业中类里45个行业增加值实现增长。

（2）超七成产品产量实现增长。2021年机械工业重点监测的121种主要产品中，产量累计同比增长的产品有94种，占比77.7%；产量同比下降的产品有27种，占比22.3%。

主要产品产销特点表现为：一是包装专用设备、金属集装箱等产品全年产量持续大幅增长；二是机床类产品呈现恢复性增长，全年金属切削机床产量增长29.2%，工业机器人产量增长近45%；三是农业机械、工程机械产品生产渐趋平稳，增速放缓，中型拖拉机、小型拖拉机、挖掘机产量增速已回落至个位数；四是汽车年产销量在连续三年同比下降后实现增长，分别完成2608万辆和2628万辆，同比增长3.4%和3.8%；其中新能源汽车产销量创历史新高，年产销量分别为354.5万辆和352.1万辆，同比均增长1.6倍。

（3）效益指标实现两位数增长。国家统计局数据显示，2021年机械工业累计实现营业收入26万亿元，同比增长15.6%，比2019年增长20.79%，两年平均增长9.9%；实现利润总额1.61万亿元，同比增长11.64%，比2019年增长23.25%，两年平均增长11%。但与全国工业相比，2021年机械工业营业收入和利润总额增速分别低于全国工业3.78个百分点和22.69个百分点；从两年平均增速来看，营业收入高于全国工业0.2个百分点，利润总额低于全国工业7.2个百分点。

（4）固定资产投资基本稳定。2021年机械工业固定资产投资恢复虽未及预期，但总体保持稳定。国家统计局数据显示，全年机械工业主要涉及的5个国民经济行业大类中通用设备、专用设备、电气机械及器材和仪器仪表制造业固定资产投资同比分别增长9.8%、24.3%、23.3%和12%，两年平均增速分别为1.3%、10.2%、6.7%和2%；而汽车制造业投资同比下降3.7%，两年平均增速下降8.2%。

（5）分行业运行总体向好。2021年机械工业14个分行业运行形势总体向好。全年14个分行业营业收入均实现同比增长，其中其他民用机械、机器人与智能制造、机床工具和电工电器行业增幅超过25%。实现利润方面，工程机械行业在上年高基数的基础上呈现同比下降；其他13个分行业均为同比增长，但其中出现分化，机床工具、其他民用机械行业利润增幅超过60%，而石化通用、重型矿山、汽车、内燃机等行业利润增幅在3%以内。

（6）对外贸易创历史新高。2021年机械工业对外贸易持续高速增长，全年累计实现进出口总额1.04万亿美元，首次突破1万亿美元大关。其中出口总额6765亿美元，同比增长33.7%，创历史新高；进口总额3621亿美元，同比增长13.5%；实现贸易顺差3144亿美元，同比增长168%，创历史新高。

（7）行业运行处于景气区间。全年机械工业景气指数始终处于临界值之上，年初在上年低基数的基础上景气指数一度冲高至231.18，此后逐月回落。

（8）对外贸易结构持续优化。2021年机械工业外贸出口在金额创新高的同时，结构也持续优化。从产品看，汽车零配件、低压电气设备等机械工业传统优势产品出口显著增长。同时汽车整车、工程机械整机等产品出口表现突出。从贸易方式看，全年一般贸易出口金额同比增长38.2%，高于机械工业平均水平4.5个百分点，在机械工业出口总额中的比重已升至近70%，是带动出口总额创新高的主要力量。

（9）战略性新兴产业发展良好。2021年机械工业中战略性新兴产业相关行业合计实现营业收入20万亿元，同比增长18.58%；实现利润总额1.21万亿元，同比增长11.57%。战略性新兴产业营业收入增速高于同期机械工业平均增速，向上拉动行业收入增长13.95个百分点，对全行业实现高速增长发挥积极的带动作用。此外，机械工业战略性新兴产业相关行业在全行业营业收入中的占比持续提升，2021年占比已升至77.02%，比上年提高1.93个百分点。

（10）绿色低碳发展创造新机遇。以“碳达峰、碳中和”为目标的绿色低碳发展战略为机械工业转型升级、实现高质量发展带来新机遇。2021年机械工业能源装备制造业累计实现营业收入5.05万亿元，同比增长22.04%，实现利润总额2453.49亿元，同比增长12.65%，营业收入与利润总额的增速均高于机械工业平均水平，在全行业中的比重也较上年提高。其中能源输送与储存设备制造业营业收入增速接近30%，利润总额增速超过20%。

（11）创新能力建设助推重大装备国产化向纵深发展。近年来，机械行业创新体系建设有序推进、创新能力显著提升。截至2021年底，挂牌运行和批准建设的机械工业重点实验室、工程研究中心和创新中心共计234家。其中重点实验室110家，挂牌运行97家，正在建设13家；工程研究中心123家，挂牌运行113家，正在建设10家；挂牌运行创新中心1家。重大装备国产化及重大装备核心部件国产化方面取得显著进展。

B2.2 机械行业用钢需求

机械行业范围广泛，包括电工电器行业、石化通用设备行业、农业机械行业、重型矿山设备行业、工程机械行业等。机械行业整体发展缓慢，用优特钢棒材小幅增长，2021年机械行业用优特钢棒材为2589万吨，较2020年仅增长了1.26%。

B3 风电行业

B3.1 2021年风电行业运行情况

B3.1.1 装机容量情况

风能行业2021年快速发展。据GWEC数据，2021年全球风电累计装机量达到837

吉瓦，同比 2020 年增长 12.80%。据国家能源局数据，2021 年我国风电累计装机容量达到 328.5 吉瓦，同比增长 16.7%，增速快于全球，风电累计装机容量占全球 39.2%。

据 GWEC 和国家能源局数据，从新增装机容量来看，2021 年全球新增风电装机 93.6 吉瓦，为历史第二高年份，较去年同期下降 1.78%，我国新增装机容量为 47.6 吉瓦，同比下降 33.6%。

风电的诸多形式中，海上风电覆盖面积广、资源禀赋好、输送成本低，发展潜力巨大，海上风电装机规模有望持续超预期。2021 年全球海上风电累计装机容量达到 57 吉瓦，我国海上风电累计装机容量为 26.39 吉瓦，海上风电发展迅猛。

B3.1.2　风电行业竞争格局

从全球市场竞争格局来看，据 BNEF 数据，2021 年全球风电整机制造行业集中度较分散，CR5 市场份额占比为 53%，三家国外巨头企业维斯塔斯、歌美飒（被西门子并购）、GE 市场占比分别为 15.3%、8.7%、8.4%，国内两家企业金风科技和远景能源分别占比 12.1%、8.5%。

从国内市场竞争格局来看，行业集中度较全球高，CR5 市场份额占比达到 70.9%，分别为金风科技、远景能源、运达股份、明阳智能和电气风电，分别市场占比 20.4%、14.0%、13.7%、13.5%、9.3%（见附图 B1）。

企业	市场份额占比(%)
金风科技	20.4%
远景能源	14.0%
运达股份	13.7%
明阳智能	13.5%
电气风电	9.3%
东方电气	5.9%
中国海装	5.9%
三一重能	5.8%
中车风电	5.4%
联合动力	2.7%
其他	3.4%

附图 B1　2021 年中国主要风电整机制造商市场份额占比

B3.1.3　我国鼓励风电发展相关政策

2021 年我国风电相关政策情况见附表 B2。

附表 B2　2021 年我国风电相关政策情况

发布时间	政策名称	发布机构	主要内容
2021 年 5 月	《关于 2021 年风电、光伏发电开发建设有关事项的国家能源局通知》	国家能源局	2021 年全国风电、光伏发电量占全社会用电量的比重达到 11% 左右，确保 2025 年非化石能源消费占一次能源消费的比重达到 20% 左右，以非水电最低消纳责任权重为引导制定规模目标
2021 年 5 月	《关于 2021 年可再生能源电力消纳责任权重及有关事项的通知》	国家发展改革委	从 2021 年起，每年初发布各省权重，同时印发当年和次年消纳责任权重

续附表 B2

发布时间	政策名称	发布机构	主要内容
2021 年 9 月	《关于完整准确全面贯彻新发展理念做好碳达峰碳中和工作的意见》	中共中央、国务院	到 2025 年，单位国内生产总值能耗比 2020 年下降 13.5%；单位国内生产总值二氧化碳排放比 2020 年下降 18%；非化石能源消费比重达到 20%左右
2021 年 10 月	《关于积极推动新能源发电项目能并尽并、多发满发有关工作的通知》	国家能源局综合司	提出请各电网企业按照“能并尽并”，统筹协调力度，加快风电、光伏发，“多发满发”原则并且加大电项目配套接网工程建设
2021 年 10 月	《关于完整准确全面贯彻新发展理念做好碳达峰碳中和工作的意见》	中共中央、国务院	要求到 2030 年，非化石能源消费比重达到 25%左右，风电、太阳能发电总装机容量达到 12 亿千瓦以上，到 2060 年，非化石能源消费比重达到 80%以上
2021 年 10 月	《2030 年前碳达峰行动方案的通知》	国务院	坚持陆海并重，推动风电协调快速发展，完善海上风电产业链，鼓励建设海上风电基地推进退役风电机组叶片等新兴产业废物循环利用，以及“海上风电+海洋牧场”等低碳农业模式

B3.2 风电行业用钢需求

根据《中华人民共和国国民经济和社会发展第十四个五年规划和 2035 年远景目标纲要》，“十四五”期间我国将重点发展九大清洁能源基地、四大海上风电基地。在风能、太阳能产业发展方面，将重点在我国中部与东部进行分散式风电、分布式光伏发电项目建设。海上风电用钢需求将呈增长态势，海上风电装机用钢主要涉及轴承钢等优特钢以及中厚板和型钢。

据业内人士介绍，风力发电设备使用的材料中，有 80%为钢材。每个 850 千瓦的机组塔筒需要中厚板 70~80 吨；每个 1.5 兆瓦的机组塔筒需要钢材 130 吨；每个 2~2.5 兆瓦的单机需要钢材 160 吨；3 兆瓦的机组含机头在内高度近 100 米，总用钢量约 385 吨，其中包括塔筒用厚板 230 吨、机头用钢 120 吨、基础用钢板 15 吨、螺纹钢筋 20 吨。按照行业内的计算，一个 1000 万千瓦的风电项目要建近 1000 个风塔，制造塔架累计要用钢材 130 万吨。

B3.3 风电行业发展趋势

（1）风机大型化趋势显著。风机平均容量近年呈现持续增长态势。以欧洲为例，根据数据，2020 年欧洲风机平均容量达到 8.2 兆瓦。2020 年运行的海风项目中其中 2/3 的项目风机容量要高于此平均值。预计未来风机容量将持续增长，根据 GWEC 的预测，海上风电风机容量在 2025 年将达到15~17 兆瓦，海上风机大型化将带来成本的降低。根据推算，对于 1 吉瓦海上风电项目，采用 14 兆瓦风电机组将比采用 10 兆瓦风电机组节省 1 亿美元的投资。此外，下一代风电机组将在 2030 年之前出现，功率达到 20 兆瓦左右。

（2）海上风电逐步走向深远海。欧洲海

上风电项目水深增加。根据数据，2020 年欧洲在建海上风场平均水深 36 米（2019 年 34 米）。2020 年在建水深最深的风场是 67 米水深的英国 Kincardine 浮式项目和拥有 100 米水深的葡萄牙 Wind float Atlantic 浮式项目。目前英国在建的 Moray East 平均水深 45 米。

新项目离岸距离增加。随着近海资源逐渐开发，海上风电项目持续向远海发展，据数据，海上风电项目的离岸距离在 2018 年左右达到峰值，预计到 2024 年将会减少。这一趋势可能的解释为海上风电快速扩张进入亚洲市场，主要项目与欧洲相比更靠近岸。但在 2024 年后亚洲和世界其他地区的项目将远离海岸。

（3）漂浮式风机应用逐渐增多。漂浮式风机使用增加，趋势或将持续。漂浮式风机在 2016 年后逐渐由样机走向了小批量，千尧科技预计 2020~2025 年装机量明显增多，漂浮式风机在技术上已趋于成熟，越来越多的国家开始重视对深水风资源的开发。目前，国内有多个规划中漂浮式海上风电项目。"十三五"期间国内对漂浮式风机的研究热度逐渐提高，并有了示范工程项目，预计将在 2021~2023 年建成。

B4 铁路行业

B4.1 2021 年铁路行业运行情况

（1）铁路固定资产投资及投产新线同比小幅下降。2021 年，铁路固定资产投资累计完成 7489 亿元，同比下降幅度收窄至 4.2%；其中 12 月完成 1069 亿元，同比增长 13.7%，环比增长高达 32.5%。全国铁路投产新线 4208 公里，其中高速铁路 2168 公里，高铁里程稳居世界第一。全国铁路固定资产投资由机车车辆投资（装备投资）和基本建设投资组成，机车车辆投资是用作购买和维护机车车辆的费用，基本建设投资用作建设铁路新线。以基建投资在固定资产投资中的历年占比看，固定资产投资中的 85%~90%为基建投资。近年来铁路投资情况如附图 B2 所示。

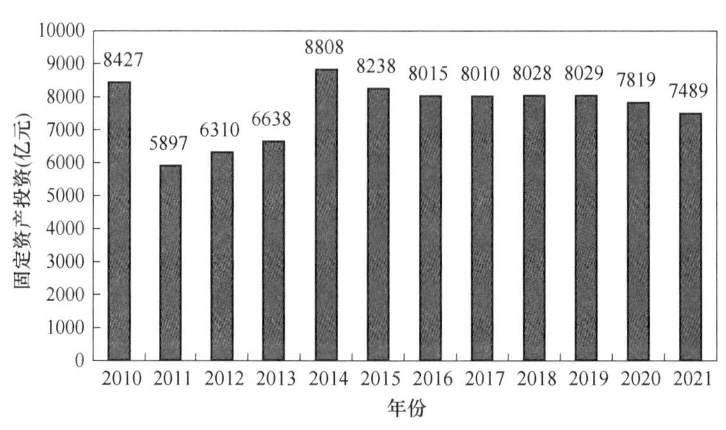

附图 B2　2010~2021 年铁路固定资产投资完成情况

（2）铁路线路建设整体放缓，重点项目有序推进。《关于进一步做好铁路规划建设工作的意见》文件指导下，除"八纵八横"骨干通道及西部陆海新通道项目进展有所加快外，国家铁路建设整体趋势放缓，部分规划高铁项目前期工作搁置，部分项目仍需进一步进行可行性和必要性评估论证，但从四季度开始投资建设明显加大力度。从铁路网络规模来看，我国近年铁路覆盖范围持续扩大，运营里程数不断攀升，其中高铁增速尤为明显，在全国铁路中占比不断上升，2021年我国铁路运营总里程达15万公里，高铁总里程突破4万公里，中国铁路运营里程如附图B3所示。2021年我国铁路重点项目建设有序推进，建成西藏第一条电气化铁路拉林铁路，实现川藏铁路全线开工建设；统筹“一带一路”国际国内铁路联通，中老昆万铁路实现高质量开通运营；聚焦“一带一路”战略大通道，推动中欧班列逆势大幅度增长；发挥路网运力统一调配优势，关系国计民生的电煤和重点物资运输得到有效保障；深入实施复兴号品牌战略，推进复兴号系列开发实现对31个省区市全覆盖。

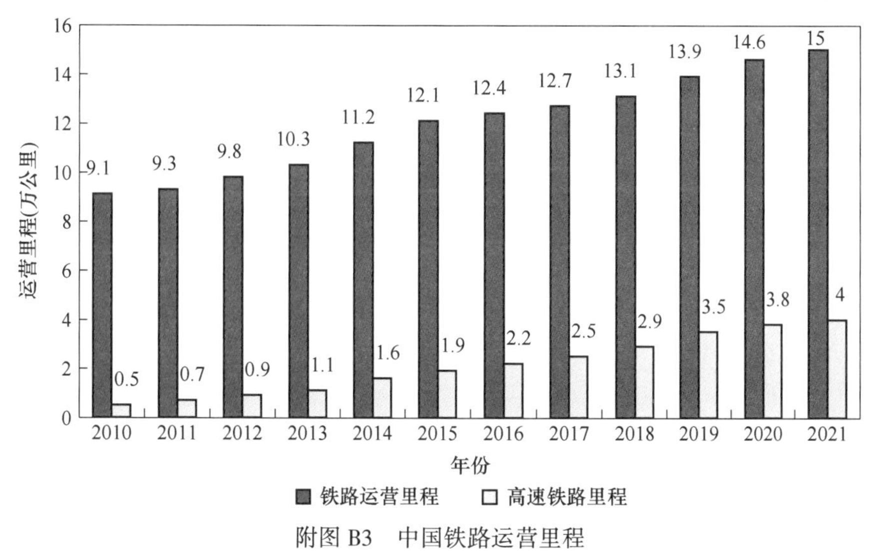

附图B3 中国铁路运营里程

（3）铁路旅客运输大幅增加，货运同比增长。2021年国家铁路旅客、货物发送量分别达到25.3亿人、37.2亿吨，分别同比增长16.8%和4.0%，铁公、铁水联运稳步推进，运输保障能力进一步增强。

B4.2 铁道行业用钢需求

2021年国家铁路建设整体趋势放缓，四季度以来加快了投资建设步伐，重点项目有力推进，但投资和新建里程数仍同比下降，根据铁路投资和线路建设情况，全年铁道用材消耗量约410万吨，同比下降约9%。

B4.3 铁路行业发展趋势

（1）铁路投资建设保持平稳。根据铁路、城市轨道交通在建项目建设进展、新项目开工及铁总计划情况，2022年全国铁路投资规模将保持平稳，继续高质量推进川藏铁路、扎实推进沿江高铁、西部陆海新通道等重大工程；投产新线3300公里以上，其中高速铁路约1920公里。

（2）铁路行业“十四五”发展趋势。《“十四五”铁路科技创新规划》提出，到2025年，铁路创新能力、科技实力进一步提升，技术装备更加先进适用，工程建造技术持续领先，运输服务技术水平显著增强，智能铁路技术全面突破，安全保障技术明显提升，绿色低碳技术广泛应用，创新体系更加完善，总体技术水平世界领先。

在京津冀交通一体化暨雄安新区综合交通运输体系建设方面，京雄高速河北段等重点项目2021年建成通车，雄安新区“四纵三横”对外高速公路骨干路网已经全面形成；在长江经济带综合立体交通走廊建设方面，沪渝蓉高铁、四川沿江高速公路等项目有序推进，赣深高铁实现全线贯通；粤港澳大湾区交通基础设施建设方面，深中通道、黄茅海通道等重大项目进展顺利，粤港澳大湾区“1小时生活圈”已经基本形成。

此外，国家发展改革委部署2020~2022年整体推动京津冀、长三角、粤港澳大湾区城际铁路和市域（郊）铁路建设，梳理明确三年开工项目计划，建设总规模约6000公里，加快建设一批条件相对成熟的城际和市域（郊）铁路项目。未来五年，三大区域计划新开工建设城际铁路和市域（郊）铁路约1万公里，到2025年基本形成区域城际铁路和市域（郊）铁路骨架网络，形成城市群1~2小时交通圈和都市圈1小时通勤圈。我国城际铁路、市域（郊）铁路和铁路专用线等地方铁路发展相对滞后，随着区域协调发展战略推进、运输结构优化调整和投资建设规模扩大，可以预见，“十四五”时期，以城际铁路、市域（郊）铁路和铁路专用线建设为主体，将掀起地方铁路发展高潮。

（3）2022年铁道用钢预测。根据2022年铁路投资建设规模预期及项目获批、开工情况，预计2022年我国铁道用材需求量约430万吨，同比将增长约5%。

B5　船舶行业

2021年，世界经济不均衡复苏，国际航运市场呈现积极向上态势，全球新造船市场超预期回升。我国三大造船指标实现全面增长，国际市场份额保持领先，船舶绿色化转型发展加速，产业链供应链韧性得到提升，实现了“十四五”的开门红。

“十四五”期间，我国船舶行业将保持平稳增长，传统航运市场进入新增长周期，LNG、集装箱船、双燃料船等市场需求旺盛，传统海洋油气产业、海上风电场建设、深远海养殖装备发展以及绿色能源战略带来的需求也将持续存在。

B5.1　2021年船舶行业运行情况

（1）三大造船指标齐增。2021年，全国造船完工3970万载重吨，同比增长3.0%，其中海船为1204.4万修正总吨；承接新船订单6707万载重吨，同比增长131.8%，其中海船为2401.5万修正总吨。

全国完工出口船3593万载重吨，同比增长4.9%；承接出口船订单5936万载重吨，同比增长142.8%；出口船舶分别占全国造船完工量、新接订单量和手持订单量的90.5%、88.5%和88.2%。2021年造船完工量分月情况如附图B4所示。2021年新承接订单分月情况如附图B5所示。2021年手持订单分月情况如附图B6所示。

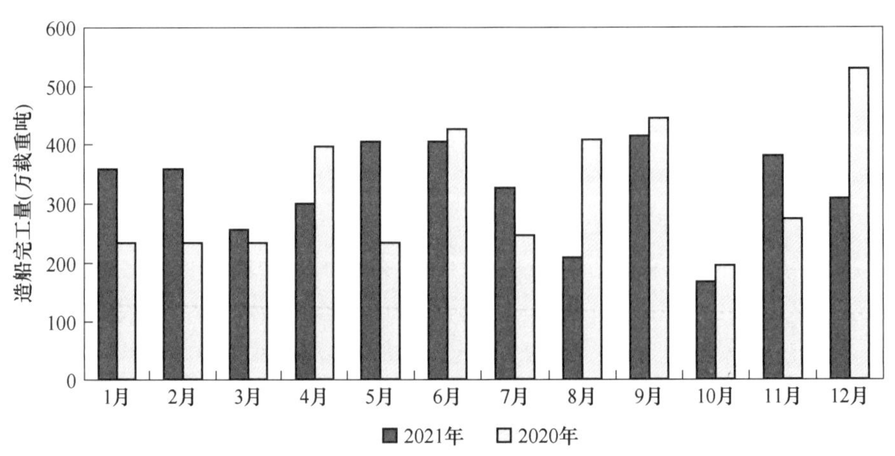

附图B4　2021年造船完工量分月情况

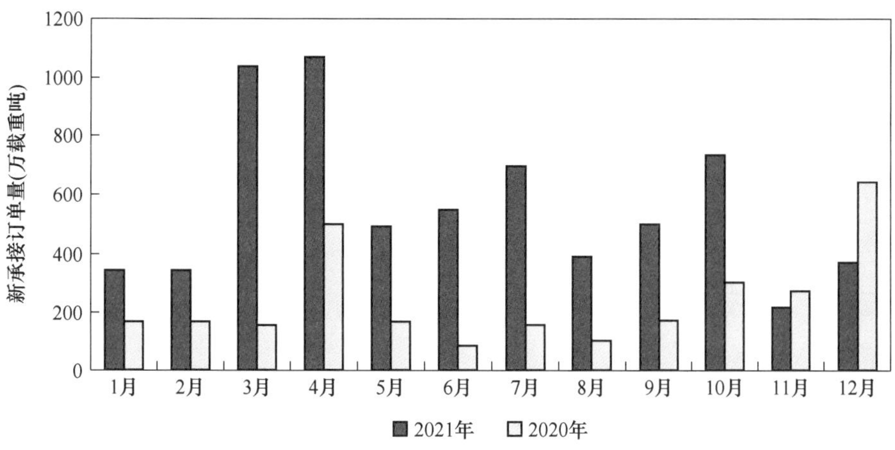

附图 B5　2021 年新承接订单分月情况

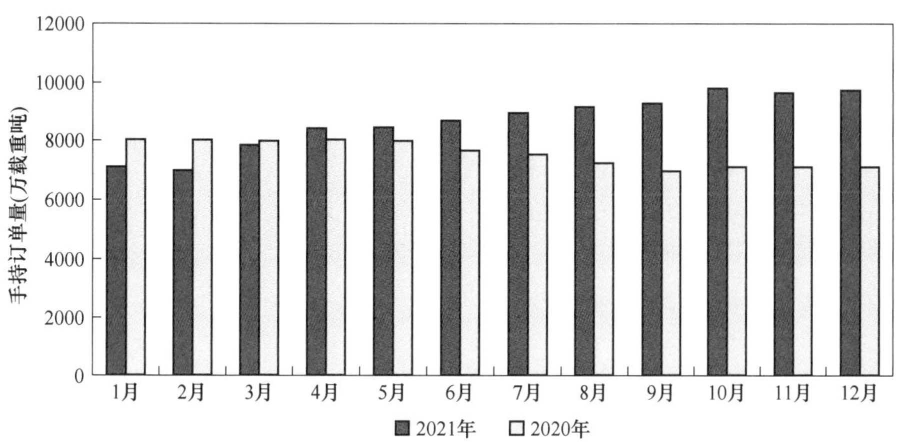

附图 B6　2021 年手持订单分月情况

（2）市场份额保持全球领先，企业国际竞争能力增强。2021 年，我国三大造船指标保持全球领先，新接订单量增幅高于全球 20 个百分点以上。造船完工量、新接订单量和手持订单量以载重吨计分别占世界总量的 47.2%、53.8% 和 47.6%，与 2020 年相比分别增长 4.1 个百分点、5.0 个百分点和 2.9 个百分点。2021 年世界造船三大指标市场份额如附表 B3 所示。骨干企业国际竞争能力增强，各有 6 家企业分别进入世界造船完工量、新接订单量和手持订单量前 10 强。中国船舶集团有限公司三大造船指标首次位居全球各造船企业集团之首。

附表 B3　2021 年世界造船三大指标市场份额

指标		世界	韩国	日本	中国
造船完工量	万载重吨	8409	2466	1690	3970
	占比（%）	100.0	29.3	20.1	47.2
	万修正总吨	3183	1053	530	1204
	占比（%）	100.0	33.1	16.6	37.8
新接订单量	万载重吨	12461	4061	1283	6707
	占比（%）	100.0	32.6	10.3	53.8
	万修正总吨	4804	1744	416	2402
	占比（%）	100.0	36.3	8.7	50.0

续附表 B3

指标		世界	韩国	日本	中国
手持订单量	万载重吨	20146	6706	3086	9584
	占比（%）	100.0	33.3	15.3	47.6
	万修正总吨	7650	2940	932	3610
	占比（%）	100.0	38.4	12.2	47.2

注：表中世界数据来源于克拉克松研究公司，并根据中国的统计数据进行了修正。

（3）新承接船舶订单结构优化。从新承接船型结构来看，我国继续保持了在散货船市场的领先地位，同时通过结构调整转型升级，我国船企逐步在集装箱船，特别是超大型集装箱船市场表现出较强的竞争实力，新船订单中的占比由 2010 年的 3%提高到 2021 年的 46%。我国新承接船舶订单结构变化见附表 B4。在市场调整过程中，韩国仍保持了在油船和气体船的优势，这也是我国船舶行业未来重点突破方向。

附表 B4　我国新承接船舶订单结构变化

（%）

2010 年			2021 年		
船型	中国	韩国	船型	中国	韩国
散货船	73.2	34.0	散货船	43.9	0.0
集装箱船	3.0	20.0	集装箱船	46.1	41.5
油船	17.6	42.0	油船	6.3	36.5
气体船	0.2	3.0	气体船	1.5	20.4

（4）结构调整成效明显，细分船型占比持续提升。2021 年，我国船企抓住市场回升机遇，巩固散货船优势地位，共承接散货船 3219 万载重吨，占全球总量的 76.4%。集装箱船订单实现超越，共承接集装箱船 2738 万载重吨，占全球总量的 60.9%，其中，15000 标准箱（TEU）及以上超大型集装箱船 69 艘，占全球份额 49.6%。在高端船型细分市场上持续发力，承接化学品船、汽车运输船、海工辅助船和多用途船订单按载重吨计分别占全球总量的 72.7%、76.6%、64.7%和 63.3%。全球 18 种主要船型分类中，我国有 10 种船型新接订单量位居世界第一。

（5）船舶绿色化转型加速，持续推进绿色船厂建设。2021 年，为顺应全球绿色低碳转型趋势，我国船企加快科技创新步伐，推出多型符合最新国际海事规则要求的绿色船型，全年新接订单中绿色动力船舶占比达到 24.4%。23000TEU 双燃料集装箱船、5000 立方米双燃料全压式液化石油气（LPG）运输船、99000 立方米超大型乙烷运输船顺利交付船东。21 万吨 LNG 动力散货船、7000 车双燃料汽车运输船、甲醇动力双燃料 MR 型油船等订单批量承接。船舶企业积极响应国家“碳达峰碳中和”号召，践行绿色发展理念，持续推进绿色船厂建设。主要造船地区骨干船企陆续采用屋顶分布式光伏发电、大功率储能电站和节能设施等装置，推进节能减排工作取得明显成效，综合能耗年均降低 5~10 个百分点。

（6）LNG 装备取得新突破，新船型研发再上新台阶。2021 年，我国海上 LNG 产业链族谱再添重器，国内首艘 17.4 万立方米浮式液化天然气储存再气化装置（LNG-FSRU）和全球最大 2 万方 LNG 运输加注船顺利交付，全球最新一代“长恒系列”17.4 万 LNG 运输船获得四家国际船级社认证。新船型研发再上新台阶，氨燃料动力超大型油船、9.3 万立方米超大型绿氨运输船、国内首套船用氨燃料供气系统等研发工作有序推进。国产大型邮轮工程研制取得积极进展，首艘大型邮轮顺利实现坞内起浮的里程碑节点。新一代高端长江邮轮“长江叁号”正式交付使用。

（7）船配产品取得新进展，产业链供应链韧性提升。2021 年，我国船舶配套产品研制取得新进展，部分项目实现批量装船。全球最小缸径的船用低速双燃料机（奥托循环）发动机，B型液货舱货物围护系统、超大型水下液压起锚机、R6级海洋系泊链等项目和产品实现产业化应用；全球首台集成机载选择性催化还原系统（SCR）、可满足国际海事组织（IMO）第三阶段（Tier Ⅲ）排放要求的船用低速柴油机CX52成功发布并实现装船应用。受新冠疫情影响，部分国外配套产品无法按时到厂，国内总装企业与配套企业积极配合，积极做好产品替代和安装调试工作，保障了产业链供应链稳定。

（8）狠抓生产运行管理，提质增效取得新突破。2021年，面对紧张繁忙的生产任务，船企努力克服国内外疫情、高温、台风、限电限产等诸多不利因素，狠抓造船大节点计划执行，压缩建造关键周期，提升造船效率。国内骨干船厂典型船舶建造周期大幅提升，超大型原油船（VLCC）和23000TEU双燃料集装箱船建造周期分别缩短20.7%和21.8%。重点工程项目交付率和节点按时实现率达到100%，50家重点监测造船企业超过1/3提前完成全年交付任务。

（9）船舶行业集中度进一步提高。金融危机以来，全球船舶工业结构调整步伐加快，船企间淘汰落后，兼并重组等行为频繁发生，一批产品有品牌，技术有实力的企业在大浪淘沙中脱颖而出，行业产业集中度不断提高，同时也改变了原有环渤海湾、长三角和珠三角三大造船基地的传统格局，长三角地区目前三大造船指标均占到我国造船产量的70%，远远领先于其他地区。

B5.2 船舶行业用钢需求

2021年我国船舶用钢呈现出以下特点：

（1）集装箱船用止裂板需求增加。我国船企抓住全球集装箱船市场紧缺的机遇，批量承接各类集装箱船订单2407万载重吨，承接超大型集装箱船订单占世界总量超50%。集装箱船订单的大幅增长将显著带动船用高强度止裂板的需求，根据不同船型的综合测算，预计新增高强度止裂板需求100万吨。

（2）双燃料船顺应环保趋势快速发展，带动9镍钢需求增加。我国船舶企业在各型绿色燃料船舶领域均获得批量订单，新接订单和手持订单中绿色燃料船舶占比分别达到20%和21%，双燃料动力船有效减低22%的二氧化碳排放、93%的颗粒物排放、82%的氮氧化合物排放以及98%的硫化物排放。目前，各类型船舶LNG燃料罐主要以9镍钢为主，将带动相应钢材的需求。

（3）新型海工需求增加。从近两年市场需求来看，以海洋牧场为主体的深远海养殖装备，以绿色环保升级换代为主的海洋油气开发和以陆地和海上风电为主体的新能源产业快速发展，这些新兴市场的爆发式增长，都给船舶及海工产业带来了新的视野和新的用钢需求。特别是风电产业，2021年中国首次超越英国成为全球第一大海上风电市场，总装机容量达10.48兆瓦。11月初，中国市场风电安装船利用率高达98%。根据不同类型装备的综合测算，海上风电塔筒及导管架用钢和深远海养殖装备用钢需求，新增用钢需求约30万吨。

（4）船舶行业智能化发展对造船用钢材料提出新要求。船舶行业升级智能化生产线，对船用钢材提出更加严格的质量稳定性和标准化要求，包括钢材表面光洁度、钢板的尺寸规格、钢材的配送方式等。钢铁企业应密切关注船厂在智能制造流水线升级改造后对造船用钢的新要求。

钢铁工业和船舶工业的合作由来已久，我国造船用船板无论从产品产量和质量上都基本上满足了国内船企快速发展的需求，并且钢铁企业在高技术、高附加值船舶产品用钢领域不断探索，与船舶企业在高端品种领域开展联合攻关，实现了多型产品的突破和产业化应用，为我国成为造船大国打下坚实基础。2021 年，原材料价格快速上涨对钢铁和船舶行业影响较大。钢铁协会与船舶协会 9 月共同组织召开船舶用钢供需座谈会，努力促成行业形成长期稳定的上下游合作关系，取得了较好成效。

2021 年，根据我国造船、修船和其他海洋工程情况，预计我国船舶行业用钢约 1650 万吨，同比增长约 3%。

B5.3 我国船舶行业发展趋势

B5.3.1 2022 年船舶行业发展趋势

2022 年国际航运市场有望平稳增长，船舶行业已进入新一轮增长周期，目前我国手持船舶订单回升至近 5 年高点，船舶企业生产保障系数约为 2.6 年，大部分企业生产任务安排至 2024 年，为未来几年船舶行业稳定增长奠定了基础。预计 2022 年造船完工和手持订单量将同比增长，新承接订单量高位回调，新能源动力船、深远海养殖装备、海上风电等新兴市场维持较快增长。

B5.3.2 船舶行业“十四五”发展趋势

金融危机以来，国际航运和新造船市场均经历了 10 多年的调整，目前新一轮新造船市场上升周期已开启，预计未来 5 年，我国船舶行业将保持平稳增长态势。同时，国际海事组织在环保方面的立法逐渐加快，压载水、硫排放等相关公约相继生效。后续在温室气体减排战略的框架下，现有船舶能效指数、碳排放强度指数等更多新要求将陆续出台，国际海事规则规范的出台将加速新造船市场的快速回升。

《关于大力推进海运业高质量发展的指导意见》提出，到 2025 年，基本建成海运业高质量发展体系，服务品质和安全绿色智能发展水平明显提高，综合竞争力、创新能力显著增强，参与国际海运治理能力明显提升。

《2030 年前碳达峰行动方案》提出，大力发展新能源，坚持陆海并重，推动风电协调快速发展，完善海上风电产业链，鼓励建设海上风电基地。探索深化地热能以及波浪能、潮流能、温差能等海洋新能源开发利，支持车船使用液化天然气作为燃料，推动运输工具装备低碳转型。加快老旧船舶更新改造，发展电动、液化天然气动力船舶，深入推进船舶靠港使用岸电，因地制宜开展沿海、内河绿色智能船舶示范应用。

《振作工业经济运行推动工业高质量发展的实施方案》提出，完善重点行业发展政策。积极推动绿色智能船舶示范应用，加快推进沿海、内河老旧船舶更新改造。

B5.3.3 2022 年船舶行业用钢预测

2022 年船舶行业将保持较快增长，批量订单进入备货和生产阶段，将带动船用钢材消费实现较快增长，同时修船、海洋牧场、海上风电等需求保持增长，预计全年我国船舶行业钢材消费量约 1800 万吨，同比增长约 9%。

B6 石油和化工行业

B6.1 2021 年我国能源行业运行情况

2021 年石油和化工行业生产总体保持较快增长，价格涨势进一步增强，投资稳定恢复，对外贸易增长加快，全行业实现营业收入 14.45 万亿元，同比增长 30%；实现利润总额 1.16 万亿元，同比增长 126.8%；进出口总额 8600.8 亿美元，同比增长 38.7%。

（1）行业增加值增速回升，效益创历史新高。2021 年，全行业规模以上企业实现增加值比上年增长 5.3%，增速比 2020 年加快 3.1 个百分点。实现营业收入和利润总额分别比上年增长 30.0% 和 126.8%，双双创出历史新高，两年平均分别增长 9.0% 和 40.1%。与规模以上工业比，收入和利润增速分别高出 10.7 个百分点和 92.5 个百分点，占规模以上工业的比重分别为 11.3% 和 13.3%。盈利能力增强。2021 年，全行业营收利润率为 8.0%，为 2010 年以来最高水平，比上年提高 3.4 个百分点，高出规模以上工业 1.2 个百分点；亏损企业亏损额同比上年下降 39.3%；全行业亏损面比上年缩小 2.2 个百分点。

(2) 主要产品产量平稳增长。油气保持稳定增长。据国家统计局数据，2021 年原油产量 2.0 亿吨，比上年增长 2.1%，增速比上年加快 0.5 个百分点，天然气产量 2075.8 亿立方米，增长 7.8%，增速减缓 2 个百分点。

成品油产量恢复。2021 年，原油加工量 7.0 亿吨，比上年增长 4.3%，增速比上年加快 1.3 个百分点；成品油产量（汽油、煤油、柴油合计，下同）3.6 亿吨，增长 7.9%，上年为下降 8.1%。其中，柴油增长 2.7%，汽油增长 17.3%，煤油下降 2.6%。

化工生产加快。2021 年，我国主要化学品生产总量比上年增长约 5.7%，增速较上年加快 2.1 个百分点化工行业产能利用率为 78.1%，比上年上升 3.6 个百分点。

主要品类看，2021 年，基础化学品总量增长约 6.7%，乙烯产量 2825.7 万吨，比上年增长 30.8%，化肥产量基本持平，总产量（折纯，下同）5543.6 万吨，增长 0.9%，上年为下降 4.1%；农药原药增长 7.8%；轮胎外胎增长 10.8%。

(3) 价格上涨明显。2021 年，在供需复苏错位、货币总量超发等因素推动下，全球能源和大宗商品价格大幅攀升，国内石油和化工产品价格上涨明显，一些主要大宗化学品价格创历史新高。国家统计局价格指数显示，全年油气开采业出厂价格比上年上涨 38.7%，化学原料和化学品制造业上涨 19.1%，从走势看，基本稳定。

有机化学品和合成材料进口下降，出口大增，净进口量下降明显。2021 年，有机化学品进口量比上年下降 13.7%，出口量增长 30.1%，净进口量 4200.8 万吨，下降 26.4%；合成材料进口量下降 18.0%，出口量增长 68.1%，净进口量 2820.9 万吨，下降 39.1%。

(4) 投资恢复全面增长态势。2021 年，石油和天然气开采业完成固定资产投资比上年增长 4.2%，上年为下降 29.6%；化学原料和化学制品制造业完成投资增长 15.7%，上年为下降 1.2%；石油、煤炭及其他燃料加工业完成投资增长 8.0%，增速较上年回落 1.4 个百分点。

B6.2 石油和化工行业用钢需求

2021 年，石油和化工行业用钢保持稳定增长，管线用钢消费量约 420 万吨，同比增长 8%。

B6.3 我国石油和化工行业发展趋势

B6.3.1 能源行业“十四五”发展趋势

国家先后出台《能源领域碳达峰实施方案》《“十四五”现代能源体系规划》《关于完善能源绿色低碳转型体制机制和政策措施的意见》以及各分领域规划，其中强调要积极推动中俄东线天然气管道、中俄原油管道等建设运行，推动打造更加紧密的中俄能源合作伙伴关系。《石化装备“十四五”发展规划》提出，石油装备围绕深层、低渗透、海洋、非常规、特殊环境等重点领域，选择市场潜力大、产业基础好、符合发展趋势的高端装备进行研发，着力在特种钻机、高可靠性发动机、大功率压缩机、高端石油专用管、海洋和极地用输送管等核心关键技术上取得突破。

B6.3.2 2022 年用钢预测

预计 2022 年油气管线建设将继续保持稳定增长态势，管线用钢需求量约 450 万吨，同比增加 7%，增幅较 2021 年缩窄。

B7 电力行业（电工钢）

2021 年电力行业主要指标保持增长，全社会用电量同比增长，发电量增速继续回落；除水电和太阳能发电外，其他类型发电设备利用小时同比增加；各类型发电基建新增装机容量均同比增加，其中水电和太阳能发电增加较多；电源和电网完成投资均同比增长。

“十四五”期间，发电领域电源结构将发生重大改变，绿色电源将成为主体电源，发电设备供给结构也将发生重大变化，风电、光伏供给进一步加强，传统煤电设备进一步严控，核电设备、水电设备将以平稳发展为主。具有“双高”特性的并网装备和新型储能装备将得到大力发展。

B7.1　2021 年我国电力行业运行情况

2021 年我国发电装机容量约 23.8 亿千瓦，同比增长 7.9%。其中，风电装机容量约 3.3 亿千瓦，同比增长 16.6%；太阳能发电装机容量约 3.1 亿千瓦，同比增长 20.9%。

2021 年全国 6000 千瓦及以上电厂发电设备利用小时 3817 小时，比上年同期增加 60 小时。全国主要发电企业电源工程建设投资完成 5530 亿元，同比增长 4.5%，其中，水电 988 亿元，同比下降 7.4%。电网工程建设投资完成 4951 亿元，同比增长 1.1%。

2021 年全国电力工业统计数据见附表 B5。

附表 B5　2021 年全国电力工业统计数据

指标名称	单位	全年累计	同比增长（%）
全国全社会用电量	亿千瓦时	83128	10.3
其中：第一产业用电量	亿千瓦时	1028	16.4
第二产业用电量	亿千瓦时	56131	9.1
工业用电量	亿千瓦时	55090	9.1
第三产业用电量	亿千瓦时	14231	17.8
城乡居民生活用电量	亿千瓦时	11743	7.3

续附表 B5

指标名称	单位	全年累计	同比增长（%）
全国发电装机容量	万千瓦	237692	7.9
其中：水电	万千瓦	39092	5.6
火电	万千瓦	129678	4.1
核电	万千瓦	5326	6.8
风电	万千瓦	32848	16.6
太阳能发电	万千瓦	30656	20.9
600 千瓦及以上电厂供电标准煤耗	克/千瓦时	302.5	-2.4
全国线路损失率	%	5.26	-0.3
6000 千瓦及以上电厂发电设备利用小时	小时	3817	60.0
其中：水电	小时	3622	-203.0
火电	小时	4448	237.0
电源工程建设投资完成额	亿元	5530	4.5
其中：水电	亿元	988	-7.4
火电	亿元	672	18.3
核电	亿元	538	41.8
电网工程建设投资完成额	亿元	4951	1.1
基建新增发电装机容量	万千瓦	17629	-7.9
其中：水电	万千瓦	2349	79.0
火电	万千瓦	4628	-18.2
风电	万千瓦	4757	-34.0
太阳能发电	万千瓦	5493	14.0
新增 220 千伏及以上变电设备容量	万千伏安	24334	9.2
新增 220 千伏及以上输电线路长度	千米	32220	-8.0

B7.2　我国电力行业发展趋势

B7.2.1　电力行业发展趋势

国家发展改革委提出，2022 年先立后破有序推进能源结构调整优化，积极推进以沙漠、戈壁、荒漠地区为重点的大型风电、光伏基地建设，继续发挥传统能源特别是煤炭、煤电的调峰和兜底保供作用。

国资委明确提出，要抓好煤炭清洁高效利用，加快煤电机组灵活改造，发展可再生能源及多元储能产业，增加新能源消纳能力。推动国内油气增储上产，加强油气、煤炭等储备能力建设。据中国电力企业联合会预测，2022 年全国发用电量将有所提高，非化石能源发电仍将是电力行业主要增长点。

B7.2.2 电力行业“十四五”发展趋势

“十四五”期间，我国发电设备将以构建新型电力系统为重点，能源企业和电力企业需要迈好绿色低碳转型的第一步。尤其在发电领域，电源结构将发生重大改变，绿色电源将成为主体电源。我国发电设备供给结构也将发生重大变化。风电、光伏供给进一步加强，传统煤电设备进一步严控，核电设备、水电设备将还以平稳发展为主，预计 2022 年发电设备的产值在 3000 亿元左右。

我国在电网建设上将加快建立健全电力投资治理体系、持续优化电力投资结构、壮大有效电力投资规模，不断提升电力技术现代化水平，全力打造安全高效电力供应保障体系。根据我国输配电设备销售增长率预测未来几年，我国规模以上输配电设备企业销售规模将保持稳步增长态势，预计 2022 年输配电设备产值将超过 3.27 万亿元。

为构建新型电力系统，具有“双高”特性的并网装备，新型储能将成为行业发展的热点，同时也成为行业投资的重点。预计 2022 年并网装备、新型储能装备的产值将超过 1000 亿元。

“碳达峰碳中和”目标下，中国新能源发电量和装机量还将倍数发展。“十四五”新能源占全社会用电量的比重可能会接近 20%，目前新能源比重高的地区，如青海已经超过了 30%。

B8 核电行业

B8.1 2021 年核电行业运行情况

B8.1.1 装机容量

我国是世界上少数拥有比较完整核工业体系的国家之一，一直有序、积极地推进核电的应用。据统计，近年来中国核电装机容量整体保持稳定增长，2021 年我国核电装机容量达 5326 万千瓦，同比增长 6.75%。

随着 2022 年 1 月 1 日国内第二台华龙一号机组福清核电站 6 号机组并网发电，中国并网核电机组达到 53 台（不含中国台湾地区），总装机容量 5463.695 万千瓦，仅次于美国的 93 台 9552.3 万千瓦和法国的 56 台 6137 万千瓦，继续位居世界第三位。

截至 2022 年 1 月 5 日，中国核电站分布在东部沿海 8 个省份分别是广东、浙江、福建、江苏、辽宁、山东、广西、海南。在运机组装机容量分别为 1613.6 万千瓦、910.4 万千瓦、1101.2 万千瓦、660.8 万千瓦、559.40 万千瓦、271.1 万千瓦、217.2 万千瓦、130 万千瓦。广东、浙江、福建、江苏、辽宁、广西、海南在建机组装机容量分别为 225.2 万千瓦、225.2 万千瓦、345.2 万千瓦、127.4 万千瓦、239.28 万千瓦、236 万千瓦、252.5 万千瓦。

国家“十四五”规划纲要明确，到 2025 年在运核电装机 7000 万千瓦。预计到 2025 年，中国核电在建装机约 5000 万千瓦；到 2030 年，核电在运装机容量达到 1.2 亿千瓦，核电发电量约占全国发电量的 8%。

B8.1.2 核能发电量情况

近年来，中国核能发电量持续上涨。2021 年中国核能发电量为 4075.2 亿千瓦时，比 2020 年同期上升了 11.17%，同比增长 11.3%。累计上网电量为 3820.84 亿千瓦时，比 2020 年同期上升了 11.44%。与燃煤发电相比，核能发电相当于减少燃烧标准煤

11558.05 万吨，减少排放二氧化碳 30282.09 万吨、二氧化硫 98.24 万吨、氮氧化物 85.53 万吨。

B8.1.3　核电电源工程投资额

近年来，中国核电电源工程投资额波动较大，2019 年起整体呈现增长趋势，2021 年中国核电电源工程投资额 538 亿元，较 2020 年增长 160 亿元，同比增长 42.33%。

B8.2　核电行业用钢需求

核电用钢部位主要有 3 处：核岛用钢、常规岛用钢、厂房及其他部分用钢。其中，核岛用钢为核心关键部位用钢，也是技术要求最高的部分，按照材质来分，包括碳钢、低合金钢、不锈钢、特殊钢、部分镍基合金、钛合金、锆合金等，其形状有板、管、丝、棒、带、铸件等。核电用钢在核电站中用处较多的设备部件主要有安全壳、蒸发器部件、稳压器部件、安注箱部件、硼注箱部件、汽水分离器部件、发动机部件、汽轮机、辅机部件、换热器部件、柴油机储油罐、预埋件等。核电设备细分用钢占比情况如附图 B7 所示。

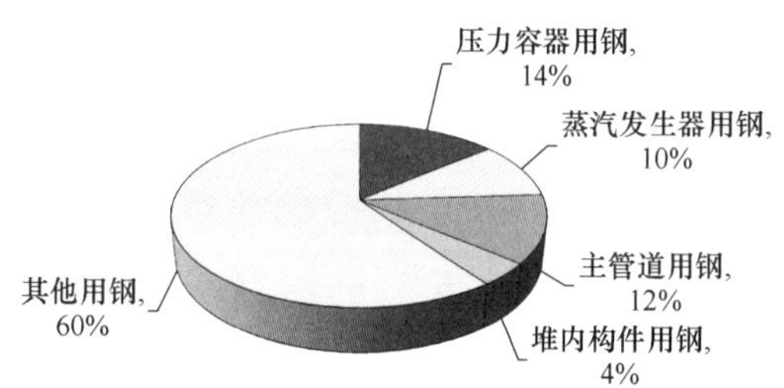

附图 B7　核电设备细分用钢占比情况

核电用钢主要有三大特点：一是供应量大，消耗钢材量巨大；二是品种、规格复杂，所需品种多达二十几种；三是对钢材质量要求极为严格，具体体现在强度、韧性、化学成分和尺寸精度等四个方面。因机组差异，核电站所用钢材的设计规范、品种、规格、数量及采购标准都不尽相同。核电用钢的需求量取决于核电站建设的数量，具体钢材的种类和数量，取决于核电机组种类。具体不同堆型的核电站耗钢数量在核电站中一台机组用碳钢板量最多的部件就是安全壳，一台 100 万千瓦的机组约为 4000 吨，其余用到碳钢板的部件用钢量为 300~400 吨。

2021 年我国核电用钢量约 3100 万吨，同比 2020 年 2970 万吨增长了 4.4%。

B9　特殊钢主要品种

B9.1　电工钢

2021 年我国电工钢消费量实现较快增长，总消费量约 1150 万吨，同比增长 12%。

2021 年我国电工钢总产量为 1318.28 万吨，同比增长 17.90%，占全球产量的 71%。取向电工钢产量为 180.09 万吨，同比增长 14.26%，其中高磁感取向硅钢（HiB）产量为 118.92 万吨，同比增长 28.55%，产量占比为 66.03%；一般取向硅钢（CGO）产量为 61.17 万吨，同比增长 6.05%，产量占比为 33.97%。无取向电工钢产量为 1138.19 万吨，同比增长 18.50%，其中中低牌号无取向电工钢产量为 882.36 万吨，同比增长 16.07%，产量占比为 77.52%；高牌号/高效无取向电工钢产量为 255.83 万吨，同比增长 27.73%，产量占比为 22.48%。

就取向电工钢来看，HiB 产量在整个取向电工钢品类中占比上升，CGO 产量占比下降，取向电工钢产品结构向更合理的方向发展；取向电工钢 075 及以上牌号产品产量小，仅占取向电工钢产量的 20%，不能满足市场需求，因此需要增加 075 以上牌号取向电工钢产量，加快提高 HiB 产量。

同时，新能源汽车用高牌号无取向电工钢产量约为 37.26 万吨，同比增长约 50.8%。高端电工钢受能效升级和新能源汽车等新领域发展或需求影响，价格较坚挺或稳定。电工钢出口形势较好，2021 年取向电工钢出口量达 34.87 万吨，同比增长

28.93%；无取向电工钢出口量达 47.36 万吨，同比增长 46.36%。

B9.2　轴承钢

我国轴承钢粗钢产量逐年提高，2021 年全国重点优特钢企业轴承钢钢材产量突破 400 万吨，创历史新高。我国已经成为全球最大的轴承钢生产国。我国轴承钢产品的实物质量已达到国际领先水平，不仅体现在技术指标上，也体现在进出口上。一方面，目前进口轴承钢数量很少，我国几乎可以生产全部品种；另一方面，我国生产的高端轴承钢大量出口，被国际高端轴承企业采购。

国内传统使用轴承的行业主要集中在汽车、摩托车、家用电器、铁路轴承、农用机械、冶金矿山机械、石油化工机械以及纺织机械等。这些行业持续发展，为轴承行业发展提供较大的市场空间。例如随着汽车工业的发展和各方面对汽车性能要求的不断提高，汽车轴承朝轻量化、高速化和高效率化发展，要求在高速、重载、高温等苛刻条件下具有长寿命、高可靠性，并能实现免维修、环保和低成本等要求。另外未来铁路、风电、航空航天等行业的发展对高品质轴承钢的需求日益增加。

B9.3　齿轮钢

我国齿轮行业基本由三部分组成：工业齿轮、车辆齿轮和齿轮装备。其中，车辆齿轮市场份额达到 60%；工业齿轮市场份额占 38%，由工业通用、专用、特种齿轮构成，市场份额分别为 18%、12%、8%；齿轮装备占市场份额的 2%。目前已经形成了华东、华北、西南、华中、西北、东北等六大齿轮主产区，华东占了全行业半壁江山。随着我国汽车、农机、工程机械、风电设备、高速铁路等行业的快速发展，对齿轮需求进一步增大。2021 年全国重点优特钢企业的齿轮钢钢材产量突破 400 万吨，齿轮行业年均增长率为 10%左右。

随着国内特钢精炼、真空脱气、连铸水平的提高，汽车用齿轮钢在淬透带的控制、氧含量、晶粒度、非金属夹杂物、带状组织等方面已基本达到国外先进水平。随着汽车行业的飞速发展，我国汽车齿轮产业在规模化以及部分高端产品的研发和产业化方面取得突破，创新能力明显增强，品种、产量、质量基本能够满足主机配套需求。

B9.4　非调质钢

非调质钢是同时满足高性能和低成本要求的环境友好型钢材，已广泛应用于制造汽车的曲轴、连杆、凸轮轴、轮毂、换挡杆、花键轴、悬挂臂、转向节和稳定杆等。随着能源和环保的日益关注，发展节能、环保、低成本的非调质钢替代能耗高、周期长的调质钢汽车零部件已成为发展汽车用钢的必然趋势。

我国非调质钢研究较早，质量品种能够满足汽车工业自主化需求，但是与日本、德国等汽车工业发达国家相比，当前我国汽车非调质钢开发应用速度还是相对滞后，我国汽车行业使用的非调质钢牌号多、品种杂，造成非调质钢钢种多、规格多、产量少的特点，致使钢厂生产成本高、钢价高，从而在一定程度上阻碍了非调质钢的开发应用速度。

B9.5　弹簧钢

弹簧作为通用基础件，量大面广、品种繁杂，应用领域几乎涉及国民经济所有领域。近几年我国国民经济的迅速发展拉动了弹簧行业的快速增长，2021 年弹簧钢总需求约 300 万吨。

铁路系统的提速和汽车工业的快速发展，有力地拉动了弹簧行业的发展，汽车（柴油机）、摩托车、铁路工业已经成为弹簧行业最重要的应用领域。我国汽车和铁路两个行业需求弹簧钢材占总量的90%以上，未来十多年仍然是汽车、铁路市场的黄金时期，弹簧产品市场前景广阔。

汽车弹簧产品产销量占整个弹簧产销量的50%以上。2021年我国汽车产量为2652.8万辆，按照每辆商用车和乘用车的悬架弹簧需求量分别为300kg和15kg左右估算，2021年中国汽车用弹簧钢消费量约为172万吨。

汽车用弹簧主要包括：卡车用板簧，乘用车用螺旋弹簧、稳定杆及发动机气门弹簧、离合器弹簧。新一代超高强度弹簧钢要求具备超高强度、高的疲劳强度和耐腐蚀疲劳性能、优良的耐弹减性能、良好的经济性。体现在具体指标上即超高强度和塑性、超高纯净度（非金属夹杂物T.［O］含量）、超细晶粒度、超低脱碳层。

卡车用板簧在汽车零部件中属于非重要零件，资金与技术门槛不高，我国是主要的卡车用板簧生产国及出口国，年产量约180万吨。未来技术的发展方向是超高强度单片簧及导向臂，以实现卡车轻量化。

B9.6 紧固件用钢

高强紧固件主要用于汽车、内燃机、工程机械、风电、钢结构、港口机械等行业。主要原料为规格$\phi 8 \sim 60$mm的圆盘与直条，钢种主要为SCM435（ML35CrMo）、ML42CrMo、40CrNiMoA等。

我国紧固件产业经过改革开放40多年的发展，已完成了由小到大的转变，产量居世界第一，是名副其实的生产大国和出口大国。从近几年看，我国紧固件行业产量整体呈现增长态势，2021年我国紧固件表观消费量约1000万吨。

汽车是紧固件的重要应用领域，对高强度、高精度、高性能紧固件需求量庞大，汽车工业所需的紧固件数量占紧固件总销量的23.2%。汽车紧固件种类繁多，主要分为四大类，包括标准紧固件、非标准紧固件、标准机械元件和非标准机械元件，其中非标准紧固件质量要求最高。非标准紧固件中，如汽车发动机连杆螺栓、飞轮螺栓、车轮螺栓、悬挂螺栓等由于其要求很高的质量和良好的稳定性，我国还不能达到国产化要求，大部分依赖进口。

为满足汽车紧固件严苛的性能和高质量需求，汽车用紧固件用钢不仅需要满足高强度、高表面质量、超低氧含量及夹杂物，还需要满足汽车紧固件品种多、批量小、热处理工艺复杂的特点，后者是制约我国汽车用紧固件及钢铁材料发展的关键问题。我国汽车紧固件用钢生产企业应提高专业化水平，积极与用户沟通协同，克服批量小的困难，重点解决开发和批量供货成本高的难题。

附录C　中信泰富特钢集团高质量发展专题报道

C1　中信泰富特钢集团有限公司发展历史

江苏省江阴市，古称暨阳，简称“澄”，是吴文化的发祥地之一。星汉灿烂，千载传承。20世纪70年代末80年代初，中华大地涌起改革开放的大潮，江阴人办起了大批乡镇企业，这里又成为“苏南模式”的发祥地之一。其间走出来的最为亮眼的，当属脱胎于江阴钢厂的中信泰富特钢集团股份有限公司。

1993年，香港中信泰富有限公司与江阴钢厂合资成立江阴兴澄钢铁有限公司（简称兴澄特钢），开始涉足钢铁业务。彼时，江阴钢厂只是一个资产不足3亿元、年产20万吨螺纹钢的小企业。

金融资本和产业资本的紧密结合，给企业带来了良好的发展机遇。1993~2008年，兴澄特钢用“三个五年”完成了“普转优、优转特、特转精”的战略转型，产能达到600万吨，工艺、技术、装备和管理水平显著提升，迅速步入全球先进特钢企业前列。

2004年，香港中信泰富有限公司收购冶钢集团钢铁主业资产，组建了湖北新冶钢有限公司（简称大冶特钢）。来自长江中游南岸、著名古战场西塞山畔的百年钢厂，汇入了中信泰富的特钢版图。经过管理与文化理念的融合、发展战略和经营策略的调整，以及特钢升级工程项目等技术改造，大冶特钢迅速扭转了亏损局面，迈开了现代化转型升级的步伐。

2008年，中信泰富组建了中信泰富特钢集团，专业化管理旗下特钢产业。这一年，中信泰富在安徽铜陵设立了铜陵新亚星焦化有限公司（2015年11月更名为铜陵泰富特种材料有限公司），开始建设220万吨焦化及配套干熄焦、万吨级长江专用码头及仓储物流、煤气综合利用发电等项目；在江苏扬州设立了扬州泰富特种材料有限公司，开始建设600万吨氧化球团、提铁降杂、年吞吐能力达2000万吨的长江高标准干线港以及仓储物流等项目。

2009~2023年，又一个“三个五年”规划正在实施。这一次，中信泰富特钢集团的愿景目标，是创建全球最具竞争力的特钢企业集团。在推进供给侧结构性改革和支持钢铁企业战略重组的新形势下，中信泰富特钢于2017年5月择机收购了青岛特钢；2018年6月，通过区域性重组整合，收购了华菱锡钢，更名为靖江特钢，实现了产业互补，增强了整体优势；2019年，中信泰富特钢集团收购浙江格洛斯无缝钢管有限公司并改名为浙江泰富无缝钢管有限公司；2021年1月19日，中信泰富特钢全资子公司中信泰富特钢经贸有限公司又成功竞得上海电气集团钢管有限公司40%股权。

今天的中信泰富特钢，形成了“沿海+沿江”战略布局，具备超1400万吨的年生产能力，已成为目前全球钢种覆盖面大、涵盖品种全、产品类别多的精品特殊钢生产基地。

今天的中信泰富特钢，产品竞争力已比肩世界同侪。产品畅销全国并远销海外60多个国家和地区，获得国内外高端用户的青睐。其中，轴承钢产销量连续10年居世界第一位。

今天的中信泰富特钢，坚持特钢主业定位，坚定不移走“品种质量效益型”道路，形成了符合市场需求、具有自身特点的营销战略。在2020年全国质量标杆名单中，中信泰富特钢旗下兴澄特钢、大冶特钢同时上榜，占据5家上榜钢铁企业中的两席。

今天的中信泰富特钢，已实现整体上市。2019年，中信泰富特钢实现营业收入726.20亿元，同比增加0.60%；归属于上市公司股东的净利润为53.86亿元，同比增加50.45%。2021年2月4日，中信泰富特钢发布的年度业绩快报显示，2020年，中信泰富特钢经受住疫情考验，预计实现营业收入747.28亿元，同比增加2.90%；归属于上市公司股东的净利润为60.24亿元，同比增加11.84%。

今天的中信泰富特钢和整个中国钢铁行业，都已站在了“十四五”开局的历史节点上，蓄力“赶考”第二个“百年目标”。以中信泰富特钢为代表的中国优秀钢铁企业所走出的高质量发展之路，正“浩漾澎湃，势益壮越”。

C2 轴承钢，表征中国特钢实力

世上几乎所有运动的机械都离不开轴承这个钢铁“关节”。用于制造轴承，特别是高端轴承的高端轴承钢，不仅要能长期承重，还要精准可控、坚韧可靠，是公认的“钢中之王”、最难冶炼的特种钢之一。

曾经，高端轴承钢被发达国家所垄断。如今，仅中信泰富特钢集团旗下兴澄特钢的轴承钢产销量已连续16年居全国第一，连续10年居世界第一。2020年，在国际市场，中信泰富特钢为世界最顶级的轴承制造商供货；在国内市场，高标准轴承钢占有率达85%，广泛应用于航空、高铁、汽车等领域。

2021年5月5日，北京科技大学校长杨仁树、副校长何民庆一行专程前来中信泰富特钢集团参观指导

在中信泰富特钢党委书记、董事长钱刚眼中，实现高质量发展的最终证明，就是生产出世界最先进的钢铁材料。而该公司的高端轴承钢，正是走在世界钢铁前沿的国产钢

铁材料的优秀代表，其成长、超越直至国际领先之路，也是中国钢铁行业走高质量发展之路的完美诠释。

“全世界的顶级轴承制造商都知道中信泰富特钢”

许晓红是中信泰富特钢自己培养起来的总工程师。谦逊寒暄之后，他如数家珍般向《中国冶金报》记者讲述起中信泰富特钢的品种故事。

这是《中国冶金报》记者在兴澄特钢进行的第一场专家集体采访。许晓红拿出一本全英文的厚书，迅速翻找出一页，指给《中国冶金报》记者看：“这是 ASTM International Selected Papers（美国材料与试验学会会刊）Bearing Steel Technologies（轴承钢科研专刊），我们兴澄特钢参与的论文入选其中。”在这本2020年8月出版的会刊上，兴澄特钢的名字赫然在列。“我们长期供应高端特殊钢，与全球顶尖的轴承制造商一同参与研究轴承钢的应用和制造技术，现在，全世界的轴承制造商都知道中信泰富特钢！”许晓红说。

“实际上，我们从决定专注发展特钢开始，就一直在与世界高手‘过招’。”兴澄特钢研究院副院长黄镇说，“20多年来，我们的目标始终是生产世界最具竞争力的特钢。”

1998年5月，中国第一条100吨直流电弧炉炼钢、精炼、连铸、连轧“四位一体”短流程高端特殊钢生产线在兴澄特钢全线贯通。香港中信泰富一度在全球寻找合作伙伴，并把目光落在了美国一家知名企业。几轮谈判下来，对方提出了苛刻的合作条件，包括兴澄特钢所有产品都要贴对方商标，每年缴纳销售收入的2%作为商标使用费等。当时，刚刚担任兴澄特钢总经理的俞亚鹏提出，兴澄特钢应当定位高端、对标国际先进，强化交流学习，但最终要依靠自身力量，对产线进行达标技术质量攻关，使它真正成为一条特钢生产线。这开启了中信泰富特钢专心专注于特钢的发展历程，为轴承钢、汽车钢登顶世界奠定了坚实基础。

从2003年开始，中信泰富特钢就逐步实现了为世界前八大轴承制造商提供轴承钢，先打开国际市场，再打开国内市场。目前，轴承钢已成为中信泰富特钢的核心拳头产品。

日本轴承企业一直走在世界轴承制造前列，轴承制造精密度已达纳米等级。兴澄特钢在2005年就与其中一家合作试制轴承钢，为其单独制订了工艺流程、技术控制参数、产线路径方案。双方人员通过多年的现场走访、技术交流，使该钢种多规格的轴承钢产品质量持续提升，并经受住了其下游用户长周期的各项试验和检测。10多年来，该公司全面采用兴澄特钢的轮毂轴承钢材料。兴澄特钢还被该公司授予最优秀供应商奖牌，是中国唯一获此荣誉的特钢企业。

前几年，国外轴承钢供应发生质量事件，使得大量轴承钢订单迅速向兴澄特钢集中。兴澄特钢抓住了这次机遇，也经受住了挑战，迅速打开市场。多年来，中信泰富特钢始终致力于产品研发和产品质量保证，坚持达到高端客户技术质量要求，树立和维护品牌形象。

“始终坚持与高端客户共同进步，是我们在品种开发方面的一个深刻体会。”在中信泰富特钢大冶特钢，总工程师周立新这样告诉《中国冶金报》记者。在一旁的大冶特钢生产部部长张明补充道：“这些高端客户对我们产品质量的敲打也是最严的，对我们的提升也是最有帮助的。”

大冶特钢的轴承钢与兴澄特钢的轴承钢在工艺、品种和市场定位上各有特点，形成互补优势。模铸、电渣、连铸工艺生产的轴承钢在大冶特钢都可以看到，但市场影响力最大的还是模铸轴承钢，主打风电、高铁、军工领域的高端轴承用钢。目前，大冶特钢轴承钢销量占全国总销量的三分之一，铁路用轴承钢占全国市场份额的60%，质量跻身世界先进水平，与世界巨头同台竞争。同时，大冶特钢还是全国唯一一家能提供3.6兆瓦以上变速箱轴承用钢的钢厂，唯一一家可以同时为铁路客车、机车、货车三大系列车型提供轴承钢的企业。

“我们一定要用先进工艺技术推进轴承钢的升级换代”

2000年，兴澄特钢连铸工艺轴承钢通过瑞典客户评审，实现初步供货；2011年，兴澄特钢成为该客户的杰出供应商。

2003年，兴澄特钢采用连铸工艺生产的轴承钢实现向德国制造商供货；2012年，兴澄特钢荣获其战略合作奖，是唯一一家获奖的中国供应商。如今，该制造商使用的高端轴承钢80%以上来自兴澄特钢。

中信泰富特钢始终对标国际先进技术，大胆创新，大胆实践。在获得国外客户广泛认可并实现供货的基础上，中信泰富特钢也一直努力用连铸工艺生产符合国家标准和用户需求的轴承钢。2000年，兴澄特钢的连铸轴承钢产品通过江苏省新产品鉴定，推动了技术发展，同时实现了轴承钢成本的大幅降低。

2002年，兴澄特钢成功推动“连铸工艺”首次被写入国家标准《高碳铬轴承钢》2002版。

“我们一定要用先进工艺技术推进轴承钢的升级换代。”许晓红说。

近年来，中信泰富特钢以特殊钢关键技术开发为支撑，开发了大量国内外紧缺的特殊钢材，每年生产几百万吨替代进口的高档特殊钢产品。轴承钢成为其中一大亮点。

2019年1月，采用大冶特钢盾构机主轴承用钢的国产首台直径11米级盾构机主轴承在河南洛阳下线。这个直径4.8米、重约20吨的盾构机主轴承，打破了大直径主轴承的国外技术垄断，填补了国内空白，对我国盾构机制造完全国产化具有重要意义。

“十三五”期间，中信泰富特钢集团及下属各企业承担或参加国家“十三五”项目12项，获得中国专利优秀奖1项；获得专利授权745项，其中发明专利191项；主持参与编写国家及行业标准30余项。

2015年夏天，兴澄特钢组成了铁路用轴承钢攻关组，开始了铁路行业核心关键材料的攻关。许晓红告诉《中国冶金报》记者：“我们与两家企业共同试制生产铁路货车用真空脱气轴承钢。”抓住这一难得机遇，兴澄特钢会同生产分厂一起，日夜研究市场流通的铁路轴承样品，制订严格的生产工艺。2016年，兴澄特钢通过了CRCC（中铁检验认证中心）认证，成为了国内首家也是唯一一家采用“真空脱气+连铸”工艺生产铁路货车轴承用钢的钢厂。

“现在，法国、德国高铁上的轴承，以及中国进口的高铁轴承，都在使用我们兴澄特钢的轴承钢。”许晓红、黄镇等专家告诉《中国冶金报》记者。

作为中国特钢行业领军企业，2017年，兴澄特钢“超纯净高稳定性轴承钢关键技术创新与智能平台建设”获冶金科学技术奖一等奖。2018年，大冶特钢“大功率风电轴承钢球用钢工艺技术研究及品种开发”项目，通过科技成果鉴定，整体技术达国际先进水平。2020年，兴澄特钢、大冶特钢共同参与的“高品质特殊钢绿色高效电渣重熔关键技术的开发和应用”项目，获得国家科技进步奖一等奖。

“我们的轴承钢，是追求卓越的轴承钢”

简单来说，纯净度和均匀性是衡量轴承钢质量的两大指标。纯净度影响轴承的疲劳寿命，均匀性影响轴承热处理后的变形和组织均匀性。

“提高轴承钢的纯净度，首先要做的就

是控制钢中的氧含量。此外，钛、钙等有害元素留在钢中易形成多棱角的夹杂物，会引起局部的应力集中，产生疲劳裂纹。这就像马路上的沥青，如果当中有一个尖锐的小石子，就会使路面不断变差。”黄镇解释道，“钢中都会有一些有害元素。一个办法是使它们均匀分布，不会聚集到一起形成‘硬的物质’；另一个办法是让它形成另外一种‘软的物质’，能像沥青一样随着外部压力变形。”

国家标准规定的轴承钢氧含量≤12ppm（$1ppm=10^{-6}$，即百万分之一）。而目前，中信泰富特钢轴承钢的氧含量≤5ppm，DS（大颗粒夹杂）类夹杂物≤0.5级，无宏观夹杂物。“在轴承钢的质量控制上，我们毫无疑问是居世界前列的。”黄镇说。

“高质量的产品是过程控制生产出来的，并不是通过检验的方式挑选出来的。”许晓红这样回答《中国冶金报》记者有关质量稳定性的疑问。

通过与英国剑桥大学、北京科技大学、钢铁研究总院、洛阳轴承研究所等的合作，兴澄特钢开展了轴承钢夹杂物在生产过程和疲劳过程演化行为的基础研究，建立了服役性能与轴承钢组织相关性的理论体系，形成了超长接触疲劳寿命轴承钢的生产技术。“我们与德国用户合作开发超纯净轴承钢，在2016年为其提供了样品。从疲劳测试来看，国家标准是253小时（机械），世界较好的是450小时。经过两年的检测及疲劳寿命测试，兴澄特钢连铸轴承钢的疲劳寿命达到1150小时。”许晓红说。

走在世界前沿的中信泰富特钢轴承钢，其强大的质量控制能力还不止于此。

轴承钢的使用范围非常广泛。“夹杂物的大小、类型、分布，不同的用户有不同的要求，我们都能够满足。”黄镇说。

“中信泰富特钢的创新思路、方法和别的企业不一样。”许晓红说，“我们是按客户要求量身定做轴承钢产品，在符合国家标准的基础上追求卓越。”同样一个轴承钢，根据客户的定制需求，在中信泰富特钢有几十个标准。

中国特钢企业协会秘书长王怀世则对《中国冶金报》记者强调，我国轴承钢产品的实物质量已达到国际领先水平，不仅体现在技术指标上，也体现在进出口上：一方面，目前进口轴承钢数量很少，我国几乎可以生产全部品种；另一方面，我国生产的高端轴承钢大量出口，被国际高端轴承企业采购。

但是，中国在轴承钢领域与国际先进水平的差距还是存在的。这种差距并不是钢铁材料本身的问题，而是体现在标准制定和产业链的协同创新上。

在国家标准《高碳铬轴承钢》2016新版标准制修订的过程中，兴澄特钢作为主要起草单位之一，在9次标准讨论及审定会上，用大量翔实的研发和生产数据，最终与同行、用户和科研单位达成共识，删除了“连铸钢不推荐做钢球用钢”的规定，并将轴承钢分为3个档次标准。这可以看作是行业认识的共同进步。

“我们在国际交流合作中发现，同一钢种的不同等级有不同的用途，以保证轴承的零缺陷。因此，我们需要推动标准分级与细化。”许晓红说，“但是，这个标准还不够完美。”轴承钢标准在日本有5个等级，在瑞典有6个等级。因此，中国轴承用钢标准与国际接轨，还要迈出更大的步伐。

“‘十三五’期间，特钢行业收获了很多，但也有一些遗憾。我认为最大的遗憾是上下游协同能力有待提高，如主要供应给国外先进轴承制造企业使用的高端轴承钢却没有在国内被大量使用。”中国特钢企业协会副秘书长刘建军这样认为。

王怀世则进一步指出：“国产轴承的高端化是个产业链的问题。”轴承的疲劳寿命取决于很多因素，钢是其中的关键因素之一，但全轴承的设计、加工精度、热处理、润滑、密封和装配对轴承的疲劳寿命影响都很大。中国的轴承与国际水平接轨，还需要整个产业链在国家政策引导下，加强协同创新，实现协同突破。

如今，面对“十四五”和 2035 年远景目标的蓝图，登顶世界第一的中国轴承钢，又站到了一个新的起点上。实现产业链技术整体提升，让中国制造傲立全世界，是中信泰富特钢集团和他们的用户、用户的用户，以及相关科研院所，下一个要攀越的目标。

C3　汽车用钢，标注特钢中国高度

2020 年 10 月 20~21 日，日产汽车第八届“兴澄日”活动在中信泰富特钢集团股份有限公司（以下简称“中信泰富特钢”）兴澄特钢举办。这是日产汽车连续 8 年的“兴澄日”活动首次将主会场设在中国。中信泰富特钢常务副总裁王文金表示，兴澄特钢与日产汽车的合作范围不断扩大，合作数量自 2013 年起已连续 7 年保持稳定增长，期待双方的合作持续向纵深发展。

这样的国际活动，中信泰富特钢的很多技术骨干都参与过，而且深为自己作为中信泰富特钢的一员、作为中国特钢行业的科技人员感到自豪。

“我们的高端帘线钢在国外供不应求。我们张剑锋出国走访用户，老外一听他来了，都早早赶到会场，把会议室坐得满满的。”在近日《中国冶金报》记者对中信泰富特钢技术专家的集体采访中，兴澄特钢总工程师许晓红拍着兴澄特钢线材研究所所长张剑锋的肩膀笑着说道。

兴澄特钢研究院副院长黄镇也告诉《中国冶金报》记者：“我们去日本做技术交流，会场大门口和会议室都挂着中国国旗。那个时候，自豪感真是油然而生！”

这就是一家中国特钢企业，因为卓越的技术和产品，在世界制造业中赢得的尊重。

在国内，多年来，中信泰富特钢一直致力于新产品、新技术的研发，勇于突破各种“卡脖子”特钢产品的技术和工艺，为中国制造业的高速发展贡献着力量。可以说，在汽车用钢领域，中信泰富特钢向全世界标注了中国优秀特钢企业的高度。

铸就汽车用钢的性能高度

走进中信泰富特钢展厅，首先映入眼帘的是“特钢是科技炼成的”理念标语，再往里走可以看到一辆完整的汽车模型，标注着中信泰富特钢钢材的应用部位。

在一整面品牌 LOGO 墙上，奔驰、宝马、奥迪、捷豹、英菲尼迪、雷克萨斯、凯迪拉克、大众、丰田、日产、本田、福特、菲亚特、雪佛兰、现代、起亚等众多国际汽车大品牌赫然在列。读取品牌 LOGO 的芯片，大屏幕上立即播放中信泰富特钢与这些品牌合作的过程和内容的影像资料。

汽车作为一种高速行驶的交通工具，安全性是选材的重要条件之一，特别是它的动力系统、操控系统、车体等的用材，因为它们关乎生命安全。“20 多年来，除了汽车面板，我们为世界主要品牌的汽车提供不同标准体系的汽车用钢，全部用在关键零部件上，质量的稳定性、一致性、可靠性稳居前列。这标志着中信泰富特钢在汽车钢领域实现了质的飞跃。”中信泰富特钢技术专家说。

不过，成功之花只能靠汗水浇灌，别无捷径。

在“十三五”国家重点研发计划中，兴澄特钢牵头承担了“轴承钢冶金质量控制基础理论与产业化关键共性技术研究”，同时参与了“汽车齿轮用钢质量稳定性提升关键技术开发及应用”等多项子课题的研究工作。其中，“高强度弹簧钢及切割钢丝关键技术开发及示范应用”的研究工作尽管还没有最后结题，但高强度弹簧钢强度指标达到

2000兆帕不仅成为现实，而且强度级别已经达到了世界顶级。

张剑锋告诉《中国冶金报》记者："曾有欧洲客户要求我们把汽车特殊弹簧钢强度提高到2300兆帕。当时世界上的最高强度是2000兆帕，在没有资料可借鉴的情况下，我们完全靠自主工艺创新满足了用户要求。现在，这种2300兆帕强度的弹簧钢已经实现批量供货，并且出口到瑞典和日本。"

目前，中信泰富特钢的铁路转向架弹簧寿命远超1000万次，并出口巴西、印度、泰国等国家。而在发动机气门弹簧的产销量排名方面，中信泰富特钢也稳居世界前列。

2015年3月，某汽车锻造厂在成功中标欧洲著名汽车厂家的汽车发动机项目后，正为选择汽车发动机材料用钢的供应商而发愁，兴澄特钢的发动机用钢产销研攻关组毅然接下了这个项目。时任棒材销售公司总经理罗元东亲自带队，会同技术、研发、生产人员深入客户生产现场，了解用户需求。他们知道，此次开发只能成功，不许失败。因为这关乎到兴澄特钢该产品能否进入奔驰、宝马、奥迪等高端汽车品牌国产化的汽车零部件用钢供应商名录。

然而，最大的技术难题出现在大家面前：为了改善切削性能，该钢种要求加入含量为0.050%～0.065%的硫，而硫的加入，易使发动机材料用钢因硫化夹杂物形态产生磁痕问题，对产品性能和质量产生很大的负面影响。这一难题，国内外都还没有相关的技术应用可解。在领导的大力支持下，攻关团队决心一试。生产当天，从炼钢开始，团队成员盯紧现场人员的每一个操作步骤，每一次合金的加入、每一次取样分析，都小心翼翼确保不出任何差错。终于，经过取样分析，发现硫化物的形态发生了明显改变，这时的MnS基本变成了纺锤形或球形，达到了最初的预期效果。经过漫长而又煎熬的等待，客户终于认可了中信泰富特钢的材料。兴澄特钢成功拿下了欧洲著名汽车用钢项目。

中信泰富特钢汽车钢研发团队正在进行技术攻关

"科技就是市场。这次攻关，不仅使我们圆满实现了该产品在顶级品牌汽车发动机材料用钢方面的批量供货，而且独家研发并掌握该项技术。现在，新技术已推广到了日本、法国、中国等主要厂家的产品开发上，实现了多个高端汽车品牌的市场突破。”中信泰富特钢销售公司副总经理姚海龙告诉《中国冶金报》记者。

打造汽车用钢的中国印记

“说起汽车用钢，难免遗憾，目前我们还没有我国自己的汽车用钢钢号。全球汽车用钢钢号标准有日系、韩系、美系、欧系，就是没有中系标准。”谈到这里，黄镇颇为感慨，“其实，在改革开放初期，国际汽车品牌在中国的汽车厂更多的是进口组装厂，不但零部件是进口的，生产零部件的钢材也是出口国自产的。”

近年来，随着国民经济的迅速发展和人民生活水平的不断提高，汽车已经走进寻常百姓家。加快汽车国产化进程，能够有效控制产品质量，大大降低制造成本，缩短交付周期。让老百姓用上质优价廉、安全舒适的汽车，是中信泰富特钢加快发展汽车钢的初心。

中信泰富特钢技术专家举例道：“最直观的例子，20 世纪 80 年代一辆桑塔纳包牌车的价格是 20 多万元，能值几套房子；现在奔驰普通款的价格也就 20 万元。其中，就有钢材替代进口从而带动成本降低的贡献。”

2008 年，因为特大雪灾，全国公路运输受阻，一家世界知名帘线企业面临原料断供，向兴澄特钢求援。当时，所需的高等级轮胎钢丝子午线都是从日本进口的，兴澄特钢也只生产钢棒，不生产线材。兴澄特钢的技术专家利用一台普通的线材旧轧机，收集资料、采集样品，仅用 2 个月时间，就成功开发了 HT 高级别帘线钢，实现了一次“黄金转折”。

2011 年 5 月 19 日，中信泰富特钢迎来了比利时贝卡尔特首席执行官贝尔特 · 格雷弗（Bert De Graeve，下称格雷弗）一行人的专程来访。他们给兴澄特钢颁发了“全球最佳盘条供应商”金人奖。格雷弗在致辞中强调，“全球最佳盘条供应商”金人奖评选标准非常严苛，除了盘条在贝卡尔特中国区使用过程中的品质表现和可加工性能等指标须满足要求外，供应商在研发方面的投入也是一项重要指标。正是兴澄特钢高品质的服务能够让贝卡尔特为客户提供高品质的服务。

“现在，帘线钢每吨价格已经从近万元下降到五六千元。这就是钢材替代进口的作用之一。”中信泰富特钢技术专家说。

据粗略统计，生产 1 辆汽车的原材料中，钢材所占的比例在 72%～88%。从钢材的品种来看，汽车用钢涉及齿轮钢、轴承钢、弹簧钢（含扁钢）、合结钢、合金钢、非调质钢、耐热钢、易切削钢、冷镦钢、碳结钢等 10 余个品种。

“中信泰富特钢兴澄特钢生产的汽车用钢在国内外都很有影响力。我们大冶特钢的汽车用钢用在哪里呢？有一汽、重汽、上汽、一拖等国内用户，以及德国和美国等国外的工厂。这些厂家从我们国内的锻造零部件配套厂采购，他们指定用大冶特钢的产品。我们在这一块是很有话语权的。”中信泰富特钢大冶特钢生产部部长张明介绍。

从乘用车用钢到商用车用钢，作为汽车用钢最大、最全、最优的材料生产商，中信泰富特钢汽车用钢实现了全覆盖，并将产品的质量做到了极致。

传递汽车用钢服务的中国温度

“为用户创造价值，与客户实现共赢”的“1+4S”服务，让中信泰富特钢创造了服务的中国温度。所谓“1”，即 1 个市场理念：为用户创造价值，与客户实现共赢；“4S”，即 Supply（供货支持）、Support（技术支持）、Service（服务支持）、Solution（整体解决方案）。

目前，兴澄特钢的齿轮钢已批量供给世

界五大变速器制造企业。据介绍，不同的车系，有不同的钢种要求、不同的加工工艺，成分也千差万别，所以齿轮钢的牌号特别多，品种批量小、要求高。

中信泰富特钢一直在努力赋予齿轮钢更高的性能。比如，运用轴承钢的纯净技术提高齿轮钢的纯净度和均匀性，通过提高强度为齿轮减重；缩窄淬透性带宽，增强加工性能，帮助用户节能；等等。

中信泰富特钢技术专家说："过去，用户生产齿轮的渗碳时间是6个小时左右，现在用我们的齿轮钢渗碳时间减少一半以上；过去用户要对齿轮钢进行热锻加工，现在用户拿到我们的齿轮钢可以直接加工成型。这样，我们就帮助用户大大节约了能源。"

兴澄特钢特别重视与国际上的行业"领头羊"进行研发合作，不断延长钢材疲劳寿命，开发高端领域用途。他们认为，拥有先进装备，具有世界领先的冶金理念和方法，更要积极与强手为伍。

如今，用中信泰富特钢的齿轮钢生产的齿轮创造了3万转/分钟的世界最高转速，疲劳寿命较其他厂商同类产品长一倍。该公司也成为欧洲著名客户在亚太地区的唯一一家供应商。

"大冶特钢一直秉持为用户创造价值的经营理念，从用户的定位到用户的开发，都是瞄准直接用户的。目前，大冶特钢钢材的直供比例超过80%。"张明向《中国冶金报》记者介绍说。

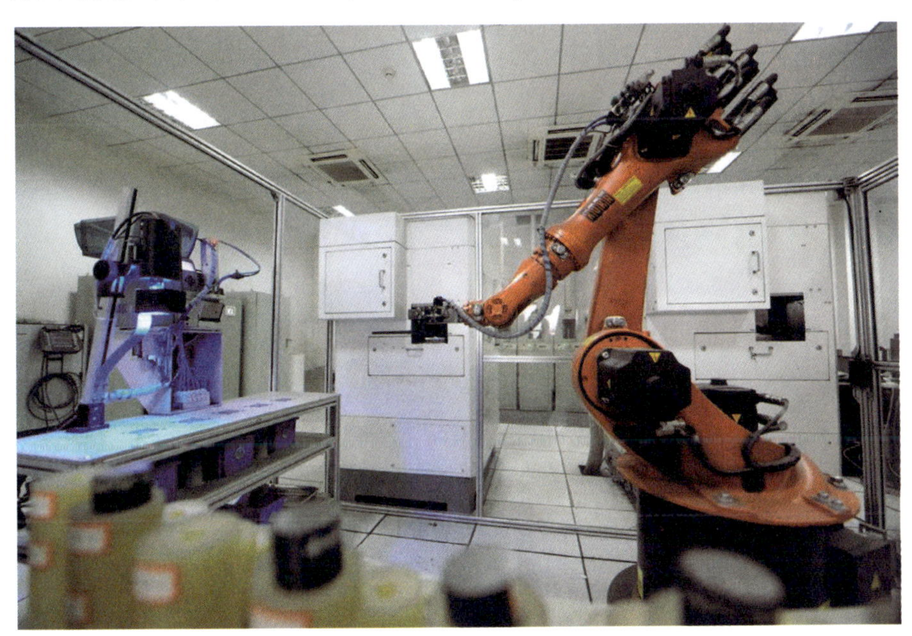

湖北大冶特殊钢有限公司采用全自动分析系统DSC0011对汽车用钢钢水成分进行分析
（特约通讯员 朱友松 摄）

大冶特钢跟用户之间点对点签订协议，协议的内容体现了用户非常个性化的要求。

以湖北襄阳轴承厂为例，重汽和陕汽都是襄阳轴承厂的客户，他们都指定大冶特钢作为原材料供应商。于是，大冶特钢就与襄阳轴承分别签订对于重汽的协议、对于陕汽的协议，襄阳轴承再根据不同的协议购买大冶特钢的轴承钢，将其按照要求加工成轴承后，分别发往重汽和陕汽。

"这也是我们大冶特钢在同行中的生产特色，就是小批量、多品种的整体解决方案。用户用我们的产品都用顺手了，就不会用别人的，用户黏性也就提高了。”张明解释道。

《中国冶金报》记者看到一组数据：2020年，中国汽车市场累计产销量分别为2522.5万辆和2531.1万辆，同比分别下降2.0%和1.9%，降幅较2019年分别收窄5.5%和6.3%。其中，2020年12月汽车产销量分别为280.4万辆和283.1万辆，同比分别增长5.7%和6.4%。2020年，我国汽车市场产销形势持续向好，月产销量自4月份以来总体保持同比高速增长势头。中国汽车行业的快速发展离不开中信泰富特钢等钢企强有力的支持。

一般轿车由1万多个不可拆解的独立零部件组装而成。结构极其复杂的特制汽车，如F1赛车等，其独立零部件的数量可达到2万个。中信泰富特钢在汽车钢领域的一步步飞速发展，一天天日新月异，就是因为中信泰富特钢始终专心专注、创新创造特钢产品，形成了可与世界强手比肩的品牌和体系能力，为实现中华民族复兴的特钢强国梦贡献了力量。

C4 能源用钢，开拓“高精尖”新境界

从中国第一炉电渣钢到第一根极薄壁高温合金旋压管；从第一个飞机用高温合金涡轮盘到第一根轧制的飞机大梁（毛坯）；从助力中国第一颗人造地球卫星升空到神舟系列飞船上天，到“嫦娥”奔月，再到“天宫一号”发射升空……中信泰富特钢以至精至善的追求，不断开拓着特钢“高精尖”的新境界。其能源用钢同样如此。

根据企业战略和领导决策，中信泰富特钢把能源用钢建成其第三大品牌。“钱刚董事长在大冶特钢当总经理的时候就提出来，要在大冶特钢建成三大精品基地：第一个是特殊钢棒材基地，第二个是中厚壁无缝钢管基地，第三个是高合金锻材基地。在每一个产品大类下面，我们又细分主导产品和目标客户。我们要成为目标客户的首选供应商。”日前，中信泰富特钢大冶特钢总工程师周立新，在接受《中国冶金报》中信泰富特钢高质量发展之路采访报道组记者采访时说。

“中信泰富特钢的能源用钢产品主要是海洋自升式钻井平台用齿条板、弦管、高压耐蚀耐磨管、桩腿管等关键部位材料，以及风电、核电和火电用钢产品（包括大圆坯和大棒材）。能有今天的成就，我们靠的是颠覆性创新。”中信泰富特钢技术专家对《中国冶金报》记者表示。

质量强：“零缺陷”出厂，真的可以

走进中信泰富特钢大冶特钢展览馆，一个直径2米的巨大圆环耸立在参观者眼前。

“这是轴承钢碾环件，是用来制作风电轴承套圈的。大冶特钢生产的碾环直径从1.7米到6.3米，具有集炼钢、锻造、碾环、热处理、机加工和探伤为一体的特点。”中信泰富特钢大冶特钢研究院副院长张志成介绍。

无论是核电与火电，还是油气开采，都关乎着人民生命财产安全，关乎着大国工程安全稳固。“‘零缺陷’出厂是我们的标准，是追求，也是一种理念。”周立新说。

怎样做到“零缺陷”？

对从原料开始到客户使用结束全流程的质量控制和管理，是中信泰富特钢质量控制的基本要求。此外，中信泰富特钢具备先进的检测保障和评价能力。同时，中信泰富特钢研发的很多材料填补国内外空白，诸多国际先进的技术质量指标都是第一次出现，其评价结果与国际先进企业评价的结果保持高度一致。

穿上鞋套，走进一尘不染的中信泰富特钢试验检测中心，映入眼帘的是各类检测实验室。实验室内排列有序的检验设备正在有条不紊地运行，光谱仪、超声仪、定氢仪、

后道研发设备、疲劳寿命实验设备、热模拟试验设备等一应俱全。这里也是一个一体化特殊钢新材料研发平台。

“你看这个仪器可以给钢棒做全身‘CT’，确定缺陷的位置、尺寸和分布，然后进行形态、塑性、成分等各种研究。”兴澄特钢研究院副院长黄镇介绍。

在检测中心墙上锃亮的通告栏里，《中国冶金报》记者看到一张员工安全责任确认表。其中，员工是否熬夜、是否有夫妻吵架等情况，都要在班组中进行安全互认。这是为啥？“只有心情舒畅地来上班，才能集中精神做好工作，保证检验、化验的结果准确度。”黄镇强调。

天然气储罐用钢06Ni9DR的研发可以算是一个以检测手段保障产品研发和质量要求的典型案例。

2017年，江苏省江阴市准备上马两个8万立方米的液化天然气储罐项目，在国内第一次采用双面金属罐体结构，即内罐和外罐，两者均采用06Ni9DR钢板，罐体结构复杂，要求钢板在-196℃的超低温环境下，依然能保持极佳的韧性与强度。因此，投标书中对06Ni9DR钢板综合性能的要求，在集合了国标、美标、欧标的基础上进一步提高，形成了极为苛刻的用户个性化标准。

开发该钢种不仅要求对9%的Ni成分进行有效合金化处理、产品表面质量无缺陷，而且对夹杂物及有害元素的控制要求极高，因为在超低温环境下，任何产品缺陷都会被无限制地放大，给最终使用造成极大的安全隐患。

没有通用标准，且安全性要求极高，这就对企业的检测能力和水平提出了极大挑战。

中信泰富特钢的工程技术人员与全球同行密切交流，采用科学方法反复测试验证，多手段表征，最终在最短时间内拿出了令人信服的评价方法，并请业主见证中信泰富特钢产品无瑕的品质。

“最终，产品力学性能及工艺性能等均是一次性检验百分之百合格；钢板可焊性试验达到了第三方最严苛的评价标准；为了能提供高效优质的服务，中信泰富特钢人还对强磁场条件下06Ni9DR钢板的焊接进行不间断式跟踪，并提供技术指导。无论是研发生产过程还是产品使用过程，这些实验和检测手段都起到了关键作用。”黄镇说。

“中信泰富特钢的产品质量，远超我们的预期。”一位客户代表这样反馈产品的实物质量。显然，“零缺陷”的自信换来了百分之百的满意。

齿条钢是决定海洋平台安危的关键材料，全世界目前只有中信泰富特钢一家使用连铸工艺生产该产品。

“海洋平台质量通常在1万吨以上，靠齿条实现升降。齿条钢必须具有优异的低温冲击韧性、切割加工性能以及整个厚度断面上性能的均匀性；更要长寿命，至少25年安全无忧。”苗丕峰，10年来一直潜心研究热轧钢板的中信泰富特钢钢板首席专家，告诉《中国冶金报》记者，“这种材料除中国外全世界只有3个国家能生产。”

2014年8月份，有客户拿着齿条钢的订单来到了中信泰富特钢。另外两个能生产齿条钢的德国和日本企业需要1~2年才能交货，而客户的要求是2个月交货。

这是对中信泰富特钢研发能力、生产组织能力的一次大考。中信泰富特钢通过一系列研发和生产努力，如期生产出了齿条钢，并通过了严格的抗氢致开裂测试。最终，客户认为中信泰富特钢的齿条钢“质量不比国外的差，有些指标比德国的还好”。

“通过这次开发，我们获得齿条钢相关发明专利4件，并获中国发明专利优秀奖。”苗丕峰说。如今，中信泰富特钢齿条钢国内市场占有率超过60%。

工艺强："100 千克产品的合同"，我们能接

有着 130 年历史的中信泰富特钢大冶特钢，是面向国家先进能源发展和重点能源工程建设需求，开发核电与火电重大装备制造、深部油气开采、大型油气管线建设急需的高性能钢铁材料，研究特殊服役条件下材料组织性能退化与服役安全的老牌特钢企业。

"我们接受的最小一单合同产品是 100 千克。"周立新告诉《中国冶金报》记者，大冶特钢经常是 1 个月 30 多万吨产量对应 7200 多个订单。

"我们小棒生产线品种真是太多、太多了！小棒生产线主要生产钢管坯。钢管这个产品在很多情况下是一根管子一个合同，5 吨、3 吨的都有。"大冶特钢生产部部长张明说。

在大冶特钢展厅里，有一张冶炼系统示意图。上面显示了从铁矿石、焦炭到高炉、转炉，从废钢到电弧炉，从精选原料到真空感应炉再到电渣重熔、真空自耗等 3 种不同的生产工艺流程。并且，每一种工艺的后续都配备了完整的精炼、铸锻轧和热处理工艺。

"这个示意图表明，我们能够实现目前任何要求的特钢品种生产，也意味着我们能够满足客户的任何交货条件，无论是锻造、铸造，还是'双真空'；无论是管材、板材、棒材，还是银亮材。"张志成说。

装备是硬件，但是保持高水平的质量稳定性和生产顺行，离不开操作系统的高效精准。

"我们这个小棒生产线的操作系统里存了 1 万个以上的操作规程，对于每一个规格、品种都有相应的操作系统，也就是软件系统。"张明说。

中信泰富特钢工艺强，还体现在创新能力强、更新换代能力强。

"目前生产连铸圆坯直径达到 1 米，为世界首创，兴澄特钢能源用钢如风电用钢、石油钻井用钢、海洋平台系泊链用钢等，都用大圆坯、大棒材制造。最早的时候这些是用模铸工艺生产的，但是因为要切头、切尾，成材率只有 80%左右，我们通过创新使用的连铸技术工艺是颠覆性的，突破冶金极限与理论限制，不断创新，直径从 390 毫米开始，逐步到 450 毫米、500 毫米……直到 1 米的世界首创，可以在完全满足性能要求的前提下大幅度降低成本。"黄镇介绍。

"十一五"期间，我国风电装机容量连年翻倍增长，水电、核电在建规模均居世界第一位，建成投产的百万千瓦级超超临界机组达 21 台（至 2018 年底已投产 111 台）。我国也是世界拥有超超临界机组最多的国家。这么多超超临界机组能在短期内顺利建成投产，中信泰富特钢功不可没。中信泰富特钢常务副总裁王文金对当时的情景依然记忆犹新："由于超超临界高压锅炉管坯钢对产品质量要求极高，当时国内的特钢企业只能采用模铸工艺进行小批量生产，成本极高，产量却极低，根本无法满足各大电厂筹建机组的需求，大量依赖进口。"

为了解决高压锅炉管原材料的瓶颈问题，中信泰富特钢兴澄特钢迅速成立专题项目组与客户共同攻关，通过 3 个月的不懈努力，上百次的反复试制，终于成功研发出运用连铸工艺大批量、低成本生产高压锅炉管坯钢的方法。

当时进口高压锅炉管坯钢 P91 的价格为每吨 10 万元且奇货可居，而就在兴澄特钢成功开发出连铸高压锅炉管坯钢后，其进口价格迅速降到了每吨 4.5 万元，在短短 1 个月后，进口价格又降到了每吨 2 万元。

"工艺技术的更新迭代，对整个行业的影响是非常大的。目前我们生产的大圆坯直径已经达到 1 米，是世界之最。未来海上风电向大型化、长寿命发展，对我们的要求就是进一步开发更高强度的材料。”黄镇说。

工艺强必然带来巨大的竞争力提升。

2019年4月19日，R6级海洋系泊链钢颁证仪式在中信泰富特钢兴澄特钢举行。历时近3年时间，兴澄特钢研发出目前世界最高级别的R6级极限性能系泊链钢，填补世界空白，并顺利通过了DNVGL船级社（由挪威船级社与德国劳氏船级社合并成立）的认证，成为世界首家获得R6级系泊链钢认证证书的企业。

品牌强：从被排斥到共担关税也要用

品牌受到认可是很不容易的事情。“凭借着中信泰富特钢超强的服务能力和卓越的产品品质，大冶特钢生产的中厚壁无缝钢管是中国唯一同时得到美国五大石油服务公司认可的产品。因此，前两年，当进口关税被提高25%的时候，客户宁愿和我们各承担50%关税，也要用中信泰富特钢的产品。可以说，他们对中信泰富特钢品牌是相当认可的。”中信泰富特钢销售公司副总经理姚海龙告诉《中国冶金报》记者。

品牌强了，市场自然就广了。2010年5月份，江苏一家从事完井工具加工的企业主动找到大冶特钢，希望从大冶特钢采购钢管替代目前从美国进口的同类产品。“当我们询问他们是如何知道大冶特钢能够生产这些产品时，用户告诉我们，美国的终端用户告诉他们，大冶特钢也能生产这种钢管，而且质量、交货、服务比美国产品更有优势。”周立新说，“随着品牌认可度在国际市场的不断提升，这种主动寻求合作的情况越来越多。”

“像我们做国际贸易的人，对加强国际品牌建设的体会，是很深的。”大冶特钢营销部经理徐辉说。

2008年欧盟对华无缝钢管进行反倾销立案调查，湖北新冶钢（现中信泰富特钢大冶特钢）被裁定征收27.2%的高额关税，涉案金额达6000万美元。2009年12月31日，新冶钢正式向欧洲初审法院提起上诉。4年以后，欧洲初审法院于2014年1月份判决：欧委会在对华无缝钢管反倾销调查中裁定存在损害威胁的结论证据不充分，欧盟理事会基于该调查结果做出的反倾销征税决定不合法。欧盟理事会等方面再次上诉。又过了2年，2016年4月7日，欧洲法院做出终审判决，驳回欧盟理事会等方面的上诉请求，维持初审法院的判决结果。至此，新冶钢以零关税的战绩获得完胜。

“对于这一‘损害威胁’的案件，我们总要‘出拳还击’吧。”这是现任中信泰富特钢集团党委书记、董事长，时任新冶钢总经理的钱刚，在2010年接受《中国冶金报》记者采访时说的一句话，后来在业界广为流传。

“当时，我们钱刚总经理明确说：‘这是一条艰难的道路，需要企业拿出十足的信心和勇气与欧盟进行较量。赢也要赢得光彩，输也得输得气壮。’他的态度是明确而且坚决的。这是对自己产品品牌和质量的高度自信。”徐辉回忆说。

“这是一个塑造品牌自信的过程。品牌立起来、强起来不仅需要过硬的产品质量，需要领跑同行的拳头产品和核心技术，而且需要有在激烈的国际竞争中拿起法律武器保护自身合法权益的勇气和能力。”张志成认为。

中信泰富特钢的品牌强，还来自能为客户产品增值。

“其实我们很大一部分投入，不是为了实现市场增量，而是为了帮助用户解决问题。”张明介绍。

中信泰富特钢的客户中有制造煤机综采支架的企业。中信泰富特钢技术人员在走访客户的用户——一家煤矿企业的时候，听到矿长提出了一个新要求：“我们的综采支架每次用完就扔了，这样成本比较高。你们能不能研发一种可以回收利用的新材料?"

"于是，我们跟客户一起研发了一个高强钢品种。这种钢做出来的综采支架可以反复使用。这等于是为客户的产品增值，服务了客户的终端用户。"张明说。

2012 年，欧洲顶尖风电制造商到访中信泰富特钢兴澄特钢，向其颁发风电用钢板质量认证证书。兴澄特钢成为国内第三家通过该公司风电钢板质量认证的钢板生产企业。在进一步合作中，兴澄特钢了解到客户需求，建成了剪切配送中心，提供等离子切圆/切扇形、打坡口、钻孔、包装等深加工服务，强化了双方合作。

这种为客户创造价值的做法也为中信泰富特钢向国际高端风电市场扩大市场份额奠定了坚实的基础。世界知名的风力发电设备生产商逐渐成为中信泰富特钢的客户。2013 年时，中信泰富特钢在全球高端风电市场的占有率达到 45%。

现在的中信泰富特钢已经具备年产 1400 多万吨优特钢的生产能力，工艺技术和装备达到世界先进水平，产品畅销全国并远销美国、日本以及欧盟、东南亚等 60 多个国家和地区，获得国内外高端用户的一致青睐。

今天，我们走进中信泰富特钢大冶特钢大门，首先映入眼帘的是开国领袖毛泽东主席题写的"办大办好"4 个大字。中信泰富特钢的发展成就证明，他们已经做到了这一点。

C5　质量是企业的生命——解析中信泰富特钢的质量观

从自主研发世界直径最大的连铸圆坯、最纯净的轴承钢、疲劳寿命最长的弹簧钢、填补世界空白的 R6 级海洋系泊链钢，到国内领先的特殊钢连铸控制技术、高温合金薄壁管冷旋压成型技术、"内喷延时"无缝钢管水淬技术等，中信泰富特钢集团股份有限公司（以下简称"中信泰富特钢"）的产品研发和科技创新能力足以比肩世界。

那么，是什么支撑着中信泰富特钢的登顶之旅?

中信泰富特钢党委书记、董事长钱刚指出："长期以来，中信泰富特钢坚持走'品种质量效益型'道路，尤其质量是核心。我们专注特钢精品，深入贯彻'质量是企业的生命，今天的质量、明天的市场，质量与人人有关'的质量理念，不断开拓新产品、新用户和新市场，持续优化产品结构，大力开发前沿高端品种，生产了大量'唯一''第一'产品。"

2020 年 10 月 14 日，中国质量协会公布了全国质量标杆名单，中信泰富特钢旗下江阴兴澄特种钢铁有限公司（以下简称"兴澄特钢"）、大冶特殊钢有限公司（以下简称"大冶特钢"）分别凭借"实施精品质量管理模式经验""'三化六型'管理模式下的特钢高质量发展经验"两项典型经验同时上榜，占据 5 家上榜钢铁企业中的两席。

……

当一段段素材被录入《中国冶金报》记者的笔记本后，答案也逐渐清晰起来。不错，当"质量是企业的生命"这一质量价值观与技术创新、市场开拓、员工行为融为一体的时候，它所焕发的能量完全可以催动企业大步迈向中高端。

理念为先

1999 年 5 月，兴澄特钢刚刚上马的"四位一体"短流程生产线还处于生产不稳状态，产出了 400 多吨不合格轴承钢。时任兴澄特钢总经理的俞亚鹏把公司中层以上干部以及和这次事故有关的管理人员、技术人员、一线工作人员全部召集到现场，召开了一次"向废品宣战现场会"，当场将 400 多吨次品切割回炉，一吨不留。那一天，俞亚鹏讲了 3 句话："质量是企业的生命""今天的质量、明天的市场”“质量与人人有关”。这3句话成为兴澄特钢，乃至整个中信泰富特钢集团质量价值观的核心内容。经过20多年的发展，如今，这3句话已经融入中信泰富特钢人的血脉，与中信泰富特钢“精品+规模+服务”的战略定位融为一体，持续演进，至精至善，形成一套兴澄特钢的精品特钢质量管理模式和大冶特钢的“三化六型”管理模式。

“精品特钢，就是我们供给世界500强企业和行业前3名企业的品种。精品特钢质量管理模式的核心理念是以用户为中心；核心方法是从供应商、原辅料、生产过程、检验入库至用户服务的全流程闭环管控。”兴澄特钢研究院副院长黄镇解释道。

在精品特钢质量管理模式下，兴澄特钢同时执行六大质量管理体系：ISO 9001质量管理体系，石油、石化和天然气工业质量纲要规范API Q1，汽车行业实施ISO 9001的特殊要求IATF16949，核电行业质量保证安全规定HAF003，军工行业质量管理体系GJB 9001C，航空航天行业质量体系标准AS9100D。

“把这六大体系融会贯通，是精品特钢质量管理模式的实现路径。我们在研发轴承钢、汽车钢、核电钢、海洋平台用钢等特钢精品的过程中，不断把国内外高端客户的技术质量要求融入质量管理理念和方法当中，并且持续改进，不断提升产品的技术、质量和服务水平。”黄镇说。

“这其实就是一个价值观、一套方法论。”在大冶特钢，生产部部长张明对《中国冶金报》记者说，“每年全国‘质量月’，各企业的口号很多，但我们就是坚持‘质量是企业的生命，今天的质量、明天的市场，质量与人人有关’这3句话，搞好‘三个围绕’：机关部室围绕生产转、生产围绕销售转、销售围绕市场转。”

大冶特钢总工程师周立新告诉《中国冶金报》记者，自2004年香港中信泰富有限公司收购冶钢集团钢铁主业资产以来，进行了系列体制机制改革，并实施了特钢升级工程项目等技术改造。“我印象最深的就是对质量方针的调整。原来的质量方针是‘坚持质量第一、满足用户需求’。当然这个也是不错的。但是中信泰富认为，满足客户的需求只是一个最基本的要求，打造国际一流的特钢企业，就要把自己放到整个供应链上，持续提升，不断带给客户惊喜。”周立新说，“经过讨论，我们的质量方针调整为‘坚持质量第一，创造客户价值’，质量目标就是主导产品要成为国际、国内知名客户的首选。”

质量价值观和方法论的确立，带来的是更高的目标和甘愿付出代价的努力。“我们国家钢铁工业是借鉴苏联的生产组织模式搞起来的，很少对钢材进行调质。当我们开始对无缝钢管进行热处理的时候，没有现成经验可以借鉴，就是摸着石头过河，从废品堆里爬出来。”周立新说，“现在，我们石油机械用调质管占到北美进口同类钢管的50%以上，拥有很好的市场前景。”

经过多年实践，大冶特钢形成了“‘三化六型’管理模式下的特钢高质量发展经验”。该模式以精益化、智能化、绿色化“三化”为抓手，以精益型、智能型、绿色型、品牌型、创新型和长青型“六型”企业打造为方向，实现了企业发展形态、效率、路径、方式、动力、目标的转型升级。这一管理模式实施5年，实现了12个主体生产单位精益生产全覆盖，有效改善了质量、生产效能、合同交付、设备管理等指标，累计创效4.96亿元。

创新为核

“这些年我们一直在超越，超越自己的天花板，超越同行的想象空间，超越客户的心理预期。”中信泰富特钢兴澄特钢总工程师许晓红说。

“2020 年 7 月 1 日通车的沪苏通公铁两用大桥，主跨是 1092 米的钢桁梁斜拉桥结构，是中国自主设计建造、世界上首座跨度超千米的公铁两用斜拉桥。”兴澄特钢线材研究所所长张剑锋说起沪苏通公铁两用大桥如数家珍，因为拉起这座大桥的 432 根斜拉索所用 2000 兆帕缆索钢，正是兴澄特钢研发生产的。由一束束直径 7 毫米的钢丝组成的斜拉索，单根最大索力可达 1000 吨，相当于 500 辆轿车的质量。

“我们的缆索钢是从 2004 年开始研发生产 1670 兆帕强度缆索钢起步的。接到沪苏通大桥供货任务的时候，我们的缆索钢强度级别已达到 1960 兆帕。在突破 2000 兆帕之后，我们采用自主创新的水浴绿色工艺为深中通道大桥研发生产了 2060 兆帕这一世界最高强度等级的缆索钢。我们还主持了《桥梁缆索钢丝用盘条》行业标准的制（修）订工作。”张剑锋说，“我们就这样在不断满足用户要求的过程中吸收、创新、提升，一步步走到世界顶级。”

“创新是企业发展的核心驱动力。而我们的精品特钢质量管理模式又成为创新的加速器。”黄镇说。截至目前，兴澄特钢已拥有授权专利 674 件、发明专利 136 件、PCT（Patent Cooperation Treaty，《专利合作条约》）专利 4 件，获中国专利优秀奖 2 项、江苏省专利优秀奖 1 项、无锡市专利金奖 3 项；获国家科技进步奖一等奖 1 项、二等奖 2 项，省部级科技奖 28 项；起草国家、行业标准 56 项。

与兴澄特钢异曲同工，大冶特钢的“三化六型”管理模式也为创新这个核心要素提供了有力支撑。

2021 年 1 月 22 日，NADCAP（美国航空航天和国防合同方授信项目）管理委员会向大冶特钢颁发了无损探伤工艺认证资质证书。加上 2020 年材料测试、热处理 2 个项目，大冶特钢已获得 3 项 NADCAP 认证。NADCAP 认证是由美国航空航天和国防工业巨头、国际自动机工程师学会（SAE）等机构共同发起和发展的、专门针对航空航天工业的特殊产品和工艺进行认证的体系。据初步统计，截至 2020 年 12 月底，全球特殊钢材料行业仅有 7 家企业获得 NADCAP 认证。大冶特钢在这个项目认证上“连中三元”，正是创新能力的体现。

“产品认证，不仅要认证产品质量，还要认证企业在安全和环保等方面的社会责任。”大冶特钢研究院副院长张志成告诉《中国冶金报》记者，“就拿环保来说，看到我们污水处理池里养着 40 多只对水质要求极高的黑天鹅，再看一看我们的环保指标，国外认证专家通常就会说：你们连环保都做到这个水平，质量管理肯定没问题。”

除了绿色化，精益化与竞争力对标相结合，使大冶特钢建立起覆盖各部门（分厂）、各品种条线的对标体系架构，通过“对标找短板，精益补短板”的方式提升企业的综合竞争力。而智能化则使大冶特钢实现了生产准备的服务化，生产排产的定制化、生产组织的柔性化和生产指挥的智能化，可以在满足客户小批量、多品种、个性化需求的同时，实现销售、生产、研发的无缝对接，从而带来了稳定的战略顾客群。

控制为要

2013 年，针对一起德国客户的质量投诉，兴澄特钢各职能部门打响了一场“零缺陷”攻坚战和持久战。试验检测所把流程质量管理分解为 10 个重点要素：人员、机器、物料、方法、环境、测量、组织、信息、记录、变化，对造成质量异议的因素进行纠偏。转眼七八年过去，兴澄特钢质管部门已将流程质量管理的十大要素纳入日常质量管理的重点监控中。

“怎么把质量管到位？就是要做好全流

程质量把控，做到原辅材料稳定、设备状态稳定、生产条件稳定、人员状态稳定、生产工艺稳定，从而保证质量的稳定性。”黄镇说，兴澄特钢的全流程把控包括3个路径。第一个路径就是从原料开始，培育供方以提升原料品质。“我们对原料类别进行细分，对供方进行多方位评价，同时对重要供方以战略联盟的形式加以培育，实现关键物资的创新研发与品质保障。”第二个路径是对生产全流程的把控，“这里面的控制点很多，包括变化点管理、异常点管控，等等”。第三个路径是对用户技术服务的把控，“我们能够及时地把用户的反馈反映到我们生产过程中去”。

“百炉钢一个成分”是中信泰富特钢炼钢工序追求的目标。以轴承钢为例，在浇铸过程中，“中间包内钢液低温浇铸且波动小，这样就大大避免了钢中各组成元素在结晶时分布不均匀。我们掌握了这种轴承钢浇铸的核心技术”。在轧钢阶段，中信泰富特钢也掌握了表面缺陷清理，确保钢材表面质量的核心技术。“对设备，我们主要是进行趋势管理，即对设备前期、中期、后期状态要有跟踪、预估，并用数据说话。”中信泰富特钢技术专家说。

很多企业对产品质量的判定只是结果判定。而在中信泰富特钢，所有最终产品出厂前都由管理部门来判定过程是否稳定，并对过程的异常进行单独的管控。

“我们对生产流程几十个环节的检测都非常严格。这也是特钢和普钢、优钢的区别。”大冶特钢营销管理部部长程效华介绍。比如出口的钢管产品，用户要求逐支做硬度测试，每支要做100多个点的检测。而且用户个性化要求往往比较高，像钢管全截面的硬度差不能超过3个HRC（洛氏硬度）。“这时候，大冶特钢的智能化产品质量一贯制全流程管控系统就发挥作用了。”

这个管控系统，可以帮助大冶特钢实现产品制造过程的事前策划、事中控制、事后分析和追溯的PDCA（计划、执行、检查、处理）管理。在生产过程中，系统可以将质量控制要求随计划下发到各生产现场，并实时采集各工艺过程的质量数据，如炼钢的化学分析资料、轧钢的检化验资料。这些资料被从检化验仪器、仪表上直接送入分析和检化验计算机，再经过网络送入产销系统，做到“资料不落地”，确保质量数据的真实、有效、及时。

“我们还采取正向激励的办法鼓励员工反馈异常情况。”程效华说。在生产中，不管是外界因素还是内在因素出现异常，如果员工主动上报，公司都会给予奖励。“员工上报异常一定不能批评，一定要奖励，因为这种异常会对质量稳定性产生极大影响。”程效华解释道，“当然员工上报之后，我们不能‘知道了’就没事儿了，还要进行风险评估，必要时马上在下道工序采取措施弥补，这样才能避免缺陷产品出厂。”

“实事求是地说，我们国家对各类材料的评价水平还是有很大提升空间的。”带着《中国冶金报》记者参观中信泰富特钢研究院里世界一流的特钢检测中心时，黄镇说，“评价权，也是话语权。中信泰富特钢之所以要在检测方面做比较大的投入，目的既是提升质量水平，也是提高材料评价水平。但仅有一家或几家企业做是远远不够的。”他认为，应由国家相关部门牵头，协调组织上下游产业链共同努力，建设中国自己的高水平材料评价体系。

在中信泰富特钢兴澄特钢研究院，《中国冶金报》记者看到，一楼大厅墙壁上“特钢是科技炼成的”几个金色大字，在灯光下熠熠生辉。黄镇的办公室被隔成里外间，外间是一个装有投影仪和显示屏的小型会议室。在这里接受《中国冶金报》记者采访的黄镇笑道：“像这样的会议室，我们这个楼里还有很多间。”有了这些会议室，科研人员可以随时、随地开展互动交流，而且研究院各部室每周都会组织不同范围的研讨培训活动，每个人都可以成为主讲人。“这也是我们全流程把控质量，让‘人人参与质量、人人建功质量、人人享受质量’的一个体现。”黄镇说。

不错，产品质量、服务质量、企业发展的质量，与每个人的工作息息相关。做到了“在质量面前没有旁观者”的中信泰富特钢，有足够的底气向着“特钢强国”的梦想快步进发。

C6　为用户创造价值——解析中信泰富特钢的市场观

2021 年 1 月 19 日，中信泰富特钢集团股份有限公司（以下简称中信泰富特钢）发布公告称，其全资子公司中信泰富特钢经贸有限公司成功竞得上海电气集团钢管有限公司 40%股权。这次成功的并购，是中信泰富特钢作为我国特钢市场引领者的又一次主动施为，也因此引来业内外人士对中信泰富特钢参与天津钢管的经营管理、提升无缝钢管业务竞争力的更多期待。

经过 20 多年的发展，中信泰富特钢已与 SKF（斯凯孚瑞典滚珠轴承制造公司）、舍弗勒、NSK（日本精工株式会社）、中石油、中石化、中海油、奔驰、宝马、大众、米其林、贝卡尔特等全球各领域龙头企业、领军企业缔结了多年的良好战略合作关系，曾获得贝卡尔特全球唯一的金人奖，国外某著名齿轮企业亚太地区唯一供应商钢铁材料奖……一家受尊重的企业、特钢市场的引领者，已经迎面走来。

“中信泰富特钢的产品是培育市场，而不是去抢市场。我们要让用户知道，哪些东西还有可能更好，我们要和用户一起通过品牌引领市场，把科技的不断进步和用户的不断进步结合起来，一起制造出更高端、更前沿的产品，为用户创造价值。”中信泰富特钢兴澄特钢总工程师许晓红告诉《中国冶金报》记者。

这，正是支撑中信泰富特钢在市场的洗礼下快速成长的市场价值观。

“将客户作为我们的战略性资产来管理”

“以用户为核心，绝不只是卖钢材。因为企业营销管理更加突出强调的是长期的合作关系而不是短期的交易。将用户作为我们的战略性资产来管理，通过对用户进行系统化的研究，不断改进对用户的服务水平，让用户满意并成为忠诚用户，才能使中信泰富特钢和用户实现双赢。”中信泰富特钢常务副总裁王文金如是说。2008 年，中信泰富特钢集团成立的第一年，世界金融危机来袭，国际原材料价格持续暴涨，而国内钢市需求低迷，订单不足，售价大跌。“那个时候，我担任兴澄特钢销售总经理，和广大营销将士不分昼夜、风雨无阻地走访了国内外 200 多家知名大客户，并与 45 家战略合作伙伴建立了忠诚客户抗风险网络体系，共同抵御市场风险。”王文金告诉《中国冶金报》记者。兴澄特钢的抗风险网络体系建成后，部分战略客户资金周转困难的问题得到了缓解，兴澄特钢的钢材采购订单也持续增加。这一年，兴澄特钢全年销售收入首次突破 200 亿元，达 235 亿元，同比增长 31. 78%，并在全行业发生巨额亏损的情况下，实现税后利润 16 亿元。经过一次次市场的洗礼，兴澄特钢首次提出营造新型卖方市场的商业模式，即从“战略联盟赢得贵客、命运共同体留住常客、个性化定制吸引定客、兴澄智造取悦质客、粉丝经营造就粉客、品牌营销集聚散客”6 个方面，建立共创、共享、共赢的客户关系，从而优化特钢市场供需关系。这一商业模式的提出，意味着中信泰富特钢在新型客户关系构建方面做出了积极探索，也意味着他们必须在这种新型关系中更加主动地承担责任、创新突破、有所作为。

与此同时，大冶特钢也探索了一套用户需求—院校合作—研发支撑—销售承接—生产执行“五位一体”的服务型研发模式。“我们这套研发模式的特点，一是先期介入，对客户需求进行前瞻性引导；二是定制化服务，对客户需求进行管家式引导；三是近终型服务，开发深加工产品；四是一站式服务，打造客户个性产品族群；五是整体解决方案，实现客户全系列产品整体交付。”大冶特钢总工程师周立新告诉《中国冶金报》记者。2020年初新冠肺炎疫情暴发，跨省汽车运输受阻，大冶特钢采取公铁联运的方式保用户生产。“我们先用火车把货送到距用户最近的火车站，用户再安排汽车把货运回厂里，保证了用户的生产。”大冶特钢营销管理部部长程效华说。这样的事例，在中信泰富特钢各企业不胜枚举。企业在产业链上的地位，也正是这样一点一滴地积淀起来的。

“引领市场，科研和销售人员都功不可没”

2009年，面对世界金融危机的影响，兴澄特钢将目光聚焦到欧洲这一传统高端市场，将主要目标客户锁定为法国某著名制造商——欧洲高端轴承的行业领导者之一。通过交流，双方在扩大合作上一拍即合。当对方主动提出来要帮兴澄特钢认证汽车轴承钢时，兴澄特钢积极响应，并在通过三轮样品试制后，建议用户使用合金化改制钢种。面对这个国际首创的汽车轴承钢种，双方从前期讨论、中期试制直到量产，经过了无数次的技术沟通，最终获得了成功。2012年，兴澄特钢收到了其首次颁发的高等级轴承钢证书；2013年2月，对方主动将证书升级至最高质量等级，这一质量评级超过了对一些日本、欧洲本土钢厂的评级。自此，兴澄特钢的汽车轴承钢被广泛应用于欧洲本土的法系、德系、美系多种高端车型。兴澄特钢的实物质量受到锻造厂、轴承厂、汽车厂的一致好评，对方公司高层更是毫不吝惜地对兴澄特钢的创新精神、开发能力和持续改进的努力大加赞赏。随着双方合作的深入，兴澄特钢的供货量在短短4年里增长了10倍，供货区域也从欧洲延伸到了亚洲的韩国、印度等市场。2000年初，为满足超超临界火电机组所需大口径钢管及风电机组所需大直径齿轮、轴承等环锻件的生产需求，兴澄特钢研发了电力用超大规格连铸圆坯，大量取代模铸材料，代替进口产品。“从2009年开始，我们不断通过技术创新实现超越，ϕ500毫米、ϕ600毫米、ϕ700毫米、ϕ800毫米、ϕ900毫米、ϕ1000毫米超大规格连铸圆坯接二连三都被我们开发出来了。”许晓红举例道。如今，兴澄特钢超大规格连铸圆坯在高端风电、火电用钢市场的占有率超过65%。“我们要引领市场，科研和销售人员都功不可没。”兴澄特钢研究院副院长黄镇说，“这么多年来，我们能够迅速瞄准‘卡脖子’技术开展攻关，能够迅速把攻关成果转化为产品并打开市场，依靠的理念就是从用户的角度考虑问题，主动帮用户解决问题、创造价值。”

2016年9月份，兴澄特钢研发成功250毫米厚EH36钢板，应用于国内首个移动式试采平台“海洋石油162”。当时，如此大厚度、高技术要求的品种是国内首次生产，平台项目方还对钢板提出了屈服、拉伸、-40℃冲击试验合格，须通过CCS（中国船级社）船检认证等一系列严苛的技术要求。兴澄特钢的特板销售、研发人员全力参与到用户的应用技术研究中，攻克了一系列技术难题，保质保量按时完成了近330吨250毫米厚EH36钢板的供货任务，也创造了中国特厚高品质海工钢板生产交付的新纪录。哈德逊城市广场30号（30 Hudson Yard），是2013年动工的美国纽约曼哈顿哈德逊城市广场项目中最高的一幢大楼，楼高395米。

由于这座高楼是建在地下交通枢纽上的超高层全钢结构建筑，设计方要求 100～203 毫米厚度钢板都需要保证 50ksi（345 兆帕）的屈服强度，此项已超出 ASTM（美国材料实验协会）标准要求，设计方还增加了对低温冲击性能、碳当量值及平直度的要求。面对多项超标准攻关难题，兴澄特钢产销研项目组制定了全新的生产工艺，并在一次次试制、优化工艺后获得成功。客户在第一批钢板全部通过第三方质检后，主动帮兴澄特钢拿下该楼后续工程的全部钢材采购合同。“其实，我们很多的投入不是为了增量，而是立足满足客户的需求。”在大冶特钢，生产部部长张明告诉《中国冶金报》记者。在大冶特钢智能化产品质量一贯制全流程管控系统中，有专门指导现场改善的精益营销工具方法，可以有针对性地对漏损进行分析，确保质量和交付满足客户需求。2015 年，大冶特钢在对一笔订单的精益营销漏损点分析中发现，到广东市场运输成本较高，既不利于市场竞争，也增加了客户成本。通过市场调研，他们主动提出江海联运模式，即内河船运到江阴港再倒海船运至广东，可为客户节约运输成本 80 元/吨。

“只要您下订单，剩下的事都由我们来完成”

“只要您下订单，剩下的事都由我们来完成。为客户提供‘一站式’服务就是我们精益营销的一种理念。”中信泰富特钢销售总公司副总经理姚海龙告诉《中国冶金报》记者。“我们有来自湖北的客户，10 多年来持续不断地向远在 1200 公里外的兴澄特钢采购钢材，且采购量逐年递增，这就是‘一站式’服务的魅力。”姚海龙说。1200 公里的距离，一方面是用户零库存或低库存的要求，另一方面是供货及时、物流费用不能高的要求，怎么办？时任兴澄特钢湖北分公司经理的胡澄江与负责重庆水运的老板在一次偶然聊天中找到了办法：水陆联运。现在，兴澄特钢每个月为这家客户多准备些材料，通过船运发到武汉转火车专用线直接送到厂里，时间刚刚好，既不会增加客户的库存，又不会延误生产，还能为他们降低物流费用。“我们还能像‘4S 店’那样，为客户提供‘4S’服务。”姚海龙介绍说。所谓“4S”服务就是：Supply（供货支持），一方面充分了解用户需求，另一方面自主创新，改进生产工艺，大幅降低用户采购成本；Support（技术支持），成立用户技术研究所，通过研究用户的生产流程、工艺及技术，为其提供新品开发所需的原材料技术支持，突破技术壁垒；Service（服务支持），根据用户需求，提供研发、生产、交付、售后一站式服务，最大程度服务于用户；Solution（整体解决方案支持），成立深加工中心，实现从 CAD 制图—数控编程排版—切割加工—运输配送整体解决方案。“通过‘4S’服务，我们可以和客户实现共赢。”姚海龙说。钢板剪切配送作为兴澄特钢营销创新的新兴模式，充分体现了“4S”服务的含金量。兴澄特钢钢板剪切配送团队依托兴澄宽厚板，以工厂化、科学化、规模化的管理方式，建成了完善的钢材现货配送平台，不仅为下游终端企业提供质优价廉的钢板切割与加工件，而且最大限度地减少了钢板分销渠道、缩短了钢材采购流程，从而大大降低了终端客户的采购成本和管理成本。同时，兴澄特钢的钢板剪切配送还具有设备、工艺、生产技术、质量监管等方面的领先优势。他们拥有国内最先进的数控火焰切割机 4 台、等离子切割机 2 台、锯床 10 台，年可切割加工板材 10 万吨，目前可供切割加工件的规格范围为 8～650 毫米厚、≤4.1 米宽、≤25 米长；切割加工件几何形状和尺寸规格精确，切割面平整光洁，正负公差吻合率高，质量稳定可靠，无须二次加工，可直接按技术尺寸安装使用。此外，兴澄特钢采用科学的计算机套料系统和计算机报价系统，能够有效提高切割件的成材率和报价透明度，具有当代国际先进水平。如今，该公司切割件产品远销美国、英国、挪威、日本、巴基斯坦等国家和地区。“我们给用户的服务很多是难以替代的。”程效华说。目前，大冶特钢80%以上的产品按用户个性化要求生产，与用户签订技术协议，为用户量身定制。“我们特钢品种结构的特点，决定了我们必须随时满足客户多品种、小批量、快交货的要求。”大冶特钢研究院副院长张志成补充道，“所以我们还有一个名为‘绿色通道’的快速响应机制。绿色通道打开，特事特办，各部门各单位都要让路，用户急需的产品全部能按时交付。”2012年6月，港珠澳大桥桥梁工程建设全面展开，用户需要12米长的斜拉杆。“当时一般的斜拉杆只有八九米长，12米长斜拉杆超出了我们冷床能摆放的长度。”张明回忆道。这时，大冶特钢的服务型研发模式发挥了作用。经公司领导拍板，各部门协同，绿色通道开启，大冶特钢在1个月内完成了冷床的改造，开发出了大直径预应力高强拉杆及其锚固体系，不仅按期交付，而且填补了国内空白。此后，该技术方案在广东虎门大桥、云南虎跳峡大桥、大渡河大桥、香格里拉大桥等大型特殊钢桥梁上得到应用和推广。在大冶特钢钢管事业部，《中国冶金报》记者看到产线上正在切换轧制另一种规格的无缝钢管。在这个拥有多套ASSEL机组（三辊轧管机组）和CPE（斜轧穿孔与延伸）机组组合，以及多种灵活供坯工艺配套的特种无缝钢管基地，转换来得那么顺畅自然。“这里是全球最大的ASSEL机组集群，可以满足客户小批量、多品种、高精度的各种个性化需求。”张志成举例说，“特种无缝钢管的壁厚公差国际标准要求为±11%，我们可以达到±7.5%。这些对用户来说，在经济上是很划算的。”显然，一切为用户着想、为用户创造价值，已在中信泰富特钢的每个角落落地生根。

“形象地说，高质量发展就是仰望星空。做全球一流的特钢企业就是我们中信泰富特钢的星空。仰望星空的同时，我们一直在追求用户的高端、产品的高端、市场的高端，脚踏实地地发力。”赵强华，大冶特钢党群工作部部长，用诗一般的语言回应《中国冶金报》记者的感慨，也为中信泰富特钢这一中国特钢市场引领者的笃实心路，做出了精准的概括。